"十二五"国家重点图书出版规划项目

中国社会科学院创新工程学术出版资助项目

总主编：金 碚

经济管理学科前沿研究报告系列丛书

THE FRONTIER REPORT ON
DISCIPLINE OF
INDUSTRIAL ECONOMICS

刘戒骄 王德华 仇鑫华 主编

产业经济学学科前沿研究报告

经济管理出版社
ECONOMY & MANAGEMENT PUBLISHING HOUSE

《经济管理学科前沿研究报告》
专家委员会

主　任： 李京文

副主任： 金　碚　黄群慧　黄速建　吕本富

专家委员会委员（按姓氏笔划排序）：

方开泰	毛程连	王方华	王立彦	王重鸣	王　健	王浦劬	包　政
史　丹	左美云	石　勘	刘　怡	刘戒骄	刘　勇	刘伟强	刘秉链
刘金全	刘曼红	刘湘丽	吕　政	吕　铁	吕本富	孙玉栋	孙建敏
朱　玲	朱立言	何　瑛	宋　常	张　晓	张文杰	张世贤	张占斌
张玉利	张屹山	张晓山	张康之	李　平	李　周	李　晓	李子奈
李小北	李仁君	李兆前	李京文	李国平	李春瑜	李海峥	李海舰
李维安	李　群	杜莹芬	杨　杜	杨开忠	杨世伟	杨冠琼	杨春河
杨瑞龙	汪　平	汪同三	沈志渔	沈满洪	肖慈方	芮明杰	辛　暖
陈　耀	陈传明	陈国权	陈国清	陈　宪	周小虎	周文斌	周治忍
周晓明	林国强	罗仲伟	郑海航	金　碚	洪银兴	胡乃武	荆林波
贺　强	赵顺龙	赵景华	赵曙明	项保华	夏杰长	席酉民	徐二明
徐向艺	徐宏玲	徐晋涛	涂　平	秦荣生	袁　卫	郭国庆	高　闯
符国群	黄泰岩	黄速建	黄群慧	曾湘泉	程　伟	董纪昌	董克用
韩文科	赖德胜	雷　达	廖元和	蔡　昉	潘家华	薛　澜	魏一明
魏后凯							

《经济管理学科前沿研究报告》
编辑委员会

总主编：金　碚

副总主编：徐二明　高　闯　赵景华

编辑委员会委员（按姓氏笔划排序）：

序　言

　　为了落实中国社会科学院哲学社会科学创新工程的实施，加快建设哲学社会科学创新体系，实现中国社会科学院成为马克思主义的坚强阵地、党中央国务院的思想库和智囊团、哲学社会科学的最高殿堂的定位要求，提升中国社会科学院在国际、国内哲学社会科学领域的话语权和影响力，加快中国社会科学院哲学社会科学学科建设，推进哲学社会科学的繁荣发展具有重大意义。

　　旨在准确把握经济和管理学科前沿发展状况，评估各学科发展近况，及时跟踪国内外学科发展的最新动态，准确把握学科前沿，引领学科发展方向，积极推进学科建设，特组织中国社会科学院和全国重点大学的专家学者研究撰写《经济管理学科前沿研究报告》。本系列报告的研究和出版得到了国家新闻出版广电总局的支持和肯定，特将本系列报告丛书列为"十二五"国家重点图书出版项目。

　　《经济管理学科前沿研究报告》包括经济学和管理学两大学科。经济学包括能源经济学、旅游经济学、服务经济学、农业经济学、国际经济合作、世界经济、资源与环境经济学、区域经济学、财政学、金融学、产业经济学、国际贸易学、劳动经济学、数量经济学、统计学。管理学包括工商管理学科、公共管理学科、管理科学与工程三个学科。工商管理学科包括管理学、创新管理、战略管理、技术管理与技术创新、公司治理、会计与审计、财务管理、市场营销、人力资源管理、组织行为学、企业信息管理、物流供应链管理、创业与中小企业管理等学科及研究方向；公共管理学科包括公共行政学、公共政策学、政府绩效管理学、公共部门战略管理学、城市管理学、危机管理学、公共部门经济学、电子政务学、社会保障学、政治学、公共政策与政府管理等学科及研究方向；管理科学与工程包括工程管理、电子商务、管理心理与行为、管理系统工程、信息系统与管理、数据科学、智能制造与运营等学科及研究方向。

　　《经济管理学科前沿研究报告》依托中国社会科学院独特的学术地位和超前的研究优势，撰写出具有一流水准的哲学社会科学前沿报告，致力于体现以下特点：

　　（1）前沿性。本系列报告能体现国内外学科发展的最新前沿动态，包括各学术领域内的最新理论观点和方法、热点问题及重大理论创新。

　　（2）系统性。本系列报告囊括学科发展的所有范畴和领域。一方面，学科覆盖具有全面性，包括本年度不同学科的科研成果、理论发展、科研队伍的建设，以及某学科发展过程中具有的优势和存在的问题；另一方面，就各学科而言，还将涉及该学科下的各个二级学科，既包括学科的传统范畴，也包括新兴领域。

（3）权威性。本系列报告由各个学科内长期从事理论研究的专家、学者主编和组织本领域内一流的专家、学者进行撰写，无疑将是各学科内的权威学术研究。

（4）文献性。本系列报告不仅系统总结和评价了每年各个学科的发展历程，还提炼了各学科学术发展进程中的重大问题、重大事件及重要学术成果，因此具有工具书式的资料性，为哲学社会科学研究的进一步发展奠定了新的基础。

《经济管理学科前沿研究报告》全面体现了经济、管理学科及研究方向本年度国内外的发展状况、最新动态、重要理论观点、前沿问题、热点问题等。该系列报告包括经济学、管理学一级学科和二级学科以及一些重要的研究方向，其中经济学科及研究方向15个，管理学科及研究方向45个。该系列丛书按年度撰写出版60部学科前沿报告，成为系统研究的年度连续出版物。这项工作虽然是学术研究的一项基础工作，但意义十分重大。要想做好这项工作，需要大量的组织、协调、研究工作，更需要专家学者付出大量的时间和艰苦的努力，在此，特向参与本研究的院内外专家、学者和参与出版工作的同仁表示由衷的敬意和感谢。相信在大家的齐心努力下，会进一步推动中国对经济学和管理学学科建设的研究，同时，也希望本系列报告的连续出版能提升我国经济和管理学科的研究水平。

金碚

2014 年 5 月

目 录

第一章 产业经济学学科 2011 年国内外研究综述

在工业文明时代，世界经济模式发生了重大变化，经济规模增长迅速，为了解决经济发展中出现的各种问题，经济学受到越来越多的重视，其研究领域和研究深度不断拓展，逐渐形成了一门与物理学、化学等比肩而立的独立学科。产业经济学以经济学基本理论为基础，伴随着经济学的成长和工业经济的发展而不断完善，成为经济学科中一门非常活跃的独立子学科。

以价值理论（Theory of Value）作为基本的逻辑框架，产业经济学的理论体系在 20 世纪 30 年代初步形成，早期的成果集中在对产业组织的研究，著名的结构—行为—绩效范式为这一时期最主要的成果，这反映了其以解决工业经济的上游问题为目标的一贯宗旨，也符合当时资本主义社会的几次经济危机和生产厂商大规模扩张等现实需求。"二战"后，随着政治形势的变革和科技的进步，世界经济发生变化，政府和产业部门的关系也表现出与以往不同的特征，产业经济学研究领域逐渐增加，研究的技术手段和理论重点也随之变化。七八十年代，涌现出了大量的研究成果，特别是博弈论作为一种重要的研究工具被引入，极大地促进了产业经济学的规范研究，至 80 年代末，形成了理论基础严谨、研究目标明确的学科。从 90 年代至今，产业经济学在成熟的理论体系下始终保持活跃发展，及时引入经济学最新理论方法作为研究工具，并关注产业经济发展动态，随着行业的细化，研究的问题也更加多元化，在基本的理论框架下，通过严谨的数学方法，解决产业发展过程中不断涌现的现实问题。

随着工业经济发展的需求，产业经济学的研究领域也在不断扩展和细化，主要包括产业组织、产业结构、产业布局、产业关联、产业政策、政府规制与反垄断等方面，其中产业组织始终是非常重要的研究领域。在研究方法方面，早期的成果以经验分析和实证研究为主，当博弈论、动态规划等作为工具引入后，主流研究成果以规范研究为主，这也为分析和解决很多现实问题提供了更严谨的推演和论证。

产业经济学引入到我国的时间较晚，起初并未作为一门重要的学科引起学术界的关注，这与新中国成立初期计划经济体制和产业发展水平有关，也符合其以现实问题为导向的学科特征。直到 90 年代初期，随着社会主义市场经济的初步建立和软科学在国内逐渐受到重视，产业经济学学科才在我国初步形成。虽然当时国际上在这一领域的研究已经逐渐转向以规范研究为主，但是在我国仍然以经验主义分析和实证研究为主，这也是符合当时国情需要的研究方向。直到最近 10 年，博弈论等工具才逐渐在我国的产业经济学领域崭露头角，体现出其现实价值。

由于国内外不同经济体之间尚存在较明显的差异，本章对 2011 年国内外研究分别进行分析和综述，既能体现发达经济体的经济特征，又能反映我国的现实情况，在对比中也有利于发掘我国未来产业经济发展和学科发展可能遇到的问题。

第一节　产业经济学学科国外研究综述

在梯若尔（Tirole）运用博弈论等数学工具重塑产业组织理论之后，产业经济学的研究在方法上逐渐转向以规范研究为主，在内容上则保持一贯宗旨，一方面关注传统领域的研究，另一方面关注对产业发展具有重大影响的新兴产业或新出现的问题。2011 年，国际上产业经济学学科的研究也表现出这些特点，内容主要围绕产业组织、产业政策、服务业、高科技产业等方面展开。通过对 JSTOR 数据库 2011 年全部期刊进行分析可以发现，当年国际上比较主流的产业经济学理论成果主要集中在服务业（9657 篇）、产业政策（8782 篇）、产业经济（8230 篇）、产业组织（7007 篇）、产业关联（6954 篇）、高技术产业（6448 篇）、制造业（5790 篇）、产业转移（3185 篇）、技术创新（2765 篇）、产业培育（1485 篇）、产业结构调整（1475 篇）等领域。对文献进行一般的排序分析可以发现，产业组织、产业政策等传统的研究领域的成果数量依然较大，占据这一学科的较大比重，同时，服务业和高技术产业也成为研究的重点。与国内对战略性新兴产业和产业升级的关注不同，这两方面的研究在国际上并不突出。具体分析如表 1 和图 1 所示。

表 1　2011 年产业经济学国外重要研究领域

单位：篇

重要研究领域	2011 年国外文献数量
服务业（Service Industry）	9657
产业政策（Industrial Policy）	8782
产业经济（Industrial Economy）	8230
产业组织（Industrial Organization）	7007
产业关联（Industrial Association）	6954
高技术产业（High Technology Industry）	6448
制造业（Manufacturing）	5790
产业转移（Industrial Transfer）	3185
技术创新（Technological Innovation）	2765
产业培育（Industry Cultivation）	1485
产业结构调整（Industrial Restructuring）	1475
产业集群（Industrial Cluster）	1087
战略性新兴产业（Strategic Emerging Industries）	1086
产业升级（Industrial Upgrading）	400

资料来源：JSTOR 数据库。

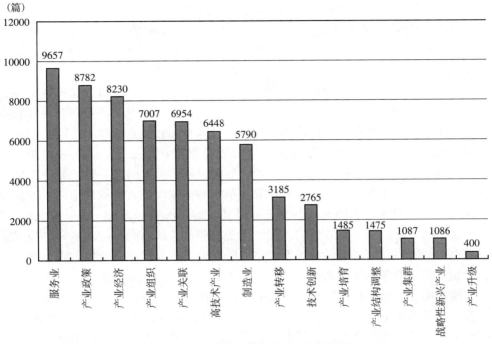

图1 2011年产业经济学国外重要研究领域

一、创新与产业升级

创新始终是社会前进和产业发展的动力，在2011年的成果中，"创新"出现的频率非常高，研究几乎涵盖了方方面面，非常值得关注和参考。需要特别指出的是，在国际上，不仅技术创新受到研究者的关注，管理创新、服务方式创新、政策对于创新和产业升级的影响都在研究范围之内。

一些研究关注了行业政策、法规、金融服务对于产业创新的影响。Guttormsen等（2011）探讨了水产业和养殖业的技术创新，由于人口增长和经济发展促进了市场对海产品需求的增加，导致供给不足，进而促使技术创新和政策调整。Acemoglu等（2011）通过模型探讨了实验和创新之间的关系。研究表明，专利制度可以鼓励实验和知识的有效转化，从而改进了资源的分配方式，并进一步实现了对创新的促进，论文还进一步论证了"专利"这种保护公司私人信息的激励方式可以进一步推广。Den Haan和Sterk（2011）分析了在实证研究者与理论研究者之间一直存在争论的一个问题，即金融创新与金融危机之间的关系。论文基于实证研究方法，以美国2008年爆发的次贷危机为研究对象，分析了金融创新与产业发展之间的关系，在此基础上论证了金融创新与金融危机之间的关系。研究表明，相对于货币政策，金融创新与产业经济发展之间并没有表现出持续的相关性，对金融危机也没有表现出直接影响。Liao 和 Chen（2011）通过经验主义分析的方法，探讨了中国手机制造行业改革失败的问题。研究表明，政府早期的许可政策容易造成垄断问题，而随着技术的突破，山寨手机大行其道，又导致之前拿到垄断许可的手机厂商不堪竞争，纷纷倒闭，并且改革者之间也存在利益分配的问题。

创新对于行业内部厂商之间的竞争具有显著影响。Metcalf（2011）通过竞争性创新模型，推导出行业内新的进入者取代在位者的条件。研究表明，企业的盈利能力和创新速度之间存在一个马尔可夫均衡，在此均衡条件下，进入者和在位者表现出不同的行动，进入者追求新兴技术，在位者坚持已有技术并追求短期盈利。Chemarin 和 Orset（2011）分析了代理人投资于一种新的产业时的行为问题。研究表明，拥有时间一致性偏好的代理人更倾向依靠新获取的信息作出决策，而具有双曲贴现特征的代理人并不严重依靠新获取的信息做出决策，当信息不够精确时，甚至可能将其忽略。Ding 和 Wolfstetter（2011）以规范研究的方法探讨了在创新成果的采购过程中由于创新价值的不同存在的逆向选择问题，在以往的研究中，这一问题一直通过假设忽略。研究表明，最优打分竞拍方式会产生更高的成本，而最优定价竞争则能获取更高的利润。Branstetter 和 Saggi（2011）构建了一个发达国家—发展中国家产品生命周期模型来研究创新、模仿和外商直接投资之间的关系。研究表明，发展中国家通过加强知识产权保护，可以降低模仿的程度，并且增加外商直接投资；而增加的外商直接投资则超过了由于减少模仿而降低的本国产量，因此发展中国家商品的全球份额实际上增加了；同时，当跨国企业相较于发展中国家的模仿者制定更高的价格，发展中国家工人的实际工资增加，而发达国家的工人数量则减少了。Goettler 和 Gordon（2011）通过一个面向耐用品和内源性创新企业的动态寡头模型分析了个人电脑微处理器产业中竞争对于创新的影响。研究表明，消费者通过对产品升级和价格下降的预测来制定自身电脑更新的策略，而厂商则根据消费者的决策制定自身的定价和投资策略。在不考虑 AMD 的竞争时，尽管较高的价格会降低消费者剩余，但是产品的创新率却提高了。其论文还通过比较静态分析论证了产品的耐用性在模型中的作用，并进一步指出模型在其他行业的适用性。

企业管理在很多行业对于创新也产生了明显的影响。Ahmed 和 Mahmud（2011）通过实证研究分析了企业规模、行业、地理位置、产业政策等因素对巴基斯坦制造业创新的影响。研究表明，企业规模和管理水平对创新具有重要的影响，并基于研究结果对该国企业的组织创新提出了建议。Keupp 等（2011）通过对 287 个跨国子公司的实证研究，探讨了跨国公司创新一体化问题。研究表明，通过鼓励子公司间知识和技术的流转，增加子公司自主经营权利等管理方式的改变，可以促进跨国公司子公司创新一体化的实现。Aw 等（2011）通过生产者决定投资于研发和出口的动态结构模型，来研究生产率问题，并运用模型分析中国台湾的电子产业。研究表明，投资于研发和出口都对工厂的未来生产率有积极的影响，这反过来又推动更多的工厂自动选择这两种投资活动，促进生产率的进一步提高。通过模拟发现，出口市场的扩张会同时增加出口和研发的投入，并促使工厂内的生产率逐步得到改进。Freeman 等（2011）通过经验分析与实证研究相结合的方法，从技术创新、商业发展、生产力提高三个方面探讨了沃尔玛成为零售业巨头，并成为北美地区最大私人雇佣者的背景和原因。

也有学者对创新这一概念在产业经济学中的内涵和外延进行系统的阐述。Mercier-Laurent（2011）专门著书论述了创新的生态系统问题。随着创新迅速成为无所不在的事物和战略问题的一部分，人们越来越需要了解如何启动创新过程。该书介绍了生态创新的概念，这个概念促进了从理念到现实和终极价值的成功转型。作者进而从全球和系统角度概述了生态创新，并从创新的不同角度和观点进行了全面的介绍。Storz 和 Schafer（2011）对创新系统的概念进行了论述，指出这一概念已经引起了学者和政治家们的广泛关注。创新系统的概念不仅是作为一种工具来解释经济的可持续发展，而且还为政策制定者提供有科学依据的政策选择以促进经济增长。该书指出，由于不考虑特定国家的现实环境和发展轨迹，这样的"通用"模式往往导致实践分析和政策选择的失败，并以应用于日本和中国的创新理论为例进行说明，提出相关的政策建议。作者也在行为经济学和制度分析之间建立起联系，涵盖了监管框架、法律和科学体系、劳动力和资本市场以及企业间的关系。

二、产业组织

竞争和垄断问题始终是影响产业发展的重要问题，也是产业经济学关注的重点，产业组织领域则成为理论创新和应用的前沿。2011 年，对于产业组织的研究一方面集中于理论方法的进一步突破，另一方面则着重于产业组织领域新问题的分析。

在研究方法上，学者们试图通过理论模型的突破，更深入地分析现实问题。Hopenhayn 和 Squintani（2011）运用先占权博弈模型研究了专利竞赛中的均衡问题。研究首先将随时间随机波动的私人信息引入博弈模型，解决了博弈双方在信息更新时的均衡问题。这就可以通过模型反映竞争者改进创新的时间和在专利获取前保密的时间，也可以论证这一类均衡的存在并计算出均衡时间。研究表明，专利竞赛情况下的期望均衡时间比信息公开时的均衡时间长，但是比串谋情况下的期望均衡时间短。Harrington 和 Skrzypacz（2011）基于一个博弈模型，在纳什均衡的前提下，分析了卡特尔组织中的私人信息管理和交换问题。研究表明，即使公司将定价和产量作为私人信息不予公开，若其将销售情况真实反映在报告中，并依据这些报告中的信息形成一个卡特尔，则这种情况可以维持一种均衡。这种均衡的卡特尔在很多市场中存在，如柠檬酸、赖氨酸、维生素等。Elzinga 和 Mills（2011）对 Lerner 指数的原理及应用进行了综述和评价。Lerner 指数作为分析垄断问题的工具，分析了垄断行业中价格和边界成本之间的关系及其对社会福利损失的影响，以及由垄断者利润产生的资源抵消配置问题。这种方法在实践中一直发挥着重要作用。Schiraldi（2011）定义了一个用于分析消费者在耐用品市场上需求的结构动态模型，并将模型进行扩展，提出了流通成本的估算方法，以及模型中随机相关系数的估算方法。基于所提出的方法，对意大利汽车市场的替换情况进行了分析。研究表明，基于该模型，可以更加准确地反映汽车市场的需求情况，评估政府政策对于消费者对新车和二手车选择的影响。

由于理论的不断深入和产业组织实践的日趋复杂，产业组织所关注的研究对象也更加具体。Copeland 等（2011）研究了新型汽车的车型年内定价、生产和库存管理问题。美国汽车交易价格月度数据显示，在车型年，典型汽车以 9.0% 的年率价格下跌，并且销售和库存量的时间序列曲线均呈驼峰形状。论文构建了一个新型汽车的产业模型来解释这些时间序列，在模型中，库存和定价可以同时决策。研究表明，汽车制造商存货生产的库存管理政策对价格和销售量具有显著影响，在车型年，40% 的价格下降应该归咎于此。Chandra 和 Tappata（2011）研究了信息不对称对价格差距的影响，以美国汽油零售行业为研究对象，分析了消费者搜索对形成短期价格差距这种情况的显著影响。统计数据显示，以时间为坐标的汽油零售价出现较大范围的波动，然而以同一街道不同加油站为坐标的油价序列则非常稳定，据此，基于消费者搜索模型构建价格和关键变量之间的均衡关系。研究表明，价格差距与市场公司数量和搜索成本呈正向相关，而与生产成本呈逆向相关。Goldfarb 和 Xiao（2011）研究了在《1996 年美国电信法》颁布后美国本地电话市场的变化情况。数据显示，非常有经验、受过良好教育的经理更倾向于进入竞争对手较少的市场，作者构建了基于行为博弈理论的结构计量经济学模型，以实现对经理人揣度竞争对手行为能力的描述。研究表明，经理人的性格特点是管理能力的关键决定因素，对于能力的评估可以实现对统计结果以外的成功的预测。同时，评定的能力级别随着重大变革的出现而提升，这说明，在产业周期的早期，模型中的行为假设可能是最优意义的。Alvarez 等（2011）研究了在同时存在观察成本和菜单成本时公司的价格设定问题。通过对影响公司决策的几项统计数据的分析，表明观察成本与菜单成本之间具有互补关系。这与以往只包含一个变量的模型不同，如频繁的观察可能反映高菜单成本而不是高观察成本。其论文提出了根据几项与价格调整相关的统计数据估算两项成本的方法。Ishida 等（2011）通过一个战略性研发投资的古诺模型，研究了高效率低成本厂商与低效率高成本厂商之间的竞争问题。研究表明，随着高成本厂商数量的增加，可以刺激低成本厂商的研发热情，但却降低了高成本厂商的研发投入；而随着高成本厂商数量的增加，低成本厂商的利润可能确实会增加，这一结果激励低成本厂商去帮助而不是伤害高成本的竞争对手。其论文将研究成果应用于实践，即著名的公开知识披露，如 20 世纪初福特广泛公开披露其技术的策略。

垄断和创新也是产业组织研究领域关注的角度。Crandall 和 Jackson（2011）探讨了高科技企业在本行业内的垄断问题。由于高科技企业在行业内的市场主导地位，容易引起主管部门的关注，往往造成重大垄断案件的发生。但是这种关注并没有改善市场的垄断情况。论文评估了由《谢尔曼法令》第 2 部分所引起的对 IBM、AT&T 和微软的案件。研究表明，这些案件对消费者福利的影响有限，因为它们并没有刺激进入或创新。在这些行业中，竞争当局不能期望通过简单地促进产出的方式扩大和降低商品价格；相反，他们应该致力于促进新产品创新，这些新产品能取代主导企业的产品或与之相竞争。Suri（2011）以杂交玉米为例分析了发展中国家在技术选择上的一个经验性谜题，即较低的新技术使用率却增加了平均农业利润。论文提出了一种假设来解释这一现象，即成本和收益之间具有异构关系，这导致具有较低净收益的农民不选择使用新技术。论文通过估算杂交玉米的产量和收益分布的相关随机系数模型对这一假设进行了检验。Bierman（2011）从产业组织的角度探讨了进入 21 世纪后如何改进竞争环境问题。许多公司发现在国际市场上竞争是很困难的，收益往往下降。太多政府过多地利用了它们国家自身的商品和服务，并且很多国家的税收制度也不完善。这些情况往往降低了管理的有效性，使得管理成为非生产性追求和许多其他低效率行为的来源。基于以上现实情况，该书在制度结构、管理技术和奖励以及如何应对小时劳动报酬等方面提出了亟待解决的问题和政策性建议。

三、产业发展与产业政策

产业发展研究是对一个行业在一定时期内的演变情况进行详细的回顾和分析，会对该行业的持续健康发展起到重要的参考作用，同时，对相关产业政策的制定和其他行业的发展起到重要的借鉴作用。

有几位学者选择对特定行业的某一特殊问题进行论述。Peng 和 Chen（2011）对中国玩具行业在国内政策和国外同行压力下的发展历程进行了回顾和分析。Donzé（2011）从混合生产系统和日本专业技术行业的诞生探讨了 Hattori 公司的手表生产。Redding 等（2011）对德国机场的历史和发展进行了回顾。

由于产业发展研究涉及的时间较长，内容较多，更多的学者通过著书的方式，对某些行业的发展进行更详细的论述。Ingrassia（2011）详细叙述了美国汽车工业兴衰史，底特律三大汽车公司作为曾经繁荣骄傲的符号，美国总统却通过破产主导了其中两家的宿命。作者的分析涵盖了工厂车间和小城镇的经销商、底特律会议室直至白宫，回答了几个引人关注的大问题：底特律的自我毁灭是必然吗？关键的转折点是什么？为什么日本汽车制造商比美国公司能更好地管理美国工人？该书后记则对持续动荡的汽车产业提出了新的见解——丰田的阵痛，旋转门管理和通用汽车的 IPO，克莱斯勒意想不到的进展以及奥巴马政府在底特律恢复上的赌注——强调了一个关键问题：美国拯救了通用汽车，但是谁来拯救美国？Rifki（2011）则在 *The Third Industrial Revolution* 一书中论述了以石油和其他化石燃料为动力的工业革命是陷入危险的残局。油价和食品价格不断攀升、失业率居高不下、房地产市场受到重挫、消费者和政府债务飙升以及美国经济复苏放缓。面对全球经济第二次崩溃的前景，人类迫切需要一个可持续的经济博弈计划将我们带到未来。该书探讨了互联网技术和可再生能源将如何融合创造一个强大的第三次工业革命，数百万人在他们的家里、办公室和工厂里生产的绿色能源，并在能源互联网上彼此分享，如同在线创建和共享信息一样；还描述了第三次工业革命的五大支柱将创造数千家企业、数以百万计的工作岗位，并迎来人类关系的一个基本重组，从等级制度到平等权利，这些将影响我们进行商务运作、管理社会、教育子女和参与公民生活的行为方式。Falck 等（2011）则探讨了产业政策与"国家冠军"（National Champions）之间的关系。世界各国政府都对产业政策的正确作用进行了深入的研究，一些政治家认同不干预治理，另一些支持政府干预以促进

"国家冠军"——企业因政治和经济双重原因接受政府支持。该书探讨了政府支持国家冠军的利弊，并使用严谨的经济模型，从定量的角度以补充和扩展现有的定性研究，并专注于欧盟市场一体化进程中的问题。大量支持"国家冠军"的论证都是在动态背景下做出的，首先以动态经济学的观点开展分析，然后论述了决策过程中的政治经济学问题，最后提供了经典的静态均衡论证。多角度的分析可以更深入地理解产业政策，该书的研究说明单纯的经济分析不能为偏好"国家冠军"的政策提供充分的支持，最好从政治角度理解。Puig 和 Marques（2011）研究了欧洲制造业的地区化、专业化与全球化问题。虽然传统的制造业（纺织、服装、鞋类、家具等）已经在发达国家衰退，但由于其劳动密集型的特点，仍然是欧洲就业的一个重要组成部分。而且，由于这些产业地理位置集中的特征，可以反映出欧洲某些特定地区因产业衰退而寻致的就业损失。在此背景下，该书以西班牙纺织业为例，详细分析了区域化和专业化背景下全球化对公司的不同影响。该书还特别强调了组织模型、专门化政策和经济全球化之间关系的强度。这些分析方法也可以用来研究其他欧洲国家的制造业。Sridhar（2011）从技术、制度、政策等方面全面分析了印度的电信改革，研究涉及了不同的电信服务基础设施、移动电话、国家和长途电话、互联网、卫星电视、广播电视和调频广播。通过分析网络外部性、规模经济和范围经济及其对市场结构和管制的反应，对电信行业的各个方面进行了深入而又有价值的分析。通过对基本电信服务具体特点的阐述，强调了其独特的成本结构、关税管制和基本服务。通过对移动服务的案例分析，详述了频谱分配和管理的不同阶段——第三代和宽带无线频谱，包括在有限的频谱范围和频谱分割条件下进行竞争和行业效率之间的权衡，还探讨了由市场政策引导的创新成功案例，包括运营服务、创新的合作伙伴关系和不断发展的本土移动电话等。

四、环境与政府管制

通过对 2011 年的文献成果进行分析可以发现，环境保护一直是政府部门关注的重点，并对相关产业制定了法规、政策，以期保护环竟，以对产业发展不产生较大的负面影响。但是，对相关行业的政策研究则表明，一些政策并不能对环境保护产生明显的有利效果。当然，也有研究表明，相关政策对于行业发展的负面影响，并没有从业者所宣称的那么巨大。

一些研究分析了已有政策在环保方面的效果以及对相关产业的影响。Samad 和 Manzoor（2011）指出合理的绿色增长政策可以激励环保创新，一方面减少对生态环境的破坏，另一方面保证经济的可持续发展。论文运用实证研究方法，分析了税收与财政政策、研发投入、政府职能部门改革、GDP 结构等因素对环保创新的影响，并根据分析结果提出政策建议。Auffhammer 和 Kellogg（2011）探讨了给消费者带来巨大成本的美国汽油成分管制是否已成功地减少了空气污染。联邦汽油标准允许炼油厂在规定范围内选择炼制方法，论文运用时间和空间变量来描述管制实施的情况，研究表明，这一标准并没有改善空气质量。这是因为厂商在管制范围内以最小化成本为目标而选择的行动，并未减少那些容易形成臭氧的化合物的排放。但在加利福尼亚州实施的目标精确、不具有灵活性的管制则有效地降低了有害化合物的排放，并且改进了空气质量。Mukherjee 和 Segerson（2011）分析了美国政府为了保护海洋龟类而制定的面向商业捕虾拖网船的强制性政策对捕虾业的影响。研究表明，该政策从捕捞过程、市场价格等方面对捕虾数量产生影响，然而总比例下降并不明显，远低于该行业从业人员所描述的情况。Sneeringer（2011）指出环境法规遵从成本是影响乳制品定位决策的一个重要因素，但是这方面的研究很少，论文通过对加利福尼亚地区乳制品环境法规的研究，在农业领域对污染避难所假说进行验证。研究表明，即使排除人口因素的影响，政府管制依然对南加利福尼亚的乳制品行业产生了重大的负面影响。Haley 和 Schuler（2011）详细论述了太阳能光伏产业中的政府政策和公司战略。分析表明，太阳能光伏（PV）产业如果没有政府政策就不会存在。世界各国政府纷纷实施政策以支持太阳能消费和太阳能光伏产品的生产，但是这些政策在不同国家和不同的时间表现出不同的特征，从而导致了监管的不确定性。论文强调了两个相关问题：首先是太阳能光伏产业监管的不确定如何塑造企业的市场和非市场策略；其次是企业如何应对影响技术发展和制造业环境的公共政策？

也有一些研究专注于以更先进的理论对产业结构与环境之间的关系进行更深入的分析，为政府部门的政策制定提供参考。Portela 等（2011）在 Malmquist 指数方法的基础上进行改进，提出了 Meta-Malmquist 指数方法来研究生产率问题，并运用新的指数方法详细分析论证了英格兰和威尔士地区水利公司生产率转换的问题。研究表明，英联邦水利公司生产率在一定时期内提高，是由于生产率曲线的形状发生变化，而并非是由于生产率曲线的平移。研究还指出，Meta-Malmquist 指数方法可以作为一种有效地研究英联邦水利公司生产率变化问题的理论方法和制定政策的参考。Petrick 等（2011）运用实证分析方法，对德国 7.8 万个工业企业长达 12 年的面板数据进行分析，研究了能源使用与碳排放之间的关系。研究表明，能源使用、二氧化碳排放与碳排放密度之间呈现密切的正向相关关系。而工业规模与能源密集度之间没有显著关系，能源密集度与二氧化碳排放之间也没有显著关系。能源密集型企业更多地使用化石燃料，而非电力等其他能源。Corton（2011）通过对秘鲁 43 个水利供应部门 10 年的规模经济和成本低效的情况进行分析，研究了该国水利工业的结构问题。研究表明，水利生产过程中的损失情况与经济发达程度有关，也与政治成本有关，当该领域向私人部门开放时，应考虑这些方面的影响。

五、服务业

在 2011 年的检索分析中，服务业的研究成果数量高居榜首，在对重要期刊进行分析的过程中发现，服务业虽然不是年度研究和产业发展中最重要的关注点，但是研究成果仍占有一席之地。医疗、金融和零售行业受到的关注最多，其他领域也有涉及。

在医疗领域，Avgar 等（2011）探讨了在财务和员工离职压力下，为了改进护理质量，一些医院实行了以患者为中心的护理制度。论文选取了英国 173 家实施这种创新型护理制度的医院在 5 年间的面板数据进行实证分析。研究表明，这种制度不仅提高了患者的满意程度，降低了医疗事故率，而且减少了医护人员离职的情况。这对于其他服务行业的改革也起到了很好的借鉴作用。Cutler（2011）通过对公共保险计划和不完全信息两个因素的分析，探讨了医疗保健行业组织创新形式失败的原因，并就以上两个因素提出了改进的建议。McClellan（2011）从降低成本与提高服务质量的角度探讨了医疗保健行业的改革。

在金融保险领域，Höring 和 Gründl（2011）分析了欧洲保险业信息披露的调查研究。Gowrisankaran 和 Krainer（2011）通过对取款机市场的分析，研究了差异化产品市场的定价和进入问题。O'Mahoney（2011）研究了英国咨询业道德个体化问题。Hon 等（2011）研究了马来西亚银行业的效率问题。Forman 和 Gron（2011）分析了保险行业的纵向一体化与信息技术投资问题。Boubakri（2011）分析了保险行业的公司治理问题。Hoshi（2011）从金融危机的角度讨论了金融行业改革问题。

关于零售行业，Matsa（2011）研究了超市行业中竞争和品质之间的关系。在超市行业中，库存的充足情况是反映超市品质的一个重要的衡量因素，可运用消费者剩余指数的微观数据来跟踪库存短缺的情况，研究发现，那些面临激烈竞争的店面较少地出现库存紧缺情况。沃尔玛的迅速崛起是半个世纪以来超市行业的最大变革，来自沃尔玛的竞争使整个行业供应链上的库存紧张情况减少了 1/3。顾客有可能转换店面的风险激励超市增加投资以提升自身的品质。Ioannou 等（2011）运用美国录像带租赁行业的数据，研究了在可转换的垂直合同下，零售商的备货能力对销售情况的影响。零售商的备货数量可以通过商品的可获得性、易见性等因素影响产品的销售情况。新的监测技术使得新的供应合同在这一行业更容易推行，这种合同在最小化备货数量的前提下降低了备货的前期成本，对库存决策具有重大影响。研究表明，若增加某一个剧目的备货量（即录像带数目），则可以显著增加这一剧目的租金收入；而可转换的垂直合同则对备货量和租金之间的关系具有显著影响。

服务业的其他方面在 2011 年的研究中也有涉及，Ceriani 和 Florio（2011）分析了消费者剩余与网络行业改革问题。Nicoli（2011）探讨了意大利电影工业中企业家与国家之间的关系问题。

第二节　产业经济学学科国内研究综述

我国的工业发展阶段与世界发达经济体尚有一段差距，国内经济情况和产业布局也与其他国家有所不同。我国的产业发展重点、结构升级和调整方向既与世界经济潮流有一致的方面，也有根据自身情况需要着重注意的方面。在此背景下，国内的产业经济学发展也表现出两方面的特点：一方面，关注国际学术界的热点、难点，并结合国内情况开展研究；另一方面，审视自身，对国内产业发展中的疑难杂症开展研究，并提出政策建议。

2011 年，中国将目光集中于产业升级、技术创新、节能减排与制造业发展等问题上，对其深入研究并逐渐推进、拓展到新的领域。如表 2 和图 2 所示，我们以中国知网 2011

表 2 2011 年产业经济学国内重要研究领域

单位：篇

重要研究领域	2011 年国内文献数量
技术创新	12284
制造业	9150
服务业	8673
产业结构调整	8277
产业集群	7763
产业升级	3609
战略性新兴产业	3338
产业政策	3046
产业转移	2689
FDI	2171
产业关联	1643
产业经济	1149
高技术产业	1083
产业培育	344

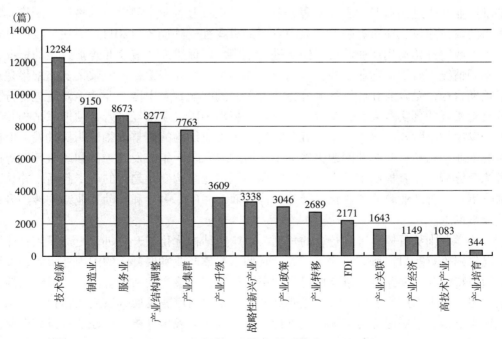

图 2 2011 年产业经济学重要研究领域（中文）

年正式发表的文章为范围进行关键词搜索，调查发现，2011 年，国内研究主要集中在技术创新、制造业、服务业、产业结构调整、产业集群等领域，而产业培育、产业政策等领域也开始受到关注。

一、产业结构优化与升级

中国经济在经历了改革开放以来的高速增长之后，逐渐表现出产业结构单一、增长方式粗犷、能源利用效率不足等问题。这些问题成为整个社会关注的热点，也是经济学界的重要研究领域，产业结构优化与升级的成果众多。研究内容既包括对我国产业发展与结构调整整体层面的分析，也包括对个别地区、行业、企业的发展分析，还包括对政策效果的分析和建议，也有学者探讨了国外发达经济体的产业发展情况作为我国产业结构优化的参考。

从全局的角度分析我国产业结构优化与升级，主要包括对我国产业结构现状的总结和对未来的预测、对产业结构升级必要性的论述以及产业结构升级的政策建议等方面的内容。叶连松（2011）全面论述了 21 世纪过去 10 年来，中国紧紧抓住了战略机遇期，集中精力搞建设，一心一意谋发展，经济实力和国际影响力日益增强的产业发展现状以及未来10 年我国的产业发展目标。并以此为基础，分析了我国经济发展方式、产业结构方面存在的突出问题，提出了转变经济发展方式，要把产业结构战略性调整作为主攻方向，把构建现代产业体系作为战略性举措，构建以高新技术产业为先导、战略性新兴产业为引领，以基础产业和先进制造业为支撑，服务业特别是现代服务业全面发展的格局，最终实现产业振兴的政策建议，还重点强调了人力资源的重要性。陈瑾玫（2011）讲述了改革开放以来，中国政府开始运用产业政策对经济进行干预，以促进产业成长和经济发展的情况，分析了不同情况下政策对产业结构调整的目标与结果。研究表明，产业政策实施结果是否达到了预期目标，是政府和经济社会各界普遍关注的问题，对中国产业政策效应进行分析与评价具有重要的现实意义。金碚等（2011）则指出中国工业已经进入必须依靠结构转型升级推动发展的新阶段。尽管"十一五"时期中国工业结构的调整取得了明显进展，但制约和影响工业结构转型升级的问题仍然突出。通过对未来 5 年的发展条件和政策环境等因素进行综合分析，作者提出了"十二五"时期中国工业结构变化趋势的若干判断，并从深化体制改革、完善产业政策和优化发展环境等方面，明确了引导和推动工业结构转型升级的相关政策措施。

一些学者则从具体地区或行业的角度，对产业结构优化与升级进行更加深入具体的分析。祝尔娟等（2011）研究了"十二五"时期京津冀产业发展升级的国内外背景、发展现状、趋势特征与主要路径，重点探讨了都市圈产业结构演变的一般规律、空间结构演化的产业机理、都市圈产业发展升级的主要路径；对京津冀产业发展升级的国际背景、国内背景、现实依据、发展趋势与空间演化进行了全方位、多视角分析，论证了京津冀产业发展升级的客观必然性；同时分析了京津冀战略性新兴产业的优势、特色以及发展进程；对京津冀重化工产业转型升级以及战略性新兴产业的发展路径进行深入探讨，并提出了相应的政策建议。贾晓峰和王家新（2011）则运用实证研究的方法，从不同角度、多方位、全面分析了长三角地区的产业结构变化的特征值，根据计算结果，对产业结构的战略性调整提出了对策性建议。唐东波和王洁华（2011）从劳动收入和贸易扩张的角度研究了产业升级问题。研究表明，进出口贸易显著地提高了中国的劳动收入份额，1997年亚洲金融危机并未对这一作用机制产生实质性影响，实证分析验证了传统贸易理论的基本结论；劳动市场的双重工资弹性条件难以满足，是导致中国劳动收入份额总体上呈现逆周期性特征的原因。此外，人民币汇率升值和人口因素也不利于中国劳动收入份额的上升。围绕全球化贸易和双重工资弹性条件，作者提出了继续坚持开放、加快产业升级和降低工资刚性等政策建议。孙早和王文（2011）则从国有企业产业绩效的角度分析了产业政策的作用。研究表明，规模以上国有企业比重的变化与产业绩效之间呈现出负相关关系；规模以上民营企业比重的变化对整个工业，尤其是资本密集度高的战略性产业绩效具有显著的正效应；规模以上外资企业比重的变化对产业绩效改善具有正效应，但要弱于民营企业。

也有大量研究指出，在产业结构升级过程中，仍应关注制造业的发展和改革。李钢等（2011）利用购买力平价分行业的数据计算了我国2000~2009年的产业结构。计算结果显示，与目前中国人均GDP相同时的发达国家产业结构相比，中国第二产业的比例不是高了而是低了；中国第二产业占GDP的比例还有提升的空间，第二产业特别是制造业的加快发展仍旧是中国产业升级的方向及产业政策的着力点。李大元等（2011）指出，以重振制造业为核心的再工业化是加快转变经济发展方式的重要手段，研究主要发达国家的再工业化发展路径对我国加快转变经济发展方式有着非常重要的借鉴意义。刘戒骄（2011）认为，过去几十年美国去工业化给就业和经济发展带来不少突出问题，引起朝野各界对再工业化问题和经济发展模式的广泛讨论，再工业化成为当前美国总统和国会的一个重要议题。美国正在采取措施促进国内制造业发展，其中一些做法值得我国重视和借鉴。全球化、新技术和不断增强的国际竞争迫使制造业比以往更具创新性。作为高收入国家，美国的再工业化不是简单地回归传统制造业领域，而是采取以创新为中心、以高端为重点的战略重建制造业竞争力。此战略要求政府加大对特定领域的支持力度，提高公共和私人投资水平，发挥美国制造业企业与众不同的技术和组织能力。杨长湧（2011）通过研究认为重振制造业是美国对全球经济失衡和本国经济困境的战略回应，可称为美国版的"转变经济发展方式"和"调整经济结构"。这也表明，制造业乃大国立国之本，中产者乃国家之福。顾乃华（2011）利用城市样本数据和多层线性模型，实证检验了我国城市生产性服务业集聚对工业的外溢效应及其区域边界。研究发现，我国城市生产性服务业集聚能显著提高本地工业的全要素生产率；生产性服务业集聚对工业的外溢效应存在区域边界，省层面的生产性服务业集聚与所辖市工业的全要素生产率无显著的相关关系。

二、我国制造业发展研究

相对于国际上关于服务业研究成果数量多的情况，2011 年，我国学者更关注国内制造业的发展和改革，这也更符合国内产业结构的现实需求和制造业的现实情况。利用数量经济学对我国制造业的发展历程和现状进行分析是研究的一个热点，将我国制造业与世界同行业发展情况进行比较分析也受到一定的关注，当然，也有学者对国外发达经济体的制造业进行分析，这可以作为我国改革与发展的参考。

2011 年，以博弈模型为基础的产业经济学研究成果尚不突出，但是大量的学者通过实证研究方法分析我国制造业的发展情况，这对于深入理解我国制造业的发展情况和改革方向具有重要的参考作用。齐志强等（2011）利用灰色关联分析方法定量分析了 1994~2000 年、2001~2008 年中国制造业各部门与工业经济整体增长的关联度，以研究进入 WTO 前后中国制造业部门结构的演变。研究显示，中国制造业部门结构在进入 WTO 之后的 2001~2008 年较之前的 1994~2000 年发生了较大的变化：轻工业在中国制造业的地位日趋下降，中国制造业持续向重化工业和装备制造业为主导转变，且高新技术产业对制造业经济增长的贡献明显上升，中国制造业高新技术特征日益显现。王俊（2011）以流通规模、流通结构、流通效率、流通专业化指数四个指标表示流通业发展水平，以 2000~2008 年我国 31 个省市区面板数据实证检验了流通业发展水平对制造业 TFP 的影响。研究表明，流通规模扩大显著地促进了制造业 TFP 上升。在以我国三大区域组成的子样本估计中发现，流通业发展水平对制造业 TFP 的正面影响效应在东部地区最显著。实证结果说明了流通对生产的反作用是确实存在的，流通业发展水平在一定程度上决定了制造业生产效率的高低，中西部地区流通业发展水平相对滞后有可能成为制造业发展的"瓶颈"。韩国高等（2011）在微观经济学生产、成本、均衡理论基础上，借鉴 Berndt 和 Morrison（1981）提出的成本函数法，利用面板模型的广义矩估计方法（GMM）分别测度了我国重工业和轻工业 28 个行业 1999~2008 年的产能利用水平，据此得出七大产能过剩行业，进而分析了制造业行业发展的波动特征；然后建立变参数面板模型，针对七个产能过剩行业，利用实证分析证明了固定资产投资是产能过剩的直接原因，并针对宏观调控政策对抑制固定资产投资收效甚微这一现象，阐述了我国产能过剩的深层次原因。徐维祥等（2011）利用 1997~2008 年中国制造业 28 个行业的数据，运用 AMSZ 准则对中国制造业资本积累的动态效率进行测算，并对典型制造业空间集聚规模及资本积累动态效率关系进行格兰杰因果检验。研究表明，中国整体制造业资本积累动态效率不断提高，制造业内不同行业的资本积累动态效率存在较大差异；进一步分析发现，制造业空间集聚规模与资本积累的动态效率之间不是简单互为因果的均衡关系，只有部分地区、个别行业存在单向的因果关系，而有些产业集聚程度较高地区集聚程度与资本积累动态效率反而偏离长期均衡关系，出现过度集聚、效率下降现象。吴三忙和李善同（2011）利用中国 31 个省区 169 个制造业在 1999~2009 年的数据，实证分析了专业化、多样化和竞争程度等因素对制造业增长的影响。研究结果表明，在全国样本范围内，专业化（MAR 外部性）对制造业增长的影响为负，而多样化的产业环境（Jacobs 外部性）和竞争（Porter 外部性）有利于制造业的增长。在分地区、分产业和分地区分产业的分析中，专业化和多样化对不同地区和不同类型的制造业增长的影响存在显著差异，但是竞争对制造业的增长始终具有显著正面效应。安烨和钟廷勇（2011）考察了中国制造业上市公司的股权集中度和股权制衡度对公司经营绩效的影响。通过对沪深两市 A 股制造业 373 家上市公司 9 年数据的收集，应用混合面板数据模型估计参数，实证研究发现：①经营绩效和股权集中度之间呈现出显著的正向线性关系，而且这种线性关系在不同股权性质的控股股东中都是明显存在的。②股权制衡度对公司绩效有显著负面影响，当股权制衡指数变小时，公司绩效显著提升，这证实了其他股东对第一大股东的制约作用，从而限制了大股东对小股东利益的剥削，减少了"隧道效益"作用。卜伟等（2011）利用 1998~2008 年的相关统计数据，选取外资市场控制率、外资股权控制率、外资技术控制率和主要企业受外资控制率 4 个指标，从产业控制力角度考察了我国装备制造业的产业安全问题，发现外资对装备制造业产业控制力影响较大。在此基础上提出了增强内资装备制造业产业控制力、保障产业安全的主要对策建议。陈建军和陈菁菁（2011）以浙江省 69 个城市和地区的产业分布为例，建立两方程联立模型，验证了生产性服务业与制造业之间的协同定位关系，发现生产性服务业区位对制造业集聚的影响，以及后者对前者逆影响的大小在不同规模城市中存在差异，由此决定了产业发展顺序的差异，大城市要推进制造业的转型升级，应首先关注生产性服务业的发展与集聚，而中小城市则首先要推动制造业的集群，才能吸引生产性服务业集聚。进一步的研究还表明，交易成本也对协同定位效应产生重要作用，降低该成本，将促进城市和地区的产业协调发展和升级。

也有研究关注了制造业的投入产出、组织方式、生产效率等问题。刘戒骄（2011）结合案例分析了生产分割后制造业的四种基本组织方式。分析表明，制造业企业根据市场竞争强度权衡技术和成本，选择生产分割方式和程度。在竞争强度较低的产业，企业优先考虑维持技术优势，倾向选择内部一体化生产组织方式，自己投资建造工厂。在竞争强度较高的产业，企业优先考虑营造成本优势，倾向选择外购，最大限度利用第三方设施。竞争强度提高将推动企业在更大范围寻求更有效率的制造地点、供应商和合作伙伴，采取更加开放的组织方式。只有科学把握制造业组织方式演进规律，创造并利用制造业开放程度不断提高的有利条件，才能改善中国这个发展中工业化大国的产业国际分工地位。许统生和薛智韵（2011）利用结构分解法探讨制造业 CO_2 排放变化趋势，分析出口对中国制造业 CO_2 排放的总体影响，将制造业出口 CO_2 排放的影响因素分解为规模效应、结构效应和技术效应，并在此基础上进行分行业研究。研究表明，规模效应是制造业出口完全 CO_2 排放上升的最重要因素；结构效应的作用方向不稳定，总体上增加了制造业出口 CO_2 排放，但这种效应很小；技术效应对制造业出口 CO_2 的排放虽有一定的减排作用，但还不足以抵消规模效应和结构效应。因此，应当对当前制造业的产业结构和出口结构进行更加有效的调整，提高各行业尤其是高污染行业的减排技术水平。文东伟（2011）使用 OECD（2009）

提供的投入产出数据库，采用投入产出分析法，主要从产业技术特征的国别差异角度出发，测算中国制造业出口贸易的技术复杂度，并进行国际比较。研究结果表明，与欧美日以及亚洲新兴工业经济体相比，中国制造业各行业的技术密集度显得相当低下；中国制造业的出口规模虽然极其庞大，但中国出口篮子的技术复杂度却令人震惊的低下；中国虽是"贸易大国"，却不是"贸易强国"。李毅（2011）在系统、全面地总结前人研究成果的基础上，运用经济学与历史相结合的研究方法 通过对日本制造业演进的历史观察与分析，对技术和组织创新的实质与作用进行分析，阐述了产业创新复杂系统的结构特征和演进规律。在日本制造业的演进、技术和组织创新以及产业创新系统的结构特征等重大问题上提出了自己独立的观点和见解，是近年来相关领域中少见的研究力作，可作为我国制造业相关领域研究的参考。杨立强（2011）讲述了全球制造网络尤以东亚制造网络最典型。整体来看，中国通过引进大量的外商直接投资，在东亚地区形成了以中国为加工组装基地，以日本、韩国、中国台湾地区为料件供应地，以美欧为主要出口市场的跨境生产格局。而中国融入东亚制造网络的形式主要表现为迅速发展的加工贸易活动。在以工序国际转移和生产制造外包为主要特征的全球制造网络迅猛发展的大背景下，中国制造企业如何参与国际分工，如何利用国际分工发展自己，推动企业沿着国际产业价值链跃迁，促进整个产业升级，成为中国制造企业面临的主要问题。李影和张海英（2011）认为在异质性企业贸易理论提出以后，生产率就被看作是决定企业出口的重要因素，只有生产率高的企业才有能力选择出口。不过对中国企业的经验研究发现，中国出口企业的生产率的均值要低于非出口企业，即存在"生产率悖论"。研究表明，出口企业生产率均值在大部分情况下低于非出口企业；出口企业的生产率在很多时候显著低于非出口企业或者与非出口企业无差异；出口企业的生产率与出口规模正相关，但是在控制其他可能影响出口的因素后，则变为负相关。这些都是中国出口企业存在"生产率悖论"的证据。

三、技术创新与政策激励

相对于管理创新等情况，我国现阶段的产业发展与优化升级更加需要技术上的创新和突破，政府也制定了相关政策以激励和促进技术创新，2011 年的学术研究成果反映了这一现实情况。研究以实证分析为主，主要集中在两个方面：一方面分析了技术创新对产业发展的影响；另一方面分析了政府政策对创新的影响。

技术创新始终是产业发展与升级、维持产业活力不可忽视的因素，也是我国产业发展不可忽视的问题。赵玉林等（2011）综合运用产业经济学、创新经济学、演化经济学等理论和方法，拓展了波特产业竞争优势的钻石模型理论，构建了科技创新为核心要素，科技创新与诸关键要素协同作用提升产业竞争优势的新钻石模型，揭示了科技创新与生产要素、需求条件、相关及支撑产业、市场结构与企业战略等关键要素协同作用提升产业竞争优势的作用机制；构建了产业竞争优势演化的超循环模型，分析了从产业形态创新，到产业组织创新再到产业结构创新的产业竞争优势提升过程，揭示了协同创新诱导产业竞争优势提升的作用机制和产业竞争优势演化的自组织机制。作者结合发展中国家从比较优势向产业竞争优势转变的实际，提出了提升产业竞争优势的持续创新战略。张海洋和史晋川（2011）在提出新产品技术效率（NPTE）是衡量工业自主创新效率有效标准的基础上，通过方向性距离函数的拓展，从新产品视角构建了一个自主创新效率和生产效率（TE）既区分又联系的分析框架，从而能够以生产效率为参照系对工业自主创新效率进行评价。研究发现，1999~2007 年中国省际大中型工业平均 TE 比 NPTE 高 29% 左右；地区工业 NPTE 呈缓慢上升态势，且东部 > 中部 > 西部；近年来中国工业 NPTE 与 TE 的差距有所扩大；企业规模、FDI、进口、R&D 人员和消化吸收投入促进了 NPTE 的提高，R&D 投资、技术引进和国内技术购买则有抑制作用，产权改革和技术改造的作用也不显著。研究结果还表明，地区工业 R&D 投资与 NPTE 负相关，而这又与非国有产权特征密切相关。华锦阳（2011）认为低碳技术创新是发展低碳经济的根本途径，但企业作为技术创新的主体，现实中其低碳技术创新的动力仍有待加强。为提高环境与能源政策的针对性，有必要进一步了解企业低碳技术创新动力的真实状况。

更多的学者则分析了政府投入、政策制定、企业管理等因素对创新的影响，并根据分析提出了相关的政策建议。陈林和朱卫平（2011）基于中国工业企业数据库的企业层面数据，整理出中国 524 个四位数代码产业的 2005~2006 年产业层面数据，分析了政策壁垒对创新的影响。研究表明，国有经济比重大的行政进入壁垒产业的创新与市场结构呈显著"U"形曲线关系，熊彼特假说成立；国有经济比重小的自由市场产业的创新与市场结构呈显著倒"U"形曲线关系，熊彼特假说不成立。这说明忽略行政垄断和自由市场的制度因素，把国有经济比重大小不一的样本混合起来进行回归估计，可能是以往国内外实证研究出现结果不显著、不稳健甚至互相矛盾的主要原因。冯宗宪等（2011）应用两阶段半参数DEA 方法估计了样本期间内，中国 30 个省区市大中型工业企业技术创新活动的技术与规模效率，实证分析了政府投入与市场化程度变量对创新效率的影响程度与方向。研究发现，政府投入与创新活动的技术效率之间呈现不显著的负相关关系，其对创新活动的规模效率则具有显著的负向影响。市场化程度对创新的技术效率具有显著的正向影响，而它对规模效率的影响却是显著为负的。白俊红（2011）的研究旨在考察中国政府 R&D 资助企业技术创新的效果，并从政府偏好的角度分析影响资助效果的因素。研究结果发现，中国政府的 R&D 资助显著地促进了企业的技术创新，而且企业自身的知识存量、企业规模、行业技术水平及产权类型等因素均会对资助效果产生不同程度的影响。庞瑞芝和李鹏（2011）运用基于松弛的序列方向性距离函数对 1985~2009 年中国省际工业部门的新型工业化增长绩效进行了核算，并着重从区域发展战略与产业结构政策角度分析新型工业化增长绩效的区域分布特征与演变规律。研究发现，改革开放之初所推行的区域不平衡发展战略在促进东部工业崛起之时显著拉大了沿海与内陆地区的差距，而 20 世纪 90 年代以后执行的一系列区域协调发展政策在高耗能产业"污染西迁"影响下，并未能有效改观沿海与内陆新型工业化两极分化格局。高新技术产业集聚对东部工业结构的升级优化成功抵御了 1998 年以来重化工业加速发展带来的不利影响，由此彰显了高新技术产业在未来新型工业化增长模式转型中的重要价值。江诗松等（2011）认为现有研究忽视了所有权因素在后发企业创新能力追赶过程中的角色。其研究以备受争论的中国汽车产业为例，通过对国有企业（上汽）和民营企业（吉利）将近30年的纵向比较案例研究，揭示了国有企业和民营企业在创新能力发展路径中的差异及其影响机制。案例研究发现，国产化政策强化了国有企业对跨国公司的依赖性、学习封闭性以及创新能力三者之间的恶性循环。对于民营企业而言，由于缺少和跨国公司建立直接联结的机会，从而摆脱了国有企业面临的恶性循环。这导致了国有企业和民营企业创新能力的显著差异，进而促使决策者从国产化转向自主品牌导向。在自主品牌政策导向下，国有企业打破了原有的恶性循环，但由于内在的可见度窘境，在创新能力追赶上较民营企业仍然不具优势。基于这些结论，总结出一个整合的过程理论框架。最后探讨了对后发企业创新能力追赶、战略的制度观以及资源依赖理论的贡献，并讨论了管理和政策意义。李怡娜和叶飞（2011）在新制度主义理论和生态现代化理论的基础上，构建了制造企业实施绿色环保创新的驱动因素与实施效益的理论框架。以广东省珠三角地区148家制造型企业为研究对象，利用结构方程模型对企业绿色环保创新实践的制度压力及其实施效益进行实证研究。研究发现，强制性的政府环境法律法规和竞争压力对企业绿色环保实践有显著的正向影响，而激励性的政府环境法律法规和客户环保压力对企业绿色环保实践的影响并不显著。企业绿色环保实践对环境绩效有显著的正向影响，对经济绩效并没有直接的显著影响，但会通过环境绩效这一中介变量间接地影响企业的经济绩效，环境绩效起完全中介作用。张各兴和夏大慰（2011）利用随机前沿生产函数对我国2003~2009年30个省市区的面板数据进行分析，估计了我国发电行业的技术效率，并对所有权结构、环境规制等因素对发电行业效率的影响进行了实证检验。研究表明，我国发电行业总体的技术效率水平较低，技术效率的变动趋势随时间变化呈开口向下的抛物线形态；所有权结构对于发电行业技术效率存在显著影响；环境规制与发电行业技术效率呈现"U"形关系；企业规模与生产无效率呈现开口向下的抛物线关系；电价、煤炭价格与发电行业效率分别呈现正向和负向关系，但这一关系并不显著；短期内标准煤耗的降低尽管减少了燃料投入，但却需要更多资本投入，从而形成了对发电行业效率的负向影响；设备利用率的提高对于发电行业效率具有显著的正向影响。

四、能源与环境

在工业发展的初级阶段，我国曾经历过一段经济高速增长，环境受到大规模损害，能源粗放式消耗的时期。随着经济规模的增加和粗放式增长弊端的显现，节能减排和环境保护受到越来越多的重视。2011年的成果一方面集中在对能源或环保整体行业的发展情况分析和政策建议，另一方面则集中在对水利、新能源等具体行业的实证研究。

根据行业发展和政策分析的研究结果，我国目前的节能减排和环保制度尚有较大的改进空间，在更科学的制度安排下，我国的能源与环境的发展可以得到进一步优化。陈诗一（2011）在《节能减排、结构调整与工业发展方式转变研究》一书中初步勾勒出科学发展观的经济学理论分析体系，并指出转变经济发展方式的关键在于不断提高由全要素生产率所代表的经济增长中的质量贡献，而现有文献往往只从传统的资本和劳动要素的角度来进行分析。作者从可持续发展概念最初源起的能源和环境视角出发，深层次剖析节能减排在发展方式转变中发挥作用的经济学机制；并以中国工业为例，分析如何通过实施以能源结构和轻重工业结构调整以及技术进步和创新为主的政策路径，来重置能源要素和减排环境污染，以推动全要素生产率增长并最终实现工业发展方式向可持续方向发展的根本转变。史丹等（2011）则将能源供应分为四大体系，即物质体系、安全保障体系、清洁体系、价格体系，并以此为框架分析了我国能源供应物质体系。研究表明，我国的能源供应物质体系已经形成，但是体系内发展不平衡，主要表现为运输和生产能力的不平衡，先进技术应用的不平衡，生产规模和经济效益的不平衡，能源投资与能源需求的不平衡，传统能源资源开发与新能源、可再生能源开发的不平衡，能源供应的安全保障体系建设远远落后于能源供应的物质体系建设，大多数能源安全措施都处在探讨之中。在四大体系中，能源供应的清洁体系建设是最薄弱的，其不仅依赖政府的推动和产业发展，而且还依赖消费者与市场的选择；同时，能源价格体系建设是能源供应体系中最困难的，因为能源价格涉及各方的利益，如果没有合理的能源价格体系，我国稳定、合理、清洁的能源供应体系建设就会缺乏经济手段。而在市场经济条件下，经济手段与行政管理手段相比往往是事半功倍的。郭越和王占坤（2011）认为相对于陆地风能，海上风能资源丰富，发电产能大，海上风电将是最有可能大规模发展的能源资源之一。欧洲是世界发展海上风力发电的先行者，1991~2009年，欧洲建设完成并投入运营的共有38个海上风电场，装机容量达到2056兆瓦，其中一半以上的海上风电场是近5年建成的。欧洲海上风电产业拥有先进的核心技术，海上风电场正朝着大规模、深水化、离岸化方向发展，目前正处于示范阶段向商业扩展阶段的过渡时期。而我国虽然拥有丰富的海上风能资源，但海上风电产业的发展却比较缓慢，目前还处于研发阶段和示范阶段的过渡期，海上风电技术仍然面临着核心技术缺失、行业标准混乱、研发能力不足等问题。我国海上风电产业发展面临的主要问题包括：缺乏统筹；产能过剩、质量不高；难以盈利；缺少标准、无法推广等。为促进我国海上风电产业的发展，政府应进一步细化海上风能开发的有关规定，完善政策体系，统筹产业发展，采取多种措施推进政策具体落实；充分发挥市场作用，构建海上风电产品认证检测体系；提升核心技术含量，提高产品技术水平和工艺水平；加快培养专业人才。

面向能源与环境的实证研究，则侧重探讨生产率等技术指标与节能减排和环保之间的关系。段文斌和余泳泽（2011）通过SFA的方法计算了我国35个行业全要素生产率，并将其分解为规模效率、技术进步和技术效率，在此基础上将35个行业分为7类分别衡量了全要素生产率各组成部分对能源效率的影响，研究表明，1998~2008年我国工业行业全要素生产率的平均增长率为–0.7%，主要原因在于规模效率表现为负增长，而技术进步率和技术效率表现为正增长；从总体上说，技术进步在能源效率提高过程中起到了主导作用；对于规模经济要求较高的行业规模效率对能源效率的影响较大，对于以技术竞争为主的行业技术进步对能源效率的影响较大；技术效率改进对于各行业能源效率提高都起到了积极作用；国有企业比重越高、企业规模越大、对外开放水平越高，行业的能源效率也就越高。姜磊和季民河（2011）基于资源禀赋、产业结构、技术进步和市场调节机制的视角分析能源消费强度的影响因素，采用空间变系数的地理加权回归模型（GWR）进行实证研究，通过对比分析揭示了经典 OLS 方法无法模拟地域间各种影响能源强度的因素的空间异质性问题。研究表明，能源资源禀赋与能源强度成正比关系，但 GWR 回归弹性系数差别很小；工业和重工业弹性的省域间差异性十分显著，且是能源强度的重要影响因素；技术进步降低了能源消费强度，但从系数来看，地区间略有差别；在市场调节机制下，能源价格变量在统计上不够显著；外商直接投资和对外开放有力地降低了能源强度，其中外商直接投资对西部地区作用较大，而对外开放对东部沿海地区影响较大。李斌和赵新华（2011）将环境污染的影响分解为规模效应、结构效应、纯生产技术效应、纯污染治理技术效应、混合技术效应、结构生产技术效应、结构治理技术效应和综合效应，并运用 37个工业行业 2001~2009 年 3 种主要废气排放数据实证分析了工业经济结构和技术进步对工业废气减排的贡献，得到如下结论：纯生产技术效应、纯污染治理技术效应在减排过程中占据了主导地位；工业经济结构的变化对工业废气减排的作用效果不明显，相对 2001 年甚至还加剧了环境污染；结构生产技术效应和结构治理技术效应都对废气减排起到了促进作用，环境技术进步在一定程度上弥补了工业结构的不合理。马涛等（2011）以临港重化工城市宁波为例，根据 IPCC 的方法测算了规模以上工业行业的 CO_2 排放强度，基于此构建了碳生产力和碳强度竞争力两个低碳指标，并将其作为战略产业选择的约束指标纳入Weaver–Thomas 方法的传统指标体系。在传统指标和低碳指标（分为强低碳约束和弱低碳约束两种情景）基础上，进行了战略产业选择，进而利用模拟方法对宁波市实现"十二五"期末工业增长和碳强度减排目标进行了双重目标的模拟。结果表明，根据低碳条件下的指标体系进行战略产业选择，同时采用技术减排，可以有效促进地区实现工业增长和低碳发展的双重目标。孙广生等（2011）在对行业的资本存量进行详细核算的基础上，采用DEA 方法研究了工业 14 个部门的能源效率变化趋势与能源效率损失。结果显示，总体上看，各行业能源使用效率都得到改善，但这种改善并非是持续的，而是存在一个先降低后上升的"U 形"转变，转折期出现在 1990~1995 年；各行业的能源效率值都有提高的趋势，但行业间的能源效率差异性没有明显的趋同趋势；尽管行业的能源效率在提高，但行业能源损失的绝对量仍然很大，表明节能的潜力巨大。从节能规划的角度看，尤其要关注的是"高效率高损失量"和"低效率高损失量"这两类行业。

五、垄断行业发展研究与改革建议

垄断行业发展在 2011 年已经受到学者的关注，研究主要集中在对定价和竞争的分析以及在此基础上的政策性建议。

一些研究针对具体行业进行分析并提出政策建议。戚聿东等（2011）通过对城市公用事业分类研究，发现整个城市公用事业存在许多竞争空间，而在竞争性领域，民营企业通常具有较高的效率。民营企业进入城市公用事业有巨大的潜在空间，中国城市公用事业改革可实行分类民营化政策。"十二五"时期要把竞争化改造作为深化垄断行业改革的主攻方向，形成有效竞争格局，同时需要把运营模式改革与竞争模式改革作为着力点。刘小鲁（2011）以公立医院垄断与医疗体系价格管制为背景，研究了中国医药分离的改革绩效。结果表明，在医药一体化下，单纯的诊疗费管制不会导致过度治疗，"以药养医"以及"以械养医"是政府对诊疗、药品销售以及医疗设备使用收费进行系统性价格管制的结果。医药分离改革的结果取决于改革后药品零售环节的市场结构和医药分离程度。当药品零售环节具有垄断特征时，随着医药分离程度的提高，医生会逐渐放弃"以药养医"，但会相应提高"以械养医"程度。而如果改革能形成竞争性的药品零售市场，则无论医药分离程度如何，竞争将消除"以药养医"，但会造成更大幅度的"以械养医"。由于改革中公立医院的垄断地位未受影响，故医药分离不会改善患者的福利状况，反而会在医疗体系价格管制的基础上造成新的社会福利损失。

也有学者面向垄断行业的整体情况开展研究。汪秋明（2011）在《自然垄断产业规制定价机制研究》一书中指出国内对规制理论和实践的研究尚处于起步阶段，其研究的内容较宏观，提出的政策建议也大多缺乏针对性，在规制定价机制设计方面更是缺乏深入的理论研究和实践的探讨。作者尝试在规制定价机制理论框架内，将已有的规制理论系统化，以规制定价机制设计为核心，在其目标、制约因素以及这些条件下激励强度的权衡方面提出自己的观点，并将之运用到具体的规制定价实践中，如瓶颈环节的单向接入定价、电信行业的互联互通定价、普遍服务定价等。同时从规制定价机制的角度来探讨与放松准入规制、引入竞争以及质量规制等方面的关系，分析规制定价机制与其他规制政策配合所起到的积极作用。简泽（2011）认为转轨以来，中国工业部门的大部分产业经历了从国家垄断向竞争性市场结构的转变，并讨论了市场竞争的引入与增强对中国工业生产率增长的影响力。用一个大规模的微观非平衡面板数据集后发现，市场竞争的引入与增强通过两个机制促进了中国工业生产率的增长：一方面，市场竞争为在位企业提高生产率提供了激励，从而推动了企业层面的生产率增长；另一方面，市场选择机制改善了跨企业的资源配置效率，进而促进了总量层面的生产率增长。这些结果显示，作为中国经济转轨的基本特征，从国家垄断向市场竞争的转变成为中国工业生产率增长的重要源泉。

第三节　产业经济学理论前沿与研究方法展望

产业经济学始终关注现实问题，运用理论方法对现实问题加以分析和解决，是一门在研究领域和研究方法上都持续发展的活跃学科。近年来，随着现实问题的复杂化，产业经济学理论工具也日趋复杂，并且随着数学和经济学方法的突破而不断创新。

一、博弈论

自纳什提出博弈论以来，经济学界的理论研究被注入新的灵感，各个子学科纷纷以此为基础对本学科的研究进行改进。Tirole（1985）以博弈论为基础，对产业组织理论重新进行了论述[①]。在此之后，博弈论作为一种重要的理论工具，在产业经济学的研究中发挥着重要的作用，并且随着理论工具的发展，逐渐被引入各个领域，解决了以往只能通过经验分析的问题。Ding 和 Wolfstetter（2011）构建了一个博弈模型，分析采购过程中竞拍方式的优劣；Goldfarb 和 Xiao 则基于行为博弈理论构建模型，探讨了美国电话市场的竞争问题。

二、运筹学

运筹学作为一种重要的数学工具，在分析行业发展和规划中拥有良好的实践效果。Barnhart 和 Smith 在 *Quantitative Problem Solving Methods in the Airline Industry：A Modeling Methodology Handbook* 一书中，以航空公司的运营规划为案例，对运筹学方法的实践做出了全面的分析。研究表明，目前航空公司运营研究工作中有几个共同的主题。首先，日益增长的对客户方面的关注，主要依据他们想要什么、他们愿意为服务支付什么和他们如何被计划、营销和经营决策所影响。其次，随着算法的改进和计算能力的提升，建模应用的范围扩大，往往是重新整合的过程，而在过去为解决它们会被分解成更小的部分。最后，在许多航空公司的规划和经营过程和决策中，有越来越多的不确定性认识。航空公司现在已经认识到需要开发"强大"的解决方案，从而有效地涵盖许多可能出现的结果，而不是只有最好的案例——"蓝天"方案。而通过客户建模等运筹学方法，则可以很好地解决这些问题。当然，这些方法也可以扩展到其他行业的研究。

三、计量经济学

作为与现实联系非常广泛的学科，实证研究始终是产业经济学非常重要的研究方法，而计量经济学则为这些研究提供了理论支持。随着学科的发展，研究也不断深入。Loecker（2011）通过一个计量经济学模型，分析了生产率、市场势力和价格等因素之间的关系；Suri（2011）则估算了杂交玉米的产量和相关收益分布的相关随机系数，并据此模型分析了技术选择与收益率之间的关系；Haan 和 Sterk（2011）基于计量经济学理论研究了金融创新与金融危机之间的关系，在此之前，这一研究一直维持在经验主义的分析和争论阶段。

---

① Jean Tirole. The Theory of Industrial Organization [M]. Cambridge, Mass.：MIT Press，1988.

四、行为经济学

2002 年，Daniel Kahneman 以心理学家的身份成为当年诺贝尔经济学奖的获得者之一，这也使得行为经济学再一次受到关注。以心理学分析和经济学分析相结合的行为经济学，已有几十年的发展历程，主要关注认知不协调—C–D gap、身份—社会地位、人格—情绪定式、个性—偏好演化等问题。人的主观决策在产业分析中发挥着重要作用，行为经济学理论也在产业经济学的研究中逐渐崭露头角。Goldfarb 和 Xiao（2011）基于行为经济学构建博弈模型，对经理人行为以及其对对手的认知进行假设，分析了美国电话市场的竞争问题，研究显示，对经理人性格和认知能力的假设，成为分析问题的关键。

五、传统经验主义方法的现实意义

著名的结构—行为—绩效范式作为分析产业组织的方法，具有非常直观、有效的作用。Elzinga 和 Mills（2011）对 Lerner 指数的原理和应用进行了综述和评价。Lerner 指数作为分析垄断问题的工具，分析了垄断行业中价格和边界成本之间的关系及其对社会福利损失的影响，以及由垄断者利润产生的资源抵消配置问题。这种方法在实践中一直发挥着重要作用。这些经验主义方法在对产业组织形式、基本特征进行分析时，具有非常直观、迅速、易理解的特点。对于我国现阶段产业转型、新行业不断涌现的经济现实情况，具有很好的实用性，只有迅速有效地对产业组织的基本面进行全局分析，才能更好地认清现实情况，并为进一步的研究和政策制定提供方向和参考。

第二章 产业经济学学科 2011 年期刊论文精选

第一节

中文期刊论文精选

创新、市场结构与行政进入壁垒

——基于中国工业企业资料的熊彼特假说实证检验 *

陈　林　朱卫平

（暨南大学产业经济研究院　广州　510632）

【摘　要】本文基于"中国工业企业数据库"的企业层面资料，整理出中国 524 个四位数代码产业的 2005~2006 年产业层面资料。我们假设政府对国有经济比重较大的产业设置了较强的行政进入壁垒，并以国有经济比重大小为标准对样本进行分组回归。结果表明，国有经济比重大的行政进入壁垒产业的创新与市场结构呈显著"U 形"曲线关系，熊彼特假说成立；国有经济比重小的自由市场产业的创新与市场结构呈显著"倒 U 形"曲线关系，熊彼特假说不成立。本文认为，忽略行政垄断和自由市场的制度因素，把国有经济比重大小不一的样本混合起来进行回归估计，可能是以往国内外实证研究出现结果不显著、不稳健甚至互相矛盾的主要原因。

【关键词】创新；市场结构；国有经济比重；行政进入壁垒；熊彼特假说

一、引言

现代宏观经济学认为创新（技术进步）是经济增长、社会发展的原动力。[①] 内生增长学派代表人物 Romer（1990）的经典论文中，总结出熊彼特创新理论是内生增长理论的核

---

* 本文选自《经济学》2011 年第 10 卷第 2 期。

基金项目：教育部哲学社会科学研究重大课题攻关项目（08 JZD0014）、广东省文科基地重点课题（08JDXM 79010）、国家社科基金重大项目（09& ZD021）、国家自科基金青年项目（71002086）。

[①] 强调创新的主流宏观经济学派包括：内生增长学派，以 Kydland 和 Prescott（1982）、King 等（1991）、Costello（1993）为代表的新古典宏观经济学派，以 Segerstrom 等（1990）、Grossman 和 Helpman（1991a，1991b）、Aghion 和 Howitt（1992）为首的熊彼特增长学派。

心假设:"要想理解第一章引言提及的三大假设[①]的唯一办法就是回到熊彼特思想及其对市场势力的理解。"Cheng 和 Dinopoulos(1992)也提出,根据内生增长理论的几篇经典文献,内生增长理论与熊彼特增长理论(Schumpeterian Growth Theory)[②]是同源的,甚至可以把内生增长理论理解为"新熊彼特主义"。内生增长等学派在宏观经济中成功融入了熊彼特创新理论,加上 Romer 所示的"对市场势力的理解",这难免让我们想起熊彼特提出的另一个创新理论——关于创新与市场结构的熊彼特假说[③]。

至于创新与市场结构之间的关系,西方经济学界已经围绕熊彼特假说展开了持续数十年的激烈争论。数十位知名经济学家参与其中,但以往的理论和实证研究结果莫衷一是[关于这场大争论的回顾可参见吴延兵(2007a)、Subodh(2002)等人的论文]。经验研究结果不稳健是这场争论旷日持久的根本原因,成果之间甚至常常互相矛盾,这使熊彼特假说的理论研究缺乏可靠的经验证据,支持和反对熊彼特假说的两派学者均不能说服对方。

在国内,关于创新与市场结构关系的经验研究也是经久不衰的话题。其中,支持熊彼特假说的文献主要有魏后凯(2002)、安同良等(2006)、张长征等(2006)、张倩肖和冯根福(2007)、吴延兵(2007b)、杨勇和达庆利(2007)、戴跃强和达庆利(2007);不支持熊彼特假说的文献主要有 Jefferson 等(2004)、周黎安和罗凯(2005)、吴延兵(2006,2008)、朱恒鹏(2006)、白明和李国璋(2006)、陈羽等(2007)、聂辉华等(2008a)。我们将上述研究成果分类并归纳成表1。其中持"U 形"曲线关系结论的文献支持"越垄断越创新"的熊彼特假说;持"倒 U 形"曲线关系结论的文献则不支持熊彼特假说。

表1的经验研究总结显示,以往研究结论极不稳健,甚至互相矛盾。一般认为,实证结果的不稳健主要是由产业差异、地区差异、资料源、时间段、计量方法、指针选取等计量方法不一致所造成的。然而本文认为,创新与市场结构之间的不稳健关系是在市场竞争和行政进入壁垒[④]共同作用下的市场结果,是市场机制的本质所决定的。根据陈林和朱卫

[①] 在 Romer(1990)的第一章中,他总结到 Lucas(1988)、Romer(1986)、Rebelo(1991)等学者倡导的内生增长模型有三大假设前提:一是技术变迁是经济增长的核心;二是创新行为是人们适应市场竞争的产物;三是生产设备作为资本从根本上不同于消费品。不难发现 Romer 所说的内生增长理论三大基本假设的确与熊彼特创新理论有极大的共通之处。

[②] 熊彼特通过"创造性破坏"和经济周期理论把微观的企业创新行为与宏观经济增长联系在一起,这种宏观经济理论及其发展被当今学界称为熊彼特增长理论(Schumpeterian Growth Theory)。其核心思想为:创新是经济增长及其周期波动的根本原动力。

[③] 具有垄断势力的大企业可以从创新成果中攫取更多的消费者剩余,大企业更乐于把垄断租金投入到创新活动,因此垄断(大企业)促进了创新(Schumpeter,1950)。在熊彼特的原话中,他说的是大企业而不是垄断。在产业组织理论不发达的那个年代,学界还没意识到大企业的存在实质上意味着市场结构具有一定的垄断性质。在我们收集的研究文献中,中外学者或采用企业规模或采用市场结构来考察熊彼特假说,因此我们认为上述两种方法考察熊彼特假说是等价的。

[④] 所谓的行政进入壁垒指的是,政府部门使用行政权力限制或禁止企业进入某一指定产业进行生产、交易的一项经济制度。在当今中国,行政进入壁垒是行政垄断的主要表现形式(王晓晔,1999;杨兰品,2005;丁启军和王会宗,2009),其对产业和市场产生的作用是:企业进入某一产业必须经过政府相关部门的严格审批,或者完全被禁止进入这些产业。各级发改委、经贸委是掌控行政进入壁垒的主要部门,主要的法律载体是《国务院关于投资体制改革的决定》(此为上位法)、《企业投资项目核准暂行办法》、《政府核准的投资项目目录(2004 年)》、《外商投资项目核准暂行办法》、《外商投资产业指导目录(2007 年修订)》。

表1 文献综述简表

观点	作者	被解释变量	解释变量	主要控制变量	数据来源	数据层次/计量模型	主要结论
支持熊彼特假说	魏后凯 (2002)	研发经费销售收入, 新产品销售额/销售收入	CR4		美国数据	产业/截面	垄断促进创新
	安同良等 (2006)	研发经费销售额/销售收入	员工数		问卷调查	企业/截面	创新与企业规模呈现类似于 "U形" 的 "V形" 曲线关系
	张倩肖和冯根福 (2007)	专利拥有量, 研发经费	员工数, 销售收入		《中国高技术产业统计年鉴》	企业/面板	创新与企业规模正相关
	吴延兵 (2007b)	研发经费销售额/销售收入, 新产品销售额/销售收入	CR4, CR8, HHI, 平均总资产	国有经济比重, 技术机会, 销售利润率, 资产负债率, 广告支出	2002年工业普查	产业/截面	CR4、CR8与创新呈不显著的 "U形" 曲线关系；赫芬达尔指数、企业规模与创新呈不显著的 "倒U形" 曲线关系；国有产权对创新没有显著的影响
	张长征等 (2006)	研发经费销售收入；研发人员/总员工数	总资产		上市公司数据	企业/截面	创新与企业规模正相关
	杨勇和达庆利 (2007)	研发经费；新产品销售	员工数	技术机会, 员工总收入	问卷调查	企业/截面	创新与企业规模正相关
	戴跃强和达庆利 (2007)	研发经费/总资产	销售收入		问卷调查	企业/截面	创新与企业规模正相关
不支持熊彼特假说	Jefferson等 (2004)	研发经费销售收入, 专利申请数	CR2, 销售收入	国有经济比重, 销售利润率	规模以上工业企业数据库	企业/面板	市场结构与创新呈 "倒U形" 曲线关系, 企业规模与创新关系不显著
	周黎安和罗凯 (2005)	专利申请 (拥有) 量/人口数	平均员工数, 平均总产值	人均GDP, 进出口, FDI, 财政支出	专利数据库, 《新中国五十年统计资料汇编》	省级宏观/面板	企业规模与创新呈不显著的 "倒U形" 曲线关系
	朱恒鹏 (2006)	研发经费/销售收入	总资产, 销售收入	利润, 定价能力, 资本密集度, 资产负债率	问卷调查	企业/截面	企业规模与创新呈 "倒U形" 关系
	白明和李国璋 (2006)	专利拥有量, 科技经费筹集, 新产品销售收入	CR8	非国有经济比重	第一次全国经济普查	产业/截面	市场结构与创新显著负相关

续表

观点	作者	被解释变量	解释变量	主要控制变量	数据来源	数据层次/计量模型	主要结论
不支持彼此假说	陈羽等(2007)	研发经费	勤纳指数, 总产值	国有经济比重	《科技统计年鉴》	产业/面板	市场势力, 企业规模与创新呈"倒U形"曲线关系; 国有经济比重影响显著
	吴延兵(2006a)	申请专利员工数, 新产品销售额/销售收入	销售收入	国有经济比重, 研发经费/销售收入, 研发经费/总员工数, 政府科技拨款	《科技统计年鉴》中的大中型工业企业数据	产业/面板	创新（新产品销售收入）与企业规模呈"倒U形"曲线关系; 国有产权对创新没有稳定的显著影响; 政府补贴对创新有显著促进
	吴延兵(2008)	研发经费/销售收入, 新产品销售额/销售收入	CR4, CR8, HHI, 平均资产	国有经济比重, 技术机会, 销售利润率, 资产负债率, 广告密度	2002年工业普查	产业/截面	市场结构, 企业规模与创新呈"倒U形"曲线关系; 国有产权对创新没有显著的影响
	聂辉华等(2008)	研发经费/销售收入	CR4, 销售收入, 勤纳指数	国有经济比重, 销售利润率, 资本密集度	规模以上工业企业数据库	企业/面板	市场结构, 企业规模, 市场势力分别与创新呈"倒U形"曲线关系, 国有经济比重影响显著

注: 表中各文对变量的称谓不统一, 作者进行了相关处理。其中HHI为赫芬达尔—赫希曼指数⋯, CR4、CR8分别为4、8厂商市场集中度, 两个指标均为常用于衡量产业垄断程度的市场结构变量。各文对市场势力指标的计算也各不相同, 如聂辉华等(2008a)使用广告/销售收入, 陈羽等(2007)使用价格成本加成法计算。

① 赫芬达尔—赫希曼指数（即赫芬达尔指数, 简称HHI）是产业组织学通用的衡量市场结构的市场集中度指标。

平（2009）的研究——处于行政进入壁垒的产业（企业不能自由进入和退出），其创新与市场集中度在技术水平较低的产业发展初期，呈现"倒 U 形"曲线关系，而在技术水平较高的产业成熟期则呈现"U 形"曲线关系。从长远来看，在一个没有企业自由进入和退出的封闭产业中，熊彼特假说成立。Lee（2005）首先在一个行政进入壁垒较强的国家——韩国，进行了相关的实证研究探索。他的实证结果表明：以食品饮料、纺织服装、木材、石材、黏土及玻璃为主，处于技术成熟、产业发展成熟期的 258 个产业，其创新与垄断呈"U 形"曲线关系或线性关系正相关，即熊彼特假说成立；以化工、机械、电子为主，处于技术快速上升、产业发展初期的 137 个产业，其创新与垄断呈"倒 U 形"曲线关系或线性关系负相关，即熊彼特假说不成立。Lee（2005）的实证研究结论为陈林和朱卫平（2009）的理论模型提供了一定的经验证据。陈林和朱卫平（2010）在放松了企业不能自由进入和退出的模型假设后，结果发现：自由市场中的创新与垄断之间呈现"倒 U 形"曲线关系，即熊彼特假说不成立。

这意味着，学界以往关于熊彼特假说是否成立、创新与垄断是呈"U 形"还是"倒 U 形"曲线关系的实证研究，出现结论分歧的根本原因是行政进入壁垒和自由市场造成的制度环境差异，而非实证方法论或其他枝节问题。以往看似矛盾对立的实证研究结果其实都正确，只是这些研究并没有考虑行政进入壁垒和自由市场这些关键因素。把来自行政进入壁垒和自由市场的产业放在一起进行计量回归，此举势必造成实证结果不稳健。

有鉴于此，本文将结合行政进入壁垒和自由市场对创新与市场结构的关系进行实证研究，检验熊彼特假说在什么情况下成立，并最终解答不同的制度环境（是否存在行政进入壁垒）是否会真的如数理模型所预测的一般，出现"U 形"和"倒 U 形"的实证结果差异。

为揭示创新与市场结构的计量关系，检验行政进入壁垒是否对熊彼特假说造成关键影响，考察实证研究会否如数理模型一般出现"U 形"和"倒 U 形"的差异，解释以往实证研究出现结论分歧的原因，本文将建立一个截面数据计量模型进行实证研究。全文内容安排如下：第一部分为引言及文献综述；第二部分是变量选择与数据处理；第三部分为基础计量模型；第四部分为回归结果及其分析；第五部分为简要结论。

二、变量选择与数据处理

1. 资料来源

本文研究对象是创新与市场结构的关系，因而适宜使用产业层面资料。但国内产业层面数据库不多，范围及精确度都比不上企业层面数据库，中国统计信息服务中心编制的"中国工业企业数据库"［即聂辉华等（2008a）和 Jefferson 等（2004）使用的"规模以上工业企业数据库"］在国内微观企业数据库中较为权威。为此，本文将以该数据库为企业层面资料的来源，然后据此核算出各个四位数产业的相关指标的加总数据。例如，某个产业的利润总额就是由该数据库提供的产业内所有企业的利润总额加总而成。由于2005年之前的样本缺少"研究开发费"这项关键指标，而2007年资料显示仅有10.51%的样本企业报告了"研究开发费"，资料完整率较2005年的30.78%、2006年的29.29%出现大幅下降。为此，本文仅使用2005年、2006年的资料来构建截面数据模型。

本文在2005年的270982个样本企业和2006年的300849个样本企业中，通过数据库公布的四位数产业代码进行产业指标计算，共得出524个四位数产业横跨两年的1048个样本。考虑到当一个产业的企业总数过少时，其赫芬达尔指数及其平方就会很大，将从一定程度上干扰回归估计。同时，这些企业数很少的产业大部分具有军事或国家垄断属性（如放射性金属矿采选、核燃料加工、武器弹药制造、雷达及配套设备制造、铸币及贵金属制实验室用品制造等），也基本上没有参与市场竞争。有鉴于此，我们将企业总数在2005年和2006年均少于15家的产业剔除出总体样本，最终得到505个四位数产业横跨两年的1010个样本。

2. 行政进入壁垒的代表变量选择

以往的理论研究通常假设，产业要么处在绝对的行政进入壁垒（企业完全不能自由进入和退出产业）下，要么处于一个完全自由的市场。这种纯粹的假设只能是理论研究的合理抽象，因为我们几乎没有可能在现实世界中找到一个完全没有行政进入壁垒或完全没有政府规制的国家或地区。而要想获得处于绝对行政进入壁垒的国家（如朝鲜）的经济资料也近乎不可能，何况它们往往不是市场经济国家。在渐进式经济转轨的中国，30年的改革开放使计划经济逐步过渡至社会主义市场经济。这导致中国的部分产业，特别是一些"国有经济占控制地位的关系国民经济命脉和国家安全的行业"存在相对较强势的行政进入壁垒，其余产业则进行着相对自由的市场竞争。渐进式转轨造就了如此特殊的制度环境，使中国经济成为实证检验熊彼特假说的一个绝佳试验场。

行政进入壁垒是一个难以客观考察的变量，刘小玄（2003）较早在这个领域进行了开创性工作。其文认为，国有大中型企业占有的市场份额越大，就表明该产业的行政进入壁垒较大，反之则表明行政进入壁垒较小，即国有经济比重能在一定程度上反映出各行各业的行政进入壁垒的强弱差异。该文据此选择了国有大中型企业所占的市场份额比重作为测定行政进入壁垒强弱的代表变量。白重恩等（2006）也提出，工业企业中的行政性垄断程度采用各个省域国有工业企业的比重来衡量最合适。

周绍东（2008）将具有高行政性进入壁垒的产业界定为：国有企业（含国有控股）利润率明显高于私营企业，且国有企业比重明显低于所有行业均值；将具有高行政性退出壁垒的产业界定为：国有企业利润率明显低于私营企业，且国有企业比重明显高于所有行业均值。丁启军和伊淑彪（2008）推断产业的国有经济比重大则必然意味着私营企业较难进入市场，因此国有经济比重是行政进入壁垒的合理代表变量。

陈斌等（2008）根据德尔菲法，基于WIND上市公司资料，对民营企业所面临的进入壁垒进行了评估，实证结果发现：行业壁垒指数低于7的行业中，民营上市公司比重显著高于国有上市公司比重，而在行业壁垒指数高于 7 的行业中，民营上市公司比重都低于国有上市公司比重。也就是说，国有经济比重与产业的进入壁垒大小正相关。虽然陈斌等（2008）所指的进入壁垒并非专指行政进入壁垒，罗党论和刘晓龙（2009）提出陈斌等（2008）所谓的管制行业，其市场准入在我国一直受到政府审批、法律法规的限制，这是造成这些行业进入壁垒高的根本原因。在此思路上，罗党论和刘晓龙（2009）继续使用 WIND 上市公司资料进一步研究了行政进入壁垒，得出的结论是，"这种行政性的行业管制，使这些垄断行业存在着高额的利润。"佘东华和王青（2009）也采用了国有工业企业的相对数量来代表行政性垄断的程度。在于良春和张伟（2010）的实证研究中，衡量行业性行政垄断的"结构指标"也正是由最大几家国有企业的市场份额组成，该指标体现了国有产权的市场控制力。

综上所述，国有经济比重是学界衡量行政进入壁垒强弱的主要标准，它无疑是行政进入壁垒的一个合理代表变量。在此基础上，本文也假设政府对国有经济比重较大的产业设置了较强的行政进入壁垒，在行政进入壁垒保护下国有企业的市场份额自然会维持在高水平，国有经济比重与行政进入壁垒从一定程度上互为因果。为此，本文把国有经济比重作为行政进入壁垒的代表变量。

3. 变量及数据处理

根据表 1 的研究经验，结合资料的可获得性，本文选取研究开发费/产品销售收入 R&D 作为衡量企业创新力度的被解释变量。由于大部分产业的企业数量庞大，CR4、CR8 等市场集中度指标太小，其可信度受到影响。因此市场结构的解释变量使用另一个通用指标——赫芬达尔指数 HHI。本文还依据表 1 和数据可获得性来添加控制变量——销售利润率 M 主要控制产业特征和平均市场势力，政府补贴力度 S 主要控制政府的产业扶持力度和干预程度，资产流动比率 Liquid 为常用财务指标，用以控制产业特征。变量定义、核算方法及其统计特征如表 2 所示。

4. 国有经济比重与行政进入壁垒

根据上文分析，我们使用国有经济比重来衡量行政进入壁垒的代表变量。结合国家统计局课题组（2001）、徐国祥和苏月中（2003）的办法，本文选取"国有总资产在行业中的比重"和"国家资本在行业中的比重"作为国有经济比重的代表变量。

参照国家统计局课题组（2001），国有资产比重变量的具体核算方法是，使用数据库中某个产业内"登记注册类型"为国有企业、国有独资企业、国有联营企业、集体企业、集体联营企业、国有与集体联营企业的企业资产总额和除以整个产业的资产总额。为使该指标尽可能真实反映国有经济比重，本文把"国有联营企业"、"集体企业"、"集体联营企业"、"国有与集体联营企业"等也算作国有性质企业，尽管这部分企业的数量和市场份额均很小。

参照徐国祥和苏月（2003），国有资本比重变量的具体核算方法是，使用某个产业的国家资本金加集体资本金的总额除以产业实收资本总额。表 2 显示以上两个国有经济比重变量的统计特征相似，但不同产业之间的数值差异较大，本文遂以之作为衡量行政进入壁

表 2　变量定义、核算方法及统计特征

	变量	变量定义与数据处理	观测值	均值	最大值	最小值	标准差
被解释变量	R&D	创新力度=研究开发费/产品销售收入（%）	1010	0.018	0.416	0.001	0.020
解释变量	HHI	市场结构=赫芬达尔指数	1010	464.679	6324.611	11.026	654.171
国有经济比重变量	Ratio1	国有资产比重（%）	1010	0.158	0.973	0	0.178
	Ratio2	国有资本比重（%）	1010	0.153	0.904	0	0.154
控制变量	M	销售利润率=销售利润总额/产品销售收入（%）	1010	0.059	0.557	−0.052	0.045
	S	政府补贴力度=补贴收入/产品销售收入（%）	1010	0.003	0.065	0	0.005
	Liquid	资产流动比率=流动资产合计/资产总计（%）	1010	0.556	0.861	0.104	0.109
其他变量	N	某产业的企业总数（家）	1010	566.135	12304	13	963.688
	Mon	销售利润总额（千元）	1010	3376462	362838904	−38150316	16350351
	Sales	产品销售收入（千元）	1010	55392597	1783572931	249611	128415773

注：除国有经济比重变量外，所有变量均使用某产业中指标数值之和相除，如计算 R&D 则先算该产业中所有企业的研究开发费之和，再算产品销售收入之和，最后两者相除得出该变量。HHI 采用公式 $\sum_{i=1}^{N}[(q_i/Q)^2/10000]$ 计算，q_i 为企业的销售收入，Q 为整个产业的销售收入总额。

垄的两个独立代表变量。同时，存在两种样本分组依据还是检验回归结果稳健性的一种有效办法。

产业的行政进入壁垒越强意味着政府对市场进入的干预力度越大，必定导致产业的在位企业数量受到政府的严格控制。因此，相对于自由市场，行政进入壁垒越强的产业的企业数量理应越少。倘若国有经济比重变量能够合理代表行政进入壁垒的话，国有经济比重对产业的在位企业总数量的作用方向应与行政进入壁垒一致，即国有资产比重 Ratio1 和国有资本比重 Ratio2 变量应与企业数量 N 显著负相关。为检验国有经济比重变量是否可以代表行政进入壁垒，下面将对国有经济比重变量与企业总数 N 的统计关系进行简单的实证检验。

以企业总数 N 为被解释变量，建立回归方程（1）、（2），以最小二乘法回归得：

$$N = 448.7586_{(0.0000)} - 0.000003532_{(0.0544)} \times Mon + 0.000003803_{(0.0000)} \times Sales - 516.1924_{(0.0006)} \times Ratio1$$

$$R^2 = 0.2693 \quad F. = 123.6171 \tag{1}$$

$$N = 456.3561_{(0.0000)} - 0.000002967_{(0.1086)} \times Mon + 0.000003801_{(0.0000)} \times Sales - 594.7125_{(0.0006)} \times Ratio2$$

$$R^2 = 0.2690 \quad F. = 123.4143 \tag{2}$$

变量定义见表 2，括号内为变量系数的 t 统计量的 P 值。回归结果表明，国有资产比重 Ratio1、国有资本比重 Ratio2 与企业数量 N 显著负相关。国有资产比重和国有资本比重每增大 1 个百分点将减少 5.16 和 5.95 家企业，变量系数显著，且对企业数量影响较大。

产业总销售收入 Sales 与企业总数 N 正相关，产业总销售利润 Mon 与 N 负相关，均符合以往的理论与经验研究。然而，Sales 和 Mon 变量每变化 1 亿元，只能增加或减少不足 0.4 家企业。虽然变量在统计上显著，但相对于行政进入壁垒来说，其影响力却微乎其微。

以上分析表明，本文选取的两个国有经济比重变量 Ratio1 和 Ratio2 一定程度上反映了政府对企业总数的干预力度。产业的国有资产、资本比重越大则在位企业数量越少，国有经济比重对产业的作用方向明显与行政进入壁垒一致。本文据此判断，产业的国有资产和资本比重能够合理代表行政进入壁垒。

三、基 础 计 量 模 型

在行政进入壁垒方面，本文选取了国有经济比重（国有资产比重 Ratio1 和国有资本比重 Ratio2）作为代表变量，市场结构则使用赫芬达尔指数 HHI 衡量，市场绩效使用企业的创新力度 R&D 衡量。这三个关键变量之间，即制度、市场结构以及市场绩效之间的关系正是计量模型设计的关键。

在中国，发展和改革委员会（局）等行政机关所主管的项目核准制、审批制以及相关法律、法规、部门规章，是现阶段中国行政进入壁垒制度的具体体现。《国务院关于投资体制改革的决定》、《政府核准的投资项目目录（2004 年）》、《企业投资项目核准暂行办法》、《外商投资项目核准暂行办法》以及《外商投资产业指导目录（2007 年修订）》等行政法规和政策文件是行政进入壁垒制度的主要法律载体。不难看出，制度对市场、企业乃至产业的作用在一定程度上具有强制性，对于经济系统而言，制度是一个外生变量。

行政进入壁垒使政府部门能够合法地以行政权力限制或禁止企业进入特定产业，从而直接控制了整个产业的在位企业数量 N，N 不再是一个单纯的市场内生变量。无论是以 CRn（n 厂商市场集中度），还是以赫芬达尔指数 HHI 来衡量一个产业的市场结构，在位企业数量 N 都是决定市场结构的集中度大小的两个最重要因素之一（另一个因素是企业的各自市场份额 q_i，这不由制度所直接决定而内生于市场）。这意味着，行政进入壁垒制度通过控制在位企业数量 N，直接影响着一个产业的市场结构。相对于创新力度等市场绩效变量而言，行政进入壁垒制度对市场结构的作用更为直接和明显。因此，本文提出行政进入壁垒制度从一定程度上决定了市场结构，即"制度→市场结构"。另外，市场行为是企业在千变万化的市场环境中作出的应激反应，因而行为的结果——市场绩效就主要由市场所决定，制度并不直接影响市场性行为和市场绩效。

该观点与于良春和余东华（2009）、于良春和张伟（2010）提出的 ISCP（制度—结构—行为—绩效）研究框架一致（见图 1）。他们提出行政垄断的制度性因素（I）是决定一个产业的市场结构、产权结构[①] 等结构性因素的关键；而结构因素（S）又决定了政府和企业的竞争与垄断行为（C），进而影响了行为的结果——绩效（P，包括了微观层面效率、产业层面效率和宏观层面效率）。在上述传导机制中，制度扮演着直接影响市场结构、产权结构的关键角色，从而在整个传导机制中发挥着决定性作用，这是中国转轨经济的政治、经济环境特色所决定的（于良春和张伟，2010）。在 ISCP 研究框架基础上，于良春和余东华（2009）、于良春和张伟（2010）对各行各业的行政垄断程度及其效率损失进行了实证分析。

图 1　ISCP 研究框架

借鉴 ISCP 研究框架，结合行政进入壁垒制度外生结论，本文认为行政进入壁垒制度先是在一定程度上决定了市场结构，进而影响着市场行为和市场绩效，即"制度→市场结构→市场绩效"。

为此，计量模型终将以市场结构为解释变量（自变量），以市场绩效—创新力度为被解释变量（因变量）。本文也不会把制度这个外生变量直接置入计量模型，而是以之作为样本分组的依据，通过分组回归来考察行政进入壁垒对产业经济系统所造成的影响，即考察"制度→市场结构"。同时根据表 1 的已有研究成果，模型假设创新与市场结构的关系并非单调的线性关系，将市场结构的平方项作为另一个解释变量，以检验创新与市场结构之间的非线性关系。据此建立基础计量模型：

$$R\&D = C + \beta_1 HHI + \beta_2 HHI^2 + \sum_{i=3}^{n} \beta_i X_i + \varepsilon \qquad (3)$$

R&D 为被解释变量创新力度（市场绩效），HHI 为解释变量赫芬达尔指数，即市场集中度（市场结构），C 为截距项，β 为变量系数，X 为控制变量，n 为控制变量个数，ε 为残差项。由于 HHI 在一定程度上由制度所决定，因此市场结构变量相对于 R&D、X 等变量，可被视为外生变量。在使用全部样本进行回归后，所得的残差项 ε 与 HHI 变量的相关系数仅为 $-1.82e^{-16}$，即二者不相关 $E(HHI\varepsilon) = 0$。这个实证结果似乎证明了于良春和张伟（2010）提出的中国特殊国情——在转轨经济的特色制度下，市场结构决定了企业的行为和绩效。同时这也在一定程度上检验了本文的制度外生论。

[①] 与于良春等人的研究不一样，本文把产权结构——国有经济比重作为制度的代表变量，因此本文计量模型的结构因素不包括产权结构。

四、回归结果分析

1. 子样本分组及回归结果

使用全体 1010 个样本进行最小二乘回归，结果发现：解释变量市场结构 HHI 及 HHI^2 正如以往国内外大部分实证研究和本文的预测一样，均不显著。行政进入壁垒（国有经济比重）很可能严重影响了总体样本的回归估计，把国有经济比重大小不一的产业放在一起回归，势必导致实证结果不显著、不稳健。根据该研究思路，下面将分别使用两个国有经济比重变量——国有资产比重和国有资本比重进行样本分组，再进行回归估计。

首先，分别使用国有资产比重、国有资本比重变量对样本进行降序排列，选取国有资产比重、国有资本比重最大的 5%、10%、15% 的产业作为受行政进入壁垒影响最严重的子样本，以国有资产比重、国有资本比重最小的 30%、40%、50%[①] 的产业作为处于自由市场下的子样本，以总体样本数 1010 为乘子，计算得出各个子样本区间的样本数，见表 3、表 4 的倒数第三行。

其次，使用最小二乘法进行回归估计，同时通过删减控制变量、使用不同的国有经济比重变量进行样本分组来检验计量模型的稳健性。实证结果如表 3~表 5 所示。

表 3 国有经济比重大的样本分组的回归结果

子样本区间	国有资产比重最大的 5%	国有资产比重最大的 5%	国有资产比重最大的 10%	国有资产比重最大的 10%	国有资产比重最大的 15%	国有资产比重最大的 15%	国有资本比重最大的 5%	国有资本比重最大的 5%	国有资本比重最大的 10%	国有资本比重最大的 10%	国有资本比重最大的 15%	国有资本比重最大的 15%
截距项	0.052 (0.000)	0.053 (0.000)	0.044 (0.000)	0.040 (0.000)	0.045 (0.002)	0.040 (0.000)	0.025 (0.031)	0.046 (0.000)	0.027 (0.000)	0.036 (0.000)	0.030 (0.000)	0.032 (0.000)
HHI	−0.335 (0.000)	−0.266 (0.002)	−0.218 (0.000)	−0.165 (0.007)	−0.215 (0.017)	−0.191 (0.030)	−0.247 (0.006)	−0.236 (0.010)	−0.191 (0.000)	−0.162 (0.000)	−0.131 (0.000)	−0.126 (0.000)
HHI^2	0.425 (0.003)	0.324 (0.022)	0.271 (0.012)	0.191 (0.072)	0.278 (0.086)	0.239 (0.134)	0.304 (0.030)	0.293 (0.045)	0.233 (0.006)	0.198 (0.013)	0.151 (0.032)	0.145 (0.033)
M	−0.101 (0.013)	—	−0.091 (0.003)	—	−0.097 (0.049)	—	0.029 (0.338)	—	0.0170 (0.418)	—	0.002 (0.921)	—
S	−0.596 (0.194)	—	−0.439 (0.176)	—	−0.522 (0.278)	—	0.007 (0.977)	—	−0.059 (0.704)	—	−0.018 (0.900)	—
Liquid	0.034 (0.138)	—	0.018 (0.260)	—	0.011 (0.634)	—	0.038 (0.098)	—	0.021 (0.148)	—	0.006 (0.590)	—
产业数	51	51	101	101	152	152	51	51	101	101	152	152
企业数	26960	26960	43695	43695	72172	72172	32892	32892	54930	54930	77562	77562
R^2	0.363	0.225	0.127	0.100	0.051	0.039	0.206	0.149	0.186	0.161	0.117	0.114

注：表 3~表 5 的括号内为参数 t 统计量的 P 值，字体加粗变量在 5% 显著性水平下不显著。

---

① 5%、10%、15%、30%、40%、50%只是随机抽取出来的比例。

表 4　国有经济比重小的样本分组的回归结果

子样本区间	国有资产比重最小的30%	国有资产比重最小的30%	国有资产比重最小的40%	国有资产比重最小的40%	国有资产比重最小的50%	国有资产比重最小的50%	国有资本比重最小的30%	国有资本比重最小的30%	国有资本比重最小的40%	国有资本比重最小的40%	国有资本比重最小的50%	国有资本比重最小的50%
截距项	0.021 (0.000)	0.010 (0.000)	0.019 (0.000)	0.011 (0.000)	0.019 (0.000)	0.012 (0.000)	0.022 (0.000)	0.010 (0.000)	0.023 (0.000)	0.010 (0.000)	0.019 (0.000)	0.011 (0.000)
HHI	0.067 (0.006)	0.054 (0.021)	0.052 (0.015)	0.042 (0.040)	0.046 (0.017)	0.038 (0.045)	0.078 (0.000)	0.070 (0.002)	0.090 (0.000)	0.083 (0.000)	0.064 (0.000)	0.059 (0.002)
HHI^2	−0.151 (0.019)	−0.126 (0.044)	−0.126 (0.029)	−0.106 (0.006)	−0.113 (0.039)	−0.097 (0.072)	−0.181 (0.001)	−0.163 (0.003)	−0.204 (0.000)	−0.186 (0.000)	−0.141 (0.002)	−0.131 (0.004)
M	−0.020 (0.444)	—	−0.006 (0.772)	—	−0.012 (0.526)	—	−0.027 (0.143)	—	−0.027 (0.102)	—	−0.024 (0.124)	—
S	−0.024 (0.885)	—	−0.066 (0.655)	—	−0.037 (0.788)	—	−0.043 (0.883)	—	0.102 (0.703)	—	0.141 (0.481)	—
Liquid	−0.018 (0.040)	—	−0.014 (0.050)	—	−0.012 (0.054)	—	−0.020 (0.019)	—	−0.020 (0.007)	—	−0.012 (0.048)	—
产业数	303	303	404	404	505	505	303	303	404	404	505	505
企业数	124993	124993	195994	195994	294390	294390	156814	156814	210953	210953	279720	279720
R^2	0.033	0.018	0.021	0.010	0.016	0.008	0.056	0.033	0.058	0.035	0.032	0.020

表 5　国有经济比重中间段样本分组的回归结果

子样本区间	国有资产比重第153-505位	国有资产比重第102-606位	国有资产比重第52-707位	国有资本比重第153-505位	国有资本比重第102-606位	国有资本比重第52-707位
截距项	0.024 (0.000)	0.026 (0.000)	0.027 (0.000)	0.030 (0.000)	0.027 (0.000)	0.028 (0.000)
HHI	0.021 (0.414)	0.006 (0.861)	0.019 (0.520)	0.046 (0.547)	−0.004 (0.913)	0.009 (0.777)
HHI^2	−0.098 (0.117)	−0.069 (0.465)	−0.097 (0.240)	−0.320 (0.351)	−0.049 (0.655)	−0.065 (0.503)
M	−0.002 (0.888)	−0.014 (0.540)	−0.018 (0.341)	−0.092 (0.023)	−0.079 (0.012)	−0.061 (0.008)
S	−0.265 (0.113)	−0.273 (0.255)	−0.178 (0.353)	−0.704 (0.120)	−0.299 (0.349)	−0.090 (0.629)
Liquid	−0.010 (0.162)	−0.010 (0.319)	−0.012 (0.118)	−0.005 (0.724)	−0.002 (0.873)	−0.009 (0.284)
产业数	353	505	656	353	505	656
企业数	205234	332358	419843	214549	305913	382090
R^2	0.020	0.007	0.008	0.025	0.0176	0.016

2. 行政进入壁垒与熊彼特假说

在国有经济比重大的子样本分组中，表 3 的回归结果显示：β_2 显著且为正值，β_1 显著为负值，产业创新与市场集中度呈显著的"U 形"曲线关系。如果国有经济比重与行政进入壁垒强度正相关的假设是合理的话，该结论表明：在行政进入壁垒下，市场结构与创新呈"U形"曲线关系，因此"越垄断越创新"的熊彼特假说成立。

通过对比表 3 各列，不难发现：越往国有资产比重大那端集中的子样本分组（如第 2 列比第 4、5 列，第 7 列比第 8、10 列），β_2 就会越显著，并越来越大（曲线弧度越大），"U形"曲线关系就越显著，而且 R^2 也越来越大。本文认为，国有经济比重越大的子样本越能迫近绝对行政进入壁垒下的产业，当一个产业受到行政进入壁垒的规制越强，或者说越趋于绝对行政进入壁垒，产业的市场结构与创新将越呈"U形"曲线关系。

3. 自由市场中的熊彼特假说

在国有经济比重小的子样本分组中，表 4 的回归结果显示：β_2 显著且为负值，β_1 显著为正值，产业创新与市场集中度呈显著的"倒 U 形"曲线关系。如果国有经济比重小就意味着产业相对处于自由市场的话，则该结论表明：在自由市场中，市场结构与创新呈"倒 U 形"曲线关系，所以熊彼特假说不成立。

通过对比表 4 各列，不难发现：越往国有资产比重小那端集中的子样本分组（如第 2 列比第 4、5 列），β_2 就会越显著，其绝对值也越来越大（曲线弧度越大），"倒 U 形"曲线关系就越显著，而且 R^2 也越来越大。[①] 本文认为，国有经济比重越小的子样本就越能迫近绝对自由市场产业，当一个产业受到行政进入壁垒的干预越弱，或者说越趋于绝对自由市场，产业的市场结构与创新将越呈"倒 U 形"曲线关系。

与本文预期一致，国有经济比重大小不一的产业出现了截然相反的回归结果。如果国有经济比重是合理的行政进入壁垒代表变量的话，行政进入壁垒是熊彼特假说能否在特定产业成立的决定性因素。它的存在很可能导致了产业垄断势力越强创新力度就越大的结果，从而影响着企业创新、产业技术进步、市场垄断势力等方面的市场绩效和市场结构。

行政进入壁垒产业的熊彼特假说成立，而自由市场中熊彼特假说却不成立。也就是说，只有为各行各业建立行政进入壁垒制度，改革自由市场机制，才能保证熊彼特提出的这个经典命题成立，行政进入壁垒是熊彼特假说的充分必要条件。当消费者选择了行政进入壁垒，强力的政府干预将为社会同时带来规模经济和技术进步，国有化自然也是顺理成章的事情；一旦消费者选择了自由市场，熊彼特假说则自然不成立，自由竞争与技术创新相辅相成，自由市场也会为社会同时带来自由竞争活力与技术进步。从某种意义上说，行政进入壁垒与自由市场就像一种社会道德或宗教，只要人们信奉它，它自然会为我们带来心灵的抚慰和精神的寄托等好处。

4. 以往实证研究结果不稳健的根本原因

表 5 的回归结果一定程度上证实了这一观点。表 5 中几乎所有解释变量和控制变量均不显著，相比于表 3 和表 4，解释变量的显著性很差，相比于表 3，R^2 也出现大幅下降。由此看来，忽略行政进入壁垒和自由市场的制度因素，把国有经济比重大小不一的样本放

---

① 但国有资本比重最小的 40% 样本的 β_2 比最小的 30% 样本更显著，绝对值也更大。

在一起进行回归估计，可能是以往实证研究结果不显著、结论不稳健且常常互相矛盾的根本原因。

5. 软预算约束

由表3~表5可知，政府补贴S与产业的创新力度没有显著的统计关系。根据软预算约束理论，政府补贴很可能会对国有经济比重大的产业和国有企业的创新都产生负面作用。当国有企业即使经营不善甚至亏损又或者拥有超高额利润（如近年来的中国石油天然气股份有限公司）都能拿到政府补贴，企业又何来动力进行创新以进一步寻租？很可惜本次经验研究未能检验出软预算约束在企业创新中产生的负面效应。但我们还是认为，我国要真正发展国有企业、壮大国有经济，就必须减少政府补贴迫使国企摆脱软预算约束，这或许是今后国企改革的正确方向。

五、简要结论

本文基于"中国工业企业数据库"的微观企业资料，整理出中国524个四位数代码产业的2005~2006年产业层面资料。使用其中505个产业的1010个样本，根据国有经济比重大小进行样本分组，并假设产业的国有经济比重与行政进入壁垒强弱正相关。对多个样本分组的截面模型进行了最小二乘回归估计，得出如下主要结论：

（1）在国有经济比重大的子样本分组中，产业创新与市场集中度呈显著的"U形"曲线关系。如果国有经济比重与行政进入壁垒强度正相关的假设合理的话，该结论表明：在行政进入壁垒下，市场结构与创新呈"U形"曲线关系，因此"越垄断越创新"的熊彼特假说成立。

如果国有经济比重是合理的行政进入壁垒代表变量的话，行政进入壁垒就是熊彼特假说能否在特定产业成立的决定性因素。它的存在很可能导致了产业垄断势力越强创新力度就越大的结果，从而影响着企业创新、产业技术进步、市场垄断势力等方面的市场绩效和市场结构。

（2）在国有经济比重小的子样本分组中，产业创新与市场集中度呈显著的"倒U形"曲线关系。如果国有经济比重小就意味着产业相对处于自由市场的话，该结论表明：在自由市场中，市场结构与创新呈"倒U形"曲线关系，因此"越垄断越创新"的熊彼特假说不成立。

（3）通过对比表3、表4和表5可以发现，把国有经济比重大小不一的样本放在一起回归估计，其市场结构对创新的效应互相正负抵消，从而造成回归结果不显著和不稳健。本文据此提出，忽略行政进入壁垒和自由市场的制度因素，把国有经济比重大小不一的产业放在一起进行回归估计，是以往实证研究的回归结果不显著、结论不稳健且常常互相矛盾的根本原因。即使是处于相对自由市场的西方国家，不同产业的政府规制力度也不一，所以国外实证研究也会出现矛盾的结论。

自由市场中的熊彼特假说不成立。也就是说，熊彼特的两个经典理论——"创造性破坏"和熊彼特假说在某种意义上来说是相互矛盾的。但事实上，"创造性破坏"和熊彼特假说代表了创新的两个作用力——技术创新降低生产成本，使创新企业创造经济利润、增加垄断势力，我们可理解为创新的"垄断作用"；但技术创新又会提高消费者效用和需求，吸引新的企业进入市场，从而减少创新企业的经济利润和垄断势力，这可理解为创新的"破坏作用"。创新的垄断作用和破坏作用的关系就像物理学中的作用力和反作用力一样，二者同时作用却方向相反，学界可以从作用力和反作用力视角把"创造性破坏"和熊彼特假说结合起来理解动态的经济发展。在数学工具和计量方法极为缺乏的 20 世纪 30 年代，熊彼特能提出这样看似矛盾而又精密契合的创新理论体系，是一次划时代、超时代的理论创举，更给学界留下无与伦比的深远启示。

本文还发现熊彼特假说在行政进入壁垒产业中是成立的。当我们这个社会选择了行政进入壁垒，从长远看，熊彼特假说将最终成立——越垄断越创新，企业规模理应越来越大，国有企业越大越好，私营寡头企业的国有化也自然是理所当然的事情；而在自由市场中则完全相反。不过，本文关于熊彼特假说的结论并不是两个矛盾对立的观点，而只是两个在不同前提条件下得出的结论。

在困扰学界多年的熊彼特假说是否客观存在的问题上，本文并没有给出熊彼特假说的最终答案，我们只是在前人研究的基础上向"最终真理"又迈出了一小步。本文在此仅作抛砖引玉之举，热切期待学界给予行政进入壁垒和行政垄断这个西方经济学界几乎已经忽略不计，但对我国来说至关重要的研究领域以足够多的关注。

参考文献

［1］安同良，施浩，Alcorta. 中国制造业企业 R&D 行为模式的观测与实证——基于江苏省制造业企业问卷调查的实证分析［J］. 经济研究，2006（2）.

［2］Aghion，P. and Howitt，P. A Model of Growth Through Creative Destruction［J］. Econometrica，1992，60（2）.

［3］Arrow，K. Economic Welfare and the Allocation on Resources for Invention［J］. in Nelson，R.（ed.），The Rate and Direction of Inventive A ctivity. Princeton：NBER Press，1962.

［4］白重恩，陶志刚，仝月婷. 影响中国各地区生产专业化程度的经济及行政整合的因素［J］. 经济学报，2006（2）.

［5］白明，李国璋. 市场竞争与创新：熊彼特假说及其实证检验［J］. 中国软科学，2006（11）.

［6］陈斌，畲坚，王晓津，赖建清. 我国民营上市公司发展实证研究［R］. 深圳证券交易所综合研究所，2008.

［7］陈林，朱卫平. 创新竞争与市场结构——自由市场中的熊彼特假说再检验［R］. 2010.

［8］陈林，朱卫平. 创新竞争与产业垄断内生——兼议中国反垄断法的根本性裁判原则［R］. 2009.

［9］陈羽，李小平，白澎. 市场结构如何影响 R&D 投入？——基于中国制造业行业面板数据的实证分析［J］. 南开经济研究，2007（1）.

［10］Cheng，L. and Dinopoulos，E. Schumpeterian Growth and International Business Cycles［J］. Rand

Journal of Economics, 1992, 82（2）.

［11］Costello, D. A Cross-Country, Cross-Industry Comparison of Productivity Growth［J］. Journal of Political Economy, 1993, 101（2）.

［12］戴跃强，达庆利. 企业技术创新投资与其资本结构、规模之间关系的实证研究［J］. 科研管理，2005（5）.

［13］Dasgupta, P. and Stiglitz, J. Industrial Structure and the Nature of Innovative Activity［J］. Economic Journal, 1980a, 90（358）.

［14］Dasgupta, P. and Stiglitz, J. Uncertainty, Industrial Structure, and the Speed of R&D［J］. Bell Journal of Economics, 1980b, 11（1）.

［15］丁启军，王会宗. 规制效率、反垄断法与行政垄断行业改革［J］. 财贸研究，2005（4）.

［16］丁启军，伊淑彪. 中国行政垄断行业效率损失研究［J］. 山西财经大学学报，2008（2）.

［17］国家统计局课题组. 对国有经济控制力的量化分析［J］. 统计研究，2001（1）.

［18］Grossman, G. and Helpman, E. Quality Ladders in the Theory of Growth［J］. Review of Economic Studies, 1991a, 58（1）.

［19］Grossman, G. and Helpman, E. Quality Ladders and Product Cycles［J］. Quarterly Journal of Economics, 1991b, 106（2）.

［20］Jefferson, G., A. Hu, X. Guan and Yu, X. Ownership, Performance, and Innovation in China's Large and Medium size Industrial Enterprise Sector［J］. China Economic Review, 2003, 14（1）.

［21］Jefferson, G., H. Bai, X. Gu an, and Yu, X. R and D Performance in Chinese Industry［J］. Economics of Innovation and New Technology, 2004, 15（4）.

［22］King, R., C. Plosser, J. Stock, and Watson, M. Stochastic Trends and Economic Fluctuations［J］. American Economic Review, 1991, 81（4）.

［23］Krugman, P. In creasing Returns, Monopolistic Competition, and International Trade［J］. Journal of International Economics, 1979, 9（4）.

［24］Kydland, F. and Prescott, E. Time to Build and Aggregate Fluctuations［J］. Econometrica, 1982, 50（6）.

［25］Lee, C. A New Perspective on Industry R&D and Market Structure［J］. Journal of Industrial Economics, 2005, 53（1）.

［26］刘小玄. 中国转轨经济中的产权结构和市场结构——产业绩效水平的决定因素［J］. 经济研究，2003（1）.

［27］刘小玄. 民营化改制对中国产业效率的效果分析——2001年全国普查工业数据的分析［J］. 经济研究，2004（8）.

［28］Lucas, R. On the Mechanics of Economic Development［J］. Journal of Monetary Economics, 1988, 22（1）.

［29］罗党论，刘晓龙. 政治关系、进入壁垒与企业绩效——来自中国民营上市公司的经验证据［J］. 管理世界，2009（5）.

［30］聂辉华，谭松涛，王宇锋. 创新、企业规模和市场竞争——基于中国企业层面的面板资料分析［J］. 世界经济，2008（12）.

［31］聂辉华，涂晓玲，杨楠. 产权还是竞争——对国有企业激励机制的经验考察［J］. 教学与研究，2008（1）.

［32］平新乔. 论国有经济比重的内生决定［J］. 经济研究，2000（7）.

［33］Rebelo, S. Long-Run Policy Analysis and Long-Run Growth［J］. Journal of Political Economy, 1991, 99（3）.

［34］Romer, P. Increasing Returns and Long-run Growth［J］. Journal of Political Economy, 1986, 94（5）.

［35］Romer, P. Endogenous Technological Change［J］. Journal of Political Economy, 1990, 98（5）.

［36］Schumpeter, J. The Explanation of the Business Cycle［J］. Economica, 1927（7）.

［37］Schumpeter, J. Theory of Economic Development［M］. London：Oxford University Press, 1934.

［38］Schumpeter, J. Capitalism, Socialism and Democracy［M］. New York：Harper Press, 1950.

［39］Segerstrom, P., T. Anant and Dinopoulos E. A Schum peteri an Model of the Product Life Cycle［J］. American Economic Review, 1990, 8（5）.

［40］Spence, M. Investm ent Strategy and Grow th in a New Market［J］. Bell Journal of Economics, 1979, 10（1）.

［41］Spence, M. The Learning Curve and Competition［J］. Bell Journal of Economics, 1981, 12（1）.

［42］Spence, M. Cost Reduction, Competition, and Industry Performance［J］. Econometrica, 1984, 52（1）.

［43］Subodh, K. Market Concentration, Firm Size and Innovative Activity：A Firm-level Economic Analysis of Selected Indian Industries under Economic Liberalization［J］. WIDER Discussion Paper, 2002（108）.

［44］魏后凯. 企业规模、产业集中与技术创新能力［J］. 经济管理，2002（4）.

［45］Williamson, E. Innovation and Market Structure［J］. Journal of Political Economy, 1965, 73（1）.

［46］吴延兵. 中国工业产业创新水平及影响因素——面板数据的实证分析［J］. 产业经济评论，2006（5）.

［47］吴延兵. 企业规模、市场力量与创新—— 一个文献综述［J］. 经济研究，2007a（5）.

［48］吴延兵. 市场结构、产权结构与R&D：中国制造业的实证分析［J］. 统计研究，2007b（5）.

［49］吴延兵. 自主研发、技术引进与生产率：基于中国地区工业的实证研究［J］. 经济研究，2008（8）.

［50］熊彼特. 经济发展理论：对于利润、资本、信贷、利息和经济周期的考察［M］. 何畏等译校. 北京：商务印书馆，1990.

［51］熊彼特. 资本主义、社会主义与民主［M］. 吴良健译. 北京：商务印书馆，1999.

［52］王晓晔. 我国反垄断立法的框架［J］. 法学研究，1999（4）.

［53］徐国祥，苏月中. 上海国有经济控制力定量评估与发展对策研究［J］. 财经研究，2003（8）.

［54］杨兰品. 试论行政垄断及其普遍性与特殊性［J］. 武汉大学学报（哲学社会科学版），2005（11）.

［55］杨勇，达庆利. 企业技术创新绩效与其规模、R&D投资、人力资本投资之间的关系：基于面板数据的实证研究［J］. 科技进步与对策，2007（11）.

［56］余东华，王青. 行政性垄断与区域自主创新能力：基于中国省域面板数据的分析［J］. 软科学，2009（8）.

［57］于良春，余东华. 中国地区性行政垄断程度的测度研究［J］. 经济研究，2009（2）.

［58］于良春，张伟. 中国行业性行政垄断的强度和效率损失研究［J］. 经济研究，2010（3）.

［59］张长征，李怀祖，赵西萍. 企业规模、经理自主权与R&D投入关系研究：来自中国上市公司的经验证据［J］. 科学学研究，2006（6）.

　　［60］张倩肖，冯根福. 三种 R&D 溢出与本地企业技术创新：基于我国高技术产业的经验分析 ［J］. 中国工业经济，2007（11）.

　　［61］周黎安，罗凯. 企业规模与创新：来自中国省级水平的经验证据 ［J］. 经济学（季刊），2005，4（3）.

　　［62］周绍东. 中国工业企业技术创新与行政性进入退出壁垒 ［J］. 内蒙古社会科学，2008（4）.

　　［63］朱恒鹏. 企业规模、市场力量与民营企业创新行为 ［J］. 世界经济，2006（12）.

Innovation，Market Structure and Administrative Entry Barriers

LIN CHEN WEIPING ZHU*

Abstract：Using firm2level data of Chinaps large and medium2size industrial firms for 2005 and 2006，this paper studies the effects of entry barriers on innovation1 It is assumed that industries with higher shares of stateow nership have higher entry barriers1 The OLS re2g ression shows that the relationship between R&D and market structure is U2shaped in the high state2ow nership industries1 This result suggests that the Schumpeterian Hypothesis is true in the industries with high entry barriers1 We also find that the relationship between R&D and market structure is inverse U2shaped in the low state2ownership industries，which means the Schumpeterian Hypothesis does not apply1 This paper suggests that if an empirical study on the Schumpeterian Hypothesis in China ignores the share of state ownership，the re2 sults would be insignificant or even misleadingl

进入 WTO 前后中国制造业部门结构演变研究

——基于制造业部门与工业整体经济增长的灰色关联度分析 *

齐志强[1]　　张　干[1]　　齐建国[2]

（1. 重庆工商大学经贸学院　重庆　400067；

2. 中国社会科学院数量经济与技术经济研究所　北京　100732）

【摘　要】本文利用灰色关联分析方法定量分析了 1994~2000 年、2001~2008 年中国制造业各部门与工业经济整体增长的关联度，以研究进入 WTO 前后中国制造业部门结构的演变。研究显示，中国制造业部门结构在进入 WTO 之后的 2001~2008 年较之前的 1994~2000 年发生了较大的变化：轻工业在中国制造业的地位日趋下降，中国制造业持续向重化工业和装备制造业为主导转变，且高新技术产业对制造业经济增长的贡献明显上升，中国制造业高新技术特征日益显现。

【关键词】中国制造业；工业结构；灰色关联度

一、问题的提出

在中国加入 WTO 的谈判中，制造业的竞争力是谈判考虑的重要因素。从 2001 年进入 WTO 至今，中国的产业结构发生了很大变化。观察进入 WTO 前后制造业部门结构变化对分析进入 WTO 对中国制造业的影响具有重要的学术价值和政策意义。

国际经验表明，在工业化进程中，制造业是推动经济增长的主导部门。美国已经是世界上最发达的信息化国家，金融危机以来，奥巴马政府把重整和发展制造业作为美国经济

---

* 本文选自《数量经济技术经济研究》2011 年第 2 期。

作者简介：齐志强，张干，重庆工商大学经贸学院；齐建国，中国社会科学院数量经济与技术经济研究所。

从衰退中恢复的重要措施，足以说明制造业在经济发展中的重要地位。由于制造业内不同部门的技术经济特点尤其是产品的收入需求弹性不同，在经济发展的不同阶段，不同部门的制造业发展潜力和对工业经济发展的贡献也不同。例如，重工业与化学工业制造业资源消耗强度、能源消耗强度、污染排放强度均较高，其增长潜力往往受到资源和环境的制约。但这些部门是工业化阶段市场需求和经济增长的主导产业，必须加快发展。没有一个经济大国可以跨越重工业和化学工业快速发展的阶段而直接进入后工业化社会。因此，所有大的经济体在工业化阶段的制造业中，重工业和化学工业相关部门都占有较大比重。分析不同制造业部门对工业总体经济增长的关联，研究不同时期不同制造业部门在制造业总体内部此消彼长的关系，可以从一个侧面观察各个制造业部门的演变，从而为制定产业结构优化政策提供科学信息。

二、方法选择与以往的研究

研究中国制造业各部门与工业经济总体增长的关联，分析制造业各部门在工业经济总体发展过程中的地位演变趋势，本质上是研究工业经济总体（大系统）内的各子系统或因子（制造业各部门）之间的关系。灰色系统关联方法是用来分析系统中的各因素之间以及各因素与系统之间的相互关联程度的定量分析方法。在逻辑上，灰色关联度分析方法正好可以用来分析我们所要研究的问题。因此，本研究以灰色关联分析方法为工具进行研究。

通过文献查询，尚未见到运用灰色关联方法对中国全国制造业各部门的结构性变化与工业经济总体增长之间的关系进行研究的成果。已有的成果主要集中于装备制造业与经济发展的灰色关联度、不同地区部分工业部门与地区经济增长之间的灰色关联分析等方面。王丽敏（2008、2009）采用灰色关联分析方法，分别对全国装备制造业与工业经济发展的有序度、河南省装备制造业中各行业与河南工业经济发展的灰色关联度进行了研究。其成果认为，我国装备制造业和河南省装备制造业各行业增长速度都与相应的工业增加值增长速度高度一致。郭腾云（2010）基于赛尔奎因—钱纳里标准模式和库兹涅茨模式，利用灰色关联综合判断方法，对北京产业结构演变与发展阶段进行分析，认为2005年以后北京市已经进入了工业化后期。邹程林等（2010）对重庆工业部门与经济增长进行灰色关联分析后认为，重庆交通运输设备制造业、医药制造业具有十分明显的比较优势，对经济增长的贡献较大，政府应该加大扶持力度，促进这些优势产业又好又快地发展。

在对已经发表的此类成果进行考察，运用灰色关联分析方法对我国制造业各部门增长变化与工业经济总体增长变化之间的关系进行研究，分析进入WTO前后中国制造业的结构变化，测度制造业各部门与工业整体经济增长的关联度在进入WTO前后随时间的变化后，我们认为中国制造业各部门在中国进入WTO前后对工业整体经济增长的贡献是恰当的。

1994 年以来，中国经济持续快速增长，其间在经历 1997 年亚洲金融危机引起的 5 年次高增长后，从 2001 年进入 WTO 之后开始进入新的加速增长期。所以，本研究以 2001 年进入 WTO 为分界点，将 1994~2008 年分为两个阶段：1994~2000 年和 2001~2008 年，分别测算制造业各部门与工业整体经济增长的关联度，分析制造业各部门对工业整体经济增长的贡献变化，从而为分析中国制造业发展和部门结构演变趋势提供一些基本信息，为制定产业结构优化政策提供科学信息。

三、数据选取与处理

1.数据的选取

本文的原始数据来自历年中国统计年鉴，选取全部规模以上制造业增加值总额作为反映中国工业整体经济增长的系统特征指标，选取各部门增加值作为系统相关因素。按照统计年鉴对制造业的分类，全部制造业被分成如表 1 所示的 28 个部门。

表 1　制造业各部门工业增加值

单位：亿元

	1994 年	1995 年	1996 年	1997 年	1998 年	1999 年	2000 年
农副产品加工业	616.1	496.8	712.2	781.0	681.5	761.9	835.3
食品制造业	218.0	211.1	290.1	352.6	325.0	344.6	415.8
饮料制造业	330.4	353.6	457.4	557.1	543.6	585.8	618.9
烟草制品业	552.5	612.6	757.4	823.2	886.2	892.1	935.8
纺织业	1117.3	898.5	1040.0	1116.7	1017.3	1117.1	1272.8
纺织服装、鞋、帽制造业	355.1	347.3	447.1	463.8	481.9	506.0	592.0
皮革、毛皮、羽毛（绒）及其制造业	202.3	201.5	278.5	290.8	273.3	283.6	323.6
木材加工及木、竹、藤、棕、草制品业	99.5	95.1	143.3	170.0	112.6	132.9	157.5
家具制造业	58.7	56.4	79.6	89.0	76.7	78.0	94.9
造纸及纸制品业	191.8	232.4	329.2	338.9	318.9	355.6	412.6
印刷业和记录媒介的复制	124.4	123.2	170.2	187.6	182.7	197.9	201.4
文教体育用品制造业	78.3	91.2	121.2	130.1	141.1	140.2	155.3
石油加工、炼焦及核燃料加工业	434.2	561.3	559.5	602.5	528.6	590.2	788.0
化学原料及化学品制造业	792.8	942.7	1188.6	1189.9	1103.4	1216.9	1415.8
医药制造业	251.6	264.7	356.9	411.5	432.9	514.9	633.9
化学纤维制造业	171.6	203.0	195.0	209.9	184.6	252.6	295.8
橡胶制造业	138.4	138.4	188.5	209.7	203.1	202.6	219.0
塑料制造业	221.7	225.1	324.4	358.1	354.3	387.8	464.4
非金属矿物制品业	942.1	899.9	1055.2	1106.8	909.1	1004.6	1126.7
黑色金属冶炼及压延加工业	1290.4	1053.2	998.8	1025.4	982.7	1081.2	1299.3

续表

	1994 年	1995 年	1996 年	1997 年	1998 年	1999 年	2000 年
有色金属冶炼及压延加工业	263.5	302.1	306.5	311.3	332.3	405.0	512.7
金属制品业	440.1	383.9	490.9	516.7	504.3	540.7	609.5
通用设备制造业	683.3	669.8	726.7	794.8	696.9	743.6	840.8
专用设备制造业	490.9	449.4	520.3	545.4	485.4	515.7	581.0
交通运输设备制造业	755.4	805.1	928.8	1005.9	1080.3	1193.1	1323.6
电气机械及器材制造业	581.7	603.8	741.0	819.6	879.6	1002.6	1231.5
通信设备、计算机及其他电子设备制造业	484.3	635.0	663.3	902.4	1121.0	1348.0	1824.3
仪器仪表及文化、办公用机械制造业	129.2	122.6	144.3	148.6	168.5	180.5	214.4
制造业增加值总额	12015	11979	14215	15459	15008	16575	19397

	2001 年	2002 年	2003 年	2004 年	2005 年	2006 年	2007 年	2008 年
农副产品加工业	944.7	1112.7	1466.4	3391.5	2746.0	3492.1	4642.5	6421.3
食品制造业	451.9	553.0	667.1	998.2	1168.3	1467.3	1861.6	1645.6
饮料制造业	642.6	709.6	796.0	503.9	1164.7	1439.1	1883.7	1168.1
烟草制品业	1093.1	1359.6	1573.5	361.4	2060.0	2379.7	2918.8	712.6
纺织业	1387.5	1569.1	1906.7	3929.9	3240.2	3963.0	4913.9	2659.8
纺织服装、鞋、帽制造业	688.1	746.1	916.5	1242.5	1419.9	1833.7	2265.1	1835.4
皮革、毛皮、羽毛（绒）及其制造业	391.8	458.0	591.4	859.2	944.4	1172.9	1480.4	717.9
木材加工及木、竹、藤、棕、草制品业	192.9	213.9	265.7	1009.6	510.9	685.6	1030.0	1283.1
家具制造业	117.6	139.3	183.0	775.5	384.9	501.1	646.8	647.9
造纸及纸制品业	474.9	570.9	681.4	1445.2	1146.4	1386.4	1743.1	1548.4
印刷业和记录媒介的复制	244.0	279.5	334.5	717.0	463.1	557.8	691.9	567.4
文教体育用品制造业	179.9	204.5	249.9	462.6	379.7	464.9	554.6	399.6
石油加工、炼焦及核燃料加工业	883.3	1003.9	1287.5	2853.6	1981.6	2314.2	3097.0	4777.8
化学原料及化学制品制造业	1601.3	1862.6	2464.9	4782.9	4391.9	5398.8	7340.4	7156.3
医药制造业	722.4	834.7	1024.7	475.9	1529.8	1808.1	2286.6	1513.1
化学纤维制造业	222.1	248.9	295.3	545.8	485.3	604.2	809.4	−150.6
橡胶制造业	248.3	292.6	370.0	734.7	595.4	715.0	959.0	766.2
塑料制造业	545.0	646.8	763.2	2189.5	1272.1	1668.9	2137.1	1776.8
非金属矿物制品业	1211.9	1365.2	1749.1	4298.0	2807.9	3656.0	4849.2	5384.0
黑色金属冶炼及压延加工业	1530.2	1799.5	2824.0	7302.4	5776.9	7004.5	9007.1	11025
有色金属冶炼及压延加工业	591.2	626.14	902.1	2680	1929.7	3198.0	4477.6	2916.9
金属制品业	713.3	841.23	971.0	2502.3	1693.4	2225.9	3010.4	3582.5
通用设备制造业	971.6	1153.0	1590.4	4559.5	2967.0	3799.3	5107.5	6272.0
专用设备制造业	636.9	781.85	1008.2	1993.2	1681.6	2296.4	3067.4	3929.3
交通运输设备制造业	1633.7	2177.2	2897	3324.4	3830.5	4933.4	6974.5	6247.9
电气机械及器材制造业	1378.4	1584.7	2023.5	4120.6	3574.1	4618.0	6053.8	6409.8
通信设备、计算机及其他电子设备制造业	2035.0	2521.0	3483.0	6754.3	5722.0	7084.0	7924.0	4679.0
仪器仪表及文化、办公用机械制造业	237.9	268.5	445.0	772.1	733.2	967.9	1163	676.5
制造业增加值总额	21971	25921	33730	65585	56601	71636	92897	86570

2. 数据处理

利用灰色关联分析方法对数据进行处理共分为 4 步：

（1）设 X_i 为系统因素，用制造业内各个部门的增加值来描述，其在时间序号 J 上的观测数据记为 $X_{i(j)}$，$J = (1, 2, \cdots, n)$，$X_i = [x_{i(1)}, x_{i(2)}, \cdots, x_{i(n)}]$ 为部门 i 的时间序列值，即 i 部门在第 j 年的增加值（i = 0, 1, 2, ···, m。其中 0 代表整个制造业）；X_{0j} 为第 j 年制造业增加值总额。

（2）灰色绝对关联度计算。系统总特征值 X_0 与 X_i 的绝对关联度称为灰色绝对关联度，用公式（1）来表示。

$$\varepsilon_{0_i} = (1 + |S_0| + |S_i|)/(1 + |S_0| + |S_i| + |S_i - S_0|) \tag{1}$$

式（1）中，$|S_0| = \left| \sum_{j=2}^{n} x_{0(j)}^0 + 0.5x_{0(n)}^0 \right|$；$|S_i| = \left| \sum_{j=2}^{n} x_{i(j)}^0 + 0.5x_{i(n)}^0 \right|$（i = 0, 1, 2, ···, m）。$S_0$、$S_i$ 为计算绝对关联度的中间量，S_0 代表某一时间段内整个制造业总的增长水平；S_i 代表某一时间段内第 i 部门总的增长水平。$x_{i(j)}^0 = [x_{i(j)} - x_{i(1)}]$（i = 0, 1, 2, ···, 28）（j = 1, 2, ···, n）。

（3）灰色相对关联度用公式（2）来计算。

$$r_{0_i} = (1 + |S_0'| + |S_i'|)/(1 + |S_0'| + |S_i'| + |S_i' - S_0'|) \tag{2}$$

式（2）中，S_0'、S_i' 与 S_0、S_i 的计算公式相同，区别在于 S_0'、S_i' 是将原始数据进行无量纲化处理后的数据（表 2、表 3 的数据）计算得到的，而 S_0、S_i 是根据原始数据（表 1 的相关数据）计算得到的。

（4）综合关联度（R_i^0）计算。

$$R_i^0 = \theta\varepsilon_i^0 + (1 - \theta)r_i^0 \tag{3}$$

灰色绝对关联度是时间序列 X_0 与 X_i 相对于始点变化的绝对量联系的表征，而灰色相对关联度是序列 X_0 与 X_i 相对于始点的变化速率联系的表征。综合关联度是两者的加权和，θ 为权重，一般可以取 $\theta = 0.5$。如果对绝对关联度比较关心，θ 可以取大一些；反之，若看重相对关联度，θ 可取小一些。在工业整体经济增长中，单个部门增加值增长速率越快，则其与工业整体经济增长的关联越紧密；反之亦然。我们认为，X_0 与 X_i 相对于始点变化的绝对量联系与变化速率联系同等重要，所以本文中取 $\theta = 0.5$。

3. 计算结果

1994~2000 年和 2001~2008 年制造业各部门与工业整体经济增长的灰色综合关联系数（分别用 R_i^0、R_i^0 表示）计算结果分别如表 2、表 3 所示。

表 2　1994~2000 年间制造业各部门与制造业增长的灰色绝对、相对及综合关联系数

部门	ε_i^0	r_i^0	R_i^0	综合关联度排名
化学纤维制造业	0.458	0.9878	0.72295	1
有色金属冶炼及压延加工业	0.4646	0.9203	0.69245	2
交通运输设备制造业	0.495	0.8785	0.68680	3
家具制造业	0.4537	0.9191	0.68640	4

续表

部门	ε_i^0	r_i^0	R_i^0	综合关联度排名
皮革、毛皮、羽毛（绒）及其制造业	0.4615	0.9024	0.68195	5
石油加工、炼焦及核燃料加工业	0.4756	0.8876	0.68160	6
纺织服装、鞋、帽制造业	0.4679	0.8707	0.66930	7
橡胶制造业	0.4589	0.8656	0.66225	8
化学原料及化学制品制造业	0.5081	0.8161	0.66210	9
电气机械及器材制造业	0.4941	0.8155	0.65480	10
印刷业和记录媒介的复制	0.4586	0.8478	0.65320	11
烟草制品业	0.4906	0.8134	0.65200	12
农副产品加工业	0.4644	0.8287	0.64655	13
食品制造业	0.4661	0.8233	0.64470	14
金属制品业	0.4603	0.8230	0.64165	15
木材加工及木、竹、藤、棕、草制品业	0.4560	0.8029	0.62945	16
饮料制造业	0.4790	0.7722	0.62560	17
塑料制造业	0.4699	0.7726	0.62125	18
仪器仪表及文化、办公用机械制造业	0.4555	0.7593	0.60740	19
医药制造业	0.4776	0.7301	0.60385	20
通用设备制造业	0.4595	0.7444	0.60195	21
文教体育用品制造业	0.4584	0.7398	0.59910	22
造纸及纸制品业	0.4715	0.7219	0.59670	23
非金属矿物制品业	0.4614	0.7311	0.59625	24
通信设备、计算机及其他电子设备制造业	0.5384	0.6458	0.59210	25
专用设备制造业	0.4541	0.6886	0.57135	26
纺织业	0.4524	0.6143	0.53335	27
黑色金属冶炼及压延加工业	0.4539	0.5858	0.51985	28

表3　2001~2008年制造业各部门与制造业增长的灰色绝对、相对及综合关联系数

部门	ε_i^0	r_i^0	R_i^0	2001~2008年综合关联度排名	1994~2000年综合关联度排名	两阶段综合排名变化
通信设备、计算机及其他电子设备制造业	0.5458	0.9945	0.7701	1	25	↑24
非金属矿物制品业	0.5274	0.9973	0.7624	2	24	↑22
电气机械及器材制造业	0.5329	0.9783	0.7556	3	10	↑07
塑料制造业	0.5122	0.9922	0.7522	4	18	↑14
化学原料及化学制品制造业	0.5393	0.9649	0.7521	5	9	↑04
金属制品业	0.5170	0.9780	0.7475	6	15	↑09
交通运输设备制造业	0.5337	0.9953	0.7445	7	3	↓04
石油加工、炼焦及核燃料加工业	0.5186	0.9644	0.7415	8	6	↓02
食品制造业	0.5093	0.9551	0.7322	9	14	↑05
造纸及纸制品业	0.5094	0.9395	0.7244	10	23	↑13

续表

部门	ε_i^0	r_i^0	R_i^0	2001~2008年综合关联度排名	1994~2000年综合关联度排名	两阶段综合排名变化
橡胶制造业	0.5049	0.9393	0.7221	11	8	↓03
仪器仪表及文化、办公用机械制造业	0.5064	0.9281	0.7172	12	19	↑07
专用设备制造业	0.5175	0.9165	0.7170	13	26	↑13
农副产品加工业	0.5282	0.8851	0.7067	14	13	↓01
纺织业	0.5240	0.8847	0.7043	15	27	↑12
皮革、毛皮、羽毛（绒）及其制造业	0.5067	0.8822	0.6945	16	5	↓11
通用设备制造业	0.5324	0.8459	0.6891	17	21	↑04
木材加工及木、竹、藤、棕、草制品业	0.5063	0.8537	0.6800	18	16	↓02
黑色金属冶炼及压延加工业	0.5593	0.7988	0.6791	19	28	↑09
文教体育用品制造业	0.5027	0.8402	0.6715	20	22	↑02
纺织服装、鞋、帽制造业	0.5099	0.8223	0.6663	21	7	↓16
印刷业和记录媒介的复制	0.5035	0.8254	0.6645	22	11	↓11
有色金属冶炼及压延加工业	0.5232	0.7959	0.6595	23	2	↓21
家具制造业	0.5044	0.8068	0.6556	24	4	↓20
化学纤维制造业	0.5030	0.8033	0.6531	25	1	↓24
医药制造业	0.5081	0.7584	0.6333	26	20	↓06
饮料制造业	0.5059	0.7139	0.6099	27	17	↓10
烟草制造业	0.5079	0.6735	0.5907	28	12	↓16

四、结果分析

灰色综合关联度既体现序列 X_0 与 X_i 在绝对量上的绝对关联程度（制造业总量变化与部门 i 的变化关联程度），又能反映序列 X_0 与 X_i 相对于始点增长速率的相对关联程度（制造业总量增长速率与部门 i 的增长速率的关联程度），因此该指标能够较全面地表征制造业总量变化与部门 i 之间的关联程度。本文着重分析了综合关联系数。综合关联系数排序结果显示，2001~2008 年各个部门与制造业增长的关联度排序结果较 1994~2000 年发生了较大的变化，一些部门最终关联系数排名显著上升，而一些部门则显著下降，表明中国制造业产业结构发生了较大的变化。

1. 对进入 WTO 前中国制造业部门排名前十位产业的分析

综合关联度排名前十位的制造业部门组成可以反映中国制造业总体增长的支柱产业和部门间的大体结构。在进入 WTO 前的 1994~2000 年，综合关联度排名前十位的制造业部门为：化学纤维制造业；有色金属冶炼及压延加工业；交通运输设备制造业；家具制造业；皮革、毛皮、羽毛（绒）及其制造业；石油加工、炼焦及核燃料加工业；纺织服装、鞋、帽制造业；橡胶制造业；化学原料及化学制品制造业；电器机械及器材制造业。这10个产业部门有6个重化工业，4个为轻工业部门。特别的，排名前十位的制造业部门中，没有高技术产业。在这6个重化工业部门中，有4个为资源密集型加工工业，这些部门资源消耗量大，环境污染严重。另外4个轻工业部门全部是劳动密集型部门，科技含量低，附加值不高。由此可以发现，此阶段中国制造业以原材料加工工业为主，而重加工工业尤其是装备制造业以及高技术产业发展相对滞后。

2. 对进入WTO后中国制造业部门排名前十位产业的分析

2001~2008年，综合关联度排名前十位制造业部门转变为：通信设备、计算机及其他电子设备制造业；非金属矿物制品业；电气机械及器材制造业；塑料制造业；化学原料及化学制品制造业；金属制品业；交通运输设备制造业；石油加工、炼焦及核燃料加工业；食品制造业；造纸及纸制品业。与进入WTO前7年相比，4个轻工业部门：化学纤维制造业；家具制造业；皮革、毛皮、羽毛（绒）及其制造业；纺织服装、鞋、帽制造业全部被挤出综合关联度排名前十位。而原来排名第25位的通信设备、计算机及其他电子设备制造业跃居到第1位，表明中国电子信息制造产业发展对制造业的支撑作用急剧增强，信息化带动工业化的速度加快。同样非金属矿物制品业和金属制品业双双进入前十位，而有色金属冶炼产业被挤出前十位，说明我国制造业已经从原始资源为基础的初级资源产品生产为主走向深加工。排名前十位中的重化工产业从6个上升到8个，表明进入WTO后中国制造业重化工化特征更加凸显。这也从一个侧面说明，中国的工业化正在进入重化工化阶段，产业发展与产业结构从以资源密集、劳动密集型主导向资本密集和技术密集型主导升级。

3. 进入WTO前后中国制造业部门结构总体演变分析

综合关联系数排序结果显示，2001~2008年各个部门与工业整体经济增长的关联度排序结果较1994~2000年发生了较大的变化，一些部门最终关联系数排名显著上升，而一些部门则显著下降。

在两个时间段的综合关联系数排序中，排序上升幅度较大的9个部门是：通信设备、计算机及其他电子设备制造业（上升24位）；非金属矿物制品业（上升22位）；塑料制造业（上升14位）；造纸及纸制品业（上升13位）；专用设备制造业（上升13位）；纺织业（上升12位）；黑色金属冶炼及压延加工业（上升9位）；金属制品业（上升9位）；电气机械及器材制造业（上升7位）。这些排名大幅度上升的产业中，虽然有些产业没有进入前十名，但其排名大幅度上升表明其对制造业增长的贡献度在上升。这9个产业中有5个是重化工产业，1个是高技术制造业，只有4个是轻工业，而且其中的2个又是生产原材料的轻工业，只有通信设备、计算机及其他电子设备制造业和纺织业2个产业是以最终消费品为主的产业。这表明中国的制造业结构仍然处于生产服务主导的阶段。

在两个时间段的综合关联系数排序中，排序下降幅度较大的9个部门是：化学纤维制造业（下降 24 位）；有色金属冶炼及压延加工业（下降 21 位）；家具制造业（下降 20 位）；纺织服装、鞋、帽制造业（下降 14 位）；烟草制品业（下降 16 位）；印刷业和记录媒介的复制（下降 11 位）；皮革、毛皮、羽毛（绒）及其制造业（下降 11 位）；饮料制造业（下降 10 位）；医药制造业（下降 6 位）。这 9 个下降幅度大的制造业部门中，8 个是轻工业部门，这也表明进入 WTO 以后，中国轻工业在制造业中的地位在下降，重化工产业地位在上升，这也说明中国经济仍处于重化工业阶段。

4. 中国制造业部门结构演变的重点部门分析

（1）通信设备、计算机及其他电子设备制造业。信息产业曾经是中国进入 WTO 谈判最艰难的一个部门。在进入 WTO 之前，中国的通信设备、计算机及其他电子设备制造业作为 IT 产业的基础，而当时中国在 IT 产业领域处于弱势状态，在整个制造业中的综合关联度仅为第 25 位。但是，进入 WTO 以后，通信设备、计算机及其他电子设备制造业出现了加速增长的势头，2001~2008 年在整个制造业中的综合关联度急速跃升至第 1 位。这表明，中国的 IT 制造业实现了巨大飞跃，经过 2001~2008 年的发展，中国的通信设备、计算机及其他电子设备制造业的技术进步取得了巨大进展，与世界先进技术之间的差距在缩小，通过对引进技术的消化吸收和再创新，中国本土 IT 技术正在日益接近跨国公司水平，成为增长最快的制造业部门，支撑了工业和国民经济整体持续高速增长。当然，也应该看到，中国通信设备、计算机及其他电子设备制造业还缺乏自主创新的核心技术体系支撑，除了 TD-SCD-MA 技术取得突破性进展以外，大部分核心技术仍然掌握在跨国公司手中，尤其是在新一代基于宽带技术的信息产业集成应用领域，中国必须进一步加速技术创新，在战略性新兴产业发展规划指导下，提高综合国际竞争能力，在未来的经济增长中支撑国民经济持续快速发展。

（2）化学纤维制造业及其加工产业地位大幅下降。在进入 WTO 前的 1994~2000 年，化学纤维制造业与制造业总量增长的关联度排在第 1 位，表明当时化纤原料制造及其加工产业在制造业增长中占有主导地位。但是，进入 WTO 以后的 2001~2008 年，化学纤维制造业的综合关联度排名急剧从第 1 位下降到第 25 位，正好与通信设备、计算机及其他电子设备制造业形成了地位互换。与之相关的纺织服装、鞋、帽制造业也从第 7 位迅速下降到第 21 位。其主要原因是中国经过改革开放以后，轻纺工业持续快速增长，出口迅猛上升，导致市场逐步饱和，增长速度减缓。同时也表明这些产业的需求收入弹性相对较小，当国民经济跨越温饱进入小康阶段之后，这些产业需求增长速度开始下降。当然，由于工资水平上升、能源原材料价格提高、人民币兑美元汇率提高等原因，中国纺织服装、鞋、帽等制造业出口竞争力相对于一些发展中国家出现下降，出口增长速度放缓，也对该产业增长造成了一定的负面影响。

（3）非金属矿物制品业与金属制品业地位迅速上升。2001~2008 年，包括各种非金属建筑材料（如水泥）制造业在内的非金属矿物制品业，与制造业的综合关联度从 1994~2000 年的第 24 位迅速跃升到第 2 位。非金属矿物制品业主要用于与建筑业相关的领域和化工领域，这一部门的地位迅速跃升主要是建筑业、房地产业和化工产业的迅速攀升带动水泥、石材、化工等非金属矿物制品需求迅猛增长引起的。金属制品业的综合关联度也从第15位跃升至第6位，其原因与非金属矿物制品业快速增长类似，尤其是出口的快速增长，带动了集装箱、金属包装制品和容器的需求，从而对金属制品产业增长也产生了巨大需求。这两个产业的快速增长表明中国的制造业在基于自然资源的原料生产基础上，加工度在提高。

（4）电气机械及器材制造业地位进一步加强。1994年以来，中国的电气机械及器材制造业一直保持快速增长，进入WTO以后，这一产业增长速度进一步加快。一方面，2001~2008年，中国工业化、城市化和信息化的进程全面加快，对各种电气机械及器材的需求迅速增长；另一方面，中国制造业水平不断提高，各种电器机械和器材的制造能力日益上升，出口竞争力不断增强，出口增长很快。强劲的国内外市场需求拉动中国电器机械和器材制造业快速增长，其与制造业总量的关联度从加入WTO前的第10位上升到了第3位。

（5）塑料制造业和化学原料及化学制品制造业地位稳定上升。随着工业化和城市化进程的日益加快，中国市场对塑料和化工制品的需求持续快速增长。1994~2000年，中国的塑料制造业与制造业的综合关联度为第18位，2001~2008年上升到第4位。2009年，中国塑料消费量超过6000万吨，全世界有近40%的废旧塑料被输入中国制造成了再生塑料原料。

化学原料及化学制品制造业是工业化时期的基础产业，1994~2000年这一产业部门与制造业的综合关联度就达到了第9位。进入WTO以后，在出口增长的带动下，这一产业的增长速度进一步加快。2001~2008年，其与制造业的综合关联度进一步上升到第5位。这标志着中国工业化的重化工业化程度在提升。

（6）交通运输设备制造业进入稳定增长期。1994~2000年，中国的交通运输设备制造业与制造业的综合关联度为第3位，2001~2008年下降到第7位。这并不是因为交通运输设备制造业总量出现了萎缩，而是其增加值增长速度相对于制造业总量的增长速度放慢了。1994~2000年，中国的交通运输设备制造业规模较小，技术水平较低，但由于这些产业多是垄断性企业构成，再加上高关税的保护，产业附加值率远比制造业整体的附加值率高。2001年以后，虽然在实物层面上交通运输设备制造业增长速度迅速提高，但由于进入WTO以后国内市场上生产者竞争加剧，关税下降，价格快速下降，产业利润率和附加值率都有较大幅度降低，因此，在实物生产量高速增长下，产业附加值增长速度反而比制造业总体附加值增长速度相对放慢，综合关联度下降。事实上，尽管关联度下降，但交通运输设备制造业在制造业中的地位并没有实质性下降。例如，汽车制造产业在2003年以后出现了井喷式的增长，中国已经成为世界第一大汽车生产和销售市场，但由于竞争的加剧，使得汽车的价格持续下降，企业利润率降低。汽车制造产业利润向汽车服务业转移是大趋势。汽车金融、售后保养、修理和服务产业分享汽车制造产业的利润是世界趋势。因此，交通运输设备制造业的综合关联度下降只是其对国民经济带动性强这一特征的外在表现，而不是其重要性下降的体现。

（7）石油加工、炼焦及核燃料加工业。石油加工、炼焦及核燃料加工业在1994~2000

年间与制造业的综合关联度排名为第 6 位，2001~2008 年下降为第 8 位。石油加工、炼焦和核燃料加工业是中国工业化的基础产业，该产业与制造业的综合关联度虽然略有下降，但一直保持在前 8 位之内。其排名降低两个位次，主要原因有两点：①2001~2008 年，中国把发展循环经济，促进节能减排放在重要地位上，经济增长对石油加工和炼焦产品的需求强度有所降低，使得这一产业与制造业的综合关联度下降；②电气机械、计算机与通信设备制造业、非金属矿物制品业等产业比该产业的关联度上升得更快。

（8）两个重要产业的分析。本文对 28 个产业部门与制造业总体灰色综合关联度的测算结果中，在中国制造业中具有重要地位的黑色金属冶炼及压延加工业、有色金属冶炼及压延加工业两个重要产业的测算结果有些意外。这两个产业都是工业化发展的基础产业，而且，在实物层面上，这两个产业增长都非常迅速，每次国民经济宏观调控这两个产业都是调控重点。但是，这两个产业的综合关联程度及其变化有些意外。1994~2000 年，作为工业化支柱产业的黑色金属冶炼及压延加工业的灰色综合关联度排在 28 个部门的最后一位，2001~2008 年虽然有所上升，但只提高到第 19 位。有色金属冶炼及压延加工业的灰色综合关联度在 1994~2000 年排名第 2 位，而到 2001~2008 年迅速下滑到第 23 位。这两个产业的变化情况从侧面反映出中国的工业化与发达国家的工业化存在很大差别，金属冶炼及压延加工业在制造业中的支柱地位相对较弱，体现了支柱产业多元化的特点。这也许正是中国后发优势的体现。中国的工业化借助了发达国家的先进技术，在信息化的同时推进工业化，并在技术效率上比发达国家工业化时期有大幅度提升。因此，与发达国家工业化时期金属制造业的主导支柱地位相比，中国金属制造业的支柱地位有所降低。

五、结 论

1. 中国制造业处于向重化工产业主导型结构转变

对 1994~2000 年和 2001~2008 年两个阶段中国制造业各部门与制造业整体的灰色综合关联度分析表明，在与制造业增长关联最大的前 10 个产业中，重化工产业数量从 1994~2000 年的 5 个上升到 2001~2008 年的 6 个。排名处于显著上升地位的 11 个产业中，有 7 个产业是重化工产业，而排名处于显著下降地位的 9 个产业中有 8 个是轻工业。这表明，中国的制造业结构在 1994~2008 年快速向着资本和技术更加密集的重工业和化学工业主导型转变。

这种结构转变与工业化的一般规律是相符合的，说明到 2008 年为止，中国工业化仍然处于向重化工业化转变的过程中。但是，由于中国是一个人口巨型大国，人均资源拥有量低，生态环境脆弱，重化工产业的持续快速增长，使得中国对国外资源的依赖程度迅速上升，生态环境破坏日益严重。未来一段时期内，重化工产业仍然是经济增长的重要支柱，要实现经济的可持续增长，中国必须采取更强有力的措施，加大技术创新力度，提高自主创新能力，全面提高重化工业的技术水平和技术效率，强化管理创新，以节能、降耗、环保为突破口转变发展方式，大力发展循环经济，进行战略性结构调整，努力提高可持续发展能力。

2. 信息类制造业成为中国制造业增长的双核心之一

得益于信息技术革命成果的产业化发展，中国在工业化阶段的工业增长，除传统重化工产业成为支撑增长的核心之外，出现了第二个增长核心，即技术密集型的通信设备、计算机及其他电子设备制造业，这在发达国家工业化阶段是不曾存在的。2008 年通信设备、计算机及其他电子设备制造业增加值占全国制造业增加值的比重已经接近 10%，实现利润约占整个制造业的 9%。可见，中国制造业产业结构的高新技术特征日益明显，高新技术产业在制造业中的地位越来越重要。

3. 装备制造业在制造业中地位日益重要

在与制造业总体综合关联度排序前十位的产业中，1994~2000 年只有 1 个装备制造业，2001~2008 年上升到 2 个，分别为电气机械及器材制造业；交通运输设备制造业。这表明中国的装备制造业发展在加速，对推动中国工业经济增长起到了越来越重要的作用。装备制造业是产业关联性大、科技含量高的产业，这类产业在制造业中的地位上升，说明制造业的技术密集度在上升。

从总体看，我国的制造业正处于结构优化调整和升级的过程中。由于我国人口众多，人均资源拥有量低，生态环境系统脆弱，要在 2020 年全面建成小康社会，使经济总量比2000 年再翻两番，到 21 世纪中叶基本实现现代化的宏伟目标，要保持经济社会可持续发展，必须把握世界新科技革命和产业革命的历史机遇，进一步加速自主创新进程，依靠技术进步，大大加快制造业结构优化和升级步伐，增强国际竞争优势，使中国制造业转向物质资源消耗强度少、环境友好的发展模式。2010 年 10 月 10 日国务院正式颁布《国务院关于加快培育和发展战略性新兴产业的决定》。节能环保、新一代信息技术、生物、高端装备制造、新能源、新材料、新能源汽车这七大战略性新兴产业代表了未来制造业发展方向。我们必须按照国务院的部署，通过加速培育和发展战略性新兴产业，继续推进进入WTO 以后制造业结构高级化进程。

参考文献

[1] Moore，Silverman. Technological Over Lap and Inter-firm Cooperation: Implications for Recourse-based View of the Firm [J]. Research Policy，1999 (1).

[2] Jonard. N，Yildizoglu.M. Technological Diversity in an Evolutionary Industry Model with Localized Learning and Network Externalities [J]. Structural Change and Economic Dynamics，2004 (9).

[3] 中国社会科学院工业经济研究所. 中国工业发展报告 (2000) [M]. 经济管理出版社，2001.

[4] 刘思峰，谢乃明. 灰色系统理论及其应用 (第四版) [M]. 科学出版社，2008.

[5] 李廉水，杜占先. 中国制造业发展研究报告 2008、2009 [M]. 科学出版社，2008.

[6] 中国社会科学院工业经济研究所. 2008 中国工业发展报告——中国工业改革开放 30 年 [M]. 经济管理出版社，2009.

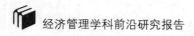
［7］王丽敏. 装备制造业与我国经济发展的灰色关联分析［J］. 华东经济管理，2009（1）.

［8］王丽敏. 河南省装备制造业与工业经济发展的灰色关联分析［J］. 中原工学院学报，2008（1）.

［9］郭腾云. 北京产业结构演变与发展阶段的灰色关联判断［J］. 地理科学进展，2010（2）.

［10］邹程林等. 重庆工业专门化部门与经济增长的灰色关联分析［J］. 重庆师范大学学报，2010（4）.

［11］北京理工大学. 中国高技术产业发展年鉴（2009）［M］. 北京理工大学出版社，2010.

Study on the Structural Evolution of China's Manufacturing Sectors before and after China's Entry into WTO

QI ZHI QIANG   ZHANG GAN   QI JIAN GUO

Abstract：Using the method of gray relational analysis， the author quantitatively analyses the relation between China's manufacturing sectors and the overall industrial growth to examine the structural evolution of manufacturing industry in two periods （1994–2000 and 2001–2008）. Results show that the industrial structure of China's manufacturing sectors significantly changed in the later period compared with the former； importance of light industry for China's manufacturing sectors had declined； the manufacturing industry had continuously transferred from light industry–dominated to heavy–chemical industry dominated； and the contribution of innovative and high–teeh sectors to the growth of manufacturing industries had been getting stronger.

Key words：Manufacturing Sectors； Industrial Structure； Gray Co–relational Analysis

管制、市场结构与中国医药分离的改革绩效 *

刘小鲁

（中国人民大学经济学院　北京　100872）

【摘　要】本文以公立医院垄断与医疗体系价格管制为背景，研究了中国医药分离的改革绩效。结果表明，在医药一体化下，单纯的诊疗费管制不会导致过度治疗，"以药养医"以及"以械养医"是政府对诊疗、药品销售以及医疗设备使用收费进行系统性价格管制的结果。医药分离改革的结果取决于改革后药品零售环节的市场结构和医药分离程度。当药品零售环节具有垄断特征时，随着医药分离程度的提高，医生会逐渐放弃"以药养医"，但会相应提高"以械养医"程度。而如果改革能形成竞争性的药品零售市场，则无论医药分离程度如何，竞争将消除"以药养医"，但会造成更大幅度的"以械养医"。由于改革中公立医院的垄断地位未受影响，故医药分离不会改善患者的福利状况，反而会在医疗体系价格管制的基础上造成新的社会福利损失。

【关键词】以药养医；以械养医；医药分离；价格管制

一、引言

中国社会科学院《2007 社会蓝皮书》的调研结果表明，"看病难、看病贵"已成为中国最突出的社会问题之一。尽管中国政府相继实施了一系列医疗领域内的价格上限管制，但是居民医疗支出费用的上升趋势不仅未受到明显控制，反而出现了药品"降价死"、"以药养医"和"以械养医"等现象。这不仅强化了医疗资源配置的扭曲，而且使患者承担的医疗费用居高不下，从而成为价格管制背景下导致"看病贵"的主要原因。在此背景下，中国又进而推进了"医药分离"的试点改革，以期在切断医生与药品销售利益关联的基础上

---

* 本文选自《世界经济》2011 年第 12 期。
作者简介：刘小鲁，中国人民大学经济学院。

遏制"以药养医"现象，减轻患者的医疗负担。

"以药养医"和"以械养医"是指，医院（医生）倾向于通过药品收入和医疗设备使用（如检查和化验）收费来补贴医疗服务。其中，"以药养医"无论在理论研究上还是在现行医疗体制改革中均受到更多的关注。现有研究通常从医疗市场信息不对称和诊疗费用的价格上限管制两个角度来解释中国的"以药养医"现象。由于医生通常比患者更能准确地知道疾病的严重程度与恰当的治疗方法，因而患者在获取医疗服务的过程中处于信息劣势地位。Darby 和 Kami（1973）将这样的一类商品或服务定义为信任型商品（Credence Goods）。该类商品的特点在于，消费者对商品的购买决策完全取决于具有专业知识技能的卖方所提供的信息，甚至在消费后也难以判断卖方提供信息的真实性。由于这种信息上的不对称，医生在提供医疗服务时会倾向于"劝诱"患者使用不必要的药品。在此背景下，Rice（1983）、Rice 和 Labelle（1989）发现，药品价格和药品使用数量之间存在显著的负相关关系，这与劝诱性消费的结果相一致。Hellerstein（1998）、Stern 和 Trajtenberg（1998）、Coselli（2000）、Lundin（2000）以及 Iizuka（2007）的经验研究表明，医生在处方药品的选择和药品费用的决定中处于主导地位。黄涛和颜涛（2009）在构建信号博弈的基础上也指出，医疗市场中的信息不对称以及医疗服务的劝诱性消费特点会导致过度的医疗服务消费。

在劝诱性消费的理论背景下，许多学者进一步指出，中国"以药养医"现象很大程度上来自诊疗服务的价格上限管制。朱恒鹏（2007）、孙慧竹和于润吉（2010）等均指出，在该项价格管制之下，医院的医疗服务收入无法弥补经营所产生的成本，从而倾向于通过不合理的"大处方"来弥补医疗服务亏损。寇宗来（2010）在劝诱性消费的理论框架下讨论了诊疗费用价格管制的影响。他的研究表明，诊疗费用的价格管制不仅导致"以药养医"，还使得医生通过延长看病时间来增强药品抽租的效力。

医疗市场的信息不对称以及"以药养医"现象为医药分离改革的合理性与必要性提供了理论与现实基础。李冬（2006）和陶志明（2008）认为，通过医药分离改革切断医生与药品销售之间的利益联系，可以有效地消除"以药养医"现象，从而降低患者的医疗负担。在实践中，自 2002 年起，中国政府开始逐步推进医药分离的试点改革，形成了诸多改革模式。从改革的实际效果来看，许多城市药品支出费用的确由于医药分离出现了较显著的下降。例如，南京市在二级及二级以下医院全面实施的基于"药房托管"模式的医药分离改革，使得改革前后平均门急诊人次药费同比下降 10.4%，平均住院日药费同比下降 20.3%（蔡怡与董登新，2009）。然而，与此同时，也有调研和报道指出，实施药房托管之后，患者的化验和检查费用呈显著的上升趋势，从而医疗总费用的增长并未得到明显控制。一些学者，如陈新中（2008）和李大平（2011）也认为，在公立医院垄断势力影响下，医药分离并不能有效地控制医疗费用的上升。李敬伟（2008）则认为，中国现有医药分离未能有效消除医生与药品销售间的利益关联，从而对其控制药品费用的效果持怀疑态度。

中国医药分离的改革尝试虽已实施近 10 年，但是在理论上却缺少结合中国医疗体制制度背景对现行医药分离改革的作用机制和绩效进行分析的模型研究。从中国医疗体制运行的现状来看，公立医院的垄断地位以及系统性的价格管制构成了医疗行业资源配置的基本制度背景。从"医药分离"改革本身的实践特点来看，也存在分离模式多样性的特点。其中，"医"与"药"的分离程度以及改革后药品零售环节的市场结构都是影响改革绩效的重要因素。一方面，医药分离程度决定了改革实施过程中医生与药品销售之间的利益关联，从而直接影响医药分离后医生配置各种医疗资源的动机；另一方面，当医药分离不完全时（如普遍采用的药房托管改革模式），药品零售环节的市场结构也会影响医生从药品销售中获取的收益——药品销售的竞争程度越高，则药品销售利润越低，医生从"以药养医"中获取的利益也会相应得到控制。

在上述研究思路的基础上，本文以公立医院的垄断地位与医疗体系价格管制为背景，讨论了价格管制的实施效果和中国医药分离的改革绩效。研究表明，在医药分离之前的一体化经营模式下，单纯的诊疗费用管制并不会引致过度用药，"以药养医"以及"以械养医"现象是政府对诊疗、药品销售以及医疗设备和器械收费进行系统性价格管制的结果。医药分离的结果取决于改革后药品零售环节的市场结构和医药分离程度。当药品零售环节具有垄断特征时，随着医药分离程度的不断提高，医生会逐渐放弃"以药养医"，但会倾向于提高"以械养医"程度来尽可能维持原有的垄断利润。如果改革能形成竞争性的药品零售市场，则无论医药分离程度如何，竞争将压低药品销售环节的利润，从而消除"以药养医"。但是，"以械养医"的程度也会提高。从改革绩效来看，由于公立医院的垄断地位未受影响，因而医药分离不会改善患者的福利状况，反而会在医疗体系价格管制的基础上造成新的社会福利损失。

后文结构安排如下：第二部分提出了模型的基本设定，并确定分析的比较基准；第三部分在价格管制背景下讨论了"以药养医"和"以械养医"的成因；第四部分则从医药分离程度和改革后药品零售环节市场结构两个角度分析了医药分离对均衡结果的影响，并由此讨论了改革对患者福利和资源配置效率的影响；第五部分应用模型对中国医药分离改革中的一些现象进行解释，并在总结全文的基础上提出了相关的政策建议。

二、基本模型

1. 模型设定的制度背景

在分析中国医疗市场特征时，如果仅仅关注医疗服务的信任型商品特征，难免会忽视重要的制度背景。首先，中国医疗市场至今仍存在较强的行政进入壁垒。朱恒鹏（2007）的研究指出，尽管中国的医疗体制改革已经实施多年，但97%的医疗机构仍具有公立性质，民营资本在进入医疗服务市场时面临较强的行政性进入壁垒。此外，公费医疗及医疗保险定点医院几乎全部是公立医院，从而使得医疗市场具有强烈的行政性市场分割特征。在此定点制度下，特定区域内的患者只能到该区域内的几家医院就诊，因而公立医院事实上具备了区域性的行政垄断地位。"看病难"的现状也强化了患者在不同医院之间的转移成本，从而进一步强化了医院的区域性市场势力。其次，中国医疗服务的供给面临着系统性的价格上限管制约束。目前，在诊疗收费、处方药品销售以及医疗项目收费（如检查和化验项目）各方面，国家均设置了相应的价格上限标准。其中，诊疗费用按照医生劳务成本核算设置挂号费和基本治疗费的价格上限，药品零售价格则依据《基本药品指导目录》，对纳入该目录的药品设置零售价格上限，并允许公立医院在此基础上加价 7%~15% 销售；各医疗设备和器械的收费标准根据医院的等级和器械本身的成本区间设置相应的成本加成标准。从价格上限的设置依据来看，公立医疗机构面临的价格管制具有收益率管制的基本特征，即在扣除必要成本后，允许医院获得适当的收益。但是，从管制实施的实际结果来看，由于医疗劳务成本统计的滞后，挂号费的价格上限管制使公立医院的诊疗服务收支长期处于亏损状态。在药品销售和医疗设备使用过程中，医院在收益率管制下仍能获得一定收益，因此公立医疗机构大多倾向于通过药品销售和医疗设备与器械的使用收费来弥补诊疗服务环节的亏损。

"以药养医"使得医疗领域价格上限管制并未产生实质性效果，反而造成了药品销售环节的资源配置扭曲。为消除医生的"以药养医"动机，中国于 2002 年开始逐步推进医药分离的试点改革。在此过程中，各试点城市所采取的医药分离模式不尽相同。概括而言，比较有代表性的改革模式为"药房托管"和"药品管理中心"模式。其中，药房托管模式由广西柳州市于 2001 年率先实践，并陆续被湖北、青海、广州、上海、河北、山东、四川、江苏和北京各地的一些医院所采用，而南京市于 2006 年 2 月开始在二级及二级以下医院推行的药房托管模式在理论研究和新闻报道中均受到了较高程度的关注。该模式的基本特征是，在政府监管的背景下，将原公立医院药房的经营权通过契约形式转移给托管企业，医院和托管企业通过协商确定药品收入或利润返还给医院的比重。在该类医药分离模式下，医院不仅保留了药房的所有权，而且仍然能够获得药品销售收入或利润的分成。"药品管理中心"模式的代表则是安徽芜湖市。在该模式下，全市成立由财政全额拨款的药品管理中心，将医院药房的经营权与所有权全部收回；药品管理中心负责制定基本药品目录，并对药品供应企业和配送企业进行考核和管理；医院每月可以从药品管理中心的收入中获取 8% 的返还。

从以上医药分离模式案例可以发现，不同模式下，改革的实施在医药分离程度以及改革后药品销售环节的市场结构上均可能存在较大差异。医药分离的本质是削弱医院和药品销售间的利益关联。从这一角度来看，在南京药房托管模式下，医院获取的收入或利润分成比重通常高达 40%，故可以视为不完全的医药分离，而在"芜湖模式"下，"医"与"药"的利益关联程度较低。在药品零售环节的市场结构上，由于芜湖选择以药品管理中心来统一管理药品销售与配送，从而使得药品零售市场具有强烈的垄断色彩。药房托管模式虽然可以通过托管企业多元化的方式来实现药品销售环节的竞争，但政策的实施结果也可能截然相反。例如，在南京药房托管改革下，南京医药股份有限公司获得了 93% 的托管权，从而不利于药品销售环节市场竞争的形成。医药分离程度和药品零售市场竞争程度的差异将会对改革的绩效产生决定性的影响。因此，下文在公立医院垄断地位和价格管制背景下对医药分离改革绩效的研究将围绕这两个因素展开。

2. 模型的基本设定

基于前文对中国医疗体系制度背景的分析，考虑一个拥有垄断势力的公立医院，由于医生在"以药养医"和"以械养医"中处于决定性地位，故简单地假设医院仅由一名医生组成。[①] 该医生在医疗服务的供给中拥有绝对的信息优势和完全的讨价还价能力。当医药一体化时，他从医疗服务供给中所能获得的利润由三个部分组成：诊疗服务利润、药品销售利润以及医疗设备和器械使用所产生的利润。[②] 令 p_d、p_1 和 p_2 分别为诊疗服务、药品销售价格和医疗设备的使用收费，c_d、c_1 和 c_2 分别为医生提供诊断的负效用、药品采购成本和医疗设备的单次使用成本。医生必须通过提供诊疗服务来选择患者治疗过程中需要使用的处方药品和医疗设备，并且，患者必须同时获得诊疗、处方药品和医疗设备的检查与治疗才能实现对疾病的医治。当患者接受治疗时，医生的利润为：

$$u(p_d, p_1, p_2, q_1, q_2) = p_d - c_d + s(p_1 - c_1)q_1 + (p_2 - c_2)q_2 \tag{1}$$

式（1）中：q_1 和 q_2 分别为处方药品数量以及医疗设备的使用数量；$s \in [0, 1]$ 是医生从药品销售中获取的利润分成。本文将以该变量来体现"医药分离"程度。当 $s = 0$ 时，医生的利益与药品销售利润无关，从而意味着"医"与"药"的完全分离；如果 $s = 1$，则"医"与"药"完全一体化。

医疗市场的特点在于，患者并不具备医疗的相关专业知识，因此无法自主选择治疗方式，只能决定是否采纳医生建议的药品使用数量和医疗设备使用数量。基于这一现实特征，本文提出如下三个基本假设：第一，当医生确定治疗方案后，患者能够从医生提供的信息中形成主观支付意愿（效用评价），尽管这一推断很可能与真实情况存在较大差异；第二，医生知道任意一种治疗方案能给患者带来多少效用，而患者由于专业知识的匮乏，仅能就医生提供的方案进行主观评价，这意味着他不知道更改治疗方案会造成什么样的后果；[③] 第三，由前一个假设可以引申，患者即使不满意医生开出的处方和医疗设备使用的数量，也无法自行更换治疗方案，只能选择是否接受医生的治疗。

假设医疗市场中只存在一个患者，该患者从医生提出的治疗方案中所形成的净效用为：

$$U(p_d, p_1, p_2, q_1, q_2) = u_d - p_d + u(q_1) - p_1 q_1 + u(q_2) - p_2 q_2 \tag{2}$$

---

① 由于本文假设医院仅由一名医生组成，因而医生的净效用来自医院的利润。一个更贴近现实的设定是引入医院与医生之间的委托—代理关系。但是，从医生收入构成的现实状况来看，他可以从药品销售和医疗设备使用中获取利润分成，故可以将他的收益视为医院利润的一个分成结果。从这个角度来看，医生净效用的最大化与医院利润最大化是等价的。

② 这里的一体化指的是医院同时向患者提供诊疗、处方药品销售和医疗设备使用三种服务。医疗设备使用收费不仅包括验血、B超、化疗等检查、化验与治疗收费，还包括如金属接骨钛板、人工关节之类的医疗器械的收费。

③ 假设医生知道任意一种治疗方案给患者带来的效用水平的合理之处在于，由于医疗服务的"信任型商品"特性，医生可以通过自身的专业知识来影响患者的主观评价，这意味着患者的主观评价很大程度上是由医生决定的。

式（2）中：u_d 为患者从诊疗服务中获取的效用，并且 $u_d > c_d$。$u(q_1)$ 和 $u(q_2)$ 体现了患者从服用药品和医疗设备使用中获取的效用。借鉴 Keeler 等（1998）以及 Karen 和 Winnie（2004）等的分析设定，本文假设：

$$u(q_i) = aq_i - \frac{b}{2}q_i^2 \tag{3}$$

式（3）的效用函数既可能是患者基于自身主观认知形成的效用推断，也可能是在医生劝诱行为下形成的，其具体形成机制并不影响本文的分析结论。由式（3）可知，当 $q_i \leqslant a/b$ 时，$u'(q_i) \geqslant 0$，而当 $q_i > a/b$ 时，$u'(q_i) < 0$。这表明，药品数量和医疗设备使用量的上升并不总是会提高患者的效用。例如，尽管患者可能并不清楚药物的真实使用效果，但他往往也担心大量使用药物可能造成的潜在副作用。

患者愿意接受治疗并支付医疗费用的前提条件是 $U(p_d, p_1, p_2, q_1, q_2) \geqslant 0$。[1] 需要指出的是，在此条件成立时，医生提出的某些治疗方案很可能为患者带来负的净效用。例如，当过度用药程度较高时，患者可能会认为 $u(q_1) < p_1 q_1$。但是，由于诊断、药品和医疗设备必须联合使用才能实现疾病的治疗，且患者并不知道应该如何调整处方，因此只要 $U \geqslant 0$，患者就会接受医生提出的治疗方案。

3. 比较基准：无管制的一体化垄断医疗市场

为分析中国医疗体系内价格管制和医药分离改革的绩效，本文首先对无任何管制措施的一体化医疗市场进行分析，以便确立研究的比较基准。在此研究背景下，医院可以任意决定诊疗收取的费用、药品销售价格和医疗设备的使用收费水平，并且 $s = 1$。由于公立医院的垄断地位和信息优势使医生在谈判中拥有完全的讨价还价能力，因此其最优化问题可以表示为：

$$\max_{p_d, p_1, p_2, q_1, q_2} \quad p_d + c_d + (p_1 - c_1)q_1 + (p_2 - c_2)q_2$$

$$\text{s.t.} \quad U \geqslant 0 \tag{4}$$

式（4）最优化问题的约束条件为参与约束，即患者只有在获得正的净效用时才愿意接受治疗。由于没有价格上限管制的制约，在参与约束条件满足的前提下，医生可以随意决定各项医疗服务的收费水平。因此，在任意医疗服务的供给水平上，医生总能够通过调整医疗服务价格获取患者的全部剩余，即 $p_d + p_1 c_1 + p_2 q_2 = u_d + u(q_1) + u(q_2)$。在此基础上，可以解得均衡时医生开出的处方药品种类 q_1^m 和医疗设备使用数量 q_2^m 将满足：

$$a - bq_i^m = c_i, \ i = 1, 2 \tag{5}$$

此时，医生有无数种最优的定价策略，因为在诊疗服务、药品销售和医药设备使用一体化的捆绑销售下，他可以通过各项医疗服务之间的交叉补贴来保证 $U = 0$。当然，在现实中，中国医院通常分项目对医疗服务和药品收费，因此一个合理的定价策略为 $p_d^m = u_d$，

---

[1] 因为患者的治疗方案是由医生选择的，所以由式（2）可知，医生在给定的治疗方案下总是可以通过调整价格 P_d、P_1、P_2 来获取全部的消费者剩余。

$p_1^m = a - bq_1^m/2$，$p_2^m = a - bq_2^m/2$。此时，医生获得垄断利润 v^m。从社会福利角度来看，由于社会福利为 $v + U$，因而均衡结果（p_d^m，p_1^m，p_2^m，q_1^m，q_2^m）也能够实现社会福利最大化。然而，在此均衡下，患者所得到的剩余为 0。

三、价格上限管制与"以药养医"和"以械养医"

从本文的研究视角来看，医疗领域内主要的价格管制措施可以分为三大类：对医生诊疗服务的价格上限管制、对基本药品零售价格的上限管制以及医疗设备使用收费的价格上限管制。在这些管制中，价格上限设置的基本准则是收益率管制，即在扣除必要成本之后，允许医院获得适当的收益。例如，在基本药品价格管制上，公立医院最高可以在药品进价成本的基础上加价 15% 进行销售。但是，在收益率管制的实施过程中，往往呈现出对诊疗服务管制较严，而对医疗器械和药品价格管制较松的特点。

根据中国医疗领域价格管制现状，假设在收益率管制下，医院对诊疗服务以及单项药品售价和医疗器械使用费用设定的上限分别为 r_d、r_1 和 r_2。显然，有约束力的收益率管制应满足 $r_d < p_d^m$，$r_1 < p_1^m$，$r_2 < p_2^m$。此外，从中国诊疗费用价格管制的实际结果来看，可以认为 $r_d < c_d$，$r_1 > c_1$，$r_2 > c_2$。需要说明的是，这里的讨论仍暂不考虑"医药分离"问题。

现有研究认为，在医药一体化下，对医生诊疗服务的价格上限管制使医院有动力通过"以药养医"来弥补诊疗服务亏损。但是，这一分析结论并没有完整概括"以药养医"现象的成因：如果医院有能力将诊断、药品和医疗器械进行捆绑销售，且只有诊疗服务面临价格上限管制，那么医院完全可以通过调节药品零售价格或提高医疗设备和器械的使用收费来获取垄断利润。因此，"以药养医"的产生与强化并不是单纯由诊疗价格管制所引起的，而是各种价格上限管制共同作用的结果。结论 1 和结论 2 为此推断提供了进一步的说明。

结论 1： 如果只有诊疗服务收费面临价格上限管制 r_d，那么该价格管制下均衡时仍有 $q_1 = q_1^m$，$q_2 = q_2^m$，并且 $r_d + p_1 q_1^m + p_2 q_2^m = u_d + u(q_1^m) + u(q_2^m)$。

证明： 由前文分析可知，v^m 是医生所能获得的最大利润。当政府仅对诊疗服务施加价格上限管制 r_d 时，药品价格和医疗设备与器械的使用收费仍可以由医生自由决定。此时，令 $q_1 = q_1^m$，$q_2 = q_2^m$，且使定价 p_1 和 p_2 满足 $r_d + p_1 q_1^m + p_2 q_2^m = u_d + u(q_1^m) + u(q_2^m)$，则医生仍能获得利润 v^m，故这种决策将是价格管制 r_d 下的最优选择。

结论 1 对现有研究进行了拓展。现有研究认为，当诊疗服务收费面临价格上限管制时，医院将倾向于通过"大处方"和要求病人多做检查和化验来获取垄断利润，并由此对诊疗服务进行补贴。但是，结论 1 表明，在单纯的诊断收费管制下，处方药品和医疗设备的使用数量与管制之前相比不会有任何变化。其原因在于，当药品零售价格和医疗设备使用收费未受管制时，医院仅仅通过捆绑销售和提高药品或医疗设备使用价格便可以获得全部垄断利润。

在现实中，的确可以观察到价格管制的实施反而强化"以药养医"和"以械养医"的现象。造成这种现象的根本原因在于，政府不仅对诊疗费用实施上限管制，还根据基本药品目录实施药品价格上限管制，并明确了各种医疗设备使用的收费标准。在这种管制背景下，医生无法自由地决定药品价格和医疗设备的使用收费，从而只能够考虑通过数量决策来提高自身收益。为证明这一推测，考虑政府同时对诊断服务、药品价格和医疗设备使用收费进行管制的情形。此时，医生的最优化决策问题为：

$$\max_{p_1, p_2, q_1, q_2, b} v = p_d - c_d + (p_1 - c_1)q_1 + (p_2 - c_2)q_2$$

$$\text{s.t.} \quad U \geq 0, \ r_d - p_d \geq 0, \ r_1 - p_1 \geq 0, \ r_2 - p_2 \geq 0 \tag{6}$$

在系统性的价格上限管制下，处方药品的销售数量和医疗设备的使用数量便具有了双重效应。首先，和无管制情形一样，处方药品数量和医疗设备使用数量的改变均能够调整患者的净效用，从而影响医生所能获取的消费者剩余的上限。其次，当价格给定不变时，医院的总利润是处方药品销售数量和医疗设备使用数量的线性增函数。这意味着，在收益率管制背景下，处方药品销售数量和医疗设备使用数量的增加都可能带来额外的边际利润。因此，可以预计，价格管制的全面实施将会强化"以药养医"和"以械养医"现象。为证明上述猜测，求解式（6）最优化问题可得：[①]

$$1 - \lambda - \varphi_d = 0, \ q_1 - \lambda - \varphi_1 = 0, \ q_2 - \lambda - \varphi_2 = 0$$

$$p_1 - c_1 + \lambda(a - bq_1 - p_1) = 0, \ p_2 - c_2 + \lambda(a - bq_2 - p_2) = 0$$

其中，λ、φ_d、φ_1 和 φ_2 分别为与约束条件 $U \geq 0$、$r_d - p_d \geq 0$、$r_1 - p_1 \geq 0$ 和 $r_2 - p_2 \geq 0$ 相对应的库恩—塔克乘子。由于库恩—塔克乘子与它们各自所对应的不等式约束共同构成互补松弛条件，因而由以上一阶条件可以验证均衡时式（7）的四个不等式约束都将是紧的。这意味着均衡时 $\lambda = 1 - \varphi_d > 0$，$\varphi_d > 0$，$\varphi_1 > 0$，$\varphi_2 > 0$，并且，如果 $\bar{q}_1$ 和 $\bar{q}_2$ 为价格上限管制 $(r_d, \ r_1, \ r_2)$ 下医生在处方药品数量和医疗设备使用数量上的最优决策，则有：

$$\bar{q}_1 = \frac{r_1 - c_1}{\lambda b} + \frac{a - r_1}{b} = \frac{c - c_1}{b} + \frac{r_1 - c_1}{b}\left(\frac{1}{\lambda} - 1\right) \tag{7}$$

$$\bar{q}_2 = \frac{r_2 - c_2}{\lambda b} + \frac{a - c_2}{b} = \frac{c - c_2}{b} + \frac{r_2 - c_2}{b}\left(\frac{1}{\lambda} - 1\right) \tag{8}$$

由以上求解结果可以直接得到结论 2 和结论 3。

结论 2： 在垄断性的市场结构和有效的价格上限管制 $(r_d, \ r_1, \ r_2)$ 下，只要 $r_1 > c_1$，$r_2 > c_2$，则 $\bar{q}_1 > q_1^m$，$\bar{q}_2 > q_2^m$，即价格上限管制将强化医生的"以药养医"和"以械养医"动机。

证明： 由前文分析可知，价格管制 $(r_d, \ r_1, \ r_2)$ 下，均衡时 $\lambda = 1 - \varphi_d > 0$，$\varphi_d > 0$。因此 $0 < \lambda < 1$，从而 $1/\lambda > 1$。在此基础上，由式（7）和式（8）可知，$\bar{q}_1 > (a - c_1)/b = q_1^m$，

---

① 由于目标函数与约束条件均是凹函数且约束集是凸集，因此最大值的充分条件成立，最大值存在且唯一。

$\bar{q}_2 > (a - c_2)/b = q_2^m$。这说明，相对于无管制和单一价格上限管制的情形，系统性的价格上限管制（r_d，r_1，r_2）使医生在治疗中使用了更多的处方药品和医疗设备。

结论 3： 在价格管制（r_d，r_1，r_2）下，$\bar{q}_2$ 是 r_1 的严格单调减函数，并且，如果（$1/\lambda$ − 1）/b 对（r_1 − c_1）的弹性绝对值为 ε，则 $\varepsilon > 1$ 时，$\bar{q}_1$ 也是 r_1 的严格单调减函数。

证明： 以 r_1 的变化为例。由于均衡时，式（7）的所有不等式约束都将是紧的，因此：

$$u_d + a\bar{q}_1 - \frac{b}{2}(\bar{q}_1)^2 - r_1\bar{q}_1 + a\bar{q}_2 - \frac{b}{2}(\bar{q}_2)^2 - r_2\bar{q}_2 = 0$$

在此基础上，将上式两边同时对 r_1 求导可得：

$$(a - b\bar{q}_1 - r_1)\left(\frac{\partial\bar{q}_1}{\partial\lambda}\cdot\frac{\partial\lambda}{\partial r_1} + \frac{\partial\bar{q}_1}{\partial r_1}\right) + (a - b\bar{q}_2 - r_2)\frac{\partial\bar{q}_2}{\partial\lambda}\cdot\frac{\partial\lambda}{\partial r_1} = \bar{q}_1 \qquad (9)$$

由式（7）和式（8）可知，$\partial\bar{q}_1/\partial\lambda < 0$，$\partial\bar{q}_2/\partial\lambda < 0$，$\partial\bar{q}_1/\partial r_1 = (1/\lambda - 1)/b > 0$，而 $a - b\bar{q}_1 - r_1 = (c_1 - r_1)/\lambda < 0$，$a - b\bar{q}_2 - r_2 = (c_2 - r_2)/\lambda < 0$。因此，由式（9）可知 $\partial\lambda/\partial r_1 > 0$。这表明 $\bar{q}_2$ 是 r_1 的单调减函数。而 $\partial\lambda/\partial r_1 = [\partial\lambda/\partial(r_1 - c_1)]\cdot[\partial(r_1 - c_1)/\partial r_1]$，故：

$$\frac{\partial\bar{q}_1}{\partial\lambda}\cdot\frac{\partial\lambda}{\partial r_1} + \frac{\partial\bar{q}_1}{\partial r_1} = \left(\frac{1}{\lambda} - 1\right)\frac{1}{b} - \frac{r_1 - c_1}{b\lambda^2}\cdot\frac{\partial\lambda}{\partial(r_1 - c_1)} = \left(\frac{1}{\lambda} - 1\right)\frac{1}{b}(1 - \varepsilon)$$

因此，当 $\varepsilon > 1$ 时，$\bar{q}_1$ 也是 r_1 的严格单调减函数。

结论 2 和结论 3 描述了价格管制强度对医生"以药养医"和"以械养医"程度的影响。结论 2 表明，只要政府设置存在盈利可能的收益率管制（$r_1 > c_1$，$r_2 > c_2$），[①]"以药养医"和"以械养医"就会出现。结论 3 在一定程度上反映了其中的内在经济机制。以基本药品的价格上限管制为例，当政府降低药品价格加成比率 r_1 时，将同时改变均衡时处方药品的使用量和医疗设备的使用量。在其他条件不变的前提下，降低 r_1 会直接提高患者的消费者剩余，并降低医生的利润。此时，医生可以通过增加处方药品和医疗设备的使用数量来提高患者需要支付的医疗总费用。但是，结论 3 也暗示着，随着 r_1 的不断下降，增加药品销售量和增加医疗设备使用数量对医生收益的影响程度会逐渐分化。一方面，在此过程中，医疗设备的使用收费上限并没有改变，从而医生始终有动力通过不断增加医疗设备的使用来规避药品价格管制对自身收益的控制；另一方面，只要 $r_1 > c_1$，医生就有动力实施"以药养医"，但其程度随管制力度的改变呈现出不确定的变化趋势。例如，由式（7）可知，如果 r_1 很接近于药品采购成本 c_1，则药品销售利润将因为管制而变得极低，从而"以药养医"程度将极其微弱。但结论 3 也表明，如果 $\varepsilon > 1$，那么药品价格管制力度的提高（r_1 的下降）反而会强化"以药养医"。

---

① 事实上，由于 $r_d < c_d$，如果设定 $r_1 < c_1$，$r_2 < c_2$，则医院必然亏损。

四、医药分离的改革绩效

为进一步讨论医药分离的改革绩效，下文将引入药品零售企业这一新的经济主体。从医药分离的本质特征来看，这项改革的基本目的是削弱或完全切断医生（医院）与处方药品销售之间的利益关联。在医药分离的改革试点中，尽管各个地区的具体模式有所差异，但大多采取了将药品销售经营权从医院剥离的改革方案。在这样的改革措施下，医药分离之后，医疗市场中将出现独立经营的药品零售企业（或管理机构）。医生虽然仍能在诊断基础上为患者开具药品处方，但患者不再从医院购买药品，而是根据处方到药品零售企业购买药品。

因此，在医药分离改革实施后，医疗服务将由医生和药品销售单位共同提供。其中，医生负责诊断、开具处方和选择医疗设备，而药品零售企业则提供药品销售服务，并制定药品零售价格。由于医生仍为患者开具处方，这意味着医药分离之后，医生仍能对患者的药品使用提供建议。由于本文假设患者缺少变更处方的必要专业知识，因而医药分离下患者虽然能够到独立经营的药品零售企业购买药品，但药品使用数量仍遵循医生处方的建议。

为进一步分析，本文构建如下的两阶段博弈：博弈的第一阶段，医生确定诊疗收费和医疗设备的使用收费，并在诊断过程中选择处方药品和医疗设备的使用数量；在博弈的第二阶段，药品零售企业在观察到医生的决策后，决定处方药品的零售价格。在患者愿意就医的前提下，医生获得的博弈支付函数仍由式（1）所界定，但是受医药分离改革的影响，$s < 1$。由前文分析设定可知，s 体现了医生从药品销售中获取的利润分成，故药品零售企业的支付函数 π 可定义为：

$$\pi = (1-s)(p_1^j - c_1)q_1^j \tag{10}$$

式（10）中，添加上标 j 是为了体现不同的市场结构。如果市场中只有一家药品零售企业，则 $j = 1$；如果市场中存在 $n \geq 2$ 家药品零售企业，则 $j = 1, \cdots, n$。在垄断性市场中，药品零售企业获得全部的药品销售需求，而当 $n \geq 2$ 时，所有药品零售企业都被假设为同质的，并将进行伯特兰价格竞争。

由前文分析可知，中国实施的各种"医药分离"改革模式，"医"与"药"的利益分割程度以及药品零售市场结构均存在较大差异。药品零售环节市场结构的差异将影响处方药品零售价格的高低，而医药分离程度则影响医生从处方药品选择中获取的收益，从而均会直接决定医药分离改革的绩效。在下文的分析中，本文将分别在垄断和竞争性的市场背景下讨论医药分离程度变化对改革绩效的影响。

1. 垄断性的药品零售市场

本文首先讨论药品零售环节完全垄断的情形。为求解上文构建的两阶段动态博弈，首先考虑药品零售企业的最优决策。给定医生的决策结果（p_d，p_2，q_1，q_2），药品零售企业的最优化问题可以表示为：

$$\max_{p_1} \pi = (1-s)(p_1 - c_1)q_1 \tag{11}$$

$$\text{s.t.} \quad U \geqslant 0, \ r_1 - p_1 \geqslant 0$$

由于药品零售企业仅就药品售价进行决策，因而该企业有动力在给定的约束条件下尽可能地提高药品价格。令 $\bar{p}_1$ 满足 $U(p_d, \bar{p}_1, p_2, q_1, q_2) = 0$，则药品零售企业定价的最优策略满足：

$$p_1^* = \max\{c_1, \ \min\{\bar{p}_1, \ r_1\}\} \tag{12}$$

式（12）的含义在于，在药品零售环节中，由于面临基本药品价格上限管制的约束，药品零售企业所能制定的最高价格不能超过 r_1。此外，药品零售企业也不会将价格降至 c_1 以下，否则将面临亏损。在这两种极端情形外，药品零售企业将始终根据 $\bar{p}_1$ 设置价格，以便实现利润最大化。

估计药品零售企业的最优反应，医生的最优化问题可以表述为：

$$\max_{p_d, p_2, q_1, q_2} \ v = p_d - c_d + s(p_1^* - c_1)q_1 + (p_2 - c_2)q_2 \tag{13}$$

$$\text{s.t.} \quad U(p_d, p_1^*, p_2, q_1, q_2) \geqslant 0, \ r_d - p_d \geqslant 0, \ c_1 \leqslant p_1^* \leqslant r_1, \ r_2 - p_2 \geqslant 0$$

式（13）最优化问题与前文式（6）最优化问题的最大区别在于，在医药分离改革下，医院不再拥有药品零售的经营权利，从而无法直接制定药品销售价格，而只能通过推断药品零售企业的反应函数来间接引导药品价格的设定。由于药品零售企业不会将药品价格降至 c_1 以下，也无法将价格设置在 r_1 以上，因此药品零售价格 p_1^* 面临下限约束 c_1 和上限约束 r_1。为在求解式（13）的基础上得出相关分析结论，定义 $\bar{s}$ 和 $\hat{s}$ 分别满足：

$$u_d - p_d + u\left(\frac{a-c_1}{b}\right) + u\left[\frac{a-c_2}{b} + \frac{r_2-c_2}{b}\left(\frac{1}{\bar{s}} - 1\right)\right] - r_2\left[\frac{a-c_2}{b} + \frac{r_2-c_2}{b}\left(\frac{1}{\bar{s}} - 1\right)\right]$$

$$= c_1 \cdot \frac{a-c_1}{b}$$

$$u_d - p_d + u\left(\frac{a-c_1}{b}\right) + u\left[\frac{a-c_2}{b} + \frac{r_2-c_2}{b}\left(\frac{1}{\hat{s}} - 1\right)\right] - r_2\left[\frac{a-c_2}{b} + \frac{r_2-c_2}{b}\left(\frac{1}{\hat{s}} - 1\right)\right]$$

$$= r_1 \cdot \frac{a-c_1}{b}$$

为求解式（13）的最优化问题，首先忽略药品零售企业的定价约束 $c_1 \leqslant p_1^* \leqslant r_1$。在此前提下，由于药品零售企业始终会通过设定 $p_1^* = \bar{p}_1$ 来使 $U(p_d, p_1^*, p_2, q_1, q_2) = 0$，故约束条件 $U \geqslant 0$ 对医生的决策并没有实质性的约束力。此时，求解式（13）最优化问题可知均衡时 $p_d^* = r_d$，$p_2^* = r_2$，并且

$$q_1^* = \frac{a-c_1}{b}, \quad q_2^* = \frac{a-r_2}{b} + \frac{r_2-c_2}{sb} = \frac{a-c_2}{b} + \frac{r_2-c_2}{b}\left(\frac{1}{s} - 1\right) \tag{14}$$

上述均衡结果的出现要求药品零售企业能在 $c_1 < \bar{p}_1 < r_1$ 的前提下通过调整 $\bar{p}_1$ 使得 $U(p_d^*$，

$\bar{p}_1$, p_2^*, q_1^*, q_2^*) = 0，即在区间（c_1, r_1）内，存在一个 $\bar{p}_1$ 使得：

$$u_d - p_d + u\left(\frac{a-c_1}{b}\right) + u\left[\frac{a-c_2}{b} + \frac{r_2-c_2}{b}\left(\frac{1}{s}-1\right)\right] - r_2\left[\frac{a-c_2}{b} + \frac{r_2-c_2}{b}\left(\frac{1}{s}-1\right)\right]$$

$$= \frac{\bar{p}_1(a-c_1)}{b} \tag{15}$$

通过观察可知，式（15）等号左边是 s 的单调增函数，而等号右边是 $\bar{p}_1$ 的单调增函数。因此，由 $\bar{s}$ 和 $\hat{s}$ 的定义可知，当 $\bar{s} < s < \hat{s}$ 时，满足式（15）条件的 $\bar{p}_1$ 位于区间（c_1, r_1）内。然而，如果 $s \leq \bar{s}$，则为使式（15）成立将必须有 $\bar{p}_1 \leq c_1$。但由于 p_1 事实上不会降至 c_1 以下，因此与式（14）的均衡相比，医生更好的选择是在 $p_1^* = c_1$ 的前提下重新进行最优化决策。如果 $s \leq \hat{s}$，则式（15）的成立要求 $\bar{p}_1 \geq r_1$。由于药品零售价格的取值上限为 r_1，因而对医生而言，更优的选择（相对于式（14）的均衡）是在 $p_1^* = r_1$ 的前提下重新进行最优化决策。结论 4 概括了各种情形下式（13）最优化问题的均衡解。

结论 4： 如果医药分离后药品零售环节具有垄断性的下述结构，那么均衡时 $p_d^* = r_d$，$p_2^* = r_2$，并且随着医药分离程度的改变，将出现以下三种均衡结果：

（1）$s \geq \hat{s}$ 时 $q_1^* = \frac{a-r_1}{b} + \frac{s(r_1-c_1)}{b\theta}$，$q_2^* = \frac{a-r_2}{b} + \frac{r_2-c_2}{b\theta}$，$p_1^* = r_1$。

（2）$\bar{s} < s < \hat{s}$ 时 $q_1^* = \frac{a-c_1}{b}$，$q_2^* = \frac{a-r_2}{b} + \frac{r_2-c_2}{b}\left(\frac{1}{s}-1\right)$，$p_1^* = 1$。

（3）$s \leq \bar{s}$ 时 $q_1^* = \frac{a-c_1}{b}$，$q_2^* = \frac{a-r_2}{b} + \frac{r_2-c_2}{b\delta}$，$p_1^* = c_1$。

其中，θ 和 δ 均为库恩—塔克乘子，并分别使得相应均衡下 U(p_d^*, p_1^*, p_2^*, q_1^*, q_2^*) = 0。

结论 4 同时概括了医药分离改革下药品零售价格以及药品使用和医疗设备使用数量的变化趋势。医生作为首先行动的博弈主体，完全有能力通过调整医疗设备使用收费、处方药品数量以及医疗设备使用数量将药品零售价格压低至 c_1。但是，医生具体的行为取向取决于医药分离的程度。医药分离后，如果医院仍能从药品销售中分得较高比例的利润（$s > \bar{s}$），则过度压低药品零售价格对于医院自身利益而言是不利的。此时，尽管医生拥有博弈的先动优势，但它仍允许药品零售企业获取一定的正利润，从而保证自己的利润分成收益。特别地，如果 $s \geq \hat{s}$，则这种利润分成收益足够高，以致医生仍能接受药品零售企业按价格管制上限 r_1 设定价格。在此过程中，由于医生与药品销售之间仍存在较强的利益关联，因而我们能观察到处方药品开具中的"以药养医"现象。然而，当 $s \leq \bar{s}$ 时，药品零售利润对医生来说已不具有足够的吸引力，因此他会通过自身的策略选择将药品零售价格压低至 c_1，并放弃过度用药。这样做的目的在于使患者能够从药品使用中获取最大净效用，从而使得自己在医疗器械的销售中能够攫取更多的消费者剩余。受此动机的引导，医疗设备的使用量将会出现更大幅度的过度消费。以上分析意味着，如果药品零售市场具有垄断特征，那么随着医药分离程度的增加，医生会在医疗器械和药品使用的数量决策之间进行替代。结论 5 对此推测结果进行了归纳。

结论 5：若医药分离后药品零售环节具有垄断性的市场结构，那么对于任意 $s \in [0, 1]$，$s' \in [0, 1]$，如果 $s > s'$，则，$q_1^*(s) \geq q_1^*(s')$，$q_2^*(s) \leq q_2^*(s')$。

证明：当 $s \geq \hat{s}$ 时，由约束条件 $U(p_d^*, p_1^*, p_2^*, q_1^*, q_2^*) = 0$ 求导可得：

$$\left[(a - bq_1^* - r_1) \frac{\partial q_1^*}{\partial \theta} + (a - bq_2^* - r_2) \frac{\partial q_2^*}{\partial \theta} \right] \frac{\partial \theta}{\partial s} = -(a - bq_1^* - r_1) \frac{\partial q_1^*}{\partial s}$$

由结论 4 计算可知 $\partial q_1^*/\partial \theta < 0$，$\partial q_2^*/\partial \theta < 0$，$\partial q_1^*/\partial s > 0$，$a - bq_1^* - r_1 < 0$，$a - bq_1^* - r_1 < 0$，从而由上式可知 $\partial \theta / \partial s > 0$，由此条件又可以推出：

$$\frac{\partial q_2^*}{\partial \theta} \cdot \frac{\partial \theta}{\partial s} < 0, \frac{\partial q_1^*}{\partial \theta} \cdot \frac{\partial \theta}{\partial s} + \frac{\partial q_1^*}{\partial s} > 0$$

这意味着当 $s \geq \hat{s}$ 时，q_1^* 和 q_2^* 分别是 s 的严格增函数和严格减函数。由结论 4 还可知，当 $\bar{s} < s < \hat{s}$ 时，q_1^* 与 s 无关，而 q_2^* 是 s 的严格减函数；当 $s \leq \bar{s}$ 时，δ 由约束条件 $U(p_d^*, c_1, p_2^*, q_1^*, q_2^*) = 0$ 决定，其取值与 s 无关，从而 q_1^* 和 q_2^* 的取值均不随 s 的变化而改变。

最后，考虑区间 $[\hat{s}, 1]$ 和 $(\bar{s}, \hat{s})$ 内 q_2^* 取值的大小比较。由 $\hat{s}$ 的定义可知，当 $s \to \hat{s}^-$ 时，$\bar{p}_1 \to r_1$，从而 $U(p_d^*, \bar{p}_1, p_2^*, q_1^*, q_2^*) = U(p_d^*, r_1, p_2^*, q_1^*, q_2^*) = 0$，即：

$$u_d - p_d + u\left(\frac{a - c_1}{b} \right) - \frac{r_1(a - c_1)}{b} + u\left[\frac{a - c_2}{b} + \frac{r_2 - c_2}{b} \left(\frac{1}{\hat{s}} - 1 \right) \right] - r_2 \left[\frac{a - c_2}{b} + \frac{r_2 - c_2}{b} \right.$$

$$\left. \left(\frac{1}{\hat{s}} - 1 \right) \right] = u_d - p_d + u\left(\frac{a - c_1}{b} \right) - \frac{r_1(a - c_1)}{b} + u\left[\frac{a - c_2}{b} + \frac{r_2 - c_2}{b} \left(\frac{1}{\delta} - 1 \right) \right]$$

$$- r_2 \left[\frac{a - c_2}{b} + \frac{r_2 - c_2}{b} \left(\frac{1}{\delta} - 1 \right) \right]$$

这表明，当 $s = \hat{s}$ 时，$\delta = \hat{s}$。由于在区间 $[\hat{s}, 1]$ 内 $\partial \theta / \partial s > 0$，因此以上分析表明在整个区间 $(\bar{s}, 1]$ 内，q_2^* 均是 s 的严格减函数。综合以上分析可知，在区间 $[\hat{s}, 1]$ 内，q_1^* 是 s 的严格增函数，而在区间 $[0, \hat{s})$ 内，q_1^* 的取值与 s 无关；在区间 $(\bar{s}, 1]$ 内，q_2^* 均是 s 的严格减函数，而在区间 $[0, \bar{s})$ 内，q_2^* 的取值与 s 无关。由此可得结论 5。

结论 5 表明，当医药分离形成了垄断性的药品零售市场时，改革尽管在控制医生"大处方"动机上具有一定效果，但彻底消除"以药养医"会要求较为彻底的医药分离（即 $s \leq \hat{s}$）。此外，医药分离也导致了新的资源配置扭曲：随着医药分离程度的提高，均衡时医疗设备使用数量 q_2^* 呈上升趋势。其原因在于，医药分离改革虽然减弱了医生从处方药品销售中所能获取的收益，但是并未消除公立医院的垄断势力，也没有影响医生从医疗设备销售中所能获取的收益。当药品销售利润分成受限时，医生便有动力要求患者使用更多医疗设备来填补医药分离对其造成的药品销售利润的损失。

2. 竞争性的药品零售市场

假设在竞争性的药品零售市场中，存在着 n 个同质药品零售企业，$n \geq 2$。当这些企业进行伯特兰价格竞争时，竞争将迫使所有企业在均衡时选择均衡价格 c_1。此时，每个药品零售企业虽然可以获得 q_1/n 的处方药品需求，但药品销售利润均为 0。预测到这一药品零售竞争结果，医生在博弈第一阶段中的最优化问题可以表述为：

$$\max_{p_d, p_2, q_1, q_2} v = p_d - c_d + (p_2 - c_2)q_2 \tag{16}$$

$$\text{s.t.} \quad U(p_d, c_1, p_2, q_1, q_2) \geq 0, \quad r_d - p_d \geq 0, \quad r_2 - p_2 \geq 0$$

由式（16）可以看出，药品零售市场的竞争性特征对医生的最优化决策产生了两个方面的影响。首先，伯特兰价格竞争使得每个药品零售企业以边际成本 c_1 来销售药品，此时即使医药未实现完全分离（$s > 0$），医生也会预计到自己无法从药品销售中获利。其次，药品零售企业间的竞争使得他们的定价不受医生决策的影响，而这意味着医生在最优化决策中可以在最大限度上获取患者的剩余，而无须考虑药品零售企业的反应。

令 ρ、γ_1 和 γ_2 分别为与约束条件 $U(p_d, c, p_2, q_1, q_2) \geq 0$、$p_d \leq r_d$ 和 $p_2 \leq r_2$ 相对应的库恩—塔克乘子，则求解式（16）最优化问题可得：

$$1 - \rho - \gamma = 0, \quad q_2 - pq_2 - \gamma_2 = 0, \quad \rho > 0, \quad \gamma_1 > 0, \quad \gamma_2 > 0, \quad p_d^* = r_d, \quad p_2^* = r_2$$

$$U(p_d^*, c_1, p_2^*, q_1^*, q_2^*) = 0, \quad q_1^* = \frac{a - c_1}{b}, \quad q_2^* = \frac{a - r_2}{b} + \frac{r_2 - c_2}{b\rho} \tag{17}$$

由以上结果可知，医药分离程度的大小并不影响最终的均衡结果。其原因在于药品零售环节的竞争使得所有企业的药品销售利润均为 0，因而即使没有实现医生与药品销售之间的利益分割，医生也无法从药品销售中获取任何收益。在此分析结果基础上，可以得到结论 6。

结论 6： *如果药品零售市场具有竞争性的市场结构，则医药分离程度的变化不会影响最终的市场均衡结果。均衡时，"以药养医"完全被抑制，且均衡结果与 $s \leq \bar{s}$ 时的垄断性药品零售市场均衡一致。*

证明： 由式（17）可知，竞争性药品零售市场结构下，均衡时 $q_1^* = q_1^m$，从而没有"以药养医"发生。当 $s \leq \bar{s}$ 时，在垄断的药品零售市场结构下也有 $p_d^* = r_d$，$p_1^* = c_1$，$p_2^* = r_2$，并且 $U = 0$。由于 U 是 q_1 和 q_2 的单调函数，这意味着必然有 $\rho = \delta$，从而式（17）的均衡结果与 $s \leq \bar{s}$ 时的垄断性药品零售市场均衡一致。

对比结论 5 和结论 6 可知，药品零售环节的市场结构与医药分离程度存在替代关系。由于竞争可以压低药品零售环节的利润，因而即使医药分离程度较低，医生从药品销售中所能获得的利润也极为有限。因此，垄断药品零售市场结构下，过度用药的完全抑制要求较为彻底的医药分离（$s \leq \bar{s}$），而在竞争性药品零售市场结构下，医药分离程度即使较低，也不会影响对大处方的抑制程度。这一结论说明，医药分离的核心并不在于医院与药房形式上的分离，而在于"医"与"药"利益关联的分离。

3. 改革效果评价与福利分析

由前文分析可以看出，无论医药分离后药品零售环节是否具有竞争性的市场结构，医药分离对医疗资源配置并非总是产生正面影响：尽管它能在一定程度上抑制"以药养医"，但是却会引起"以械养医"程度的提高。结论 7 对此推测进行了概括。

结论 7： *与医药分离之前相比，在相同的价格上限管制力度之下，若 $r_1 > c_1$，$r_2 > c_2$，*

则 $q_1^* < 1$，$q_2^* > 2$。

证明： 由正文分析可知，在医药分离前后的均衡中，始终有 $U = 0$，由此可知：

$$U(r_d, r_1, r_2, \bar{q}_1, \bar{q}_2) = U(p_d^*, p_1^*, p_2^*, q_1^*, q_2^*) = 0 \tag{18}$$

首先考虑药品零售企业具有垄断势力的情形。当 $s \geq \hat{s}$ 时，由式（7）、式（8）以及结论 4 可知，式（18）可以写为：

$$U\left[r_d, r_1, r_2, \frac{a-c_1}{b} + \frac{r_1-c_1}{b}\left(\frac{1}{\lambda}-1\right), \frac{a-c_2}{b} + \frac{r_2-c_2}{b}\left(\frac{1}{\lambda}-1\right)\right]$$

$$= U\left[r_d, r_1, r_2, \frac{a-c_1}{b} + \frac{r_1-c_1}{b}\left(\frac{s}{\theta}-1\right), \frac{a-c_2}{b} + \frac{r_2-c_2}{b}\left(\frac{1}{\theta}-1\right)\right] = 0 \tag{19}$$

由于在所有均衡情形下均有 $q_1 \geq (a-c_1)/b$，$q_2 \geq (a-c_1)/b$，因此函数 U 是 q_1 和 q_2 的单调减函数。由此可知，在式（19）中，若 $s = 1$，那么必然有 $\theta = \lambda$。因此，当 s 减小至 $s < 1$ 时，若仍维持 $\theta = \lambda$，则有 $\bar{q}_1 > q_1^*$，$\bar{q}_2 = q_2^*$，从而式（19）无法成立。为使式（19）仍然成立，必须使 $\theta < \lambda$，这说明 $s \geq \hat{s}$ 时 $\bar{q}_2 < q_2^*$。在此基础上，进一步考虑 $\bar{q}_1$ 和 q_1^* 的大小比较。由于 $\bar{q}_2 < q_2^*$，若 $\bar{q}_1 \leq q_1^*$，则 $U(r_d, r_1, r_2, \bar{q}_1, \bar{q}_2) > U(p_d^*, p_1^*, p_2^*, q_1^*, q_2^*)$。说明，为保证式（19）成立，应当有 $\bar{q}_1 > q_1^*$。

接下来考虑 $\bar{s} < s < \hat{s}$ 的情形。由式（7）、式（8）以及结论 4 可知，式（18）可以写为：

$$U\left[r_d, r_1, r_2, \frac{a-c_1}{b} + \frac{r_1-c_1}{b}\left(\frac{1}{\lambda}-1\right), \frac{a-c_2}{b} + \frac{r_2-c_2}{b}\left(\frac{1}{\lambda}-1\right)\right]$$

$$= U\left[r_d, \bar{p}_1, r_2, \frac{a-c_1}{b}, \frac{a-c_2}{b} + \frac{r_2-c_2}{b}\left(\frac{1}{s}-1\right)\right] = 0 \tag{20}$$

注意到 $\partial U/\partial p_1 < 0$，而当 $\bar{s} < s < \hat{s}$ 时 $p_1 = \bar{p}_1 < r_1$，又由于此时 $\bar{q}_1 > q_1^*$［比较结论 4 和式（7）］，故如果 $\bar{q}_2 = q_2^*$，则有 $U(r_d, r_1, r_2, \bar{q}_1, \bar{q}_2) < U(r_d, \bar{p}_1, r_2, q_1^*, q_2^*)$。这说明，为满足式（20）的要求，此时应有 $\bar{q}_2 < q_2^*$。使用相同的方法也可证明当 $s \leq \bar{s}$ 时，$\bar{q}_1 > q_1^*$，$\bar{q}_2 < q_2^*$。以上分析表明，药品零售企业具有垄断势力时始终有 $\bar{q}_1 > q_1^*$，$\bar{q}_2 < q_2^*$，而药品零售环节具有竞争特性时的均衡与 $s \leq \bar{s}$ 时的垄断药品零售市场一致（见结论 6），由此可得结论 7。

结论 7 比较了价格管制背景下，医药分离政策实施前后药品和医疗设备使用数量的差异。医药分离之前，均衡结果为 $(r_d, r_1, r_2, \bar{q}_1, \bar{q}_2)$，而医药分离之后的均衡结果则为 $(r_d, p_1^*, r_2, q_1^*, q_2^*)$。通过结论 7 的比较可知，无论医药分离后药品零售企业是否具有垄断势力，医药分离总能够通过削弱医生与药品销售的利益关联来抑制"以药养医"。但是，由于医药分离未触动公立医院的垄断地位，也没有影响医疗器械使用所能产生的收益，因而医药分离会诱使医生通过提供更多的检查与化验来强化垄断抽租能力。

因此，医药分离改革的实施对于医疗资源的配置效率将同时产生正面和负面的影响。一方面，由于医药分离能够抑制"以药养医"，因此它的实施能够改善药品销售环节的资源配置效率；另一方面，医药分离还倾向于强化医生"以械养医"的动机，从而进一步扭曲医疗设备的配置效率。结论 8 和结论 9 表明，在公立医院垄断地位未被消除的背景下，医药分离改革无法改善患者的福利，反而会造成新的社会福利损失。

结论8：在价格上限管制与医药分离改革下，患者的剩余始终为0，并且，若医药分离后的药品零售环节具有垄断性的市场结构，且 $r_1 < r_2$，$r_1 - c_1 < r_2 - c_2$，则医疗总费用随医药分离程度的提高而呈现出先上升后下降的变化趋势。

证明：由前文分析可知，在所有均衡情形下始终有 $U = 0$，即患者的剩余始终为0，并且患者的医疗总费用始终满足 $p_d + p_1 q_1 + p_2 q_2 = u_d + u(q_1) + u(q_2)$。

实施医药分离前后医疗总费用的差异为 $r_1 \bar{q}_1 + r_2 \bar{q}_2 - r_1 q_1^* - r_2 q_2^*$。考虑药品零售市场具有垄断特征的情形。当 $s \geq \hat{s}$ 时，$r_1 \bar{q}_1 + r_2 \bar{q}_2 - r_1 q_1^* - r_2 q_2^* = r_1(\bar{q}_1 - q_1^*) + r_2(\bar{q}_2 - q_2^*)$。由结论7可知，此时 $q_1^* < 1$，$q_2^* > 2$，故医药分离节约了患者的药品支出，但增加了医疗设备使用费用。当 $r_1 < r_2$ 时，如能证明 $|\bar{q}_1 - q_1^*| < |\bar{q}_2 - q_2^*|$，则医药分离反而增加了患者医疗负担。由式（7）、式（8）和结论4可知，当 $s \geq \hat{s}$ 时，条件 $|\bar{q}_1 - q_1^*| < |\bar{q}_2 - q_2^*|$ 等价于：

$$\bar{q}_1 - q_1^* = \frac{r_1 - c_1}{b}\left(\frac{1}{\lambda} - \frac{s}{\theta}\right) < \frac{r_2 - c_2}{b}\left(\frac{1}{\theta} - \frac{1}{\lambda}\right) q_2^* - \bar{q}_2$$

当 $s = 1$ 时，医药分离未实施，从而 $\bar{q}_1 - q_1^* = q_2^* - \bar{q}_2 = 0$。现在，考虑 s 逐渐下降所产生的影响。当 $r_1 - c_1 < r_2 - c_2$ 时，求导可知：

$$\frac{d(\bar{q}_1 - q_1^*)}{ds} = \frac{r_1 - c_1}{b} \cdot \frac{s \partial \theta / \partial s - \theta}{\theta^2} < \frac{d(q_2^* - \bar{q}_2)}{ds} = \frac{r_2 - c_2}{b} \cdot \frac{1}{\theta^2} \cdot \frac{\partial \theta}{\partial s}$$

这说明在区间 $[\hat{s}, 1]$ 内，当 s 下降时，$|\bar{q}_1 - q_1^*|$ 的变化率小于 $|\bar{q}_2 - q_2^*|$ 的变化率，从而 $|\bar{q}_1 - q_1^*| < |\bar{q}_2 - q_2^*|$。当 $r_1 < r_2$ 时，这意味着医疗总费用的增加。而当 $s < \hat{s}$ 时，由于 q_1^* 不再变化，而 q_2^* 仍随 s 的下降而递增，且此时 $u(q_2)$ 是 q_2 的单调减函数，故医疗总费用随医药分离程度的提高逐渐递减。

结论9：在公立医院垄断和价格管制背景下，医药分离将造成更大程度的社会福利损失。

证明：令医药分离之前公立医院在价格管制下的均衡利润为 $\bar{v}$，医药分离之后医院和药品销售企业均衡时的利润分别为 v^* 和 π^*，则医药分离之前社会福利为 $U + \bar{v} = \bar{v}$，医药分离之后的社会福利为 $U + v^* + \pi^* = v^* + \pi^*$。在价格管制约束下，由最优化的定义可知：

$$v^* + \pi^* = p_d^* - c_d + (p_1^* - c_1)q_1^* + (p_2^* - c_2)q_2^* < \bar{v} = \bar{p}_d - c_d + (\bar{p}_1 - c_1)\bar{q}_1 + (\bar{p}_2 - c_2)\bar{q}_2$$

这表明，医药分离的实施造成了新的社会福利损失。

结论8并未就医药分离前后医疗总支出的对比给出确定性的结论。实际上，医药分离改革既可能提高医疗费用，也可能降低医疗费用。由结论8的证明过程可知，在各种可能出现的均衡结果下，唯一能够确定的是，如果医药分离后的药品零售环节具有垄断性的市场结构，那么当 $r_1 < r_2$，且 $r_1 - c_1 < r_2 - c_2$ 时，[①] 与改革之前相比，不彻底的医药分离（$s \geq \hat{s}$）会引起医疗总费用的上升。除此之外，我们无法确定性地描述医药分离改革对医疗总费用

---

① 如果政府允许医院按相同的成本加成率设置药品价格和医疗设备使用费率，那么此条件可以简化为 $c_1 < c_2$，即医疗设备使用的单位成本高于药品采购单价。

的影响作用。例如，如果医药分离后的药品零售环节具有竞争性特征，则一方面药品销售数量将削减至 q_1^m，且药品零售价格降至 c_1；另一方面医疗设备的使用数量却进一步上升。此时，受具体参数取值的影响，医疗总费用较改革之前既可能增加也可能减少。

结论 9 的基本思想在于，由于公立医院在均衡时将获取全部社会剩余，因而其利润变化趋势可以反映社会福利状况。在医药分离之前，医生完全可以采用 $(p_d^*,\ p_1^*,\ p_2^*,\ q_1^*,\ q_2^*)$ 作为最终决策，但是他的最优选择却是 $(r_d,\ r_1,\ r_2,\ \bar{q}_1,\ \bar{q}_2)$。这说明后一种均衡能够产生更高的利润（或者说社会福利）。

结论 8 和结论 9 描述了垄断的医疗市场中政府管制的基本结果。由于价格管制和医药分离并没有消除公立医院的垄断势力，因而价格管制和医药分离均没有改善患者的福利状况，反而造成了社会福利的净损失。当公立医院仍具有垄断势力时，价格管制虽限制了医院的定价能力，但无法制约医生通过数量决策来获取消费者剩余；医药分离虽限制了医生"以药养医"的获利能力，但并未影响通过医疗设备和器械的获利能力，从而也无法彻底消除医生提供过度医疗服务的动机。这说明，当某种获利渠道被政府管制所限制时，医院将更多地依赖其他渠道来获取利润。受此动机和医院市场势力的影响，政府的管制措施并未实现增加患者福利的目标，却总是倾向于形成新的资源配置扭曲。

五、总结与政策建议

本文在公立医院的垄断地位与医疗体系价格管制背景下讨论了价格管制的实施效果和中国医药分离的改革绩效。全文的主要结论概括起来有如下几点：①医疗体系内系统性的价格管制诱使医生实行"以药养医"和"以械养医"来获取收益，从而扭曲了资源配置；②医药分离在抑制"以药养医"的同时，会进一步导致更为严重的"以械养医"现象；③促进医药分离后药品销售环节的竞争与提高医药分离程度具有相同的效果，因为竞争可以降低药品销售利润，从而降低医生从"以药养医"中所能获取的收益；④在公立医院垄断地位未被消除的前提下，医药分离即使能够降低医疗总费用，也无法改善患者的福利，反而会在价格管制形成的资源配置扭曲基础上造成新的社会福利损失。

当前中国医药分离改革的某些案例在一定程度上验证了本文的分析结论。例如，蔡怡和董登新（2009）在对南京药房托管模式实施效果的分析中指出，改革使得平均门急诊人次药费同比下降 10.4%，平均住院日药费同比下降 20.3%。中国社会科学院工业经济研究所课题组（2007）的研究也表明，在较早实行改革试点的南京市栖霞区尧化医院，药房托管使得门诊人次药费同比下降了 42.9%。但是，一些报道和研究也指出了其中存在的问题。例如，赵燕凌（2006）的一篇报道指出，就普通感冒头疼症状在托管医院和无托管医院就诊的结果来看，药房托管医院的处方药费反而是无托管医院的数倍。这一现象暗示着，药房托管模式可能并未完全消除"以药养医"现象。其原因在于，南京医药分离改革全面推进后，南京医药获取了 93%的药房托管权，且医院普遍可以从药品销售中获取 40%的收益分成。从本文研究可知，如果医药分离程度较低，且改革后药品零售环节具有垄断特征，则"以药养医"现象仍会存在。

在"以械养医"方面，2002 年中国政府开始推进医药分离的试点改革，于梅和于润吉（2008）指出，当年全国卫生行政部门管辖的城市医院专业设备总额为 634 亿元，到 2006 年增至 1206 亿元，几乎翻了 1 倍。此外，2002 年，全国城市医院每床平均占用专业设备为 7.8 万元，到 2006 年增加至 12.6 万元，增长 61.5%。除此之外，2002 年全国城市医院检查治疗费用收入占医疗收入比重为 42%。到 2006 年增加至 51%。这些数据暗示着，自 2002 年以来，"以械养医"程度呈扩大趋势。中国人民大学国家级大学生创新实验项目"医药分离新举措下的医疗费用控制机制研究"在南京和芜湖两地对医药分离改革的效果进行了调研。结果表明，多数居民反映改革并未实质性地降低医疗总费用，且明显感觉就诊时检查化验项目增多。赵燕凌（2006）的报道也表明，南京药房托管后许多医院存在多开化验单来降低药品收入占比的现象。这些现象均符合本文对医药分离改革下"以药养医"和"以械养医"变化趋势的分析结论。

那么，如何才能避免医药分离所造成的资源配置扭曲？一种解决思路是附加新的数量管制。"以药养医"和"以械养医"形成的主要机制在于，当医生无法通过调整价格来获取垄断利润时，他会倾向增加药品和医疗设备使用数量来获取收益。在医药分离改革下，由于"以药养医"的收益被抑制，医生转而采用更大幅度的"以械养医"来尽可能维持原有的垄断利润。如果政府能够直接对各种疾病中医疗设备的使用种类和数量进行上限管制，便可以消除医药分离中"以械养医"所导致的社会福利损失。但是，数量控制可能面临的问题在于，现实中患者的疾病严重程度不尽相同，只有医生最了解有效的治疗方案，从而严格来说政府无法设置单一且有效的数量控制标准。一个改进的途径是由政府设定基准数量标准，并规定实际治疗中超过该标准的部分由医院承担。

国家发改委及卫生部联合下发了《关于开展按病种收费方式改革试点有关问题的通知》，规定于 2011 年 5 月 1 日起，逐步开展按病种收费的试点工作，即逐步对国家公布的104 个病种进行治疗费用总额的上限管制，并规定如果治疗费用超标，则医院必须进行补贴。在医疗价格上限管制的背景下，这种治疗总费用的上限管制实际上起到了对药品与医疗设备使用种类和数量上限的控制效果。但是，这种管制方法也有潜在的弊端。一方面，为避免治疗费用超标，医院可能会降低医疗服务质量，或者在患者基本康复时提前结束治疗；另一方面，由于患者实际需要支付的医疗总费用上限是给定的，因而某些患者反而有动力要求延长治疗时间，以便免费享受医疗服务。

价格管制和医药分离改革所导致的资源配置扭曲从根本上来说，根源于公立医院的垄断地位。医药分离虽然将药品销售从医院的垄断势力中分离出来，但并未改变诊断、检查和治疗服务供给的市场结构，从而导致医疗设备与器械的过度使用，且患者的福利状况并未得到改善。有鉴于此，现有医疗体系的改革还应当考虑消除公立医院垄断地位的必要性。

参考文献

[1] 蔡怡，董登新.南京药房托管模式及其经验［J］.当代经济，2009（2）.

[2] 陈新中.关于"以药补医"问题的商榷［J］.中国卫生经济，2008（9）.

[3] 黄涛，颜涛.医疗信任商品的信号博弈分析［J］.经济研究，2009（8）.

[4] 李大平.药价虚高的成因分析与治理对策——质疑医药分开［J］.卫生经济研究，2011（4）.

[5] 李冬.关于当前我国药价管理问题的几点探索［J］.价格理论与实践，2006（3）.

[6] 李敬伟.从"医药分开"谈有效控制医疗费用［J］.中国卫生经济，2008（4）.

[7] 寇宗来."以药养医"与"看病贵、看病难"［J］.世界经济，2010（1）.

[8] 孙慧竹，于润吉."以药养医"和"以械养医"应向"以技养医"转变［J］.中国卫生经济，2010（3）.

[9] 陶志明.解决我国药品价格虚高问题的对策［J］.经济纵横，2008（2）.

[10] 于梅，于润吉.如何加强专业医疗设备管理——警惕"以药养医"演变为"以械养医"［J］.中国医院院长，2008（3）.

[11] 中国社会科学院工业经济研究所课题组.对南京医药"药房托管"新模式的分析［J］.中国工业经济，2007（8）.

[12] 赵燕凌.南京药房托管的真相［J］.证券市场周刊，2006-11-08.

[13] 朱恒鹏.医疗体制弊端与药品定价扭曲［J］.中国社会科学，2007（4）.

[14] Coscelli. A. The Importance of Doctors' and Patients' Preferences in the Prescription Decision［J］. Journal of Industrial Economics，2000（48）.

[15] Darby，M. R. and Karni，E. Free Competition and the Optimal Amount of Fraud［J］. Journal of Law and Economics，1973（16）.

[16] Hellerstein. J. The Importance of the Physician in the Generic versus Trade Name Decision［J］. Rand Journal of Economics，1998（29）.

[17] Iizuka，T. Experts' Agency Problems：Evidence from the Prescription Drug Market in Japan［J］. Rand Journal of Economics，2007（38）.

[18] Karen，E. and Winnie，Y. Hospital Competition under Regulation Prices：Application to Urban Health Sector Reforms in China［J］. International Journal of Health Care Finance and Economics，2004（4）.

[19] Keeler，E.B.；Carter，G.and Newhouse，J.P. A Model of the Impact of Reimbursement Schemes on Health Plan Choice［J］. Journal of Health Economics，1998（17）.

[20] Lundin，D. Moral Hazard in Physician Prescription Behavior［J］. Journal of Health Economics，2000（19）.

[21] Rice.T.H. The Impact of Changing Medicare Reimbursement Rates on Physician-Induced Demand［J］. Medical Care，1983（21）.

[22] Rice，T.H.and Labelle，R.J. Do Physicians Induce Demand for Medical Service？［J］. Journal of Health Politics，Policy and Law，1989（14）.

[23] Stem，S.and Trajtenberg，M. Empirical Implications of Physician Authority in Pharmaceutical Decision Making［J］. NBER Working Paper No.6851，1998.

从国家垄断到竞争：中国工业的生产率增长与转轨特征 *

简　泽

（同济大学经济与管理学院　上海　200092）

【摘　要】转轨以来，中国工业部门的大部分产业经历了从国家垄断向竞争性市场结构的转变。本文讨论了市场竞争的引入与增强对中国工业生产率增长的影响。利用一个大规模的微观非平衡面板数据集，我们发现，市场竞争的引入与增强通过两个机制促进了中国工业生产率的增长：一方面，市场竞争为在位企业提高生产率提供了激励，从而推动了企业层面的生产率增长；另一方面，市场选择机制改善了跨企业的资源配置效率，进而促进了总量层面的生产率增长。结果显示，作为中国经济转轨的基本特征，从国家垄断向市场竞争的转变成为中国工业生产率增长的重要源泉。

【关键词】国家垄断；竞争；激励；资源再配置；全要素生产率

一、问题提出

市场化改革以来，中国的人均收入水平以每年 8% 左右的速度高速增长，这种增长最初是由农业部门的改革推动的，到了 20 世纪 80 年代中期，工业开始成为经济增长的主导部门。早期的文献，如 Young（2003），认为物质资本的积累是中国工业增长的主要源泉，然而，最近的研究结果显示，中国工业部门的全要素生产率以高于美国和其他发展中国家的速度高速增长（Loren，Van，and Zhang，2009）。于是，一个自然的问题产生了：在一个产权、金融和法律制度尚不完善的转轨经济中，什么力量驱动了中国工业生产率的高速增长？

---

* 本文选自《中国工业经济》2011 年第 11 期。

作者简介：简泽，湖北利川人，同济大学经济与管理学院讲师，经济学博士。

在主流经济学观念中，全要素生产率的增长来源于研究与开发、劳动力素质的提高和物质资本质量的改善。在这种观念下，一个国家通过大规模的研究与开发、大量的教育与健康投资以及基础设施的改善就能促进生产率的增长。然而，近年来，越来越多的研究发现，市场竞争的引入与增强是一个国家生产率增长更为基础的驱动力量（Nickell，1996；Holmes and Schmitz，2010）。

在市场化转型过程中，中国工业部门原来具有典型国家垄断特征的产业组织开始面临一系列的竞争冲击：各个产业行政性的进入和退出壁垒逐渐降低，国有企业开始获得独立的物质利益和经营自主权，对外开放过程中国际竞争的引入……在这些冲击的作用下，原来具有典型国家垄断特征的产业组织开始呈现明显的可竞争性和竞争性特征。在转轨经济学的文献中，从国家垄断向市场竞争的转变被认为是中国经济转轨的基本特征（Naughton，1992）。

在这篇文章里，基于一个大规模的微观非平衡面板数据集，我们把产业组织从国家垄断向竞争性市场结构的转变与中国工业生产率的增长联系起来，从产业层面上考察和揭示中国工业部门全要素生产率增长的基本机制。

二、理论框架

我们的分析建立在 Holmes 和 Schmitz（2010）最近发展起来的一个理论框架上。Holmes 和 Schmitz 考察了这样一个产业，它的产品可以在两个地区生产，产品生产地用 j 表示，$j \in \{1, 2\}$。假定生产地 j 的需求函数为 $q^j = S^j d^j(p^j)$，这里，S^j 度量了需求规模，p^j 代表价格，因而 $d^j(p^j)$ 代表了人均需求量。产品在两个地区交换会发生贸易成本，它包括运输成本 T 和关税 D。在每一个生产地，都存在潜在进入者，潜在进入者面临固定的进入成本，进入成本包括开办费 F^j_i 和进入税 E^j_i。潜在进入者的生产率是不同的，生产地 j 的企业 i 用 n^j_i 个单位的劳动生产产品，生产函数为 $y^j_i = A^j_i f(n^j_i)$，这里，参数 A^j_i 代表企业的全要素生产率水平。为了简便，假定这个产业的企业支付相同的工资，并且工资被标准化为 1。这个模型还假定，企业的进入和退出决策在一个同时行动的古诺博弈的框架下进行，即每个企业把其他企业的进入和产出当作给定的，然后，做出自己的抉择。在空间上，生产依据市场出清的原则在两个生产地分配。

在这个模型中，市场竞争环境的变化通过模型参数的变化表现出来，如进入税 E^j_i 和关税 D 的变化会导致市场竞争环境的变化——一个产业的进入成本和贸易成本越低，市场竞争程度就越高。对于一个特定的市场竞争环境 e，用 $S^{j,e}$ 代表生产地 j 在这个竞争环境下的需求规模，$F^{j,e}_i$ 和 $E^{j,e}_i$ 分别代表生产地 j 的企业 i 在这个竞争环境下的开办费和进入税，T^e 和 D^e 代表这个竞争环境下的运输成本和关税，$A^{j,e}_i$ 代表生产地 j 企业 i 的生产率水平。

对于每一个竞争环境，选择古诺博弈的一个静态均衡，通过比较不同竞争环境下的均衡，我们就能考察市场竞争环境的变化对生产率的影响。具体地，对于给定的市场竞争环境 e，用 $B^{j,e}$ 表示实际进入企业的集合，用 $n_i^{j,e}$ 和 $y_i^{j,e} = A_i^{j,e} f(n_i^{j,e})$ 表示均衡状态下企业的劳动使用量和产出水平，这样，我们可以把产业平均生产率 TFP^e 表示为产业总产出除以总投入，即：

$$TFP^e = \frac{\sum_{i \in B^{1,e}} A_i^{1,e} f(n_i^{1,e}) + \sum_{i \in B^{2,e}} A_i^{2,e} f(n_i^{2,e})}{\sum_{i \in B^{1,e}} (n_i^{1,e} + F_i^{1,e}) + \sum_{i \in B^{2,e}} (n_i^{1,e} + F_i^{1,e}) + q_s^e T^e}$$

式中，$q_s^e T^e$ 表示贸易成本。

在这个产业生产率的定义下，假定初始时刻的市场环境缺乏竞争，通过比较不同竞争环境下均衡状态的产业平均生产率，Holmes 和 Schmitz（2010）发现，市场竞争的引入与增强可能通过两个机制促进产业层面生产率的增长：一是竞争的激励效应，即竞争能够促进企业层面的生产率增长。如在初始均衡中，由于进入和贸易壁垒的保护，低生产率企业能够生存下来。但是，如果一个地区降低进入税率或关税，在位企业将面临潜在进入者和进口商品的激烈竞争。在更加开放的市场环境下，只有高生产率的企业能够生存下来。于是，市场竞争的压力将为在位企业降低成本、提高生产率提供激励。二是市场竞争激发的资源再配置效应。随着市场竞争的增强，低生产率企业的市场份额逐渐下降，高生产率企业的市场份额逐渐增加，并且，新企业的进入和高生产率企业的规模扩张可能将低生产率企业逐出市场，这意味着，市场竞争激发的跨企业资源配置效率的改善可能成为总量生产率增长的重要源泉。

这个简单的理论框架明确地界定了市场竞争环境变化的含义，并在此基础上揭示了竞争影响产业层面生产率增长的两个基本经济机制。市场化转轨以来，中国工业部门各个产业的市场竞争环境发生了从国家垄断向市场竞争的重要转变，因而，这个分析框架为我们理解中国工业生产率增长的源泉提供了一个重要视角。

改革初期，中国工业组织的基本特征是国家对经济活动的全面控制，几乎所有的工业部门都建立在全民所有制和集体所有制的基础上，价格由国家计划部门制定，非公有部门的进入被禁止，对外贸易掌握在政府的外贸部门中。在转轨经济学和产业组织的文献中，这样的产业组织结构被称为国家垄断（Naughton，1992）。在这种产业组织结构下，企业的净收入以利润上交或税收的形式转移到政府手里，于是，企业缺乏降低成本和提高生产率的激励。同时，基本生产要素（包括资本和劳动力）的流动受到严格控制，国有企业不能出售自己的资产，人事和用工权也集中在政府手中，因而跨企业的资源配置与企业间的生产率分布没有明显的关联。

这种低效率的市场结构之所以能够形成和长期存在，是因为它建立在国有国营的企业制度、对非国有企业禁止性的进入限制以及国家对进出口贸易垄断的基础上。在市场化改革过程中，一系列的竞争冲击改变了国家垄断的这些基本要素，进而推动了中国工业部门各个产业从国家垄断向竞争性市场结构的转变：第一个方面的冲击来自国有企业的改革。在国家垄断的产业组织结构下，所有的企业通过中央集权的计划经济体制联系起来，因而它们事实上成为国民经济活动的垄断者。在市场化改革的过程中，一些国有企业通过引入非国有资本进行了股份制改造，另一些国有企业特别是中小型企业，实行了民营化。通过这些方面的改革，原来的国有企业逐渐从计划经济体制中独立出来，从而孕育和促进了国有企业与国有企业之间以及国有企业与非国有企业之间的竞争。第二个方面的冲击来自进入壁垒的降低。在国家垄断的产业组织结构里，非国有企业的进入被禁止，即 $E_i = \infty$。在市场化改革的过程中，中国工业部门大部分产业对非国有企业行政性的进入壁垒逐步降低，以乡镇企业、外商投资企业和私营企业为代表的非国有企业开始进入中国工业部门。作为渐进式改革的增量部分，新进入的非国有企业必须在市场上获得生产要素，并在市场上出售自己的产品，进而促进了市场竞争机制的发育和成长。第三个方面的冲击来自对外开放过程中国际竞争的引入。如果我们把生产地 1 设想为国内生产，生产地 2 设想为国外生产，随着外贸体制改革的推进和中国加入世界贸易组织，进出口关税逐渐降低，中国企业不仅开始在国际出口市场上竞争，而且开始面临进口商品和外商投资企业的竞争。国际竞争的引入加强了各个产业的竞争，从而进一步推动了中国工业部门市场结构的转变。

在这些竞争冲击的作用下，中国工业部门国家垄断的力量逐渐削弱，大部分产业开始具有可竞争性和竞争性特征。在逐渐成长起来的市场竞争机制的作用下，无论是非国有企业，还是国有企业，都开始面临日益增强的竞争压力，从而为微观经济主体提高生产率提供了激励。同时，由于进入壁垒、关税和国家政策保护的逐渐削弱，大规模的进入退出和市场竞争将会激发经济资源跨企业的再配置过程。因此，从国家垄断向竞争性市场结构的转变不仅为微观层面的生产率增长提供了激励，而且很可能通过跨企业资源配置效率的改善成为总量生产率增长的重要源泉。

三、数据来源

为了从经验上识别竞争影响生产率的机制，我们的分析需要建立在以企业为基本观察单位的多产业微观数据集的基础上。以国家统计局 1998~2007 年的中国工业企业数据库为基础，我们构建了一个由 60 个四位数产业全部国有及规模以上的工业企业组成的大规模非平衡微观面板数据集。考虑到渐进式改革过程中不同产业开始市场化转轨的时间和市场化程度存在很大差异，而我们数据集的时间跨度在 1998~2007 年，所以，我们选择了在这 10 年里才开始大规模市场化转型的 60 个产业：以国有资本占产业实收资本的比重为例，在 1998 年，这 60 个产业国有资本的比重都在 60% 以上；到 2007 年，这些产业平均国有资本的比重下降到 23% 以下，意味着在这 10 年的时间里，这些产业很可能经历了从国家垄断向可竞争和竞争性市场结构的转变，从而为我们考察市场竞争环境的变化对中国工业部门全要素生产率增长的影响提供了一个比较理想的样本。

根据国家统计局的解释，中国工业企业数据库具备一些非常重要的特征：首先，对于每一个四位数产业，它提供了规模以上工业法人企业基本情况、投入产出、财务以及盈利状况方面的信息。以普查年份 2004 年为例，这个数据库涵盖的企业雇用了整个工业总就业人数的 71.2%，生产了整个工业总产出的 90.7%，因而，无论从投入还是产出角度看，这个数据集都基本反映了各个产业、产业组织的概况。其次，在这个数据库中，每个企业的代码不仅是唯一的，而且是固定不变的，因此，我们能够方便地识别每一个企业，并追踪每一个企业跨时间的变化情况。

对于这个数据库，我们进行了两个方面的调整：一方面，参照李玉红、王皓和郑玉歆（2008）的方法，我们删除了这个数据库中不符合基本逻辑关系的错误记录；另一方面，借鉴 Loren、Van 和 Zhang（2009）的方法，我们统一了 2003 年前后所有产业的统计口径。在这个基础上，依据企业代码和年份构建了一个微观非平衡面板数据集。这个数据集以 57463 个企业为截面观察单元，时间跨度在 1998~2007 年之间，共计 171770 个观察值，每个观察值由反映企业基本情况、投入产出、资产负债、资本构成、收入费用以及利润分配等方面信息的 50 个变量构成。以这个数据集为基础，我们进一步构造了下面两个方面的变量：

1. 企业层面的投入产出变量

（1）企业的净产出水平。中国工业企业数据库报告了每个企业的总产出水平、销售收入和工业增加值，我们采用以 1998 年为 1 的各地区工业品出厂价格指数平减的工业增加值作为各个企业净产出水平 Y_{it} 的测度。

（2）企业的物质资本存量。在生产理论中，资本投入量应该是实际投入到生产中的固定资本存量，借鉴简泽（2011）的方法，我们在一个标准的永续盘存法下推算出每一个企业在每一个年份的物质资本存量 K_{it}。具体地，我们的推算方法建立在 $K_{it} = K_{it-1} + I_{it} - D_{it}$ 的基础上。这个方法要求合理地确定每个企业的初始资本存量、各个年份固定资产的实际投资额 I_{it} 和折旧额 D_{it}，这里，我们用各个企业 1998 年的固定资产净值或者首次出现在数据库的年份对应的固定资产净值按照各地区固定资产投资价格指数折算成 1998 年的实际值后作为企业的初始资本存量；中国工业企业数据库没有直接报告企业层面的固定资产投资额，但是，它报告了每个企业各个年份的固定资产原值，这使得我们能够根据相邻两年固定资产原值的差额计算出企业各个年份的名义投资额，然后，按照各地区固定资产投资价格指数把它折算成 1998 年的实际值；中国工业企业数据库直接报告了各个企业的当年折旧额，我们用各地区固定资产投资价格指数把它折算成 1998 年的实际值后作为企业各个年份的实际折旧额。这样，就能依据永续盘存法推算出各个企业在各个年份的实际资本存量。

（3）劳动投入和中间投入。中国工业企业数据库报告了各个企业的年平均就业人数，我们把它作为企业劳动投入 L_{it} 的度量。同时，这个数据库还报告了企业的中间投入量，我们用各地区工业品出厂价格指数把它调整为 1998 年的不变价格后作为各个企业中间投入 M_{it} 的度量。

2. 反映企业特征的一些变量

我们还构造了描述企业制度特征、资产负债状况、企业规模、企业年龄、生产要素质量和技术选择六个方面的变量：用国有资本占企业实收资本的比重度量各个企业的所有制特征，以反映不同企业制度结构上的差异。同时，我们用资产负债率反映企业的资产负债状况，用企业的实际增加值度量企业规模，并依据企业的成立时间推算出每个企业的年龄。像许多研究一样，我们用企业的工资率作为劳动力质量的度量，其背后的依据是，对于人力资本较高的员工需要支付较高的工资。这里，工资率包含了人均工资、人均福利费以及企业为每个员工支付的公积金、失业保险和医疗保险，并用各个地区的消费价格指数折算成 1998 年的实际值。我们还用劳均资本拥有量，即资本密度来反映企业在劳动和资本之间的技术选择状况。

四、全要素生产率的增长与跨企业的分布

我们假定企业的生产函数具有柯布—道格拉斯函数的形式：

$$Y_{it} = A_{it} K_{it}^{\alpha_K} L_{it}^{\alpha_L} \tag{1}$$

式中，Y_{it} 表示企业 i 在时期 t 的净产出水平，K_{it} 和 L_{it} 表示资本和劳动投入，α_K 和 α_L 表示资本和劳动产出弹性，那么，企业 i 在时期 t 的全要素生产率可以定义为：

$$TFP_{it} = A_{it} = \frac{Y_{it}}{K_{it}^{\alpha_K} L_{it}^{\alpha_L}} \tag{2}$$

将式（1）的两边取对数可以得到：

$$y_{it} = \alpha_0 + \alpha_K k_{it} + \alpha_L l_{it} + u_{it} \tag{3}$$

式（3）中，y_{it}、k_{it} 和 l_{it} 分别表示 Y_{it}、K_{it} 和 L_{it} 的对数形式。由式（2）可知，企业 i 在时期 t 的 TFP_{it} 需要从误差项 u_{it} 的估计量——生产率冲击中计算出来。生产率冲击 u_{it} 可以分解为两个部分：一个部分是纯粹的随机冲击 η_{it}；另一个部分是企业面临的具体的生产率冲击 ω_{it}，它包括一些重要的企业特征和产业特征，于是，式（3）可以写成：

$$y_{it} = \alpha_0 + \alpha_K k_{it} + \alpha_L l_{it} + \omega_{it} + \eta_{it} \tag{4}$$

在利润最大化的假定下，企业应该对 ω_{it} 的变化做出反应，特别是其易于调整的劳动投入 l_{it} 通常与 ω_{it} 正相关，从而很可能产生计量经济学意义上的内生性问题，这意味着，从式（4）得到的劳动产出弹性的普通最小二乘估计量可能出现向上的偏误。进一步，因为劳动使用量与资本存量通常是正相关的，所以，资本产出弹性的估计量可能出现负偏的倾向。于是，基于普通最小二乘法估计出来的全要素生产率是有偏的。

为了解决全要素生产率估计中的内生性问题，我们采用 Levinshohn 和 Petrin（2003）的半参数方法，利用企业中间投入 M_{it} 的对数 m_{it} 作为 ω_{it} 的代理变量以获得 α_K 和 α_L 的一致估计量，进而得到各个企业全要素生产率的一致估计。在这个方法下，我们发现，所有 60 个四位数产业的生产函数都存在稳定的参数估计值，从而使得我们的分析能够建立在可比的全要素生产率的基础上。

表 1 报告了 60 个产业和一个代表性四位数产业（炼钢业，产业代码为 3220）1998~ 2007 年全要素生产率跨企业的分布状况。我们看到，无论是在定义较宽的 60 个产业还是在定义较窄的代表性四位数产业里，在任一年份，下四分位数与上四分位数的差异都非常大，这意味着，不同企业之间的全要素生产率表现出很大的差异；进一步，在增长动态上，无论是定义较宽的 60 个产业还是定义较窄的代表性四位数产业，全要素生产率的均值都经历了明显的增长，而且全要素生产率跨企业分布的各个部分，如下四分位数、中位数和上四分位数，都经历了普遍的增长。这意味着，来源于产业和跨产业的共同冲击，如市场竞争机制的引入与增强，对中国工业部门全要素生产率的增长产生了重要影响。

表 1　1998~2007 年全要素生产率的增长和跨企业的分布

年份	全部 60 个产业				代表性四位数产业：炼钢业（3220）			
	均值	25th	50th	75th	均值	25th	50th	75th
1998	808.09	83.24	235.35	612.00	348.43	82.87	155.81	395.48
1999	925.71	93.18	255.38	674.37	418.97	86.00	189.32	507.11
2000	941.69	102.06	268.46	699.03	469.05	89.97	192.93	577.21
2001	1003.05	116.92	297.91	752.00	625.73	130.61	276.16	757.14
2002	1186.07	137.87	347.59	889.55	748.65	142.04	321.15	969.56
2003	1296.38	168.20	404.66	973.62	949.99	132.28	386.39	1301.82
2004	1298.82	153.89	372.65	918.93	1103.21	166.77	427.01	1172.25
2005	1508.27	198.00	480.67	1185.27	1025.88	187.16	531.52	1261.21
2006	1642.21	215.55	534.75	1353.94	1200.51	209.67	505.42	1459.82
2007	1878.84	261.21	659.16	1616.63	1458.81	234.15	668.76	2107.57

注：25th、50th 和 75th 分别表示下四分位数、中位数和上四分位数。

五、市场化转轨、竞争冲击与产业组织结构的变迁

接下来，我们考察市场化转轨过程中中国工业部门各个产业市场竞争环境的变化。在标准的经验产业组织研究中，对市场竞争程度的考察主要集中在市场集中度和价格成本加成上，以反映市场势力对竞争的扭曲状况。不过，在一个以国家垄断为基础并且生产相对分散的转轨经济中，市场势力并不是阻碍竞争的唯一因素。相反，以国有国营的企业制度为基础的国家对经济活动的直接控制、对非国有企业的进入限制以及国家对进出口的垄断成为阻碍市场竞争的基本因素。于是，依据 Holmes 和 Schmitz（2010）对市场竞争环境的界定，我们的注意力并不局限于市场集中度，而是系统地考察近年来中国工业部门各个产业市场竞争环境的变化。

正如我们在第二部分中指出的那样，在市场化转轨的过程中，一系列的竞争冲击，如

对非国有企业行政性进入壁垒的降低、国有企业的改革和对外开放，都可能对国家垄断的基本要素产生重要影响，于是，在表2中，定量地描述了在这些冲击作用下，我们考察的60个产业国家对经济活动的直接控制、进入退出壁垒、国际竞争状况以及市场集中度的变化趋势。

表2　1998~2007年60个产业市场竞争结构的演变趋势

年份	国家控制	进入退出状况			国际竞争		集中度
	RSC	ER	XR	NER	FDI	OPEN	HHI
1998	0.7842	—	—	—	0.0433	0.0957	0.1191
1999	0.6479	0.2353	0.1999	0.0354	0.0609	0.0962	0.1299
2000	0.5726	0.2150	0.2009	0.0140	0.0741	0.1071	0.1277
2001	0.4825	0.3477	0.3093	0.0385	0.0821	0.1182	0.1368
2002	0.4773	0.3002	0.1890	0.1111	0.0969	0.1265	0.1086
2003	0.4330	0.5637	0.3252	0.2385	0.1125	0.1388	0.1474
2004	0.3473	0.9316	0.3982	0.5334	0.1399		0.0984
2005	0.2872	0.2057	0.2100	−0.0043	0.1499	0.1603	0.1014
2006	0.2699	0.2014	0.1607	0.0407	0.1502	0.1633	0.1088
2007	0.2229	0.2471	0.1916	0.0555	0.1810	0.1582	0.0908

注：①表中所有数据都是60个产业跨产业的均值。②因为中国工业企业数据库没有报告2004年企业的出口数据，所以，2004年的对外开放度空缺。

（1）考虑到国家对经济活动的直接控制在很大程度上建立在全民所有制基础上，所以，我们用国有资本占产业实收资本的比重（RSC）来度量国家对经济活动的直接控制程度。表2的第2列给出了60个产业国有资本比重跨产业的平均值的变化趋势。我们看到，1998年，60个产业国有资本的平均比重为78.42%，随着时间的推移，这一比重不断降低，到2007年，国有资本比重跨产业的平均值下降到22.29%。这意味着，随着国有企业所有制结构的多元化、中小型企业的民营化以及非国有企业的大规模进入，国家对经济活动的直接干预能力明显削弱了。

（2）为了反映各个产业进入退出壁垒的变化，我们计算了各个产业的进入率ER和退出率XR。从1999年开始，我们把首次出现在数据库的企业定义为进入企业，曾经出现但从某一年份开始不再出现在数据库的企业被定义为该年的退出企业。分别用NEs(t)、NXs(t)和NTs(t)表示产业s在第t年的进入企业数、退出企业数和企业总数，进入率和退出率可以这样计算出来：

$$ERs(t) = NEs(t)/NTs(t-1) \qquad XRs(t) = NXs(t)/NTs(t-1)$$

表2的第3~5列报告了1998~2007年60个产业进入率、退出率和净进入率（NER）跨产业的平均值。这些结果显示，在这段时间里，平均进入率在20%以上，平均退出率在15%以上，除了2005年以外，净进入率都大于零。进一步，从国有资本比重不断下降的趋势还可以判断，非国有企业是新进入企业的主体。这些事实表明，国家对非国有企业的

进入壁垒明显降低了，中国工业部门开始表现出可竞争性和竞争性市场结构的部分特征。

（3）为了反映国际竞争状况的变化，我们用外资占产业实收资本的比重（FDI）和出口占产业销售收入的比重（OPEN）度量了各个产业国际竞争的状况。表2的第6~7列显示，这两个指标都呈现不断上升的趋势，因而，在这段时间里，中国工业部门国际竞争的程度明显增强了。

（4）表2的最后一列报告了用赫芬达尔指数（HHI）计算的60个产业市场集中度的平均值，我们看到，1998~2007年，尽管赫芬达尔指数呈现明显波动的特征，但是，它至少在10%的显著性水平上表现出显著下降的趋势。于是，从市场势力的变化趋势看，平均来说，中国工业部门的市场竞争程度也明显增强了。

国家对经济活动直接控制的减弱、进入退出壁垒的降低、国际竞争程度的增强和市场集中度的下降表明，在 Holmes 和 Schmitz（2010）的意义上，我们考察的60个产业经历了从国家垄断向市场竞争的转变过程，在这个过程中，各个产业的竞争性和可竞争性明显增强了。

六、竞争与中国工业部门的生产率增长

现在，我们系统地考察市场竞争的引入与增强对中国工业部门全要素生产率增长的影响，包括两个部分：第一部分考察竞争的激励效应对企业层面全要素生产率增长的影响；第二部分考察竞争激发的资源再配置对总量生产率增长的影响。

1. 竞争、激励与企业层面的生产率增长

为了从经验上考察经济转轨过程中中国工业部门市场竞争的引入与增强对企业层面全要素生产率 $\lg TFP_{sit}$ 增长的影响，我们设定了下面的计量经济模型：

$$\lg TFP_{sit} = \alpha_0 + \alpha_1 X_{sit} + \alpha_2 X_{st} + \alpha_3 D_t + u_{si} + v_{sit} \tag{5}$$

在这个模型中，下标 s 代表产业，i 代表企业，t 代表时间；X_{sit} 是由反映企业特征的变量组成的向量。在 Baily、Hulten 和 Campbell（1992）的研究中，X_{sit} 包含了 $\lg TFP_{sit}$ 的滞后项、企业年龄（$\lg Age_{sit}$）、生产规模（$\lg RVadd_{sit}$）和用工资率（$\lg Wage_{sit}$）表示的人力资本质量。除了这些变量外，考虑到中国经济的转轨特征，我们还把企业的所有制特征（$Ownship_{sit}$）、资产负债率（$leverage_{sit}$）和资本密度（$\lg Kper_{sit}$）引入 X_{sit} 之中；Z_{st} 包含了描述市场竞争程度的变量，它包括上期的进入率（ER_{st-1}）、国家直接控制程度（RSC_{st}）、用出口比重（$OPEN_{st}$）表示的国际竞争程度和赫芬达尔指数（HHI_{st}）。D_t 是9个年份哑变量，它用来控制经济周期性波动的影响；u_{si} 是不随时间变化的企业异质性因素，v_{sit} 是随机扰动项。在这些变量中，除非本身具有相对数的形式，所有变量都采用了对数形式。

在估计这个模型时，我们面临两个问题：一是数据问题。中国工业企业数据库没有报告2004年企业和四位数产业层面的出口数据，对此，我们采取了两种方法：第一种方法是直接使用原始数据集，因为样本容量非常大，所以，把被排除在外的 2004 年的观察值简单地看作随机的缺失数据是可以接受的；第二种方法是在四位数产业层面上使用产业对外开放度的 3 期移动平均值作为 2004 年的替代，因为在 2004 年前后，各个产业的投入产出数据和对外贸易没有产生明显的异常变化，所以，这种替代是可靠的。事实上，如果两种情况下得到的结果相近，这样的处理方法增强了估计结果的稳健性和可靠性。二是模型估计的内生性问题。在这个模型中，被解释变量滞后项的引入会导致计量经济学意义上的内生性问题，因而模型的固定效应或随机效应估计可能带来偏误，于是，采用 Arellano 和 Bond（1991）的一阶差分广义矩法来估计这个模型。由于我们的数据集包含很多的截面单元和较短的时间跨度，所以，一阶差分广义矩法估计是一个合理的选择。不过，截面单元间的规模差异可能导致异方差问题，因此，采用 Arellano 和 Bond（1991）的稳健标准差，以得到可靠的统计推断结果。同时，正如 Baily、Hulten 和 Campbell（1992）强调的那样，模型中的工资变量可能是内生的，因而我们在 Arellano 和 Bond（1991）一阶差分广义矩法估计的基础上设定了一个扩展模型，以考虑工资变量潜在的内生性问题。

表 3 报告了估计和假设检验的主要结果。表 3 显示，使用不同的数据和不同的模型设定，得到了非常相近的统计上稳健的估计结果。这些结果表明，企业层面的一些具体因素，如 $\lg TFP_{sit}$ 的 1 期滞后、企业年龄、所有制特征、企业规模、劳动要素的质量和资本密度都对企业层面的生产率水平产生了统计上显著的影响，其中，$\lg TFP_{sit}$ 的 1 期滞后项的系数是正的，这表明企业层面的生产率具有一定的持久性，不过，持久性比较小；企业年龄的系数是负的，这意味着老企业适应变化的能力可能是一个问题；国有资本比重的系数也是负的，资产负债率、工资率和企业规模的系数是正的，这些变量看起来都有合理的符号，不过，资本密度的符号是负的，它表明中国工业部门采用了过度资本密集的生产技术。重要的是，在控制企业特征和行为选择变量的情况下，反映市场竞争状况的变量都具有预期的符号和统计上的显著性；滞后一期的进入率是正的，这意味着，平均来说，进入威胁的存在促进了企业层面全要素生产率水平的提高；用国有资本占产业总资本的比重表示的国家直接控制程度的符号是负的，这说明国家直接控制程度的降低提高了企业层面的全要素生产率；赫芬达尔指数的符号是负的，进一步显示，随着产业集中度的下降和市场势力的变弱，全要素生产率显著增加了；用出口比重表示的国际竞争程度的系数也是正的，意味着，国际竞争的引入与增强提高了企业的生产率。这些统计上稳健的结果显示，在经济转轨过程中，市场竞争的引入与增强为企业提高生产率提供了激励，从而显著地降低了企业内部的 X 非效率，促进了微观层面全要素生产率的增长。

表 3 全要素生产率对企业和产业特征的回归结果（被解释变量：$\lg TFP_{sit}$）

解释变量	缺失值处理前的数据集		缺失值处理后的数据集	
	基准模型 Arellano–Bond 估计	扩展模型 考虑工资内生性	基准模型 Arellano–Bond 估计	扩展模型 考虑工资内生性
Cons	−2.2713*** (0.0325)	−2.1534*** (0.0404)	−2.3288*** (0.0354)	−2.2771*** (0.0386)

解释变量	缺失值处理前的数据集		缺失值处理后的数据集	
	基准模型 Arellano–Bond 估计	扩展模型 考虑工资内生性	基准模型 Arellano–Bond 估计	扩展模型 考虑工资内生性
$lgTFP_{sit-1}$	0.0180*** (0.0032)	0.0139*** (0.0029)	0.0200*** (0.0036)	0.0160*** (0.0033)
$lgAge_{sit}$	−0.0161*** (0.0022)	−0.0150*** (0.00226)	−0.0146*** (0.0020)	−0.0142*** (0.0020)
$Ownship_{sit}$	−0.0111** (0.0046)	−0.0100** (0.0046)	−0.0095** (0.0045)	−0.0090** (0.0045)
$leverage_{sit}$	0.0105** (0.0045)	0.0105** (0.0045)	0.0129*** (0.0043)	0.0133*** (0.0043)
$lgRVadd_{sit}$	0.9721*** (0.0017)	0.9747*** (0.0022)	0.9731*** (0.0017)	0.9723*** (0.0021)
$lgWage_{sit}$	0.0584*** (0.0025)	−0.0009 (0.0206)	0.0608*** (0.0025)	0.0488** (0.0193)
$lgKper_{sit}$	−0.1045*** (0.0023)	−0.0986*** (0.0032)	−0.1030*** (0.0023)	−0.1017*** (0.0030)
ER_{st-1}	0.0078*** (0.0029)	0.0078*** (0.0030)	0.0057** (0.0028)	0.0062** (0.0028)
RSC_{st}	−0.0821*** (0.0175)	−0.0834*** (0.0176)	−0.0608*** (0.0178)	−0.0636*** (0.0178)
HHI_{st}	−0.2027** (0.0808)	−0.1937** (0.0807)	−0.1451** (0.0712)	−0.1473** (0.0711)
$OPEN_{st}$	0.0880* (0.0499)	0.0938* (0.0499)	0.0966* (0.0583)	0.1060* (0.0575)
D_t	高度显著	高度显著	高度显著	高度显著
Wald 统计量	497051.28	504378.52	520402.78	531522.15
观察值个数	50530	50530	55385	55385

注：①括号中列示的是稳健标准差，并且 *、**、*** 分别表示在 10%、5% 和 1% 的显著性水平上统计显著。②在估计中，内生解释变量两期以及两期以上的滞后项被用作差分方程的工具变量。

2. 竞争、跨企业的资源再配置与总量生产率的增长

依据 Holmes 和 Schmitz（2010）对产业生产率的定义，并借鉴 Olley 和 Pakes（1996）的方法，我们把产业或若干产业加总的总量生产率 TFP_t 定义为各个企业全要素生产率的加权平均，即：

$$TFP_t = \sum_{i=1}^{n} s_{it} TFP_{it} \tag{6}$$

式（6）中，s_{it} 是权数，它通常用企业 i 的生产份额来表示。式（6）意味着，产业或若干产业加总的总量生产率取决于两方面的因素：一是微观层面企业的全要素生产率水平 TFP_{it}；二是用生产份额 s_{it} 表示的经济资源跨企业的配置状况。如果企业间的生产率存在明显差异，那么，生产份额在企业间的配置状况可能对总量生产率产生重要影响。

为了定量地分析市场竞争驱动的资源再配置是否促进了跨企业资源配置效率的改善，我们需要将总量生产率分解为企业层面的生产率和跨企业的资源配置效率。在一篇重要论文中，Foster、Haltiwanger 和 Krizan（2006）提了下面的分解方法：

$$\Delta TFP_t = \sum_{i \in C} S_{i,t-j} \Delta TFP_{it} + \sum_{i \in C} \Delta s_{it}(TFP_{it} - TFP_{t-j}) + \sum_{i \in C} \Delta s_{it} \Delta TFP_{it} + \sum_{i \in E} s_{it}(TFP_{it} - TFP_{t-j})$$
$$- \sum_{i \in X} S_{i,t-j}(TFP_{i,t-j} - TFP_{t-j}) \tag{7}$$

在式（7）中，C、E 和 X 分别表示在位企业、进入企业和退出企业构成的集合，其中，第一项是在位企业生产率增长的贡献；第二项是市场份额在在位企业之间的重新配置对总量生产率增长的贡献，第三项是协同变动项，第二项与第三项的合计度量了跨企业的资源再配置对总量生产率增长的贡献；第四项代表新进入企业的生产率，如果新进入企业的生产率高于基期的平均生产率，它就大于零；第五项代表退出企业的生产率，如果退出企业的生产率低于基期的平均生产率，它就小于零。第四项和第五项之和度量了进入退出对总量生产率增长的贡献。

表 4 报告了总量生产率增长额的分解结果。表 4 显示，尽管在位企业的生产率增长贡献了总量生产率增长的主要部分，但是，从 2002 年起，市场竞争驱动的跨企业资源配置效率的改善开始对总量生产率的增长作出正的贡献，并且随着市场竞争的加强，资源再配置的贡献越来越大。进一步，表 4 提供了资源配置效率改善的具体来源的信息。表 4 中第 4 列和第 5 列之和是负的，这意味着生产份额在在位企业之间的配置效率仍然是一个问题。表 4 的第 6 列是负的，意味着平均来说，进入企业的全要素生产率低于初始时刻企业的平均生产率；不过，第 7 列也是负的，意味着退出企业的生产率也明显低于基期企业的平均生产率。重要的是，从 2002 年起，第 6 列和第 7 列的代数和远远大于零，并随着时间的推移稳定增长，意味着，优胜劣汰的市场选择机制开始在资源再配置过程中发挥作用，进入退出推动的资源再配置逐渐成为总量生产率增长越来越重要的驱动力量。

表 4　60 个产业总量生产率增长额的分解结果

时间段落	总量生产率的增长额	总量生产率增长额的分解结果				
		在位企业			进入企业的生产率	退出企业的生产率
		企业生产率增长	生产份额调整	交互作用		
1998~1999	−1460.98	−723.82	−1832.50	1025.34	−1570.39	−1640.39
1998~2000	−3016.59	−1485.62	−3032.88	1583.66	−2013.18	−1931.42
1998~2001	−2354.22	−500.85	−4018.06	2615.16	−2661.70	−2211.23
1998~2002	1241.46	617.74	−5409.03	5191.90	−2543.38	−3384.23
1998~2003	1894.79	1275.29	−6063.18	5229.80	−2732.77	−4185.65
1998~2004	4903.39	4761.88	−7852.47	4198.82	−1879.56	−5674.72
1998~2005	3982.72	3490.11	−7771.10	5474.48	−2710.21	−5499.44
1998~2006	7230.96	5148.38	−7920.15	5244.95	−838.13	−5595.91
1998~2007	9005.91	6816.30	−7864.42	4184.48	−30.38	−5899.93

七、结论与政策含义

从市场化转轨过程中中国工业部门产业组织结构的变迁出发，本文考察了市场竞争的引入与增强对中国工业部门企业和总量层面全要素生产率增长的影响。基于一个大规模的微观非平衡面板数据集，这篇文章显示，在市场化改革带来的一系列竞争冲击的作用下，国家垄断的力量逐渐削弱，中国工业部门的市场结构开始具有可竞争性和竞争性特征。市场竞争的引入与增强通过两个机制促进了中国工业部门全要素生产率的增长：一方面，市场竞争为企业提高生产率提供了激励，从而显著地增进了微观层面的全要素生产率；另一方面，通过市场选择机制，高生产率企业的进入和低生产率企业的退出提高了经济资源跨企业的配置效率，进而推动了中国工业部门总量生产率的增长。

在中国主流的产业组织经济学文献中，从结构—绩效的分析范式出发，一种很有影响的观点认为，在中国工业部门的很多产业里，如包含在样本中的钢铁、汽车等重要产业，存在严重的过度竞争和重复建设问题，并且，过度竞争和重复建设导致了中国工业部门效率的恶化。与这种观点不同，我们的分析结果表明，在渐进式转轨的过程中，通过实施一系列的市场化改革，国家放松了对经济活动的垄断和管制，在生产组织和资源配置方面引入了市场机制。这一过程促进了市场竞争，而竞争又导致了企业层面的生产率增长和总量层面跨企业资源配置效率的改善，进而成为中国工业生产率增长的基本驱动力量。

虽然市场竞争机制的引入与增强在推动中国经济的市场化转型和促进经济增长方面起到了基础性的作用，但是，在实践上，维护和促进竞争是一项困难而艰巨的任务，因为竞争总是倾向于引起利润率的下降，所以，尽管竞争促进了企业和总量层面全要素生产率的增长，可是，没有哪个企业能够从维护和促进市场体系的公平竞争中得到巨大的利润。这意味着，政府必须要为消除或减少经济活动中的竞争障碍提供一个基本的规则与制度架构，使重要的经济活动都能够进入市场体系并由此产生竞争性。具体地，针对现实经济活动中竞争障碍的主要来源，我们认为，下面的一些政策措施是至关重要的：

1. 限制企业的垄断行为

在现实经济活动中，由于竞争降低了企业的利润，所以，企业存在垄断和限制竞争的动机及激励。因此，反垄断当局，即国务院反垄断委员会，应该密切关注各个产业的竞争状况，严厉打击同一产业或相关产业里的企业为控制价格、产量、市场或原材料结成行动联盟的行为以及在产业里处于支配地位的企业滥用市场支配地位的行为，维护和促进产品市场的竞争。

2. 加快推进要素市场的市场化进程

在经济转轨的过程中，产品市场的竞争取得了重要进展，但是，以金融系统为代表的要素市场改革和发展的滞后限制了工业部门产品市场的竞争，如以国有银行为主的金融系统过多地把信贷资本配置给了效率偏低的国有企业，对低效率企业持续提供贷款构成了一种重要的进入退出壁垒，进而限制了非国有企业的进入和规模扩张，阻碍了以市场竞争为基础的跨企业的资源再配置过程。因此，中央和地方政府应该积极推进金融体制和土地使用权市场的改革，以减少和消除要素市场发展的滞后引起的产品市场竞争结构的扭曲。

3. 减少或消除政策性的进入壁垒

当前，政策性的进入壁垒主要包括两个部分：一是现有政策中的一些行业准入限制，如对新进入企业规模和技术的要求。行业准入限制构成了一种明显的进入限制，进而降低了在位企业面临的潜在进入威胁。二是地方保护主义政策导致的地区市场分割。在经济转轨的过程中，财政分权激发了地方政府推动当地经济增长的积极性，同时也催生了明显的地方保护主义倾向。以邻为壑的地方保护主义限制了产品跨地区的流动，削弱了产品市场的竞争，因而，中央和地方政府应该重新评估涉及行业准入限制的一些政策，并依据反垄断法，取缔和消除各种各样的地方保护主义政策。

4. 进一步推进产品和资本市场的对外开放

通过开放产品和资本市场的边界引入国际竞争不仅使得国内的企业不得不面临和参与更加激烈的国际竞争，而且，国际竞争的引入是促进国内市场竞争的重要方式，因为一旦竞争来自国外，扭曲的国内制度、政策和企业行为便在很大程度上失去了原来的吸引力，这将有益于形成一个统一开放和竞争性的国际和国内市场体系。

参考文献

［1］Arellano, M. and S. Bond. Some Tests of Specification for Panel Data: Monte Carlo Evidence and an Application to Employment Equations [J]. Review of Economic Studies, 1991, 58 (2).

［2］Baily, M. N., C.Hulten and D. Campbell. Productivity Dynamics in Manufacturing Establishments [J]. Brookings Papers on Economic Activity: Microeconomics, 1992, 1 (1).

［3］Foster, J., C. Haltiwanger and C. J. Krizan. Market Selection, Reallocation and Restructuring in the U.S. Retail Trade Sector in the 1990s [J]. Review of Economics and Statistics, 2006, 88 (4).

［4］Holmes T. J. and J. A. Schmitz. Competition and Productivity: A Review of Evidence [J]. Annual Review of Economics, 2010, 2 (1).

［5］Levinshohn, J. and A. Petrin. Estimating Production Functions Using Inputs to Control for Unobservables [J]. Review of Economic Studies, 2003, 70 (2).

［6］Loren B., Van B. and Y. Zhang. Creative Accounting or Creative Destruction? Firm-level Productivity Growth in Chinese Manufacturing [J]. NBER Working Paper, 2009.

［7］Naughton B. Implications of the State Monopoly over Industry and Its Relaxation [J]. Modern China, 1992, 18 (1).

［8］Nickell, S.J. Competition and Corporate Performance [J]. Journal of Political Economy, 1996, 104 (4).

［9］Olley, G.S., and A. Pakes. The Dynamics of Productivity in the Telecommunications Equipment Industry [J]. Econometrica, 1996, 64 (6).

［10］Young, A. Gold into Base Metals: Productivity Growth in the People's Republic of China during the

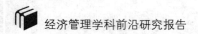
Reform Period [J]. Journal of Political Economy, 2003, 111 (6).

[11] 简泽. 企业间的生产率差异、资源再配置与制造业部门的生产率 [J]. 管理世界, 2011 (5).

[12] 李玉红, 王皓, 郑玉歆. 企业演化: 中国工业生产率增长的重要途径[J]. 经济研究, 2008 (6).

From State Monopoly to Competition: Transition and the Growth of the TFP in Chinese Industry

JIAN ZE

(School of Economics and Management of Tongji University, Shanghai 200092)

Abstract: During economic transition, industrial organization is shifting from state monopoly to competition. This paper examines the impact on the growth of TFP of the introduction and intensifying of competition. Utilizing a large unbalance panel micro data, this paper shows that the increase in competition facilitates the growth of TFP through two important mechanisms. One is through incentives, encouraging improvements of TFP on the part of exiting firm; Another is through selection, replacing less–productive with more productive firms, which increase the aggregate productivity. These results indicate that transformation of market structure from state monopoly to competition as the characteristics of China's economic transition, becomes an important source of the growth of productivity.

Key words: state monopoly; competition; incentives; reallocation; TFP

产业所有制结构变化对产业绩效的影响

——来自中国工业的经验证据 *

孙早　王文

（西安交通大学经济与金融学院　西安　710061）

【摘　要】 大企业是一国产业乃至国家经济获取持续竞争优势的源泉。因在技术、资金上拥有优势，许多文献特别强调了国有大企业在改善产业绩效上的决定性作用。本文利用中国 2003~2008 年按三位码分类的全部工业产业的面板数据估计了不同资本密集度产业的所有制结构变化对产业绩效的效应。在控制住市场结构等因素的影响后，本文的研究发现：①规模以上国有企业比重的变化与产业绩效之间呈现出负相关关系；②规模以上民营企业比重的变化对整个工业，尤其是资本密集度高的战略性产业绩效具有显著的正效应；③规模以上外资企业比重的变化对产业绩效改善具有正效应，但要弱于民营企业。这些发现进一步为人们客观评价新时期的产业政策效果提供了新的经验证据。

【关键词】 产业绩效；产业所有制结构；民营企业；国有企业

一、引言

与传统的产业组织理论不同，熊彼特（1999）和钱德勒（1999）发展了一个有关企业规模结构与产业发展之间关系的理论分析框架。在他们看来，大企业的发展质量和在产业中的比重变化，直接决定产业的技术进步水平，进而影响产业绩效的改善。但在熊彼特和钱德勒的理论中，企业与产业发展的外部制度环境是给定的，即较成熟的市场制度和企业的私人产权性质是确定的。中国经济转型（勃兰特等，2009）则为我们考察产业的所有制

* 本文选自《管理世界》2011 年第 8 期。

基金项目：国家哲学社会科学基金项目"以企业为主体的战略性新兴产业自主创新机制研究"（11BJY006）。

作者简介：孙早，王文，西安交通大学经济与金融学院。

结构（不同所有制企业之间比例结构）变化与产业绩效之间的关系提供了一个绝佳视角。

直到最近，许多政策制定者和经济学家仍然坚持认为，即使经过了 30 年的发展，中国民营企业的优势仍不能超出劳动密集型的竞争性产业范围，因为民营企业在资金、技术、企业家才能和满足国家特殊的战略性需求上尚存在许多不足。受这一思想认识的影响，新时期的国家产业政策仍然将民营企业定位于中小企业，对民营企业进入资本密集程度高的战略性产业继续设置了很高的政策性壁垒（诺顿，2010）。特别是 2008 年国际金融危机以来，随着各种形式的产业振兴战略的出台，国有企业力量进一步得到加强，民营企业的比重则呈持续下降之势（吴敬琏，2011）。迄今为止，尚无文献从经验层面上系统考察这种产业所有制结构发生的变化对新时期中国的产业绩效和产业竞争力所产生的深远影响。

本文首次利用按三位码分类的全部工业产业的面板数据估计中国 2003~2008 年不同资本密集度产业的所有制结构变化对产业绩效的效应。研究发现，21 世纪初期我国产业所有制结构发生的变化并没有带来产业绩效的显著改善，一定程度上阻碍了"提升国家产业竞争力"这一战略目标的实现。在某种意义上，这些发现为"科学确定新时期国家产业政策的调整方向和实施重点"提供进一步的经验证据。本文余下部分的安排是：第二部分在已有研究基础上形成两个有待检验的理论假说；第三部分介绍所使用的模型和变量；第四部分是数据及其描述性分析；第五部分通过计量分析检验本文的两个假说；第六部分是结束语。

二、理论与假说

1. 转型经济体中的产业绩效影响因素

尽管遭遇了新产业组织理论的强有力挑战，但经典的结构—行为—绩效分析范式对现实中的产业绩效变化仍然能给出令人信服的解释。借用梅森和贝恩的话，只有了解了市场结构，才有可能理解不同的企业行为、知晓相应的产业绩效。也就是说，企业行为决定市场结构，而在一个给定的市场结构中，企业行为又是产业绩效的决定因素（马丁，2003）。判断某一类（个）特定产业的绩效水平时，首先要看企业的市场行为是否存在扭曲以及扭曲的程度；其次要分析特定的市场结构是怎样影响了企业的选择行为。在经验研究的意义上，则可直接依据特定的市场结构信息去预期（估计）相应的产业绩效。

需要注意的是，结构—行为—绩效分析范式的有效性是建立在以下隐含前提之上的：产业中的企业是私人性质的，一般有着相对健全的治理结构和激励机制，企业能够对特定市场结构释放出的信息做出理性、正常的反应。在转型经济体中，因所有制结构的特殊性，预设的隐含条件通常难以满足，评价产业绩效时，往往还需在原有范式基础上引入新的解释变量。正如诺顿（2010）所指出的那样，在经历了 30 年的经济转型后，中国正在形成一个国有企业和民营企业共存的特殊的产业发展模式。一个强大的中央直属企业群体将有可能成为中国体制的长期特征，但与企业在产业中的强势地位相比，在构建有效治理结构、降低激励扭曲程度方面取得的进展却十分有限。要充分理解和认识这个独特的产业发展模式，以"不同产权性质的企业间比列关系变化"为主要特征（内容）的产业所有制结构自然应成为一个重要解释变量，由此形成一个双结构—行为—绩效分析框架（见图1）。

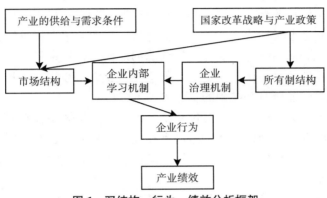

图1　双结构—行为—绩效分析框架

维克斯和亚宁（2006）通过一个简单的委托—代理理论框架分析了产业所有制结构作用于产业绩效的机理。他们假定产业中的企业分为国有与民营两大类，产业所有制结构按照国有—民营的方向发生变化。他们进一步证明，所有制性质发生变化后，若新的市场监管机制能够及时到位，代理人（管理层）便会有更强的创新和节约成本的动机，企业内部正常的学习和演进机制逐步恢复，企业对特定市场结构做出积极反应的能力得到快速提升。当产业的所有制结构按照国有—民营方向发生的变化达到一定程度后，首先导致资源配置效率的显著提高，进而带来产业绩效的改善。维克斯和亚宁同时强调，竞争性的市场结构是保证所有制结构变化产生正效应的前提条件。许多中国经济学家（刘小玄，2003；张军，2009）也坚持认为，一个竞争性市场结构的存在，对中国产业所有制改革具有十分重要的意义。

我们倾向于认为，在转型经济体中，市场结构的影响是内生于产业所有制结构变化的。哈耶克曾经强烈质疑兰格的市场社会主义理论，认为仅把注意力放在竞争性产品市场的培育上，不触及企业产权性质，绝无可能从根本上解决产业资源配置低效的问题。如同我们在现实中观察到的一样，当某一产业为若干大型国有企业垄断时，因政企之间的"父子"关系，使得政府优化市场结构（反垄断）的努力屡屡受挫于所有制结构的刚性。如果将产业发展纳入经济转型的大背景下，那么产业所有制结构似乎就应该是更具决定性的影响因素。可以这么认为，给定市场结构的影响，只要产业所有制结构的变化有助于改善产业层面上的企业治理和激励机制，则所有制结构的变化对产业绩效的影响就将是正面的，即当那些有着较为健全的治理结构和激励机制的企业在产业中所占比重逐步上升时，产业绩效亦会朝着积极方向变化。

更进一步,对于那些资本、技术密集型的战略性产业而言,产业竞争力和产业绩效的提升更大程度上取决于"熊彼特式"创新活动的频率和强度(赫尔普曼、格罗斯曼,2004)。许多文献"单纯"强调了国有大企业在规模、技术及资金上拥有的优势,但却常常忽略将这些静态优势转化为动态创新能力的治理结构和激励机制的作用。如果不能最大限度地激发企业自主创新意愿,那么在现有的战略性产业所有制结构下,我们就将很难看到产业绩效快速、持续地改善。依照天则经济研究所(2011)最近一份研究报告提供的信息,我国高端装备制造业长期为大型国有企业把持,产业竞争力提升缓慢,产业绩效长期在低水平上徘徊。正如周黎安等(2005)所证明的那样,在规模经济显著的产业中,企业规模变化对技术进步的贡献,国有企业明显低于民营企业。在资本、技术密集型的战略性产业中,产业绩效对产业所有制结构的变化更为敏感。

在此给出以上理论分析的一个概括性总结:因转型经济体中存在着两大类产权性质的企业,导致了企业间在治理结构和激励机制上存在明显差异。拥有不同治理结构和激励效率的两类企业之间比例关系的变化构成了转型期产业所有制结构的基本特征,亦成为决定产业绩效的主要因素。

2. 产业所有制结构影响产业绩效的特征性事实

众所周知,自20世纪80年代起,伴随着国家发展战略的重大调整,中国产业发展战略目标的先后次序亦发生变化,进入壁垒较低的竞争性产业被放在了优先发展的位置。与此同时,政府逐步放松了对国有企业之外的其他所有制性质企业的控制。在各种"利好政策"的支持下,中国民营企业在劳动密集型的竞争性产业中取得了巨大成功,[①]创造了"中国奇迹"(诺顿,2010)。正如后来许多文献所强调的那样,在整个20世纪80年代中国产业所有制结构所发生的(民营企业比重上升,国有企业比重下降)变化,极大地改善了当时中国的产业绩效,扭转了中国产业,特别是工业连续数年持续下滑的局面(吴敬琏,2011)。

进入20世纪90年代以后,随着国有企业改革的全面展开,中国的产业所有制结构继续朝着"多元化"的方向演变。Jefferson等(2003)的经验研究显示,1994~1999年在食品加工和纺织业中,因民营企业比重的持续增加,产业绩效不断得到改善,产业竞争力明显得到提高。勃兰特等(2009)进一步证实了他们的发现,到1995年,中国纺织工业中国有企业占主导地位的情形发生了彻底变化,大量国有企业退出,只有少数国有企业集中于高端纺织品的生产。国家发改委非国有经济运行检测小组一份有关中国工业资产产业分布的报告(2003)提供的信息表明,纺织、轻工、电子、建材、普通机械等竞争性产业中的41%~72%的资产集中在民营企业,55%~95%的利润是由民营企业贡献的。以民营企业

---

① 在整个20世纪80年代,中国民营工业的增长率约为国有的2倍,民营工业的产出已占到整个工业的1/3(吴敬琏,2011)。

的快速发展为主要标志的产业所有制结构演变，对 20 世纪 90 年代的产业绩效的改善产生了积极影响。

从 20 世纪 90 年代中后期开始，中国国有企业改革的思路发生重大转变，强调"国有企业从一般竞争性产业中退出，向战略性产业集中"。为实现"在战略性产业中增强国有企业竞争力和控制力"的目标，中央政府明确提出要在石油石化、电力、钢铁等产业通过兼并重组等方式建立一批具有国际竞争力的大型国有企业集团。作为这种改革思路和产业政策转变的具体结果，战略性产业中的国有企业资产从 1995 年的 19850 亿元快速提升到 2005 年的 46640 亿元，利润总额从 1995 年的 620 亿元涨至 2005 年的 2410 亿元。在按营业额排序的 2006 年亚洲前五大企业中，排名第二、三、四位的三家中国企业分别为石化、石油及电力产业的大型国有企业；入选 2006 年世界企业"500 强"的 19 家中国企业，几乎全部是电力、电信、炼油、汽车等产业的大型国有企业（肖耿等，2010）。借用 Nolan（2001）的话，那就是"中国的大企业正在经历一场复兴的革命，它们是国家的冠军（National Champions）"。中国的产业所有制结构变化的方向似乎发生了某种程度的逆转。

以国有大型企业向战略性产业集中为特征的产业所有制结构变化，似乎并不意味着产业绩效的改善。以钢铁产业为例，Movshuk（2004）发现民营企业的效率优于中国最大的 4 家国有钢铁企业集团，这表明政府主导的企业并购[①] 可能并没有从根本上改善整个钢铁产业的效率。Liu 和 Otsuka（2004）利用 1995~1999 年中国钢铁产业 108 家企业的调查数据进行的经验研究发现，国有企业的固定资产总值利润率（税前利润总额与固定资产总值之比）远低于同时段的非国有企业，并且私营钢铁企业在各种所有制类型的企业中拥有最高的利润率。尽管在 1995~1999 年，国有企业进行了一系列的改革以提高自身效率，但国有企业与非国有企业（特别是民营企业）在钢铁产业的利润率差距事实上是逐步扩大而不是减小了。

为了进一步检验产业所有制结构变化与产业绩效之间的关系，我们分别绘制了 1998~2008 年全部工业 36 个两位数产业和 13 个高资本密集度产业[②] 的总资产利润率（利润总额/总资产）与民营企业在相应产业中比重（私营工业企业实收资本/产业总资本）之间关系变化的散点图（见图 2）。从散点图的趋势线看，自 1998 年以来，全部工业产业的总资产利润率与民营工业企业的分布比重呈正相关关系，在高资本密集度产业，正相关关系似乎更加明显。

尽管双变量的散点图显示出全部工业产业及高资本密集度工业产业的绩效与民营企业

[①] 2000 年前后，以建立钢铁产业有国际竞争力的大型企业为目标，在各级政府的推动下，合并组建了"四大"国有钢铁企业集团（武汉钢铁集团公司、宝钢集团有限公司、鞍山钢铁集团公司、首钢总公司）。

[②] 由于 2002 年国家统计局对《国民经济行业分类与代码》（GB/T4754—94）国家标准进行了修订，工业的两位数行业分类有少许变更，为统一口径，对《中国工业经济统计年鉴》的数据作如下处理：1998~2002 年删除了木材及竹材采运业（12），2003~2008 年删除了其他矿采选业（11）、工艺品及其他制造业（42）及废弃资源和废旧材料回收加工业（43）；13 个高资本密集度产业为肖耿等（2010）定义的 13 个战略性产业，这 13 个产业与按照劳均资本（固定资产净值年平均余额与全部从业人员年平均余额之比）大小进行排序的前 13 位产业基本一致。

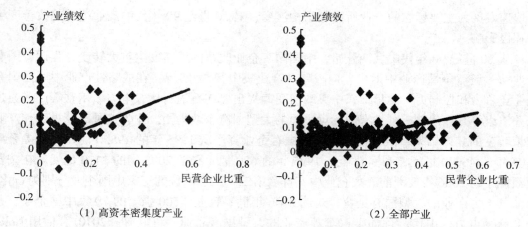

图 2　产业绩效与民营企业比重关系的散点图

注：高资本密集度产业包括煤炭开采和洗选业、石油和天然气开采业、黑色金属矿采选业、有色金属矿采选业、非金属矿采选业、烟草制品业、石油加工炼焦及核燃料加工业、医药制造业、黑色金属冶炼及压延加工业、有色金属冶炼及压延加工业、电力热力的生产和供应业、燃气生产和供应业及水的生产和供应业。

资料来源：《中国工业经济统计年鉴》（2001、2002、2003、2004、2006、2007、2008、2009）；《中国经济普查年鉴》（2004）；《中国工业企业数据库》（1998、1999）。

比重变化之间呈正相关关系，但我们还不能就此完全断定民营企业比重的提高有利于产业绩效的提升，因为影响产业绩效的因素是多方面的。在这个意义上，有必要通过进一步建立计量模型控制住其他重要因素的影响，来检验产业所有制结构（民营企业的比重）变化对产业绩效的真实效应。根据前面的讨论，我们提出以下有待检验的假说。

假说 1：以民营企业比重持续提高为特征的产业所有制结构变化有助于产业绩效的改善。

假说 2：在资本密集程度较高的战略性产业，提高民营企业比重对改善产业绩效作用明显，甚至优于提高其他所有制类型企业（特别是国有企业）比重对产业绩效的改善作用。

三、模型设定与变量度量

1. 计量模型

为了实证检验产业所有制结构的变化对产业绩效的影响，借鉴 Geng 和 Weiss（2007）发展的关于企业绩效及其影响因素的模型方法，我们建立如下面板数据模型：

$$P_{it} = c + \alpha OWN_{it} + \beta STRU_{it} + \gamma SUB_{it} + \lambda D + \varepsilon_{it} \tag{1}$$

式中，i 和 t 分别表示产业和时间，c 为常数项，ε_{it} 为误差项。因变量 P_{it} 为产业 i 第 t 年的绩效表现；模型右边的解释变量 OWN 表示产业所有制结构，包括我们重点考察的产业中的民营企业比重（PRI），以及国有企业（STATE）与外资企业的比重（FOR）；STRU为市场结构，根据经典的产业组织理论的定义，市场结构一般指不同产业内部不同要素的比例结构，主要包括产业集中度、规模及技术含量等，是影响产业绩效的重要因素（Miller，1969）；SUB为代表国家政策扶持的变量，用来控制政府扶持对产业绩效的影响；D为一组虚拟变量，包括产业虚拟变量（D^{ind2}）和时间虚拟变量（D^{year}）。

在本文中，我们侧重考察不同资本密集程度产业的所有制结构变化与产业绩效之间的关系，所以在式（1）的基础上，需要对常数项 c 和所有制结构 OWN 的系数进行扩展。具体的做法是，同时采用加法和乘法的形式引入控制产业资本密集程度的虚拟变量（$D^{k/l}$），于是式（1）变为：

$$P_{it} = c_0 + \rho D^{k/l} + \phi OWN_{it} + \theta D^{k/l} OWN_{it} + \beta STRU_{it} + \gamma SUB_{it} + \lambda D + \varepsilon_{it} \qquad (2)$$

在这里 $c = c_0 + \rho D^{k/l}$，$\alpha = \phi + \theta D^{k/l}$。

需要指出的是，由于所有制结构中的 3 个变量存在明显的相关性（STATE 与 FOR、PRI 的 Pearson 相关系数分别高达 -0.67 和 -0.51），为避免变量间的多重共线性问题，参照刘小玄（2004）的做法，在估计式（1）和式（2）时，分别对 PRI、STATE、FOR 予以考查，通过比较不同回归方程中 PRI、STATE、FOR 的系数来检验本文提出的假说。

2. 内生性问题及其处理

在研究产业所有制结构、市场结构等变量对产业绩效产生影响的同时，还应注意相关经济变量之间的内生性问题。如民营企业比重的提高在理论上虽然有利于产业绩效的提升，但也可能存在逆向因果关系。也就是说，较高的绩效水平会吸引更多的民营企业[1]进入该产业，并有可能进一步改变产业的市场结构。所有制结构、市场结构与产业绩效间的内生性问题使得它们之间的因果联系变得难以确认（Conyon，1995）。这导致传统估计结果（普通最小二估计 OLS、广义最小二估计 GLS、极大似然估计 ML 等）的不一致性，造成经验研究的偏差，需要利用工具变量进行处理。

Arellano 和 Bond（1991）采用广义矩估计（GMM）方法来解决内生性问题。该方法的基本思路可以分为两步：首先对回归方程进行一阶差分变换以控制固定效应；然后将滞后变量作为差分方程中相应内生变量的工具变量估计差分方程。但是这种被称为差分广义矩估计（DIF-GMM）的方法易受弱工具性影响而产生有限样本偏误。按照 Arellano 和 Bover（1995）给出的改进办法，在 DIF-GMM 估计量的基础上进一步引入水平方程的矩条件，将滞后变量的一阶差分作为水平方程中相应变量的工具变量，即系统广义矩估计（SYS-GMM）方法。一般情况下，通过这种调节后，弱工具性问题会得到改善。为此，本文采用 SYS-GMM 估计方法弱化变量间的内生性问题。

---

[1] 这一情形同时也可能会吸引其他所有制类型企业，但在中国这个特殊的市场经济体中，绩效水平高的产业显然对民营企业有更大的吸引力。

3. 变量的度量

（1）产业绩效。在产业（企业）绩效的度量方面，已有文献大多采用利润率和生产率两方面的指标（Bartelsman & Doms，2000）。本文中的产业利润率（PROFIT）用总资产利润率（利润总额与总资产之比）来度量，同时采用全要素生产率（TFP）作为生产率的衡量指标。

（2）产业所有制结构。参照刘小玄（2004）的做法，采用私营工业企业的实收资本与产业总资本之比来刻画民营企业在特定产业中的比重（PRI），该比重越高说明民营企业在该产业的分布越广。类似的，国有企业（STATE）与外资企业的比重（FOR）分别采用国有及国有控股工业企业的实收资本与产业总资本之比，以及外商投资和港澳台商投资工业企业的实收资本与产业总资本之比来表示。

（3）市场结构。借鉴 Dougherty 等（2007）的做法，采用赫芬达尔指数来反映产业集中度（CON）。赫芬达尔指数（HHI）是衡量产业集中状况的重要综合性指标，它是指特定产业内 50 家最大的企业（如果少于 50 家就是全部企业）的市场份额的平方和。其计算公式为：

$$HHI = \sum_{i=1}^{N} (100 \times s_i)^2$$

式中，s_i 为特定产业内第 i 个企业的市场份额（以销售收入计算），N 为该产业的全部企业数。一般说来，HHI 指数越大，说明产业集中度越高，竞争程度越低；HHI 指数越小，则产业集中度越低，竞争程度越高。

我们选择在产业中占 50% 总产出的最大企业的平均规模（以工业总产值计）作为产业规模的衡量指标。Comanor 和 Wilson（1967）将它定义为最小经济规模（MES），体现了不同产业在不同生产技术和资本密集度的基础上所形成的规模，同时最小经济规模（MES）也反映了产业进入壁垒的高低。

衡量进入壁垒高低的变量还有产业的技术含量。参照王剑和徐康宁（2005）的做法，以虚拟变量 D^{HT} 代表技术壁垒，如果某产业属于高科技产业则 D^{HT} 取值为 1，否则为 0。对于高科技产业的界定我们依据《中国高技术产业统计年鉴 2009》的分类准则，将化学药品原药制造等 22 个三位码产业定义为高科技产业。

（4）控制变量。在经济转型过程中，产业（特别是国有企业占主导地位的产业）利润率变化通常与国家政策扶持密切相关[①]。为了更准确地估计产业所有制结构对产业绩效的效应，我们将国家政策扶持的因素加以控制。考虑到数据的可得性，采用各产业的补贴收入（SUB）（企业的补贴收入主要包括政策性亏损补贴等方面）来近似替代国家政策扶持变量。

（5）虚拟变量。对于虚拟变量 D^{04}，参考 Dollar 等（1990）的做法，以 2004 年的产业

---

① 审稿人正确地指出，转型过程中政府与国有企业的特殊关系使得产业利润率在很大程度上受到政府政策的影响。

资本密集度（劳均资本）为参照把全部工业三位数行业分为八组，从低到高排序依次记为B1，B2，B3，…，B8[①]。使用 2004 年数据的主要考虑是，2004 年进行了工业普查，该年的数据应更加翔实、准确（张军，2009）。

D^{ind2} 为全部工业两位码产业层面的虚拟变量，D^{year} 为控制宏观经济效应的年度时间虚拟变量。

四、数据与描述性分析

1. 数据

本文的分析样本采用 2003~2008 年按三位码分类的全部工业产业的面板数据。这些数据是由《中国工业企业数据库》所提供的规模以上企业层面的数据分类汇总而来，《中国工业经济统计年鉴》公布的按两位码产业分组的各种所有制类型工业企业的数据信息正是基于此数据库汇总的。[②]

按照《国民经济行业分类与代码》（GB/T4754-2002）的分类标准，全部工业共有 191 个三位码产业，但是在某些产业中，私营或者外资港澳台工业企业并无分布，故将这些产业从样本中剔除[③]。最终得到的样本包括 177 个三位码产业，共计 1062 个观测点。

2. 全要素生产率（TFP）的估算

除去产业利润率外，衡量产业绩效的另一个重要指标是全要素生产率（TFP）。关于全要素生产率的估算，现有文献通常用 CD（柯布—道格拉斯）生产函数来刻画（谢千里、罗斯基、张轶凡，2008），本文采用如下三要素投入的 CD 生产函数：

$$Y_{it} = A_{it} K_{it}^{\beta_k} L_{it}^{\beta_l} M_{it}^{\beta_m} \tag{3}$$

式（3）中，Y_{it}，A_{it}，K_{it}，L_{it}，M_{it} 分别为第 i 个产业第 t 年的总产值、技术水平、资本、劳动、中间投入；β_k，β_l，β_m 分别为资本、劳动和中间投入的产出弹性。为估算全要素生产率，首先对式（3）两边取对数得到：

---

① 限于篇幅，按照资本密集度大小将全部工业三位数产业分为八组的详细结果并未给出，感兴趣的读者可向作者索要。另外，在已有文献中，资本密集度（劳均资本）通常被视为影响产业绩效的重要因素，在本文中，由于虚拟变量 D^{id} 反映了不同产业的资本密集程度，为避免重复，在回归模型中没有引入该变量。

② 《中国工业经济统计年鉴》所公布的产业层面的数据信息都是基于两位码产业，为扩大样本容量以期得到更可靠的结果，我们根据《中国工业企业数据库》汇总出了三位码产业的数据信息。样本数据始于 2003 年是因为 2002 年国家统计局对《国民经济行业分类与代码》（GB/T4754—94）国家标准进行了修订，三位码层面的产业分类有较大变更，为统一口径，我们的数据收集一律采用新的行业分类标准。

③ 剔除的 14 个产业分别是：褐煤的开采洗选（062），其他煤炭采选（069），与石油和天然气开采有关的服务活动（079），其他采矿业（110），烟叶复烤（161），卷烟制造（162），其他烟草制品加工（169），竹、藤家具制造（212），塑料家具制造（214），核燃料加工（253），航空航天器制造（376），核辐射加工（424），污水处理及其再生利用（462），其他水的处理、利用与分配（469）。

$$y_{it} = \beta_0 + \beta_k k_{it} + \beta_l l_{it} + \beta_m m_{it} + \omega_{it} + \eta_{it} \tag{4}$$

式（4）中的 ω_{it} 和 η_{it} 分别为全要素生产率和误差项。在对式（4）进行估计时，一个不可忽视的问题是，无法直接观察的生产率冲击会影响以利润最大化为目标的企业的要素投入决策。对于正的生产率冲击企业会增加投入、扩大产出；当生产率冲击为负时，企业会削减投入、降低产出。也就是说，企业的全要素生产率水平会对它的要素投入产生内生性，利用传统估计方法（如 OLS）将可能导致同步性偏误（Simultaneity Bias），从而使得估计结果不一致（Marschak & Andrews，1944）。

Levinsohn 和 Petrin（2003）用中间投入充当代理变量的二阶段非参数估计方法较好地解决了要素投入的内生性问题。简单来讲，Levinsohn 和 Petrin 通过假设潜在的生产率冲击会影响企业的中间投入，可以把无法直接观察的生产率冲击写成可直接衡量的中间投入的一个反函数。基于上述分析，LP 方法分两步计算劳动、资本和中间投入在生产函数中所占的份额。第一步，估算劳动力投入在生产函数中的比重。先构造一个关于 k_{it} 和 m_{it} 的函数 $\varphi(k_{it}, m_{it}) = \beta_0 + \beta_k k_{it} + \beta_m m_{it} + \omega(k_{it}, m_{it})$，将其带入生产函数（4）得到 $y_{it} = \beta_l l_{it} + \varphi(k_{it}, m_{it}) + \eta_{it}$，接着使用 k_{it} 和 m_{it} 的三阶多项式近似代替 $\varphi(k_{it}, m_{it})$，利用 OLS 估计 $y_{it} = \beta_l l_{it} + \varphi(k_{it}, m_{it}) + \eta_{it}$，得到 β_l 的一致估计值 $\hat{\beta}_l$。第二步，估算资本和中间投入在生产函数中的比重。先通过 $\hat{\varphi}(k_{it}, m_{it}) = y_{it} - \hat{\beta}_l l_{it}$ 估计出 $\hat{\varphi}(k_{it}, m_{it})$。再设定 β_k 和 β_m 的一组候选值（如 β_k^* 和 β_m^*），通过 $\hat{\omega}_{it} = \hat{\varphi}_{it} - \beta_k^* k_{it} - \beta_m^* m_{it}$ 得到 ω_{it} 的一组预测值 $\hat{\omega}_{it}$。然后利用这些预测值，通过回归 $\hat{\omega}_{it} = \gamma_0 + \gamma_1 \omega_{it-1} + \gamma_2 \omega_{it-1}^2 + \gamma_3 \omega_{it-1}^3 + \varepsilon_{it}$ 得到期望值 $E(\omega_{it}|\omega_{it-1})$ 的非参数一致估计 $\hat{E}(\omega_{it}|\omega_{it-1})$。最后通过对残差项 $(y_{it} - \hat{\beta}_l l_{it} - \beta_k^* k_{it} - \beta_m^* m_{it} - \hat{E}(\omega_{it}|\omega_{it-1}))$ 实施一个最优化条件求解得出 β_k 和 β_m 的最优估计值 $\hat{\beta}_k$ 和 $\hat{\beta}_m$。接下来，将在第二步中估计出资本和中间投入的系数 $\hat{\beta}_k$ 和 $\hat{\beta}_m$，与在第一步中估计出的劳动投入的系数 $\hat{\beta}_l$ 相结合，就可以利用式（4）估算出全要素生产率 ω_{it}。

本文采用 LP 方法对生产函数（4）进行估计。式（4）中的 i 和 t 分别表示三位码产业和年份，产出 y 和劳动投入 l 分别用工业总产值（用工业品出产价格指数折减，单位：亿元）和全部从业人员年平均余额（万人）表示，k 为经过固定资产价格指数调整的固定资产净值年平均余额（亿元）。参照 Levinsohn 和 Petrin（2003）的做法，中间投入 m 采用直接材料的投入量（亿元）来衡量。表 1 报告了用 LP 方法对生产函数（4）中各投入要素系数的估计结果，为方便对比，同时也给出了 OLS 和固定效应（FE）的估计结果。

表 1　投入要素份额估计

	LP	OLS	FE
$\hat{\beta}_l$	0.1195*** (4.81)	0.1731*** (11.78)	0.3803*** (11.38)
$\hat{\beta}_k$	0.4928*** (4.03)	0.1751*** (12.47)	0.3552*** (11.87)

	LP	OLS	FE
$\hat{\beta}_m$	0.3398** (2.49)	0.6559*** (50.01)	0.2681*** (12.72)
Sum	0.9521 3.65*	1.0041 0.63	1.0036 0.0186
Wald 检验	P = 0.0559	P = 0.43	P = 0.892
观察值数量	1062	1062	1062

注：①括号内的数字为 t 统计量；②***、** 和 * 分别表示估计值在 0.01、0.05 和 0.1 水平显著；③Sum 为各投入要素估计系数之和，固定规模报酬意味着 Sum 为 1；④Wald 检验是对 Sum 是否为 1 的检验，若检验显著则拒绝规模报酬不变的原假设。

根据表 1 提供的信息，对于劳动力投入要素，OLS 和 FE 估计出的系数均高于 LP 的估计，表明在不考虑 TFP 与投入要素相关性的情况下，OLS 和 FE 对劳动投入系数的估计将会产生向上的偏倚，证实了 Levinsohn 和 Petrin（2003）的理论与经验研究发现。Petrin 等（2004）进一步指出，资本投入系数的 OLS 估计结果是否向上或向下偏倚取决于投入要素与生产率冲击的相关程度。在本文中，OLS 和 FE 估计出的 $\hat{\beta}_k$ 均小于 LP 的估计。LP 估计结果的 Wald 检验显示，在 10% 的显著性水平下，规模报酬不变的原假设被拒绝，OLS 和 FE 的估计结果则接受规模报酬不变的原假设。

我们利用 LP 方法估计出的 $\hat{\beta}_l$、$\hat{\beta}_k$ 和 $\hat{\beta}_m$，采用等式（5）测算了每个三位码产业的 TFP[1]。

$$\hat{\omega}_{it} = \exp(y_{it} - \hat{\beta}_l l_{it} - \hat{\beta}_k k_{lt} - \hat{\beta}_m m_{it}) \tag{5}$$

3. 数据的描述性分析

表 2 给出了各个变量的统计性描述。根据表 2 提供的基本信息，我们发现在样本区间内私营工业企业在各产业的比重相对偏小，最小值仅为 0.0028%，最大值不超过 70%。值得注意的是，虽然国有及国有控股工业企业作为一个整体在整个工业中的资本占比大于外商投资及港澳台商投资工业企业[2]，但表 2 显示国有及国有控股工业企业在各产业比重的均值低于外商投资及港澳台商投资工业企业，这种情况的出现反映了国有及国有控股工业企业与外商投资及港澳台商投资工业企业在产业分布结构上的差异。与外商投资及港澳台商投资工业企业相比，国有及国有控股工业企业在各产业的分布呈现较为严重的两极分化现象，均值和中位数之间的较大差异表明，在大部分产业中国有及国有控股的成分较小，而在少数重要产业，国有及国有控股工业企业占据绝对主体地位（最大值为 99.4%）。产业绩效和市场结构的 4 个指标以及补贴收入指标均呈现不同程度的离散性[3]，表明中国工

---

① 由于篇幅所限，2003~2008 年全部工业各三位数产业的 TFP 估计值并未给出，感兴趣的读者可向作者索取。

② 2003~2008 年，国有及国有控股工业企业的实收资本占整个工业总资本的比重处于 41%~48% 的区间，同期外商投资及港澳台商投资工业企业的这一数据区间为 31%~36%，私营工业企业为 8%~16%。

③ 标准差与均值之比被称为离差系数，用来反映样本的离散程度。

业各产业在利润率、集中度及享受国家政策扶持等方面存在较大差异。

表 2　各变量的统计性描述

	单位	均值	中位数	最大值	最小值	标准差	观察值
产业绩效							
FROFIT	%	6.571978	5.925143	51.81926	−15.45	4.565141	1062
TFP		4.990827	4.881356	11.30820	0.8970376	1.474472	1062
所有制结构							
PRI		0.194500	0.180495	0.692181	0.000028	0.117995	1062
STATE		0.239028	0.164194	0.993458	0.00031	0.228737	1062
FOR		0.400249	0.411518	0.885067	0.000994	0.215054	1062
市场结构							
CON	万	0.017093	0.009450	0.3332	0.0008	0.026636	1062
SCALE	亿元/个	1.179634	0.519421	57.32048	0.136861	3.799144	1062
控制变量							
SUB	亿元	3.642702	1.232915	98.81896	0.00232	7.570549	1062

五、回归结果与分析

1. 初步回归结果

表 3 报告了模型（1）的最小二乘估计（Pooled Least Square）结果，以利润率（PROFIT）为被解释变量的回归结果报告在（1）~（3）中，以全要素生产率（TFP）为被解释变量的回归结果报告在（4）~（6）中。从（1）和（4）可以看出，民营企业比重（PRI）每提高 1 个百分点，会导致产业利润率和全要素生产率分别提高 0.096% 和 3.09%，且在 1% 的水平显著。也就是说，以民营企业比重提高为主要内容的产业所有制结构变化对产业绩效具有正的效应，本文的假说 1 得到验证。进一步的，（2）和（5）显示，国有企业实收资本比重的提高对产业利润率和全要素生产率不但没有起到有效的促进作用，反而还具有很强的负作用，这与刘小玄（2003）的研究发现一致；根据（3）和（6）的信息，外资企业对于产业绩效的改善具有比较明显的积极作用，主要是因为外资企业存在技术和管理溢出效应。总体而言，民营企业比重变化与产业绩效改善之间正相关性最显著，外资企业次之，而国有企业则表现出明显的负相关效应。

产业集中度变量（CON）的系数在大部分回归中显著为正，说明较高的集中度可以提

表 3　产业绩效的影响因素分析

被解释变量	PROFIT			TFP		
	(1)	(2)	(3)	(4)	(5)	(6)
PRI	9.603*** (10.282)			3.094*** (8.301)		
STATE		−5.361*** (−9.221)			−2.627*** (−11.793)	
FOR			0.942 (1.636)			0.906*** (4.036)
CON	6.111* (1.855)	10.317*** (3.093)	8.827** (2.488)	−0.679 (−0.517)	1.149* (1.899)	1.046 (0.756)
SCALE	0.132** (2.163)	0.078 (1.285)	−0.052 (−0.846)	0.236*** (9.727)	0.240*** (10.339)	0.172*** (7.189)
SUB	0.016* (1.721)	0.015* (1.664)	0.016 (1.422)	0.005 (1.096)	0.004 (1.059)	0.004 (0.942)
D^{HIT}	4.014*** (3.710)	2.881*** (2.626)	3.675*** (3.223)	0.417 (0.965)	−0.111 (−0.264)	0.196 (0.441)
D^{ind2}	yes	yes	yes	yes	yes	yes
D^{year}	yes	yes	yes	yes	yes	yes
constant	0.838 (0.795)	5.983*** (5.140)	1.472 (1.333)	1.930*** (4.593)	4.330*** (9.709)	2.076*** (4.822)
Adj−R^2	0.701	0.695	0.670	0.543	0.571	0.519
obs	1062	1062	1062	1062	1062	1062

注：①括号内的数字为 t 统计量；②*、**、*** 分别代表 10%、5% 和 1% 的显著水平；③D^{ind2} 的参照行业为自来水的生产和供应（46），D^{year} 的参照年份为 2008 年，限于篇幅，行业和年份虚拟变量的系数并未报告。

高产业利润率和全要素生产率，保持适当的集中度对于促进产业良性发展是必要的。[①] 规模变量（SCALE）的系数在 TFP 回归中显著为正，表明特定产业的最小经济规模（MES）与产业全要素生产率之间呈正相关关系，企业平均规模越大，越有利于产业技术水平（TFP）的提升，为"熊彼特创新假设"（熊彼特，1999）提供了有关中国工业的经验证据，似乎也为中国政府深厚的"大企业情结"提供了事实依据（周黎安、罗凯，2005）；在 PROFIT 的回归方面，规模变量（SCALE）仅在（1）中显著为正，但还不能由此得出企业平均规模与产业盈利能力之间存在显著正相关关系的确定结论。这也意味着，随着产业中的企业平均规模由小变大，产业盈利能力趋于增强的现象并未得到证实。一种可能的解释

---

①　但这并非意味着产业集中度越高就越好。在成熟的市场经济环境下，较高的集中度表明较大的市场份额，因为只有较高绩效的企业才可能得到扩张的机会，这时候产业的集中度与绩效的正相关性表明该产业的主要行为是服从效率假定的（Demsetz，1973）。否则，如果高的集中度并不代表由较高的效率带来的较大的市场份额，那么效率行为的假定就不存在（或者效率行为并不具有充分的主导性），很可能出现其他的非效率行为，如垄断的合作串谋行为等，这时集中度可能与产业绩效并没有密切联系，如刘小玄（2003）曾利用中国工业数据证实，在国有份额较大的产业分组中，集中度与产业利润率无关，以及在本文表 3 的（4）回归中，产业集中度对 TFP 存在较弱的负向影响。

是，在中国经济转型过程中，企业规模的扩大导致各种成本支出增加，在一定程度上抵消了由于生产效率改进带来的产业盈利能力的提升。补贴收入对于产业利润率具有正效应，与我们的预期相一致；补贴收入对 TFP 的积极影响说明政府补贴的部分资金被应用于企业的研发和技术改造。D^{HIT} 的系数在除（5）外的所有回归中都为正［（5）中 D^{HIT} 的系数虽为负但极不显著，其影响基本可以忽略］，表明高科技产业的技术壁垒有效阻止了潜在竞争者的进入，确保产业内企业可以享受技术垄断带来的超额利润，同时高科技产业的高附加值特征也使得产业的全要素生产率普遍高于其他产业。

模型（2）的最小二乘估计结果报告如表 4 所示。由于模型（2）侧重考察不同资本密集度的产业所有制结构变化与产业绩效的关系，因此在模型（1）的基础上添加了控制产业资本密集程度的虚拟变量 D^{KI}（我们同时采用加法和乘法的形式引入 D^{KI}）。根据第三部分的描述，我们将全部工业三位码产业按资本密集程度的高低分为八组，模型（2）的回归以第八组（B8）作为参照。在表 4 中，以利润率（PROFIT）为被解释变量的回归结果报告；在（1）~（3）中，以全要素生产率（TFP）为被解释变量的回归结果报告在（4）~（6）中。（1）和（4）、（2）和（5）、（3）和（6）为分别引入民营企业比重（PRI）及其交叉项（PRI × Bn）、引入国有企业比重（STATE）及其交叉项（STATE × Bn）、引入外资企业比重（FOR）及其交叉项（FOR × Bn）进行回归的结果（其中 n = 1，2，…，7）。与模型（1）的回归结果相比，表 4 中产业集中度变量（CCN）、规模变量（SCALE）以及控制技术含量的虚拟变量 D^{HIT} 和控制国家政策扶持的补贴收入变量（SUB）的系数符号及显著性水平与表 3 中的结果基本一致，在此不再赘述。下面我们重点分析不同所有制结构变量及其交叉项的回归系数。

表 4　不同资本密集度产业绩效的影响因素分析

被解释变量	PROFIT			TFP		
	（1）	（2）	（3）	（4）	（5）	（6）
PRI	7.438*** (3.392)			3.007*** (3.441)		
PRI × B1	3.866 (1.401)			0.519 (0.472)		
PRI × B2	2.585 (0.999)			−0.582 (−0.564)		
PRI × B3	1.934 (0.686)			1.158 (1.031)		
PRI × B4	4.003 (1.444)			−0.026 (−0.024)		
PRI × B5	2.156 (0.737)			0.291 (0.250)		
PRI × B6	2.318 (0.768)			0.616 (0.512)		
PRI × B7	−2.133 (−0.645)			−0.598 (−0.454)		

续表

被解释变量	PROFIT			TFP		
	（1）	（2）	（3）	（4）	（5）	（6）
STATE		−6.169*** (−4.058)			−2.462*** (−4.194)	
STATE × B1		2.059 (1.224)			−0.510 (−0.785)	
STATE × B2		−1.317 (−0.794)			0.204 (0.319)	
STATE × B3		2.139 (1.257)			−0.607 (−0.924)	
STATE × B4		0.465 (0.290)			0.214 (0.344)	
STATE × B5		0.105 (0.058)			−0.617 (−0.874)	
STATE × B6		−1.496 (−0.722)			0.028 (0.035)	
STATE × B7		5.564*** (2.677)			0.484 (0.603)	
FOR			1.139 (0.832)			−0.036 (−0.068)
FOR × B1			−0.688 (−0.429)			1.743*** (2.799)
FOR × B2			1.229 (0.771)			0.758 (1.225)
FOR × B3			−1.085 (−0.652)			1.583** (2.451)
FOR × B4			0.216 (0.131)			0.767 (1.202)
FOR × B5			0.005 (0.003)			0.676 (0.973)
FOR × B6			0.248 (0.124)			0.290 (0.372)
FOR × B7			−3.054 (−1.502)			0.434 (0.551)
CON	5.521* (1.658)	9.265*** (2.743)	8.799** (2.435)	−0.663 (−0.499)	1.319 (1.011)	1.533 (1.093)
SCALE	0.128** (2.084)	0.070 (1.126)	−0.067 (−1.066)	0.244*** (9.957)	0.247*** (10.295)	0.173*** (7.090)
SUB	0.011 (0.925)	0.009 (0.758)	0.009 (0.772)	0.007 (1.502)	0.006** (1.967)	0.006 (1.340)
D^{HIT}	4.028*** (3.710)	2.729** (2.498)	3.586*** (3.134)	0.468 (1.082)	−0.076 (−0.181)	0.289 (0.652)
D^{ind2}	yes	yes	yes	yes	yes	yes
D^{year}	yes	yes	yes	yes	yes	yes

续表

被解释变量	PROFIT			TFP		
	（1）	（2）	（3）	（4）	（5）	（6）
D^{kI}	yes	yes	yes	yes	yes	yes
constant	1.038 (0.972)	6.784*** (4.296)	1.603 (1.415)	1.897*** (4.457)	4.156*** (6.816)	2.217*** (5.044)
Adj-R^2	0.700	0.700	0.670	0.544	0.572	0.524
obs	1062	1062	1062	1062	1062	1062

注：①括号内的数字为 t 统计量；②*、** 和 *** 分别代表 10%、5% 和 1% 的显著水平；③D^{int2} 的参照行业为自来水的生产和供应（46），D^{year} 的参照年份为 2008 年，D^{kI} 的参照为第八组（B8）。

表 4 显示，在以利润率（PROFIT）为被解释变量的回归中，民营企业比重（PRI）的估计系数为 7.44，且在 1% 的水平显著，表明在资本密集程度最高的第八组（B8）产业（即 B1，B2，B3，…，B7 均取 0）中，民营企业实收资本比重每增加 1 个百分点，产业利润率将会提高 0.0744 个百分点。交叉项 PRI × B1 的系数为 3.87，即民营企业实收资本比重每增加 1 个百分点，第一组产业利润率的提高程度将比第八组高 0.0387 个百分点。也就是说，民营企业实收资本比重每增加 1 个百分点，第一组产业（B1）的利润率将提高 0.113%。类似的，在第二组（B2）、第三组（B3）、第四组（B4）、第五组（B5）、第六组（B3）、第七组（B7）产业中，民营企业实收资本比重每增加 1 个百分点，产业利润率将会分别提高 0.1%、0.0937%、0.1144%、0.0959%、0.0976%、0.0531%。根据同样的汇总方式，我们得到了在 8 组不同资本密集程度的产业中，3 种所有制企业分布比重对产业绩效的影响系数（见表 5）。

表 5　3 种所有制结构变量对不同资本密集度产业绩效的影响

分组	PROFIT			TFP		
	PRI	STATE	FOR	PRI	STATE	FOR
第一组（B1）	11.304	−4.110	0.451	3.526	−2.972	1.707
第二组（B2）	10.023	−7.486	2.368	2.426	−2.258	0.722
第三组（B3）	9.372	−4.030	0.054	4.165	−3.068	1.546
第四组（B4）	11.441	−5.703	1.355	2.981	−2.248	0.731
第五组（B5）	9.594	−6.063	1.144	3.299	−3.079	0.640
第六组（B6）	9.756	−7.665	1.387	3.624	−2.433	0.254
第七组（B7）	5.305	−0.605	−1.915	2.409	−1.978	0.398
第八组（B8）	7.438	−6.169	1.139	3.007	−2.462	−0.036

根据表 5 提供的信息，无论以利润率（PROFIT）为被解释变量还是以全要素生产率（TFP）为被解释变量进行回归，民营企业比重（PRI）的估计系数在全部八组产业中均为正，且高于国有企业与外资企业。国有企业比重（STATE）的估计系数在全部八组产业中

均为负；外资企业比重（FOR）的估计系数在八组产业中有正有负，介于民营企业和国有企业之间，且系数为正的分组多于系数为负的分组。这意味着，以民营企业比重提高为主要内容的产业所有制结构变化不仅在整体上可以促进产业绩效的提升，即便在那些被认为是国有企业具有较大优势的高资本密集度（如 B7，B8）产业，民营企业的表现也明显优于国有企业。这与产权理论关于民营企业的分析相一致，即那些产权明晰、能较好解决委托—代理关系中的激励问题，因而具有较强市场竞争能力的企业，必然导致较高的产业绩效。同时我们发现，在以利润率（PROFIT）为被解释变量的回归中，民营企业比重（PRI）的估计系数大于在全要素生产率（TFP）回归中的系数。一个可能的解释是，相对于全要素生产率（技术进步）的改进，民营企业更偏好对利润最大化的追求（陆铭、潘慧，2009）。

与民营企业的表现相对应的是，不管是在资本密集程度低的竞争性产业，还是在资本密集程度高的战略性产业，国有企业比重与产业利润率和全要素生产率之间均呈负相关关系。这一现象表明，人们观察到的国有企业产值和利润的大幅增长并非源于国有企业的高效率，而很可能是源于国有企业在基础工业领域（战略性产业）中的垄断地位和由此带来的厂商定价优势（韩朝华、周晓艳，2009）。诺兰（2001）在考察了中国的钢铁、石化、飞机制造等产业后指出，尽管中国政府对分布在这些产业中的大型国有企业给予了一系列保护和扶持，但它们与西方工业化国家同类产业的差距不是缩小而是扩大了。在以利润率（PROFIT）为被解释变量的回归中，国有企业分布比重（STATE）的系数小于在全要素生产率（TFP）回归中的系数。我们倾向于认为，虽然国有企业分布比重对产业盈利能力和全要素生产率均有负向影响，但由于前文所说的"大企业创新优势"的存在，使得国有产权结构变量对产业技术进步的负作用小于对盈利能力的影响。外资企业由于具有明晰的产权性质、较大的规模及技术优势，对产业绩效的改善有一定的积极作用，但与民营企业相比，这种正的效应相对较小。在上述意义上，本文的假说 2 得到验证。

2. 稳健性检验

为了验证基准模型估计结果的稳健性和敏感度，我们采用产业绩效的不同度量指标对模型（1）和（2）做进一步的估计。其中对产业利润率的度量采用固定资产净值利润率（利润总额与固定资产净值之比，记为 PROFIT2），对生产率的度量采用资本回报率（工业增加值与固定资产净值之比，记为 VA/K），估计结果报告在表 6~表 8。从表 6~表 8 提供的信息可以看出，当使用这些指标进行度量时，无论是产业所有制结构变量及其交叉项，还是其他控制变量，其相应的系数符号和显著性都没有发生太大变化，充分说明本文的回归结果是稳健的。

3. SYS-GMM 估计结果

本文采用系统广义矩估计（SYS-GMM）方法弱化变量间的内生性问题，回归结果报告在表 9~表 11。为了考察 SYS-GMM 估计中工具变量的有效性，我们在表 9 和表 10 中报告了相关的 3 个检验。其中 Hansen Test 用来检验约束条件是否存在过度限制问题（Over-

表 6 产业绩效的影响因素分析（稳健性检验）

被解释变量	PROFIT2			VA/K		
	（1）	（2）	（3）	（4）	（5）	（6）
PRI	37.324*** (7.623)			1.586*** (12.089)		
STATE		−16.058*** (−5.241)		−1.101*** (−13.870)		
FOR			0.852 (0.238)			0.195** (2.372)
CON	65.711*** (3.806)	79.546*** (4.526)	69.904*** (3.836)	2.846*** (6.152)	3.654*** (8.026)	3.351*** (6.614)
SCALE	0.600* (1.878)	0.280 (0.880)	−0.079 (−0.249)	0.028*** (3.249)	0.024*** (2.881)	−0.003 (−0.327)
SUB	0.024 (0.439)	0.023 (0.416)	0.026 (0.467)	0.003** (2.111)	0.003** (2.078)	0.003* (1.930)
D^{HIT}	18.767*** (3.308)	15.225*** (2.633)	18.285*** (3.122)	0.352** (2.316)	0.126 (0.841)	0.289* (1.773)
D^{ind2}	yes	yes	yes	yes	yes	yes
D^{year}	yes	yes	yes	yes	yes	yes
constant	3.677 (0.666)	19.734*** (3.218)	6.381 (1.160)	0.066 (0.449)	1.094*** (6.884)	0.167 (1.061)
Adj–R^2	0.470	0.454	0.439	0.560	0.577	0.500
obs	1062	1062	1062	1062	1062	1062

注：①括号内的数字为 t 统计量；②*、** 和 *** 分别代表 10%、5% 和 1% 的显著水平；③D^{ind2} 的参照行业为自来水的生产和供应（46），D^{year} 的参照年份为 2008。

表 7 不同资本密集度产业绩效的影响因素分析（稳健性检验）

被解释变量	PROFIT2			VA/K		
	（1）	（2）	（3）	（4）	（5）	（6）
PRI	36.408*** (3.155)			1.600*** (5.192)		
PRI × B1	2.320 (0.160)			0.212 (0.546)		
PRI × B2	1.105** (2.081)			−0.273* (−1.752)		
PRI × B3	7.026 (0.474)			0.310 (0.784)		
PRI × B4	5.682 (0.390)			0.098 (0.253)		
PRI × B5	2.484 (0.161)			0.060 (0.146)		
PRI × B6	−4.393 (−0.277)			−0.113 (−0.267)		
PRI × B7	−13.430 (−0.772)			−0.249 (−0.535)		

被解释变量	PROFIT2			VA/K		
	（1）	（2）	（3）	（4）	（5）	（6）
STATE		−21.440*** (−2.649)			−1.090*** (−5.195)	
STATE × B1		13.705* (1.655)			−0.009 (−1.039)	
STATE × B2		1.027 (0.116)			−0.001 (−1.003)	
STATE × B3		7.907 (0.873)			−0.029 (−0.724)	
STATE × B4		3.418 (0.400)			0.093 (0.418)	
STATE × B5		−0.504 (−0.052)			−0.136 (−0.539)	
STATE × B6		−3.740 (−0.339)			−0.160 (−0.558)	
STATE × B7		13.576 (1.227)			0.086 (0.299)	
FOR			−2.712 (−0.384)			−0.150*** (−2.767)
FOR × B1			−2.319 (−0.280)			0.489** (2.133)
FOR × B2			3.666 (0.446)			0.326 (1.430)
FOR × B3			2.127 (0.248)			0.439* (1.850)
FOR × B4			4.768 (0.563)			0.337 (1.436)
FOR × B5			3.581 (0.388)			0.350 (1.368)
FOR × B6			7.072* (1.683)			0.469 (1.635)
FOR × B7			−2.743 (−0.262)			0.259 (0.891)
CON	65.260*** (3.723)	74.948*** (4.168)	69.458*** (3.728)	2.904*** (6.205)	3.710*** (7.955)	3.509*** (6.800)
SCALE	0.619* (1.911)	0.361 (1.090)	−0.044 (−0.137)	0.030*** (3.420)	0.025*** (2.920)	−0.002 (−0.257)
SUB	0.032 (0.526)	0.018 (0.298)	0.026 (0.414)	0.003** (2.015)	0.003* (1.670)	0.003* (1.664)
D^{HIT}	18.989*** (3.323)	14.840** (2.552)	18.419*** (3.122)	0.365** (2.394)	0.134 (0.890)	0.309* (1.891)
D^{ind2}	yes	yes	yes	yes	yes	yes
D^{year}	yes	yes	yes	yes	yes	yes

续表

被解释变量	PROFIT2			VA/K		
	（1）	（2）	（3）	（4）	（5）	（6）
D^{kd}	yes	yes	yes	yes	yes	yes
constant	3.784 (0.673)	24.302*** (2.891)	7.232 (1.247)	0.075 (0.497)	1.095*** (5.025)	0.245 (1.514)
Adj–R^2	0.465	0.453	0.435	0.560	0.575	0.499
obs	1062	1062	1062	1062	1062	1062

注：①括号内的数字为 t 统计量；②*、** 和 *** 分别代表 10%、5% 和 1% 的显著水平；③D^{ind2} 的参照行业为自来水的生产和供应（46），D^{year} 的参照年份为 2008 年，D^{kd} 的参照为第八组（B8）。

表8　3种所有制结构变量对不同资本密集度产业绩效的影响（稳健性检验）

分组	PROFIT2			VA/K		
	PRI	STATE	FOR	PRI	STATE	FOR
第一组（B1）	38.729	−7.735	−5.031	1.811	−1.099	0.339
第二组（B2）	37.513	−20.413	0.954	1.326	−1.091	0.176
第三组（B3）	43.434	−13.533	−0.585	1.910	−1.119	0.290
第四组（B4）	42.090	−18.021	2.056	1.698	−0.997	0.187
第五组（B5）	38.892	−21.944	0.869	1.660	−1.226	0.200
第六组（B6）	32.015	−25.180	4.360	1.486	−1.250	0.319
第七组（B7）	22.978	−7.864	−5.455	1.351	−1.004	0.109
第八组（B8）	36.408	−21.440	−2.712	1.600	−1.090	−0.150

identifying Restrictions），即检验工具变量的有效性，[①] 其原假设是所有的工具变量中至少有一个是有效的，其他两个分别记为 Arellano-Bond AR（1）和 Arellano-Bond AR（2），用来检验残差项是否存在一阶和二阶序列相关（GMM 估计只要求残差项不存在二阶序列相关性）。

　　从表 9 和表 10 可以看出，在所有回归中，Hansen 工具变量过度识别检验的 p 值（伴随概率）大于 0.1，表明不能拒绝 SYS-GMM 估计中工具变量有效的原假设；Arellano-Bond 序列相关检验也显示，统计上无法拒绝不存在二阶序列相关的原假设（p > 0.1）。同时我们发现，与表 3 和表 5 的结果相比，民营企业比重（PRI）等变量的估计系数（绝对值）在表 9 和表 11 中大多有所下降。一个可能的原因是，民营企业比重（PRI）等变量与产业绩效之间存在双向因果关系，前期的产业绩效会对当期的民营企业比重（PRI）等变量产生作用，当使用最小二乘估计（Pooled Least Square）进行分析时，会高估民营企业比

---

　　① Sargan 检验也是一种工具变量过度识别约束检验，但是在我们使用 Xtabond2 命令进行分析时，Sargan 检验在多数情况下都会拒绝原假设，一个可能的原因是该检验在 SYS-GMM 中存在过度拒绝的问题（Roodman，2006），相对而言，Hansen 检验较能准确反映 SYS-GMM 中工具变量的有效性与否。

重（PRI）等变量对产业绩效的影响系数（绝对值）。①另外，与表4相比，表10中各变量的显著性水平也有较大提高。这表明 SYS-GMM 估计能够较为有效地弱化回归模型中的内生性问题，保证了本文的研究发现具有较强的解释力。

表 9　产业绩效的影响因素分析（SYS-GMM）

被解释变量	PROFIT			TFP		
	（1）	（2）	（3）	（4）	（5）	（6）
PRI	6.397*** (11.056)			0.853*** (5.382)		
STATE		−3.206*** (−3.415)			−0.671** (−2.327)	
FOR			0.552 (1.450)			0.157 (0.720)
CON	10.977*** (7.037)	7.478 (1.194)	4.811 (0.532)	5.719*** (9.725)	6.952*** (10.233)	5.626*** (3.060)
SCALE	0.061*** (5.485)	0.548*** (3.888)	0.479*** (3.374)	0.050*** (18.679)	0.042*** (11.388)	0.152*** (3.832)
SUB	0.014 (1.545)	0.025 (0.874)	0.022 (0.678)	0.020*** (5.343)	−0.028 (−1.076)	−0.026 (−0.949)
D^{HIT}	1.669*** (4.159)	1.263 (1.121)	0.042 (0.853)	0.703*** (7.907)	0.860*** (8.041)	−0.127 (−0.366)
D^{ind2}	no	no	no	no	no	no
D^{year}	yes	yes	yes	yes	yes	yes
constant	−0.944*** (−5.320)	2.172*** (5.432)	0.697 (0.934)	0.689*** (5.009)	0.740*** (5.088)	0.816 (1.556)
Hansen Test	0.323	0.572	0.317	0.150	0.161	0.871
Arellano–Bond AR（1）	0.000	0.000	0.000	0.000	0.000	0.000
Arellano–Bond AR（2）	0.190	0.111	0.171	0.124	0.130	0.120
obs	885	885	885	885	885	885

注：①括号内的数字为 t 统计量；②*、** 和 *** 分别代表 10%、5% 和 1% 的显著水平；③由于控制 D^{ind2} 的虚拟变量过多（36 个），在 GMM 估计中会导致严重共线性问题，STATA 软件自动将其删除掉了，D^{year} 的参照年份为 2008 年；④在回归过程中引入了变量的一阶滞后项，所以样本观测点变为 885。

表 10　不同资本密集度产业绩效的影响因素分析（SYS-GMM）

被解释变量	PROFIT			TFP		
	（1）	（2）	（3）	（4）	（5）	（6）
PRI	8.950*** (22.158)			1.230** (1.972)		

---

① 由于内生性问题的存在导致最小二乘估计高估相关变量系数的研究还有 Liu 和 Buck（2007）。

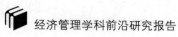

被解释变量	PROFIT			TFP		
	（1）	（2）	（3）	（4）	（5）	（6）
PRI×B1	−2.690*** (−4.550)			−0.598 (−0.752)		
PRI×B2	−1.159** (−2.170)			0.413 (0.520)		
PRI×B3	−3.295*** (−6.594)			−0.122 (−0.124)		
PRI×B4	−1.455*** (−3.341)			1.015* (1.660)		
PRI×B5	−1.756*** (−3.839)			−1.024 (−1.162)		
PRI×B6	1.969*** (4.341)			0.396 (0.489)		
PRI×B7	−6.936*** (−12.028)			−0.570 (−0.550)		
STATE		−2.765*** (−12.531)			−0.463** (−2.092)	
STATE×B1		2.070*** (8.863)			−0.206 (−1.122)	
STATE×B2		−3.012*** (−27.753)			−0.285** (−1.972)	
STATE×B3		−0.578*** (−4.085)			−0.676*** (−4.462)	
STATE×B4		−2.234*** (−18.133)			−0.067 (−0.594)	
STATE×B5		−2.965*** (−26.884)			−0.389*** (−2.935)	
STATE×B6		−1.037*** (−5.979)			−0.408** (−2.121)	
STATE×B7		6.761*** (34.515)			−0.744*** (−5.026)	
FOR			−0.889* (−1.713)			0.245* (1.842)
FOR×B1			0.772** (2.122)			0.499*** (4.905)
FOR×B2			4.660*** (13.083)			0.216** (2.459)
FOR×B3			1.906*** (6.296)			0.201** (2.014)
FOR×B4			2.117*** (8.275)			0.174** (2.399)
FOR×B5			0.928*** (3.449)			−0.083 (−0.881)

续表

被解释变量	PROFIT			TFP		
	（1）	（2）	（3）	（4）	（5）	（6）
FOR×B6			−2.098*** (−6.256)			0.015 (0.149)
FOR×B7			−3.125*** (−7.993)			−0.329** (−2.522)
CON	10.082*** (12.580)	12.069*** (26.380)	6.778*** (7.368)	3.952*** (3.497)	6.165*** (16.818)	7.934*** (38.818)
SCALE	0.414*** (45.933)	0.228*** (32.146)	0.282*** (20.705)	0.122** (2.479)	0.061*** (10.426)	−0.012*** (−22.491)
SUB	−0.003 (−1.095)	0.030*** (11.395)	0.016*** (5.857)	0.005 (1.056)	−0.001 (−0.965)	0.002*** (3.200)
D^{HIT}	1.609*** (11.338)	1.189*** (17.632)	0.843*** (7.858)	0.045 (0.322)	5.961*** (4.933)	−0.221 (−0.208)
D^{ind2}	no	no	no	no	no	no
D^{year}	yes	yes	yes	yes	yes	yes
$D^{k/l}$	yes	yes	yes	yes	yes	yes
constant	−1.053*** (−11.126)	1.655*** (29.015)	1.740*** (12.668)	−0.124 (−0.576)	4.605*** (22.580)	0.595*** (13.532)
Hansen test	0.610	0.636	0.674	0.823	0.186	0.307
Arellano−Bond AR（1）	0.000	0.000	0.000	0.000	0.000	0.000
Arellano−Bond AR（2）	0.118	0.295	0.158	0.130	0.331	0.149
obs	885	885	885	885	885	885

注：①括号内的数字为 t 统计量；②*、** 和 *** 分别代表 10%、5% 和 1% 的显著水平；③由于控制 D^{ind2} 的虚拟变量过多（36 个），在 GMM 估计中会导致严重共线性问题，STATA 软件自动将其删除掉了，D^{year} 的参照年份为 2008 年；④在回归过程中引入了变量的一阶滞后项，所以样本观测点变为 885。

表 11　3 种所有制结构变量对不同资本密集度产业绩效的影响（SYS−GMM）

分组	PROFIT			TFP		
	PRI	STATE	FOR	PRI	STATE	FOR
第一组（B1）	6.260	−0.695	−0.117	0.632	−0.669	0.744
第二组（B2）	7.791	−5.777	3.771	1.643	−0.748	0.461
第三组（B3）	5.655	−3.343	1.017	1.108	−1.139	0.446
第四组（B4）	7.495	−4.999	1.228	2.245	−0.530	0.419
第五组（B5）	7.194	−5.730	0.039	0.206	−0.852	0.162
第六组（B6）	6.981	−3.802	−2.987	1.626	−0.871	0.260
第七组（B7）	2.014	3.996	−4.014	0.660	−1.207	−0.084
第八组（B8）	8.950	−2.765	−0.889	1.230	−0.463	0.245

六、结 语

20世纪90年代中期之前，中国的产业所有制结构变化的主要特征是"民营企业、外资企业的比重持续上升，国有企业的份额则呈现出持续下降的趋势"。产业所有制结构的变化改善了产业绩效，提升了产业的竞争力。进入20世纪90年代中期后，特别是21世纪以来，随着国家产业发展战略的重大调整，许多关键性的战略产业中的国有企业的控制力和地位不断得到加强，利润额持续增长。与此同时，民营企业的产业发展空间则受到不同程度的压缩。我们认为，这种产业所有制结构发生的逆转，一定程度上恶化了产业绩效，削弱了中国产业可持续发展的基础。

为了进一步验证我们的观点，本文利用2003~2008年中国内地按三位码分类的全部工业产业的面板数据估计了不同资本密集程度产业的所有制结构变化对产业绩效的效应。与一些文献所强调的不同，本文的研究结果显示，民营企业比重的上升对整个工业产业绩效具有较强的正效应；整个工业产业中的国有企业比重的提升与产业绩效之间呈现出负相关关系。国有企业地位的加强以及短期利润的增长似乎并不一定意味着中国工业产业绩效的改善。正如OECD（2011）最近的研究所发现的那样，20世纪90年代后期以来中国国有企业不仅规模越来越大，而且资本密集度也越来越高，但这并没有带来更高的生产力。本文的发现具有深刻的政策含义：①需要进一步在战略层面上统筹规划，全面提升民营企业的整体素质与发展水平；②应继续推进国有企业产权多元化改革，建立健全国有企业市场取向的公司治理机制。降低资本密集程度高的战略性产业的政策性壁垒，确保产业所有制结构朝着积极方向演变，对于未来中国的产业绩效改善、产业国际竞争力提升有着十分重要的意义。

参考文献

[1] 勃兰特，罗斯基.伟大的中国经济转型［M］.格致出版社，2009.

[2] 国家发展与改革委员会非国有经济运行监测小组.中国非国有经济运行：2003年［A］.//中国民营经济发展报告No.1（2003）［M］.社会科学文献出版社，2004.

[3] 韩朝华，周晓艳.国有企业利润的主要来源及其社会福利含义［J］.中国工业经济，2009（6）.

[4] 赫尔普曼，格罗斯曼.全球经济中的创新与增长［M］.中国人民大学出版社，2004.

[5] 经济合作与发展组织（OECD）.中国市场经济的崛起：成就和挑战［N］.中国经济时报，2011-03-20.

[6] 刘小玄.中国转轨经济中的产权结构和市场结构［M］.经济研究，2003（1）.

[7] 刘小玄.民营化改制对中国产业效率的效果分析［J］.经济研究，2004（8）.

[8] 陆铭，潘慧.政企纽带——民营企业家成长与企业发展［M］.北京大学出版社，2009.

[9] 马丁.高级产业经济学［M］.上海财经大学出版社，2003.

［10］诺顿. 中国经济：增长与转型 ［M］. 上海人民出版社，2010.

［11］诺兰. 全球化浪潮冲击下的中国大型企业 ［J］. 电器工业，2001（4）.

［12］钱德勒. 企业规模经济与范围经济——工业资本主义的原动力 ［M］. 中国社会科学出版社，1999.

［13］天则经济研究所. 国有企业的性质、表现与改革 ［EB/OL］. http：//www.unirule.org.cn/SeeondWeb/Article.asp？ArticleID=3102，2011.

［14］王剑，徐康宁. 行业绩效决定因素的实证研究：截面数据分析 ［J］. 产业经济研究，2005（2）.

［15］维克斯，亚宁. 私有化的经济学分析 ［N］. 重庆出版社，2006.

［16］吴敬琏. 国有经济改革仍然任重道远 ［N］. 二十一世纪经济导报，2011-01-01.

［17］肖耿，杨秀科，Anna Janus. 中国国有企业之谜：改革动力及影响 ［A］. //郜若素等. 全球金融危机下的中国——经济、地缘政治和环境的视角 ［M］. 社会科学文献出版社，2010.

［18］谢千里，罗斯基，张轶凡. 中国工业生产率的增长与收敛 ［J］. 经济学（季刊），2008（4）.

［19］熊彼特. 资本主义、社会主义与民主 ［M］. 商务印书馆，1999.

［20］张军. 当代中国经济研究 10 篇 ［M］. 北京大学出版社，2009.

［21］周黎安，罗凯. 企业规模与创新：来自中国省级水平的经验数据 ［J］. 经济学（季刊），2005（4）.

［22］Petrin，Amil，Brian P.Poi and James Levinsohn. Production Functions Estimation in STATA Using Inputs to Control for Unobservables ［J］. The STATA Journal，2004（4）.

［23］Arellano，M.and Bond S. Some Tests of Specification for Panel Data：Monte Carlo Evidence and an Application to Employment Equations ［J］. The Review of Economic Studies，1991（2）.

［24］Arellano，M.and Bover O. Another Look at the Instrumental Variable Estimation of Error-components Models ［J］. Journa/of Econometrics，1995（8）.

［25］Bartelsman，Eric J.and Mark Doms. Understanding Productivity：Lessons from Longitudinal Microdata ［J］. Jourhal of Economic Literature，2000（38）.

［26］Comanor，W.S.and T.A.Wilson. Advertising，Market Structure and Performace ［J］. Review of Economics and Statistics，1967（49）.

［27］Conyon M.J. Industry Profit Margins and Concentration：Evidence from UK Manufacturing ［J］. International Review of Applied Economics，1995（9）.

［28］Dollar，D. and K. Sokoloff. Patterns of Productivity Growth in South Korean Manufacturing Industries，1963-1979 ［J］. Journal of Development Economics，1990（33）.

［29］Roodman，David. How to do Xtabond2：An Introduction to Difference and System GMM in Stata ［J］. Center for Global Development Working Paper No.103，2006.

［30］Demsetz，H. Industry Structure，Market Riva1ry and Public Policy ［J］. Journal of Law and Economics，1973（16）.

［31］Liu，Deqiang and Keijiro Otsuka. A Comparison of Management Incentives，Abilities，and Eficiency between SOEs and TVEs：The Case of the Iron and Steel Industry in China ［J］. Economic Developme nt and Cultural Change，2004（52）.

［32］Jefferson，Gary，Albert G.Z.Hu，Guan Xiaojing and Yu Xiaoyun. Ownership，Performance，and Innovation in China's Large and Medium-Size Industrial Enterprise Sector ［J］. China Economic Review，2003（14）.

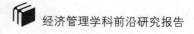
［33］ Marschak, Jacob and William H. Andrews. Randam Simultaneous Equations and the Theory of Production［J］. Econometrica, 1944（12）.

［34］ Levinsohn, James and Amil Petrin. Estimating Production Functions Using Inputs to Control for Unobservables［J］. The Review of Economic Studies, 2003（70）.

［35］ Liu, X.and Trevor Buck Innovation Performance and Channels for International Technology Spillovers: Evidance from Chinese High-tech Industries［J］. Research Policy, 2007（36）.

［36］ Movshuk, Oleksandr. Restructuring, Productivity and Technical Efficiency in China'S Iron and Steel Industry, 1988-2000［J］. Journal of Asian Economics, 2004（15）.

［37］ Nolan, Peter. China and the Global Economy: National Champions. Industrial Policy and the Big Business Revolution ［M］. Palgrave Macmillan Press, 2001.

［38］ Miller, Richard A. Market Structure and Industrial Performance: Relation of Profit Rates to Concentration, Advertising Intensity and Diversity［J］. The Journal of Industrial Economics, 1969（17）.

［39］ Dougherty, Sean, Richard Herd and He Ping. Has a Private Sector Emerged in China's Industry? Evidence From A Quarter of Million Chinese Firms［J］. China Economic Review, 2007（18）.

［40］ Geng Xiao and John Weiss. Development in North East People's Republic of China: An Analysis of Enterprise Performance 1995-2002［J］. China Economic Review, 2007（18）.

"扩权强县"与经济增长：规模以上工业企业的微观证据 *

袁渊[1]　左翔[2]

（1. 上海财经大学会计学院　上海　200433；

2. 复旦大学中国社会主义市场经济研究中心　上海　200433）

【摘　要】 中国在 20 世纪 90 年代开始逐步施行以财政"省直管县"和经济管理权限下放到县的"扩权强县"试点改革。本文采用双重差分方法，利用浙江、福建两省规模以上工业企业数据，对"扩权强县"与经济增长的关系进行了检验。结果表明，"扩权强县"对浙江省县辖企业的发展有显著的促进作用，但是无论是回归系数还是显著程度，对县辖区内的非国有企业的影响都要高于国有企业。这说明，"扩权强县"不但促进了县域经济增长，同时对市场化改革有正面作用。

【关键词】 扩权强县；分权结构；双重差分；企业增长

一　引言

在由政府主导的中国经济增长转型过程中，地方政府对改革和促进经济增长发挥着重要的作用。对于一个大国，中央政府不可能拥有各地区所有的信息，因而在提供公共品、具体政策实施和国有资源的使用上必须依赖地方政府。因此，地方政府的激励结构成为解释"中国增长奇迹"的主要思路之一。相当多的学者认为，财政分权与行政上的垂直管理体制是让中国地方政府对经济增长保持激励的主要制度安排。税收留成让地方政府能从

---

* 本文选自《世界经济》2011 年第 3 期。

基金项目：上海财经大学研究生创新研究基金（CXJJ-2010-326）、国家自然科学基金资助项目（70972060、71072036）、教育部人文社会科学重点研究基地重大项目（10JJD630006）。

作者简介：袁渊：上海财经大学会计学院　上海市国定路 777 号　200433　电子信箱：yuanforever@ gmail.corn；左翔：复旦大学中国社会主义市场经济研究中心。

GDP 增长中获取财政收入；而 GDP 锦标赛作为官员晋升模式，为地方首长提高经济增长提供了个人激励（Li and Zhou，2005；周黎安，2004、2007）。这种制度安排让地方官员"企业家化"成为分析"中国增长奇迹"的主要政治经济学框架（张军，2007）。

地方政府对促进经济增长的激励提高以后，理论上对经济发展正面作用的渠道在于：首先，早期的财政联邦主义文献认为，地区之间居民的偏好是异质的，地方政府对本地区的居民偏好有更多的了解，因而在提供公共产品上具备信息上的比较优势，利用资源的效率也更高（Tiebout，1956；Musgrave，1959；Oates，1972）。对于转型中的中国而言，公共品不但包括基础设施建设，也包括打破计划体制下的全国"一刀切"政策，建立更符合本地区实际情况的制度安排。其次，放权之后，为了保证辖区内的经济增长而导致的对生产要素和居民的竞争，地方政府会做出保护产权的可信承诺（Qian and Weingast，1997）和加强国有企业预算约束等制度创新（Qian and Roland，1998），对中央政府的干预主义造成制衡和约束，即形成著名的"中国特色的保护市场的财政联邦主义"（Weingast，1995；Montinola et al.，1995；Qian and Weingast，1996；Cao et al.，1999）。最后，相对于俄罗斯等国的"U 形"政府组织结构，中国"M 形"政府组织结构不仅能在一定条件下对地方政府提供更好的激励机制，同时也更有利于小规模试验和走渐进改革的道路。[①]

从经验研究来看，除 Zhang 和 Zou（1998）及 Jin 和 Zou（2005）以外，大量文献都认为财政分权能够促进中国经济增长（Lin 和 Liu，2000；Jin et al.，2005；周业安和章泉，2008）。特别是分税制改革，理顺了中央和地方的财政关系，扭转了财政分权部分不利影响，推动了中国的经济增长（张晏和龚六堂，2005）。

与此同时，由财政分权和官员晋升激励挂动的经济增长的代价也日益受到重视。政府的作用是多维的，仅使用 GDP 和与之相关的税收作为唯一度量业绩的方式，让地方政府仅注重基础设施建设，忽视科教文卫等民生工程的投资（乔宝云等，2005）；为了保持本地区的经济增长，地方保护主义和重复建设也成为许多地方政府的选择。同时，初始禀赋的区别造成地方政府对公共品投资激励的分化，进而扩大了区域之间的收入差距（Cai and Treisman，2004、2005）。另外，地方分权也是造成宏观经济波动（周业安等，2004；傅勇与张晏，2007）、高能耗和高污染（王永钦等，2007）、土地违法（梁若冰，2009）等问题的重要原因。

在地方官员 GDP 锦标赛晋升激励和中央权威政府相对稳定的制度环境下，如何优化地方分权方式和路径日益变得重要。遗憾的是，这方面的研究文献相当缺乏。近年来，省级以下政府财税体制"省直管县"的改革提上议事日程，这是优化政府管理层级和各级政府经济权限的重要步骤，也为我们研究地方分权结构提供了极佳的案例。

相对于其他省份在 20 世纪 80 年代以来实行的省—市—县行政管理结构，浙江省从

---

① 俄罗斯和其他东欧前社会主义国家政府是按照工业部门来组织的，类似企业的"U 形"结构，中国政府是按区域设立地方政府来组织的，类似企业设立子公司组织的"M 形"结构（Qian and Xu，1993；Qian et al.，1999；Maskin et al.，2000）。

1992 年就开始将部分地级市财政权力和行政权力逐步下放到县；山东、湖北、湖南、辽宁、河北、江苏、河南、安徽、广东、江西、吉林等省及自治区从 2003 年开始也在局部实行了以"扩权强县"为核心的"省直管县"试点改革。2009 年 6 月，国务院正式发布《关于推进省直接管理县财政改革的意见》，规定到 2012 年年底前，全国除民族自治地区外全面推进省直接管理县财政改革，将县级财政跨过地级市，在确定收支、转移支付、财政预决算、资金往来和财政结算方面与省级财政对接。对已有试点绩效的研究不但能为未来的全面改革提供理论依据，同时也为政府分层和权力结构的政治经济学理论提供一个转轨国家的新的证据。

与本文最接近的研究是才国伟与黄亮雄（2010），他们选取了中国 500 个县 2000~2007 年的数据，考察了财政"省直管县"和扩大县政府经济管理权限试点的影响因素和绩效。与他们使用宏观数据的研究相比，本文的特色在于检验"扩权强县"对县辖企业发展的作用。[①] 之所以从微观角度研究，原因在于：首先，在快速工业化的过程中，工业企业绩效的增长是区域经济发展的重要推动力量。[②] 区域经济总量的良好表现毕竟是由微观企业绩效增长加总而成的，县辖企业绩效能较好地反映县域经济发展。其次，理论上对生产要素的竞争是"中国特色的保护市场的财政联邦主义"成立的主要渠道，而现实中县辖区内原有工业基础一般较薄弱（相对于市而言），招商引资因其在提高本地区经济增长、扩大就业和增加税收等方面效果最明显，已经成为许多县政府的优先选择。"扩权强县"对经济发展如果存在正面作用，其各种机制大多是通过转化为较好的投资和企业生存环境，进而提高企业的绩效来实现，通过企业层面数据能更深入地检验这一理论体系成立的微观机制。再次，地方政府对企业在行业管制、税费收取和信贷支持等方面的微观政策会对企业绩效有深刻影响，显然这些政策对不同企业的影响是不平衡的。因此，企业层面的研究还可以帮助我们发现政府行为对不同企业发展的结构性影响，进而能更为细致地考察转型国家政府与市场的互动关系。最后，从计量方法上看，由于企业对于政府试点改革选择的影响力较小，同时以地域作为划分企业是否受到改革作用也具有较强的外生性，因而能对改革的效果做出一致性的估计。

现有的财政"省管县"试点改革在不同的省份存在方式区别，我们选择实施较早，体制比较成熟的浙江省为研究对象。由于"扩权强县"制度类似一个自然试验（Natural Experiment）或准实验（Quasi-experiment），本文在分析策略上借助双重差分（Diference in Diference）方法消除不可观测变量，比较干净地验证了它对企业成长的影响。检验发现："扩权强县"对县辖企业的增长有显著的促进作用，但是无论是回归系数还是其显著程度，对县辖区内的非国有企业的影响都要高于国有企业。

本文的其余部分结构安排如下：第二部分简要分析当前"省—市—县"分权结构的弊

---

① 县辖企业指注册在县辖区内的企业，市辖企业指注册在市（区）内的企业，后文的定义与此相同。
② 本文研究的重点是浙江省和福建省，两省工业产值占 GDP 比重 2003 年后都在 50% 以上。

端，介绍浙江省"扩权强县"制度背景；第三部分介绍计量方法和指标设计；第四部分报告经验检验和稳健性检验结果，并分析其成立机制；第五部分是结论。

二 "扩权强县"改革的制度背景

1. "省—市—县"分权结构的形成背景及缺陷

中国目前拥有世界上层级最多的政府体系和行政区划体系，包括中央、省（自治区、直辖市）、地区（地级市、自治州）、县（县级市）和乡（镇）共5级。

历史上市与县的划分主要是依据城市化水平差异，在行政区划上属于同一级。1982年开始，为了打破计划经济以来市县之间的行政壁垒和城乡分割、工农分离的格局，发挥中心城市对农村拉动作用，全国各地方行政体制实行了"市管县"的改革。[1] 有关资料表明，截至2004年底，全国334个地级行政区划单位中，已有269个"市管县"形式的地级市，占全国总数的80%以上，地级市管辖的县数量占全国县总数的70%。在改革开放和经济发展的早期，地级市作为区域经济发展的协调者，体制上最大的好处是降低了省政府需要协调庞大数量县市一级政府引发的信息收集成本问题，而以城市作为区域发展中心的非平衡发展战略也对当时城市化进程和经济增长起到了重要的推动作用。

然而随着改革的深入，"市管县"的弊端日益显现。在财政分权和官员GDP锦标赛晋升激励下，市与县存在"同构"辖区竞争的关系，而市对下辖县资源特别是财政资源的整合是以行政权力为导向的，这不可避免地出现机会主义倾向。1994年分税制改革后，中央所占全国财政收入的比例大幅上升，扭转了之前财政过度分权的种种弊端，但由于上级政府的政治优势，地方政府的财政压力逐级同下，最终落到县、乡等基层政府。

市政府不但将财政压力作为征收指标下达给县政府，现实中，还采用以下两种渠道集中县财政资源：第一，通过政治上的优势，将县辖区内盈利能力较强和税基较大的项目留在地级市。既减少了县财政收入，也降低了县级政府发展经济的激励。第二，随着财权向中央集中，转移支付变得至关重要，[2] 而市政府也往往截留财政拨款和指标，"漏斗财政"、"市刮县"的现象比较普遍。以湖北省为例，2003年湖北实行"省管县"改革前，全省市本级通过财政体制、结算集中和截留省补助资金等方式集中县（市）财力3.3亿元，平均每个市约2000万元（张通等，2006）。

上述情况加剧了县级财政，特别是贫困县财政的困难，降低了县级政府公共品投入。[3] 当

---

① "市管县"有以下6种形式：以原来的地级市为基础，划入几个县；地市合并；地改市；给原来不领导县的市划入几个县；县级市升格为地级市，划几个县归其领导；将县直接升格为地级市，实行市管县体制。

② 陈锡文（2002）的研究指出，1999年中国县级总支出中约有40%来自转移支付。

③ 关于各级政府财政状况，有一句顺口溜概括得比较形象："中央财政喜气洋洋，省市财政勉勉强强，县级财政拆东墙补西墙，乡镇财政哭爹喊娘"（陈锡文，2002）。

前大量经济欠发达的县财政收入十分紧张，通常还需优先满足行政费用和机构工作人员的收入支出，于是预算内支出往往仅能保证政府的正常运转，普遍存在"吃饭财政"现象。与此同时，省以下各级政府仍然承担着辖区内大量公共品的提供职能，于是便出现基础政府权责不对等的状况，导致科教文卫投资严重不足，[①]这无疑不利于长期经济发展。当市级政府下达的财政指标或自身的支出难以完成时，基层政府的职能部门可能会通过名目繁多的制度外收费来弥补，这种征收往往因为政府自由裁量权较大而以隐性和不可验证的情况出现，容易出现侵犯私人产权、掠夺市场微观主体的倾向，恶化了企业的生存环境。已有研究表明，分税制改革和财政集权对地方政府行为有深刻影响，其对市场的"援助之手"转变为"攫取之手"，而前者对企业的固定资产投资有显著的促进作用（陈抗等，2002）。

综上所述，当前"市管县"财政体制抑制了县域经济的发展，而以"扩权强县"为核心的财政"省直管县"改革有逆于上述过程，因而可能更有效率。值得注意的是，"扩权强县"也可能弱化地级市作为地区协调的功能，从而使地方分权的弊端进一步扩大。如县级政府的恶性竞争会加剧，地方保护主义和重复建设会出现在县际之间，进而减少了地区分工的好处。因此，"扩权强县"是否能提升效率仍然需要较严格的检验。

2. 浙江省"扩权强县"制度背景

由于历史上国有经济薄弱，城市经济并不发达，在20世纪80年代初的行政体制改革中，浙江省尽管也增设了地市级政府，但在财政结算关系上仍然保留了"省直管县"，这大大削弱了行政"市管县"的效力，结果便是扩大了浙江省县级政府的财权和经济管理权限。

在财政体制上，浙江省长期以来县（市）财政与市（地）财政一样都直接同省在体制上挂钩，市（地）一级不与县（市）或所辖县市在体制上产生结算关系。财政指标由省直接下达。转移支付直接从省返还到县，杜绝了市政府从中截留的现象。在此基础上，浙江省针对"省管县"后县级财政收入的来源往往比较单一，面临较大风险的情况，出台了不少类似保险和激励的制度创新。首先，在税收留成方面，从1994年起，市、县财政提高了"两个20%"，即地方财政收入增收额的20%留存到市、县，同时税收返还地方财政增加额的20%。其次，浙江省适当照顾少数贫困县和海岛县。1995年后对17个贫困县和次贫困县（后扩大到30个市、县）实行"两保两挂"政策。[②] 2003年，又对"两保两挂"财政政策做了调整和完善，市、县在确保实现当年财政收支平衡和确保完成政府职责的前提下，实行省补助和奖励与其地方财政收入增长、增收额挂钩。这些政策为县级财政提供了保障，也提高了县级政府增加财政收入的激励。

---

① 如基础教育的管理体制可以概括为"地方政府负责、分级管理、以县为主"。县级财政的困难必然导致基础教育投资不足。乔宝云等（2005）的研究表明财政分权程度与小学教育投入呈负相关关系。

② "两保"是指确保当年收支平衡和确保完成政府职责（初期为消化历年赤字），"两挂"指体制内补助随地方收入增长的2：1比例增长，个人奖励为地方收入增长的5%。

当前，在各省试点改革中，财政被省直管和县行政经济管理权限扩大通常是同步的。如湖北省 2004 年在全省范围内实行财政"省直管县"，并逐步将"扩权县"由试点扩展到全省范围内，将须经市（州）审批或由市（州）管理的行政经济管理权限，改由扩权县（市）自行审批、管理，其他省也有类似的做法。[①] 而早在 20 世纪 90 年代初，浙江省就对 13 个经济发展较快的县（市）进行了扩权，内容主要是扩大建设、技术改造和外商投资项目的审批权；1997 年，允许萧山、余杭实行部分地级市的经济管理权限。2002 年 8 月，浙江再次深化改革，省级机关逐步减少了 50% 以上的审批项目。同时，将 313 项原属地级市的经济管理权限下放给 17 个县（市）和萧山、余杭、鄞州 3 个区，涵盖了计划、经贸、外经贸、国土资源、交通、建设等 12 大类扩权事项，这种"直管"还扩展到社会管理职能，如出入境管理、户籍管理、车辆管理等，几乎囊括了省市两级政府经济管理的所有方面。次年，浙江省政府又将上述试点推广到省内所有的县。

近 20 年来，以财政"省直管县"为基础，浙江省逐步完善了对县级政府行政性放权和财政放权的制度安排，其效果是比较明显的。2003 年，县域经济所占浙江省 GDP 的比重已经达到 68%，之后的几年也增长迅速，连续数年有 30 个县进入全国百强县。而与浙江地理位置邻近，各项条件相仿的福建，虽然在 2003 年下放了少部分经济管理权限到县，但相比浙江改革较为滞后，县域经济发展速度也明显较浙江缓慢，2000~2005 年入围"全国百强县"的数量逐年递减，2000 年 8 个县（市）入围，2006 年仅 3 个县（市）入围。由此我们可以直观地看到政府治理结构对经济发展的重大影响。[②]

三　计量方法和指标设计

当前，虽然地方政府不再干预企业的正常运营，但在辖区内的基础设施建设、产业政策、项目审批、土地出让和税费收取等方面仍然具有较大的管理权限和影响力，特别是掌握包括土地在内的关键要素的控制权，可以说对辖区内的市场和企业绩效有决定性影响。[③] 因此，地方政府的激励和约束结构高度影响着它与市场、企业的互动关系；反过来，对市场

---

① 如河南省 2004 年出台政策，将 5 个县划分为财政省直管，同时明确规定 35 个"扩权县"具备省辖市的经济管理权限，2007 年又进一步将上述政策扩展到更多的县。河北省 2005 年开始将权限下放到县的改革，到 2009 年"扩权县"已经达到 92 个，占全省 136 个县的 2/3，规定"扩权县"除了财政省直管外，具备项目、土地审批、证照直接发放、部分价格管理的权限。

② 这部分和后文关于福建、浙江县域经济数据分别来自浙江区域网和福建省财政厅网站，网址分别为 http://www.raresd.com/和 http://www.fjcz.gov.cn。

③ 周黎安（2008）对当前地方政府对辖区内干预经济能力有详细论述，包括：一是本地经济发展的年度规划和长期规划，制定发展战略和产业政策；二是财政资金的支配权和通过政府担保对银行信贷的影响力以及对地方金融机构（城市商业银行）的巨大影响力；三是通过制定和提供各种优惠政策招商引资；四是项目审批权；五是土地出让和使用；六是实施合同和协调纠纷等。

和企业绩效的经验研究也能检验地方政府治理结构的效率。

在此，我们主要验证浙江省"扩权强县"对县辖企业成长的作用。由于诸多不可观测因素（历史、文化以及其他制度安排）同时影响企业发展，在计量方法上，本文通过构造"控制组"和"实验组"，采用双重差分方法，消除上述不可观测量，进而识别制度差异对企业成长的因果效应。

1. 估计方法

双重差分方法在国内政策评估经验研究中，[①]一般以政策实施的时间为界区分实验组（Treatment Group）的样本是否"被试"。本文的方法略有差异，采用地理位置来识别企业是否受到"扩权强县"政策的影响。[②]

2003 年以后，浙江省大多数县的"扩权强县"改革进入了比较成熟的阶段，而福建省的改革相对缓慢。我们分别以两省的县辖企业作为是否受到"扩权强县"影响的"实验"样本。之所以选择福建，是因为它的土地面积、人口规模、文化传统等地理社会环境与浙江比较相似，而且同处于东南沿海，其外向型经济模式也基本一致。因此，我们假定，在控制其他变量的情况下，制度变化对两省县辖企业的冲击是相同的。[③]

但仅比较两省县辖企业绩效差异并不足以识别"扩权强县"改革的效应，为分辨其他不可观测的变量，我们将样本扩大，以两省市辖企业作为控制组（Control Group），对其进行差分处理。之所以如此，是由于两省的地级市在财政上都是与省直接结算，对市辖区内经济管理权限也相差不大，市辖企业不受"扩权强县"改革的影响，[④]但受到两省历史、文化和其他经济制度的影响。

下面说明具体的估计方法。令 y_{ijk} 表示企业的绩效或发展速度（$j=0,1$，其中 $j=0$ 表示福建省，$j=1$ 表示浙江省；$k=0,1$，其中 $k=0$ 表示市辖企业，$k=1$ 表示县辖企业，下同），根据前面的分析，"扩权强县"改革可能对其有影响，假设企业增长回归模型是：

$$y_{ijk} = cons + \beta_j^k x + u_k + \chi'\beta + \alpha_j + \varepsilon_{ijk} \tag{1}$$

其中 χ 是一组控制变量。x 表示是否进行"扩权强县"改革的虚拟变量，我们的主要目的是估计双重差分系数 β_j^k。u_k 表示除"扩权强县"制度影响外，县辖企业相对于市辖企业异质性的虚拟变量。模型的随机项可以分为两部分，其中 α_j 表示浙江、福建两省除"扩权强县"制度以外，在历史、文化及经济制度方面的差异。

显然，由于 α_j 不可观测，仅用两省县辖企业绩效期望的差分 $E(y_{i11}|\chi, u_1) - E(y_{i01}|\chi, u_1) = j^k + E[(\alpha_1 - \alpha_0)|\chi, u_1]$ 并不能得到 β_j^k 的一致估计。但我们可以用市辖企业作为控制

① 周黎安与陈烨（2005）研究农业税改革、聂辉华与李金波（2006）研究增值税改革以及史宇鹏与周黎安（2007）以计划单列市为例研究地方放权等都采用了双重差分方法。

② 双重差分方法的各种应用详细综述参见 Meyer（1995），赵山与潘孝挺（2010）也采用了相似的方法。

③ 理论上说，只要在控制变量后，企业是否受到"扩权强县"影响是随机的，选择哪个省的企业作为样本并不是很重要。

④ 中国的企业税收留存地方的部分与企业的注册地有关，县级政府并未激励提高注册在市里企业的绩效，所以"扩权强县"只会影响县辖企业。

组，通过市辖企业差分 $E(y_{i10}|\chi, u_0) - E(y_{i00}|\chi, u_0) = E[(\alpha_1 - \alpha_0)|\chi, u_0] = E[(\alpha_1 - \alpha_0)|\chi, u_1] = E[(\alpha_1 - \alpha_0)|\chi]$ 估计 $E[(\alpha_1 - \alpha_0)|\chi, u_1]$。后两等式成立，是因为我们假设在控制其他变量的情况下，浙江、福建两省不可观测变量（历史、文化和其他经济制度）对市辖企业和县辖企业的影响相同，因而 u_k 与 α_j 线性不相关。经过两次差分，我们有 $j^k = E(y_{i11}|\chi, u_1) - E(y_{i01}|\chi, u_1) - \{E(y_{i10}|\chi, u_0) - E(y_{i00}|\chi, u_0)\}$，恰好是"扩权强县"效应的一致性估计。因此，为了估计模型（1），将其转化为：

$$y_{ijk} = cons + \beta_j^k d_j^k + \beta_j d_j + \beta^k d^k + \chi'\beta + \varepsilon_{ijk} \tag{2}$$

其中，d^k 是表示企业注册辖区级别的虚拟变量，$d^k = 1$ 和 $d^k = 0$ 分别表示企业注册在县或市；d_j 是刻画企业所在地区的虚拟变量，$d_j = 1$ 表示是浙江省，$d_j = 0$ 是福建省。d_j^k 则是一交叉项，表示企业受到了"扩权强县"效应的影响，根据定义，浙江省的县辖企业 $d_j^k = 1$，否则 $d_j^k = 0$。

2. 对估计方法合理性的讨论

从现实看，大部分省选择试点改革的县并非是随机抽取的，而是经过精心挑选。被选择的"扩权县"往往经济基础较好，财政能力也较强。但也有像江西省那样，在 2007 年将所有的 12 个国家级贫困县作为试点的案列。这都说明，"扩权强县"改革是一个复杂的政治过程，取决于省、市、县政府之间的博弈，通常来说，由于内生性问题，使用县级宏观数据的检验估计系数是不一致的，如谈判能力较强的县本身经济发展的潜力可能较大，在扩权以后更好的经济表现不一定是由制度变化造成的。

本文的研究从三个方面比较好地避免了上述问题。首先，我们选择浙江省 2003 年以后的数据，此时改革已比较完善，并且推广到全省，不存在改革先后的差别。其次，我们使用的是微观数据，无论政治博弈的过程多么复杂，作为市场主体的企业对浙江、福建两省的是否进行"扩权强县"改革几乎没有影响。最后，采用地域划分县辖企业是否"被试"也有较强的外生性。企业短期内对浙江、福建两省历史文化和经济社会制度也难以有直接影响。

因此，上述讨论说明我们的研究内生性较弱，即可以假设 $E(\varepsilon_{ijk}|d_j^k, d_j, d^k, \chi) = 0$，从而获得 β_j^k 的一致性估计。[①]

3. 指标设计

本文在被解释变量上，用企业的销售收入增长率和资产增长率来定义被解释变量的企业发展速度。这也是度量企业成长的常用指标（Lang et al.，1996）。同时，为了消除通货膨胀对销售收入和资产增长的扭曲，我们用浙江、福建两省相应年份的工业品出厂指数对其进行了修正。

回归模型的关键解释变量为"扩权强县"改革，在本文中是县辖企业与地理位置浙江省的交互项。此外，微观层面我们引入了以下控制变量：①企业规模：规模较大的企业

---

① 将模型（2）依前文的方法两次差分可发现，β_j 的一致估计量等于 $E[(\alpha_1 - \alpha_0)|\chi, u_k]$，而 β^k 即 u_k。

可能已经完成先期投资，进入增长更为平稳的时期，具体指标是企业总资产的自然对数。②企业财务杠杆（资产负债率）：几乎所有的公司研究文献都认为企业的资本结构影响企业绩效，因此我们控制企业财务杠杆，指标计算方法为企业负债总额/企业资产总额。③人均工资增长率：标准的微观经济学理论认为要素价格影响着利润函数，因此在回归中加入了企业的人均工资增长率。④企业类型虚拟变量：显然企业所有制会影响企业内部激励结构，进而影响企业的绩效。因此，我们引入企业类型虚拟变量，国有控股企业取 1，非国有控股企业取 0。

考虑到不同行业的差异性，我们引入企业所在的二位数行业的虚拟变量；同时宏观形势和总需求会影响企业的发展，模型还控制了浙江和福建两省的实际 GDP 增长率，[①]这也是比年份虚拟变量更好地刻画企业外部宏观环境的指标。

四　检验结果

1. 数据来源

本文的微观企业数据来源于中国国家统计局提供的国有及规模以上工业企业数据库。此数据库包括全部国有工业企业和销售额在 500 万元以上的其他工业企业，数据指标包括资产总量、销售额、债务、职工人数和工资等财务指标。由于浙江省在 2002 年"扩权强县"改革进入比较成熟的阶段，根据研究需要，我们选取了浙江、福建两省 2003~2005 年注册在市区（包括市辖区）和县的全部企业数据。另外，浙江、福建两省 GDP 增长率、居民消费价格指数和工业产品出厂价格指数等宏观经济数据来源于相应年份的《浙江统计年鉴》和《福建统计年鉴》。

需要交代的是，微观数据中只有被解释变量和工资增长率用到了 2003 年的数据，其他解释变量的数据主要来自 2004 年和 2005 年。

2. 描述性统计

由于采用双重差分方法，我们将全部样本区分为 4 个子集：浙江的县辖企业（实验组"被试"）、福建的县辖企业（实验组没有"被试"）、福建的市辖企业（控制组）和浙江的市辖企业（控制组），并将其重要指标描述性统计归结于表 1。

直观看，实验组中是否"被试"效果还是明显的，无论是销售收入增长率还是资产增长率，浙江省县辖企业的均值都高于福建省。这种区别既可能是由于"扩权强县"改革，也可能是由于其他历史、文化和其他经济制度造成的，还可能是由企业财务结构、行业前景、员工素质等个体差异带来的，所以还需进一步严谨地统计检验。

---

① 为了消除通货膨胀的影响，GDP 增长率指标用相应年份两省的 CPI 增长率修正过。

另外，表1显示，福建省企业的人均工资增长率平均高于浙江省企业。同时，浙江省企业的杠杆均值高于福建省企业，这可能是因为浙江省民间金融较为发达，企业外部融资成本较低的缘故。

表 1 企业个体差异指标的描述性统计

	销售收入增长率	资产增长率	企业规模	企业杠杆	人均工资增长率
全样本	0.173 (0.268)	0.166 (0.290)	9.489 (1.026)	0.565 (0.211)	0.119 (0.276)
浙江县辖企业	0.191 (0.266)	0.175 (0.292)	9.399 (1.007)	0.587 (0.199)	0.118 (0.274)
浙江市辖企业	0.173 (0.260)	0.171 (0.287)	9.522 (1.014)	0.601 (0.201)	0.109 (0.265)
福建县辖企业	0.167 (0.296)	0.138 (0.294)	9.259 (1.040)	0.466 (0.217)	0.159 (0.308)
福建市辖企业	0.162 (0.282)	0.155 (0.293)	9.574 (1.057)	0.467 (0.211)	0.136 (0.296)

注：表中的变量是均值，括号内为标准差；销售收入增长率和资产增长率使用浙江、福建两省的工业品出厂价格指数调整过。下同。

3. 回归结果分析

应用双重差分模型，我们分别以企业销售收入增长率和资产增长率作为因变量进行了回归，结果列于表2。考虑到可能存在异方差，所有的系数都是稳健性方差估计。

表 2 浙江省"扩权强县"对企业发展的影响

	销售收入增长率	资产增长率
浙江企业	0.049 (8.68)***	0.052 (10.21)***
县辖企业	0.005 (1.06)	−0.028 (6.12)***
浙江省县辖企业 （"扩权强县"）	0.013 (2.25)**	0.027 (5.05)***
企业规模对数	−0.015 (3.75)***	−0.032 (30.85)***
国有控股	−0.015 (5.62)***	−0.044 (15.91)***
企业杠杆	0.018 (3.40)***	−0.031 (6.05)***
工资增长率	0.088 (21.90)***	0.081 (21.39)***
实际GDP增长率	0.413 (4.39)***	0.484 (5.24)***
常数项	0.070 (5.22)***	0.432 (9.35)***
观测值	60551	74435
调整后的 R^2	0.45	0.51

注：①括号内是 t 值；②***、**、* 分别表示双尾检验在1%、5%及10%的显著性水平上显著；③控制变量还包括二位数行业虚拟变量，但没有列出；④在回归中，去掉了3%的异常值；⑤所有系数都是稳健性方差估计。下表同。

表 2 报告了全样本的回归结果。其中我们最关心回归模型中浙江省与县辖企业的交互项系数，可以发现在控制企业个体差异和宏观环境后，"扩权强县"会让县辖企业的销售收入增长率和资产增长率分别显著地提高 1.3 和 2.7 个百分点。

由于双重差分方法估计的是因果关系，说明浙江省扩大县政府的财政权限和经济管理权限确实促进了经济增长。理论上，这种正面效应可能来自以下几个方面：

（1）从激励理论看，县政府财权的扩大一方面改善了当前财权与责任不相匹配的状况，其发展经济的参与约束更容易满足，可能会更着眼于提供良好的投资环境和企业生存环境，通过中长期的经济增长获取税收和官员晋升的机会，而不是侵犯产权获取短期的收益。另一方面，财政"省直管县"也让县政府经济权限的扩大成为可信承诺，县政府不必担心前景较好的招商引资项目被上级市政府夺走，提高了县政府发展经济的激励。

（2）从信息收集和规制角度看，由于中国县的面积、人口都相对较大，经济管理权限下放可能更有效率。首先，县级政府辖区范围相对于地级市缩小，其制定正确政策所需信息的维度减少。[①] 其次，县政府自主权扩大，许多政策不需要请示市级政府，减少了委托—代理层次，加快了信息传递速度，使行政效率大大提高。最后，投资审批、对外贸易等经济管理权力的下放使得管制层级降低、管制机关变少，降低了企业被寻租的可能性。这对于中国转型过程中市场发育，促进民间的创业和创新有非常重要的作用。

（3）从政府与金融市场的关系看，财权的下放可能弱化县政府从财政收入以外的渠道获取融资（如通过"城市投资公司"获取贷款）的激励，从而减少了对市场资金的挤出效应，降低了企业融资的难度。

在其他控制变量中，企业规模的系数显著为负，证实了我们关于规模较大企业发展更为平稳的猜想。企业财务杠杆系数在两个回归中符号有差异，原因可能是杠杆较高的企业可能通过债务融资完成了先期投资，因而销售渠道更丰富，产品质量也更高，销售收入增长还更快，但相应地，这些企业新的投资也会更为平稳，因而资产增长率更慢。另外，实际 GDP 增长率的系数值较大且非常显著，尽管时间跨度较短，但也部分验证了经济周期对工业企业增长的重大影响。

表 2 中国有控股企业变量系数显著为负，说明国有企业发展速度更缓慢。这也提醒我们，"扩权强县"可能对不同所有制企业的影响不同。于是，我们将全部样本分为国有控股企业和非国有控股企业分别回归，其结果如表 3 所示。

观察表 3 可以发现，非国有企业样本的回归结果与全样本基本相同，但在国有控股企业的样本回归中，关键解释变量"扩权强县"无论是系数值还是显著程度都下降了，特别是对销售收入增长率的影响并不显著异于 0。原因可能在于：第一，由于国有企业自身效率较低，外部投资环境的改善无法转化为企业内在的激励机制，也就很难提高企业绩效。

---

① 浙江各县级往往会根据自身的特点和实际情况，支持发展本县的支柱产业，总体来看是成功的，形成了一大批专业化的县或市。如义乌的日用小商品、绍兴的纺织面料、海宁的皮革制品、永康的小五金、嵊州的领带、诸暨的袜业、温州的打火机等。

表 3 "扩权强县"对不同所有制企业的影响

	非国有控股企业		国有控股企业	
	销售收入增长率	资产增长率	销售收入增长率	资产增长率
浙江企业	0.045 (7.68)***	0.047 (9.56)***	0.033 (4.68)***	0.041 (5.21)***
县辖企业	−0.000 (0.05)	−0.029 (5.24)***	0.017 (2.06)**	−0.024 (2.98)***
浙江省县辖企业 ("扩权强县")	0.016 (2.32)**	0.028 (4.43)***	0.008 (0.79)	0.019 (1.93)*
企业规模对数	0.002 (6.56)***	−0.034 (8.76)***	0.011 (5.03)***	−0.023 (11.30)***
企业杠杆	0.025 (4.06)***	−0.025 (4.28)***	−0.007 (0.64)	−0.055 (5.10)***
实际 GDP 增长率	0.379 (3.50)***	0.377 (3.55)***	0.519 (2.73)***	0.860 (4.70)***
人均工资增长率	0.095 (11.66)***	0.084 (9.48)***	0.064 (7.61)***	0.070 (8.74)***
常数项	0.090 (5.81)***	0.462 (9.07)***	−0.007 (0.26)	0.277 (10.29)***
观测值	47580	59937	12971	14498
调整后的 R^2	0.47	0.51	0.52	0.57

第二，放权到县以后，县域之间对要素的竞争让补贴国有企业的机会成本提高，政府基于税收和经济增长的考虑并没有对国有企业有过多政策上的支持。这与 Qian 和 Roland（1998）关于财政分权以后地方政府会硬化国有企业预算约束的理论预期一致。最后可能也是最重要的，当前国有企业改革基本完成，县辖国有企业多为大型国有集团的下属企业，其获取政策支持主要来自较高级别的政府部门，因而县政府的权力扩大对它们的作用很小。并且其税收和利润主要上缴上级政府，基层政府对其收益的分享有限，因此，县政府对其支持的激励也有限，而将主要的支持转向了非国有企业。这说明，"扩权强县"不但促进了县域经济增长，而且这种增长更多来自非国有企业的发展，这也对浙江省长期以来民营经济发达、市场化水平较高有一定的解释力，同时说明，向基层政府的放权可能对长期市场化改革有正面作用。

另一个有趣的发现是，较大的企业规模显著地提高了国有企业的销售收入增长率。原因可能是国有企业更多存在于垄断行业中，大规模的国有企业更可能得到政府的保护，也更容易获取政府的订单，因而销售收入增长更快。非国有企业样本的回归中企业规模系数并不显著也佐证了这一点。

在所有的回归中，人均工资增长率系数都显著为正，这与微观理论不符，显然是由于该变量的内生性造成的，因为企业成长速度的加快会提高员工的工资，这也可能造成回归中其他变量系数的估计不一致。但根据 Woodrige（2000）的研究，只要该变量与关键解释变量线性不相关，则关键解释变量的系数估计仍然是一致的。我们用企业的人均工资增长率对"扩权强县"及其他控制变量进行了回归，发现它们的相关性并不显著（见附表），因此，前文的统计结论是可信的。

4. 稳健性检验

为了排除在样本选择中产生的偏差，保证结论的稳健性，我们用江苏省 2003~2005 年的规模以上工业企业样本作为控制组，以浙江省 2003~2005 年的规模以上工业企业样本作为观察组进行了相同的回归，结果列于表 4。江苏与浙江同处长三角地区，经济发展水平、外向型经济和社会文化传统非常相近，但 2007 年以前政府层级一直是省—市—县结构，因而相同的研究设计同样适用。表 4 的回归结果表明，浙江省县辖企业的销售收入增长率和资产增长率更高，这与前文的结论是一致的，表明了"扩权强县"确实促进了县辖区内工业企业的发展，特别对资产增长率的效果更为显著，这进一步验证了县政府通过提供良好投资环境来提高辖区内经济增长的微观机制。

表 4 浙江省"扩权强县"对企业发展的影响
（以浙江、江苏两省规模以上工业企业为样本）

	销售收入增长率	资产增长率
浙江企业	0.061 (7.89)***	0.076 (10.79)***
县辖企业	0.023 (1.35)	−0.032 (7.23)***
浙江省县辖企业 （"扩权强县"）	0.023 (5.36)***	0.068 (5.68)***
企业规模对数	−0.031 (5.12)***	−0.056 (10.76)***
国有控股	−0.023 (5.16)***	−0.059 (11.35)***
企业杠杆	0.021 (5.11)***	−0.056 (5.02)***
工资增长率	0.076 (12.32)***	0.092 (11.56)***
实际 GDP 增长率	0.561 (5.98)***	0.672 (6.35)***
常数项	0.191 (7.31)***	0.361 (9.57)***
观测值	69652	79442
调整后的 R^2	0.27	0.39

表 5 是将样本分为国有企业和非国有企业分别回归的结果，结论与浙江、福建两省 2003~2005 年规模以上工业企业数据样本回归中获得的主要变量估计结果基本相同，无论销售收入增长率还是资产增长率，"扩权强县"对县辖的非国有企业有显著可观的正面影响，而对国有企业对制度的变化并不敏感。

表 5 中以浙江、江苏两省 2003~2005 年规模以上工业企业数据样本回归中获得的主要

表5 "扩权强县"对不同所有制企业的影响
（以浙江、江苏两省规模以上工业企业为样本）

	非国有控股企业		国有控股企业	
	销售收入增长率	资产增长率	销售收入增长率	资产增长率
浙江企业	0.056 (6.25)***	0.063 (8.58)***	0.051 (7.89)***	0.073 (6.76)***
县辖企业	−0.019 (0.16)	−0.021 (2.13)**	0.037 (5.13)***	−0.041 (6.19)***
浙江省县辖企业 （"扩权强县"）	0.083 (2.61)**	0.108 (6.31)***	0.072 (0.32)	0.097 (0.29)
企业规模对数	0.061 (4.75)***	−0.029 (4.92)***	0.071 (6.91)***	−0.082 (8.12)***
企业杠杆	0.093 (5.78)***	−0.023 (7.31)***	−0.076 (4.69)***	−0.085 (6.56)***
实际GDP增长率	0.516 (5.13)***	0.572 (4.12)***	0.398 (5.21)***	0.769 (6.81)***
人均工资增长率	0.129 (9.31)***	0.092 (8.91)***	0.106 (7.19)***	0.182 (10.19)***
常数项	0.129 (6.29)***	0.362 (9.13)***	−0.096 (4.12)***	0.193 (7.71)***
观测值	55966	60763	13686	18679
调整后的 R^2	0.37	0.56	0.49	0.53

变量估计结果与浙江、福建两省2003~2005年规模以上工业企业数据样本回归中获得的主要变量估计结果基本一致，表明前文回归的结果是稳健可靠的，即"扩权强县"对经济增长特别是民营经济发展有显著的正面效应。这说明，"扩权强县"对县辖国有企业的增长效果较微弱，县域经济的发展主要来源于非国有企业，因而"扩权强县"可能对市场化改革有长期的正面作用。

为了进一步保证结论的稳健性，用浙江省2000~2005年规模以上工业企业数据进行了相同的回归。浙江省2003年在全省全面实行了"扩权强县"，把绝大多数原本属于地级市的经济管理权限下放到县级市（县），所以以浙江省2000~2002年的规模以上工业企业样本作为控制组，以浙江省2003~2005年的规模以上工业企业样本作为观察组进行了相同的回归，列于表6。表6的回归结果表明，2003年（包括2003年）后浙江省县辖企业的销

表6 浙江省"扩权强县"对企业发展的影响
（以2000~2002年浙江省数据作为控制样本）

	销售收入增长率	资产增长率
2003~2005年浙江企业	0.267 (9.16)***	0.151 (11.35)***
县辖企业	0.035 (0.79)	−0.078 (0.98)

	销售收入增长率	资产增长率
2003~2005 年的浙江县辖企业（"扩权强县"）	0.109 (6.35)***	0.087 (7.82)***
企业规模对数	−0.032 (8.87)***	−0.061 (9.72)***
国有控股	−0.092 (6.23)***	−0.105 (9.28)***
企业杠杆	0.035 (6.56)***	−0.057 (7.21)***
工资增长率	0.103 (12.76)***	0.091 (11.39)***
实际 GDP 增长率	0.397 (5.26)***	0.516 (6.13)***
常数项	0.103 (6.61)***	0.267 (9.79)***
观测值	121102	148870
调整后的 R²	0.46	0.51

售收入增长率和资产增长率显著更高，这与前文的结论是一致的，表明了"扩权强县"确实促进了县辖区内工业企业的发展，特别对资产增长率的效果更为显著，进一步验证了县政府通过提供良好投资环境来提高辖区内经济增长的微观机制。

表 7 是将样本分为国有企业和非国有企业分别回归的结果，无论销售收入增长率还是资产增长率，"扩权强县"对县辖的非国有企业有显著可观的正面影响，而国有企业对制度的变化并不敏感。

表 7　"扩权强县"对不同所有制企业的影响
（以 2000~2002 年浙江省数据作为控制样本）

	非国有控股企业		国有控股企业	
	销售收入增长率	资产增长率	销售收入增长率	资产增长率
2003~2005 年浙江企业	0.076 (9.78)***	0.087 (10.96)***	0.033 (6.35)***	0.041 (7.46)***
县辖企业	−0.013 (0.12)	−0.029 (6.74)***	0.017 (2.56)**	−0.024 (3.56)***
2003~2005 年的浙江县辖企业（"扩权强县"）	0.0.21 (2.19)**	0.043 (6.56)***	0.052 (1.96)*	0.028 (5.23)***
企业规模对数	0.0013 (1.02)	−0.065 (13.88)***	0.055 (6.35)***	−0.027 (12.13)***
企业杠杆	0.081 (6.12)***	−0.067 (5.53)***	−0.051 (7.43)***	−0.067 (7.12)***
实际 GDP 增长率	0.435 (4.12)***	0.673 (7.67)***	0.869 (3.51)***	0.916 (6.20)***

续表

	非国有控股企业		国有控股企业	
	销售收入增长率	资产增长率	销售收入增长率	资产增长率
人均工资增长率	0.127 (11.25)***	0.157 (12.36)***	0.128 (9.78)***	0.158 (12.21)***
常数项	0.121 (6.92)***	0.563 (9.63)***	−0.139 (5.12)***	0.398 (8.32)***
观测值	95160	119874	25942	28996
调整后的 R^2	0.41	0.52	0.36	0.57

以浙江省 2000~2005 年规模以上工业企业数据进行的稳健性回归中获得的主要变量估计结果与浙江、福建两省 2003~2005 年规模以上工业企业数据样本的回归基本一致，表明前文回归的结果是稳健可靠的，即"扩权强县"对经济增长特别是民营经济发展有显著的正面效应。这说明，"扩权强县"对县辖国有企业的经济增长影响较微弱，县域经济的发展主要来源于非国有企业，因而"扩权强县"可能对市场化改革有长期的正面作用。

五　结　论

"扩权强县"是优化省以下政府层级和权限的重大改革，大部分试点改革包括财政"省直管县"和经济管理权限下放到县两个维度，从而让地方政府的激励和竞争进一步"基层化"。理论上，财政上"省管县"降低了"市刮县"的可能，改善了分税制改革以来基层政府财权和责任严重脱节的状况，促进了公共品的提供，弱化了政府的"攫取"倾向，降低了对信贷市场的挤出效应。县级政府经济管理权限的扩大也有利于减少委托—代理层次，发挥自身的信息优势，做出更正确的政策和设计合理的制度安排。另外，市级权力的下放还减少了管制机构和层级，从而促进了市场发育和创新。

我们的研究表明，"扩权强县"确实促进了县辖区内工业企业的发展，特别对资产增长率的效果更显著，这进一步验证了县政府通过提供良好投资环境来提高辖区内经济增长的微观机制。另外，有证据表明，"扩权强县"对县辖国有企业的增长效果较微弱，县域经济的发展主要来源于非国有企业，因而"扩权强县"可能对市场化改革有长期的正面作用。

地方分权是促进中国经济增长的重要制度安排，但也是造成诸多社会经济问题的根源，中国政治经济制度改革的关键和困难之一便是寻找政府上下层级之间集权和分权的平衡点。即将推广到全国的财政"省管县"改革，直接目标是在分税制以来的税收体系没有大改变的前提下，通过县财政与省财政对接的方式改善县级财政，这也是寻求此平衡点的重要尝试。本文的现实意义和政策含义在于对它的正面作用提供了一个经济增长方面的证据。但限于篇幅，大量文献中提到的财政分权弊端本文并未涉及，余下的工作将是对"扩权强县"的其他效应进行更为深入的分析和研究。

附表　工资增长率与其他重要解释变量回归结果

变量	浙江企业	县辖企业	浙江县辖企业（"扩权强县"）	企业规模	企业杠杆	实际GDP增长率	常数项
工资增长率	−0.044 (0.58)	0.021 (0.52)	−0.015 (0.56)	−0.00 (0.43)	−0.025 (4.99)***	0.772 (8.89)***	0.072 (5.79)***
观测值	74435						
调整 R²	0.05						

注：括号内是 t 值。***、**、* 分别表示在 1%、5% 及 10%的显著性水平上显著。

参考文献

[1] 才国伟，黄亮雄.政府层级改革的影响因素及其经济绩效研究 [J].管理世界，2010（8）.

[2] 陈抗，A.L.Hillman，顾清扬.财政集权与地方政府行为变化——从援助之手到攫取之手 [J].经济学（季刊），2002（7）.

[3] 陈锡文.中国县乡财政与农民增收问题研究 [M].山西出版社，2002.

[4] 傅勇，张晏.中国式分权与财政支出结构偏向：为增长而竞争的代价 [J].管理世界，2007（3）.

[5] 梁若冰.财政分权下的晋升激励、部门利益与土地违法 [J].经济学（季刊），2009（1）.

[6] 聂辉华，李金波.政企合谋与经济发展 [J].经济学（季刊），2006（1）.

[7] 乔宝云，范剑勇，冯兴元.中国的财政分权与小学义务教育 [J].中国社会科学，2005（6）.

[8] 史宇鹏，周黎安.地区放权与经济效率：以计划单列为例 [J].经济研究，2007（1）.

[9] 王永钦，张晏，章元，陈钊，陆铭.中国的大国发展道路——论分权式改革的得失 [J].经济研究，2007（1）.

[10] 张军.分权与增长：中国的故事 [J].经济学（季刊），2007（1）.

[11] 张通，欧文汉，方向阳，娄冰，张峥，王志刚.改革完善省以下财政体制的思考和建议 [R].国务院财政部办公厅研究报告，2006.

[12] 张晏，龚六堂.分税制改革、财政分权与中国经济增长 [J].经济学（季刊），2005（1）.

[13] 赵山，潘孝挺.民间金融和中小企业的发展——对微观数据的实证研究 [R].上海财经大学工作论文，2010.

[14] 周黎安.晋升博弈中政府官员的激励与合作：兼论我国地方保护主义和重复建设问题长期存在的原因 [J].经济研究，2004（6）.

[15] 周黎安.中国地方官员的晋升锦标赛模式研究 [J].经济研究，2007（7）.

[16] 周黎安.转向中的地方政府 [M].格致出版社，2008.

[17] 周黎安，陈烨.中国农村税费改革的政策效果：基于双重差分模型的估计 [J].经济研究，2005（8）.

[18] 周业安，冯兴元，赵坚毅.地方政府竞争与市场秩序的重构 [J].中国社会科学，2004（1）.

[19] 周业安，章泉.财政分权、经济增长和波动 [J].管理世界，2008（3）.

[20] Cai，Hongbin and Treisman，D. State Corroding Federalism [J]. Journal of Public Economics，2004（88）.

[21] Cai，Hongbin and Treisman，D. Does Competition for Capital Discipline Governments? Decentralization，

Globalization and Public Policy [J]. America Economic Review, 2005 (95).

[22] Cao, Yuanzheng, Qian, Yingyi and Weingast, Barry R. From Federalism, Chinese Style, to Privatization, Chinese Style [J]. Economics of Transition, 1999, 7 (1).

[23] Jin, Hehui, Qian, Y.Y. and Weingast, B.R. Regional Decentralization and Fiscal Incentives: Federalism. Chinese Style [J]. Journal of Public Economics, 2005 (89).

[24] Jin, Jing and Zou, Heng-fu. Fiscal Decentralization and Economic Growth in China [R]. Working paper. Development Research Group, The World Bank 2005.

[25] Lang, Larry, Eli, Ofek and Stulz, Rene M. Leverage, Investment and Firm Growth [J]. Journal of Financial Economics, 1996 (40).

[26] Li, H.and Zhou, L. Political Turnover and Economic Performance: The Incentive Role of Personnel Control in China [J]. Journal of Public Economics, 2005, 89 (9-10).

[27] Lin, J.Yifu and Liu, Zhiqiang. Fiscal Decentralization and Economic Growth in China [J]. Economic Development and Culture Change, 2000, 49 (1).

[28] Maskin, E., Qian, Y.and Xu, C. Incentive, Information, and Organization Form [J]. Review of Economic Studies, 2000, 67 (2).

[29] Meyer.Bruce.D. Natural and Quasi-Experiments in Economics [J]. Journal of Business and Economic Statistics, 1995, 13 (2).

[30] Montinola, G., Qian, Yingyi and Weingast, Berry. Federalism, Chinese Style: The Political Basis for Economic Success in China [J]. World Politics, 1995, 48 (1).

[31] Musgrave, R.The Theory of Public Finance [M]. New York: McGraw-Hill, 1959.

[32] Oates, W.E.Fiscal Federalism [M]. New York: Harcourt Brace Jovanovich, 1972.

[33] Qian, Yingyi and Roland, G. Federalism and the Soft Budget Constraint[J]. American Economic Review, 1998, 88 (5).

[34] Qian, Yingyi, Roland, G.and Xu, C. Why is China Different from Eastern Europe? Perspectives from Organization Theory [J]. European Economic Review, 1999 (43).

[35] Qian, Yingyi and Xu, C. Why China's Economic Reforms Difer: M-Form Hierarchy and Entry/Expansion of the Non-State Sector [J]. The Economics of Transition, 1993, 1 (2).

[36] Qian, Yingyi and Weingast, R. China's Transition to Markets: Market-Preserving Federalism, Chinese Style [J]. Journal of Policy Reform, 1996 (1).

[37] Qian, Yingyi and Weingast, R. Federalism as a Commitment to Preserving Market Incentive [J]. Journal of Economic Perspectives, 1997, 11 (4).

[38] Tiebout.Charles. A Pure Theory of Local Expenditure [J]. Journal of Political Economy, 1956 (64).

[39] Weingast, B. The Economic Role of Political Institutions: Market-Preserving Federalism and Economic Development [J]. Journal of Economics and Organization, 1995, 1 (1).

[40] Woodrige, Jeffrey M. Introductory Econometrics: A Modern Approach [M]. South-Western College Publishing, 2000.

[41] Zhang, T. and Zou, H. Fiscal Decentralization, Public Spending, and Economic Growth in China [J]. Journal of Public Economics, 1998 (67).

规制改革是否促进了中国城市水务产业发展?

——基于中国省际面板数据的分析 *

肖兴志　韩　超

(东北财经大学产业组织与企业组织研究中心　大连　116025)

【摘　要】 本文基于中国城市水务产业发展实践,研究了市场化背景下规制改革对城市水务产业发展的影响,并利用动态面板广义矩方法 (GMM-DIFF) 以减弱规制改革与城市水务产业发展之间的内生性问题。本文发现,中国城市水务产业规制改革的效果并不理想:只有微弱的证据表明规制改革促进了城市水务产业的总量发展;受制于政府偏好与战略选择,中国城市水务产业采取了收益率规制方式,产生严重的 A-J 效应,具有明显的"两难困境",即以损害效率为代价促进城市水务总量的发展;研究还表明,城市水务产业发展明显滞后于迅速发展的城市化进程及工业化进程,应当将城市化进程与城市水务产业等基础设施建设综合考虑,以推动新型城市化进程。

【关键词】 城市水务产业;规制改革;规制效果;动态面板广义矩

一、问题的提出

随着中国社会主义市场经济的发展和完善,全国城市化水平正经历着迅速的发展和提高。国家统计局发布的数据显示,2009 年,中国城市化水平达到 48%,比 2008 年高出近 3 个百分点,比 2007 年高出近 4 个百分点。城市化进程与城市水务产业的发展密切相关。一方面,城市化进程的加速为城市水务产业迅速发展提供了广阔的空间,是城市水务产业发展的一次良机;另一方面,加速推进城市化,对城市水务产业发展也带来挑战,可能引

* 本文选自《管理世界》2011 年第 2 期。

基金项目:教育部人文社会科学研究项目"产权、竞争与规制:中国垄断产业改革次序优化研究"(10YJA790204)。

作者简介:肖兴志,韩超,东北财经大学产业组织与企业组织研究中心。

发一些深层次的问题。一个产业的发展受制于要素禀赋结构的约束及政府偏好与战略选择（林毅夫，1995）。在城市水务产业发展滞后的约束条件下，政府更偏好于"发展"，而对"效率"等方面的考虑较少，反映到政策上，中国则采取逐步放松进入规制，进行收益率规制改革。事实上，中国城市水务产业发展所面对的要素禀赋结构已经发生较大变化，足以满足城市水务产业发展必需的要素基础。城市水务是城市居民生活的最基本保障，尤其是在建设和谐社会的背景下，如何保证城市水务产业健康发展是一项刻不容缓的任务。关于中国城市水务产业发展的任何讨论均绕不开"规制改革"这一课题，完善城市水务产业规制的关键是对中国城市水务产业规制实践进行考察，以深刻理解规制改革的实际效果，适时调整政府政策，更好推进城市水务产业发展。

改革开放前，中国城市水务产业呈现政企高度合一、投资主体单一、无偿供水、相关规制法律缺失等特征，表面上实行严格规制方式，实质上却处于"规制缺失"状态。为解决城市水务产业发展资金短缺的困境，中国逐步放开对城市水务产业投资主体的限制，并对水价实行市场化改革。规制理论的引入，为城市水务产业实行专业规制提供了理论基础与指导，以此为基础，中国城市水务产业逐步开始政企分离与规制制度建设。价格是资源配置的核心信号，价格扭曲将导致整个产业效率的降低，因此，中国城市水务产业规制改革也以价格规制改革为核心。几经变迁，中国城市水务产业逐渐形成了以收益率为核心的价格规制方式。[1]一定意义上讲，实行收益率规制方式与放松进入规制改革是相辅相成的：收益率规制提高了企业投资城市水务产业的积极性；放松进入规制则为实行收益率规制方式提供了有利的制度背景。表面看，市场化与收益率规制为合理确定水价，促进城市水务发展发挥了积极作用。但若想探求城市水务产业发展中的深层次问题，仅凭直觉判断是不可靠的，只有以理论为基础深入研究，才能把握并理解城市水务产业放松进入规制与价格规制改革效果，为进一步推动城市水务产业发展与规制改革提供经验证据。

本文旨在实证探究市场化背景下中国城市水务产业规制改革是否显著提高和改善了水务产业的整体绩效。特别地，本文希望得到规制改革对水务产业总量水平及生产效率的实证影响。国际上研究城市水务产业规制改革效果的文献并没有取得一致的结论。而对于中国城市水务产业发展，只有极少数研究考察了城市水务产业规制效果（于良春等，2005；仇保兴、王俊豪，2006），大部分从产业特征出发进行概括梳理，还没有依据数据进行实证分析进而给出严谨的结论。本文拟以理论逻辑为基础实证分析中国城市水务产业规制改革与城市水务产业绩效之间的内在关系，进而考察中国城市水务产业规制改革的效果，并挖掘其引申涵义以供政府及相关研究机构参考。本文结构如下：第二部分分析城市水务产

---

[1] 由 1998 年 9 月《城市供水价格管理办法》确定城市供水价格由供水成本、费用、税金和利润构成开始，到 2004 年《国务院办公厅关于推进水价改革促进节约用水保护水资源的通知》首次明确规定水价的四元组成（水资源费、水利工程供水价格、城市供水价格、污水处理费）。中国形成了明确的城市水务价格收益率规制方式。根据《城市供水价格管理办法》，供水企业合理赢利的平均水平规定为 8%~10%的净资产利润率。尽管收益率规制方式得以基本建立，但是，由于技术进步等因素影响，体制内依然存在规制的微调改革，这也就为研究规制改革提供了研究机会。

业规制效果研究的理论基础与文献述评；第三部分介绍数据来源及相关指标的统计描述；第四部分通过动态面板广义矩方法（GMM-DIFF）进行实证检验；第五部分则对主要结论进行归纳总结，并给出相应的政策涵义。

二、文献述评与理论基础

城市水务产业规制是规制经济学研究的重要内容，其发展过程主要经历了收益率规制（Rate of Return）、价格上限规制（Price Cap）以及多种其他激励性规制（Incentive Regulation）等阶段。相对价格上限规制，收益率规制在成本效率方面缺乏效率（Laffont and Tirole，1993；Newbery，1999）。对于各种规制模式的比较，理论上的分析还算清晰，但是，若想量化规制对城市水务产业的激励程度却是非常困难。首先，效率数据无法直接观察，只能间接推断。其次，所要研究的对象一般处于一个规制框架下，所以很难比较不同规制模式对产业的影响。

国外文献对城市水务产业规制效果的研究主要集中在对成本效率的分析上，作为研究规制与城市水务产业效率关系的开创性文献，Wolak（1994）发现加利福尼亚州受规制的水务产业对非对称信息更有可能做出反应，而对完全信息则反应漠然。Fraquelli 和 Moiso（2005）的研究表明：从平均意义上讲，城市水务产业中28%非效率状况可以通过产业的网络特征来解释；价格上限规制只有在采用有效的标尺竞争时才会有效率。Bottasso 和 Maurizio（2003）的研究表明，在标尺竞争与资本市场的激励下，样本区间内城市水务产业的低成本效率逐步得到改善，且城市水务企业效率的差距正在稳步减小。技术效率也是国外学者进行城市水务产业规制效果检验时考察的主要指标。也有部分文献结合民营化和价格规制改革对城市水务产业的效率进行了分析。Saal 和 Parker（2000）的研究表明，放松进入规制实行民营化后没有发现总成本递减的趋势；民营化后效率的提高是经济规制的结果，并不是由于所有权变化的结果。进一步，Saal 和 Parker（2001）通过使用劳动和资本的全要素生产率进行验证，拒绝了民营化导致生产率提高的假设。学术界对城市水务产业放松进入规制，实行民营化效果的研究一直没有取得一致的结论。

事实上，国内已有一些学者开始关注城市水务产业规制改革。宋华琳（2006）以中国城市水务产业民营化实践为背景，对中国公用事业特许协议缔结过程以及后续的规制改革进行了研究，并从现代行政法学角度分析了民营化前后政府与水务企业的关系以及角色变化。于良春、王志芳（2005）考察了中国水务产业的绩效，指出产业政企不分、进入退出壁垒高及水价形成机制不合理，分析说明中国水务产业存在供需矛盾、企业运营效率低等问题。陈明（2004）分析了中国水务产业发展中的"民营化与规制的两难困境"。仇保兴、王俊豪（2006）对城市水务产业的基本特征、主要业务类型及主要规制政策进行了系统概括。目前国内关于城市水务产业规制的研究大多集中在探讨中国水务产业规制现状，以及对国外规制的经验介绍，对城市水务产业的规制改革效果研究相对薄弱。由于规制效果的分析严重依赖于规制实践，因而，在一个地区的结论并不一定适用于其他地区，国外城市水务产业规制效果的研究对中国城市水务产业发展没有直接的指导意义。国外考察城市水务产业规制效果的文献主要利用随机成本边界和数据包络分析方法来研究产业或者企业的绩效，但是此类方法，一般适用于需要精确的企业数据以支持才能得到稳健的结论。本文使用地区面板数据，通过动态面板方法来考察规制改革的影响。

一个简要的模型可以为实证研究提供一个直观的逻辑感受。基于城市水务产业的区域垄断特征，进入规制一定程度上代表了市场化取向，而价格规制是规制体制中最核心的规制行为，也是学术界和决策层最为关心的规制内容。如上文所述，中国城市水务产业实行收益率价格规制方式，收益率规制是指在保证企业能够收回全部投资的前提下，通过限制企业资本投资报酬率的办法来使企业的资本获得公正的报酬。在公正收益率规制下，允许企业的资本投资赚得公正的收益，不允许企业获得超过公正收益率水平以外的利润。只要企业的利润率不超过公正收益率，企业就可以自由地选择价格、产量和投入，本质上属于平均成本定价。其计算公式为：TR = TVC + SK。其中，TR 为总收入，TVC 为总的可变成本（如运营与维护支出），S 为规制者界定的资本的合理收益率，K 为总资本，它由债务资本 D 和权益资本 E 所组成。企业所能获得的合理收益率由债务资本和自有资本的加权平均成本确定。

收益率规制的主要对象为企业的资本收益率，而不是价格。这种价格规制存在较强的成本传递机制，即企业的投资所发生的资本支出或运营费用很容易转移到产品的价格中。在被规制企业有机会赚得特定的投资收益率时，增加投资支出一般会提高价格，进而增加企业的总收入，这样，被规制企业在收益率规制下会更多地使用资本。也就是说，在既定的产出下，可能使用无效率的资本劳动比率，这就是规制理论中的"A-J 效应"。假定一个生产单一产品的垄断企业运用的是劳动力和资本这两种投入品，从而企业的利润可以表示为：

$$\pi = pQ(K, L) - wL - rK \tag{1}$$

$Q(K, L)$ 是企业的生产函数且 $\partial Q/\partial K \geqslant 0$，$\partial Q/\partial L \geqslant 0$。

在收益率价格规制下约束条件为：

$$\frac{pQ(K, L) - wL}{K} \leqslant s \tag{2}$$

在式（1）中，π 是企业的利润，L、K 分别表示劳动和资本，w、r 分别是劳动和资本的价格，s 即规制的收益率。因此可以发现收益率等于总收入减去劳动力成本除以资本数量，即收益率是以资本为基数的。在解这个最优化问题过程中要注意：s 肯定是大于 r 的。如果收益率规制所要求的 s < r 处于一个长期均衡状态，那么企业将没有动力进行经营；若 s = r，那么企业的净利润始终等于零，从而企业不会去关注资本与劳动的投入。

应用库恩—塔克（Kuhn-Tucker）条件及现实意义企业选择最大化利润函数求解得：

$$\frac{MP_k}{MP_l} = \frac{r}{w} - \frac{\lambda(s-r)}{(1-\lambda)w} = \frac{1}{w}\left[r - \frac{\lambda(s-r)}{1-\lambda}\right] \tag{3}$$

其中，λ 是约束式（2）中（$s \times K$）的影子价格，即单位投资增长而引起企业利润的增长。以上推理过程可以从图1得到更形象的描述。

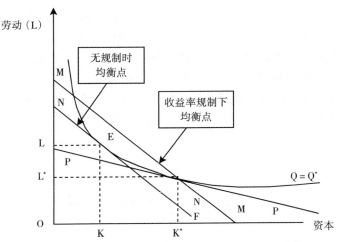

图1　收益率规制对城市水务产业配置效率的影响示意图

图1中，企业以最小的成本生产产量 $Q = Q^*$（由无差异曲线表示被规制企业选择的产出水平），这要求边际技术替代率 $MRTS_{KL}$ 等于资本与劳动的价格比（r/w），也就是说，等产量曲线应该与 NN 相切于点 E。这说明只有 $[\lambda(s-r)]/(1-\lambda) = 0$ 的时候才能满足此要求。但是前面的分析我们得到 $[\lambda(s-r)]/(1-\lambda) > 0$ 是始终存在的，因此在被规制的企业看来，资本的成本似乎只有 $r - [\lambda(s-r)]/(1-\lambda)$，比实际的资本成本 r 更便宜。于是，被规制企业将会选择 F 点的劳动与资本。从而，收益率规制下的实际资本投资水平 K^*，大于最有效率点 E 所对应的最优资本投资水平 K。从图中还可看到，经过 F 点的 MM 曲线平行于 NN，且处于其上方，就可以得出，收益率规制模式下，生产同样产量 Q^* 的总成本会更高，多出的部分应该等于 MM 曲线与 NN 曲线所代表成本数额的差额。

或许很多人对中国城市水务产业选择收益率规制方式感到迷惑，如为什么不能把公正收益率设置为利率水平？回答这个问题也要从中国的现实出发。就中国现实状况，虽然收益率规制具有低成本约束的缺点，但它能够保证企业收回成本，刺激企业提供较多产品等优点。此外还有理由来支持这种选择：其一，A-J 效应证明了在公正收益率规制下，企业往往有投资冲动，过去中国城市水务产业还存在"瓶颈"问题，这客观上变成了一个有益的结果，即鼓励了投资。其二，在过去特定历史阶段，中国采取价格上限规制还存在一系列统计上的问题。中国的零售物价指数（RPI）还没有把一些重要的生产资料价格包括进去（尽管修改后的价格指数计算方法加入了不少生产资料及服务价格，但与真正的价格指数有很大偏差）；而且，中国的生产资料价格还在调整阶段，加上众多非价格因素的影响，即使加入生产资料价格，RPI 也不能合理说明物价的价格水平；同时，由于数据的缺乏，技术进步率的计算更是困难。虽然收益率规制也要由相对准确的会计核算制度来保证，但相对于价格上限规制仍具有操作性。其三，由于中国目前司法体系还不够完善，必须考虑另外一个相关联的规制承诺问题。由于各种现实原因限制，规制合同的实际周期可能比正式周期短。一种情况是当企业取得很高的利润时，规制机构会受到很大的政治压力，这样在正式合同终止之前就可能提前进行新一轮谈判，而重新谈判又会进一步加重"棘轮效应"（Ratchet Effect），迫使企业接受低激励的规制合同。另一种情况是规制可能出于各方面考虑对亏损企业进行援助，即通常所谓的"软预算约束"，避免最坏情况发生而提前修改合同。如果一开始就实施高价格上限规制，规制承诺的变动会降低合同的实际激励强度。其四，在中国，由于社会监督机制还不健全，收买行为很难发现，或者发现却难以付诸法律制裁，规制收买的成本较低，如果实行价格上限这种高激励强度的价格规制，很容易发生规制收买的问题。

三、指标选择与数据说明

规制产生于对集体选择与私人选择冲突的治理，因此规制者往往作为信息的中介机构而存在。尽管很多研究表明，依靠规制者来解决市场失灵，很可能难以达到目标，究其原因就是设立规制主体时往往忽略规制中的委托代理问题，因而若指望作为信息中介的规制者真正解决大众免费搭车问题确实勉为其难。毕竟，本文目的不是在此侃侃而谈为什么规制以及怎么进行规制的问题，尽管规制的设立与运行存在种种问题，但仍然认为城市水务产业规制的目标是：保护消费者的利益；促进经营效率的提高；保证城市水务产业足够的资金投入。

1. 指标选择

（1）规制指标。对中国城市水务产业规制效果进行全面、准确地评价将面临诸多困难：一是城市水务产业规制改革进程的复杂性；二是规制影响与其他因素影响的交互性。从理想的角度看，指标的选择应当随着规制改革进程进行动态调整；另外指标的数据支持性，有时限于数据的可获得性，很多经济学意义上理想的指标无法构造。

一般而言，规制效果反映规制目标的实现程度以及规制作用下的结果。城市水务产业规制最初是体现规制机构的意志，产生和制约该意志的力量构成了决定城市水务产业规制效果的制度性因素，反映到现实中即一系列规制者及规制法律法规等。Stern 和 Holder（1999）以及 Stern 和 Cubbin（2003）将高质量的规制机制概括为：明确的法律框架、独立的规制机构、可靠的规制者。显然制度性因素的存在将直接影响规制行为从而对规制效果产生间接的影响，因此，就有部分学者通过构造虚拟变量以刻画规制的制度性因素。通常情况下，虚拟变量法主要采用 Stern 和 Holder（1999）以及 Stern 和 Cubbin（2003）的方法从法律框架完备性、规制机构独立性及规制者可靠性等维度来构造。尽管虚拟变量法构造的制度性因素一定程度上反映了规制治理的质量，但采用该方法往往会在设置变量时，由于缺乏科学准确的依据而出现主观性及随意性，从而影响分析结果的可靠性。

回顾中国城市水务改革的历程可以发现，中国的城市水务改革并不存在一个凸显的改革界限，这与中国经济社会整体改革特点是一致的。总体上讲，中国城市水务产业呈现了渐进性、累积性特征，虽然存在法律、机构等一些看似"标志性"的阶段，实质上更多的是体现规制改革的阶段性成果，而不是动因。就中国城市水务产业规制改革而言，使用制度、法律等所谓"标志性"虚拟变量构造规制变量进行规制改革分析将带来严重的分析偏误，分析结果严重背离事实本身。为避免虚拟数据对分析结果的污染，本文不对规制的制度性因素进行指标设定，转而从规制行为及制度因素的结果来度量规制。事实上，Aubert和 Reynaud（2005）就曾使用规制的直接结果来作为规制变量的代理变量。他们把规制框架下作用的价格变量作为它们的价格规制变量，并以此来分析价格规制改革对美国 Wisconsin 州供水产业成本效率的影响。事实上，无论规制的制度性约束还是规制行为的强度最终都要落实到企业的直接行为上来，通过被规制企业的直接行为来刻画规制是进行规制实证分析时的一个重要方法，尤其是分析中国的规制改革。①

具体到价格规制，前文已经提到，通过一系列渐进式的规制改革，中国逐步建立了收益率规制方式。理论分析告诉我们（见图 1），实行收益率规制将对企业的要素选择行为产生直接的影响，而且我们认为这一影响是瞬时产生的，是企业对规制改革的最直接的反应，因而本文考虑从要素投入方面出发构造价格规制指标。从理论角度讲，劳动与资本的边际技术替代率作为价格规制的代理变量是最合适的。但是，本文无从获得其相关数据，由于每一个劳动与资本的边际技术替代率都对应着唯一一个要素投入结构，因而可以选择要素投入结构作为价格规制的代理变量。但是从图 1 可以看到，中国城市水务产业价格规制的一个直接结果会通过资本与劳动的使用量反映出来，因此本文考虑选择使用要素投入结构来代表价格规制（PREGU），具体的，本文将使用资本与劳动的使用比例来表示这一变量。

就进入规制而言，结合中国城市水务产业统计现状有三类指标可供选择：①城市水务产业的总投资；②使用新进入企业与在位企业的数量比来反映进入规制；③从产品价值量和企业资产量角度，有两个指标可以使用，城市水务产业中非国有企业的工业总产值与国有企业的工业总产值比例或者非国有企业的总资产与国有企业的总资产比例。本文没有办法把国有企业的追加投资与新进入企业的投资从总投资指标中筛选出来，所以在分析中不采用城市水务产业的总投资指标。若采用指标第二点亦会带来一些解释上的麻烦，该指标仅反映进入规制中企业的数量方面，现实中企业大小不等，往往原有国有企业的实力非常

---

① 理想的规制变量是监管行为变量以及监管前后的 0~1 虚拟变量。首先，中国并没有披露监管行为，另外，中国不存在明显的规制前后的分界线，因而这两种处理思路都不成立。

雄厚，因而使用该指标极有可能会夸大中国进入规制放松的强度。另外，该指标也反映不出由于放松规制而出现的新资本进入在位企业这一行为。而采用第三类指标可以从一定程度上弥补前两类指标的缺陷。基于上述原因，本文将在以下的分析中采用第三类指标作为进入规制的代理变量，以增强分析的稳健性。

（2）反映城市水务发展的指标。本文将分析中国城市水务产业规制对城市水务总量水平上的影响，选取人均城市供水总量来体现城市水务发展的总量指标（SUPLY_P）。

以往研究收益率规制对生产效率影响时经常使用全要素生产率代表生产效率，但是全要素生产率不能直接获得。全要素生产率的计算一般是通过构造柯布—道格拉斯函数且假定规模报酬不变，通过线性回归得到全要素生产率。上述方法对全要素生产率的计算过程有严格的限制：①对生产函数设定的形式非常敏感，改变函数形式结果也将随之改变；②现实中的企业尤其是创业初期的企业具有明显的规模报酬递增特征，因而规模报酬不变的严格假定也使得结果不是很可信；③从统计角度看，线性回归要求序列的平稳性，但是实际操作中的数据往往不具有平稳性特征，虽然单整序列可消除序列不平稳性，但单整序列在回归后的结果已经远远偏离全要素生产率的定义，从而分析结果的现实意义不大。

本文拟从侧面来考查收益率规制的 A-J 效应以避免由计算全要素生产率的缺陷导致的误差。从前文分析已经了解到，收益率规制是通过扭曲劳动、资本使用量进而提高生产成本降低生产效率的，因此，完全有理由通过考察收益率规制对城市供水产业生产成本的影响，侧面分析价格规制的生产效率影响。本文使用城市水务产业的生产成本（COST）反映收益率规制的结果，以间接测度收益率规制的成本效率影响。

（3）扰动因素指标。中国城市水务产业发展的一个主要动力是不断推进的城市化进程，因此除规制改革外，城市化进程对城市水务产业总量水平也有其显著的需求拉动作用。本文在实证模型中选取城市化水平（URBN）以控制这种影响。①

人均 GDP（PGDP）体现了地区经济发展水平，不同的经济发展水平对城市水务产业发展也具有不同影响，本文将把人均 GDP 作为重要的控制变量引入实证分析框架内，以控制地区间由于经济发展水平不同带来的城市水务发展。

不同的产业结构（STRU）带来地区发展的不同特征，也定然影响城市水务产业的发展。第二产业所占比重越大，城市水务产业需求越大；反之亦然。

2. 数据说明

本文所有指标的原始数据来自 2000~2009 年各省、自治区、直辖市统计年鉴、历年《中国工业经济统计年鉴》及《新中国六十年统计资料汇编》，检验的样本区间为 2000~2009年，截面包括北京、天津、河北、山西、内蒙古、辽宁、黑龙江、上海、江苏、浙江、安徽、福建、江西、山东、河南、湖北、湖南、广东、重庆、四川、贵州、云南、陕西、新

---

① 当然还有很多因素影响城市水务产业发展，但是由于后面回归分析需要足够的自由度，故而不得不舍弃一些变量。

疆 24 个省市地区。① 具体到本文所选指标：

（1）人均城市供水总量（SUPLY_P）通过统计年鉴上"城市自来水年供水量"（SUP_A）除以"城市用水人口"（POP_WTR）得到。

（2）价格规制（PREGU）通过要素投入结构来体现，本文将使用"水的生产与供应业投资额"（INVE）除以"水的生产与供应业的从业人员"（LABR）数得到。

（3）进入规制（EREGU）有两种指标构成：一是资产值代表的进入规制指标（EREGUA），由"非国有控股的水的生产与供应业资产"（AST_P）除以"规模以上所有企业水的生产与供应业资产"（AST_A）得到；二是产品产值代表的进入规制指标（EREGUV），由"非国有控股的水的生产与供应业总产值"（VALU_P）除以"规模以上所有企业水的生产与供应业总产值"（VALU_A）得到。

尽管进入规制改革可以使用以上两种指标的任何一种。但 Granger 因果关系检验却显示 EREGUV 同 SUPLY_P 不存在显著的 Granger 因果关系，而 EREGUA 与城市供水总量具有显著的 Granger 因果关系。检验结果如表 1 所示。资产反映了企业的投资行为，而总产值反映企业的经营效果，而进入规制主要是从生产的源头来控制，因而 EREGUA 更能体现进入规制的性质。

表 1　进入规制的两个指标与人均城市供水总量的 Granger 因果检验

零假设	x^2 统计量	P 值
SUPLY_P 不能 Granger 引起 EREGUA	0.4921	0.6121
EREGUA 不能 Granger 引起 SUPLY_P	2.9347	0.0556
SUPLY_P 不能 Granger 引起 EREGUV	1.7225	0.1814
EREGUV 不能 Granger 引起 SUPLY_P	1.1710	0.3123

（4）单位产量生产成本（COST_UNIT）由"规模以上工业企业水的生产与供应业主营业务成本"（COST）除以"人均城市供水总量"（SUPLY_P）得到。

（5）城市化水平（URBN）由"城市人口人数"（POPU）除以"地区总人口"（POPU_A）得到，以控制这种影响。

（6）人均 GDP（PGDP）可以从统计年鉴直接获得。

（7）产业结构（STRU）由第二产业产值占地区年度总产值比重得以体现。

为了消除价格因素对变量的影响，本文使用各地区 2000~2009 年"工业品出厂价格指数（2000＝100）"（简称 INDEX）对水的生产与供应业投资额（简称，INVE）、生产成本（COST）及人均 GDP（PGDP）进行价格平减，使所有变量以 2000 年的价格进行计量，消除价格波动对变量的污染。

———————————

① 由于吉林、宁夏、西藏、海南、青海、甘肃、广西 7 个省份统计数据的不完整，缺少关键数据，因此本文很遗憾地舍弃对这 7 个地区的分析。

表2给出了所有指标及部分原始变量的统计描述，从中可以发现，经过价格平减的变量标准差有了显著的减小。

表 2　中国城市水务产业规制效果检验变量估计描述

变量	含义	样本量	标准差	均值	最大值	最小值
SUPLY_P	人均城市供水总量	240	50.9482	151.6124	338.8011	79.2491
PREGU	价格规制	240	13.5671	13.4561	78.7794	0.6111
INVE（价格平减前）	价格平减前资本投资额	240	272377.7	228735.2	2100000	3404.86
INVE*（价格平减后）	价格平减后资本投资额	240	214868.3	193916.3	1536659	3383.88
EREGUA	资产代表的进入规制	240	15.4469	15.1628	64.2477	0.0001
EREGUV	产值代表的进入规制	240	18.8259	18.45	71.5868	0.0012
COST（价格平减前）	价格平减前生产成本	240	208468.2	90900.55	1670505	1290
COST（价格平减后）	价格平减后生产成本	240	171307.5	79057.99	1222380	1290
COST_UNIT	价格平减后单位生产成本	240	0.5439	0.4924	2.4234	0.0135
URBN	城市化水平	240	0.1473	0.3843	0.8859	0.0044
PGDP（价格平减前）	价格平减前人均GDP	240	12863.47	16750.3	75109	2759
PGDP（价格平减后）	价格平减后人均GDP	240	10929.31	14856.19	61036.5	2759
LNPGDP	PGDP（消除价格）取对数	240	0.6401	9.3913	11.0192	7.9226
STRU	产业结构	240	6.4676	47.8152	61.5	23.4966
INDEX	价格指数	240	14.3792	111.3489	167.4975	89.5049

注：* 表示下文将以价格平减后的"水的生产与供应业投资额（INVE）"为基础进行分析。

四、实证检验

本文虽然引入一些关键变量，但是城市水务产业仍受到许多其他因素的影响，而这些因素无法一一量化引入方程。同时这些遗漏变量也将产生潜在的内生性问题，如何减弱内生性问题对分析的影响也是进行实证分析的关键一步。滞后一期的因变量能在一定程度上反映这些潜在因素的影响，因此本文将引入因变量的滞后一期作为解释变量引入方程。

传统的面板数据模型表示为：

$$y_{it} = \sum_{k=1}^{K} \beta_k x_{kit} + \eta_i + \varepsilon_{it} \qquad (4)$$

根据 Arellano 和 Bond（1991）对动态面板计量方法的说明，引入因变量的滞后一期后的动态面板模型如下：

$$y_{i,t} = \alpha y_{i,t-1} + \sum_{k=1}^{K} \beta_k x_{k,i,t} + \alpha_i + \varepsilon_{i,t} \qquad (5)$$

其中，$|\alpha| < 1$，$i = 1, 2, \cdots, N$，$t = 0, 1, 2, \cdots, T$

式中：α_i 为个体固定效应，x_{kit} 为外生解释变量，并且方程满足以下假设，$E(\varepsilon_{i,t}) = 0$；$var(\varepsilon_{i,t}) = \sigma^2$；$E(\varepsilon_{i,t}\varepsilon_{i,s}) = 0$，$s \neq t$；$E(y_{i,t-1}\varepsilon_{i,t}) = 0$。

如果 $E(\varepsilon_{i,t}\varepsilon_{i,s}) \neq 0$，$s \neq t$，则需考虑把因变量的高阶滞后项放入方程右边，分析方法与加入滞后一期的动态面板模型类似。限于篇幅，本文将主要给出滞后一阶动态面板模型的估计方法的介绍。

如果使用一阶差分 OLS 方法对模型进行估计，则有：

$$\Delta y_{i,t} = \alpha \Delta y_{i,t-1} + \sum_{k=1}^{K} \beta_k \Delta x_{k,i,t} + \Delta \varepsilon_{i,t} \tag{6}$$

其中，$\Delta y_{i,t} = y_{i,t} - y_{i,t-1}$；$\Delta y_{i,t-1} = y_{i,t-1} - y_{i,t-2}$；$\Delta x_{k,i,t} = x_{k,i,t} - x_{k,i,t-1}$；$\Delta \varepsilon_{i,t} = \varepsilon_{i,t} - \varepsilon_{i,t-1}$。

显然，$cov(\Delta y_{i,t-1}, \Delta \varepsilon_{it}) \neq 0$。同时，$cov(\Delta y_{i,t-k}, \Delta \varepsilon_{it}) = 0(k \neq 2)$。因此，所有 $y_{i,t-k}$ 都可以成为工具变量。

对于其他解释变量存在以下几种情况：

（1）如果对于所有的 $s \neq t$，$E(x_{k,i,t}\varepsilon_{i,t}) = 0$ 恒成立，这一变量可称为严格外生变量。对于这一类变量可以其自身作为自己的工具变量。

（2）当 $s < t$，$E(x_{k,i,t}\varepsilon_{i,t}) \neq 0$，且 $s \geq t$ 有 $E(x_{k,i,t}\varepsilon_{i,s}) = 0$，该变量为弱外生解释变量。对于这一类变量可以使用 $x_{k,i,t}$ 的所有滞后变量作为其工具变量。

（3）当 $s \leq t$，$E(x_{k,i,t}\varepsilon_{i,s}) \neq 0$，且 $s > t$ 有 $E(x_{k,i,t}\varepsilon_{i,s}) = 0$，即 $E(x_{k,i,t}\varepsilon_{i,t}) \neq 0$，该变量为同时性内生变量。对于这一类变量，$x_{k,i,t-1}$ 已不能作为工具变量使用，只能使用除了 $x_{k,i,t-1}$ 外其他滞后期的变量作为同时性变量的工具变量。

本部分将运用动态面板广义矩估计方法（GMM-DIFF）分析城市水务产业规制改革对城市水务产业发展的作用。通过引入滞后项一方面可以减弱遗漏变量带来的内生性问题，还可以解决实证分析中自由度约束带来的不能穷尽所有影响因素的难题。但是，引入滞后项后，使得传统的一阶差分（FD）OLS 估计结果变得有偏，FDOLS 方法变得不可行。动态面板广义矩估计方法（GMM-DIFF）充分利用系统中的滞后变量信息使用广义矩（GMM）方法，构造工具变量，有效地解决了估计中的有偏问题。

对于动态面板数据模型，其估计的前提条件是要求面板数据必须是平稳的，否则可能导致"伪回归"结果。本文采用 ADF 单位根与 PP-Fisher 两种方法检验，以期相互验证，得到更为有效的结论（见表3）。对各变量进行的平稳性检验表明各变量的原始序列均是非平稳序列，但经过一阶差分后均呈现平稳特征。

表3　序列平稳性检验

变量	ADF 检验		PP 检验	
	(C, T, Q)	统计量	(C, T, Q)	统计量
SUPLY_P	(C, T, 1)	46.23	(C, T, 1)	95.39***
D (SUPLY_P)	(C, T, 1)	60.65**	(C, T, 1)	184.64***
PREGU	(C, T, 1)	25.15	(C, T, 1)	48.16
D (PREGU)	(C, T, 1)	69.98**	(C, T, 1)	152.24***

续表

变量	ADF 检验		PP 检验	
	(C, T, Q)	统计量	(C, T, Q)	统计量
EREGUA	(C, T, 1)	43.86	(C, T, 1)	116.47**
D (EREGUA)	(C, T, 1)	65.15*	(C, T, 1)	194.94***
EREGUV	(C, T, 1)	46.36	(C, T, 1)	81.76***
D (EREGUV)	(C, T, 1)	79.41***	(C, T, 1)	168.33***
COST_UNIT	(C, T, 1)	48.84	(C, T, 1)	40.61
D (COST_UNIT)	(C, T, 1)	61.11**	(C, T, 1)	123.73*
URBN	(C, T, 0)	47.24	(C, T, 0)	83.05**
D (URBN)	(0, 0, 1)	58.29*	(0, 0, 1)	93.59***
LNPGDP	(C, 0, 1)	35.88	(C, 0, 1)	32.65
D (LNPGDP)	(0, 0, 1)	70.65***	(0, 0, 1)	87.05***
STRU	(C, 0, 1)	45.13	(C, 0, 1)	43.47
D (STRU)	(0, 0, 1)	89.53***	(0, 0, 1)	161.57***

注：C，T，Q，D 分别表示带有常数项、趋势项、滞后阶数及一阶差分；*、**、*** 分别表示在 10%、5%、1% 的显著性水平下是显著的。

前文已经提到，本文着重分析规制改革对城市水务产业发展的影响，具体的，分析价格与进入规制改革对城市水务产业总量发展影响的分析。具体的实证模型为：

$$SUPLY\_P_{i,t} = \gamma_1 SUPLY\_P_{i,t-1} + \gamma_2 SUPLY\_P_{i,t-2} + \beta_1 PREGU_{i,t} + \beta_2 PREGU_{i,t-1} + \beta_3 EREGUA_{i,t}$$
$$+ \beta_4 EREGUA_{i,t-1} + \beta_5 LNPGDP_{i,} + \beta_6 URBN_{i,t} + \beta_7 STRU_{i,t-1} + \varepsilon_{i,t} \tag{7}$$

其中，$i = 1, 2, \cdots, 24$；$t = 2000, 2001, \cdots, 2009$。

模型中引入人均供水总量的滞后一期（$SUPLY\_P_{i,t-1}$）与滞后两期（$SUPLY\_P_{i,t-2}$）[1]减弱了由于遗漏变量带来的内生性问题，同时也增强了解释变量的解释力。由于规制与人均城市供水之间有可能存在相互因果的同时性内生问题，$PREGU_{i,t}$、$PREGU_{i,t-1}$、$EREGUA_{i,t}$、$EREGUA_{i,t-1}$ 的工具变量中将不包括其滞后一期变量。对于其他解释变量 $URBN_{i,t}$、$LNPGDP_{i,t}$ 与 $STRU_{i,t-1}$[2]，也存在类似的问题，因此其工具变量中同样不包括其滞后一期。

理论分析表明，由于实行收益率规制，企业将迅速进行要素结构的调整，势必带来成本的变化，因而价格规制对生产成本的影响更加显著。因此在论述规制改革对中国城市水务产业成本效率影响时，本文将以价格规制为例进行分析。具体的实证模型为：

$$COST\_UNIT_{i,t} = \theta_1 SUPLY\_P_{i,t-1} + \theta_2 SUPLY\_P_{i,t-2} + \rho_1 PREGU_{i,t} + \rho_2 PREGU_{i,t-1}$$
$$+ \rho_3 LNPGDP_{i,t} + \rho_4 URBN_{i,t} + \rho_5 STRU_{i,t-1} + \upsilon_{i,t} \tag{8}$$

其中，$i = 1, 2, \cdots, 24$；$t = 2000, 2001, \cdots, 2009$。

---

① 本文曾进行的序列检验的结果表明，滞后一阶的动态面板存在显著的序列相关，因此考虑在方程右侧增加因变量的滞后项。

② 引入产业结构的滞后一期而不是当期值，是因为从理论上讲，产业结构更可能是预先决定城市水务产业发展。而且，由于产业结构可能会与人均 GDP 产生共线性问题，通过滞后一期可以消除这种影响。

表 4 给出了式（7）与式（8）的估计结果。式（7）的回归结果表明 SUPLY_P 的滞后项系数分别为 0.3073 与 0.1771，且均通过显著性水平检验，说明人均城市供水总量具有明显的序列相关问题。如果没有引入 SUPLY_P 的滞后项而使用静态面板固定效应，SUPLY_P 的显著效应将进入残差项，产生残差的序列相关性。在残差序列相关的条件下，各统计量的标准误差将是有偏的，从而使得回归系数的显著性水平产生偏误，分析结论也就自然不可信。在式（8）中 COST_UNIT 的滞后项通过显著性水平检验，进一步说明对于本文研究的问题，动态面板较之静态面板是更适合的。对于动态面板广义矩方法还有一个问题就是过度识别问题，由于工具变量的个数大于参数的个数，因此就有过度识别约束。为了解决这个问题，本文一方面控制工具变量个数，减弱工具变量的个数。本文使用的是10 年数据，但是对于大部分变量本文将其工具变量设定为从滞后 2 期到滞后 5 期。另一方面通过利用 Sargan（1988）提供的检验方法进行过度识别检验以加强研究的严谨性。表4 的最后一行给出了 Sargan 检验的结果，检验结果表明"过度识别约束是有效"的结论没有被拒绝，因而过度识别带来的估计问题是可以忽略的。

表 4　规制改革对中国城市水务产业发展的影响

变量	人均供水总量（SUPLY_P）	生产成本（COST_UNIT）
$SUPLY\_P_{i,t-1}$	0.3073***	
$SUPLY\_P_{i,t-2}$	0.1771***	
$COST\_UNIT_{i,t-1}$		0.7711**
$COST\_UNIT_{i,t-2}$		−0.1178*
$EREGUA_{i,t}$	1.1764***	
$EREGUA_{i,t-1}$	−1.1121*	
$PREGU_{i,t}$	0.5872**	0.0043***
$PREGU_{i,t-1}$	−0.6626**	0.0003*
$LNPGDP_{i,t}$	−12.297**	−0.0509***
$URBN_{i,t}$	−104.0616**	−0.1435***
$STRU_{i,t-1}$	−1.45648*	0.0115***
Sargan 检验	20.32	14.93

　　注：① "*"表示在 10%的显著性水平下显著，"**"表示在 5%的显著性水平下显著，"***"表示在 1%的显著性水平下显著；②由于动态面板广义矩估计方法中采用一阶差分方法对模型进行估计，估计结果中固定效应被消除；③Sargan 检验用于过度识别检验，原假设是过度识别约束是的有效性。

　　根据理论分析，本文着重分析了进入规制对城市水务总量的影响。EREGUA 及其滞后一期在统计上都是显著的，但是，EREGUA 的符号为正，但其滞后一期的符号为负，即EREGUA 及其滞后一期对人均城市水务总量的影响从符号上是不一致的。EREGUA 的当期变量对人均城市水务总量产生了积极的促进作用，表明规制改革在推动城市水务产业发展、缓解城市水务供求矛盾方面起到了一定的推动作用。本文用城市水务产业中非国有资产所占比重代表进入规制，其实城市水务产业的进入规制改革与产权改革经常是交织在一起的，难以将两者彻底分清。但是，也可以从一定程度上讲，产权改革与规制改革是一致的，而且，与整个中国经济社会转轨也是一致的。事实上，对公共产权与民营产权效率的比较，一直是经济学始终关注的问题，尽管除了产权与规制本身外，包括生产规模、竞争程度及管理经验等都会影响城市水务产业的绩效。但 Sappington 和 Stiglitz（1987）等大量的研究都认为民营企业将比公共产权做得更好。但是，本文研究结论还表明，滞后一期的进入规制（EREGUA）对人均城市水务总量产生负向影响。表明进入规制的促进作用并没有显示长期的一致性与稳健性，仅仅是短期的政策调整，没有真正发挥放松规制对城市水务产业的推动力。尽管理论上支持私营化的比例较高，但是仍然有不少研究对此提出了质疑。Newbery（1999）则认为，"无论公用事业是公有还是私有，规制质量是企业绩效的关键决定因素"，"与规制质量相比，产权则显得相对不太重要"。因而，进入规制本身并不能对人均城市水务产业产生直接明显的推动作用。或者可以说，进入规制改革对城市水务产业发展是必要但非充分条件，只有与技术环境与区域禀赋相结合的规制改革才能产生良好效果，具有强烈地方性特点的城市水务产业的产权结构安排必然呈现多样性和混合结构。

观察价格规制对人均城市供水变量的影响，可以发现，逐渐完善的收益率规制改革对城市供水产业并没有显示一致的正向促进作用（同 EREGUA 类似，EREGUA 符号为正，其滞后一期也显示为负值）。从理论上讲，收益率规制方式有利于鼓励企业投资，吸引资本进入这个产业，在资金短缺的城市水务发展初期，这一规制方式确实发挥了一定作用。但这一规制也为资本逐利本性带来了方便，企业将试图通过增加固定服务费用等方式自然转移到消费者身上。水务企业的增产动力开始减退，"坐吃山空"的现象开始显现。水务企业长期以来将表现出缺乏激励、管理不善等不良症状。由此，基于城市水务产业中私人部门投资参与不断扩大，水务市场的开放和竞争程度逐步提升，以及传统规制和管理机制下的低效率、失效问题逐步改善，需要逐步改革收益率规制方式，实行激励性规制工具。否则，在城市化及工业化不断推进的进程中，众多城市缺水的严峻局面还将一直持续。

作为本文关注的另一个主要焦点，表 4 的最后一列给出价格规制对城市水务产业生产成本影响的检验结果。与前面两个结论不同的是，价格规制对城市水务产业生产成本的影响是一致稳健的，PREGU 系数为 0.0043 且其滞后一期为 0.0003，即 PREGU 当期及滞后一期对生产成本 COST_UNIT 均呈现显著的正向影响。这一结论与理论模型非常契合，表明中国的价格规制方式正逐渐显示明显的 A-J 效应，收益率规制导致了要素投入结构的扭曲进而带来生产成本的上升，降低了生产效率，从侧面也证明了选择要素投入结构作为价格规制代理变量的可靠性。事实上，选择收益率规制方式是由体制转型背景所决定的。城市水务产业价格规制的缩影就是地方政府竞争的缩影，在过度追逐 GDP 的过程中，地方政府往往在资本方面给予其超国民待遇。一方面影响了正常的市场秩序，另一方面也带来了不公平及不透明。因此，推进中国城市水务市场化及规制改革，首要的是应规范地方政府行为，在相关基本框架和监督下，允许各个地方结合本地实际，探索和选择不同的管理模式和市场化模式，选择真正适合区域发展的城市水务规制方式。

在经济社会发展的不同阶段，收益率规制方式的成本与收益是动态变化的，在实行收益率规制的初期，可以改变城市水务以"公益性"为基础的定价方式，有效提高各种资本进入城市水务产业的积极性，进而提高城市水务产业总量的发展。然而，随着城市化进程的加速推进，城市水务产业具有的良好发展前景及较高的远期收益率，必然能够不断吸引各类资本进入该产业，那时，收益率规制的弊端将越来越明显。收益率规制对企业的成本信息披露性具有很强的依赖性，在成本约束制度不健全的收益率规制方式下，企业很难有动力去披露成本的相关信息，因此实践中该规制方式带来的低效率极可能比本文分析的结论还要严重。中国的统计制度正日趋完善，各地区、时期内的各种价格指数均有详细的记录，而且，随着金融证券业的蓬勃发展，信息披露制度也在逐步走向成熟，司法制度进一步得以健全完善。在当前经济社会形势下，改变价格收益率规制方式的条件已经成熟，亟须引入价格上限规制等激励性规制方式。

LNPGDP、URBN、STRU 是作为扰动因素变量引入的，从表4中可以得知，人均 GDP的增长，城市化的推进及产业结构的提高并没有带来城市水务产业的正向发展，反而呈现负向作用，这一结果有些背离常理。由于引入因变量的滞后两期变量，因而很多潜在的影响变量都可以考虑进来，人均 GDP 的发展、城市化的推进及现代工业的发展带动了整个城市对供水的需求，在城市化不断提高的过程中，供水总量的提高没有达到经济学意义上的最优程度，供水总量的发展不及相对高速的城市化发展及工业化进程。[①] 表4 最后一列还给出了 LNPGDP、URBN、STRU 对单位生产成本的影响：产业结构的提高推进了生产成本的提升；城市化的推进降低单位生产成本；人均 GDP 的提高则降低单位生产成本。事实上，这 3 个检验结果均契合了理论解释，城市化与人均 GDP 的提高扩大了供水需求，根据基本的经济学知识，这一结果必然带来单位生产成本的降低。而产业结构的升级，提高了对要素的需求，从而提高要素的竞争力，进而提高生产成本。通过本文的检验可以发现，从整个社会角度看，规制者将从效率和总量两方面来权衡是否使用收益率规制方式。若更加重视总量水平发展满足日益增长的需求，那么规制者将选择收益率的规制方式，若更加注重成本效率方面的考虑则会倾向于摒弃该价格规制方式。若沿着以上逻辑思路思考，就可比较清晰的理清各国使用或摒弃收益率规制方式的背后机理。

五、主要结论与启示

中国城市水务产业规制改革是一个复杂的系统，本文把其简化为市场进入与价格规制改革，并验证这两类规制改革的实证影响。研究结果表明，以收益率价格规制与放松进入规制为主要特征的中国城市水务产业规制改革对城市水务产业发展并没有显示良好的效果。逐步实行收益率规制模式的价格规制改革显著地推动了生产成本的提高，却仅有微弱

---

① 作者曾将供水总量作为因变量进行检验，发现，这时人均 GDP 开始呈现正值，由此可以再次验证，中国的城市化进程与城市水务发展呈现严重的不协调。

证据表明其促进了城市水务产业的总量发展。研究还表明，虽然放松规制当期量对人均城市水务供水总量产生正向作用，但总体上进入规制改革本身并没有对人均城市水务产业产生直接明显的推动作用，短期的正向作用仅仅体现短期的政策调整，没有真正发挥放松规制对城市水务产业的有效推动作用。

本文研究发现，价格规制方式的改革对城市水务产业的促进作用并没有显示一致的稳定性，并且可以看到，收益率规制中的A-J效应已经开始显现。本文认为产生这一现象的根本在于地方政府竞争行为，在地方竞争及经营城市导向下，地方政府给予资本尤其是外资超国民待遇。而且，地方政府忽视城市水务的区域垄断特征及其准公共品的经济属性，将城市水务产业等同于一般竞争企业，没有依据城市水务的自身特征制定具有针对性的政策与制度。地方政府竞争盲目依赖外资的现状阻碍了城市水务产业的健康发展。诚然，西方国际水务巨头具有先进的经营及管理理念，但是在充分利用这一优势的同时，如何防止其形成垄断势力，提供公共服务就成为城市水务产业规制改革的主要难题。因而，规范地方政府竞争行为也是进行城市水务产业规制改革的一个关键条件，只有这样才能为城市水务产业发展提供一个基础的保证。

进入规制改革对城市水务产业发展的影响结论表明，进入规制方式的改革对城市水务总量发展的积极作用在逐渐下降，甚至带来一些弊端，影响了城市水务产业的长远发展。过去的20多年，放松规制改革为解决城市水务发展中"瓶颈"问题发挥了巨大作用。为应对"水荒"，发展城市水务产业，中国采取以吸引更多外资为主要目标的放松进入规制，各级政府更是把吸引外资的多少作为评判政绩的主要指标，在这种执政意识与制度安排下，必然导致中国为吸引外资实行超优惠政策。也许在国内资金短缺的20世纪，对待外资实行超国民待遇符合经济发展阶段性的要求，其弊端短期内也许不会显现。但是，在吸引外资的同时，要充分认识外资优惠政策对经济造成的扭曲，进一步地，在实施每项优惠政策时需仔细衡量政策的成本和收益，以免出现某些地区引资零收益甚至负收益的情况。如今，中国已拥有世界上最大的外汇储备，资金的短缺已经得到极大缓解，甚至出现产能过剩的状况，在这种背景下，如果继续坚持外资超国民待遇，且不说其收益成本如何，单从竞争角度来看，此种制度安排必然导致社会资源配置扭曲、效率低下，消费者福利损失增大。[①] 因此在放松规制过程中，要根据国内企业发展情况，使优惠政策逐渐向民族企业尤其是非国有企业辐射，切实促进公平竞争环境的形成。

---

① 2007年1月，外资水务威立雅出资17.1亿元获得兰州供水集团45%的股权，在同时竞标的3家水务公司中，首创股份报价2.8亿元，中法水务报价4.5亿元，威立雅以溢价达到280%投标价17.1亿元中标。同年3月，在争夺海口水务集团49%的股权转让中，威立雅又以9.5亿元胜出，报价几乎是其他3家同时竞标者的两倍。外资高溢价收购让急于增加财政收入的地方政府兴奋不已，都摩拳擦掌、跃跃欲试。如此高的溢价能通过正常渠道获得回报吗？是否隐藏着其他目的？谁为最终的高溢价买单？事实上，在2002年，威立雅就斥资20亿元以净资产3倍溢价收购上海浦东自来水公司50%的股权。国际水务巨头在收购了公司投权后，占有了当地的水资源。于是在水价制定上，外资就具有更多的话语权甚至可能垄断水价。由于外资纠纷复杂性，在对待外资问题上，中国政府往往办法不多，最终将使消费者福利减少。

本文还就城市化进程及工业化进程与城市水务产业发展关系进行了探索性的研究。近年来，随着社会各方的关注，中国开始研究城市化与相关产业尤其是城市公用事业发展的协调问题。片面追求城市化发展速度的发展理念，已经给城市生活带来了诸多问题。本文的结论证实了上述逻辑。一般来讲，城市化对城市水务发展具有需求拉动作用，然而当社会片面追求城市化进程时，城市化对城市水务发展的边际拉动作用就会减弱甚至为负，因此，应坚定城市化的"科学发展"理念，摒弃"片面"发展思路，以科学推进城市化进程，促进城市化与城市水务产业的均衡协调发展。

　　本文的研究加深了对中国城市水务产业规制改革的理解，在未来城市水务发展中，水务产业提供服务的质量将会越来越重要，由于数据限制本文没有对其进行分析，这是一个值得进一步研究的问题。另外，城市水务产业改革还可以分解为规制、竞争与产权改革，如何把握这 3 个维度的改革次序也是我们以后研究的重点问题。

参考文献

　　[1] 陈明. 城市公用事业民营化的政策困境——以水务民营化为例 [J]. 当代财经，2004（12）.

　　[2] 仇保兴，王俊豪. 中国市政公用事业监管体制研究 [M]. 中国社会科学出版社，2006.

　　[3] 林毅夫. 本土化、规范化、国际化：祝贺创刊 40 周年 [J]. 经济研究，1995（10）.

　　[4] 宋华琳. 公用事业特许与政府规制——中国水务民营化实践的初步观察 [J]. 政法论坛：中国政法大学学报，2006（1）.

　　[5] 于良春，王志芳. 竞争与规制：中国自来水产业的改革与发展 [J]. 东岳论丛，2005（11）.

　　[6] Arellano and Bond. Some Tests of Specification for Panel Data: Monte Calro Evidence and an Application to Employment Equations [J]. Reviews of Economic Studies, 1991（58）.

　　[7] Aubert, C., Reynaud, A. The Impact of Regulation on Cost Efficiency: An empirical Analysis of Wisconsin Water Utilities [J]. Journal of Productivity A nalysis, 2005, 23（3）.

　　[8] Bottasso, A., Conti, M. Cost Inefficiency in the English and Welsh Water Industry: A Heteroskedastic Stochastic Cost Frontier Approach[J]. Economics Discussion Papers, 2003（573）. University of Essex, Department of Economics.

　　[9] Fraquelli, G., Moiso, V. Cost Efficiency and Economies of Scale in the Italian Water Industry [R]. Conference of the Societa Italiana Dieconomia Pubblica, Pavia, 2005.

　　[10] Laffont, J.and Tirole, J. A Theory of Incentives in Procurement and Regulation [M]. Cambridge: The MIT Press, MA, 1993.

　　[11] Newbery, D. Privatization, Restructuring and Regulation of Network Utilities [M]. Cambridge. The MIT Press, MA, 1999.

　　[12] Saal, D., Parker, D. Productivity and Price Performance in the Privatized Water and Sewerage Companies of England and Wales [J]. Journal of Regulatory Economics, 2001, 20（1）.

　　[13] Saal, D., Parker, D. The Impact of Privatization and Regulation on the Water and Sewerage Industry in England and Wales: A Translog Function Model [J]. Managerial and Decision Economics, 2000（6）.

　　[14] Sappington, Stiglitz. Privatization, Information and Incentive [J]. NBER Working Paper No. 2196, 1987.

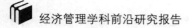
［15］Sargan，J.D. Testing for Misspecification after Estimating Using Instrumental Variables ［A］. //In：MaasoumiE (ed) Contributions to Econometrics：John Denis Sargan，Vol.I ［M］. Cambridge University Press，Cambridge，1988.

［16］Stern，J.，Holder，S. Regulatory Governance：Criteria for Assessing the Performance of Regulatory Systems，An Application to Infrastructure Industries in the Developing Countries of Asia ［J］. Utilities Policy，1999，8 (1).

［17］Stern，J.，Cubbin，S.J. Regulatory Effectiveness：The Impact of Regulation and Regulatory Governance Arrangements on Electricity Outcomes—A Review Paper ［R］. London Business School Regulation Initiative Working Paper，2003.

［18］Wolak，F. An Econometric Analysis of the Asymmetric Information Regulator–Utility Interaction ［J］. Annalesd，Economie et de Statistiques，1994 (34).

产业经济学学科前沿研究报告

流通业对制造业效率的影响

——基于我国省级面板数据的实证研究[*]

王 俊

（浙江工商大学经济学院 杭州 310018）

【摘 要】本文以流通规模、流通结构、流通效率、流通专业化指数四个指标表示流通业发展水平，以 2000~2008 年我国 31 个省市区面板数据实证检验了流通业发展水平对制造业 TFP 的影响。研究发现，流通规模扩大显著地促进了制造业 TFP 上升。在以我国三大区域组成的子样本估计中发现，流通业发展水平对制造业 TFP 的正面影响效应在东部地区最显著。实证结果说明了流通对生产的反作用是确实存在的，流通业发展水平在一定程度上决定了制造业生产效率的高低，中西部地区流通业发展水平相对滞后有可能成为制造业发展的"瓶颈"。

【关键词】流通业；制造业；TFP

一、引 言

随着国际垂直分工的兴起以及按照价值链分工所形成的国内产业集聚，世界贸易格局发生了深刻的改变，中国在世界市场上扮演着越来越重要的角色。尽管中国出口商品中包含有大量技术密集型产品，但这是否就意味着中国制造业生产效率在稳步增长呢？有的学者认为，自 20 世纪 90 年代以来我国制造业生产效率有轻微的下降趋势，而有的学者得出了技术进步提升了中国制造业生产效率的结论（岳书敬、刘朝明，2006；陶洪、戴昌钧，

---

* 本文选自《经济学家》2011 年第 1 期。

基金项目：教育部人文社科青年项目（09YJC790241）、教育部省部共建基地项目（2009JJD790059）、浙江省自然科学基金项目（Y7100179）、教育部人文社科重点基地浙江工商大学现代商贸研究中心项目（09JDSM07YB）、浙江工商大学金融学研究中心项目（JYTjr20101115）。

作者简介：王俊，浙江工商大学经济学院。

153

2007)。研究中国制造业生产效率是否提高固然重要，但更重要的是有哪些因素影响我国制造业生产效率的变动。现有的研究大多从人力资本、R&D 投资、国际分工、技术引进等层面进行分析（张海洋，2005；李小平，朱钟棣，2006）。但是，尚且没有基于产业关联视角从生产与流通的互动发展中研究制造业生产效率变动的相关文献。

　　流通业与制造业之间并非简单的因果关系，而是存在双向互动的关联。一方面，制造业为流通业提供了必要的技术基础，有利于提高流通业的技术水平和服务效率；另一方面，流通业也对制造业效率的提高产生了重要影响。随着流通规模的扩张以及流通业效率的提升，制造企业逐步将原本嵌入在内部的沅通业务独立出来，外包给流通企业，使得制造企业集中更多的资金用于扩大再生产，提高市场占有率，从而出现因规模扩张带动的生产率提高。另外，由于流通业是制造业新技术的使用者，随着流通业对新技术的需求，降低了新技术研发的成本和风险，而且使用新技术之后的反馈信息很有可能成为新的创新源。正如 Gielens 和 Dekimpe（2001）所证明的那样，市场销售、品牌运营等流通环节对于新技术扩散乃至制造业技术创新都起到了重要的作用。Guerrieri 和 Meliciani（2005）运用丹麦、英国、德国、法国、日本和美国的数据，发现商贸流通业对制造业的全要素生产率有着显著的正面影响，特别是在化工、电子设备制造、专用设备制造等资本密集型行业中尤为显著。

　　近年来，我国流通产业正以较快速度发展，据统计自 1978~2008 年批发和零售业增加值年均增长速度高达 18.77%、社会商品零售总额年均增长 16.89%，均高于制造业产值年均增长 15.92%的水平。流通业快速发展是否对制造业生产率产生了积极影响？国内学者已经开展了一些有益的探索，如杜丹清（2008）提出为了提高制造业和流通业效率，进行产业链整合，通过构建全球性的商贸网络体系，达到生产—流通关系的和谐。庄尚文、王永培（2008）利用我国 2000~2006 年数据，检验了商品流通结构和流通效率对制造业产出的影响，发现批发业的相对萎缩和零售商的规模化对制造业的产出带来了不利的影响，而大型专业市场有利于增进制造业的产出。赵凯、宋则（2009）运用 1952~1978 年、1979~2006 年数据研究了商贸流通业对经济增长的影响，发现商贸服务业对经济增长的直接影响力低于其对经济增长的间接影响力。

　　上述研究对于认识流通业与制造业的互动关系提供了有益的借鉴，然而，由于没有能够对流通业发展水平进行合理的评价也就无法厘清流通业与制造业关系，特别是流通业发展水平是怎样影响制造业效率的。本文将运用我国各地区的面板数据，定量研究流通规模扩张、流通结构优化、流通效率和专业化程度提高对制造业生产效率的影响。

二、变量与数据

1. 流通业发展水平指标的设定

在对流通业发展水平进行度量之前先要确定流通业的范围。目前，国内学者对流通业范围的界定包括了狭义和广义的两种。狭义的流通业一般包括批发业、零售业、餐饮业，而广义的流通业还包括专门为商业服务的行业，如物资供销业、仓储业、运输业、包装业等流通的外延行业。考虑到数据的可得性，本文以狭义流通业中的批发业和零售业作为流通产业的范围。考察已有文献，本文提出流通业发展水平指标包括以下几方面：

（1）流通规模（Lcz）。该指标反映了流通业发展的总体水平。从投入方面看，流通规模是一定时期内全社会投入在流通环节上的人、财、物的总和，而从产出的角度看，指的是一定时期内商品交换的总和。两者相比，后者更能够真实反映商品流通的总体规模。本文分别用流通业所创造的产值和社会消费品零售总额来表示流通规模。

（2）流通结构（Lcx）。流通结构反映的是流通中各种要素的内部构成及其比例关系。流通结构合理化涉及流通业的城乡结构、行业结构、流通企业所有制结构等多个层面。本文仅以我国城乡流通规模比表示流通结构。这样做的理由是我国仍然存在较为显著的二元经济特征，城乡流通体系处于相对隔裂状态，流通结构的高度化在很大程度上取决于城乡流通结构的合理化。用我国各地区市级与县级社会消费品零售总额之和与县以下社会消费品零售总额的比值表示城乡流通规模比。

（3）流通效率（Lyl）。该指标反映了商品流通环节整体质量，一般用单位产值所耗费的流通费用或者从业人员劳动生产率、资产周转率等指标表示。考虑到与制造业生产效率的对应关系，本文用流通业的劳动—产出比表示流通效率。

（4）流通专业化指数（Spe）。流通专业化指数衡量的是流通服务的独立化程度。本文构建如下流通专业化指数：

$$\mathrm{Spe}_{ij} = \frac{E_{ij} / \sum_{j=1}^{n} E_{ij}}{\sum_{i=1}^{m} E_{ij} / \sum_{j=1}^{n} \sum_{i=1}^{m} E_{ij}} \tag{1}$$

式中，i 代表地区，j 代表行业，E_{ij} 表示 j 行业在 i 区域中的就业人数。

2. 制造业效率测算

本文采取 DEA-Malmquist 指数方法估算全要素生产率用以衡量制造业效率。这种方法的好处在于对前沿生产函数及其距离函数进行线性优化，而不需要对生产函数设定形式和分布做出假设，从而避免了因函数设定假设过于苛刻和严格而造成的估算结果的误差。

假设有 H 个决策单元，在 t 时期第 h 个决策单元投入的要素单位为 $x_h^t = (K_{ht}, L_{ht})^t$，

K、L 分别为资本和劳动。在 t + 1 期第 h 个决策单元的全要素生产率增长的 Malmquist 指数为：

$$M_h^{t+1}(x_h^t, y_h^t, y_h^{t+1}) = \left[\frac{D_h^t(x_h^{t+1}, y_h^{t+1})}{D_h^t(x_h^t, y_h^t)} \frac{D_h^{t+1}(x_h^{t+1}, y_h^{t+1})}{D_h^{t+1}(x_h^t, y_h^t)} \right]^{1/2}, \quad h = 1, \cdots, H \qquad (2)$$

式中，D_h^t 为产出距离函数。当全要素生产率增长指数大于 1 时，反映了全要素生产率出现增长，反之，则表示全要素生产率下降了。本文运用 1999~2008 年我国各地区制造业的投入与产出数据进行 DEA–Malmquist 指数的估算，其中产出水平用各年各地区制造业所创造的工业总产值表示。[①] 为了消除通货膨胀的影响，用工业品出厂价格指数对各年的 GDP 进行价格水平平减。投入要素为资本和劳动，其中资本存量需要进行估算，估算的公式为：

$$K_{it} = I_{it}/P_t + (1 - \delta_{it})K_{it-1}$$

式中，K_{it} 是地区 i 制造业在 t 年的实际资本存量，K_{it-1} 是地区 i 制造业在 t − 1 年的实际资本存量，P_t 是 t 年的固定资产投资价格指数，I_{it} 是地区 i 制造业在 t 年的固定资产投资的流量。δ_{it} 是折旧率，按照通常的做法假定折旧率是一个固定的数值，设定为 5%。估算中还需要确定基年的固定资产投资 K_{i0}，本文以 1999 年各地区制造业的固定资产投资额作为基年数据。劳动投入使用的是各年各地区制造业职工人数。

3. 描述统计分析

（1）流通业发展水平。表 1 列出的是流通业发展水平四个指标的全国平均水平以及东部、中部、西部三大区域的平均水平。由表中数据可见，我国各区域流通业发展水平如同经济发展一样，存在显著的区域差异。东部地区不论在流通业发展规模还是在流通结构与效率方面都远远超过其他区域。而中部地区与西部地区相比，尽管在流通规模上前者比后者高得多，但中部地区并没有表现出比西部地区更高的流通效率。

表 1　全国及三大区域的流通业发展水平（31 个省市区，2000~2008 年平均）

指标	变量	东部地区	中部地区	西部地区	全国平均
流通规模	流通业产值	981.21 (738.52)	492.38 (226.08)	239.51 (205.86)	567.95 (570.54)
	社会消费品零售总额	3208.43 (2198.66)	1871.52 (889.58)	846.83 (756.62)	1949.25 (1778.14)
流通结构	城乡流通规模比	6.038 (7.545)	3.942 (1.649)	4.689 (1.901)	4.975 (4.777)
流通效率	劳动产出比	30.209 (21.68)	20.387 (13.37)	19.475 (14.503)	23.625 (17.87)
流通专业化	专业化指数	5.354 (2.21)	0.994 (0.015)	0.889 (0.0137)	2.543 (1.337)

注：①东部地区包括北京、天津、河北、辽宁、上海、江苏、浙江、广东、福建、海南和山东；中部地区包括山西、吉林、黑龙江、安徽、江西、河南、湖北、湖南；西部地区包括内蒙古、广西、四川、重庆、贵州、云南、陕西、新疆、甘肃、青海、西藏、宁夏。②括号里的数字是标准差。

---

① 在测算各地区制造业 TFP 时选择各地区 28 个制造业的资本总额和劳动力总量作为投入要素。

（2）制造业 TFP 增长指数。按照 DEA 方法计算出我国各地区 TFP 增长指数，限于篇幅的原因，表 2 仅列出全国及三大区域的均值。三大区域的 TFP 增长指数都大于 1，其中东部地区的平均值高于中部地区和西部地区，也高于全国平均水平，但是东部地区 TFP 增长指数超过中部地区的幅度并不太大。[①] 计算结果说明了自 2000 年以来，我国各地区制造业生产效率都是增长的，其中东部地区增幅最大。

表 2   全国及三大区域的全要素生产率增长指数

	TFP
东部地区	1.110
中部地区	1.109
西部地区	1.054
全国平均	1.069

注：限于篇幅的原因没有列出各个省市区的具体数字。

三、实 证 模 型

制造业生产效率是受资本、劳动投入以及其他内外部因素共同影响的。流通业快速发展在改善流通业自身效率的同时也降低了制造业成本，提高了制造业效率及市场竞争力。基于此，本文建立以下计量模型：

$$\mathrm{Prod}_{it} = \beta_0 + \beta_1 \sum_{i=1}^{4} \mathrm{Sev}_{it} + \beta_2 \mathrm{LnCap}_{it} + \beta_3 \mathrm{Fdi}_{it} + \beta_4 \mathrm{Sy}_{it} + \beta_5 \mathrm{Exp}_{it} + \beta_6 \mathrm{Cit}_{it} + \varepsilon_{it} \tag{3}$$

式中，Prod_{it} 表示的是地区 i 在 t 年制造业的全要素生产率，是该模型的被解释变量。Sev_{it} 是地区 i 在 t 年流通业发展水平，包括了流通规模、流通结构、流通效率和流通专业化水平四个指标。其余的是模型的控制变量，主要包括：

（1）InCap 是地区 i 在 t 年的制造业人均固定资产投资额的对数。索罗在增长方程中对资本形成与全要素生产率之间的关系进行了简单的核算。他指出人均产出增长率可以表示为资本—产出比增长率与全要素生产率之和。在资本—产出比不变的情况下，全要素生产率的变化就决定了人均产出增长率的变化程度。在人均产出不变的情况下，资本—产出比与全要素生产率是此消彼长的关系，换言之，只有资本形成的速度超过了 TFP 下降的速度才能够保证人均产出的不变甚至上升。在实证研究中资本形成对全要素生产率的影响是正

---

① 由于本文并没有深究是技术效率还是技术进步的差异引起的制造业 TFP 区域差异，故而也就没有分析造成这种状况的内在原因。

面的还是负面的争论一直都在继续。

（2）Fdi_{it} 是地区 i 在 t 年制造业吸收的外资规模占当年工业产值的比值，该指标反映了外资对制造业生产率的影响程度。外资进入为东道国带来了先进的生产技术、管理经验，并通过竞争机制、人员流动等溢出效应促进东道国企业提高产品质量、完善生产工艺。但是外资的溢出效应最终效果如何，还取决于当地企业的吸收能力以及外部环境特征，如东道国的市场开放程度、知识产权保护制度、相关产业的技术水平等因素。这样就使得 FDI 与东道国企业生产率之间的关系以及 FDI 对东道国企业生产率的传导机制变得极为复杂。

（3）Sy_{it} 是地区 i 在 t 年的制造业所有权结构，用各地区各行业国有股权比重来表示。尽管德姆赛茨等研究现代企业理论的学者认为所有权结构是内生化的结果，与企业业绩之间并无确定关系。但是，对中国来讲情况并非如此。我国各行业中国有资本和民营资本是共存的，而效率水平却是迥异的。国有资本由于委托代理链条过长以及所有者缺位等产权制度层面问题导致的低效率问题较为普遍。而民营资本完全是以市场为导向的，投资方向及经营目标就是为了获取更高的收益，其生产效率要高于国有资本（姚洋、章奇，2001）。因此，在模型中加入国有股权比重的变量是有意义的。

（4）Exp_{it} 是地区 i 在 t 年的制造业出口强度，用各地区制造业出口交货值与工业总产值的比值来表示。从现有的经验研究文献来看，出口企业表现出了比没有出口行为企业更高的生产效率（Bernard & Jensen，1999），这是因为出口企业可以接触到发达国家先进的机器设备、生产工艺以及技术设计与管理，通过"学习效应"间接地促进了本土企业技术创新能力或者生产效率的提高。此外，出口企业还存在"自我选择机制"，由于出口企业相对于国内市场销售的企业要承担额外的费用，包括了交易成本、市场渠道管理成本以及将国内产品进行适当改进以符合国外消费者偏好等，因此只有那些生产效率高的企业才有着较高的出口倾向。特别对于像我国这样出口依存度高的国家，出口是否显著地影响了制造业技术水平和生产效率是必须要考虑的问题。

（5）Cit_{it} 是地区 i 在 t 年的城市化水平，用各地区城镇人口与地区总人口的比值来表示。城市化对制造业效率的影响表现在两个方面：①城市化水平的提高，可以通过促进企业和人口的集聚，形成对制造业的规模化需求；②城市化水平提升也是城市基础设施逐步完善的过程，为制造业生产效率提高提供了良好的外部环境，这也是有利于提高制造业生产效率的。

本文选取的是全国 31 个省、直辖市和自治区在 2000~2008 年的面板数据。全部数据均来自历年的《中国统计年鉴》、《中国工业经济统计年鉴》、《中国劳动统计年鉴》、《中国人口统计年鉴》、《中国城市年鉴》。其中制造业所有权结构的数据是由制造业国有资本与当年的实收资本的比重计算出来的。2006~2008 年的城市化水平数据直接来自《中国统计年鉴》，此前的数据是根据《中国人口统计年鉴》中各地区非农人口与全部人口的数据计算出来的。

四、实证结果分析

1. 全样本结果分析

面板数据在检验之前需要确定模型的设定形式，根据表3中列出的 Hausman 检验值以及随机效应优于固定效应的概率值选择相应的模型形式。实证结果拒绝 Hausman 检验原假设，并且在1%的显著水平下接受固定效应。

表3　全样本估计结果

	（1）	（2）	（3）	（4）	（5）
常数项	3.814*** (6.83)	4.766*** (7.93)	3.822*** (6.73)	4.084*** (6.01)	4.744*** (7.42)
Lcz1	0.179** (2.47)				
Lcz2		0.427*** (3.91)			
Lcx			0.0041 (0.69)		
Lyl				0.00257 (1.52)	
Spe					−0.0052 (−0.44)
lnCap	0.234*** (6.51)	0.258*** (7.16)	0.213*** (6.03)	0.223*** (4.08)	0.178*** (3.27)
Fdi	−0.0968*** (−7.40)	−0.0954*** (−7.74)	−0.0977*** (−7.36)	−0.117*** (−6.45)	−0.127*** (−6.69)
Sy	0.109 (0.66)	0.065 (0.04)	0.175 (1.05)	0.0982 (0.58)	0.049 (0.28)
Exp	0.138** (2.55)	0.0636 (1.09)	0.215*** (4.64)	0.223*** (4.01)	0.259*** (4.76)
Cit	0.135 (1.19)	0.104 (0.94)	0.197* (1.76)	0.163 (1.51)	0.176 (1.53)
Hausman 值（P）	−98.69 (0.0000)	−56.02 (0.0000)	−75.77 (0.0000)	−84.57 (0.0000)	−75.69 (0.0000)
模型形式	固定效应	固定效应	固定效应	固定效应	固定效应
R^2	0.487	0.508	0.473	0.530	0.511
F 值	32.78	35.67	31.00	33.10	31.37

注：①Lcz1、Lcz2 分别指的是流通业产值和社会消费品零售总额。②括号里的是 t 值，*、**、*** 分别表示通过10%、5%、1%显著水平的检验。

研究发现不论是以流通业产值还是社会消费品零售总额表示的流通规模对制造业 TFP 均产生了显著的促进作用。这个结果所蕴含的为在机制在于：随着流通规模的扩大，流通业所能够实现的工业制成品的实际价值在增长，最大可能地降低了制造领域中的库存积压及浪费现象，优化了存量资源，缓解了制造企业现金流不足问题。而制造企业只有在资金相对充裕的情况下，才有可能进行大规模的 R&D 投资或者技术改进以达到提升 TFP 的目的。因此，流通规模扩张能够推动制造业 TFP 持续上升。

　　城乡流通规模比的系数估计值为正但不显著，这个结果反映了城乡流通结构的高度化对制造业 TFP 的正面影响作用并不太大。城乡流通规模比的提高不仅意味着工业制成品流通在城市中集聚，而且分散生产的农产品在城市中流通集聚的程度也在逐步提高。随之而来的是，农村市场对工业制成品的需求容量得以扩大，形成对制造业发展持续的市场支撑，这是有利于提高制造业生产效率的，但是运用我国数据的实证结果并不显著，本文认为主要的原因在于我国城乡流通体系存在割裂的矛盾。农产品分散地小规模生产与集中地大规模销售之间缺乏有效的衔接，农产品流通的组织化程度低，进而影响农村市场对城市中工业制品的有效吸收，使得制造业效率提升所依赖的市场支撑条件不够。

　　流通效率与制造业效率之间呈现出一定的正向关系但不显著。一般而言，随着流通效率的提升制造业可以将更多的资源和精力专注于核心业务，特别是改进生产工艺、合理安排生产过程以及引进新技术等业务，从而促进了制造业专业化程度以及技术水平的提升。本文的实证结果不显著，最大的可能性在于样本数据存在偏差，本文使用的全国 31 个省市区数据，各地区流通效率存在较大差异，将全部地区放在一起进行回归分析可能引起估计误差。因此，为了进一步确定流通效率与制造业生产效率的关系还需要进行分组检验。

　　流通专业化程度对制造业生产效率的影响是负面的而且不显著的。理论上而言，流通专业化水平越高，流通专业化分工越细密，流通领域中难以模仿和竞争的知识要素越来越多，这些高级要素不仅提高了流通业自身的运营效率和竞争力，而且通过流通业的外溢效应导入生产体系之中，提高了制造业的效率。本文得出的却是相反的结论，该结果是否稳健还有待进一步的检验。

　　2. 三大区域估计结果分析

　　表 4 给出了三大区域的估计结果，从东部地区流通业发展水平的参数估计值及显著性来看，流通业对制造业 TFP 的影响都是显著的。东部地区生产与流通的关系相对协调，产业链上下游联系较为密切。流通业不仅发挥了社会再生产中的中介作用，而且还起到了加快制造业资本周转、控制库存、强化销售、降低成本、推动供应链一体化的重要作用，极大地促进了制造业 TFP 的提升。中部地区和西部地区的流通业发展水平影响程度和显著性都低于东部地区，特别是流通效率指标两区域的参数都不显著。该结果反映了两方面事实：首先，中西部地区流通业发展水平相对于东部地区低，流通业环节存在高成本、慢节奏的问题；其次，流通业自身的低水平难以降低制造业的生产运营成本，这也就使得制造业难以依托流通业提高生产效率。此外，值得关注的是在西部地区估计出的流通专业化指数参数值是负的而且在 5% 水平上显著。该结果说明随着流通专业化程度的提高，流通业

独立性和规模化大大提高后反而不利于制造业效率的改进。这主要是由于西部地区流通业效率相对较低，制造业将内部流通业务交给专业化流通部门经营还没有在企业内部自己经营效率高所致。这个结论意味着西部地区只有提高流通业自身效率与服务水平才能保证生产—流通协调发展。

表 4　三大区域估计结果

	东部地区				中部地区				西部地区			
	(1)	(2)	(3)	(4)	(1)	(2)	(3)	(4)	(1)	(2)	(3)	(4)
常数项	6.452** (6.85)	5.958*** (6.53)	7.125*** (5.48)	6.458*** (6.55)	2.61*** (3.14)	2.69*** (3.32)	3.00*** (4.55)	3.39*** (3.64)	3.67*** (3.84)	3.15*** (3.29)	3.89*** (3.02)	4.58*** (4.03)
Lcz2	0.100* (1.84)				0.066 (0.82)				0.26** (2.27)			
Lcx		0.319* (1.98)				0.454* (1.99)				−0.067 (−0.23)		
Lyl			0.002* (1.85)				0.0014 (0.56)				0.0008 (0.17)	
Spe				0.006* (1.74)				3.681* (1.73)				−5.071** (−2.49)
lnCap	0.39*** (7.58)	0.36*** (6.55)	0.391*** (5.40)	0.393*** (5.38)	0.078 (1.34)	0.076 (1.34)	0.162* (2.36)	−0.004 (−0.05)	0.34*** (4.70)	0.26*** (4.00)	0.09 (0.53)	0.137 (1.30)
Fdi	−0.05*** (−2.74)	−0.06*** (−3.15)	−0.06** (−2.62)	−0.06** (−2.70)	−0.08*** (−3.08)	−0.09*** (−3.38)	−0.07** (−2.71)	−0.14*** (−3.97)	−0.10*** (−4.69)	−0.113*** (−5.09)	−0.176*** (−3.70)	−0.173*** (−4.91)
Sy	0.302 (0.89)	0.424 (1.31)	0.496 (1.30)	0.363 (1.02)	−0.068 (−0.21)	0..049 (0.17)	−0.005 (−0.02)	−0.333 (−0.96)	0.045 (0.18)	0.231 (0.95)	0.106 (0.39)	0.245 (0.93)
Exp	0.43*** (4.34)	0.37*** (5.37)	0.44*** (4.13)	0.39*** (4.73)	0.06 (0.21)	0.128* (1.98)	0.13** (2.21)	0.125* (1.72)	0.160* (1.82)	0.20** (2.27)	0.197* (1.88)	0.249** (2.45)
Cit	0.80** (2.20)	0.727** (2.21)	0.588* (1.61)	0.599* (1.64)	0.115 (0.36)	0.144 (0.47)	0.459* (1.88)	0.115 (0.34)	−0.026 (−0.21)	−0.069 (−0.54)	−0.035 (−0.26)	−0.051 (−0.40)
R²	0.663	0.664	0.674	0.673	0.331	0.419	0.512	0.445	0.588	0.561	0.561	0.599
F值	2.92	22.04	20.34	20.25	4.54	6.03	7.86	5.75	18.57	16.64	13.85	16.49

注：①由于以流通业产值或社会消费品零售总额为解释变量的回归结果相似，本文在分组检验中只列出了以社会消费品零售总额为流通规模替代变量的回归结果。②东部地区和西部地区选择固定效应模型、中部地区选择随机效应模型。③括号里的是 t 值，*、**、*** 分别表示通过 10%、5%、1% 显著水平的检验。

这个研究结果的现实意义在于：随着东部地区土地、劳动力成本上升，大量的劳动密集型制造业开始由东部地区逐步向中西部地区转移，而目前中西部流通水平低下，特别是流通效率过低，在未来可能会形成制造业的"流通瓶颈"。因此，中西部地区加快流通业发展，建立与制造业发展相协调的流通规模和结构可能是承接产业转移、缩小区域差异的重要步骤。

实证结果还发现，估计出的 lnCap 系数是正的且能够通过显著性检验。这意味着制造业资本构成的提高将带来制造业生产效率的提高。这个结果与大多学者研究结果都是一致的（张学良、孙海鸣，2009）。本文还得出了 FDI 与制造业 TFP 之间是负相关关系的结论。

其原因可能在于 FDI 所带来的先进技术与设备可能会对国内研发起到一定的替代作用，这种替代作用导致了我国自主创新能力的下降，也可能因缺乏研发而失去对现代科技的消化吸收，两方面作用的结果都将导致 FDI 对我国制造业 TFP 的抑制作用。所有权结构与制造业 TFP 之间的关系是正面的但不显著，这个结果说明了国有股权比重的高低对制造业生产效率并没有太大的影响。出口规模与制造业 TFP 之间呈现出显著正相关的关系，说明了出口的学习效应、自我选择机制均是存在的。城市化水平对制造业 TFP 的影响存在较大的区域差异。东部地区参数是正的且显著，中部地区不显著，而在西部地区是负的且不显著。这个结果说明了城市化水平与制造业 TFP 并非简单的线性关系，只有在城市化水平高的地区，城市化对制造业 TFP 提升的促进作用才能真正发挥出来。

五、结 论

本文以流通规模、流通结构、流通效率、流通专业化指数四个指标刻画流通业发展水平，用 TFP 表示制造业效率，以 2000~2008 年我国 31 个省市区面板数据进行实证检验。研究发现，流通规模扩大能够显著地促进制造业 TFP 上升，而其他指标的参数均不显著。在以我国三大区域组成的子样本进行分组检验后发现，流通业发展水平的正面影响效应在东部地区是最显著的，在流通业发展水平相对较低的中西部地区，流通业对制造业生产效率的影响程度也是相对低的。实证结果的经济含义体现为生产与流通的关系是密切的，流通对生产具有较大的反作用，流通业发展水平在一定程度上决定了生产效率的高低。经济相对落后的中西部地区有可能形成制造业的 '流通瓶颈"问题。

目前，不论是理论界还是政府层面都已经认识到流通产业是国民经济的基础产业，对包括制造业在内的其他产业起到的中介、服务的功能。但长期以来我国一些地方过多地关注制造业的发展，忽视甚至在一定程度上压制了流通业的发展，使得流通业发展水平与快速增长的制造业不协调，本文认为为了促进流通业与制造业的互动发展，生产—流通应建立基于产业链的新型合作关系；还应提高流通业的专业化水平、优化流通业的产业结构。长期以来，由于流通业嵌入在生产部门内部的现象较为突出，流通环节的独立化、专门化程度不高，同时也造成了流通企业的规模小、效率低的问题。本文认为在提高流通专业化水平的同时，鼓励流通业向制造业渗透，提高流通业与制造业的组织化程度，获取最大的市场竞争优势。

参考文献

[1]陶洪，戴昌钧.中国工业劳动生产率增长率的省域比较——基于 DEA 的经验分析 [J].数量经济技术经济研究，2007（10）.

[2]岳书敬，刘朝明.人力资本与区域全要素生产率分析 [J].经济研究，2006（4）.

［3］张海洋. R&D 两面性、外资活动与中国工业生产率增长［J］. 经济研究，2005（5）.

［4］李小平，朱钟棣. 国际贸易、R&D 溢出和生产率增长［J］. 经济研究，2006（2）.

［5］Gielens，K. and Deimpe，M. Do International Entry Edcisions of Retail Chains Matter in the Long Run? ［J］. International Journal of Research in Marketing，2001（18）.

［6］Guerrieri，P. and Meliciani，V. Technology and International Competitiveness：The Interdependence between Manufacturing and Producer Services［J］. Structural Change and Economic Dynamics，2005，16（4）.

［7］杜丹清. 现代流通产业经济学［M］. 浙江工商大学出版社，2008.

［8］庄尚文，王永培. 商品流通结构、效率与制造业增长——基于 2000~2006 年中国省际面板数据的实证分析［J］. 北京工商大学学报（社会科学版），2008（6）.

［9］赵凯，宋则. 商贸流通服务业影响力及作用机理研究［J］. 财贸经济，2009（1）.

［10］姚洋，章奇. 中国工业企业技术效率分析［J］. 经济研究，2001（10）.

［11］Bernard，A. and Jensen，J.B. Exceptional Expoa Performance：Case，Effect，or Both?［J］. Journal of International Economics，1999（47）.

［12］张学良，孙海鸣. 探寻长三角地区经济增长的真正源泉：资本积累、效率改善抑或 TFP 贡献［J］. 中国工业经济，2009（5）.

全要素生产率增长有利于提升我国能源效率吗?

——基于 35 个工业行业面板数据的实证研究 *

段文斌　余泳泽

(南开大学经济学院　天津　300071)

【摘　要】本文通过 SFA 的方法计算了我国 35 个行业全要素生产率,并将其分解为规模效率、技术进步和技术效率,在此基础上将 35 个行业分为 7 类分别衡量了全要素生产率各组成部分对能源效率的影响,得出以下基本结论:1998~2008 年我国工业行业全要素生产率的平均增长率为 -0.7%,主要原因在于规模效率表现为负增长,而技术进步率和技术效率表现为正增长;从总体上来说,技术进步在能源效率提高过程中起到了主导作用;对于规模经济要求较高的行业规模效率对能源效率的影响较大,对于以技术竞争为主的行业技术进步对能源效率的影响较大;技术效率改进对于各行业能源效率提高都起到了积极作用;国有企业比重越高、企业规模越大、对外开放水平越高,行业的能源效率也就越高。

【关键词】全要素生产率;能源效率;技术进步;技术效率;规模效率

一、引言

毋庸置疑,能源危机通常会造成经济衰退。对于处于高速发展中的中国,能源问题已经成为制约我国经济增长的重要因素。我国能源不仅对外依存度高,同时经济发展对能源

* 本文选自《产业经济研究》2011 年第 4 期。

基金项目:教育部哲学社会科学重大课题 "全球金融危机对我国产业转移和产业升级的影响及对策研究" (09JZD0018)。

作者简介:段文斌,天津人,南开大学经济学院教授,博士生导师,教育部重大课题攻关项目首席专家,研究方向为企业经济学与产业成长;余泳泽,河北承德人,南开大学经济学院博士研究生,研究方向为企业经济学与产业成长。

的依赖度也很高。早在 2007 年，我国石油对外依赖度就达到 50%，已进入能源预警期。过去十年中国经济年均增长 9.7%，而能源消费平均每年增长 9%，能源消费弹性系数是 0.9，而制造业规模也相对较大的日本，能源消费弹性系数仅为 0.1。应该说我国经济仍旧沿袭着"高能耗、低产出"的发展模式。那么，要维持我国经济的高速增长，如何提高能源使用效率成为我们面临的一个重要问题。统计表明，我国国民生产总值（GDP）约占世界总量的 4%，却消耗了全球 31% 的煤、8% 的石油、10% 的电力，矿产资源回收率只有 30%，比国外先进水平低 20%。通常研究表明，能源效率的提升主要有两个途径，一是通过产业结构升级，由低效率产业向高效率产业升级；二是通过提升产业效率，以技术进步降低能源消耗，从而提高能源效率。

从目前现状来看，我国能源进口依赖度的提升，将形成倒逼机制迫使我国经济提高产出效率并加快产业结构升级。历史的经验告诉我们，能源危机是促使产业升级和技术进步的催化剂。1973 年石油危机期间，日本采取科技兴国战略，减少对高耗能产业的依赖，向高附加值产品发展，使能源消费弹性系数由 1962~1972 年的平均 1.14，下降至 1972~1977 年的 0.41。但继续依靠产业结构调整来提高能源效率显然难以满足当前的要求，产业结构变化对能源效率的作用自 20 世纪 90 年代中期起正在逐渐消失甚至产生负向作用（史丹，2003）。所以，如何利用产业效率提升来提高我国能源使用效率是解决当前我国能源问题的更加有效的途径。这就有必要深入分析产业效率提升对能源效率的影响。

二、文献述评

本文将从研究的角度、实证方法两个方面对现有文献展开综述，进而从中总结出适于本文研究的思路与方法。

从研究的角度来看，目前关于我国能源效率影响因素的研究主要从三个方面展开：首先，产业结构调整可以影响能源效率。但是不同学者基于不同的研究方法和研究对象得出的结果有较大差异。大部分学者支持产业结构升级有利于能源效率的提高（Samuels，1984；Reitler et al.，1987；蒋金荷，2004；吴巧生、成金华，2006）。如魏楚、沈满洪（2007）研究表明第三产业在 GDP 中所占比重每上升 1%，能源效率将增长约 0.44%，且产业结构的影响在逐渐增加。Patterson 和 Wadsworth（1993）的实证研究表明新西兰的能耗强度在 1979~1990 年增长了 37.82%，主要并不是由于技术效率的变化造成的，最重要的因素是经济结构中能源密集型部门的增加（增长了 26.72%），而技术效率仅贡献了 6.9%。此外，也有部分学者认为产业结构调整不一定带来能源效率提高，甚至具有反作用（史丹，2003；王玉潜，2003）。其次，技术进步可以影响能源效率，虽然只有少数研究涉及，但研究结果基本上表明了技术进步可以有效地提升能源使用效率（Fish-Vanden et al.，2004；李廉水、周勇，2006）。如魏一鸣（2006）认为自 1993 年以后，中国能源强度下降完全来自技术进步导致的各产业能源利用效率的提高，而与经济结构变化无关。最后，对外贸易可以影响能源效率。史丹（2002）指出改革开放以来，对外开放、产业结构和经济体制是导致改革开放以来中国能源利用效率显著改善的三个主要因素。李未无（2008）利用1999~2005年中国35个工业行业的面板数据研究表明对外开放对能源利用效率的提高具有积极影响。目前的研究虽然较丰富，但是尚没有文献将行业的特性考虑进去，由于各行业具有不同的能源消耗特征，因此各因素在影响能源消耗上也会表现出不同的特征。因此，本文参考李小平等（2005）的方法，将35个工业行业分为7大类，分别估算各影响因素对各类行业能源消耗的影响，从而使得出的结论更具针对性。

从实证方法来看，现有研究主要从两种类型研究方法展开：一是基于行业或地区层面的面板数据计量方法；二是基于数据自身外推机制的VAR模型、Granger因果关系检验等时间序列计量方法。由于面板模型可以克服时间序列模型中常见的多重共线性问题，增加估计的自由度，同时较之截面计量方法其能够更好地控制不可观测经济变量的影响，从而有利于提高模型估计的精度和有效性，因此众多研究都采用了面板计量的方法。本文也选择行业层面的面板数据对影响能源效率的影响因素进行研究，考察的重点为产业效率对能源效率的影响。而产业效率衡量方法的恰当与否将对最终研究结果产生重要影响。在现有研究产业效率或者技术进步对能源效率的影响中，基本上所有的学者都采用了"非参数法"的数据包络分析（DEA）（魏楚、沈满洪，2007；李廉水、周勇，2006），但是，我们认为在效率的测算中随机前沿分析（SFA）为代表的"参数法"较DEA方法更具适用性，这是因为：第一，SFA方法作为一种经济计量方法，既可以对模型中的参数进行检验，也可以对模型本身进行检验，而DEA方法作为一种数学规划方法则难以做到这一点，即无法对前沿面的适用性进行判断，也正因如此，许多经济学家（Forsund et al.，1980；Pitt & Lee，1981；Bauter，1990）都认为SFA方法较DEA方法更具优势；第二，DEA方法暗寓着所有的效率影响因素都已被模型所涵括，即不存在非投入的影响因素（也称环境影响因素），这显然是不现实的，也容易在计算上导致不精确，而SFA方法将非投入的影响因素以随机扰动项来表示，克服了这一逻辑矛盾，SFA方法在测量误差和统计干扰处理上具有优势。为此，本文借鉴Battese和Coelli（1995）、Kumbhakar（2000）模型，将生产函数假定为超越对数函数形式，并预先设定多种随机前沿生产函数形式，通过检验来确定使用其中最优的一种，进而计算了我国各大类行业的全要素生产率（TFP）代表产业效率，并对TFP增长率进行详尽分解，考察了TFP增长率中技术进步率、生产效率和规模效率的增长率与各行业能源效率的关系。

三、我国能源效率与经济增长关系的理论探讨

虽然在"十一五"期间，我国节能减排工作取得了一定的成绩，能源使用效率得到了

一定的提高，但是在实施的过程中仍存在着诸多问题。我国目前存在的能源使用效率不高的问题是我国特定经济发展阶段所决定的，根本原因在于我国长期以来形成的粗放式经济增长方式。我国经济发展阶段与能源效率的关系可以从以下几个方面进行理解：

首先，我国的经济增长是过分依赖生产要素投入和外向型经济的结果，这就造成了经济增长与能源效率提升之间形成了一种不可调和的矛盾。从表现形式看，我国仍处于"环境库兹涅茨曲线"的艰难"爬坡"阶段，这是我国经济发展的特殊阶段所决定的。改革开放以前，我国经济发展的特点是资本积累薄弱、劳动力过剩，资本稀缺成为制约经济发展的主导因素。造成了改革开放以后我国经济运行的主要特点是资本高回报、劳动力低回报，投资成为推动经济增长的主要动力，并且随着我国工业化和城市化进程的加速，投资作为经济发展动力得以有效延续，这一特征的基本外在表现形式是积累率—投资率不断上升。同时由于资源得到了有效配置，我国经济发展过程中由劳动力过剩变为人口红利得到充分释放，使得资本报酬递减得到了延缓，最终使得这种主要依靠投入的增长方式足以支撑中国经济的高速增长。这种依靠投入形成的经济增长方式就造成了过分依赖生产要素投入的惯性，而没有形成生产率提高驱动的增长方式。有关实证研究表明，我国全要素生产率在经济增长中的贡献经历了由低到高，再由高到低的过程，尤其是在 20 世纪 90 年代以来表现出下降的趋势。一旦随着人口结构、劳动力供求关系和劳动力成本的变化，刘易斯转折点的到来会越来越近，传统增长方式赖以作用的条件就发生了变化，经济增长方式向主要依靠生产率提高的转变就会迫在眉睫。我国现今的这种经济增长方式是造成我国目前能源效率得不到有效提高的主要原因。经济增长的这种惯性使得经济增长中出现了"高消耗、低效率"的路径依赖，在短期内想通过行政等手段实施节能减排只会牺牲经济增长，2010 年在全国出现的"拉闸限电"制造"能源效率"数字就是一个最好的例子。

此外，改革开放以后我国经济采取了逐步外向型经济发展战略，外向型经济的发展对于解决我国资本短缺和劳动力过剩问题起到了不可替代的作用。但是由于我国在国际分工中长期处于价值链的低端，"中国制造"已经成为中国在国际分工体系中的代名词。在这种国际分工体系下，出现了"高能耗、高排放"的产业或者产业环节不断向我国转移，虽然我国采取了自主创新和模仿性创新等措施使得产业结构不断升级，第三产业比重不断提升，但是这种"高能耗、高排放"的产业向我国转移的趋势并没有得到根本性的改变。而中国制造的产品却在国外进行消费，这种变相的能源"输出"或者高能耗"输入"使得提升我国能源效率的压力不仅受到自身的内在压力还受到了国际分工体系下的外在压力的影响。

其次，由生产要素投入驱动的经济增长又会产生独特的政府行为，即所谓"促发展的政府"。虽然经济发展方式的转变是企业内在动力发挥着主导作用，但是政府的规制和激励是企业内在动力实施的必要条件。长期以来，我国地方政府实施的 GDP 数据"锦标赛"代替了以制度变迁和全民福利水平提升为内涵的改革，让我们在增长的狂欢中陷入迷茫。[①] 地

方政府那种寻求一切可能的来源进行投资、推动地方经济发展的热情在世界范围内也是罕见的。加上我国地方官员的晋升考核实行了有限任期制度和鼓励异地交流的惯例，对过于依赖 GDP 作为相对绩效的考评指标而言，这就势必造成了地方政府 GDP 与提升能源效率的博弈。这种博弈的结果就是地方政府强调经济的快速发展，着重短期经济效益明显的第二产业尤其是重工业，这给提升能源效率带来了巨大的冲击。在目前提升能源效率与经济增长两难的困境下，节能减排或是隐报或是为经济发展让路，结果就造成了在公共品提供的财政分权体制下，由于没有正确有效的激励机制，使得像科技、教育、医疗和环境保护以及能源效率这样的公共服务提供上出现了地方政府投入相对不足的现象，这使得技术进步水平提高有限，而技术进步正是提高能源效率的重要武器。所以，对于中央政府来说，应该明确能源效率的重要性，改变激励导向，将节能减排指标纳入地方官员的考核体系，并制定和督促执行相应的规制。对于地方政府来说，针对变化了的经济发展阶段，改变政府经济职能，从追求 GDP 及其由此而来的财政收入，转向更加注重增长的可持续性。对于任何外部的压力和要求，归根结底都要通过内部的动力机制才可能发挥作用，即责任（Responsibility）、义务（Obligation）、能力（Capacity）和激励（Incentive）四者必须是统一的（蔡昉等，2008）。

最后，从官方统计数据上来看，我们认为的经济增长与能源效率存在的悖论并没有得到验证，尤其是 2006 年以来，在中央政府进一步加大节能减排力度的情况下，经济增长反而加速，2006 年 GDP 增长速度达到 11.1%，比"十一五"规划高出 48%，此后在冲刺"十一五"节能减排目标的最后阶段，即使受到了金融危机的冲击，我国的经济增长速度并没有放缓。但这并不表示我国已经在节能减排与经济增长之间寻得了平衡。出现这一现象的主要原因在于：从宏观层面看，中央政府在煤炭、钢铁、水泥、电力等高能耗产业广泛实行了企业兼并整合，淘汰落后产能的政策，这与地方政府试图通过发展大项目推动地方经济发展速度的目标高度契合，这种政策的实施从宏观上有利于优化产业组织结构、加速产业升级、扩大产能和环境保护的综合效应。从企业微观层面看，中央政府采取的"扶大压小"的政策有利于大型企业实现规模经济效应，提升行业的技术水平，从而有利于节能减排。而对于中小企业来讲，来自大企业竞争的压力和政府政策的压力使其采取了循环经济模式的技术改造和技术引进措施，提高了能源利用效率。上述新现象产生的直接结果是，重化工产业没有因为"扶大压小"而放慢增长速度，反而通过"扶大"而扩大了产能，拉动了整体经济加速增长（齐建国，2007）。但是这种重化工业的发挥为我国节能减排工作进一步实施埋下了隐患。所以本文认为由于我国经济增长方式没有得到根本性的改变，政府的激励约束机制尚需完善，所以经济增长与节能减排的博弈现象仍将在一定时期内存在。

基于以上分析，改变我国经济增长方式，实现依靠技术进步促进经济内生增长是提高我国能源使用效率的关键，因此要提高我国能源效率，全要素生产率的作用将日益凸显。为此，本文认为要衡量全要素生产率在能源效率提升中的作用，需要解决好以下几个核心问题：首先，我国工业行业全要素生产率情况如何？全要素生产率在能源效率提升过程中的重要性到底有多大？其次，在全要素生产率构成中，哪种效率的改善对能源效率提升的贡献最大？只有搞清楚了这个问题才能有针对性地寻找提高我国能源效率的措施。最后，不同的行业中全要素生产率对能源效率提升的作用是否存在差异性？这种差异性在全要素生产率构成中是否表现得更加突出？只有清楚这些问题，我们才能针对不同的行业采取不同的能源效率提升措施。因此，本文将以我国工业行业为分析样本，研究全要素生产率及其构成在不同行业中的贡献程度，从而为我国提升能源效率提供一个政策导向。

四、全要素生产率与能源效率实证分析

1. 行业全要素生产率计算及分解

（1）数据选取及处理。本文的 TFP 测算采用的是 1997~2008 年的工业行业样本数据。按照工业划分标准二位码的工业包括 39 个行业。受时间连续性限制，本文研究对象剔除了"其他矿采选业"、"木材及竹材采运业"、"其他制造业"、"自来水的生产和供应业"后共 35 个二位码工业行业。基础数据取自历年的《中国统计年鉴》、《中国能源统计年鉴》。产出数据为 35 个工业行业总产值，并采用"分行业工业品出厂价格指数"折算为 1990 年不变价。投入指标主要为资本和劳动，其中资本投入大部分研究以固定资本作为资本投入的基础数据，但是由于行业特性各行业对流动资本的需求也不尽相同，如果仅以固定资本作为资本投入变量，可能造成固定资本依赖性强的行业产出率偏低的结果。因此，本文采用固定资本年均余额和流动资本年均余额作为资本投入，并按照分行业工业品出厂价格指数折算成 1990 年不变价格。

（2）研究方法及模型估计。假设生产函数为 $Y_{it} = f(X_{it}, t)\exp(-U_{it})$，其中 Y_{it} 表示产出，$f(X_{it}, t)$ 为生产函数前沿面，X 表示投入向量，下标 i 代表地区，i = 1，2，…；t 代表年份，t = 1，2，…；U_{it} 是非负的行业 i 在 t 年生产无效率的随机变量，服从零点截断型正态分布（Truncated Normal Distribution）。根据 Kumbhakar（2000）的分解法，把生产函数对 t 求导，为了简洁省略下标 it。

$$\frac{\dot{Y}}{Y}\frac{\partial \ln Y}{\partial t} = \frac{\partial \ln f(X, t)}{\partial t} + \sum_j \frac{\partial \ln f(X, t)}{\partial \ln X_j}\frac{\partial \ln X_j}{\partial X_j}\frac{dX_j}{dt} - \frac{\partial U}{\partial t}$$

$$= \frac{\partial \ln f(X, t)}{\partial t} + \sum_j \varepsilon_j \frac{\dot{X}_j}{X_j} - \frac{\partial U}{\partial t} \tag{1}$$

$$\dot{TFP} = \dot{TE}_{it} + TP_{it} + (E - 1)\sum_j \frac{E_j}{E}\dot{X}_j \tag{2}$$

式中，$\dot{TFP}$、$\dot{TE}_{it}$、TP_{it} 分别代表全要素生产率增长率、生产效率变化率以及技术进步率。X_j 表示第 j 种投入要素的增长率。E_j 代表要素的产出弹性，$E = \sum E_j$ 表示规模弹性。

本文将生产函数假定为超越对数函数形式，生产函数为两项要素投入：研发资本（K）和研发人员（L），模型如下：

$$\ln Y_i = \beta_0 + \beta_1 \ln L_i + \beta_2 \ln K_i + \beta_3 t + 1/2\beta_4(\ln K_i)^2 + 1/2\beta_5(\ln L_i)^2 + 1/2\beta_6 t^2 + \beta_7 \ln K_i \ln L_i$$
$$+ \beta_8 t \ln L_i + \beta_9 t \ln K_i + u_i - u_i \tag{3}$$

第 i 个行业技术效率水平由 TE_i 表示[①]。式（3）中，u_i 为随机干扰项，服从标准正态分布；u_i 为技术无效率项，且服从零点截断的半正态分布。LR 单边似然比检验表明，允许参数 μ 和 η 自由取值较之对其施加 0 约束更具适宜性，为此我们在下面的计量过程中允许 μ 和 η 自由取值。为了检验式（3）的适宜性，作出如下假设：①H_0：$\beta_4 = \beta_5 = \beta_6 = \beta_7 = \beta_8 = \beta_9 = 0$，即生产前沿函数采用 Cobb–Douglas 生产函数形式；②H_0：$\beta_3 = \beta_6 = \beta_8 = \beta_9 = 0$，即没有技术进步；所有的假设都使用广义似然率统计量来检验，$\lambda = -2\ln[L(H_0)/L(H_1)]$，$L(H_0)$、$L(H_1)$ 分别是零假设 H_0 和备择假设 H_1 前沿模型的似然函数值。如果零假设成立，那么检验统计量 λ 服从混合卡方分布，自由度为受约束变量的数目。[②]

根据上述对 TFP 的分解公式，计算得：

$$TP_{it} = \frac{\partial \ln Y_{it}}{\partial_t} = \beta_t + \beta_{tt} t + \sum_j^m \beta_{tj} \ln X_{jit} \quad (j = 1, 2) \tag{4}$$

$$TE_i = E[\exp(-u_i) | u_i - u_i] \tag{5}$$

$$SE = (E - 1) \sum_j \frac{E_j}{E} \dot{X}_{jj} \quad (j = 1, 2) \tag{6}$$

$$E_j = \beta_j + \sum_{k \geq j} \beta_{jk} k + \beta_{tj} t \quad (j = 1, 2) \tag{7}$$

（3）行业全要素生产率计算及分解结果。利用 Frontier 4.1 软件计算得出 1998~2008 年 35 个行业总体全要素生产率增值率及其分解结果如表 1 所示。

表 1　1998~2008 年 35 个行业总体全要素生产率增值率及其分解

单位：%

年份	ΔSE	ΔTP	ΔTE	ΔTFP
1998~1999	−6.40	−0.23	0.06	−6.57
1999~2000	−2.00	−0.05	0.94	−1.11
2000~2001	−2.50	0.06	−0.28	−2.72
2001~2002	−2.11	0.17	1.64	−0.29
2002~2003	−1.24	0.28	0.05	−0.91
2003~2004	−1.67	0.46	−0.49	−1.70

---

① 技术无效项估计式为 $TE_i = E[\exp(-u_i) | v_i - u_i] = [\exp\{-\mu_{*i} + \frac{1}{2}\sigma_*^2\}] [\frac{\varphi(\mu_{*i}/\sigma_* - \sigma_*)}{\varphi(\mu_{*i}/\sigma_*)}]$，其中 $\mu_{*i} = \frac{\sigma_v^2(\delta'z_i) - \sigma_u^2}{\sigma_v^2 + \sigma_u^2}$，$\sigma_*^2 = \frac{\sigma_v^2 \sigma_u^2}{\sigma_v^2 + \sigma_u^2}$。

② 限于篇幅，本文没有给出具体检验数据，检验结果拒绝了假设 1 和假设 2，即采用超越对数生产函数形式比较适合，通过逐步减少不显著项的方式确定最终的生产函数。

续表

年份	ΔSE	ΔTP	ΔTE	ΔTFP
2004~2005	1.36	0.72	−0.72	1.36
2005~2006	1.41	0.36	2.07	3.84
2006~2007	0.94	0.41	−0.42	0.92
2007~2008	1.37	0.47	−1.69	0.15
均值	−1.08	0.26	0.12	−0.70

从表1可以看出，1998~2008年我国工业行业全要素生产率的平均增长率为−0.7%，主要原因在于规模效率表现为负增长，平均增长率为−1.08%，而技术进步率平均增长0.26%，技术效率平均增长0.12%。我国工业行业全要素生产率的变化与李小平等（2005）、李廉水等（2006）的研究结论类似，这说明我国全要素生产率的增长对我国工业增长起到的作用非常有限，主要是由于我国大部分行业增长仍然以要素投入为主，但是规模效率并不是很高，同时技术进步和技术效率提升的效果也并不突出。但是在2004年后由于规模效率的改善和技术进步，我国工业行业全要素生产率呈现出了改善的趋势。可以预言，随着市场化程度的加深，技术进步对工业增长的作用将成为主要驱动因素。

我们将分别对7类工业①进行全要素生产率分解，具体结果如表2所示。

表2 1998~2008年各类行业全要素生产率增值率及其分解

单位：%

行业	ΔSE	ΔTP	ΔTE	ΔTFP
煤炭冶金工业	−1.17	0.30	−0.23	−1.10
石油工业	−0.67	0.35	1.27	0.95
食品工业	−2.31	0.36	0.20	−1.75
纺织工业	−0.57	0.07	0.38	−0.11
木材与造纸业	−0.91	0.52	0.18	−0.21
化学工业	−2.98	0.23	0.24	−2.51
机械工业	−0.55	0.06	−0.28	−0.77

我们看到基本上所有的行业都存在技术进步，技术效率方面，除了机械工业和煤炭冶金工业外都存在技术效率改进。但是由于受到规模效率下降的影响，基本上所有行业全要

---

① 7类工业分别为：煤炭冶金工业：煤炭采选业、非金属矿采选业、黑色金属矿采选业、有色金属矿采选业、黑色金属冶炼及压延加工业、有色金属冶炼及压延加工业；石油工业：石油和天然气开采业、石油加工及炼焦业和煤气生产和供应业、电力蒸汽热水生产供应业；机械工业：金属制品业、普通机械制造业、专用设备制造业、交通运输设备制造业、电气机械及器材制造业、电子及通信设备制造业、仪器仪表及文化办公用机械制造业；食品工业：食品加工业、食品制造业、饮料制造业、烟草加工业；纺织工业：纺织业、服装及其纤维制品制造业、皮革毛皮羽绒及其制品业；化学工业：化学原料及化学制品制造业、医药制造业、化学纤维制造业、橡胶制品业、塑料制品业、非金属矿物制品业；木材与造纸业：木材加工及竹藤棕草制品业、家具制造业、造纸及纸制品业、印刷业记录媒介的复制、文教体育用品制造业。

素生产率都是下降的。

2. 各行业能源效率特征

本文研究中行业能源效率采用行业产出总量与能源投入总量的比率，其中产出采用增加值，能源投入采用行业能源最终消费实物量（万吨标准煤）。本文定义的能源效率与能源强度互为倒数，而能源效率为正指标，主要在分析全要素生产率变化与能源效率关系时便于理解。1998~2008 年我国各行业能源效率年均变化率如表 3 所示。

表 3　1998~2008 年各行业能源效率年均变化率

单位：%

行业	变化率	行业	变化率
煤炭采选业	16.01	化学原料及制品制造业	11.87
石油和天然气开采业	17.88	医药制造业	17.45
黑色金属矿采选业	12.01	化学纤维制造业	15.36
有色金属矿采选业	17.02	橡胶制品业	8.56
非金属矿采选业	6.57	塑料制品业	7.25
食品加工业	17.11	非金属矿物制品业	9.97
食品制造业	16.39	黑色金属冶炼及压延加工业	11.56
饮料制造业	18.15	有色金属冶炼及压延加工业	12.74
烟草加工业	36.97	金属制品业	6.79
纺织业	56.76	普通机械制造业	13.73
服装及其他纤维制品制造业	28.12	专用设备制造业	13.49
皮革、毛皮、羽绒及其制品业	13.89	交通运输设备制造业	13.66
木材加工及竹藤棕草制品业	27.47	电气机械及器材制造业	10.82
家具制造业	19.90	电子及通信设备制造业	6.29
造纸及纸制品业	10.87	仪器仪表文化办公用机械	17.07
印刷业记录媒介的复制	10.23	电力蒸汽热水生产供应业	9.84
文教体育用品制造业	5.16	煤气的生产和供应业	24.89
石油加工及炼焦业	11.78	均值	15.82

从数据可以看出，我国工业行业能源使用效率年均提升 15.82%，其中烟草加工业、纺织业、服装及其他纤维制品制造业、木材加工及竹藤棕草制品业和煤气的生产和供应业能源使用效率较高，年均改进均超过了 20%；而非金属矿采选业、橡胶制品业、塑料制品业、非金属矿物制品业、电子及通信设备制造业、文教体育用品制造业和电力蒸汽热水生产供应业能源使用效率年均提升不足 10%。

3. 影响因素模型设定及控制变量选取

本文设立的全要素生产率与能源效率关系模型如下，为方便起见，模型中省略了下标 it：

$$\text{ETE} = \alpha_0 + \alpha_1 \text{SE} + \alpha_2 \text{EP} + \alpha_3 \text{TE} + \sum_{j=4} c_j \text{ctrl} + u + \eta \tag{8}$$

其中，ETE 为能源使用效率；SE、TP、TE 分别为各行业规模效率改进、技术进步和技术效率改进；u 是随机或固定效应项，只随行业变化，不随时间而变化；η 是随机扰动项，随行业和时间的变化而变化。除全要素生产率各分项以外，影响能源使用效率的还有其他一些因素，如企业规模、对外开放水平、制度水平等，它们是方程中的控制变量，由 ctrl 表示。本文选取的控制变量具体包括：

（1）企业规模，这里采用行业企业平均销售收入来表示，用 Scal 表示，衡量企业规模对能源使用效率的影响，一般来讲，企业规模越大受到国家节能减排政策和社会舆论的影响也就越大，受到自身效率提高和外在政策环境的推动力影响，能源使用效率有可能会提高。

（2）对外开放水平，这里采用各行业的进出口总额与该行业工业增加值之比来表示，用 Open 表示，衡量对外开放水平对行业能源使用效率的影响，经济全球化使得越来越多的国家卷入垂直分工体系中。在目前这种垂直化分工体系中，国际分工的一般规律是：知识要素丰裕的国家做高端，人力资本丰裕的国家做中端，劳动要素丰裕的国家做低端。从全球价值链视角，处于国际分工高端的国家往往位于全球价值链的高价值环节，处于国际分工低端的国家往往位于全球价值链的低价值环节。在新的国际分工模式下，处于全球价值链低端的国家，在生产中往往消耗更多包括能源在内的各种初级资源，但是产品的增加值却较低，这种国家越是加大对外经济开放，流入的外商直接投资越多，融入全球价值链的程度越深，其能源利用效率反而可能会降低（李小平等，2005）。

（3）制度水平，用 Market 表示，这里我们用国有企业销售额占总行业销售额的比重来衡量。本文用此指标度量分行业的产权结构，也可以作为中国市场化水平的一个度量指标。

4. 实证结果及分析

本文采用均衡面板数据的估计程序，全部过程使用 Stata 软件完成。面板数据模型有两种基本设定：固定效应模型和随机效应模型，我们采用 Hausman 检验确定最终模型形式。模型结果如表 4 所示。

表 4　行业分类实证结果

	行业总体		食品工业		纺织工业		木材与造纸业	
	系数	t 值	系数	t 值	系数	t 值	系数	t 值
C	−0.824	1.407	0.749	1.374	0.529	1.407	−0.613	−1.313
SE	0.335**	2.119	0.055**	2.038	0.037**	2.119	0.012	0.246
TP	0.921**	2.096	4.515	1.275	0.703**	2.096	0.065	0.132
TE	0.586**	2.058	0.430**	2.363	0.712**	2.058	2.735**	1.818
Market	0.595*	1.654	−1.192**	−2.167	1.197	0.674	2.927*	1.505
Scal	0.616***	3.278	−0.041	−0.554	0.616**	2.247	0.314**	2.380
Open	0.254**	2.245	0.141***	2.554	0.215	1.215	0.114	1.380
模型形式	个体固定		个体时间双固定		个体固定		个体固定	
DW 值	2.26		2.41		2.24		2.37	

续表

	行业总体		食品工业		纺织工业		木材与造纸业	
	系数	t 值	系数	t 值	系数	t 值	系数	t 值
Adjust–R^2	0.786		0.675		0.761		0.568	
	化学工业		煤炭冶金工业		机械工业		石油工业	
	系数	t 值	系数	t 值	系数	t 值	系数	t 值
C	−0.300**	−2.264	−0.755	−1.395	−0.157	−1.366	2.476	1.367
SE	0.053*	1.760	0.267**	1.970	21.576***	2.865	1.141**	1.758
TP	5.206**	2.337	0.659	1.248	0.361***	3.486	4.308	1.338
TE	0.525	0.794	0.236***	2.559	0.395***	5.020	1.104**	2.202
Market	0.906**	2.023	0.890**	1.820	0.011**	2.356	−2.681	−1.295
Scal	0.174***	2.809	0.052***	2.516	0.157	1.366	0.009***	3.391
Open	0.112**	2.210	0.251*	1.516	0.117*	1.62	0.114	1.325
模型形式	个体固定		个体时间双固定		随机效应		个体固定	
DW 值	2.01		1.79		2.40		2.44	
Adjust–R^2	0.624		0.773		0.889		0.745	

注：*、**、*** 分别表示在 10%、5%、1% 的显著性水平下显著。

从实证结果来看，行业总体上技术进步对能源效率提升的作用最明显，系数比规模效率改进和技术效率改进要高，企业规模越大，对外开放水平越高，能源效率也就越高。从分行业结果看，我们大概得出以下基本结论：

（1）规模效率改进对能源效率提升影响较大的行业主要集中在机械、石油和煤炭冶金等对规模经济要求较高的行业，这些行业由于具有规模经济效应，所以企业规模的扩大有利于改进企业规模效率进而提升能源使用效率。相反对于食品行业、化学工业等规模经济不突出的行业，规模效率改进对于能源效率提升的作用不是十分明显，系数普遍较低。所以，对于规模经济要求较高的行业，必须通过实现规模效率改进进而提升能源使用效率。

（2）技术进步对能源效率的提升对各个行业影响都较大，尤其是在化学工业这种靠技术进步取得竞争优势的行业表现得尤为突出。这说明在这些行业中由于行业内的竞争多表现为技术竞争，各企业通过技术进步提升了竞争优势从而有利于能源效率的提高。相反，对于煤炭冶金、石油工业等对技术进步依赖较低的行业，技术进步对能源效率的提升作用并不是十分明显，主要表现在这些行业技术进步系数没有通过显著性检验。所以，对于依赖技术优势取得竞争优势的行业则通过鼓励其进行技术创新进而提高能源使用效率。

（3）技术效率改进对能源效率的提升在各个行业都表现得较为突出，说明依靠管理创新、制度创新和技术结构的合理匹配等来提升技术效率进而提高能源使用效率的效果较为明显。无论对于哪个行业，通过提升管理水平、进行良好的制度设计、注重人力资源培养等途径都能够提升能源的使用效率。

（4）从整个行业看，国有企业比重的提高对能源使用效率的提高具有正影响，其可能的原因在于国有企业在国家节能减排大的政策环境下更加注重能源使用效率。从分行业来看，国有企业比重提升对能源效率的影响三要表现在化学、煤炭冶金、机械等国有企业比重较高的行业。而在食品、纺织等国有企业比重较低的行业表现得不明显。

（5）企业规模对于能源使用效率的影响为正，企业规模越大能源使用效率也就越高，一般来讲企业规模越大，越会引起国家和社会的监督和检查，同时为了占有市场地位也会追求生产效率的提升，进而在自身效率提升的推动力和外在政策环境压力双重作用下，能源使用效率得到了有效的提高。从分行业看，在木材与造纸、纺织工业等表现得较突出。

（6）对外开放对能源使用效率的影响为正，且通过了显著性检验。这说明随着我国国际分工地位的不断提升，我国低能耗产品在总出口中的比重越来越高，高耗能产品在总出口中的比重趋于下降，对外贸易结构发生了重大变化。同时通过大力引进国外先进技术和设备使得我国能源利用效率得到了有效的提升。从分行业结果看，表现较突出的行业为化学工业和机械行业，这些行业通过出口产品的不断升级带动了能源效率的提升。

五、简单结论与启示

本文通过 SFA 方法计算了我国 35 个行业全要素生产率，并对全要素生产率分解为规模效率、技术进步和技术效率，在此基础上将 35 个行业分为 7 类分别衡量了全要素生产率各组成部分对能源效率的影响，得出以下基本结论：1998~2008 年我国工业行业全要素生产率的平均增长率为-0.7%，主要原因在于规模效率表现为负增长，而技术进步率和技术效率表现为正增长；从总体上说，技术进步在能源效率提高过程中起到了主导作用；对于规模经济要求较高的行业规模效率对能源效率的影响较大，而对于技术竞争较为激烈的行业则技术进步对能源效率的影响较大；技术效率改进对于各行业能源效率提高都起到了积极作用；国有企业比重越高、企业规模越大、对外开放水平越高，行业的能源效率也就越高。

在此基础上，我们认为国家应该鼓励企业通过加大技术投入提高能源使用效率，尤其是通过自主创新加强企业的技术进步水平，同时在管理和制度设计上进行强化，通过提高技术效率来改善能源使用效率。对于资源性、垄断性行业通过提升规模效率来改进能源使用效率。通过鼓励加强横向和纵向产业兼并重组等方式加大企业规模，进而可以较好地对这些企业起到政策监控和舆论监督的作用，从而有效地推动这些企业提高能源使用效率。在国际竞争中，我们应该在国际分工中不断向产业链和价值链的高端延伸，不断提高出口的技术水平，从而通过国际分工和对外贸易结构的转变实现能源效率的提升。

参考文献

［1］史丹. 中国能源需求的影响因素分析［D］. 华中科技大学论文，2003.

［2］Samuels. Potential Production of Energy Cane for Fuel in the Caribbean［J］. Energy Progress，1984（4）.

[3] Reitler, W., M. Rudolph, H. Schaefer. Analysis of the Factors Influencing Energy Consumption in Industry: A Revised Method [J]. Energy Economics, 1987, 34 (9).

[4] 蒋金荷. 提高能源效率与经济结构调整的策略分析 [J]. 数量经济技术经济研究, 2004 (10).

[5] 吴巧生, 成金华. 中国工业化中的能源消耗强度变动及因素分析——基于分解模型的实证分析 [J]. 财经研究, 2006 (6).

[6] 魏楚, 沈满洪. 能源效率及其影响因素: DEA 的实证分析 [J]. 管理世界, 2007 (8).

[7] Patterson, M.G., Wadsworth, C. Updating New Zealand's Energy Intensity Trends: What Has Happened Since 1984 And Why? [J]. Energy, 1993 (1).

[8] 王玉潜. 能源消耗强度变动的因素分解方法及其应用 [J]. 数量经济技术经济研究, 2003 (8).

[9] Fish-Vanden, K., Jefferson, G.H., Liu, H.M., Tao, Q. What is Driving China's Decline in Energy Intensity? [J]. Resource and Energy Economics, 2004 (26).

[10] 李廉水, 周勇. 技术进步能提高能源效率吗?——基于中国工业部门的实证检验 [J]. 管理世界, 2006 (10).

[11] 魏一鸣. 中国能源报告 [M]. 北京: 科学出版社, 2006.

[12] 史丹. 中国经济增长过程中能源利用效率的改进 [J]. 经济研究, 2002 (9).

[13] 李未无. 对外开放与能源利用效率: 基于 35 个工业行业的实证研究 [J]. 国际贸易问题, 2008 (6).

[14] 李小平, 朱钟棣. 中国工业行业的全要素生产率测算——基于分行业面板数据的研究 [J]. 管理世界, 2005 (4).

[15] Forsund, F.R., Lovell, C., and Schmidt, P. A Survey of Frontiers Productions Functions and of Their Relationship to Efficiency Measurement [J]. Journal of Econometrics, 1980, 13 (5).

[16] Pitt, M.M., and Lee L.F. Measurement and Sources of Technical Inefficiency in the Indonesian Weaving Industry [J]. Journal of Development Economics, 1981, 43 (19).

[17] Bauter, P.W. Recent Developments in the Econometric Estimation of Frontiers [J]. Journal of Econometrics, 1990, 46 (3).

[18] Battese, G.E., Coelli, T.J. A Model for Technical Inefficiency Effects in a Stochastic Frontier Production Function for Panel Data [J]. Empirical Economics, 1995, 20 (3).

[19] Kumbhakar, S.C.and Lovell C. Stochastic Frontier Analysis, NewYork: Cambridge University Press, 2000.

[20] 蔡昉, 都阳, 王美艳. 经济发展方式转变与节能减排内在动力 [J]. 经济研究, 2008 (6).

[21] 齐建国. 中国经济高速增长与节能减排目标分析 [J]. 财贸经济, 2007 (10).

Could the Growth of TFP Improve Energy Efficiency？

DUAN WEN BIN, YU YONG ZE

(Institute of Economics, Nankai University, Tianjin 300071)

Abstract: In this paper, we calculate total factor productivity of 35 sectors in our country by the method of SFA, and decompose the scale efficiency, technological progress and technical efficiency.On this basis, we put 35 sectors classify into 7 sorts, and measure the every part of TFP impact on energy efficiency.The result of empirical study show: the total factor productivity in China's industrial sector is −0.7% in 1998−2008, and mainly due to scale efficiency showed negative growth rate, but technological progress and technical efficiency are positive growth; Generally speaking, technological progress in energy efficiency has played a leading role; The scale efficiency is obvious to energy efficiency for the higher scale of economies industry, and technological progress is obvious to energy efficiency for technology competition industry; Technical efficiency improves energy efficiency for various industries; The higher proportion of state−owned enterprises, larger scale of enterprises and the higher level of opening, the higher energy efficiency.

Key words: TFP; energy efficiency; technological progress; technical efficiency; scale efficiency

生产分割与制造业国际分工

——以苹果、波音和英特尔为案例的分析 *

刘戒骄

（中国社会科学院工业经济研究所　北京　100836）

【摘　要】 本文提出并结合案例分析了生产分割后制造业的四种基本组织方式。分析表明，制造业企业根据市场竞争强度权衡技术和成本，选择生产分割方式和程度。在竞争强度较低的产业，企业优先考虑维持技术优势，倾向选择内部一体化生产组织方式，自己投资建造工厂。在竞争强度较高的产业，企业优先考虑营造成本优势，倾向选择外购，最大限度利用第三方设施。竞争强度提高将推动企业在更大范围寻求更有效率的制造地点、供应商和合作伙伴，采取更加开放的组织方式。只有科学把握制造业组织方式演进规律，创造并利用制造业开放程度不断提高的有利条件，才能改善中国这个发展中工业化大国的产业国际分工地位。

【关键词】 生产分割；制造业；苹果公司；波音公司；英特尔公司

生产分割使企业从集权、垂直一体化和单一地点制造转向地理上分散的网络，产品研发、制造、营销以及制造的不同环节可以在不同国家和地区专业化地完成，其对制造业组织方式和国际分工的影响越来越大。近年来，不少文献对生产分割及其新发展进行了进一步研究。一些文献如 Jones 等（2005）和 Bonham 等（2007）强调生产分割的产生与比较优势密切相关。传统上，比较优势理论主要用于分析最终产品贸易，但这并不是说该理论不适合分析中间产品贸易和生产分割。如果一个产品生产阶段可以被分割，每个国家和地区专业化地生产和出口最具比较优势的零部件等中间产品才能实现福利最大化。因此，根据比较优势理论可以解释为了获得不同国家和地区的比较优势，跨国公司如何把生产过程分配到不同国家和地区，国内企业如何通过海外采购即中间产品贸易提高最终产品竞争

＊ 本文选自《中国工业经济》2011 年第 4 期。

基金项目：中国社会科学院重大课题 "全球竞争格局变化与中国产业发展趋势"（YZDA2010–03）。

作者简介：刘戒骄，黑龙江塔河人，中国社会科学院工业经济研究所研究员，博士生导师。

力。一些文献如 Hanson 等（2005）和 Desai（2009）等提出国际生产分割的可能性和程度取决于技术，只有在生产技术允许将某些生产环节与其他生产环节相分离，且比一体化更能节约单位产品成本时，企业才可能选择生产分割方式。对于生产在技术上可以被分割的产品，零部件制造和最终产品组装可以在不同国家和地区由企业独立完成。

上述文献侧重从国家和地区层面对生产分割的产生和发展进行解释，虽然一些文献注意到技术对生产分割可能性和程度的影响，但没有综合分析企业如何根据产业竞争强度权衡技术和成本两个因素，无法解释不同产业生产分割和外购在方式和程度上的差异。本文采取案例研究和理论分析相结合的方法，力图深入企业和产业层面研究生产分割问题，揭示影响制造业组织方式选择的另一个重要因素——市场竞争强度，分析企业如何根据竞争强度进行生产分割和外购决策及其对制造业国际分工的影响。本文的一个基本结论是，随着竞争强度提高，依靠技术垄断维持竞争优势的难度越来越大，企业将偏好选择扩大外购等有利于降低成本的组织方式。

一、生产分割与制造业组织形式

生产分割是指企业将产品研发、制造和营销等连续活动分解成若干个可以相对独立进行的阶段，这些阶段可以布局在不同国家和地区，企业可以根据生产要素消耗结构和价格以及不同场所的生产协调、质量控制、产品运输条件等因素决定生产地点，产品制造由越来越薄、越来越专业化的多个阶段构成。作为一种制造业组织形式，生产分割可以通过两种方式节约生产成本：一是在给定生产要素成本情况下，采用生产分割方式能够通过提高生产专业化水平减少生产要素消耗数量；二是由于不同国家和地区生产要素差异，把一些活动转移到成本较低的国家和地区，通过利用低成本生产要素以更低成本从事至少一个环节的生产活动。在生产分割条件下，制造业企业通过外购决策选择产品基本组织方式。企业既要确定是否外购以及在多大程度上外购，也要确定是否以及在多大程度上将业务转移到国外。

根据以上两个决策的不同选择，理论上制造业可以形成四种基本组织方式（见图1）。一是企业坚持不外购，仅在本国自行建设制造工厂等生产设施，产品设计、研发、制造等

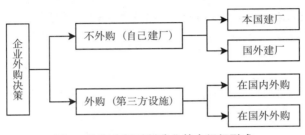

图1 生产分割后制造业基本组织形式

各项工作全部集中在本企业内部；二是企业坚持不外购，但可以根据需要同时在本国和国外自行建造工厂等生产设施；三是企业选择在本国外购，仅由本国第三方制造企业参与产品设计、研发、制造等活动，企业与国外企业之间没有直接分工协作关系；四是企业可以选择向本国和国外外购，由本国和国外第三方制造企业参与产品制造等活动。以上四种方式，第一种最有利于防止技术扩散到其他企业，保持企业技术垄断，但最不利于利用低成本生产要素和降低成本，专业化协作水平最低；第二种有利于控制技术扩散到其他企业，维持技术垄断，有利于利用低成本生产要素，降低成本，不利于提高专业化协作水平；第三种有利于在一定范围内控制技术扩散，可以在本国范围内优化生产要素组合，提高专业化协作水平；第四种不利于防止和控制技术扩散，但有利于最大限度利用低成本生产要素，提高专业化协作水平。

在实践上，以上四种生产组织方式并非泾渭分明，一个企业可以在研发、设计、零部件和子系统制造、组装、测试、营销等不同环节采取不同组织方式。随着生产分割和全球化推进，纯粹采取第一种、第三种组织方式的企业并不多见，第二种、第四种组织方式的影响力越来越大。苹果、波音和英特尔三家美国公司虽然在产品设计、研发和营销环节主要采取第一种方式，但制造环节外购程度不断加深。苹果公司所处市场竞争强度高，更强调成本因素，产品制造完全采用第四种方式，开放程度最高。波音公司虽然担心技术扩散损害自己竞争力，但迫于竞争压力也从第二种方式转变为第四种方式，采取更加开放的组织方式，但程度上与苹果公司有较大差异。英特尔公司虽然面临一定程度的市场竞争，但核心产品微处理器仍然采取第一种组织方式，谋求通过持续技术创新和保持技术垄断提高竞争力。迫于竞争等因素考虑，英特尔公司芯片组等重要产品生产原来采取第一种方式，现在已经转变为第二种方式，对于微处理器以外的部分非核心产品也开始采用第四种方式。

上述第二、第四种组织方式的重要特征是将生产活动扩展到本国以外，即将先前一体化生产活动分割和扩散到一个国际生产网络，从而导致了国际生产分割和全球生产体系的深化。全球生产，也就是生产在世界范围的再组织，已经存在很长时间。几十年前美国、欧洲、日本等国的跨国公司已经到国外投资办厂，产品在当地销售，当时其主要目的是越过关税壁垒，生产分割和利用廉价生产要素的特征不突出。但是20世纪八九十年代以来，由于更多国家更加开放的经济政策和贸易自由化，产业竞争强度显著提高，全球生产分割体系得以加快推进。运输和通信领域技术进步显著降低了国际经济一体化的成本，使得经济一体化不再受地理局限，而是可以在更大程度上实行生产分割，更大范围内选择生产地点，进一步推动了全球生产体系发展。

二、苹果、波音和英特尔的组织方式

20 世纪八九十年代以来，以技术为基础的产品面临激烈的国外竞争，技术优势和低成本优势成为决定竞争结果的主要因素，发达国家一些企业开始利用生产分割方式组织生产，在世界范围优化生产能力布局。苹果、波音和英特尔是其中影响力很大的三个跨国公司，其生产分割和外购方式选择可以在很大程度上说明制造业组织方式选择。

1. 苹果公司

苹果公司（Apple Inc.）总部位于美国加利福尼亚州库比提诺，主要从事计算机、移动通信和传播设备、便携式音乐播放器及相关软件等产品的设计、制造和销售，在设计和开发自己的操作系统、硬件、应用软件和服务领域形成了核心能力。根据苹果公司 2010 年年报披露的情况，苹果公司选择了第四种组织方式，所有产品及其零部件均由第三方企业制造，产品运输和后勤管理也采用外购方式。公司最终产品组装目前分布在美国加利福尼亚州、得克萨斯州和中国、捷克、韩国。关键部件制造和供应分布在美国、中国、德国、爱尔兰、以色列、日本、韩国、马来西亚、荷兰、菲律宾、中国台湾、泰国和新加坡，其中苹果计算机、iPhone、iPad 和 iPod 装配在中国完成（Apple Inc.，2010）。可见，苹果公司产品制造企业位于美国以外，分布在亚洲、欧洲等地区。

iPhone 的成功与苹果公司采取的生产分割及专业化生产方式密切相关。20 世纪 90 年代，绝大多数手机仅有几个基本零部件，如外壳、小屏幕和标准按键，没有大规模外购的必要性和紧迫性。最近几年，手机在功能和结构上发生了较大变化，随着功能增多硬件数量和多样性显著增加，如触摸屏、标准键盘、数码相机、录像、音乐播放、屏幕均成为手机的组成部分。这对移动装置的软件提出了更高要求，软件必须适应多种硬件并存的环境。与硬件可选择性增多一样，移动通信装置的软件也在增多。[①]尤其是移动通信专用软件发展很快，手机使用者可以自己安装程序、浏览互联网、收发电子邮件。这使手机专用软件市场发生根本变化。一些硬件制造企业如苹果公司已经开发出自己的手机操作系统，一些硬件制造企业采用第三方的操作系统。结果是软件多样化，两个用户使用相同手机但可以使用完全不同的驱动和操作系统，手机用户可以用给计算机安装软件类似的方式给手机安装软件，促进软件的竞争。

硬件和软件多样化为手机制造业采取生产分割方式通过外购组织生产提供了可能。在竞争激烈和需求快速变化的市场，苹果公司较早放弃了传统上集设计、制造、营销于一体

---

① 最初，手机制造公司以硬件为中心，将软件视为销售成本，手机硬件制造公司一般自己开发软件，软件功能受到限制。

的经营方式，而是集中打造自己的专利、商标和版权，iPhone 的设计、制造、组装最大限度地采取生产分割和外购的方式进行。iPhone 由苹果公司拥有，并负责产品设计和营销。除软件和产品设计之外，iPhone 的生产制造主要在美国之外进行。依靠海外采购，零部件在多个国家和地区生产，所有 iPhone 部件运输到富士康在深圳的工厂组装成最终产品，然后再出口到美国和其他国家，苹果公司有效地控制了产品成本。iPhone 制造涉及多个国家的多家公司，分别位于中国（包括大陆和台湾）、韩国、日本、德国和美国，主要生产者和供货商包括日本东芝、韩国三星、德国英飞凌、美国博通等企业（见表 1）。在 iPhone 供应链中，每个生产者购买上游原料或中间产品，经过加工提高附加值，经过加工的零部件销售后转化为下一生产阶段的成本。所有生产阶段的附加值加在一起等于该最终产品价格。

表 1　iPhone 3G 的主要部件和成本

单位：美元

制造商	部件	成本
日本东芝（Toshiba）	闪存（Flash Memory）	24.00
	显示组件（Display Module）	19.25
	触摸屏（Touch Screen）	16.00
韩国三星（Samsung）	应用处理器（Application Processor）	14.46
	随机存储器（SDRAM-Mobile DDR）	8.50
德国英飞凌（Infineon）	基带（Baseband）	13.00
	照相机（Camera Module）	9.55
	无线电收发器（RF Transceiver）	2.80
	GPS 接收器（GPS Receiver）	2.25
	Power ICRF Function	1.25
美国博通（Broadcom）	蓝牙（Bluetooth/FM/WLAN）	5.95
美国恒忆（Numonyx）	多重晶片封装记忆体（Memory MCP）	3.65
日本村田（Murata）	射频前端模组（FEM）	1.35
德国对话半导体（Dialog Semiconductor）	电力集成电路应用处理器（Power IC Application Processor Function）	1.30
美国凌云逻辑（CirrusLogic）	多媒体数字信号编解码器（Audio Codec）	1.15
其他		48.00
材料和零部件总计		172.46
富士康（Foxconn）深圳	组装	6.50
总计		178.96

资料来源：Andrew Rassweiler. iPhone3GS Carries $178.96 BOM and Manufacturing Cost, iSupply Teardown Reveals［EB/OL］. http: //www.isuppli.com/Teardowns-Manufactu-ing-and-Pricing/News/Pages/iPhone-3G-S-Carries-178-96-BOM-and-Manufacturing-Cost-iSuppli-Teardown-Reveals.aspx，2009-06-24.

从经济学角度看，苹果公司采取比较彻底的分割和外购方式有其内在动力。一是手机行业竞争强度高，逼迫苹果公司寻找成本更低的制造地点和协作企业，把组装等劳动密集型环节转移到劳动力富集国家。二是企业利润最大化。即使把一些零部件放在美国国内生产可以实现利润，但只要海外外购能实现更多利润，企业在利润驱使下将采取外购方式。由表 1 可知，iPhone 主要零部件多已转移到美国以外，美国生产零部件价值占比较低，产品价值链由多个国家的多个企业共享。

2. 波音公司

波音公司（Boeing Company）总部设在美国伊利诺伊州芝加哥市，是世界最大的航空航天制造企业，在商用喷气式飞机、军用飞机、导弹、空间飞行器等产品的设计、开发、制造、销售和服务领域居世界主导地位，目前产品包括 737 窄体客机和 747、767、777 和 787 宽体客机。波音公司主要业务在美国完成，但合作伙伴和供应商遍布世界许多国家和地区。

飞机制造业包括机身制造、发动机制造、航空电子设备制造、零部件制造及飞行管理、控制等系统研制。该产业要求高水平设计和工程创新能力，几十年来一直是美国出口的重要产业。大型民用飞机供应链由世界数千家公司构成，这些公司提供制造飞机和发动机的材料和零部件。但从地理分布看，大型民用飞机及其零部件制造高度集中在美国、德国、法国、英国、意大利、西班牙、加拿大、日本、中国、韩国、俄罗斯等少数几个国家。尽管西方国家过去几十年在商用飞机制造领域一直拥有很强的竞争优势，但这种优势面临巴西、俄罗斯、中国等国家竞争压力越来越大。20 世纪 60 年代制造的波音 727 飞机设计、开发、制造均依靠波音公司自主投资，独立完成，按价值计算进口零部件只占 2%。20 世纪 70 年代为了顺利出口飞机，飞机制造企业开始将一些零部件生产转移到国外，进口零部件比重逐步提高。波音飞机外购从 747 机型的简单结构部件发展到 777 机型的复杂中心机翼。波音 787 梦想飞机的零部件和子系统依靠全球采购，主要部件供应企业包括澳大利亚、加拿大、中国、意大利和日本。按价值计算，波音 787 飞机 90% 的设计和子系统依靠外购，进口比重提高到 70%。中国对波音飞机供货不断增加从一个侧面说明飞机制造业生产分割和外购不断加深（见表 2）。

表 2　中国对波音飞机的供货

中国企业	供货内容	飞机型号
波海航空复合材料部件有限责任公司	复合材料面板及零部件、舱门衬垫、机翼后缘、尾翼材料、鼓形刹车掣、驾驶舱内墙板	波音 737、747、767、777
成都飞机工业（集团）公司	前舱门、机翼上方出口门、副翼、扰流板、方向舵组件	波音 737、747、787
哈飞集团公司	翼身整流罩面板	波音 787
上海飞机制造有限公司	新一代水平安定面	波音 737
沈阳飞机工业（集团）有限公司	机身尾部	波音 737
西安飞机工业（集团）有限公司	内侧襟翼、机翼承力构件	波音 737、747

资料来源：Adapted from Philip Butterworth-Hayes. China's Short March to Aerospace Autonomy. Aerospace America. February 2010.

波音 787 飞机采取系统集成和全球采购生产组织方式，表明波音公司商用飞机制造已经放弃完全自主投资方式，不再独立承担新型客机的设计和制造，而是根据新型飞机和零部件的复杂程度，在全球范围选择风险共享伙伴，采取与风险共享合作者共同承担研发和生产成本的方式减少投资。波音公司从企业内部一体化生产（第二种生产组织方式）转变为向本国和国外外购（第四种生产组织方式）。波音公司主要作用不体现在内部生产能力上，而是体现在外部生产活动管理和最终产品销售，注重培育品牌、设计、研发、生产网络等，寻找能够以较低成本提供高质量产品的合作伙伴。波音公司位于金字塔顶端，做出关键决策，商用飞机研发、制造高度依赖外购和风险共享伙伴，关键部件和子系统将由外部供应企业设计和制造。采用这种方式波音公司可以较少投资开发新机型，比完全依靠自己独立投资和研发新机型的传统方式具有明显的成本优势。

3. 英特尔公司

英特尔公司（Intel Corporation）总部位于美国加利福尼亚州圣克拉拉，主要产品包括主板芯片组、网络卡、闪存、绘图芯片、嵌入式处理器以及通信与运算相关产品的研发和制造。20 世纪 90 年代之前，英特尔业务以 SRAM 与 DRAM 的存储器芯片为主，90 年代之后发展重点转向微处理器设计与制造，迅速发展成为 PC 微处理器的领导者。

与苹果、波音公司不同，英特尔公司一直采取公司内部垂直一体化生产方式，对外购和利用第三方生产设施采取谨慎和严格限制策略。英特尔公司有数千个供应商提供各种材料和服务，也委托第三方制造公司承担一些制造工作，但主要限于网络和通信产品。对于其核心产品微处理器、芯片组则不外购任何重要环节，研究、开发和制造全部集中在公司内，制造工厂均由英特尔自行投资建造。仅少数几家芯片组制造工厂位于国外，其余工厂均建造在美国国内。公司年报可以清晰地佐证这一点。根据公司年报，截至 2009 年 12 月底，英特尔公司 64% 的晶片制造包括微处理器和芯片组在美国国内制造，制造厂主要在亚利桑那州、俄勒冈州、新墨西哥州和马萨诸塞州。其余 36% 的晶片在美国以外制造，制造工厂位于爱尔兰、以色列和中国。组装和测试主要在马来西亚、中国、哥斯达黎加和越南进行。为了提高生产能力，部分芯片组、网络和通信产品组装转包给其他企业（见表 3）。

表 3 英特尔公司微处理器和芯片组等产品制造工厂分布

产品	晶片尺寸（毫米）	加工技术（纳米）	工厂位置
微处理器	300	32	美国俄勒冈州
微处理器	300	45	美国新墨西哥州、亚利桑那州；以色列
微处理器和芯片组	300	65	美国亚利桑那州；爱尔兰
芯片组和其他产品	300	90	爱尔兰
芯片组和其他产品	200	130 及以上	马萨诸塞州、俄勒冈州；爱尔兰
芯片组	300	65	中国大连，2010 年 10 月建成投产

资料来源：Intel 2009 Annual Report.

英特尔采取一体化而不是外购方式组织生产的一个重要原因在于微处理器制造的特点。英特尔公司产品服务对象，如音乐、电影、视频电话、信息创造和信息消费基本上属于数字制品。上述产品很大部分发生在互联网上，人们通过计算机使用互联网，而互联网的内容变得更复杂，要求更强的计算能力。可见，英特尔公司所处市场具有一个显著特点，即企业只有通过持续技术创新使计算机内的集成电路片功能与这种需求保持同步才能取得竞争力，单纯依靠降低成本取得的优势有限。微处理器制造是资本密集生产过程，制造过程复杂，专业化程度高。一个新的集成电路芯片设计、测试到准备生产，平均需要200人全时间工作2年。为保障产品质量、保护思想和知识产权、满足投产时间，英特尔认为必须自己建造工厂而不是利用第三方设施。英特尔不惜耗费数十亿美元建设最新的微处理器制造工厂，使用复杂机器人和遥控装备制造产品，确保产品质量和精度。为最大限度节约成本，英特尔使用复制技术建造工厂，无论工厂建造在哪里都采用同样方式。这对高精度和高复杂产品制造十分重要。

三、生产组织方式差异及原因

前述分析表明，苹果、波音和英特尔三个公司均对产品设计、研发和制造等环节进行了生产分割（见表4）。这三个公司的共同之处是将设计、研发、品牌、营销等环节保留在企业内部，并将其作为企业核心业务。但这三个公司制造环节采取的组织方式存在较大差异。苹果和波音公司产品制造均采取较高程度的外购方式，零部件制造和产品组装、测试等环节均由第三方企业完成。苹果公司几乎所有产品零部件和产品制造环节均依靠外购解决，美国国内供货所占比重相当少，说明苹果公司生产分割和外购程度高，采取的是比较完全彻底的生产分割和组织方式。波音公司外购领域不断扩大，但飞机组装和测试仍主要在美国国内进行。英特尔公司产品制造不是采取外购而是企业自行建厂制造的组织方式。其中，微处理器制造完全在美国国内进行，英特尔美国国外仅有三个制造厂，这三个制造厂主要从事芯片组等产品制造。由于这三个公司生产组织方式的差异，其对产品制造过程的控制也具有不同的特点。苹果公司主要采用合同和技术手段管理生产过程，协调与供货商的关系。波音公司虽然也主要采取合同和技术手段管理控制生产过程，但可能比苹果公司更强调技术手段。英特尔公司对制造厂拥有完全所有权，主要采取企业内部手段管理控制生产过程。

表4 苹果、波音、英特尔三个公司生产组织方式比较

| | 不外购（自己投资建厂） | | 外购（第三方设施） | |
	国内建厂	外国建厂	本国外购	国外外购
苹果	设计、研发、品牌、营销		少数关键零部件	多数关键零部件，组装、测试、产品运输
波音	设计、研发、组装、测试、品牌、营销		少数关键子系统和零部件	多数关键零部件和子系统，部分机型组装、测试
英特尔	设计、研发、制造、品牌、营销	微处理器以外的产品，非采用最先进技术制造	部分材料和服务	部分材料和服务

可以肯定，虽然受很多因素影响，但苹果、波音和英特尔三个公司生产组织方式选择——生产分割与外购决策一定有其内在驱动因素。为什么这三个公司生产组织方式存在显著差异呢？这促使我们对生产分割和外购的内在动机进行思考。上述三个公司作为从事设计、研发、制造、营销的经济组织，它们购买投入品并使用这些投入品生产产品，投入和产出的数量关系由生产函数决定。从纵向环节考察，每个公司实际上在从事多个环节的连续操作。在技术水平确定情况下，每个环节的成本决定于该环节的产出水平。假设某个公司经营活动可以分割成三个环节，每个环节各有一条唯一的平均成本线，分别是 C_1、C_2、C_3，三个环节成本的纵向叠加就是公司平均成本线 AC。对制造业而言，同一公司不同环节平均成本线的形状可能存在较大差异，如图 2 所示。环节一的平均成本线 C_1 持续下降，环节二的平均成本线 C_2 持续上升，环节三的平均成本线 C_3 呈 U 形。当然，随着技术和生产方式的变化，各环节成本线的形状可能会发生变化。

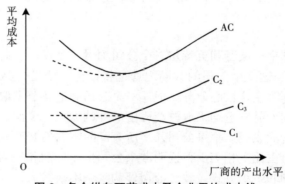

图 2　各个纵向环节成本及企业平均成本线

现在来分析公司生产分割和外购决策。在第一种生产组织方式下，公司采取纵向一体化结构，零部件均由自己生产而不进行外购。对于规模收益递减的环节，公司可以采取内部一体化方式。对于规模收益递增的环节可以采取外购方式，将其交给专业化企业生产，以便获取规模收益递增的利益。在技术允许进行生产分割条件下，外购程度主要取决于该产业所处的发展阶段和市场竞争强度。

在竞争强度较低的产业，外购压力较低，企业可能选择自己从事这些环节的活动。随着竞争强度提高，外购压力加大，企业倾向将成本曲线类似于 C_1 的某些环节交由其他企业去生产。最初，专门承担某个环节生产的专业化企业可能是垄断者，但制造业活动所处的市场一般价格需求弹性较高，它对 C_1 的定价不能高于放弃 C_1 的企业自己生产 C_1 的平均成本。随着产业的继续扩张，提供 C_1 的企业数目会逐步增多，该产业可能因而成为寡头垄断或竞争性结构。此后，该产业内可能会继续上述专业化过程，把 C_1 的一部分交给新的专业化企业去经营。相应地，对于放弃了 C_1 的企业，其成本线也会发生变化，即 C_1 被一条在有效领域内低于 C_1 的水平线所替代，企业的平均成本线会向下移动，如图 2 中的虚线所示，成本最低点的产出也将向左移动。因此，随着竞争强度提高，企业将首先把平均成本随产出增加而递减即规模收益递增的环节分离出去，并向从事这些环节生产的专业化企业去购买，而把另外一些环节保留在企业内部。

当然，在部件之间关系变得稳固和市场变得足够大以前，采取第一种、第二种方式的一体化制造企业占主导地位。标准化和规模经济给垂直分离和专业化创造条件，提高了高技术供应链某些环节的可竞争性。国内和国际市场竞争压力迫使企业在全球范围内寻求更有效率的供应商和合作伙伴，提高效率，降低成本。如果市场竞争对手多、技术容易扩散、产品容易被模仿，即使具有比竞争对手更强的产品和服务创新能力，企业也会迫于竞争压力寻求低成本生产组织方式，以外购方式剥离规模收益递增的环节，推动产品制造由更加专业化的众多企业共同完成。否则，就无法享受规模经济利益。如果市场竞争对手少、技术扩散难、产品不容易被模仿，具有比竞争对手足够强的产品和服务创新能力，可以通过创新而不是过分依靠降低价格维持竞争力，企业就可以采取内部制造而不是外购的生产组织方式。苹果、波音和英特尔三个公司组织方式的选择可以很好地诠释这一点。

苹果公司产品和服务处于高度竞争的市场，所有业务领域面临激烈竞争。该市场有多家实力雄厚的大型企业参与，竞争者可以选择成本更低的硬件、软件甚至模仿 iPhone 等产品，产品边际收益和价格不断降低，这迫使苹果公司不断扩大外购的范围和程度，寻求成本更低、更具有效率的生产组织方式。大型喷气式飞机市场由波音和空中客车两家公司垄断，波音公司市场份额领先于空中客车，但空中客车市场一直致力于提高市场份额，两者差距逐步缩小。尽管该市场具有双寡头垄断特征，但商用喷气式飞机和航空工业市场竞争激烈。苹果和波音公司所处市场具有持续研制产品、设计方法和技术不断变化、竞争者可以跟进、消费者和用户价格敏感等特征。竞争导致边际收益不断降低，能否持续地、及时地以有竞争力的价格将新产品和服务投放市场是决定公司竞争力的主要因素。竞争压力迫使这两个公司最大限度采取利用国际生产分割和依靠外购的生产组织方式。

以上分析可以在相当程度上解释苹果和波音公司的组织方式选择，但对于英特尔公司为什么基本不采取外购方式则需要进一步分析。显然，英特尔微处理器及芯片组等产业已经度过初期阶段并达到足以移交给专业化企业去经营的规模，该产业生产过程所需要的某些产品或服务容易从市场上稳定的获得，从这个方面看无须自己生产。其实，英特尔公司专业化程度高，核心能力专一，依靠自己的制造设施和组装、测试设施构成的网络，可以比竞争对手更好地捕捉客户需求变化，既能更快地设计和研发新产品，也能更直接地控制产品制造过程，包括质量、产品成本、产量和交货时间控制。与英特尔公司不同，其许多竞争者不自行建造生产设施，而是利用第三方设施从事产品制造、组装和测试，或者与第三方公司联合建造生产、组装和测试设施。从经济学角度看，英特尔之所以继续采取严格限制外购的生产组织方式，一个重要动机在于其可以通过一体化来垄断关键投入品供给，通过垄断关键投入品供应来加强公司垄断势力，保持和提高垄断利润。问题在于，英特尔能够这样做，为什么苹果、波音不能这样做呢？这涉及公司所在市场的竞争强度及自身维持垄断的能力，竞争激烈到一定程度才会逼迫企业采取外购方式。英特尔公司虽然面临越来越激烈的竞争，但目前竞争对手还无法依靠低成本威胁其技术优势，没有成长到迫使英特尔采取外购方式降低成本的程度。

四、几点结论

苹果、波音和英特尔公司的案例表明，国内和国际市场竞争压力促使企业在全球范围内寻求更有效率的供应商和合作伙伴，制造业网络合作、分权和组织内一体化的性质逐步强化，并对制造业组织方式和国际分工带来深刻影响。只有科学把握制造业组织方式演进规律，创造并利用制造业开放程度不断提高的有利条件，才能改善中国这个发展中工业化大国的国际分工地位。

1. 竞争推动制造业开放程度不断提高，有利于发展中工业化国家制造业发展

市场经济体制带来的竞争压力迫使美国等发达国家将一些制造活动转向海外，采取开放程度较高的组织方式。竞争程度较低时，一个国家和地区倾向于采取垂直一体化方式生产具有比较优势的产品，从事从上游到下游整个生产阶段的生产。竞争程度较高时，跨国公司根据需求和成本变动选择生产地点和协调生产，通过海外投资为母国市场生产中间产品和最终产品。发达国家制造业企业必须与其国际伙伴合作才能完成新产品开发并将其推向市场，每个企业按其能力和贡献取得相应价值，具有创新能力的发展中工业化国家的企业可以获得更多参与国际制造体系的机遇。这导致制造业开放程度不断提高，制造业中间产品和最终产品进出口都在提高。尤其是部分高中技术制造业迫于竞争压力可能采取开放程度更高的组织方式，为中国等新兴工业化国家制造业向产业链高端环节转移创造了条件。这就好像一个阶梯，各个国家都在攀登这个阶梯。美国等一些发达国家处于质量阶梯的顶端，制造高质量产品。发展中国家处于质量阶梯的中下端，并向顶端攀登。发展中国家之所以能够向顶端攀登的原因在于，高中技术产业产品复杂程度较高，单一企业很难掌握所有专业技术知识和制造能力，很难自己承担所有投资和成本，只能寻求外购。从价值分配看，制造业产品一般含有少数高价值零部件，这些高价值零部件含有知识产权、成本高，构成最终产品总增加值的很高比例。随着技术进步和竞争加剧，这些零部件迫切需要采取外购方式。在这个背景下，中国等发展中工业化国家虽然可以继续从事劳动密集型、低技术制造，但也可以利用生产分割体系积极发展高端制造，掌握先进技术，积极培育从事知识密集、高技术产品制造、更加专业化的企业，提高从低附加值向高附加值转移的能力，实现产业升级。

2. 核心企业主导组织方式选择和价值链分配，专业化成为制造业竞争力更加重要的来源

作为现代产业组织创新和产业发展的新趋势，生产分割使最有效率且布局在有竞争力地点的制造业企业得以发展壮大，这促使制造业向竞争力强的中间产品制造企业和最终产品组装企业集中，向综合条件较好尤其是成本较低的地点集中。结果一个国家和地区不再可能包揽制造业产品设计、研发、制造、营销的所有活动，制造业国际分工不再简单地按

照水平方式区分为高技术产品和低技术产品，而是采取垂直专业化方式划分为产业链低端环节和高端环节，不同国家和地区的公司参与一个产品的生产过程，集中于某些具有比较优势的生产阶段，从事给定产品部分阶段的生产。生产分割和外购导致垂直分工和专业化不断深入，就其经济学本质看是在位于不同国家和地区的企业通过专业化协作和分享规模经济、范围经济来提升产业竞争力的经济现象。生产分割的实质是产业链不同环节各企业之间的专业化分工和协作，包括从事研发、设计、营销、品牌管理的核心企业，从事中间产品制造和最终产品组装的专业化企业。在这种组织方式下，核心企业通过掌控产品设计、研发和营销等活动主导组织方式选择和价值链分配，专业化企业通过提升技术能力和制造能力提升话语权。只有打造一批在供应链顶点掌控知识产权、在生产分割体系和全球价值链形成中具有主导作用的核心企业，不断深化产业分工与协作体系，才能提升制造业国际竞争力。

3. 成本尤其是劳动力成本仍是驱动制造业国际分工的重要因素

资本、技术流动将各国劳动力置于国际竞争之中。低成本劳动力和大量 FDI 流入，使中国等新兴工业化国家在产品制造领域形成了较强的优势。今后一个时期，资本、技术和商品的跨国流动将更容易，世界经济一体化程度不断提高，但劳动力跨国流动困难，企业还将通过在劳动力成本较低地区建厂获得成本优势。虽然面临来自低成本国家制造的高附加值产品竞争，但发达国家不大可能在工资和福利成本敏感的产业取得竞争优势，成为低成本制造国。尽管中国劳动力成本在提高，但只要综合成本（劳动力、土地、税费等成本）低于发达国家，这种成本优势将一直存在，成本尤其是工资成本仍是驱动跨国生产体系的重要因素。为保持成本优势，政府必须采取更多措施，减少制造业负担，使中国对世界制造业更具有吸引力，美国政府正在采取的一些降低本国制造业成本的措施值得我们注意。这些措施有：减轻美国制造业的税收负担，并使暂时性减税措施永久化，以提高美国制造业吸引资本和投资的能力；改革医疗保险，降低医疗保险成本；减少管制和司法诉讼成本；实施节能计划，降低能源成本；鼓励创新投资，促进技术扩散，降低开发新技术的风险，确保美国企业致力于设计和生产技术含量高且为世界客户所需要的产品。在降低人力成本方面，美国采取了加强教育、培训和减少使用人力的措施。联邦政府重视支持基本教育和职业教育，强调职业培训需要适应未来产业发展需求，使学生无须长时间再培训就可以胜任制造业岗位。一些企业采用机器人实现无人化加工，加工中心和机器人所组成的柔性单元在制造车间中的应用越来越普遍，每周 7 天，每天 24 小时不间断运转，高效率和高可靠性有效地降低了制造企业成本。

4. 国际竞争逼迫发达国家制造业加快转向高端、高技术领域

过去几十年美国经历了持续的去工业化过程，制造业增加值和就业人数占 GDP 及总就业人数的比重持续降低。去工业化给美国就业和经济发展带来不少突出问题，引起朝野各界对再工业化问题的广泛讨论。经过这次金融危机，美国等发达国家主张发展制造业，改变经济过分依赖服务业特别是金融服务业的呼声不断高涨，政府已经重新将制造业视为解决就业和经济问题的措施。美国的制造业尽管面临不少的问题和困难，但它毕竟是全世

界最先进的制造业。美国拥有世界最高技能的劳动力和最先进的装备，是世界上制造业最发达的国家和先进制造业发展最快的国家，100多年来一直是世界制造业的引领者。随着制造业开放程度的提高，美国越来越担心尖端、高端产品制造向海外转移，使相关知识和技术从研发阶段成为参与各方的"公共产品"，本国企业由此会失去知识产权。近几年美国国内对大型喷气式飞机外购可能带来的影响进行了广泛讨论。在波音公司商用飞机制造中，国外风险共享合作者控制二、三级供货，掌握复杂子系统设计、制造、组装等关键技术。一些人担心美国飞机制造技术扩散到外国公司，提升外国企业包括其他发达国家和新兴工业国家企业的竞争优势，损害美国企业独立创新能力。上述担忧反映出一个倾向，即美国已经着手实施再工业化。美国等发达国家虽然不具备成本优势，但其劳动力普遍受过良好教育和拥有较高技能，具有知识、技术和无形资产优势，可以从事更复杂、更先进的制造领域，发展技术密集程度更高的制造业和知识密集型服务业，克服劳动力成本高的劣势，成为更有效率的制造国。可以预见，美国等发达国家制造业将以高技术和高端为重点，进行更加专业化的生产，更集中于制造研发和技术能力要求较高的复杂产品，尤其是别国无法制造的产品，谋求提高产品质量、创新能力和差异化竞争能力，其结果可能进一步提高美国尖端制造业相对其他经济体的优势。

参考文献

［1］Apple Inc. Annual Report Index to the Form 10–K for the Fiscal Year ［R］，2010.

［2］Bonham，C.，Gangnes，B.，Van Assche，A. Fragmentation and East Asia's Information Technology Trade ［J］. Applied Economics，2007（39）.

［3］Desai，M. The Decentering of the Global Firm ［J］. World Economy，2009，32（9）.

［4］Pritchard，D. and A. Macpherson. Strategic Destruction of the Western Commercial Aircraft Sector: Implications of Systems Integration and International Risksharing Business Models ［J］. The Aeronautical Journal，2007（5）.

［5］Hanson，G.，Mataloni，R.，Slaughter，M. Vertical Production Networks in Multinational Firms ［J］. Review of Economics and Statistics，2005，87（4）.

［6］Jones，Ronald W.，Henryk Kierzkowski，Lurong Chen. What Does Evidence Tell Us about Fragmentation and Oursourcing ［J］. International Review of Economics and Finance，2005（14）.

［7］Butterworth–Hayes，Philip. China's Short March to Aerospace Autonomy ［J］. Aerospace America，2010（2）.

Production Fragmentation and Manufacturing International Division
—Study Based Upon the Cases of Apple, Boeing and Intel

LIU JIE JIAO

(Institute of Industrial Economics CASS, Beijing 100836)

Abstract: This paper puts forward the four basic modes of manufacturing organization under production fragmentation and explores the factors affecting the select of the mode of manufacturing organization. It is explained that market competition intensity possesses an important influence on the mode and extend of fragmentation. In the sectors with lower competition intensity, firms calculate technology advantage rather than cost advantage and prefer selecting the organization of vertical integration in which outsourcing is controlled at lowest level. In the sectors with higher competition intensity, firms calculate cost advantage rather than technology advantage and prefer selecting the organization of vertical fragmentation in which outsourcing is expanded to a higher level. China, the largest developing and industrializing country, can to utilize the remunerative condition and ameliorate the status of international division of manufacturing.

Key words: production fragmentation; manufacturing; Apple Inc.; Boeing Company; Intel Corporation

我国城市生产性服务业集聚对工业的外溢效应及其区域边界

——基于 HLM 模型的实证研究*

顾乃华

（暨南大学产业经济研究院　广州　510632）

【摘　要】本文利用城市样本数据和多层线性模型，实证检验了我国城市生产性服务业集聚对工业的外溢效应及其区域边界。研究发现，我国城市生产性服务业集聚能显著提高本地工业的全要素生产率；生产性服务业集聚对工业的外溢效应存在区域边界，省层面的生产性服务业集聚与所辖市工业的全要素生产率无显著的相关关系。

【关键词】生产性服务业；多层线性模型；外溢效应

一、问题的提出

由于生产性服务业通常具有生产和消费时空上的不可分性、非物化、不可存储等特点，一般认为它会比工业更依赖本地市场的容量，并且有更显著和典型的空间集聚效应。自 20 世纪 70 年代以来，学术界开始关注生产性服务业的集聚现象。很多实证研究也证实，在生产性服务业领域确实存在空间集聚现象。如 Beyers 研究了美国 20 世纪 80 年代生产性服务业的集聚，发现 1985 年 90%的生产性服务业集中在大都市区，占总就业的 83%。生产性服务业空间集聚的结论在亚太地区也同样得到了证实，Connor 和 Hutton 的研究指出，亚洲生产性服务业主要集中在大城市或者城市网络、城市体系中的重要节点和门户城

---

* 本文选自《财贸经济》2011 年第 5 期。

基金项目：广东省普通高校人文社会科学重点研究基地重大项目（08JDXM79010）、国家自然科学基金项目（71003028）。

作者简介：顾乃华，暨南大学产业经济研究院副教授、博士。

市。但在较长时期内，对生产性服务业集聚的研究在实证层面大多停留在对集聚这一特征性事实进行统计性描述阶段，在理论分析层面则主要是借用已有的集聚概念或将其他典型产业（如制造业）的集聚之意简单移植到生产性服务业中。近年来，相关研究则主要围绕集聚的影响因素展开。如 Naresh 等（2003）以金融服务业为例，探索了时间因素对服务业集聚的影响；陈建军等（2009）在新经济地理学理论基础上，研究了中国生产性服务业集聚的成因与发展趋势，发现知识密集度、信息技术水平、城市和政府规模对生产性服务业集聚有显著的影响，并表现出一定的区域差异性。

从以上对国内外生产性服务业集聚文献的简要综述中可以发现，目前理论界对生产性服务业集聚的动因探讨主要是从集聚对生产性服务业企业来说会产生什么好处这一角度展开的，而鲜有文献探讨生产性服务业集聚会对工业发展产生怎样的外部效应。我们认为，从产业互动角度深化对生产性服务业集聚的动因理解是非常合适且必要的。首先，大量的实证研究发现，生产性服务企业分布与工业企业分布往往是联动的。如 Anderson（2004）指出，生产者服务分布是工业分布的函数，工业分布也是生产者服务分布的函数。但据笔者掌握的资料，仍没有文献分析生产性服务业集聚对它与工业之间的互动关系是否有影响，而回答这个问题显然可以深化对生产者服务业与工业联动分布现象的认识。倘若我们能够证实生产性服务业集聚会对工业发展产生正的外部效应，那么将衍生出另外一个问题：这种正的外部效应是否存在区域边界？也就是说，某地的生产性服务业能够对多大范围内的工业施加正的影响。清楚地回答这个问题，可以为制定生产性服务业的区域发展政策提供指引。目前，我国学术界和实践部门都对生产性服务业发展过程中的产业结构同构问题给予了充分重视。但我们认为，如果生产性服务业集聚对工业的外溢效应存在边界效应，特别地，当这种边界效应的产生主要是因为地理距离、产业性质等"自然原因"时，那么所谓的生产性服务业产业结构同构问题以及它所引发的低水平重复建设、过度竞争和资源浪费等，就可能只是一些伪问题。因为如果中心城市生产性服务业的发展对工业的外溢效应只局限于自身或者周边比较窄的范围内（即存在一个边界），那么边界之外的城市要想在其工业发展中也镶嵌进生产性服务这种"过程产业"、"黏合剂"，那么它唯一的选择就是也构建起自己的生产性服务业体系。但很显然，我们不能因为这些城市的生产性服务业的效率比中心城市的低，就认为存在低水平重复建设和资源浪费。

基于上述现有相关文献的可拓展之处，本文拟根据服务经济学、新地理经济学、转型经济学等相关理论，从理论层面分析我国生产性服务业集聚对工业外溢效应及其区域边界的存在性，进而借助多层线性模型和利用 2007 年 231 个城市样本数据对推论进行实证检验。

二、转型期中国生产性服务业集聚对工业外溢效应特征的理论分析

1. 生产性服务业集聚对工业的影响：宏观效应和微观机制

可以从宏观效应和微观机制两方面来理解生产性服务业集聚对本地工业的作用。众所周知，除了资本密集度提高能提升生产力外，生产过程的重组和迂回也是提高生产力的重要因素。因为更加迂回的生产过程不仅需要使用更专业的劳动力与更多的资本，而且生产步骤的增加也增加了中间投入的数目。薛立敏等（1993）认为，可以把生产性服务的提供者看作一个专家的集合体，这个集合体提供知识及技术，使生产迂回度增加，生产更加专业化、资本更为深化，并提高劳动和其他生产要素的生产力。可见，借助工业分工体系拓展将生产性服务作为中间投入品导入工业品的生产过程，可以促进工业的内涵式发展。具体而言，有利于工业实现从长期以来依靠消耗资源等刚性投入、扩大生产规模的增长方式向更多依靠创新、知识等柔性资源投入、不断丰富发展内涵和提高产品的附加值转型；有利于提高技术创新能力，形成自主知识产权的自有品牌化生产，从而改变长期以来过多依赖引进技术的贴牌生产发展模式。进一步地看，如郑凯捷指出的那样，所谓服务经济，在内涵上就是由服务活动的介入、引导、衔接、协调形成一个前所未有的紧密黏合的社会生产网络，从而促进工业和整个社会生产生活发展和经济财富快速增长的经济形态。

由上可见，从分工视角看，生产性服务业与本地工业能够形成互动发展关系。而且还可以预见，随着经济的发展、市场容量不断扩大、市场环境的完善、分工与专业化逐渐深化，经济效率将越来越取决于不同生产活动之间所建立起来的联系的属性。随着生产性服务业在一个地区集聚，通常会产生更强的规模经济和范围经济，降低单位服务的供给成本和价格，进而使得工业企业在对生产性服务这种投入要素做出"做"或"买"的决定（即是在自己内部生产还是在外部市场采购）时，更倾向于后者。当越来越多的工业企业发觉对以前由内部提供的生产性服务活动进行垂直分解而有利可图时，这些外包出去的业务必然会逐渐形成更为集聚的产业。综合新经济地理学、超产权学派等相关理论，生产性服务业集聚会强化其对本地工业外溢效应这一现象背后的具体微观机制，包括知识扩散效应、劳动力蓄水池效应、投入品共享和风险投资分散效应、竞争效应等。

值得强调的是，在当前我国工业正经历转型阵痛的时期，通过促进生产性服务业集聚，发挥其对工业的外溢作用，显得尤其重要。改革开放以来，我国制造业借助先行一步的市场化改革，不断完善企业微观的治理结构，同时吸引了大量国外资本和技术流入制造业，最终大大提高了竞争力。但促进我国工业在短期内迅速发展的贴牌生产方式，必将带来另外一个不可避免的问题，这就是作为接受代工的中国企业仅具有对产业低端的加工能力，自身缺乏产品设计和研发优势、技术创新能力、具有自主知识产权的知名品牌，信息来源和销售渠道也严重依赖海外供应商和进口商。目前，我国的制造业无法同发达国家的

制造业进行差异化的竞争，而主要在发达国家所开发的产品趋于成熟阶段介入市场，争取来自处于先进序列的企业的代工订单业务（刘志彪，2005）。在这种情形下，生产性服务业的发展将有助于解决工业企业向高端制造环节挺进乏力的问题，帮助它们改变创新能力落后、缺少品牌、组织能力低下的局面，促进工业可持续健康发展。许多地方政府正是认识到生产性服务业具有上述作用，纷纷将大力发展生产性服务业看作是创立新的区域竞争优势的关键方式。但各地争相上马生产性服务业项目，会不会产生低水平重复建设呢？我们认为，这主要取决于生产性服务业对工业的溢出效应是否存在区域边界。

2. 生产性服务业集聚对工业外溢效应的区域边界：自然原因与制度原因分析

大量的实证研究表明，在相同的贸易条件下企业仍然倾向于和本地企业进行贸易往来，即地区间贸易存在"本地偏好"。由于生产性服务具有生产消费同时性、不可储存性等截然不同于工业产品的特征，仅从产业特征这个"自然原因"入手，我们倾向于认为生产性服务贸易存在边界效应的可能性要大于工业品贸易，且区域边界要更窄。此外，由于生产性服务业提供的税收主要为地税，与地方政府的财政收入关联更紧密，因此在发展生产性服务业过程中存在地方保护的可能性也更大。

（1）产业特性与生产性服务业集聚外溢效应的区域边界。生产性服务业产出无形性、生产消费同时性等特征，往往要求供需双方面对面接触。面对面接触对于生产性服务企业在获得辅助服务并把服务有效传递给客户这两个环节上是至关重要的。从功能方面看，生产性服务业企业最主要在于提供一种信息服务。传统的编码信息可通过文字、数据、图形等方式传播，而个人所拥有的经验、行为、技能等默会信息却只能通过面对面接触来传播，默会信息的传播方式决定了其必然是具有地域性的。Helsley 等指出信息的传递表现出随着空间距离的增加而衰减的特征，新经济地理学的代表人物克鲁格曼也指出，"人们接受思想的能力或远离思想源地的距离影响知识的增加，距离越远，思想的交流也相对越难"。Keller 构造了溢出效应随地理距离衰减的函数，用于衡量经济合作与发展组织（OECD）成员国中的小国和大国之间技术扩散的空间效果，发现随着国与国间距离增加1200 千米，技术扩散减少 50%。如今，多数研究者都认为面对面接触是解释生产性服务业集聚最重要的因素，由其引发的诸如技术扩散、信息可得、交通便利等更具体的因素已渗透到生产性服务业集聚研究的方方面面。对应地，我们认为面对面接触也是使得生产性服务业集聚对工业的外溢效应存在区域边界的重要因素。

服务产品的无形性和消费、供给同时性还决定了在服务交易过程中，需求方既无法在交易之前对服务产品质量进行检验，又很难在事后对其质量进行有效的评估，因而多数服务产品属于"信任品"的范畴。对应地，大多生产性服务行业则属于契约密集型产业，即服务业的生产和交易将涉及更密集和复杂的契约安排。一般而言，供需双方的地理距离与它们之间的信任程度负相关。近的地理距离会降低生产性服务企业与制造企业面对面接触的成本，增大它们接触的频率，进而建立起更为信任的关系，而信任是降低交易成本的有效工具。面对面接触可削弱信息不对称，降低交易成本，这是导致生产性服务业集聚对工业的外溢效应存在区域边界的另一个重要原因。在当前转型期，我国市场中介组织、法律制度环境等发育得仍不是很成熟，社会对商业违约、欺诈行为的发现、惩戒能力有限。在这种情形下，信任因素在形成生产性服务业集聚外溢效应的区域边界中的作用可能会更突出。

（2）地方保护与生产性服务业集聚外溢效应的区域边界。很多研究从地区贸易、区域发展、要素禀赋与产出的关系等角度分析我国的国内市场一体化和经济一体化。近年来，越来越多的研究发现我国国内市场是在走向整合的，但仍普遍存在行政区经济，历史上长期形成的区域管理界线对区域一体化的影响仍相当明显。这种市场分割主要表现为以下几个方面：地区间存在较大的贸易壁垒和较高的运输成本；各省的产品价格水平在长期并没有收敛的趋势；省际贸易增长速度远慢于国际贸易的增长速度；各省的产业结构趋同，产出与其比较优势相背离。我国地方保护产生的原因一直是研究者们关注的焦点问题，提供的解释也有多种，如地方政府财政激励、地方政府的政绩、官员考核制度方面的欠缺、法律制度不健全、政府官员的晋升博弈等，但改革开放以来的分权体制及其地方政府间的竞争成为这些解释的共同因素，也是地方保护产生的最主要根源。一般认为，财政分权制度强化了地方政府追求行政区域边界内利益最大化的动机，使它们更倾向于扶持本地企业以解决财政收入和居民就业问题等，从而导致了地方保护主义。

在财政分权制度下，尤其是在1994年实施分税制改革之后，各地方政府发展生产性服务业的动机得到加强。1994年的分税制财政体制改革是新中国成立以来调整利益格局最为明显的一次制度变革，它将来自工业产品的大部分增值税和全部消费税划归中央，而把来自服务业的税种主要划归地方。这种中央和地方政府间分配格局的调整，显然会刺激地方政府发展服务业的积极性。郝硕博、李上炸（2008）的研究表明，主要来源于服务业的营业税是地方税的第一大税种，占地方财政收入的比重年均维持在25%~28%。既然生产性服务业属于高地税贡献行业，可以预见，在地方利益的驱使下，各地有动力在发展生产性服务业过程中互设区域壁垒来限制资源的流进或流出，行政区边界有可能成为生产性服务贸易的边界。陆铭等通过建立一个跨期分工决策的博弈模型，进一步提出了这样的命题：落后地区通过选择暂时不加入全国性的分工体系（可理解为不利用发达地区的生产性服务业），虽然可能丧失当期分工的效益，但是可以提高自己与发达地区在未来收益谈判中的地位，从而实现对发达地区的赶超。

值得进一步指出的是，由于服务有别于商品的特殊性，服务贸易的区域壁垒往往比商品贸易壁垒复杂。Trebilcock和Howse把服务贸易壁垒主要分为四类：第一，直接明显的歧视性壁垒，如对外国人建立和拥有金融机构的限制；第二，间接但明显的歧视性壁垒，如对移民以工作为目的的暂时入境的限制；第三，直接但明显中性的贸易壁垒，即对所有单位和个人都限制的服务业管制；第四，间接但明显中性的壁垒，如标准、专业服务许可证、文凭或凭证规定等。Hoekman和Braga则按具体表现形式把服务贸易壁垒分为：第一，配额、当地成分和禁止；第二，基于价格的手段，如歧视性的飞机着陆费和港口税等；第三，标准、许可和政府采购；第四，分销网络使用上的歧视等（俞灵燕，2005）。尽管服务贸易壁垒形式多样，但真正起作用的仍主要是自然壁垒限制（如运输、通信和信息技术、文化、语言等）。目前，即使在我国市场经济相对落后的地区，政府也很难干预工业企业的服务外包决策以及生产性服务企业的投资决策。当前地方政府影响企业决策的主要手段是在招商引资过程中给予土地、租金减免、地税返还、子女入学等方面的优惠政策。但随着土地"招拍挂"等政策的实施，地方政府能够动用的优惠手段也在减少，而且人力资本才是很多生产性服务企业最重要的投入，地方政府通过优惠政策比拼人为设置的区域壁垒在生产性服务业发展中越来越不突出。

三、实 证 检 验

1. 数据说明、变量定义和计量模型

本文实证检验使用的样本包括 2007 年我国大陆 25 个省份（剔除了四个直辖市以及缺失数据的西藏、所辖地级市较少的青海）所辖的 281 个地级市，缺少部分地级市样本是因为数据缺失。鉴于生产性服务业主要集中在城市，故将单个样本的空间范围设定为市辖区而非全市。相关原始数据来自 2008 年《中国城市统计年鉴》。

实证检验涉及的核心变量有两个：一是对工业的外溢效应；二是生产性服务业集聚程度。借鉴文献中最常用的指标，本文使用工业全要素生产效率（Total Factor Productivity，TFP）来衡量工业可能来自生产性服务业的外部效应。测算生产性服务业集聚程度包括界定生产性服务业外延和选择集聚程度衡量指标两个工作。在现实经济统计中，生产性服务业的行业划分与界定是个难点，因为有些服务业（如交通运输服务、银行服务业等）既可以看作是为生产性服务，也可以看作是消费性服务业（为居民和一般消费者服务），只不过不同服务行业的侧重点有所不同而已（江静等，2007）。结合生产性服务业的内涵并考虑到数据可获得性，我们选取"交通仓储邮电业"、"信息传输计算机服务和软件业"、"金融业"、"租赁和商务服务业"、"科研技术服务和地质勘查业"这五个行业来代表生产性服务业。近年来，国际上对产业集聚程度的衡量指标在不断优化，主要有区位商、空间基尼系数、G 指数、行业集中度指数、赫芬达指数和 CAD 指数等。受数据可得性的限制，这里选用区位商来测算我国各城市生产性服务业的区域集聚程度（CAPS），计算公式如下：

$$CAPS_i = \left(\frac{PS_i}{X_i} \right) / \left(\frac{PS}{X} \right) \tag{1}$$

式中，PS_i、X_i 代表 i 市生产性服务业就业人数和全部就业人数；PS、X 代表全部城市生产性服务业就业人数和全部就业人数。该指数越大，说明某市生产性服务业相对聚集程度越高。

设定检验生产性服务业集聚对本地工业外溢效应的回归方程相对简单，借助普通最小二乘法回归就可解决，但检验生产性服务业集聚对工业外溢效应的区域边界相对要复杂很多。以往文献研究产业的区域溢出效应，主要是利用区域间投入产出表计算特定产业的区

域间关联效应、反馈效应等。这种处理方式的弊端主要有二：第一，数据陈旧且区域、产业划分较粗。目前，以我国为对象编制的最新的区域投入产出表是由日本亚洲经济研究所与中国国家信息中心于 2000 年编制的，且仅将中国大陆和所有产业划分为 8 个区域和 17 个产业部门。第二，通过纯代数的方法求解产业的区域间溢出效应缺乏更为牢固的经济理论基础，而且也不能为判断模型拟合质量提供各种统计检验值，因而可信度相对较弱。本文拟利用经济计量方法检验生产性服务业集聚对工业外溢效应的区域边界，鉴于已有大量的实证研究表明商品贸易是存在省际边界的，且前面已论述过服务贸易的区域边界要比商品贸易窄，故本文拟检验生产性服务业集聚对工业的外溢效应是否存在市际边界。检验的思路是：将某市所在省的生产性服务业集聚程度（PAPS，用区位商衡量）纳入回归方程，检验其与该市工业的 TFP 是否相关。为了分离全省生产性服务业集聚程度以及其在省内各市分布均衡程度的影响，我们还拟在回归方程中引入生产性服务业的区域赫芬达指数（HPS）。该指数是借鉴衡量行业集中度的赫芬达系数方法构建，具体计算公式如下：

$$HPS = n \times \sum_{i=1}^{n} S_i^2 \qquad S_i = \frac{x_i}{X} \tag{2}$$

式中，n 为某省所辖市的数目，x_i 为 i 市生产性服务业就业人数占全省的比重，该指数越大说明某省的生产性服务业越集中在少数城市。

由前文对主要解释变量的数据说明可知，本文的回归方程涉及省、市两个层面的数据，而且市是嵌套在省之中的。对这种多层嵌套数据，传统的回归方法通常是将省、市变量都看作是同一水平的变量，直接在市层面对数据进行分析。很显然，这实际上是在假设同一省份内的城市间是相互独立的，但这显然不符合实际，因为省内各市存在行政管理、政策、自然条件等多方面的相似性。类似地，对不同省份的城市样本和同一省份的城市样本作同一假设也是不合理的。这种忽略有可能对数据结果做出不合理的甚至是错误的解释，这是传统回归分析方法在分析具有分层特点数据时的必然局限（张雷等，2005）。传统的线性回归模型假设变量间存在直线关系、变量总体上服从正态分布、方差齐性、个体间随机误差相互独立。前两个假设对于分层数据较易保证，但方差齐性尤其是个体间随机误差相互独立的假设却很难满足。就本文而言，即不同省份的城市数据可以假设相互独立，但是同一省份的城市由于受相同省层面变量的影响，很难保证相互独立。因此，本文拟利用多层线性模型（Hierarchical Linear Models，HLM）对假说进行检验。HLM 在分析时，将传统回归分析中的误差分解为两部分：一是地级市个体间差异带来的误差；二是因隶属不同的省而带来的误差。HLM 假设地级市个体间的测量误差相互独立，省层面带来的误差在不同省份之间相互独立，这就是多层线性模型的核心。具体模型如下：

L1 $\quad \ln Y = \beta_{0j} + \beta_{1j} \ln FK + \beta_{2j} \ln CK + \beta_{3j} \ln L + \beta_{4j} CAPS + \beta_{5j} Locaiton + e_{ij}$

L2 $\quad \beta_{0j} = \gamma_{00} + \gamma_{01} PAPS + \gamma_{02} HPS + \mu_{0j}$

$\qquad \beta_{1j} = \gamma_{10} + \mu_{1j}$

$\qquad \beta_{2j} = \gamma_{20} + \mu_{2j}$

$\qquad \beta_{3j} = \gamma_{30} + \mu_{3j}$

$$\beta_{4j} = \gamma_{40} + \mu_{4j}$$
$$\beta_{5j} = \gamma_{50} \tag{3}$$

第一层次（L1）为地级市样本数据，被解释变量 lnY 为限额以上工业产值的对数值，lnFK、lnCK、lnL 也为规模以上工业固定资产净值年平均余额、流动资产年平均余额、从业人数的对数值，CAPS 为各市生产性服务业集聚程度的替代指标区位商。考虑到一些难以观测到或者难以量化的因素（如地理位置、文化等）也可能影响各市工业的发展，更重要的是，这些因素还可能与资本投入、生产性服务业集聚等已有的解释变量相关，如果遗漏这些变量可能导致回归方程产生内生性问题。于是，我们引入地区虚拟变量（属于东部地区取 1，否则取 0）作为这些未知遗漏变量的代理变量，以尽可能控制上述偏误。L1 模型与传统的回归模型类似，对解释变量前面的系数经济含义解释也相近，所不同的是回归方程的截距和斜率不再假设为一个常数，而是一个随机变量，它们充当着第二层次（省层次，L2）回归方程的解释变量。在 L2 模型中，解释变量分别为前文定义的 PAPS、HPS。在上述 HLM 中，可以通过考察 L1 和 L2 变量系数的符号来判断调节作用的方向。如果 L2 中的变量和相应 L1 中变量的系数符号相同，说明该 L2 变量能加强 L1 上该变量对 L1 被解释变量的作用，影响方向与系数的符号所表示的方向相同；当两层系数符号相反时，则说明 L2 变量会削弱 L1 对应变量对 L1 被解释变量的作用，影响方向与 L1 系数的符号所表示的方向相反。根据前文的理论分析，我们预期 PAPS、HPS 的符号不显著为正。模型中主要变量的统计描述如表 1 所示。

表 1 主要变量统计描述

	lnY	lnFK	lnCK	lnL	CAPS	PAPS	HPS
均值	5.582	4.636	4.614	1.753	0.822	0.909	2.852
中位数	5.604	4.645	4.703	1.763	0.809	0.875	2.610
最大值	9.535	7.687	8.745	5.617	1.928	1.216	5.137
最小值	−0.236	0.248	−0.285	−2.526	0.239	0.658	1.488
标准差	1.467	1.261	1.501	1.290	0.307	0.149	1.190
样本数			281			25	

将前面 HLM（一般称为完全模型）中 L1、L2 中的解释变量都去掉，被称为零模型，它能提供对组内相关系数（ICC）的估计，从而表明多层线性模型的分析是否有必要。有关完全模型有必要做如下几点进一步的说明：第一，为简化分析，仅在 L1 的截距 β_0 中考虑 L2 层变量的影响。也就是说，PAPS、HPS 仅通过影响工业的 TFP 作用于工业发展。当然，在下文中我们也会放松这一假定，考虑 PAPS、HPS 对要素产出弹性的影响，以及它们对 CAPS 系数的作用。第二，L1 中解释变量的斜率在 L2 中没有加入解释变量，这种限定意味着它们对工业产值的作用强度在省层面仅受 PAPS、HPS 之外的随机因素的影响。第三，L2 的两个解释变量将以总平均的方式进行对中处理，其目的是使 L2 模型中的各截距代表 L1 相应斜率系数的平均值。第四，L1 中解释变量的斜率在 L2 中是否被设置为随

机效应，最终取决于有无经济理论根据以及其能否通过显著性水平检验。如果没有经济理论根据或未能通过检验，那么将被设置为函数形式，意味着它们对工业产值的作用在各省之间相同。

2. 计量检验结果

采用极大似然估计的迭代过程估计式（3）对应的零模型，得到被解释变量 lnY 的组内相关系数 ICC 为 0.3 = 0.664/(0.664 + 1.537)，表明各市工业生产效率会随着所属省份的不同而出现变化，约 30% 的工业生产效率差异源自省份之间的差异。根据建立 HLM 的经验判断准则，当 ICC 大于 0.059 时，就需要在统计建模处理中考虑如何处理组间效应。经探索性分析，将式（3）L1 中解释变量的斜率在 L2 中统一设置为函数形式，回归结果如表 2 中模型一所示。回归结果分为固定效应和随机效应两部分。其中，L1 中的 CAPS、Location 的系数为 0.128、0.214，且通过 10% 和 1% 的显著性水平检验，表明城市的生产性服务业集聚程度以及所在区域属性是造成工业 TFP 差异的重要因素，这与前文的理论预期完全一致。这些系数的解释与一般线性回归的解释完全相同，CAPS 的系数为 0.128，意味着两个城市若生产性服务业的区位商相差 0.1，在其他因素完全相同的情况下，它们的工业产出会相差 1.28%；Location 的系数为 0.214，表明在投入相同的情形下，由于地理位置、文化、制度环境等因素的作用，东部城市要比中西部城市的工业产出高出 21.4%。在 L2 中，PAPS 和 HPS 的系数为 −0.157、0.007，但均未能通过 10% 的显著性水平检验，表明就整体而言，我国城市工业的 TFP 与所在省的生产性服务业整体集聚程度以及其在该省的分布状况，并没有显著的相关关系，这也与前文的推断一致。

表 2　HLM 估计结果

固定效应	模型一			模型二			模型三		
	系数	标准误	T 值	系数	标准误	T 值	系数	标准误	T 值
截距，β_0									
γ_{00}	1.386***	0.222	6.239	1.396***	0.232	6.017	1.394***	0.239	5.823
PAPS，γ_{01}	−0.157	0.228	−0.687						
HPS，γ_{02}	0.007	0.020	0.365						
lnFK，β_1									
γ_{10}	0.257***	0.060	4.277	0.264***	0.063	4.170	0.259***	0.063	4.121
lnCK，β_2									
γ_{20}	0.510***	0.066	7.734	0.495***	0.066	7.527	0.514***	0.070	7.318
PAPS，γ_{21}				−0.027	0.046	−0.582			
HPS，γ_{22}				0.002	0.003	0.698			
lnL，β_3									
γ_{30}	0.252***	0.080	3.143	0.267***	0.083	3.213	0.250***	0.082	3.061
CAPS，β_4									
γ_{40}	0.128*	0.069	1.858	0.137*	0.072	1.905	0.114*	0.065	1.741
PAPS，γ_{41}							−0.127	0.234	−0.544

固定效应	模型一			模型二			模型三		
	系数	标准误	T 值	系数	标准误	T 值	系数	标准误	T 值
HPS，γ_{42}							0.007	0.021	0.304
Location，β_5									
γ_{50}	0.214***	0.065	3.309	0.231***	0.070	3.306	0.195***	0.069	2.804
随机效应	标准差	方差	卡方值	标准差	方差	卡方值	标准差	方差	卡方值
截距，β_0	0.129	0.017	60.09***						
lnCK，β_2				0.020	0.000	41.42***			
CAPS，β_4							0.135	0.018	55.72***
L1 随机效应 R	0.306	0.093		0.315	0.099		0.309	0.095	

注：*** 和 * 分别表示在 1% 和 10% 水平上显著。

　　为了进一步检验本文假设的稳健性，将式（3）中 L1 中的 lnCK 的斜率在 L2 中加入 PAPS 和 HPS 这两个解释变量，这种设定主要是考虑到生产性服务业对工业 TFP 的影响最有可能是通过改变流动资产的产出弹性形成的。将 PAPS 和 HPS 以总平均方式进行对中处理纳入方程，并仅将 L1 中 lnCK 的斜率在 L2 中设置为随机效应。回归结果如表 2 中的模型二，从中可见，PAPS 和 HPS 的系数同样未能通过 10% 的显著性水平检验，表明平均来看，省层面的生产性服务业集聚程度和在各市的分布对所辖市工业流动资产的产出弹性没有显著影响。为了进一步检验城市工业 TFP 是否有可能受省市生产性服务业互动发展的影响，将式（3）中 L1 中的 CAPS 的斜率在 L2 中加入 PAPS 和 HPS 这两个解释变量，并仅将此设定为随机效应，同时也将这两个解释变量总平均方式进行对中处理，回归结果如表 2 中的模型三。其中，PAPS 和 HPS 的系数同样未能通过 10% 的显著性水平检验，这进一步验证了生产性服务业对工业的溢出存在边界效应。

四、结论和政策含义

　　本文通过理论分析和经验研究得到如下基本结论：①生产性服务作为工业生产重要的投入，其能够将人力资本和知识资本导入工业生产中。工业企业可以借助服务外包整合自身价值链，提高生产效率。②在我国城市中，就整体而言，生产性服务业集聚通过发挥知识扩散效应、劳动力蓄水池效应、投入品共享和风险投资分散效应、竞争效应等，显著提升本地工业的全要素生产率。③由于生产性服务具有生产消费同时性、不可储存性等特性，其供需双方对面对面接触的要求要高于商品，加上发展生产性服务业能够为地方政府带来可观的财政收入，地方政府有动力设置区域壁垒，因此生产性服务贸易存在边界效应。

本文研究蕴含的政策含义归纳起来主要有如下几点：①现阶段推进我国工业健康发展，迫切要求充分发挥生产性服务业将日益专业化的人力资本和知识资本引进制造业的飞轮作用。②要大力推进生产性服务业在城市集聚发展。一方面引导工业企业通过管理创新和业务流程再造，逐步将一些非核心的生产性服务环节剥离为社会化的专业服务；另一方面科学合理地划分生产性服务业不同的功能区域，以功能区、集聚区建设为载体，通过规划布局、政策引导和必要的财政支持等形式，支持生产性服务业实现区域性集聚。③加快交通、信息等基础设施建设，并尽快在私产和合同保护、行政环境的透明、产业政策的有效性、经济机构间的信任和公共机构的诚信、劳动力再就业培训、财政体制等诸多方面，取得卓有成效的进步，打破生产性服务业集聚外溢效应产生区域边界的自然条件和制度条件基础，构建起职能划分合理、比较优势突出的生产性服务业区域分工格局。

参考文献

［1］陈建军，陈国亮，黄洁. 新经济地理学视角下的生产性服务业集聚及其影响因素研究——来自中国222个城市的经验证据［J］. 管理世界，2009（4）.

［2］郝硕博，李上炸. 地方财政的税源结构及变动趋势实证研究［J］. 税务研究，2008（6）.

［3］江静，刘志彪，于明超. 生产者服务业发展与制造业效率提升：基于地区和行业面板数据的经验分析［J］. 世界经济，2007（8）.

［4］刘志彪. 全球化背景下中国制造业升级的路径与品牌战略［J］. 财经问题研究，2005（5）.

［5］薛立敏等. 生产性服务业与制造业互动关系之研究［M］. 台北中华经济研究院，1993.

［6］俞灵燕. 服务贸易壁垒及其经济效应的度量［J］. 世界经济文汇，2005（2）.

［7］张雷，雷雳. 多层线性模型应用［M］. 教育科学出版社，2005.

［8］Andersson, M. Co-location of Manufacturing & Producer Services: A Simultaneous Equation Approach［R］. Working Paper, 2004.

［9］Coffey W. J., Drolet R., and Polese M., The Intrametropolitan Location of High Order Services: Patterns, Factors, and Mobility in Montreal［J］. Papers in Regional Sciences, 1996, 75（3）.

［10］Naresh P. and Gary C. The Benefits of Industrial Clustering: Insights from the Financial Services Industry at Three Locations［J］. Journal of Financial Services Marketing, 2003, 7（3）.

异质性企业、出口与"生产率悖论"

——基于 2007 年中国制造业企业层面的证据 *

汤二子　李　影　张海英

（大连理工大学管理与经济学部　大连　116023）

【摘　要】在异质性企业贸易理论提出以后，生产率就被看作是决定企业出口的重要因素，只有生产率高的企业才有能力选择出口。不过对中国企业的经验研究发现，中国出口企业的生产率均值要低于非出口企业，即存在"生产率悖论"。本文使用 2007 年中国制造业企业样本，运用两种方法，一是比较生产率法，二是统计方法检验出口企业与非出口企业的生产率差异。为了结论的准确性，我们分行业、分地区、分企业注册类型、分企业规模检验。最后检验出口企业的生产率与其出口规模的相关性。结论认为：出口企业生产率均值在大部分情况下低于非出口企业；出口企业的生产率在很多时候显著低于非出口企业或者与非出口企业无差异；出口企业的生产率与出口规模正相关，但是在控制其他可能影响出口的因素后，则变为负相关。这些都是中国出口企业存在"生产率悖论"的证据。

【关键词】异质性企业；出口；生产率

一、引言

生产率是决定企业短期经营与长期发展的最重要的因素。在短期中，高生产率可降低企业生产成本，提高企业利润；在长期中，高生产率可以带动企业竞争能力的提升，从而生产率对企业的进一步发展来说是极重要的，所以生产率得到了企业经营管理者足够的重视。在当今经济全球化迅速发展的时代，出口决策也受到了企业的重视。

* 本文选自《南开经济研究》2011 年第 3 期。
基金项目：大连理工大学人才创新基金项目（3012-893322），辽宁省社科联项目（2010lslktjjx-17）。
作者简介：汤二子、李影、张海英，大连理工大学管理与经济学部。

异质性企业贸易理论就是从企业微观层面上把生产率与出口联系起来，认为企业的生产率是决定企业出口的最为重要的因素。鉴于异质性企业贸易理论是从企业层面研究国际贸易问题的，所以它突破了从国家层面研究国际贸易的新古典贸易理论（Stolper & Samuelson，1941；Samuelson，1948；Rybezynski，1955；Dornbusch et al.，1977）。新贸易理论（Krugman，1979，1980）虽然从规模经济以及产业内贸易的角度研究国际贸易，但是其仍然假设企业是同质的，所以异质性企业贸易理论对新贸易理论也是一个突破。异质性企业贸易理论经历了一个从实证检验到理论模型构建的过程。在异质性企业贸易模型提出之前，对企业样本数据就进行了出口决定因素的经验研究。Bernard 和 Jensen（1995）运用 1976~1987 年美国企业样本数据检验了生产率对出口的影响，认为出口企业一般是那些生产率高的企业。Clerides 等（1998）运用哥伦比亚、墨西哥和摩洛哥企业样本数据，Bernard 和 Jensen（1999a）再次运用美国企业样本数据，Aw 等（2000）运用中国台湾地区和韩国企业样本数据，都在检验后认为只有生产率高的企业通过自我选择效应而出口，从而出口企业的生产率要相对高于非出口企业。一些关于出口对生产率影响的经验研究，如 Bernard 和 Jensen（1999b）认为，生产份额向生产率高的企业的转移大约为美国制造业的生产率带来 20% 的增长；Pavcnik（2002）认为智利贸易自由化政策带来的出口贸易的大量增加导致其整体生产率的增长。总之，国外学者的经验研究得出的结论，总体上都是企业出口与其高生产率相联系的。其实，在这些经验研究之前，Hopenhayn（1992a，1992b）就试图解释产业内异质性企业出口的内生选择问题，其假设是起始共同追求利润最大化的企业得出生产率分配的均衡解，但其文献只局限于研究竞争性企业且也只局限于静态分析。Bernard 等（2000）在模型中根据李嘉图的比较优势理论而引入了企业异质性，认为企业之间包括与国外企业之间竞争生产类似的产品，得出的结论能够很好地适合美国的经验数据，不过其假设世界生产与消费的产品全部种类保持固定不变是一个局限。在前人的经验研究以及理论构建基础上，Melitz（2003）提出了异质性企业的动态产业模型来研究国际贸易，至此，异质性企业贸易理论整个框架才较完备地构建起来。Melitz（2003）也是假设企业是追求利润最大化的，国内市场以及出口市场是自由进入的，但是进入出口市场面临的成本特别是其沉没成本要比国内市场大，从而只有生产率高的企业进入出口市场才能够获得利润，生产率低的企业没有能力进入出口市场，只能面向国内市场，出口会导致市场份额向生产率高的出口企业的转移，从而生产率最低的企业由于市场份额的丢失而被迫退出，这样最终的结果是出口企业的生产率要比非出口企业高，并且市场份额的再分配会带动整个行业的生产率的提高。该模型所得出的结论最主要的是基于出口市场的进入成本要高于国内市场，这一假设得到了一些经验研究的支持。Das 等（2001）认为，美国哥伦比亚州化工产业的出口市场进入成本大约是 100 万美元，这一成本是相当巨大的。Roberts 和 Tybout（1997）对哥伦比亚、Bernard 等（2001）对美国以及 Bernard 和 Wagner（2001）对德国的估计都认为，这样的成本是显著存在的。在异质性企业贸易理论提出之后，Helpman 等（2004）运用多个国家及地区的企业样本数据进行了检验，认为生产率最高的企业会选择对外直接投资，生产率次之的企业会选择出口，生产率较低的企业会选择只面向国内市场，生产率最低的企业会选择退出市场，这也再一次检验了异质性企业贸易模型的结论的合理性。Eaton 等（2004）也通过实证检验得出了符合异质性企业贸易理论的结论。

国内学者对企业出口与生产率关系的研究主要集中于中国企业样本数据，通过用不同的方法以及不同的样本数据得出的结果是不相同的。其主要分为两类观点：一是符合异质性企业贸易理论的预期的，即出口企业的生产率要高于非出口企业，这也被称为出口的自我选择效应；二是"生产率悖论"，即出口企业的生产率并没有理论预期的那样要高于非出口企业，而是与非出口企业差异不显著，甚至比非出口企业低。持前一种观点的有李春顶（2009a，2009b），易靖韬（2009），唐宜红、林发勤（2009），持后一种观点的有李春顶、尹翔硕（2009），马述忠、郑博文（2010）。对于"生产率悖论"的研究，李春顶（2010）做了非常细致的检验工作，通过比较各年份出口企业与内销企业生产率的均值，分别检验了各行业、各地区、各种企业类型以及各种企业规模的"生产率悖论"存在性，检验结果是中国制造业企业出口整体上存在"生产率悖论"。他认为导致"生产率悖论"存在的主要原因是出口企业加工贸易的大量存在，在剔除加工贸易后，出口企业的生产率均值都要比非出口企业高，并且对于出口企业，其生产率与出口规模呈负相关关系。

本文运用 2007 年中国制造业企业样本数据，通过计算并比较出口企业与非出口企业的生产率以及通过统计方法检验"生产率悖论"的存在性，为了使检验的结论更可信，我们分别做了行业检验、地区检验、企业类型检验以及企业规模检验，最后检验出口企业的生产率与其出口规模的相关性。

二、数据来源及其筛选

本文所选用的企业样本来源于中国工业企业数据库中 2007 年制造业企业数据，该数据库统计了全部国有以及规模以上非国有企业。制造业行业按照二分位行业代码共分为 30 个，其行业代码是 13~43（其中没有代码 38）。在检验企业出口与生产率关系时，张杰等（2009）认为要剔除垄断性以及资源依赖性的制造业行业，这样的行业以及其代码分别是：烟草制造业（16）、木材加工及木竹藤草制造业（20）、家具制造业（21）、造纸及纸制品业（22）、印刷业和记录媒介的复制（23）、文教体育用品制造业（24）、石油加工炼焦及加工业（25）、化学原料及化学制品制造业（26）、化学纤维制造业（28）、橡胶制造业（29）、塑料制造业（30）、非金属矿物制造业（31）、黑色金属冶炼及压延加工业（32）、有色金属冶炼及加工业（33）、工艺品及其他制造业（42）以及废弃资源和废旧材料回收（43）。删除这些行业后还剩下 14 个制造业行业，表 1 是我们所选用的行业及其代码。

对于所选用行业的企业样本，我们需要再进行筛选。谢千里等（2008）与张杰等（2009）对样本进行了如下筛选：第一，对于变量明显统计有误的样本删除，这样的错误

表 1　选用的制造业行业以及行业代码

代码	行业名称	代码	行业名称
13	农副食品加工业	34	金属制品业
14	食品加工业	35	通用设备制造业
15	饮料制造业	36	专用设备制造业
17	纺织业	37	交通运输设备制造业
18	纺织服装鞋帽制造业	39	电器机械及器材制造业
19	皮革毛皮羽毛及制品业	40	通信设备电子设备制造业
27	医药制造业	41	仪器仪表及文化办公机械制造业

统计主要表现在一些不可能为负的变量却取值为负，这样的变量有工业总产值、主营业务收入、固定资产总值以及工业增加值，其中工业增加值等于工业总产值减去中间投入再加上应缴增值税；第二，对于企业员工人数低于 8 人的样本也删除；第三，删除销售额的增长率大于 100%或者小于 0 的企业样本。在这种对样本筛选的基础上，我们还删除非正常营业的企业样本。这样，在行业选择以及样本筛选后，我们还有 186861 个企业样本。对于出口企业与非出口企业的划分，李春顶（2010）把出口交货值大于 0 的企业称为出口企业（X-type），把出口交货值等于 0 的企业称为内销企业即非出口企业（D-type），这样，出口企业共有 53123 个样本，非出口企业共有 133738 个样本。接下来将使用筛选的企业样本数据，计算出口企业与非出口企业的生产率均值，并通过比较来检验"生产率悖论"的存在性。

三、比较生产率均值来检验"生产率悖论"

假设 Q 是企业的工业增加值，L 是企业员工人数，K 是企业固定资产总值。[①] 对于生产率的计算，第一种是采用李春顶（2009，2010）劳动生产率 LTFP，其算式为 LTFP = lnQ/L。第二种是近似全要素生产率 ATFP（Griliches & Mairesse, 1990；Head & Ries, 2003），其算式为 ATFP = $\ln(Q/L) - s\ln(K/L)$。s 是参数，Hall 和 Jones（1999）根据美国经验证据认为 s = 1/3，而赵志耘等（2006）对于中国企业证据的衡量认为 s = 0.56。但是，我们根据 2007 年样本数据却认为 s = 0.3 较为接近中国的现实。[②] 第三种是 Head 和 Ries（2003）提

---

　① 李春顶（2009，2010）在计算 LTFP 与 ATFP 时，使用的是工业总产值与资本总量，我们认为体现生产率的因素主要是工业附加值，亦即工业增加值，并且固定资本一般是直接投入到生产过程中，所以我们使用工业增加值以及固定资产计算生产率。

　② 假设一个规模报酬不变的 C-D 生产函数：$Q = AK^s L^{1-s}$，两边同时取对数有：$\ln Q = \ln A + s\ln K + (1-s)\ln L$，变化后得到 $\ln(Q/L) = \ln A + s\ln(K/L)$，所以用 2007 年的整体样本估计方程 $\ln(Q/L) = C + s\ln(K/L) + u$，得出 s = 0.2999，并且在 1%的水平上通过显著性检验，所以近似认为 s = 0.3。

出的 HTFP，C–D 函数为 $Q = AK^\alpha L^\beta$，则 HTFP 算式为 $HTFP = (1/u)\ln A + [(u-1)/u]\ln Q$，其中 $u = \alpha + \beta$，根据 u 值可以判断生产函数的规模报酬的性质。对于 HTFP 的计算，需要估计 lnA 以及 u，我们运用 2007 年整体样本[①] 估计带有截距项的回归方程：$\ln Q_i = C + \alpha \ln K_i + \beta \ln L_i + \varepsilon_i$，i 代表单个企业。估计的结果为 C = 3.999，α = 0.29，β = 0.55，所以 u = 0.29 + 0.55 = 0.84，从中也可以看出中国制造业企业大体上是呈现规模报酬递减的。估计的残差与截距项 C 之和就是对应企业的 $\ln A_i$，因为这恰好是除了资本与劳动以外其他影响企业产出的因素，也就是"索洛残值"。表 2 是整个样本的出口企业与非出口企业的生产率均值。

表 2　整体样本的生产率均值

企业类型	D–type			X–type		
生产率	LTFP	ATFP	HTFP	LTFP	ATFP	HTFP
整体样本	4.407	3.269	3.116	4.089	3.013	2.873

通过对整体样本求生产率的均值可以发现，出口企业的 LTFP、ATFP 和 HTFP 都要比非出口企业低，所以从这一角度可以认为整体样本表现出"生产率悖论"。企业生产率在不同行业之间可能会具有很大的差异，表 3 是各行业的生产率均值以及检验得出的"生产率悖论"存在性的结论。

表 3　各行业生产率的均值

行业代码	D–type			X–type			悖论
	LTFP	ATFP	HTFP	LTFP	ATFP	HTFP	
13	4.851	3.576	3.401	4.578	3.375	3.214	存在
14	4.589	3.220	3.052	4.404	3.132	2.961	存在
15	4.612	3.288	3.107	4.904	3.476	3.281	不存在
17	4.224	3.079	2.925	4.027	2.949	2.808	存在
18	3.779	2.924	2.815	3.598	2.780	2.679	存在
19	4.144	3.239	3.122	3.692	2.896	2.799	存在
27	4.642	3.255	3.065	4.726	3.315	3.124	不存在
34	4.396	3.291	3.142	4.099	3.009	2.865	存在
35	4.399	3.273	3.121	4.314	3.120	2.961	存在
36	4.440	3.294	3.193	4.347	3.123	2.959	存在
37	4.332	3.191	3.038	4.357	3.091	2.923	?
39	4.514	3.415	3.268	4.122	3.052	2.913	存在
40	4.269	3.226	3.087	4.136	3.005	2.858	存在
41	4.461	3.401	3.259	4.006	2.948	2.811	存在

注：悖论是指通过比较生产率大小判断出口企业是否存在"生产率悖论"，也指不同的生产率指标得出的关于"生产率悖论"存在性的结论是不一致的。下同。

---

① 每一个行业的企业规模报酬性质类型可能存在较大的差异，不过我们在样本筛选过程中已经删除了具有垄断性以及对资源依附性强的行业，剩余的行业应该还是较为一致的，所以这样做不会产生太大的问题。

根据表 3 的结果可以看出 14 个行业中有 11 个行业表现出"生产率悖论",有 2 个行业否定"生产率悖论"的存在性,1 个行业用不同的生产率指标得出的结论不同。从计算结果中可以看出 LTFP、ATFP 与 HTFP 得出的结论基本上是相同的,这和李春顶(2010)得出的 ATFP 比 LTFP 更倾向于得出"生产率悖论"存在性的结论不同,其中的原因可能是运用工业增加值与固定资产来计算生产率而使结论更趋于一致。

企业的生产率也很有可能因为所处地域的不同而存在差异,越发达的地区企业生产率可能越高。本文将分省份计算其生产率的均值,首先按照发达程度将 31 省市区划分为三个地区①,一区为:北京、天津、上海、江苏、浙江、福建、山东、河南、湖北、湖南和广东;二区为:河北、山西、辽宁、吉林、黑龙江、安徽、江西、重庆、四川和陕西;三区为:内蒙古、广西、海南、贵州、云南、西藏、甘肃、青海、宁夏和新疆。表 4 是各地区生产率均值及其得出的关于"生产率悖论"存在性的结论。

表 4 各地区生产率的均值

地区		D-type			X-type			悖论
		LTFP	ATFP	HTFP	LTFP	ATFP	HTFP	
一区	北京	4.150	3.090	2.947	4.331	3.135	2.975	不存在
	天津	4.052	2.927	2.775	4.194	3.003	2.845	不存在
	上海	4.450	3.349	3.200	4.462	3.259	3.099	?
	江苏	4.465	3.335	3.183	4.319	3.174	3.024	存在
	浙江	4.025	2.92	2.771	3.950	2.876	2.734	存在
	福建	4.240	3.155	3.010	3.888	2.930	2.807	存在
	山东	4.708	3.510	3.348	4.505	3.351	3.199	存在
	河南	4.874	3.678	3.517	4.401	3.246	3.097	存在
	湖北	4.501	3.305	3.143	4.288	3.151	3.003	存在
	湖南	4.573	3.392	3.233	4.447	3.276	3.123	存在
	广东	4.113	3.147	3.021	3.803	2.864	2.746	存在
二区	河北	4.423	3.227	3.065	4.161	3.050	2.905	存在
	山西	3.917	2.686	2.521	4.062	2.771	2.602	不存在
	辽宁	4.644	3.418	3.250	4.261	3.111	2.958	存在
	吉林	4.622	3.314	3.136	4.494	3.222	3.052	存在
	黑龙江	4.279	3.039	2.871	4.345	2.996	2.817	?
	安徽	4.430	3.265	3.107	4.069	2.971	2.827	存在
	江西	4.520	3.368	3.214	4.223	3.202	3.071	存在
	重庆	4.123	3.083	2.946	4.439	3.249	3.093	不存在
	四川	4.753	3.586	3.428	4.515	3.335	3.181	存在
	陕西	4.351	3.148	2.986	4.310	3.005	2.834	存在

---

① 划分标准是发改委、教育部 2011 年为硕士研究生入学考试分数线的定制而对省(直辖市、区)的分区,这其中就考虑到了地区的发达程度,笔者认为这一地区划分还是比较合理的,故而采用。根据数据的可得性,这里没有考虑中国台湾省以及香港和澳门特别行政区。

地区		D-type			X-type			悖论
		LTFP	ATFP	HTFP	LTFP	ATFP	HTFP	
三区	内蒙古	4.947	3.716	3.548	4.915	3.599	3.424	存在
	广西	4.581	3.476	3.328	4.135	3.101	2.968	存在
	海南	4.198	2.948	2.779	4.173	2.856	2.681	存在
	贵州	4.336	3.123	2.960	4.133	2.824	2.654	存在
	云南	3.990	2.785	2.622	4.138	2.854	2.682	不存在
	西藏	4.589	3.025	2.808	5.794	4.703	4.565	不存在
	甘肃	4.193	2.957	2.790	4.417	3.104	2.928	不存在
	青海	4.203	2.829	2.640	3.995	2.808	2.635	存在
	宁夏	4.741	3.377	3.191	4.737	3.297	3.103	存在
	新疆	4.388	2.946	2.761	4.381	2.889	2.685	存在

从省份生产率计算结果可以看出，有 7 个省份不存在"生产率悖论"，2 个省份用不同的生产率指标得出的结论是存在差异的，有 22 个省份表现出"生产率悖论"。依然可以看出这三个生产率指标对于"生产率悖论"存在性的结论是相近的。不同登记注册类型的企业生产率也是有可能存在差异的，按照中国工业企业数据库把企业类型共分为四种：国有企业、民营企业、港澳台投资企业以及外商投资企业，表 5 是不同企业类型的生产率均值及其表现出来的"生产率悖论"。从表 5 中可以看出，每一种类型的企业都表现出"生产率悖论"，并且三种生产率指标得出的结论也是一致的。由表 5 也可以看出外商投资企业的生产率最高，而港澳台投资企业的生产率最低。

表 5　各种类型企业的生产率均值

企业类型	D-type			X-type			悖论
	LTFP	ATFP	HTFP	LTFP	ATFP	HTFP	
国有企业	4.386	3.231	3.076	4.194	3.043	2.894	存在
民营企业	4.403	3.284	3.133	4.025	3.017	2.884	存在
港澳台投资企业	4.280	3.144	2.993	3.864	2.851	2.721	存在
外商投资企业	4.634	3.379	3.210	4.307	3.131	2.976	存在

企业生产率也会取决于企业规模，对于企业规模的划分，张杰等（2011）在研究企业利润来源时，用企业平均员工人数作为衡量企业规模的指标，文献中共将企业规模分为五类：企业年平均员工人数超过 500 人为规模①；年平均员工人数在 300~500 人为规模②；150~300 人为规模③；50~150 人为规模④；50 人以下为规模⑤。表 6 是各种规模的企业生产率的均值以及所表现出的"生产率悖论"。

表 6 的结果得出三种生产率指标对于各种规模企业的生产率均值的计算都认为"生产率悖论"存在。从表 6 中可以得出一个有用的结论，即随着企业规模增大，生产率是呈现

表6 各种规模企业的生产率均值

规模	D-type			X-type			悖论
	LTFP	ATFP	HTFP	LTFP	ATFP	HTFP	
规模①	4.175	3.031	2.887	4.118	2.980	2.838	存在
规模②	4.120	3.025	2.885	3.919	2.882	2.751	存在
规模③	4.214	3.116	2.972	3.983	2.949	2.815	存在
规模④	4.332	3.216	3.066	4.079	3.022	2.881	存在
规模⑤	4.725	3.524	3.357	4.540	3.373	3.211	存在

下降趋势的，这也就与前文检验认为中国企业呈现规模报酬递减的结论是一致的。对整体样本、分行业、分地区、分企业类型以及分企业规模计算生产率的均值可以发现，中国出口企业在很大程度上是存在"生产率悖论"的，即出口企业的生产率均值非但没有理论预期的要高于非出口企业，反而要低于非出口企业，并且所使用的 LTFP、ATFP 与 HTFP 这三种生产率指标得出的结论基本上是一致的。

尽管通过计算并比较出口企业与非出口企业的生产率均值可以较好地反映出企业的生产率状况，但是这并不能看出这种差异是否显著存在，所以本文接下来的部分将通过统计方法检验出口企业与非出口企业的生产率差异，进而验证中国出口企业是否显著存在"生产率悖论"。

四、统计法检验"生产率悖论"

运用统计法就是对企业样本做统计检验出口企业与非出口企业的生产率差异及其显著性，出口企业的生产率如果要显著低于非出口企业或者与非出口企业无显著性差异，就可以认为出口企业存在"生产率悖论"，因为异质性企业贸易理论认为出口企业的生产率要显著高于非出口企业。这样的检验需要定义一个出口的虚拟变量 DEX，如果企业的出口交货值大于 0，则 DEX 等于 1；若出口交货值等于 0，则 DEX 等于 0。为了检验出口企业与非出口企业生产率差异，需要控制其他可能影响生产率的变量。笔者认为，企业利润规模 PRO、企业研发支出规模 RD、企业职工在职培训支出规模 TR 以及企业年龄 AGE 都可能影响企业生产率，它们的计算式为：profit 是企业所获得利润，可能为正，也可能为负，当 profit > 0 时，PRO = ln（profit）；当 profit = 0 时，PRO = 0；当 profit < 0 时，PRO = −ln（−profit）。对于研发支出规模 RD，当研发支出大于 0 时，RD 取其自然对数；当研发支出等于 0 时，RD 取值为 0。职工在职培训支出规模 TR 计算类似于 RD，在此不再赘述。企业年龄 AGE 等于 2007 年减去其成立年限。当然，根据前文，企业所处的行业、地区以及所归属的类型和其规模都有可能影响其生产率，所以需要控制。这样，我们建立如下实证方程：

$$\text{productivity}_i = C + \alpha DEX_i + \beta_1 PRO_i + \beta_2 RD_i + \beta_3 TR_i + \beta_4 AGE_i + \gamma control_i + \varepsilon_i \quad (1)$$

式中，productivity 分别代表 LTFP、ATFP、HTFP，control 代表行业、地区、企业类型以及企业规模的控制变量（虚拟变量）。估计的 α 值就可以看出出口企业与非出口企业的生产率差异，并且可以看出其显著性。表 7 是对整个样本估计的结果。

表 7　整个样本估计结果

变量	LTFP	ATFP	HTFP
C	4.5230*** (0.0170)	3.3362*** (0.0164)	3.1712*** (0.0166)
DEX	−0.1477*** (0.0052)	−0.1172*** (0.0050)	−0.1123*** (0.0050)
PRO	0.0766*** (0.0006)	0.0712*** (0.0005)	0.0704*** (0.0005)
RD	0.0440*** (0.0011)	0.0283*** (0.0010)	0.0259*** (0.0011)
TR	0.0449*** (0.0013)	0.0194*** (0.0013)	0.0156*** (0.0013)
AGE	−0.0032*** (0.0003)	−0.0034*** (0.0003)	−0.0034*** (0.0003)
行业控制变量	是	是	是
地区控制变量	是	是	是
企业类型控制变量	是	是	是
企业规模控制变量	是	是	是
R^2	0.2405	0.1871	0.1753
F-statistic	2465.475	1791.276	1655.233
N		186861	

注：*** 代表在 1% 显著性水平下拒绝原假设，括号内是异方差—稳健标准误。

通过表 7 的检验结果可以看出，出口企业的生产率显著低于非出口企业，并且 LTFP、ATFP、HTFP 得出了一致性的结论，对整体样本来说，出口企业存在"生产率悖论"。企业利润规模、研发支出规模以及职工在职培训支出规模与生产率均呈现预期中的正相关关系，企业要给予重视。企业年龄与生产率呈负相关关系，这可能的原因是企业在刚建立之初呈现蓬勃奋进之势，而随后这种动力就会慢慢淡化。

对分行业检验仍然沿用该实证方程 I，不过取消了行业控制变量，表 8 是对于每一个行业估计的 α 值。在表 8 的估计结果中，除行业 15 外其他行业均表现出"生产率悖论"，因为大部分行业中出口企业的生产率显著低于非出口企业，也有的行业中出口企业与非出口企业的生产率无显著性差异。行业 15 用比较生产率的方法得出了"生产率悖论"不存在的结论，而对于行业 27，这两种方法得出的结论却是不同的。总体上说，对于分行业检验"生产率悖论"的存在性，两种方法所得出的结论基本上是一致的，不过统计法可以更准确地了解出口企业与非出口企业之间的生产率差异。

表 8　分行业 α 估计值

行业	α^1	α^2	α^3	行业	α^1	α^2	α^3
13	−0.1096*** (0.0254)	−0.0483** (0.0243)	−0.0389 (0.0244)	34	−0.2211*** (0.0159)	−0.1847*** (0.0148)	−0.1789*** (0.0148)
14	−0.0135 (0.0355)	−0.0201 (0.0331)	−0.0210 (0.0332)	35	−0.1463*** (0.0141)	−0.1502*** (0.0134)	−0.1506*** (0.0135)
15	0.1197** (0.0501)	0.0985** (0.0479)	0.0954** (0.0483)	36	−0.1236*** (0.0213)	−0.1556*** (0.0208)	−0.1602*** (0.0210)
17	−0.1003*** (0.0120)	−0.0087 (0.0117)	0.0053 (0.0118)	37	−0.1332*** (0.0204)	−0.1294*** (0.0191)	−0.1285*** (0.0192)
18	−0.0882*** (0.0145)	−0.0518*** (0.0145)	−0.0461*** (0.0148)	39	−0.2864*** (0.0165)	−0.2529*** (0.0154)	−0.2476*** (0.0155)
19	−0.1546*** (0.0214)	−0.0775*** (0.0203)	−0.0656*** (0.0206)	40	−0.1133*** (0.0225)	−0.1359*** (0.0213)	−0.1390*** (0.0215)
27	−0.0516# (0.0337)	−0.0450 (0.0320)	−0.0439 (0.0321)	41	−0.3025*** (0.0332)	−0.2924*** (0.0324)	−0.2906*** (0.0328)

注：α^1、α^2、α^3 分别代表被解释变量是 LTFP、ATFP、HTFP 时估计的 α 值，**、# 分别代表在 5%、15% 的显著性水平上拒绝原假设，其他的同表 7 注。

对于不同地区的统计检验，鉴于篇幅[①]，笔者只选用北京、天津、江苏、山东、安徽、重庆、广西和甘肃 8 地区。实证方程依然是运用方程 I，不过取消地区控制变量。表 9 是相应的 α 值估计结果。

表 9　不同地区 α 估计值

地区	α^1	α^2	α^3	地区	α^1	α^2	α^3
北京	−0.0470 (0.0443)	−0.1200*** (0.0440)	−0.1308*** (0.0446)	安徽	−0.0850** (0.0388)	−0.0746** (0.0372)	−0.0727* (0.0375)
天津	0.0439 (0.0459)	0.0566 (0.0436)	0.0588 (0.0438)	重庆	0.2155*** (0.0569)	0.1888*** (0.0590)	0.1852*** (0.0601)
江苏	0.0184 (0.0129)	0.0139 (0.0122)	0.0134 (0.0124)	广西	−0.2640*** (0.0764)	−0.2195*** (0.0731)	−0.2126*** (0.0739)
山东	0.0655*** (0.0214)	0.0758*** (0.0202)	0.0775*** (0.0204)	甘肃	0.3161* (0.1747)	0.2656# (0.1692)	0.2587# (0.1697)

注：* 代表在 10% 的显著性水平上拒绝原假设，其他的同表 8 注。

根据表 9 对于一区的 4 个代表性省份的检验可以看出，位于天津与江苏的出口企业与非出口企业的生产率差异是不显著的，位于北京的出口企业生产率（ATFP、HTFP）要显著低于非出口企业，所以北京、天津和江苏表现出"生产率悖论"，而位于山东的出口企业生产率要显著高于非出口企业，所以山东不存在"生产率悖论"。从一区中所选择的 4

[①] 笔者是在表 4 的基础上对一区分别选择两个用比较法明显存在和明显不存在"生产率悖论"的省市，在二区以及三区都选择一个用比较法明显存在和明显不存在"生产率悖论"的省市。

个省份用统计法检验"生产率悖论"得出的结论有 3 个省份与用比较法检验得出的结论是不同的。二区的安徽与重庆以及三区的广西与甘肃用两种方法检验得出的关于"生产率悖论"的结论是相同的。

我们依然使用方程Ⅰ分别检验不同登记注册类型企业样本的 α 估计值，当然也要取消方程中的企业类型虚拟变量。表 10 是其估计结果。

表 10 不同注册类型企业 α 估计值

类型	α^1	α^2	α^3	类型	α^1	α^2	α^3
①	−0.0799*** (0.0125)	−0.0793*** (0.0121)	−0.0788*** (0.0122)	③	−0.1762*** (0.0183)	−0.1380*** (0.0130)	−0.1320*** (0.0131)
②	−0.1604*** (0.0068)	−0.1174*** (0.0065)	−0.1107*** (0.0066)	④	−0.1456*** (0.0144)	−0.1292*** (0.0135)	−0.1266*** (0.0135)

注：类型①、②、③和④分别代表国有、民营、港澳台投资以及外商投资企业，其他的同表 8 注。

每一种类型的企业样本检验均表现出口企业的生产率要显著低于非出口企业，即存在"生产率悖论"。由表 10 的结果也能够看出，国有企业中出口企业与非出口企业的生产率差异相对较小。

分企业规模大小来检验出口企业与非出口企业的生产率差异，仍然运用前文中关于规模的分类，利用同样的方法检验得出表 11 的结果。

表 11 不同规模企业 α 估计值

规模	α^1	α^2	α^3	规模	α^1	α^2	α^3
①	−0.0501*** (0.0156)	−0.0675*** (0.0144)	−0.0694*** (0.0144)	④	−0.1926*** (0.0055)	−0.1547*** (0.0053)	−0.1478*** (0.0053)
②	−0.1119*** (0.0165)	−0.1050*** (0.0155)	−0.1038*** (0.0155)	⑤	−0.1714*** (0.0147)	−0.1248*** (0.0144)	−0.1714*** (0.0147)
③	−0.1414*** (0.0104)	−0.1106*** (0.0098)	−0.1058*** (0.0099)				

注：规模①、②、③、④和⑤的分类标准同前文，其他的同表 8 注。

由表 11 的结果明显可以看出在不同规模的企业样本中，出口企业的生产率都要显著低于非出口企业，"生产率悖论"存在，并且根据检验的结果也可以得出，随着规模的扩大，出口企业与非出口企业生产率的差距呈现逐渐缩小的趋势。

运用统计法可以准确地估计出口企业与非出口企业的生产率差异，通过对整体样本以及分行业、分地区（代表性地区）、分企业登记注册类型以及分规模检验认为，出口企业在大多数情况下生产率要显著低于非出口企业，在有些时候也表现出与非出口企业的生产率是无显著性差异的，这些都可以认定为出口企业是存在"生产率悖论"的。这与比较法测算得出的结论基本上是一致的，不过在个别行业以及地区的检验中，这两种方法也是存在差别的，得出了不同的"生产率悖论"存在性的结论。

对于出口企业与非出口企业，运用两种方法检验了"生产率悖论"存在性的结论。对于出口企业来说，其出口规模与生产率的相关性又是如何呢？本文接下来的工作就是要验证出口企业的生产率与其出口规模的相关性。

五、出口企业的生产率与其出口规模的相关性

对于出口规模（EX），我们采用出口交货值的自然对数来衡量。在筛选后的 53123 个出口企业样本中，其出口规模与其生产率的带回归线的散点图如图 1 所示。

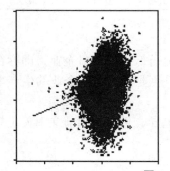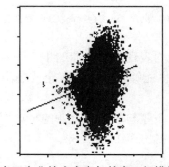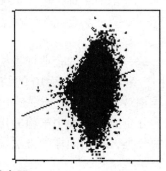

图 1　出口企业的生产率与其出口规模的散点图

通过图 1 可以看出，出口企业的生产率与其出口规模呈正相关关系，但是得出这样的结论会存在很大的内生性问题，因为其他影响企业出口的因素很有可能也影响企业生产率。从而，我们要控制其他可能影响企业出口的因素。在李春顶（2010）的基础上，我们控制以下因素：企业产出规模（lnY，Y 是企业工业总产值）；企业利润规模（PRO，计算同前文）；企业年龄（AGE，计算同前文）；企业所处的行业、地区、所属类型以及规模都有可能影响企业出口，进而也需要控制。表 12 是运用整体样本对以下计量方程估计的结果：

$$EX_i = C + \alpha productivity_i + \beta_1 lnY_i + \beta_2 PRO_i + \beta_3 AGE_i + \gamma control_i + \varepsilon_i \tag{2}$$

表 12　整体样本估计结果

变量	EX		
C	0.6415*** (0.0757)	0.9341*** (0.0751)	0.9706*** (0.0750)
LTFP	−0.2110*** (0.0101)		
ATFP		−0.0779*** (0.0093)	
HTFP			−0.0576*** (0.0089)

变量	EX		
lnY	0.9251*** (0.0093)	0.8217*** (0.0081)	0.8098*** (0.0079)
PRO	0.0024** (0.0011)	−0.0004 (0.0011)	−0.0010 (0.0011)
AGE	−0.0083*** (0.0008)	−0.0082*** (0.0008)	−0.0082*** (0.0008)
行业控制变量	是	是	是
地区控制变量	是	是	是
企业类型控制变量	是	是	是
企业规模控制变量	是	是	是
R²	0.4773	0.4729	0.4726
F-statistic	2108.185	2071.434	2068.651
N		53123	

注：*** 和 ** 分别代表在 1% 和 5% 的显著性水平上拒绝原假设，括号内是异方差—稳健标准误。

根据其估计结果可以看出，出口规模与生产率虽然呈正相关，但是在控制其他可能影响企业出口因素后，出口规模与 LTFP、ATFP 和 HTFP 均呈负相关关系。根据该表中的估计结果也可以看出，出口企业的出口产出弹性达到了 0.8 以上，亦即出口企业所增加的产出 80% 以上将被出口，所以出口企业的扩大生产的目标在很大程度上是为了满足出口市场。企业利润规模与出口规模相关性不显著（生产率是 ATFP、HTFP），而企业年龄与出口规模呈负相关关系。

我们想了解出口企业的生产率与出口规模的相关性是否与出口企业的"生产率悖论"具有联系。在用两种方法检验"生产率悖论"的存在性时，行业 15 是典型不存在的，而行业 39 是典型存在的。这样，我们再对行业 15 与 39 分别检验方程 Ⅱ（控制变量中取消行业虚拟变量）的系数，估计结果如表 13 所示。

表 13　分行业估计结果

行业代码	15			39		
C	1.2113 (1.1213)	1.4170 (1.1540)	1.4679 (1.1587)	0.6193*** (0.2183)	0.9491*** (0.2181)	0.9966*** (0.2182)
LTFP	−0.4335*** (0.1537)			−0.3071*** (0.0322)		
ATFP		−0.2886** (0.1363)			−0.1650*** (0.0307)	
HTFP			−0.2592** (0.1312)			−0.1385*** (0.0296)
lnY	0.9737*** (0.1439)	0.8300*** (0.1304)	0.8084*** (0.1285)	0.9439*** (0.0270)	0.8197*** (0.0231)	0.8031*** (0.0225)
PRO	0.0080 (0.0147)	0.0031 (0.0144)	0.0021 (0.0144)	0.0062* (0.0034)	0.0033 (0.0034)	0.0026 (0.0034)

续表

行业代码		15			39	
AGE	−0.0071 (0.0066)	−0.0068 (0.0066)	−0.0067 (0.0067)	−0.0123*** (0.0031)	−0.0129*** (0.0031)	−0.0128*** (0.0031)
地区控制变量	是	是	是	是	是	是
企业类型控制变量	是	是	是	是	是	是
企业规模控制变量	是	是	是	是	是	是
R2	0.1646	0.1550	0.1536	0.4925	0.4858	0.4850
F−statistic	7.3863	6.8810	6.8057	546.8752	532.3693	530.7044
N		386			5647	

注：* 代表在 10% 的显著性水平上拒绝原假设，其他的同表 12 注。

表 13 是对典型的两个行业估计得出的结果。从中可以看出，对两个行业的检验都表示企业生产率与出口规模在控制其他变量的情况下呈负相关关系。对行业 15 来说，运用两种方法检验都认为"生产率悖论"不存在　出口企业的生产率要显著高于非出口企业，但是出口企业的生产率与出口规模呈显著的负相关关系，所以不能够根据出口企业生产率与非出口企业的差异来判断出口企业的生产率与出口规模的相关性。即使出口企业的生产率符合异质性企业贸易理论所预期的高于非出口企业，其生产率与出口规模在控制其他变量的情况下也呈负相关关系。

出口企业的生产率与出口规模负相关，这也是有悖于经典理论预期的，所以这也可以看作是出口企业"生产率悖论"存在性的一个佐证。

六、本文结论

本文运用 2007 年中国工业企业数据库中有代表性的制造业行业的样本数据，通过计算生产率以及统计检验两种方法检验了出口企业是否存在"生产率悖论"，即出口企业的生产率没有经典理论预期的应高于非出口企业。两种方法得出的结论基本趋于一致，支持出口企业存在"生产率悖论"的结论，不过统计法可以更准确地看出出口企业与非出口企业的生产率差异。在检验中，绝大多数情况下，出口企业的生产率都要显著低于非出口企业，有时候也与非出口企业无显著性差异。这些都是违背经典理论认为的出口企业生产率高于非出口企业的结论，从而出口企业存在"生产率悖论"。我们也对出口企业的生产率与出口规模的相关性进行了检验，在没有控制其他可能影响出口规模的因素下，出口规模与生产率呈正相关性，但在控制其他变量后，出口规模与生产率却变成负相关关系，这也是违背经典理论预期的，所以这一检验结果也可以作为中国出口企业存在"生产率悖论"的一个佐证。总之，本文得出的基本结论是中国出口企业存在"生产率悖论"。

对于导致中国出口企业存在"生产率悖论"的原因，笔者认为有以下几个：①出口企业加工贸易的广泛存在，加工贸易生产附加值低，自主创新能力薄弱，生产率低下，从而使整个出口企业的生产率偏低，导致"生产率悖论"的存在。李春顶（2010）系统研究了加工贸易与出口企业"生产率悖论"的关系，在剔除加工贸易后，出口企业的生产率在每一个年份都高于非出口企业，即企业出口的自我选择效应显著。②出口企业的生产率要高于非出口企业的结论是基于 Melitz（2003）的模型得出的。Melitz 认为，在出口市场自由进入和企业追求实现利润最大化的情形下，由于出口市场的进入成本高于国内市场，因而只有生产率高的企业会选择出口，生产率低的企业只面向国内市场，生产率最低的企业会被逐出市场。所以出口企业的生产率平均值要高于非出口企业，① 即企业出口的自我选择效应。不过，对于中国企业的现实来说，可能与此理论成立的假设条件存在很大的差异。首先，在中国经济发展现阶段，出口市场可能并不是完全自由进入的，很多在理论上达到出口所要求的生产率水平的企业却没有选择出口，从而出口企业的生产率未必一定要高于非出口企业；其次，原理论模型是假设出口市场的进入成本要高于国内市场，从而只有生产率高的企业才有能力出口并获得利润，而在中国现阶段经济体制正在深刻变革时期，即使一些生产率并不高的大型国有企业，在面临巨额的出口市场进入成本时也会选择出口。总之，加工贸易以及中国的现实条件与经典理论的背离是中国出口企业存在"生产率悖论"的可能原因。

全球化迅猛发展的时代，企业出口战略越来越得到重视，出口企业面临的国际竞争也越来越强烈，优胜劣汰的企业生存机制扩大到世界范围内，企业只有保持较高的生产率才能立于不败之地。在中国出口企业存在"生产率悖论"的境况下，出口企业更要重视其生产率的提高，加大研发投入，提高创新能力，保持其蓬勃发展，积极把握全球化带来的机遇，应对全球化带来的挑战。

参考文献

［1］李春顶.出口贸易、FDI 与我国企业的国际化路径选择——新—新贸易理论模型扩展及我国分行业企业数据的实证研究［J］.南开经济研究，2009（2）.

［2］李春顶.出口与企业生产率——基于中国制造业 969 家上市公司数据的检验［J］.经济经纬，2009（4）.

［3］李春顶.中国出口企业是否存在"悖论"：基于中国制造业企业数据的检验［J］.世界经济，2010（7）.

［4］李春顶，尹翔硕.我国出口企业的"生产率悖论"及其解释［J］.财贸经济，2009（11）.

［5］马述忠，郑博文.中国企业的出口行为与生产率关系的历史回溯：2001—2007［J］.浙江大学学报（人文社会科学版），2010（5）.

［6］唐宜红，林发勤.异质性企业贸易模型对中国企业出口的适用性检验［J］.南开经济研究，2009（6）.

---

① 数学解释：国内企业与出口企业所获得的利润分别为：$\pi_d(\ ) = r_d(\sigma)f$，$\pi_x(\ ) = r_x(\sigma)f_x$，Melitz 假定市场是自由进入的，从而有 $\pi_d(\ ^*) = 0$，$\pi_x(\ _x^*) = 0$。并且 Melitz 根据需求与供给均衡得出 $d_r/d > 0$，由于假定 $f_x > f$，从而得出 $^* < \ _x$。Melitz 认为面向出口市场的企业的生产率区间为 $[\ _x, \infty)$，而面向国内市场企业的生产率区间为 $[\ _x, \infty)$，所以面向出口市场企业的生产率的平均值要大于面向国内市场企业生产率的平均值。

［7］谢千里，罗斯基，张轶凡.中国工业生产率的增长与收敛［J］.经济学（季刊），2008（3）.

［8］易靖韬.企业异质性、市场进入成本、技术溢出效应与出口参与决定［J］.经济研究，2009（9）.

［9］张杰，李勇，刘志彪.出口促进中国企业生产率提高吗？——来自中国本土制造业企业的经验证据：1999—2003［J］.管理世界，2009（12）.

［10］张杰，黄泰岩，芦哲.中国企业利润来源与差异的决定机制研究［J］.中国工业经济，2011（1）.

［11］赵志耘，刘晓路，吕冰洋.中国要素产出弹性估计［J］.经济理论与经济管理，2006（6）.

［12］Aw，B. Y.，S. Chung and M. J. Roberts，Procuctivity and Turnover in the Export Market：Micro-level Evidence from the Republic of Korea and Taiwan（China）［J］. World Bank Economic Review，2000（14）.

［13］Bernard，A.，J. Eaton，J. B. Jenson and S. Kcrtum. Plants and Productivity in International Trade［R］. NBER Working Paper，NO. 7688，2000.

［14］Bernard，A. and J. Bradford Jensen. Exporters，Jobs and Wagesin U.S. Manufacturing，1976-1987［J］. Brookings Papers on Economic Activity，Microeconomics，1995（67）.

［15］Bernard，A. and J. Bradford Jensen. Exceptional Exporter Performance：Cause，Effect，or Both？［J］. Journal of International Economics，1999a（47）.

［16］Bernard，A. and J.Bradford Jensen. Exporting and Productivity［R］. NBER Working Paper，NO. 7135，1999b.

［17］Bernard，A. and J. Bradford Jensen：Why Some Firms Export［R］. NBER Working Paper，NO. 8349，2001.

［18］Bernard，A. and J. Wagner. Export Entry and Exit by German Firms［J］. Weltwirtschaftliches Archiv-Review of World Economics，2001（137）.

［19］Clerides，S. K.，S. Lack and J. R. Tybout. Is Learning by Exporting Important？Micro-dynamic Evidence from Colombia，Mexico and Morocco［J］. The Quarterly Journal of Economics，1998（113）.

［20］Das，S.，M. J. Roberts and J. R. Tybout. Market Entry Costs，Producer Heterogeneity and Export Dynamics［M］. Mimeo，Pennsylvania State University，2001.

［21］Eaton，Jonathan，Samuel Kortum and Francis Kramaiz，Dissecting Trade：Firms，Industries，and Export Destinations［J］. American Economic Review，2004，94（2）.

［22］Helpman，Elhanan，Marc J. Melitz and Stephen R. Yeaple. Export Versus FDI with Heterogeneous Firms ［J］. The American Economic Review，2004（94）.

［23］Griliches，Z. and Mairesse，J. R&D and Productivity Growth Comparing Japan and US Manufacturing Firms［M］. in C. Hulten ed，Productivity Growth in Japan and the United States. The University of Chicago Press，1990.

［24］Hall，R. and Jones C. Why Do Some Countries Produce so Much More Output Per Worker than Others？ ［J］. Quarterly Journal of Economics，1999，114（1）.

［25］Head，K. and Ries J. Heterogrity and the FDI Verses Export Decision of Japanese Manufacturers［J］. Japanese Int Economics，2003（17）.

［26］Hopenhayn，H. Entry，Exit，and Firm Dynamics in Long Run Equilibrium［J］. Econometrica，1992a（60）.

［27］Hopenhayn，H. Exit，Selection，and the Value of Firms［J］. Journal of Economics Dynamics and Control，1992b（16）.

［28］Melitz，Marc J. The Impact of Trade on Intra-Industry Reallocations and Aggregate Industry Productivity

[J]. Econometrica, 2003 (71).

[29] Krugman, Paul R. Increasing Returns, Monopolistic Competition, and International Trade [J]. Journal of International Economics, 1979 (9).

[30] Krugman, Paul R. Scale Economics, Production Differentiation, and the Pattern of Trade [J]. The American Economic Review, 1980 (70).

[31] Samuelson, Paul A. International Trade and the Equalisation of Factor Prices [J]. The Economic Journal, 1948, 58 (230).

[32] Pavcnik, N. Trade Liberalization, Exit, and Productivity Improvements: Evidence from Chilean Plants [J]. The Review of Economic Studies, 2002 (69).

[33] Dornbusch, R., S. Fischer and P. A. Samuelson. Comparative Advantage, Trade, and Payments in a Ricardian Model with a Continuum of Goods [J]. The American Economic Review, 1977, 67 (5).

[34] Roberts, M. J. and J. R. Tybout. The Decision to Export in Colombia: An Empirical Model of Entry with Sunk Costs [J]. American Economic Riview, 1997 (87).

[35] Rybezynski, T. M. Factor Endowment and Relative Commodity Prices [J]. Economica, 1955, 22 (88).

[36] Stolper, Wolfgang F. and Paul A. Samuelson. Protection and Real Wages [J]. The Riview of Economic Studies, 1941, 9 (1).

Heterogeneity Enterprise, Exports and Productivity Paradox—Based on the Evidence of Manufacturing Enterprise in China in 2007

TANG ER ZI   LI YING   ZHANG HAI YING

(Faculty of Management and Economics Dalian University of Technology, Dalian 116023)

Abstract: After the theory of heterogeneous enterprise trade has been put forward, productivity was considered to be an important factor of enterprise's export; only the enterprise with high productivity can export. However, empirical researches on enterprises in China have found that the average productivity of exporting enterprises is lower than non-exporting enterprises, in other words there are productivity paradox. We uses the sample of manufacturing enterprises in China in 2007 and two methods, one is to compare the productivity, and the other is using statistical methods to test the productivity differences between non-exporting enterprises and exporting enterprises. For the accuracy of the conclusions, we test by different sector, different regional, different types of business registration, and different scale of enterprise. Finally, we test the correlation of productivity of exporting enterprises and their export-scale. It concluded

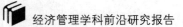

that in most cases the average productivity of exporting enterprises is lower than non-exporting enterprises; in many cases the productivity of exporting enterprises is significantly lower than non-exporting enterprises or have no difference with non-exporting enterprises; the productivity of exporting enterprises and export-scale are positive correlated, but in controlling other factors which may affect the export, the result turn to negative correlated. These are the evidence of the existence of productivity paradox in export enterprise in China.

Key words: Heterogeneity Enterprise; Export; Productivity

政府投入、市场化程度与中国工业企业的技术创新效率*

冯宗宪[1]　王　青[2]　侯晓辉[3]

（1. 西安交通大学经济与金融学院　西安　710061；2. 西安交通大学
金禾经济研究中心　西安　710061；3. 西安交通大学管理学院　西安　710061）

【摘　要】 本文应用两阶段半参数 DEA 方法估计了样本期间内中国 30 个省区市大中型工业企业技术创新活动的技术与规模效率，实证分析了政府投入与市场化程度变量对创新效率的影响程度与方向。研究发现，政府投入与创新活动的技术效率之间呈现出不显著的负相关关系，其对创新活动的规模效率则具有显著的负向影响。市场化程度对创新的技术效率具有显著的正向影响，而它对规模效率的影响却是显著为负的。

【关键词】 创新效率；两阶段半参数 DEA 法；政府投入；市场化程度

一、引言

2008 年爆发的席卷全球的金融危机在使世界经济陷入衰退的同时，也有力地刺激了全球科技进步和新技术产业的兴起。中国要消除危机的影响，变挑战为机遇，就必须更加重视技术创新的作用，以创新活动促进产业发展，增强企业的国际竞争力。《国务院关于发挥科技支撑作用促进经济平稳较快发展的意见》中也明确提出，加强科技创新，充分发挥科学技术的支撑作用，对于应对国际金融危机，增强经济发展后劲，都具有重要意义。

* 本文选自《数量经济技术经济研究》2011 年第 4 期。

基金项目：国家自然科学基金"海外或港、澳青年学者合作研究基金"（70528002）、中国博士后科学基金（20090451388）。

作者简介：冯宗宪，西安交通大学经济与金融学院；王青，西安交通大学金禾经济研究中心；侯晓辉，西安交通大学管理学院。

转变经济发展方式，以技术创新带动产业升级的关键在于企业。对于中国这样一个正处在工业化加速阶段的发展中国家而言，投入技术创新活动的资源仍然具有很强的稀缺性，这就需要不断致力于提高创新活动投入资源的利用效率，以实现用创新增强中国企业国际竞争力的战略目标。而大中型工业企业在整个国民经济发展中具有十分重要的地位，它们承担了绝大多数的国内创新投入和地方经济发展责任。因此，对各地区大中型工业企业技术创新效率及其影响因素的研究就显得尤为重要。

值得关注的是，在当前促进技术创新、建设创新型国家的大背景下，一些地方政府热衷于把自己当成实现经济转型的主角，抓项目、选企业、分资源，直接投入大量资金开展技术创新（陈宪，2010）。百度、谷歌等网络搜索引擎的搜寻结果也显示，近年来中国很多地区都纷纷出台了"加大政府投入力度，支持企业进行技术创新"的有关政策文件或发展规划。但易纲（2009）曾指出，即便是在产业政策最成功的日本和韩国，政府制定的支持某些行业、企业或项目的产业政策也仅仅得到了毁誉参半的评价。王小鲁（2010）也认为在推进技术创新过程中应当明确市场的主导性地位。

在有关中国技术创新效率的实证研究方面，李习保（2007）分析了创新环境对区域创新产出效率的影响，发现政府对科技活动的支持力度是促进区域创新效率的显著因素之一。白俊红等（2009）基于区域创新系统的角度，考察了创新系统内部企业、高校、科研机构、地方政府及金融机构等主体要素及其联结关系对创新效率的影响。研究的结果却表明，政府资助对创新效率的提高并没有促进作用，反而有显著的负面影响。

进一步，随着近年来中国企业研发支出的不断上升和技术进步主体地位的逐渐显现，从企业或产业层面关注中国创新活动效率问题的文献也越来越多，唐清泉、卢博科（2009）分析了影响中国大中型工业企业创新效率的各种因素，进而发现充分的政府资金有利于研发效率的提高。潘雄锋、刘凤朝（2010）研究了中国工业企业技术创新的效率状况，实证结果表明，非国有经济比重对工业企业技术创新效率的提高具有明显促进作用。刘和东（2010）的实证研究则发现市场竞争程度与创新效率之间具有显著的负相关关系。

在现有文献研究的基础上，本文将创新活动视为一个知识生产过程，应用新近发展出来的两阶段半参数 DEA 方法，对样本期间内中国 30 个省区市大中型工业企业技术创新活动的技术与规模效率，以及政府投入与市场化指标对上述效率的影响程度与方向，进行了初步的实证分析。其中，技术效率是指在一定投入水平下，生产者的实际产出达到最大可能产出水平的能力。技术效率的差异主要源于生产经验、组织管理方法等方面的因素；而规模效率则主要是衡量企业是否已在最优规模上进行技术创新。

与现有研究相比，本文主要在以下三个方面进行了拓展：第一，根据 Simar（2003），DEA 模型的确定性生产前沿估计量非常容易受到随机样本离群值的影响，将由此导致决策单元相对效率估计值出现偏误。本文先进行了非参数生产前沿估计前的离群值检测，并将检测出的离群值从样本数据集中舍去，从而避免了决策单元相对效率值的估计偏误问题。第二，鉴于以往分析创新效率影响因素的 DEA 两阶段法会因为效率估计值之间形式复杂且结构未知的序列相关性而导致对基于效率估计值的环境变量影响程度的统计推断失效，应用了 Simar 和 Wilson（2007）提出的两阶段半参数 DEA 方法，对中国大中型工业企业技术创新活动的技术与规模效率，以及政府投入与市场化指标对上述效率的影响程度与方向进行了实证分析。第三，针对创新活动实践与经验研究当中存在的争论或困惑，将政府投入与地区市场化程度变量同时纳入到创新效率影响因素的实证分析框架中，从而深入研究了它们与创新效率之间的实证关系。

二、研究方法

Charnes 等（1978）正式提出了在规模报酬不变（CRS）的假设下，评价生产单元相对效率的 DEA 方法。DEA 是一种线性规划法，其前沿观测值意味着除它之外，已没有其他决策单元（DMU）或其线性组合在投入给定时，具有相同甚至更多的每一种产出，或者当产出给定时，仅需要同样甚至更少的每一种投入。他们所提出的最基本模型被称为 C²R 模型。

实际上，CRS 假设适合所有厂商均以最优规模运营的情况，而政府管制等外生影响因素都将致使厂商不能在最优规模上进行生产经营活动。在并非所有厂商均以最优规模运营的情况下，使用 CRS 设定就会导致技术效率与规模效率的估计结果混淆不清。因此，Banker 等（1984）提出了 BCC 模型，在假定决策单元规模报酬可变（VRS）的情况下，进一步将相对效率分解为纯技术效率与规模效率。所有此类非参数的 DEA 方法已被广泛应用于生产厂商的效率估计及其影响因素分析之中（Seiford，1996）。

1. 非参数生产前沿估计前的离群值检测

与效率分析的参数方法相比，非参数方法以其所依赖的前提假设较少而具有很强的应用性。然而，基于 C²R 或 BCC 模型的确定性生产前沿估计量非常容易受到随机样本离群值的影响，并将由此导致决策单元相对效率估计值出现偏误。而多变量情形下的离群值检测又因其计算的繁复性而较难实现，这很可能就是国内外研究者在应用 DEA 进行技术创新效率分析时大多没有事先进行离群值检测的主要原因（Lee and Park，2005；Smirlis et al.，2006；Cullmann et al.，2009；刘凤朝、潘雄锋，2007；俞立平，2007；余泳泽，2009；唐清泉等，2009）。

Simar（2003）以 Cazals 等（2002）提出的在效率估计上更为稳健的 m 阶期望前沿（Expected Frontier of Order-m）为基础，给出了一种计算量较少，同时又操作简便的离群值检测方法。其检测方法的核心思想是在投入产出样本点集中，如果某个数据点的产出水平即使当 m 的值在不断增大时也远离于其所对应的 m 阶产出前沿，则这个数据点就是一个潜在的离群值。其中，m 是切尾参数，限定了估计生产前沿时所利用到的基准样本点的数量。

其离群值检测方法的判定准则为，若总的样本容量为 n，对于任何产出可能性集合中的数据点（x_0，y_0），x_0 为 p 维投入向量，y_0 为 q 维产出向量，当其 m 阶产出效率指标 $\lambda_{m,n}$（x_0，y_0）在 m 持续增加的情况下仍然小于 1 时，（x_0，y_0）就是一个潜在的离群点。具体而言，m 的值可以为 10、25、50、75、100、150 等，我们需要针对不同的 m 值，计算每个数据点（x_i，y_i）基于单点遗漏（Leave-one-out）样本数据参照集 $H^{(i)}$ 的 m 阶产出导向的效率估计值，并找到潜在离群值数据点，即效率估计值均小于 1 的数据点。进一步，针对已找到的潜在离群值数据点，我们还需要选择一个门槛值 $1 + \alpha$，$\alpha \in \{0.20，0.30，0.40，0.50\}$，此外再根据式（1）所给出的离群条件，就能够将真实离群值识别出来了。

$$\hat{\lambda}_{m,n}^{(i)}（x_i，y_i）+ 1.645 \times \text{STD}_{\text{MC}}(\hat{\lambda}_{m,n}^{(i)}（x_i，y_i）) \leqslant 1 - \alpha \tag{1}$$

式中，$\hat{\lambda}_{m,n}^{(i)}(x_i，y_i)$ 是 m 阶投入导向的前沿效率估计值；1.645 是标准正态分布的 0.95 百分位数；STD_{MC} 表示估计量的蒙特卡洛标准离差，蒙特卡洛模拟重复的标准次数为 200。检测过程中（m，α）的选择根据研究的需要具有相当的灵活性，Barnett 和 Lewis（1995）建议离群值比例的合理上限为 $(n)^{1/2}/n$。一旦样本离群值被检测出来，为了避免离群值之间的隐藏效应（Masking Effect），我们就应当在舍弃了这些离群值之后再进行生产前沿的估计。[①]

2. 两阶段半参数 DEA 方法

传统的 DEA 两阶段法将影响厂商效率的因素统称为环境变量，环境变量与投入、产出变量不同，都是厂商管理者无法直接控制到的外在影响因素。两阶段法分两步进行，在第一阶段分析中，根据厂商的投入和产出变量，应用 DEA 方法估计效率值；在第二阶段中再将第一阶段求得的效率值对环境变量进行 Tobit 回归分析。环境变量的回归系数表明了影响的方向，而假设检验可用来考察这种影响的显著程度。

Simar 和 Wilson（2000）利用自助法（Bootstrap）为基于 DEA 效率估计量的统计推断提供了统计学基础。初始的 DEA 自助法主要是被用来处理抽样变异性的，它说明了 DEA 效率估计值对样本构成变化的敏感性。由于其计算过程复杂，且单边无效分布特征会使自助法更加难以实现等原因，初始的 DEA 自助法并未在实践中获得广泛应用。但使用传统 DEA 两阶段法又会因为效率估计值之间形式复杂且结构未知的序列相关性而导致对基于效率估计值的环境变量影响程度和方向的统计推断失效（Simar and Wilson，2007）。Hirschberg 和 Lloyd（2002）较早地察觉到了 DEA 效率估计值之间的序列相关性，并曾尝试应用自助法解决这一问题。

Simar 和 Wilson（2007）则认为 Hirschberg 和 Lloyd（2002）所做出的努力收效甚微，他们提出了两阶段半参数 DEA 方法（Two Stage Semi-parametric DEA Approach）以解决传统两阶段法所遇到的问题。他们首先从理论上说明了传统两阶段法在进行第二阶段回归分析时，鉴于效率估计值的序列相关性、利用有限样本估计效率值所可能产生的偏误性，以及环境变量的内生性等因素的影响，有关环境变量系数的统计推断将会失效。因此，他们

---

① 有关这种离群值检测方法的更多细节可参见 Simar（2003）。

提出了解决此种问题的自助法程序，并得到了蒙特卡洛模拟结果的支持。因为在本文中我们的目的主要在于分析在其他条件不变的情况下，政府投入力度与各省区市场化程度对于中国大中型工业企业创新活动的技术与规模效率的影响，即需要关注的是环境变量将如何对效率估计值产生影响的统计推断，因此我们选用了两阶段半参数 DEA 方法的单进程自助算法。[①]

在两阶段半参数 DEA 方法的第一阶段，需要使用投入产出数据集测算出产出导向的效率值，对于特定的数据点 $(x_i,\ y_i)$，产出导向的 VRS 模型为：

$$\hat{\delta}_i = \hat{\delta}(x_i,\ y_i|\hat{\wp}) = \max\{\theta > 0 | \theta y_i \leqslant Yq,\ x_i \geqslant Xq,\ i'q = 1,\ q \in R_+^n\} \qquad (2)$$

式中，$i = 1,\ \cdots,\ n$，$\hat{\wp}$ 为生产集合的估计量，$Y = [y_1,\ \cdots,\ y_n]$，$X = [x_1,\ \cdots,\ x_n]$，i 表示 $n \times 1$ 维的单位向量，q 是由强度变量组成的 $n \times 1$ 维的向量；θ 衡量了数据点 $(x_i,\ y_i)$ 与效率前沿之间的径向距离；$1 \leqslant \hat{\delta}_i < \infty$，而 $\hat{\delta}_i - 1$ 则表示当投入量不变时，第 i 个厂商的产出可按比例增加的量；$1/\hat{\delta}_i$ 就是最后得出的技术效率值。在获得效率估计值后的第二阶段，对于 $\hat{\delta}_i > 1$ 的 s 个样本点，建立截尾回归（Truncated Regression）方程式：

$$\hat{\delta}_i = z_i\beta + \xi_i \qquad (3)$$

应用最大概似法计算环境变量 z_i 的系数 $\hat{\beta}$ 及误差项标准差的估计值 $\hat{\sigma}_\varepsilon$。接着，将以下三个步骤循环进行 L 次[②]以获得一个自助法估计值的集合 $A = \{(\hat{\beta}^*,\ \hat{\sigma}_\varepsilon^*)_b\}_{b=1}^L$：第一步，对每一个 $i = 1,\ \cdots,\ s$，从在点 $(1 - z_i\hat{\beta})$ 处左截尾的 $N(0,\ \hat{\sigma}_\varepsilon^2)$ 分布随机抽取 ε_i；第二步，再一次地对于 $i = 1,\ \cdots,\ s$，计算 $\delta_i^* = z_i\hat{\beta} + \varepsilon_i$；第三步，使用最大概似法估计 δ_i^* 对 z_i 的截尾回归，得出估计值 $(\hat{\beta}^*,\ \hat{\sigma}_\varepsilon^*)$。在获得集合 A 后，就可以最终对 β 中的每个元素及 σ_ε（使用集合 A 与 $\hat{\beta}^*$、$\hat{\sigma}_\varepsilon$）构建被估计出来的置信区间。[③]

另外，规模效率可通过 CRS 条件下的技术效率与 VRS 条件下技术效率的比值获得（Coelli et al.，2005）。根据 Simar 和 Wilson（2007），同样的统计推断问题也会在利用传统 DEA 两阶段法分析规模效率的影响因素时出现。因此，本文在分析政府投入与市场化程度变量将如何影响大中型工业企业创新活动的技术与规模效率时，都应用了上述两阶段半参数 DEA 方法的单进程自助算法。

---

① Simar 和 Wilson（2007）所给出的两阶段半参数 DEA 方法的双进程自助算法的主要作用在于对效率估计值做出某种修正，但代价是需要负担更大的计算量，同时这种算法所构建的置信区间也会经常地出现不能覆盖环境变量系数的点估计值。Simar 和 Wilson（2007）在文章中也曾指出，这两种算法具有互补性，双进程自助法在较小的样本空间中会使均方根误差（RMSE）增大。因此，经过权衡后我们采用了单进程自助算法。

② 根据 Simar 和 Wilson（2007），L 的取值一般为 100。

③ 更多算法方面的其他细节可参见 Simar 和 Wilson（2007）。Cullmann 和 Ehmcke 等（2009）则较早地应用这种算法分析了 OECD 国家有关技术研发效率的一些问题。

三、变量选取与数据描述

本文的研究对象为中国内地 30 个省级行政地区 2001~2007 年大中型工业企业创新活动的技术与规模效率。我们所使用的数据主要源于 2002~2008 年的《中国科技统计年鉴》、《中国统计年鉴》、《中国工业统计年鉴》与《中国市场化指数——各地区市场化相对进程 2009 年报告》。[①] 西藏的数据资料缺失较多，因此在后续分析中暂不予以考虑。为了消除价格波动的影响，本文以 2001 年为基期对有关价值变量的数据进行了调整。

1. 创新投入与产出变量

创新活动的投入变量在有关文献中经常用 R&D 经费支出和 R&D 人员全时当量表示（Sharma and Thomas，2008；李习保，2007；韩晶，2010）。但正如 Griliches（1980）、吴延兵（2006）及白俊红等（2009）指出的，研发创新活动对知识生产的影响具有持续性，因此研发活动的资本投入指标应当选用 R&D 资本存量。参照他们的处理方式，采用永续盘存法计算 R&D 资本存量，具体计算公式为：

$$RDS_{it} = (1 - \delta) \times RDS_{i(t-1)} + I_{it} \tag{4}$$

式中，RDS_{it}、$RDS_{i(t-1)}$ 分别表示第 i 个地区工业企业第 t 年和第 t - 1 年的 R&D 资本存量，I_{it} 为 i 地区工业企业第 t 年的实际 R&D 经费支出，δ 为折旧率，根据吴延兵（2006）、白俊红等（2009），本文中 δ 的取值为 15%[②]。进一步估算基期资本存量的公式为：

$$RDS_{i0} = I_{i0}/(g + \delta) \tag{5}$$

式中，RDS_{i0} 是基期 R&D 资本存量，I_{i0} 是基期实际 R&D 经费支出，g 为样本期间内实际 R&D 经费支出的平均增长率。由此就可测算出各地区工业企业各年的 R&D 资本存量。另外，消化吸收支出是消化吸收引进的国内外技术的支出，对于正处在转型与发展期的中国经济而言，其工业企业的技术创新除了自主研发外，仍有相当一部分的创新活动是在吸收消化引进先进技术的基础上进行的（俞立平，2007），因此消化吸收支出也是本文所选取的一个技术创新投入变量。本文中技术创新活动的劳动力投入指标为 R&D 人员全时当量，其值是全时人员数与非全时人员按工作量折算成全时人员数的总和。综上，本文选取的技术创新活动的投入变量分别为 R&D 资本存量（RDS）、消化吸收支出（DAE）与 R&D 人员全时当量（RDP）。

---

① 本文样本期间的选择依据主要源于数据资料的可得性。2001 年以前，技术创新的资本和劳动力投入并未以 R&D 经费支出与人员全时当量的名目进行统计；而在最新出版的《中国市场化指数——各地区市场化相对进程 2009 年报告》中，也只提供了最晚到 2007 年的中国各省区市场化指数。因此，我们研究的样本期间为 2001~2007 年。

② 我们还另外选取 10% 的折旧率进行了有关折算与后续估计，所获得的结果只是在数量上有极细微的差别，本文中的有关结论则仍然是成立的。

本文设定的技术创新产出变量为发明专利申请量（PATENT）和新产品销售收入（NPS）。由于其通用性、一致性和易得性，使用专利代表技术创新产出是以往有关文献中的通常做法，并且也有研究表明利用专利衡量创新产出具有一定的可靠性（Hagedoorn and Cloodt，2003；李习保，2007）。以专利衡量创新产出所面对的主要质疑为有些发明并没有申请专利或者虽已申请但由于原创性不强而未能得到授权，但对于处在整个国际分工链条末端的发展中国家的工业企业而言，因原创性不强而最终未能获得授权的发明在其生产经营活动中却依然能够发挥出增加产出或价值增值的作用，因此仅用专利授权量反映创新活动的全部成果就存在着明显的不足，而已经被受理的专利申请量则是整个产业创新能力的基础（孙文杰、沈坤荣，2009；韩晶，2010），更能反映出大中型工业企业的技术创新成果。

另外，专利申请量也不能准确反映创新成果的转化能力和市场价值，因此我们还选取了新产品销售收入作为衡量创新产出的另一个指标。以发明专利申请量和新产品销售收入来计量技术创新的产出，综合考虑创新的理论产出与实际产出，因而能较全面地反映出大中型工业企业技术创新的产出成果。专利申请与发明成果转化为新产品销售收入相对于创新投入而言均有一定的滞后性，但同时考虑到申请的速度会快于专利授权，并且工业企业面对日趋激烈的市场竞争，将会具有较强的创新成果转化动力，故而本文设定的创新产出的滞后期为 0 年或 1 年。[①]

2. 效率影响因素与控制变量

本文的研究目的是考察政府投入力度（GOVERNR）与市场化程度（MINDEX）对中国大中型工业企业创新活动的技术与规模效率的影响方向和程度。借鉴白俊红等（2009），我们这里用地方政府对本地区大中型工业企业创新活动的资助额除以地区总科技经费筹集金额，以此得到地区政府投入力度指标，它也近似地反映了大中型工业企业技术创新活动受地方政府影响的程度（王小鲁，2010）。各地区市场化程度则是采用了樊纲等（2010）给出的以 2001 年为基期的各省区市场化指数为度量指标。市场化指数从政府与市场的关系、非国有经济的发展、产品市场的发育、要素市场的发育程度以及市场中介组织的发育和法律制度环境五个方面全面衡量了我国各省区市场化的进展状况，概括地反映了市场机制在推动行为主体进行技术创新等经济活动中的地位和作用。

另外，根据李习保（2007）、白俊红等（2009）、潘雄锋和刘凤朝（2010）与刘和东（2010）等，本文设定的与大中型工业企业有关的地区创新环境控制变量包括：产业结构和集群特征指标，用地区工业总产值中轻工业产值的比重（LTOPUT）与工业总产值中高技术行业产值比重（HTOPUT）来表征；地区经济技术对外开放程度，用外资占全社会固定资产投资的比重（FITI）来表示；地区劳动者素质，用教育经费总额在当地 GDP 中的占

---

① 其实，更长滞后期的设定将使得本文在利用两阶段半参数 DEA 方法进行技术创新效率影响因素分析时的样本容量过小，从而给有关的统计推断带来困难。

比（ETOG）表示；地区基础设施与有效需求水平，用人均国内生产总值（PGDP）来代表。文中涉及变量的描述性统计结果如表1所示，表中价值变量的单位均为百万元，R&D人员全时当量的单位为人/年，发明专利申请量的单位为项。

表1 变量的描述性统计结果

变量	N	样本均值	样本标准差	最小值	最大值
RDS	210	14800.810	21249.860	37.180	152606.200
DAE	210	170.009	278.512	0.000	1819.465
RDP	210	18967.270	20034.430	85.000	148938.000
PATENT	210	568.081	1555.722	2.000	17027.000
NPS	210	66570.950	90615.310	228.040	431284.200
GOVERNR	210	0.049	0.043	0.002	0.322
MINDEX	210	6.212	2.007	2.370	11.710
LTOPUT	210	0.266	0.122	0.043	0.602
HTOPUT	210	0.086	0.083	0.003	0.377
FITI	210	0.046	0.049	0.005	0.242
PGDP	210	0.014	0.010	0.003	0.057
ETOG	210	0.049	0.014	0.025	0.112

由于在建立技术创新效率影响因素的经验方程时存在主要解释变量和其他控制变量，如果这些变量之间存在严重的多重共线性，则有关参数估计的准确性就会受到较大影响。因此，在表2中我们给出了这些变量两两之间的相关系数。可以看出，这些变量之间的相关性并不是很严重。共线性诊断得出的条件指数（Condition Index）为25，各变量方程膨胀因子（Vif）的均值是2.72。尽管各变量之间存在着一定的多重共线性，但其仍在可以接受的范围之内，不会给本文的实证分析带来太多困扰。

表2 创新效率影响因素之间的相关系数

	GOVERNR	MINDEX	LTOPUT	HTOPUT	FITI	PGDP
MINDEX	−0.435					
LTOPUT	−0.167	0.273				
HTOPUT	−0.011	0.480	0.207			
FITI	−0.321	0.398	0.456	0.635		
PGDP	−0.330	0.773	−0.023	0.602	0.321	
ETOG	0.334	−0.401	−0.288	0.148	−0.129	−0.161

四、实证分析

Coelli 和 Perelman（1999）的研究表明，在多数情况下，投入导向或产出导向 DEA 模型的选择对于所得结果的影响是很小的。为了本文离群值检测与两阶段半参数 DEA 方法应用的方便，同时假定厂商希望使用给定创新资源投入量，能够获得尽可能多的技术创新产出，本文设定的效率估算模型均为产出导向的。

本文数据集的截面数只有 30 个省区，样本期间仅为 7 年，期间所有省区大中型工业企业所面对的宏观经济环境具有很强的同质性，所计算得到的分年度创新效率值的区分度很小。为此，本文采用截面与时间序列数据混合样本集进行效率计算，这也相当于是在得出一个跨年度的共同创新产出前沿，使各省区工业企业在同一标杆的标准下进行比较。[1] 另外，李新春等（2010）也认为如果对不同地区或不同产业估算创新效率时采用不同的生产前沿作为参照物，就会导致地区间的创新效率难以进行比较，他们的实证分析则进一步表明，根据共同前沿的假设来估计效率值是适当的。

根据 Simar（2003）提出的离群值检测方法和判别标准，在本文样本容量 N 为 210 的情况下，检测出来的离群值的合理上限为 15 个。应用 R 软件 2.11.1 编程估算，并参照式（1）给出的离群条件，对应切尾参数和门槛参数的组合（m，α）的选择为（75，0.5）。检测到的离群值情况如表 3 所示。

表 3　投入产出样本离群值基本情况描述

离群值	$\hat{\lambda}_{m,n}^{(i)}$ (x_i, y_i) $m = 10$	$\hat{\lambda}_{m,n}^{(i)}$ (x_i, y_i) $m = 25$	$\hat{\lambda}_{m,n}^{(i)}$ (x_i, y_i) $m = 50$	$\hat{\lambda}_{m,n}^{(i)}$ (x_i, y_i) $m = 75$	$\hat{\lambda}_{m,n}^{(i)}$ (x_i, y_i) $m = 100$	$\hat{\lambda}_{m,n}^{(i)}$ (x_i, y_i) $m = 150$
16	0.809 (0.706)	0.451 (0.319)	0.277 (0.166)	0.238 (0.114)	0.215 (0.065)	0.202 (0.004)
23	0.786 (0.456)	0.499 (0.300)	0.364 (0.156)	0.307 (0.084)	0.304 (0.060)	0.291 (0.025)
51	0.766 (0.565)	0.412 (0.346)	0.231 (0.220)	0.169 (0.133)	0.154 (0.103)	0.134 (0.004)
52	0.701 (0.368)	0.455 (0.259)	0.319 (0.185)	0.250 (0.128)	0.225 (0.096)	0.198 (0.042)
54	0.792 (0.420)	0.482 (0.285)	0.337 (0.126)	0.304 (0.089)	0.271 (0.079)	0.248 (0.057)
55	0.946 (0.575)	0.566 (0.288)	0.437 (0.128)	0.392 (0.064)	0.371 (0.044)	0.360 (0.031)

---

[1] 考虑到短期内知识生产的非跳跃性，这里的处理方式是较合理的。

离群值	$\hat{\lambda}_{-m,n}^{(i)}(x_i, y_i)$ m = 10	$\hat{\lambda}_{m,n}^{(i)}(x_i, y_i)$ m = 25	$\hat{\lambda}_{m,n}^{(i)}(x_i, y_i)$ m = 50	$\hat{\lambda}_{m,n}^{(i)}(x_i, y_i)$ m = 75	$\hat{\lambda}_{m,n}^{(i)}(x_i, y_i)$ m = 100	$\hat{\lambda}_{m,n}^{(i)}(x_i, y_i)$ m = 150
93	0.868 (0.642)	0.578 (0.343)	0.401 (0.126)	0.372 (0.054)	0.366 (0.040)	0.359 (0.009)
94	0.745 (0.471)	0.509 (0.128)	0.455 (0.041)	0.445 (0.033)	0.440 (0.019)	0.432 (0.010)
113	0.741 (0.385)	0.505 (0.225)	0.388 (0.128)	0.343 (0.078)	0.328 (0.054)	0.308 (0.024)
176	0.791 (0.426)	0.494 (0.161)	0.434 (0.044)	0.425 (0.015)	0.424 (0.015)	0.421 (0.002)
177	0.349 (0.323)	0.184 (0.075)	0.148 (0.024)	0.142 (0.019)	0.138 (0.010)	0.136 (0.005)
178	0.496 (0.267)	0.317 (0.166)	0.237 (0.103)	0.194 (0.027)	0.191 (0.025)	0.184 (0.009)
179	0.770 (0.547)	0.398 (0.250)	0.292 (0.154)	0.226 (0.079)	0.210 (0.072)	0.191 (0.046)
190	0.201 (0.008)	0.200 (0.000)	0.200 (0.000)	0.200 (0.000)	0.200 (0.000)	0.200 (0.000)
192	0.200 (0.000)	0.2000 (0.000)	0.200 (0.000)	0.200 (0.000)	0.200 (0.000)	0.200 (0.000)

表 3 的第一列给出了本文样本空间中离群值数据点的序号，第二列到第七列则分别是当切尾参数等于 10、25、50、75、100、150 时 m 阶投入导向的前沿效率估计值，每列效率估计值右侧括号里的值是蒙特卡洛标准离差。以上 15 个被检测出来的样本离群值就应当在后续进行中国各省区大中型工业企业创新活动的效率估计时，从样本数据集中舍去，从而避免了整体上决策单元相对效率值的估计偏误问题。①

在舍去了检测出的样本离群值后，就可以着手进行两阶段半参数 DEA 方法第一阶段的效率值估算了。根据式（2），使用投入产出数据集测算出来的 VRS 条件下，中国 30 个省区市大中型工业企业创新活动的平均技术效率与规模效率值如表 4 所示。

表 4　中国 30 个省份大中型工业企业创新活动的平均技术与规模效率

省份	TE0	TE1	SE0	SE1	省份	TE0	TE1	SE0	SE1
北京	0.902 (0.124)	0.751 (0.225)	0.505 (0.225)	0.637 (0.264)	河南	0.316 (0.082)	0.275 (0.070)	0.355 (0.077)	0.390 (0.104)
天津	0.954 (0.066)	0.966 (0.082)	0.649 (0.310)	0.810 (0.296)	湖北	0.346 (0.071)	0.324 (0.073)	0.302 (0.067)	0.343 (0.087)
河北	0.296 (0.082)	0.279 (0.059)	0.343 (0.087)	0.386 (0.120)	湖南	0.426 (0.152)	0.385 (0.146)	0.515 (0.134)	0.647 (0.192)

---

① 另外，即使在创新产出的滞后期设定为 1 年的条件下，这里的样本离群值检测结果也仍然是稳健的。

续表

省份	TE0	TE1	SE0	SE1	省份	TE0	TE1	SE0	SE1
山西	0.287 (0.063)	0.257 (0.050)	0.338 (0.100)	0.301 (0.086)	广东	0.799 (0.215)	0.784 (0.200)	0.394 (0.116)	0.408 (0.089)
内蒙古	0.471 (0.263)	0.382 (0.207)	0.479 (0.102)	0.523 (0.170)	广西	0.434 (0.136)	0.394 (0.109)	0.429 (0.066)	0.400 (0.044)
辽宁	0.518 (0.077)	0.480 (0.102)	0.252 (0.017)	0.268 (0.071)	海南	0.906 (0.161)	0.908 (0.225)	0.849 (0.203)	0.838 (0.258)
吉林	0.609 (0.329)	0.510 (0.296)	0.380 (0.154)	0.370 (0.203)	重庆	0.720 (0.072)	0.620 (0.044)	0.394 (0.080)	0.382 (0.174)
黑龙江	0.193 (0.092)	—	0.455 (0.138)	—	四川	0.371 (0.062)	0.333 (0.049)	0.343 (0.094)	0.388 (0.131)
上海	0.989 (0.018)	0.965 (0.054)	0.337 (0.133)	0.348 (0.187)	贵州	0.313 (0.197)	0.274 (0.099)	0.692 (0.189)	0.767 (0.214)
江苏	0.795 (0.096)	0.695 (0.092)	0.190 (0.032)	0.193 (0.035)	云南	0.241 (0.161)	0.205 (0.077)	0.713 (0.265)	0.794 (0.205)
浙江	0.921 (0.069)	0.770 (0.221)	0.300 (0.064)	0.319 (0.133)	陕西	0.264 (0.066)	0.238 (0.021)	0.364 (0.034)	0.412 (0.006)
安徽	0.345 (0.047)	0.325 (0.073)	0.354 (0.055)	0.342 (0.033)	甘肃	0.162 (0.075)	0.153 (0.041)	0.826 (0.232)	0.909 (0.115)
福建	0.582 (0.121)	0.571 (0.146)	0.277 (0.074)	0.230 (0.080)	青海	0.354 (0.243)	0.431 (0.495)	0.827 (0.084)	0.948 (0.079)
江西	0.277 (0.034)	0.250 (0.044)	0.349 (0.075)	0.391 (0.130)	宁夏	0.167 (0.033)	0.169 (0.063)	0.712 (0.197)	0.867 (0.167)
山东	0.666 (0.151)	0.622 (0.136)	0.220 (0.029)	0.230 (0.034)	新疆	0.205 (0.132)	0.247 (0.166)	0.862 (0.163)	0.960 (0.031)

注：TE0、SE0 与 TE1、SE1 分别是产出滞后期设定为 0 年和 1 年时的创新活动平均技术与规模效率估计值；括号中的数值为标准差；黑龙江省属于样本离群点的观测值较多，因此当创新产出滞后期设定为 1 年时，对应的平均效率评分为缺失值。

经估算，在创新活动的产出滞后期设定为 0 年时，样本期间内中国各省区市大中型工业企业创新活动的平均技术效率为 0.512，平均规模效率为 0.469；而当产出滞后期设定为 1 年时，创新活动的平均技术效率为 0.484，平均规模效率为 0.512。进一步，为了方便进行跨年度效率值变化的直观考察，我们将中国大中型工业企业创新活动的年度平均技术与规模效率图绘制如图 1 所示。

从中可以看出，无论产出滞后期的设定是 0 年或者 1 年，中国大中型工业企业创新活动的平均技术效率都呈现出了整体上升的趋势。虽然这一趋势曾于 2004 年出现回落，但在随后的年份里，创新的平均技术效率又出现了逐步上行的态势。另外，创新活动平均规模效率的走势则有所不同，从图 1 中可见，中国大中型工业企业创新活动的平均规模效率曲线自 2001 年以来出现了逐渐上升的趋势，在 2004~2005 年前后就已经到达了峰值，之后却又开始持续下行，并在 2007 年探底。总体上不难发现，工业企业创新的年度平均技术效率与规模效率的走势在 2006 年左右的时候开始出现分化。

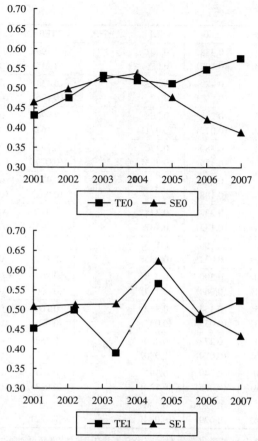

图 1　中国大中型工业企业创新活动的年度平均技术与规模效率

在获得效率估计值后的第二阶段，根据式（3）建立的截尾回归经验方程式为：[①]

$$\hat{\delta}_i = \beta_0 + \beta_1 GOVERNR + \beta_2 MINDEX + x'_i\beta + \varepsilon_i \tag{6}$$

$$\hat{\chi}_i = \gamma_0 + \gamma_1 GOVERNR + \gamma_2 MINDEX + x'_i\gamma + e_i \tag{7}$$

式中，$\hat{\delta}_i$ 与 $\hat{\chi}_i$ 分别为创新活动技术效率（TE0 或 TE1）和规模效率（SE0 或 SE1）估计值的倒数。x_i 是环境控制变量向量的第 i 个样本观测值，β 与 γ 为对应的系数向量，ε_i 和 e_i 是干扰项。中国 30 个省区大中型工业企业技术创新的环境控制变量为 LTOPUT、HTOPUT、FITI、PGDP、ETOG。回归方程式中所有比率变量的单位均为百分数，并对价值变量取其自然对数值。这里我们没有构建固定效应的截尾回归模型，因为这种设定方式会导致估计出现偏误（Wooldridge, 2002），而本文是将中国 30 个省区大中型工业企业的

---

① 我们也曾在经验方程式中加入了政府投入与市场化程度变量的交乘项，但发现交乘项的系数估计值是非常不显著的，因此这里不再考虑有关这两个变量交互作用的"门槛效果"。

技术创新作为研究对象的，样本并非来自一个很大的总体，因此个体效应也不宜被设定成随机的。另外，根据已有文献，本文所选取的环境控制变量也已经概括地反映了不同省区的异质性。

利用 STATA10.0 编程进行经验方程待估参数的单进程自助法估算，L = 100 时自助法估计值集合的描述性统计结果如表 5 所示。

表 5 解释变量自助法参数估计值集合的描述性统计

变量	模型 1		模型 2		模型 3		模型 4	
	均值	标准差	均值	标准差	均值	标准差	均值	标准差
GOVERNR	0.148	0.108	0.015	0.101	0.076	0.036	0.027	0.087
MINDEX	−1.452	0.355	−1.354	0.318	0.360	0.119	0.371	0.196
LTOPUT	−0.007	0.032	−0.014	0.029	0.007	0.009	0.019	0.018
HTOPUT	−0.367	0.132	−0.220	0.108	−0.070	0.022	−0.083	0.036
FITI	−0.145	0.214	−0.073	0.128	0.101	0.029	0.117	0.050
PGDP	−1.161	1.146	0.048	1.214	0.208	0.391	0.405	0.527
ETOG	0.205	0.337	0.256	0.291	−0.456	0.100	−0.874	0.194
常数项	5.057	5.832	10.654	6.574	2.804	2.289	4.906	3.385
误差标准差	2.154	0.211	1.983	0.230	1.017	0.071	1.395	0.152

模型 1 和模型 2 的被解释变量分别为大中型工业企业创新活动技术效率 TE0 与 TE1 的倒数；模型 3 和模型 4 的被解释变量则分别是技术创新规模效率 SE0 与 SE1 估计值的倒数。在获得自助法估计值的集合之后，根据解释变量与误差项标准差的参数估计值，进一步考虑本文的样本容量，利用 Cameron 和 Trivedi（2005）推荐的 t 百分位数法（Percentile-t Method）构建被估计参数 95% 的渐近精练置信区间，并得到了显著性检验的 P 值。对式（6）、式（7）经验方程中主要解释变量的最终估计结果如表 6 所示。

表 6 两阶段半参数法主要解释变量参数估计结果

参数	模型 1		模型 2		模型 3		模型 4	
	估计值	置信区间	估计值	置信区间	估计值	置信区间	估计值	置信区间
β_1	0.158 (0.160)	0.352 −0.084	0.018 (0.880)	0.190 (−0.191)				
β_2	−1.508*** (0.010)	−0.469 −2.022	−1.369*** (0.000)	−0.455 (−1.924)				
β_0	5.658 (0.400)	17.950 (−5.547)	10.476* (0.100)	24.660 (−1.018)				
σ_ε	2.282*** (0.000)	2.571 1.559	2.054*** (0.000)	2.367 1.401				
γ_1					0.074** (0.040)	0.137 −0.001	0.027 (0.760)	0.182 −0.124
γ_2					0.367*** (0.000)	0.608 0.100	0.384* (0.060)	0.742 (−0.069)

续表

参数	模型 1		模型 2		模型 3		模型 4	
	估计值	置信区间	估计值	置信区间	估计值	置信区间	估计值	置信区间
γ_0					2.673 (0.250)	7.807 −1.879	4.833 (0.170)	12.456 −1.893
σ_e					1.047*** (0.000)	1.139 0.790	1.456*** (0.000)	1.603 (0.948)
卡方检验 P 值	0.000		0.000		0.000		0.000	

注：*、**、*** 分别表示在 10%、5%、1%的水平上显著；估计值下边括号里的值为 P 值；置信区间是以先上限后下限的顺序给出的。

同样地，模型 1 和模型 2 的被解释变量分别为大中型工业企业创新活动技术效率 TE0 与 TE1 的倒数 $\hat{\delta}_i$；模型 3 和模型 4 的被解释变量则分别是技术创新规模效率 SE0 与 SE1 估计值的倒数 $\hat{\chi}_i$。模型 2 与模型 4 也可以分别被视为模型 1 和模型 3 的稳健性检验；反之亦然。卡方检验的 P 值部分地表明了经验截尾回归模型在整体上是显著的。政府投入变量对于 $\hat{\delta}_i$ 的影响方向为正，但并不显著；其对创新产出滞后期为 0 时 $\hat{\chi}_i$ 则具有较为显著的正向影响，经过截尾回归修正因子的调整可知，在政府投入的均值处，投入水平增加 1%，就会使滞后期为 0 时的 $\hat{\chi}_i$ 上升 0.021%，相应的规模效率则会减少大约 0.021%。

市场化程度对 $\hat{\delta}_i$ 的负向影响在 1%的显著性水平上统计显著，根据修正因子调整后的结果，在市场化程度的均值处，若其提高 1%，创新产出滞后期为 0 时的 $\hat{\delta}_i$ 就下降 0.958%，相应的技术效率则会上升约 0.967%；当滞后期为 1 时的 $\hat{\delta}_i$ 也会随着市场化程度在其均值处 1%的提高而降低 1.156%，相应的技术效率则会上升约 1.170%。另外，市场化程度与 $\hat{\chi}_i$ 之间则表现出了较为显著的正向关系，调整后的结果表明，在其均值处，市场化程度提高 1%，滞后期为 0 时的 $\hat{\chi}_i$ 就会上升 0.659%，相应的规模效率则降低了 0.655%；而滞后期为 1 时的 $\hat{\chi}_i$ 也会上升 0.460%，对应的规模效率则降低了 0.458%。

概括而言，政府投入与中国 30 个省区大中型工业企业创新活动的技术效率之间具有不显著的负向关系，并且其对创新活动的规模效率具有一定程度上显著的负向影响。市场化程度对创新的技术效率具有显著的正向影响，而它对规模效率的影响却是显著为负的。

正如前文所述，技术效率的差异主要来自生产经验、组织管理方法等方面；而规模效率则主要是衡量企业是否已在最优规模上进行了技术创新。政府投入变量从一个侧面反映了地方政府对于工业企业技术创新的干预和影响力度，政府投入对于创新活动技术效率和规模效率或不显著或显著的负向影响都表明，为解决市场失灵问题的"有形之手"，在推进大中型工业企业技术创新的过程中却带来了"效率损失"。

究其原因，首先，也许是因为政府部门在技术创新方向判断与资助项目选择方面具有难以避免的滞后性和片面性。与市场经济活动中大量企业全方位的技术探索和对科技进步方向的判断相比，政府决策层远离技术发展前沿和生产管理一线，缺乏足够的信息、能力和动机去判明技术创新的发展前沿，在选择资助项目时就难免会出现滞后性强、失误率高等问题。其次，各级政府对于企业技术创新的支持性作用在实践中有被扭曲的可能，企业会借机向政府寻租获利；政府对企业创新活动的或急功近利或谨小慎微的越位干预也会损害市场公平竞争的环境，并违反企业技术创新的内在发展规律。总之，政府干预的增强将使大中型工业企业不能集中精力于技术创新经验的积累与创新活动组织方式的改善，并且也无法在最优规模上开展技术创新活动。

另外，市场化程度则概括地反映了市场机制在推动行为主体进行技术创新等经济活动中的地位和作用。市场化程度的提高代表了经济活动中市场力量的增强和市场竞争环境的改善，而政府干预的减少、各种所有制经济主体的蓬勃发展以及产品市场和要素市场竞争激烈程度的增加都会显著增强企业进行技术创新活动的内在动力；市场法律制度环境的完善也保护了企业技术创新成果的经济价值和预期收益。在健康的市场环境下，企业将把精力更多地投入到技术创新活动中去，不断积累创新经验，改进创新组织方式与管理方法。因此，也就不难理解市场化程度变量为何会对创新的技术效率具有显著的正向影响了。

但是，实证结果也显示了市场化程度对规模效率的影响是显著为负的。由于大中型工业企业的技术创新活动面临着难以避免的技术、经济风险性，市场中的企业单凭借自己的力量也很难令创新活动在最优规模上展开。此外，给定大多数中国大中型工业企业的国有化属性，处在市场化程度逐渐提高、市场竞争日趋激烈大环境下的企业在进行技术创新时还需要背负着额外的政治风险，它们对技术创新规模的选择有时就难免表现得畏首畏尾、摇摆不定，这更增加了其在最优规模上开展技术创新活动的难度。

政府干预很可能会带来技术创新的效率损失，而仅凭借着现阶段市场机制的自发作用虽然可以增强企业的创新动力，提高其研发活动的技术效率，但却无法使企业达到技术创新活动的最优规模。这种"双重失灵"即是目前中国在建设创新型国家，加快产业结构转型，增强大中型工业企业自主创新能力的过程中所遇到的主要问题之一。如何通过政府干预体制的制度创新和大中型企业的内部改制，推动企业自生技术创新能力的不断提高，就成为进一步落实国家中长期科学和技术发展规划时所亟须深入思考的一个重要课题。

五、结论与政策建议

技术创新是实现产业升级、转变经济发展方式的中心环节。对于中国这样一个正处在工业化加速阶段的发展中国家而言，投入技术创新活动的资源仍具有很强的稀缺性，这就需要我们不断致力于提高创新活动投入资源的利用效率，以实现用创新增强中国企业国际竞争力的战略目标。本文在检测并剔除了样本离群值的基础上，应用两阶段半参数 DEA 方法，对样本期间内中国 30 个省区市大中型工业企业技术创新活动的技术与规模效率，以及政府投入与市场化指标对上述效率的影响程度与方向，进行了初步的实证分析。

研究发现，政府投入与大中型工业企业创新活动的技术效率之间呈现出不显著的负相关关系，其对创新活动的规模效率则具有一定程度上显著的负向影响。市场化程度对创新的技术效率具有显著的正向影响，而它对规模效率的影响却是显著为负的。由此可知，政府干预很可能会带来技术创新的效率损失，而仅凭借现阶段市场机制的自发作用虽然可以增强企业的创新动力，提高其研发活动的技术效率，但却无法使企业达到技术创新活动的最优规模。这种"双重失灵"就是目前中国在建设创新型国家，加快产业结构转型，增强大中型工业企业自主创新能力的过程中所遇到的主要问题之一。

本文实证研究结果的政策含义也是比较明晰的，政府部门首先应当继续致力于改善市场竞争环境，减少对企业创新活动的不必要干预，明确技术创新活动中市场的基础性地位，完善有关的法律法规，从而增强企业进行技术创新活动的内在动力，并保护企业技术创新成果的经济价值和预期收益。其次，当需要政府部门有形之手解决有关市场失灵的问题时，应当改进决策机构的研发管理机制，增强政府投入或其他形式资助的科学性和透明性，杜绝寻租行为的发生，并力争以经济体制方面的制度创新带动工业企业的技术创新。最后需要说明的是，我们的研究对象为大中型工业企业技术创新的影响因素问题，因而本文的实证结果并没有否认政府部门在整个国家创新体系建设方面具有的积极作用。

参考文献

［1］Simar, L. Detecting Outliers in Frontier Models: A Simple Approach [J]. Journal of Productivity Analysis, 2003 (20).

［2］Simar, L. and Wilson, P.W. Estimation and Inference in Two-stage, Semi-parametric Models of Production Processes [J]. Journal of Econometrics, 2007 (136).

［3］Charnes, A., Cooper, W.W.and Rhodes, E. Measuring the Efficiency of Decision-making Units [J]. European Journal of Operational Research, 1978 (2).

［4］Banker, R.D., Charnes, A. and Cooper, W.W. Some Models for Estimating Technical and Scale Inefficiencies in Data Envelopment Analysis [J]. Management Science, 1984 (30).

［5］Seiford, L.M. Data Envelopment Analysis: The Evolution of the State of the Art (1978-1995) [J]. Journal of Productivity Analysis, 1996 (7).

［6］Lee, H.Y. and Park, Y.T. An International Comparison of R&D Efficiency: DEA Approach[J]. Asian Journal of Technology Innovation, 2005 (13).

［7］Smirlis, Y.G., Maragos, E.K. and Dimitris, K.D. Data Envelopment Analysis with Missing Values: An Interval DEA Approach [J]. Applied Mathematics and Computation, 2006 (177).

［8］Cullmann, A., Ehmcke, J.S. and Zloczysti, P. Innovation, R&D Efficiency and the Impact of the Regulatory Environment [R]. DIW Discussion Papers, 2009.

［9］Cazals, C., Florens, J. and Simar, L. Nonparametric Frontier Estimation: A Robust Approach [J]. Journal of Econometrics, 2002 (106).

［10］Barnett, V., Lewis, T. Outliers in Statistical Data [M]. Chichester: Wiley, 1995.

［11］Simar, L. and Wilson, P.W. A General Methodology for Bootstrapping in Nonparametric Frontier

Models [J]. Journal of Applied Statistics, 2000 (27).

[12] Hirschberg, J.G., Lloyd, P.J. Does the Technology of Foreign-invested Enterprises Spill over to Other Enterprises in China? An Application of Post-DEA Bootstrap Regression Analysis [A]. In: Lloyd, P.J., Zang, X.G. (Eds.), Modelling the Chinese Economy [C]. London: Edward Elgar Press, 2002.

[13] Coelli, T.J., Rao, D.S.P., Donnell, C.J.and Battese, G.E. An Introduction to Efficiency and Productivity Analysis (2nd) [M]. Berlin: Springer Science & Business Media, Inc, 2005.

[14] Sharma, S. and Thomas, V.J. Inter-country R&D Efficiency Analysis: An Application of Data Envelopment Analysis [J]. Scientometrics, 2008 (76).

[15] Griliches, Z. R&D and the Productivity Slowdown [J]. American Economic Review, 1980 (70).

[16] Hagedoorn, J. and Cloodt, M. Measuring Innovative Performance: Is There an Advanrage in Using Multiple Indicators? [J]. Research Policy, 2003 (32).

[17] Coelli, T.J. and Perelman, S. A Comparison of Parametric and Non-parametric Distance Functions: With Application to European Railways [J]. European Journal of Operational Research, 1999 (117).

[18] Wooldridge, J. Econometric Analysis of Cross Section and Panel Data [M]. Cambridge, MA: MIT Press, 2002.

[19] Cameron, A.C. and Trivedi, K.T. Microeconometrics: Methods and Applications [M]. Cambridge University Press, 2005.

[20] 陈宪. 体制机制创新的有益探索——评《无锡经验：中国经济发展转型的个案研究》[N]. 解放日报, 2010-08-09.

[21] 易纲. 中国金融改革思考录 [M]. 商务印书馆, 2009.

[22] 王小鲁. 发展新兴战略产业靠什么？[N]. 财经国家周刊, 2010（8）.

[23] 李习保. 区域创新环境对创新活动效率影响的实证研究 [J]. 数量经济技术经济研究, 2007（8）.

[24] 白俊红, 江可申, 李婧. 应用随机前沿模型评测中国区域研发创新效率 [J]. 管理世界, 2009（10）.

[25] 唐清泉, 卢博科. 创新效率、行业间差异及其影响因素 [J]. 中山大学学报（社会科学版）, 2009（6）.

[26] 潘雄锋, 刘凤朝. 中国区域工业企业技术创新效率变动及其收敛性研究 [J]. 管理评论, 2010（2）.

[27] 刘和东. 中国工业企业的创新绩效及影响因素研究 [J]. 山西财经大学学报, 2010（3）.

[28] 刘凤朝, 潘雄锋. 基于 Malmquist 指数法的我国科技创新效率评价 [J]. 科学学研究, 2007（5）.

[29] 俞立平. 企业性质与创新效率——基于国家大中型工业企业的研究 [J]. 数量经济技术经济研究, 2007（5）.

[30] 余泳泽. 我国高技术产业技术创新效率及其影响因素研究 [J]. 经济科学, 2009（4）.

[31] 唐清泉, 卢博科, 袁莹翔. 工业行业的资源投入与创新效率 [J]. 数量经济技术经济研究, 2009（2）.

[32] 韩晶. 中国高技术产业创新效率研究 [J]. 科学学研究, 2010（3）.

[33] 吴延兵. R&D 存量、知识函数与生产效率 [J]. 经济学（季刊）, 2006（4）.

[34] 孙文杰, 沈坤荣. 人力资本积累与中国制造业技术创新效率的差异性 [J]. 中国工业经济, 2009（3）.

[35] 樊纲, 王小鲁, 朱恒鹏. 中国市场化指数——各地区市场化相对进程 2009 年报告 [M]. 经济科

学出版社，2010.

　　[36] 李新春，李胜文，张书军. 高技术与非高技术产业创新的单要素效率 [J]. 中国工业经济，2010
（5）.

Government Investment，Degree of Marketization and Technological Innovation Efficiency of China's Industrial Enterprises

FENG ZONG XIAN　WANG QING　HOU XIAO HUI

Abstract：In this paper，authors estimate the technological innovation efficiency of large and medium–sized industrial enterprises in China's 30 provinces and analyze the effects of government investment and degree of marketization on the innovation efficiency using the two-stage semi–parametric DEA approach.The empirical results show that government investment has insignificant negative impact on the technical efficiency，and has significant negative effect on the scale efficiency of innovation efficiency. Degree of marketization is significantly positive in enhancing the technical efficiency of innovation，while there exists significant negative relationship between it and scale efficiency of innovation.

制造业出口碳排放：总量、结构、要素分解*

许统生[1]　薛智韵[1,2]

（1. 江西财经大学国际经济研究所　南昌　330013；

2. 江西省社会科学院经济研究所　南昌　330077）

【摘　要】 利用结构分解法探讨制造业 CO_2 排放变化趋势，分析出口对中国制造业 CO_2 排放的总体影响，将制造业出口 CO_2 排放的影响因素分解为规模效应、结构效应和技术效应，并在此基础上进行分行业研究。结果表明：规模效应是制造业出口完全 CO_2 排放上升的最重要因素；结构效应的作用方向不稳定，总体上增加了制造业出口 CO_2 排放，但这种效应很小；技术效应对制造业出口 CO_2 的排放虽有一定的减排作用，但还不足以抵消规模效应和结构效应。因此，应当对当前制造业的产业结构和出口结构进行更加有效的调整，提高各行业尤其是高污染行业的减排技术水平。

【关键词】 制造业出口；碳排放；总量与结构；结构分解分析

一、引言

改革开放以来，伴随着中国对外贸易的高速发展，贸易带来的环境污染和资源耗竭问题日趋严重，而能源消耗导致的 CO_2 排放问题也日益突出，中国已成为世界上最大碳排放国家之一。贸易对环境产生影响的方式及其程度，是人们制定相关政策的重要依据，因此贸易对环境影响的要素分解分析越来越受到学者们的关注。

---

* 本文选自《财贸研究》2011 年第 2 期。

基金项目：教育部人文社科研究规划项目"中国贸易成本估计及其效应的经验分析"（09YJA790090）、江西省社科规划项目"全球不平衡背景下中国外贸顺差的原因、经济与生态环境效应、措施"（08YJ23）、江西省高校人文社科项目"江西服务贸易保护成本估计及其政策措施"（JJ0810）、江西省研究生创新专项资金项目"中国服务贸易的潜力估计——基于改进的引力模型分析"（YC09A076）、江西财经大学创新团队项目"贸易成本与环境友好型贸易发展研究"。

作者简介：许统生，江西临川人，经济学博士，江西财经大学国际贸易学首席教授，博士生导师；薛智韵，浙江宁波人，江西省社会科学院助理研究员，江西财经大学博士生。

Grossman 等（1991）最早把决定货物贸易环境成本的因素分解为：与生产和消费活动的分布和强度相关的"结构效应"，与市场和经济活动扩张相关的"规模效应"，与经济收入相关的"技术效应"。这为后来的相关研究奠定了基本分析框架。Copeland 等（1994）建立了一个数学模型，分析结构效应、规模效应、技术效应如何与国际贸易相互作用，得到两个基本结论：一是贸易自由化将缓和"北方"（发达国家）的环境污染问题，恶化"南方"（发展中国家）的环境状况，这就是所谓的"污染庇护所假说"；二是贸易自由化在一定程度上缩小了南北之间的收入差距，有助于解决世界污染问题。Levinson（2009）对美国制造业污染排放进行了分解分析，探讨了技术变化、结构效应及国际贸易对美国制造业污染排放的影响，得出结论：美国制造业污染的减小源于其国内制造业技术的提升，而并非通过国际贸易对其他国家的污染产业转移。

国内对这方面的研究起步较晚，最早是张连众等（2003）借鉴 Antweiler 等（2001）的基本模型进行的分析，结果显示，规模效应将加剧中国的环境污染状况，而结构效应和技术效应将降低中国的环境污染程度，贸易自由化将有利于中国的环境保护。沈利生等（2008）利用 2002 年投入产出表实证分析了对外贸易对中国 SO_2 排放的影响，通过计算进出口 SO_2 排放强度的变化来分析技术进步及结构变化因素，但未能建立一个定量分析的数学模型。张友国（2009）采用非竞争性投入产出表测算了贸易对中国能源消耗和 SO_2 排放的影响，但尚未就各行业进行分析。庄惠明等（2009）采用协整分析从规模、技术和结构三个方面对贸易的环境效应作出诠释，认为中国对外贸易的自由化有利于环境的改善。黄顺武等（2010）采用 GMM 实证研究方法检验了贸易开放度对 CO_2、SO_2 和 BOD 排放的影响，并从规模技术效应、结构效应和总效应三个方面进行了分析，但并未对三种效应进行分行业的量化研究。李小平（2010）采用环境投入产出模型和进出口消费指数等方法，分析了国际贸易等因素对中国工业行业 CO_2 排放量的影响，认为中国工业行业的研发投资未能减少其 CO_2 排放，但未对三个基本的影响因素展开分析。

从上面的分析可以看出，大多数学者的研究主要集中在检验贸易与环境污染影响的相关关系上，而未利用最新的 2007 年投入产出表对污染排放进行定量分析。少数研究虽进行了污染排放的估算，但未能采用合适的数学模型进行定量研究，更没有进一步的分行业分析，且前期的研究大多以 SO_2 为污染排放指标。考虑到制造业是中国工业污染的主要来源，肩负调整出口结构的重任，本文的贡献包括：一是应用最新的 2007 年投入产出表对制造业出口的 CO_2 排放进行了估算，并采用结构分解分析（SDA）将其影响因素定量分解为规模效应、技术效应、结构效应；[①] 二是在定量分析的基础上，根据各行业出口碳排放的污染程度不同，对制造业出口的污染排放进行了分行业研究，以期为降低制造业出口污染排放、提高制造业出口质量、促使中国向制造业强国转变提供决策参考依据。

---

① Grossman 等（1991）将贸易自由化的环境效应分解为规模效应、结构效应、技术效应。本文的结构分解分析表达式与其不同。

二、国内制造业 CO_2 排放总趋势

先从整体上来分析中国制造业 CO_2 排放的变化趋势。统计年鉴中未直接给出各行业的 CO_2 排放量，但给出了各行业每年的能源消耗量（以万吨标准煤为单位），将其乘以单位能源使用的 CO_2 排放系数（单位能源使用的 CO_2 排放系数为 2.13 吨 CO_2/吨标准煤[①]），即得到各行业每年的 CO_2 排放量。将其加总得出国内制造业历年 CO_2 排放总量（见表 1），并将其绘制成图 1。

表 1　制造业历年 CO_2 排放量

单位：万吨

年份	排放总量
1997	166255.02
1998	156786.723
1999	150633.792
2000	148070.187
2001	153271.010
2002	169405.183
2003	198439.047
2004	245506.860
2005	271966.684
2006	304699.630
2007	332746.055

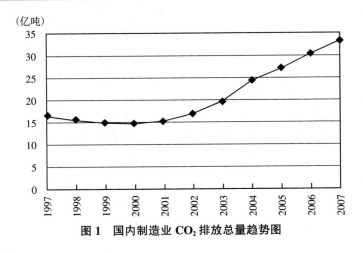

图 1　国内制造业 CO_2 排放总量趋势图

[①] 如采用国家发改委能源研究所推荐的 CO_2（二氧化碳）中的碳（C）排放系数（t/tce）（吨/吨标准煤）为 0.67，则推算得出的值为 2.45（2.45 = 0.67 × 3.67，CO_2 的分子量是 C 分子量的 3.67 倍），这与本文采用的值接近。

图 1 显示，国内制造业 CO_2 排放有一个先略降而后上升的过程：1997~2000 年碳排放量缓慢略微下降；转折点出现在 2001 年，2001 年以后碳排放量快速增长且增幅大，上升趋势明显。2001 年是中国加入世贸组织的元年，中国贸易出口的快速增长是否是导致制造业碳排放量迅速上升的重要因素，贸易是否会造成中国环境的恶化，这需要我们作进一步分析。

三、制造业各行业出口 CO_2 排放的计算

制造业的出口产品在国内生产，在消耗能源的同时要排放 CO_2，增加国内的 CO_2 排放。而制造业的进口产品是在国外生产，不消耗国内能源，不会在国内排放 CO_2，产品进口可以替代国内生产，进而降低国内的 CO_2 排放量。因此，国际贸易商品的进出口交易中隐含了能源的交易及碳排放的变化。

1. 制造业各行业出口隐含碳的计算方法

制造业各行业生产的耗能情况各不一样，相应其 CO_2 排放量也不一样。需要计算出各行业单位产品的 CO_2 排放量（即产品的 CO_2 排放系数），分别乘上各行业的出口量，从而得到各行业出口隐含的 CO_2 排放量，加总就得到制造业全行业出口的 CO_2 排放量。

较简单粗略的计算办法是将各行业 CO_2 排放量（即各行业的能源消费量乘以 2.13 吨/吨标准煤）除以当年的不变价格产值，可得到单位产出的 CO_2 排放系数，即直接排放系数。但采用直接排放系数来计算制造业出口的碳排放会低估出口产品的 CO_2 排放，因为这种方法计算出的 CO_2 排放是生产过程中排放的 CO_2，没有包括间接排放。以出口金属制品为例，在金属制品的生产过程中除了直接消耗能源而排放 CO_2 外，还要消耗各种其他原料、辅助材料，为了生产出这些原料、辅助材料供生产金属制品用，也需要消耗能源进而排放 CO_2，这是为了获得金属制品而间接排放的 CO_2（当然也应该计算进去）。产品作为最终产品，其排放的 CO_2 应该是直接排放与间接排放之和，即完全排放。因此，需要采用投入产出表来计算 CO_2 完全排放系数。

根据投入产出公式：$X = (I - A)^{-1}Y$，式中，X 是各部门总产出向量，A 是直接消耗系数矩阵，$(I - A)^{-1} = (b_{ij})$ 是里昂惕夫逆矩阵，Y 是最终产品产出向量。考虑第 k 部门提供 1 单位最终产品时需要其他部门的总产出：

$$
\begin{pmatrix} X_1 \\ \vdots \\ X_i \\ \vdots \\ X_n \end{pmatrix} = \begin{pmatrix} b_{11} & \cdots & b_{1k} & \cdots & b_{1n} \\ & \cdots & & & \\ b_{1i} & \cdots & b_{ik} & & b_{in} \\ & \cdots & & & \\ b_{n1} & \cdots & b_{nk} & \cdots & b_{nn} \end{pmatrix} \begin{pmatrix} 0 \\ \vdots \\ 1 \\ \vdots \\ 0 \end{pmatrix} = \begin{pmatrix} b_{1k} \\ \vdots \\ b_{ik} \\ \vdots \\ b_{nk} \end{pmatrix} \tag{1}
$$

由式（1）可知，第 k 部门提供 1 单位最终产品，需要所有部门都提供产出（体现了完

全消耗），就是里昂剔夫逆矩阵的第 k 列（$b_{1k} \cdots b_{ik} \cdots b_{nk}$）^{T}，其中第 $j(j = 1, \cdots, n)$ 部门提供的总产出就是该列中的第 j 个元素 b_{jk}：

$$X_j^{(k1)} = b_{jk} \quad (j、k = 1, \cdots, n) \tag{2}$$

式（2）表示 k 部门的 1 单位最终产品生产中所需的 j 部门的投入为 b_{jk}。

令 j 部门单位总产出的 CO_2 排放量即 j 部门的直接 CO_2 排放系数 z_j 为：

$$z_j = p_j / v_j \quad (j = 1, \cdots, n) \tag{3}$$

式中：p_j 为 j 行业 CO_2 排放量，即统计年鉴中提供的单位能源消耗量乘以 CO_2 排放系数（2.13 吨 CO_2/每吨标准煤）；v_j 为 j 行业产值。

k 部门 1 单位最终产品需要 j 部门投入 $X_j^{(k1)}$，由此而产生的 CO_2 排放量 C_{jk} 为：

$$C_{jk} = z_j \times X_j^{(k1)} = z_j \times b_{jk} \quad (j、k = 1, \cdots, n) \tag{4}$$

由此可得 k 部门 1 单位最终产品需要所有部门投入而产生的 CO_2 排放量即完全排放系数 C_k 为：

$$C_k = \sum_{j=1}^{n} C_{jk} = \sum_{j=1}^{n} z_j b_{jk} \quad (k = 1, \cdots, n) \tag{5}$$

对于出口来说，C_k 就是 k 部门单位出口产生的 CO_2 排放，即出口完全 CO_2 排放系数；对于进口来说，C_k 就是 k 部门的进口 CO_2 减排系数。

如果完全参照上面的方法，就只能计算出 1997 年、2002 年、2007 年三年的 CO_2 完全排放系数。而我们需要 1997~2007 年连续 11 年的数据。由于投入产出表每隔 5 年才编制一次，其他年份的 CO_2 完全排放系数需要利用相关的数据进行计算。

为了计算没有投入产出表时期的 CO_2 完全排放系数，以 1997 年投入产出表为例，在此假设 1998~2001 年的直接消耗系数矩阵 A 不变，其里昂惕夫逆矩阵 B 也不变。先计算出 1998~2001 年各部门 CO_2 直接排放系数 z_j，采用 1997 年的投入产出表计算 1998~2001 年各部门 CO_2 完全排放系数 C_k。在此，估算 1998~2001 年的直接消耗系数采用 1997 年数据；2003~2006 年的直接消耗系数采用 2002 年数据；进而参照上述方法根据直接消耗系数和 CO_2 的直接排放系数计算各行业 CO_2 的完全排放系数。

2. 数据来源及其处理

本文采用国家统计局公布的《1997 年中国投入产出表》、《2002 年中国投入产出表》、《2007 年中国投入产出表》中的 42 个部门投入产出表，以及历年的《中国统计年鉴》的能量消耗表和贸易商品进出口额。由于目前能源消耗数据公布截至 2007 年，基于数据的可获得性，本文研究的数据样本为 1997~2007 年。

（1）投入产出表与能源消费表对应处理。投入产出表中的制造业有 17 个部门（编号 06~22），而在 2003~2007 年统计年鉴中的能源消费统计中制造业有 30 个行业。为使两者一致，需要把能源消费统计表中的制造业行业合并成与投入产出表相对应的制造业部门，表 2 列出了两者的对应关系。值得注意的是，在投入产出表中有单独的"废品及废料"分类，对应统计年鉴中能源消费统计的"废弃资源和废旧材料回收加工业"，但统计年鉴（1997~2002 年）的能源消费统计表只有 29 个行业，没有这项。为了方便计算，将投入产出表中的"废品及废料"分类合并到"其他制造业"中，而统计年鉴（2003~2007 年）中的"废弃资源和废旧材料回收加工业"也合并到"其他制造业"中，合并之后本文所采用的制造业部门就变成了 16 个。

表 2　投入产出表中制造业各部门与能源消费量各行业对照表

统计年鉴中的分类		投入产出表中的分类	
1	农副食品加工业	1	食品制造及烟草加工业
2	食品制造业		
3	饮料制造业		
4	烟草制品业		
5	纺织业	2	纺织业
6	纺织服装、鞋、帽制造业		
7	皮革、毛皮、羽毛（绒）及其制品业	3	服装皮革羽绒及其制品业
8	木材加工及木、竹、藤、棕、草制品业	4	木材加工及家具制造业
9	家具制造业		
10	造纸及纸制品业	5	造纸印刷及文教用品制造业
11	印刷业和记录媒介的复制		
12	文教体育用品制造业		
13	石油加工、炼焦及核燃料加工业	6	石油加工、炼焦及核燃料加工业
14	化学原料及化学制品制造业	7	化学工业
15	医药制造业		
16	化学纤维制造业		
17	橡胶制品业		
18	塑料制品业		
19	非金属矿物制品业	8	非金属矿物制品业
20	黑色金属冶炼及压延加工业	9	金属冶炼及压延加工业
21	有色金属冶炼及压延加工业		
22	金属制品业	10	金属制品业
23	通用设备制造业	11	通用、专用设备制造业
24	专用设备制造业		
25	交通运输设备制造业	12	交通运输设备制造业
26	电气机械及器材制造业	13	电气、机械及器材制造业
27	通信设备、计算机及其他电子设备制造业	14	通信设备、计算机及其他电子设备制造业
28	仪器仪表及文化、办公用机械制造业	15	仪器仪表及文化办公用机械制造业
29	工艺品及其他制造业、废弃资源和废旧材料回收加工业	16	其他制造业（包括工艺品及其他制造业以及废品废料）

通过上述处理后，能源消费的部门数据分类以及投入产出表的数据才可以一一对应起来。

（2）统计年鉴进出口货物分类与投入产出表对应处理。《中国统计年鉴》提供了历年中国货物贸易的进出口量，但是其产品分类也与投入产出表中的部门分类不一致，须先作加工转换。这里利用投入产出表中的外贸数据和历年统计年鉴中的货物贸易分类数据，建立两者的对应关系。

值得注意的是，投入产出表中的"通用、专用设备制造业，电气、机械及器材制造业，通信设备、计算机及其他电子设备制造业"对应货物分类中的第十六类"电机、电气设备及其零件，录音机及放声机、电视图像、声音的录制和重放设备及其零件、附件"在2006年及以前的统计年鉴中是合并计算的，因此需要进行拆分计算。在此，我们参照2007年、2002年、1997年投入产出表中三行业在制造业的出口比例计算出其他年份三行业的出口额。

（3）历年各行业 CO_2 完全排放系数计算。根据上述方法，可计算出历年各行业单位最终产品的 CO_2 排放量即完全排放系数 C_k，计算结果如表3所示。

表3 制造业各行业历年完全碳排放系数

年份\行业	1997	1998	1999	2000	2001	2002	2003	2004	2005	2006	2007
食品制造及烟草加工业	2.804	2.816	2.500	2.065	1.941	1.826	1.570	1.248	1.214	1.061	1.053
纺织业	3.959	3.788	3.300	2.820	2.698	2.767	2.570	2.105	2.079	1.898	2.035
皮革、毛皮、羽毛（绒）及其制品业	3.057	3.004	2.651	2.236	2.117	2.158	1.972	1.575	1.544	1.393	1.521
木材加工及家具制造业	4.444	4.203	3.788	3.122	2.960	2.667	2.481	1.768	1.892	1.638	1.713
造纸印刷及文教用品制造业	5.455	5.291	4.630	4.049	3.809	3.613	3.305	2.571	2.595	2.281	2.381
石油加工、炼焦及核燃料加工业	8.245	8.329	7.413	5.033	5.017	4.993	4.126	3.681	2.868	2.402	2.492
化学工业	9.214	8.575	7.413	6.248	5.915	5.738	5.272	4.035	3.889	3.423	3.440
非金属矿物制品业	11.088	11.954	10.654	8.963	8.183	7.262	6.821	5.463	5.933	4.987	4.542
金属冶炼及压延加工业	14.961	13.906	12.957	10.886	9.714	9.449	7.939	5.711	5.448	4.934	4.625
金属制品业	8.214	7.728	7.186	6.085	5.615	5.555	4.863	3.521	3.470	3.113	3.116
通用、专用设备制造业	6.289	5.950	5.375	4.502	4.115	4.154	3.574	2.603	2.555	2.279	2.477
交通运输设备制造业	6.044	5.681	5.067	4.256	3.904	3.611	3.085	2.380	2.252	1.993	2.221
电气机械及器材制造业	7.145	6.710	6.074	5.089	4.653	4.205	3.674	2.740	2.633	2.342	2.720
通信设备、计算机及其他电子设备制造业	4.564	4.333	3.900	3.267	3.012	2.715	2.430	1.866	1.829	1.627	1.784
仪器仪表及文化、办公用机械制造业	4.861	4.739	4.339	3.625	3.360	3.330	2.914	2.149	2.095	1.862	1.948
其他制造业	7.075	5.839	5.627	4.962	4.586	4.414	4.358	2.818	2.884	2.456	2.434

根据 CO_2 完全排放系数的不同，将制造业分为三类不同程度的污染行业，如表4所示。

表4 制造业不同污染程度的分类

分类	产业
重度污染产业	金属冶炼及压延加工业；非金属矿物制品业；化学工业；石油加工、炼焦及核燃料加工业；金属制品业
中度污染产业	电气机械及器材制造业；其他制造业；通用、专用设备制造业；交通运输设备制造业；造纸印刷及文教用品制造业；仪器仪表及文化、办公用机械制造业
轻度污染产业	通信设备、计算机及其他电子设备制造业；木材加工及家具制造业；纺织业；皮革、毛皮、羽毛（绒）及其制品业；食品制造及烟草加工业

从表 3 中的碳排放系数，一方面可以看出各行业碳排放系数呈下降趋势，碳排放系数的变化代表了单位产品碳排放的变化，说明行业技术水平有所提高。另一方面，各行业碳排放系数的顺序却几乎没有改变。"石油加工、炼焦及核燃料加工业"在 2000 年、2003 年、2005 年、2006 年、2007 年变化到中度污染群中，这说明该行业技术有了一定的提升，但根据其整体水平来看本文还是将它列入重度污染行业。"电气机械及器材制造业"在 2000 年、2007 年变化到重度污染群；"其他制造业"2003 年、2005 年、2006 年变化至重度污染群。"仪器仪表及文化、办公用机械制造业"2006 年、2007 年进入轻度污染行业；"纺织业"2006 年、2007 年进入中度污染行业。行业排位变化并不明显，有的只是前后置换了位置，说明本文确定的污染行业分类具有相当的合理性。

3. 制造业出口完全 CO_2 排放计算

有了 CO_2 完全排放系数即 k 行业单位最终产品的 CO_2 排放量 C_k，再分别乘以 k 行业出口额 E_k，就得到 k 行业出口的 CO_2 排放量 C_k^{EX}：

$$C_k^{EX} = C_k \times E_k \tag{6}$$

将各行业加总即得制造业全部出口隐含的 CO_2 排放量 C^{EX}：

$$C^{EX} = \sum_{k=1}^{n} C_k^{EX} = \sum_{k=1}^{n} C_k E_k \quad （n 为制造业行业数） \tag{7}$$

从而可得出历年制造业出口隐含 CO_2 排放量。其中，出口的碳排放隐含了由于制造业的出口给国内增加的污染排放。为了更清晰地分析出口对制造业碳排放的影响，在此列出了剔除出口影响的制造业碳排放数据（见表 5）。

表 5　制造业出口隐含 CO_2 排放量、无出口影响的制造业 CO_2 排放量

单位：万吨

年份	出口隐含 CO_2	无出口影响的 CO_2 排放
1997	76044.591	90210.429
1998	64084.352	92702.371
1999	61336.180	89297.612
2000	67118.503	80951.685
2001	66324.167	86946.842
2002	84226.051	85179.132
2003	94874.757	103564.290
2004	100176.868	145329.992
2005	126166.966	145799.7719
2006	137659.848	167039.782
2007	193098.997	139647.058

结合制造业碳排放总量，将其绘制成折线图，如图 2 所示。

由图 2 可以清晰地看出，剔除出口隐含碳排放的增排影响，中国制造业的碳排放有明显下降，说明制造业的出口恶化了中国的环境，在 2006 年之后这种变化尤为明显。而制

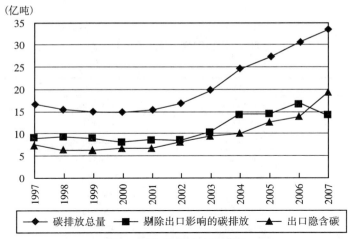

图 2　制造业碳排放数据图

造业出口隐含碳与制造业碳排放总量的变化趋势相似，呈现先略降而后上升的过程，1997~2000 年碳排放量缓慢略微下降；转折点同样出现在 2001 年，2001 年以后制造业出口隐含碳排放量快速增长且增幅大，上升趋势明显。这就回答了第二部分提出的问题。

　　为了进一步分析出口对中国环境的影响，下面对出口隐含碳排放进行分解分析，探讨出口隐含碳排放对中国环境影响的深层次原因。

四、影响出口隐含碳排放的因素分解

　　Levinson（2009）采用结构分解分析方法（SDA）研究了美国制造业污染的影响因素。以下我们借鉴该方法来进行分析。将式（7）恒等变换得到：

$$C^{EX} = E \sum_k R_k^{EX} C_k \tag{8}$$

　　用向量表示为：$C^{EX} = ER'C$　　　　　　　　　　　　　　　　　（9）

　　其中，$R_k^{EX} = E_k/E$，为 k 行业出口额占制造业出口总额的比重。R 与 C 分别为 $n \times 1$ 阶矩阵，n 为制造业中的行业个数，将式（9）全微分后变为：

$$dC^{EX} = R'CdE + EC'dR + ER'dC \tag{10}$$

　　其中：E 的变化即制造业出口规模的变化，R'CdE 代表了规模效应，即制造业出口规模的变化对该行业 CO_2 排放的影响；R 的变化可以反映出口结构的变化，因此 EC'dR 可以表示制造业出口结构的改变对其 CO_2 排放的影响，即结构效应；C 的变化可以反映行业技术变化，ER'dC 可以度量制造业行业的技术变化对 CO_2 排放的影响，即技术效应。这样就可以将历年 CO_2 排放变化进行分解得出各效应的具体值，计算结果如表 6 所示，可将其绘制成折线图（见图3）。

表6　出口完全碳排放的因素分解

单位：万吨

年度	规模效应	结构效应	技术效应
1998	−7726.816	−451.415	−2249.281
1999	3942.453	−328.301	−6223.174
2000	15159.249	612.030	−9701.660
2001	4477.295	−574.522	−4620.358
2002	22200.253	−2027.695	−4306.598
2003	17710.038	2140.621	−5408.853
2004	26924.871	2120.798	−23906.591
2005	27939.782	925.279	−1976.361
2006	26402.963	−567.434	−13657.734
2007	43723.933	5944.959	556.676

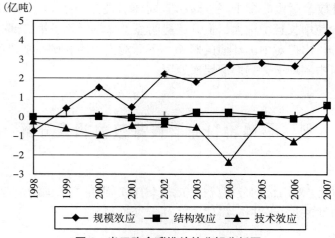

图3　出口隐含碳排放的分解分析图

1. 规模效应

从图3可以看出，规模效应只有在1998年度为负值，其他年份均为正值。比较中国制造业出口总额，1997年折合人民币为12983.6375亿元人民币（以下单位同），1998年为11586.61亿元，出口总额有所下降，随之带来了规模效应的负值，对应图2制造业出口隐含碳1997~1998年度也有所下降。1999年制造业出口总额达12382.51亿元，较前一年有所增长，规模效应从负值变为正值，且1999年后一直维持正的规模效应，说明中国制造业的出口规模在不断扩大。

从变化趋势看，规模效应总体保持上升趋势，说明中国制造业出口总量的增长幅度也在上升。只在2000~2001年度规模效应有较明显的下降，CO_2排放的规模效应由15159.25

万吨下降到了 4477.30 万吨，相应地 2000 年制造业出口总额为 15995.14 亿元，2001 年为 17153.08 亿元，从出口规模上看是有所上升的，但上升幅度并不大，2000 年出口总额较 1999 年上升幅度为 29.1%，2001 年较 2000 年上升幅度仅为 7.2%，因此也就造成了 2000~ 2001 年度规模效应的下降，但出口总额的上升仍使得规模效应为正值。同样，2002~2003 年也有类似规模效应的下降。

在这三个效应中，出口规模的扩大是制造业出口完全 CO_2 排放增加的最重要因素，导致了中国制造业 CO_2 污染排放的增加。

2. 结构效应

由表 6 和图 3 可以看出，相对于规模效应，结构效应总体上显得较小，最大的是 2007 年的 5945 万吨，占同期规模效应 43724 万吨的 13.6%；最小绝对值是 328 万吨，占同期规模效应 3942 万吨的 8.3%。从结构效应的作用方向来看，仅有 1998 年、1999 年、2001 年、2002 年、2006 年 5 个年份的结构效应起到了减少碳排放的作用，也就是说，这 5 个年份出口产品结构中，高能耗或能源密集型产品所占比重有了一定程度下降，而其他 5 个年份结构效应起到了增加碳排放的作用，说明这 5 年出口产品结构中，高能耗产品的比重有一定程度上升。

根据表 4 对制造业行业的分类，分别计算不同程度污染产业在制造业的出口比重和出口隐含碳比重，从而可进一步了解各行业的出口比重结构及其碳排放比重结构，见表 7。

表 7　不同污染程度行业的出口比重及隐含碳比重

单位：%

年份	出口比重			出口隐含碳比重		
	重度	中度	轻度	重度	中度	轻度
1997	0.241	0.245	0.514	0.412	0.261	0.327
1998	0.202	0.288	0.510	0.360	0.305	0.335
1999	0.189	0.298	0.510	0.336	0.323	0.337
2000	0.192	0.305	0.503	0.331	0.337	0.332
2001	0.185	0.307	0.509	0.317	0.339	0.344
2002	0.188	0.296	0.516	0.322	0.317	0.361
2003	0.165	0.326	0.509	0.284	0.361	0.354
2004	0.178	0.329	0.493	0.312	0.337	0.350
2005	0.180	0.339	0.481	0.311	0.346	0.343
2006	0.158	0.350	0.492	0.286	0.356	0.358
2007	0.226	0.282	0.492	0.355	0.285	0.361

由表 7 可以看出，重度污染行业的出口比重最大的是 1997 年的 24.1%，其次是 2007 年的 22.6%，最小的是 2006 年的 15.8%，1999~2006 年的比重均在 20% 以下，虽然程度较低，但起伏不定，说明出口结构调整在这段时期有一定成效，但波动性较大，尤其是 2007 年，重污染产业出口比重从 2006 年的 15.8% 上升至 22.6%，相应出口隐含碳比重由 28.6% 上升至 35.5%。从轻度污染行业比重看，其出口比重基本在 50% 左右，相应碳排放

量在 35% 左右。这说明中国产业结构及出口产品结构没有根本好转，甚至部分年份存在进一步恶化的趋势，产业结构政策及贸易结构调整优化政策的执行效果不显著。

3. 技术效应

从图 3 看，技术效应基本为负值，说明技术进步确实对 CO_2 起到了减排作用，但在不同年份其表现程度差异较大。在 2003~2004 年度有相对明显的减排作用，2005~2006 年技术效应引起 CO_2 排放量略微下降，其他年度技术效应的值更小，并未能有效地减少 CO_2 排放。在 2006~2007 年度，技术效应甚至为正值，表明有技术退步的迹象。整体而言，技术效应提升的幅度很小，这反映出中国制造业 CO_2 减排技术提升很慢，导致技术效应不明显。

表 7 中，出口隐含碳比重的数据显示，1997~2007 年重度、中度、轻度污染制造业出口隐含碳比重未发生明显变化，这一方面是由中国出口结构改变不大所造成的，另一方面也说明目前中国尚未对制造业分行业进行污染专项治理，尤其是重大污染行业的 CO_2 减排技术未能得到特别提升。这是未来中国减排技术改革要解决的重要问题。

过去中国 CO_2 的排放未能得到应有的重视，在"十一五"及以前的规划中，中国的减排主要以 SO_2 及化学需氧量为指标，并未对 CO_2 的排放写明要求，从而造成一些企业未能积极有效地提高减碳水平。但随着国内外就碳排放对环境影响的关注，近年中国对 CO_2 排放的关注度逐渐上升，降低 CO_2 排放强度的具体指标，也已写入"十二五"发展规划纲要，相信有了更为明确的目标后，中国的碳排放减排技术水平将会得到很大的提高。

五、结论及政策建议

1. 结论

基于上文分析，我们得到以下基本结论：随着中国工业化进程的加快，制造业的 CO_2 排放量在不断上升，制成品出口对中国碳排放增加起到了明显的促进作用。造成这一状况的主要因素有：一是出口贸易规模的快速扩张，在"入世"后这种效果更加明显；二是产业结构及出口结构调整的政策没有收到实质性的效果，至少在节能减排、发展低碳经济方面如此；三是节能减排的技术整体上所起作用不大。

2. 政策建议

在出口仍是中国拉动经济增长的"三驾马车"之一的背景下，中国的出口仍有可能在相当长时期保持较高的增长速度。因此，为了实现出口贸易又好又快发展，减少快速发展出口贸易中的碳排放总量，我们提出以下政策建议：

（1）更加有效地调整制造业的产品及出口结构，以抑制"高耗能、高污染、资源性"产品的出口，鼓励资本特别是技术密集型产品的出口为原则，积极鼓励轻度碳污染产业的出口，适当发展中度碳污染产业的出口，严格限制重度碳污染产业的出口。具体来说，表 4 中划分的重度碳污染产业具备高污染特性的同时还多为资源型产业，因此需要严格限制重度碳污染产业的出口。轻度污染产业中，"通信设备、计算机及其他电子设备制造业"属于资本和技术密集型产业，具有较高的附加值，应积极鼓励这类产业扩大出口规模；"木材加工及家具制造业，纺织业，皮革、毛皮、羽毛（绒）及其制品业，食品制造及烟草加工业"为劳动密集型产业，从扩大就业的角度考虑，也应当积极鼓励其产品的出口。中度碳污染产业中，"电气机械及器材制造业，通用、专用设备制造业，交通运输设备制造业，仪器仪表及文化、办公用机械制造业"具备资本和技术密集特征，应适当鼓励这类产业扩大其出口规模。需要指出的是，本文划分的产业是以碳排放强度为标准，在调整产业结构的时候还必须考虑到产业对环境的其他污染。如"造纸印刷及文教用品制造业"虽然处于中度碳污染产业中，但考虑到该行业对环境污染较大，应对其出口予以限制。

（2）着力提升制造业的 CO_2 减排技术水平，引进节能技术，开展国际节能合作，通过自主研发和国外引进、消化、吸收，提升制造业碳减排技术水平。严格中国的相关法律制度，根据碳污染程度不同制定相应的产业扶持政策，促使企业尤其是重度碳污染企业主动积极地采用先进的环保技术和环保设备，减少生产经营过程中的碳排放。

总之，为了更好地实现中国经济可持续发展，优化中国的环境状况，要促使制造业出口行业朝低能耗、低污染的方向过渡，应着重从提高技术水平和改善出口结构出发，减少中国制造业出口的碳排放量，降低中国制造业的污染水平。

参考文献

［1］黄顺武，史言信. 贸易对环境污染的影响［J］. 当代财经，2010（4）.

［2］李小平，卢现祥. 国际贸易、污染产业转移和中国工业 CO_2 排放［J］. 经济研究，2010（1）.

［3］沈利生，唐志. 对外贸易对我国污染排放的影响：以二氧化硫排放为例［J］. 管理世界，2008（6）.

［4］张连众等. 贸易自由化对我国环境污染的影响分析［J］. 南开经济研究，2003（3）.

［5］张友国. 中国贸易增长的能源环境代价［J］. 数量经济技术经济研究，2009（1）.

［6］庄惠明，赵春明，郑伟腾. 中国对外贸易的环境效应实证：基于规模、技术和结构三种效应的考察［J］. 经济管理，2009（5）.

［7］Antweiler, W., Copeland B., Taylor S. Is Free Trade Good for the Environment［J］. American Economic Review, 2001, 91（4）.

［8］Copeland B. R., Taylor M. S. North-south Trade and the Environment［J］. Quarterly Journal of Economics, 1994, 109（3）.

［9］Grossman G. M., Krueger A. B. Environmental Impacts of a North American Free Trade Agreement［R］. NBER Working Paper, No.3914, 1991.

［10］Levinson A. Technology, International Trade, and Pollution from US Manufacturing［J］. American Economic Review, 2009, 99（5）.

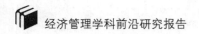

Carbon Emission in Manufacturing Export: Total Quantity, Structure and Factor Decomposition

XU TONG SHENG[1]   XUE ZHI YUN[1,2]

(1. International Economy Research Center, Jiangxi University of Finance and Economics, Nanchang 330013; 2. Economy Research Center, Jiangxi Academy of Social Sciences, Nanchang 330077)

Abstract: This paper analyzes the trend of manufacturing industry's carbon emission by using structural decomposition analysis, and the comprehensive influence of export on Chinese manufacturing industry's CO_2 emission. The influence factors are decomposed into scale effect, structural effect and technology effect. The results demonstrate that the scale effect is the most important factor. The direction of the structural effect is not stable, which, as a whole, increases manufacturing export's CO_2 emissions, but it is little; the technical effect decreases manufacturing export's CO_2 emissions, but it can not offset the scale effect and structural effect. Therefore, it is necessary to adjust more effectively current manufacturing industrious structure and export structure, and promote technology level to reduce CO_2 emission of especially pollution-intensive industries.

Key words: manufactured export; carbon emission; total quantity and structures; structural decomposition analysis

"十二五"时期垄断行业改革的主攻方向：
竞争化改造 *

戚聿东　　范合君

（首都经济贸易大学工商管理学院　北京　100070）

【摘要】"十一五"期间，中国垄断行业取得了巨大发展。但发展主体主要是国有独资公司，发展机制为垄断经营，发展结果不公平，总体上不符合科学发展观的要求，不符合转变经济发展方式的要求。为此，必须全面加快推进垄断行业改革。由于改革涉及产权、治理、运营、竞争、价格、规制等多项内容，因此在改革路径和时序上，笔者提出"十二五"时期垄断行业改革的主攻方向在于实现全部垄断行业的竞争化改造。

【关键词】竞争化改造；垄断行业；改革

一、竞争化改造是"十二五"时期垄断行业改革的主攻方向

垄断行业改革是一个系统工程，涉及政府、行业、企业、公众等多个层面和众多利益主体，可谓"牵一发而动全身"。从长期看，需要在运营模式、竞争模式、产权模式、治理模式、监管模式、价格模式等众多方面整体同步推进，单兵突进的办法必然要"折回来"。但是从短期看，又需要在实际改革中分清主次、准确把握、抓住症结、稳妥推进，着力在重要关键环节上取得突破。具体到"十二五"期间，需要在运营模式改革与竞争模式改革这两个重点领域和关键环节进行突破。"十二五"时期需要坚持把产业组织结构的战略性调整，进行竞争化改造作为深化垄断行业改革的主攻方向；坚持把打破垄断行业的

* 本文选自《学术月刊》2011年第9期。

基金项目：国家社科基金重大项目"贯彻落实科学发展观与深化垄断行业改革研究"（07&ZD016）、教育部人文社会科学研究青年基金项目"民营资本进入垄断产业后的规制、治理与救助机制研究"（10YJC790055）。

作者简介：戚聿东，吉林省东丰县人，首都经济贸易大学校长助理、教授、博士生导师，主要从事产业组织研究；范合君，山东省泰安市人，经济学博士，首都经济贸易大学工商管理学院副教授，主要从事产业组织研究。

垄断局面，形成有效竞争格局作为垄断行业改革的主题；坚持把运营模式（纵向产业组织结构）与竞争模式（横向产业组织结构）的竞争化改造作为垄断行业改革的主线。根据技术经济特征设计科学的运营模式，根据经济运行规律选择有效的竞争结构，打破阻碍竞争化改造的各种障碍，形成有效竞争格局，实现垄断行业深化改革的真正破题。

实现垄断行业竞争化改造完全具有技术经济上的可行性。首先，随着技术的进步，许多垄断行业的最小效率规模大大降低，使垄断行业引入多家企业竞争成为可能。以电力行业为例，20世纪80年代，发电企业的最小效率规模为900兆瓦；而到了90年代中期，最小效率规模缩小为100兆瓦。这样，最近20年新建电厂的生产规模和分布较之以往明显变小和分散，有更多的企业加入到竞争的行列中。其次，中国市场容量巨大，垄断行业所能容纳的最低有效规模企业的数量可以而且应当比国外多得多。但目前，中国垄断行业中竞争企业的数量普遍较少，而需要服务的消费者数量庞大，供求出现失衡。以电信业为例，美国电信业供应商超过20家，服务的消费者有26300万人，即企业供给强度小于1315万人/企业。而中国人口是美国人口的5倍，电信运营商数量却只有美国的1/7，中国企业供给强度是美国企业的32倍，高达43177.67万人/企业，企业的供给压力可想而知。最后，部分行业的运行实际效果也表明引入竞争是可行的。以电力业的输电网络为例，中国电力行业输电网络有国家电网公司与南方电网公司两家。根据《财富》杂志发布的世界500强数据，从2005年起，国家电网公司与南方电网公司都进入了世界500强。其中，国家电网公司连续6年成为世界500强中全球电力企业的领头羊。但是，无论是资产净利率还是销售净利率，国家电网公司都要比南方电网公司逊色许多。而南方电网公司管辖的区域只有广东等5个省区，国家电网公司管辖的区域近30个省区。由此可见，企业规模越大，效率不一定越高，电网公司有进一步拆分的必要，以形成更具竞争性的市场结构。

从实践看，实现垄断行业竞争化改造已经完全具备了实践基础。改革开放以来，中国电力、电信、民航等垄断行业探索了多种竞争化改革模式，不同垄断行业的竞争化改造模式也各不相同。有纵向分离的，有纵向一体的；有独家垄断的，有寡头垄断的。各种模式应有尽有，效果各异。如1980~2008年，中国电力装机容量增长5倍，电话用户数增长730倍，民航营运里程增长11.5倍。但是相比而言，铁路营运里程只增长0.5倍。电力、电信、民航等行业取得巨大成就的原因在于这些行业采取了竞争化改革，引入了竞争机制，初步形成了有效竞争的市场格局。而铁路业几乎没有引入竞争，目前仍是政企不分的完全垄断市场。由于缺乏来自竞争者的压力，行业就没有改进效率的动力，因此铁路行业改革和发展的滞后也就成为一种必然。改革开放30多年来，中国垄断行业改革取得的基本经验表明：只有打破垄断、引入竞争，垄断行业才能取得发展。

二、垄断行业竞争化改造的目标设计

竞争化改造既包括运营模式的改造又包括竞争模式的改造。

1. 运营模式的竞争化改造

运营模式的竞争化改造是垄断行业竞争化改造的第一步。没有运营模式的竞争化改造，其他方面的竞争化改造就没有了根基。

影响运营模式设计的因素主要有技术经济特征及范围经济性。从技术经济特征看，自然垄断行业的网络性是最典型的技术经济特征。即自然垄断行业都存在一个基础网络，主要业务的运营必须基于该基础网络。由于自然垄断行业的所有环节并不都是自然垄断的，有些环节可以引入竞争。如电力的发电环节、电信的长途电信业务与移动通信业务、铁路的客运与货运业务、邮政的快递业务等环节就可以引入竞争。因此，有许多学者提出可以对垄断行业的垄断环节与竞争环节进行纵向拆分，在可以引入竞争的环节引入竞争。这种政策思路是可以理解的，也让我们对自然垄断的本质有了更深入的认识。但是，这种思路是否科学适用还需要系统全面的分析。垄断行业的纵向分拆在引入部分竞争的同时，却带来了高昂的交易成本与严重的机会主义行为问题。纵向拆分后，垄断行业的运营方式由原来的一家企业独家运营变成了两家不同企业的分别运营，资源配置方式由原来的企业内部配置变为市场交易关系，交易成本明显提高。同时，由于上下游企业的资产都是典型的专用性资产，因此两家企业都会存在严重的机会主义行为，妨碍行业科学发展。中国及世界很多国家都在这方面有着惨痛的教训。如中国电力行业在 2002 年实行纵向拆分的运营模式改革后，发电企业与电网公司的交易成本极其高昂。另外，发电企业在损失范围经济优势的同时还要承受煤炭企业与电网企业的双重挤压，处境十分艰难，不得不借助国家进行相应协调。模拟市场的机制不但没有形成，反而更强化了对政府的依赖。这与我们电力改革的初衷是恰恰相反的。

从技术经济特征、范围经济等因素出发，在市场经济条件下，政府最好不要轻易限定企业的业务范围，究竟选择何种地域和何种业务，应该是企业自主权的范围。而塑造彼此业务重合的综合运营商的运营模式，可能是一种较为理想的模式。这不仅可避免分拆式改革带来的巨大震荡，而且可以增进范围经济、关联经济、网络经济等经济效应，提升行业的整体运营效率。

2. 竞争模式的选择

影响中国垄断行业竞争模式选择的因素主要有四个：市场容量、规模经济性、国际竞争力、经济效率（见表1）。

（1）市场容量决定竞争企业的数量。由于每个运营企业的供给能力有限，因此市场空间大小与消费者数量直接决定了最优运营企业的数目。中国市场容量大，自然垄断产业可

表 1　四个因素对中国自然垄断产业竞争模式的影响

影响因素	影响方向	建议企业数量
市场容量	引入竞争、增加企业数量	10 家以上
规模经济性	电力、电信增加企业数量 民航保持现状	电力产业 10 家以上 电信产业 5 家以上 民航产业 10 家以上
参与国际竞争、提升国际竞争力	企业不宜过多	20 家以下
经济效率	引入竞争、增加企业数量	5 家以上

以引入竞争、增加企业数量。根据企业供给强度指标，中国电力、电信、民航等自然垄断行业现有运营企业的供给强度过大，是世界平均水平的十几倍甚至上百倍。因此，中国巨大的市场容量可以而且应当支撑更加具有竞争性的市场结构，允许并呼唤更多竞争企业进入自然垄断产业进行同台竞技，同时减轻现有运营企业的供给压力。以各产业世界平均供给强度水平为标准，中国电力企业数目可以达到 82 家，电信企业数目可以达到 35 家，民航企业数目可以达到 287 家。考虑到中国的实际情况，我们认为巨大的市场容量需要在传统自然垄断产业增加企业数量，每一个产业运营企业数量可以增加到 10 家以上。

（2）各产业规模经济效果的不同，需要不同的市场结构设计。根据我们设计的规模经济系数，利用上市公司年报数据，可以得到 2004~2007 年电力、电信、民航三个产业的规模经济系数（见表 2）。计算数据显示电力、电信产业规模经济系数小于 1，而民航产业规模经济系数大于 1，说明在中国电力、电信产业目前市场结构下规模经济效应不明显或者不存在，而民航产业目前市场结构下规模经济效果明显。可见，中国电信、电力产业可以引入更多的竞争企业。

表 2　主要自然垄断产业的规模经济系数

产业	2007 年	2006 年	2005 年	2004 年
电力	0.7995	0.7681	0.8816	0.9065
电信	0.5879	0.8951	0.7104	0.9691
民航	1.5475	2.8387	1.5881	2.6492

注：电信产业只采用了移动电话市场的数据。

（3）考虑到自然垄断产业运营企业在参与国际竞争、提升国际竞争力方面的作用，运营企业数量不宜过多，我们建议各产业运营企业数量在 20 家以下。

（4）没有一定数量的企业，企业就没有压力，也就没有动力，因此，为了提高经济效率，需要引入竞争、增加企业数量，每个产业建议至少有 5 家以上运营企业。

在中国垄断产业竞争模式的竞争化改造过程中，竞争企业数目不宜过少，但也不宜过多。一方面，企业数目过少，竞争性市场结构的目标不能实现；另一方面，企业数目过多导致市场的恶性竞争，不利于国家竞争力的提高。笔者认为，在电信、电力、民航、石油、广电、邮政、铁路等全国性垄断行业，形成 5 家以上企业进行寡头竞争的横向产业结构是一种较好的竞争模式。

　　综上所述，基于理论分析、实证检验、国际经验以及中国金融、石油、民航、电信改革经验都表明，纵向一体化的综合运营商模式是垄断行业竞争化改造的必然要求，每个行业有 5 家以上规模相当的综合运营商同台竞争是垄断行业竞争化改造的理性选择。相信经过 5 年的竞争化改造，传统垄断行业的性质垄断局面将会消失，一种"相竞而进，相争而奇"的行业繁荣态势将会出现，成为中国经济科学发展和社会和谐建设的持久动力。

中国产业升级的方向与路径

——中国第二产业占 GDP 的比例过高了吗 *

李　钢[1]　廖建辉[2]　向奕霓[1]

（1. 中国社会科学院工业经济研究所　北京　100836；

2. 北京师范大学资源学院　北京　100875）

【摘　要】经济增长方式转变的重要内容是产业结构调整；目前研究大多认为中国第二产业比例过高，中国产业结构调整的重要方向是提高第三产业的比例。本文从发达国家三次产业效率、三次产业供给与需要、国际贸易等方面进行了分析，提出以下基本判断：一是发达国家第三产业比例不断提高，并非反映了第三产业是产业升级的方向，也绝非说明了第三产业比第二产业高级；二是发达国家第三产业比例不断提高的同时，最终消费中第二产业提供的商品比例并没有大幅下降；三是发达国家第三产业比例不断提高，是以发达的国际贸易为基础，以发展中国家第二产业的快速发展为前提，因而在现有技术经济条件下，不具有全球第三产业占比大幅提高的基础；四是发达国家第三产业比例的不断提高也是以发达国家的第三产业与第二产业价格扭曲为基础，如果第二产业价格大幅上升，其占比将会大幅上升。本文利用购买力平价的分行业数据计算了我国 2000~2009 年的产业结构；计算结果显示目前通行的产业结构数据高估了第二产业近 14 个百分点，本文计算的 2009 年三次产业结构比例为 5：32：63。2009 年的产业结构已经与日本等国 2000 年相接近；与目前中国人均 GDP 相同时的发达国家产业结构相比，中国第二产业的比例不是高了，而是低了；中国第二产业占 GDP 的比例还有提升的空间，第二产业特别是制造业的加快发展仍旧是中国产业升级的方向及产业政策的着力点。虽然经过 30 多年的快速发展，中国经济的要素禀赋在不断发生量变，但到目前为止中国要素禀赋的质变尚未发生，中国的比较优势所在仍旧是劳动密集型产业，而且研究表明至少在"十二五"期间这一状况不会改变。

【关键词】产业升级；产业结构；竞争力

* 本文选自《中国工业经济》2011 年第 10 期。

基金项目：国家社会科学基金重大项目"产业竞争优势转型战略与全球分工模式的演变"（09&ZD035）；中国社会科学院重大课题"全球竞争格局变化与中国产业发展趋势"（YZDA2010–03）。

作者简介：李钢，贵州思南人，中国社会科学院工业经济研究所副研究员，廖建辉，江西宜春人，北京师范大学资源学院硕士研究生；向奕霓，湖南张家界人，中国社会科学院工业经济研究所硕士研究生。

一、引言

　　加快转变经济发展方式，是关系国民经济的紧迫而重大的战略任务。经济发展方式转变的本质就是经济结构调整；更加健康的经济结构能保证中国经济可持续的快速增长。经济结构可能是供给结构（产业结构）、需求结构（投资、消费、净出口的比例）、分配结构（资本、劳动、政府所得）等；其中产业结构的调整是最具可操作性的经济调整内容。很多学者认为产业结构调整要从主要依靠第二产业带动向依靠第一、第二、第三产业协同带动转变；特别是要提高第三产业在整个国民经济中的比重，提高现代服务行业对经济增长的贡献。

　　对产业结构合意性的定理或定律并非是经济学基本原理演绎的结论，而是基于发达国家产业结构变迁事实的归纳总结。如配第和克拉克经过研究发现：随着人均国民收入的提高，劳动力首先由第一产业向第二产业转移，当国民收入有了进一步提高时，劳动力会由第二产业向第三产业转移。库兹涅茨在配第和克拉克研究的基础上，进一步提出产业结构变动受人均收入变动的影响。日本学者也提出产业结构出现服务化、信息化等软化趋势，软产业主要是指第三产业。由于发达国家目前产业结构特点与上述理论一致，而发达国家产业演化的轨迹又被当作发展中国家经济发展的必然路径，因而前述的产业结构变化的经济理论也就神化为定理与定律，进而成为指导各国产业升级的"真理"。所以，往往在谈到产业升级时，提高中国第三产业（服务业）的比例被当作产业升级的方向，认为中国可以制定相关政策鼓励服务业的发展，甚至抑制工业特别是重化工业的发展。当然，产业结构升级的争论不仅限于第二、三产业发展优先次序，目前还有很多争论是关于第二产业（特别是工业）内部产业升级的方向，一些研究认为中国应加速从劳动密集型产业升级到资本与技术密集型产业。

二、发达国家第三产业比例提高并非表明第三产业比第二产业高级

　　1. 发达国家第二产业的劳动生产率仍旧高于其他产业

　　目前发达国家，特别是美国等老牌资本主义国家第三产业的比重要远高于第二产业。如美国 2008 年第三产业的产值比重已经达到 77.5%，2007 年就业比重达到 78%。2008年，英国、法国等国家的第三产业的比重也在 75% 以上。但这些发达国家就劳动生产率（以人均产出衡量）而言，第二产业仍旧高于第三产业。图 1 显示了主要发达国家 1980 年以来第二产业与第三产业劳动生产率的比值。从图 1 中可以看出，除法国以外，其他国家

第二产业劳动生产率仍旧高于第三产业。

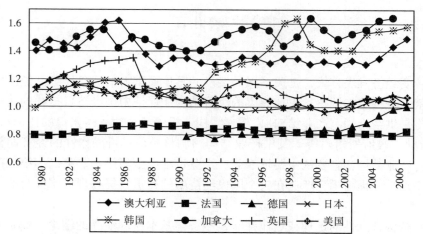

图1 主要发达国家第二产业与第三产业劳动生产率的比值

资料来源：国际统计年鉴（1995~2010）。

特别需要关注图1中四个国家劳动生产率变化情况。一是日本。日本在20世纪90年代以前第二产业的劳动生产率始终高于第三产业，1994年第三产业的劳动生产率开始高于第二产业。自2001年4月小泉内阁执政以来，改变以往主要靠通过增加公共投资刺激经济增长的做法，开始对经济结构进行"没有禁区"的改革，取得了一定的成果。2002年度日本经济实现了正增长；2003年度经济出现缓慢回升的势头。与此同时，从2004年开始，第二产业劳动生产率也开始高于第三产业。二是德国。1991年以后德国第二产业劳动生产率提高速度高于第三产业，2007年德国的第二产业劳动生产率开始高于第三产业。德国的情况在发达国家中有些特别，由于两德合并发生在1990年，两德的统计数据在1990年以前只有第二、三产业产出比例数据，没有就业数据；两德合并后德国经济仍旧萧条，特别是原东德地区的制造业基本被冲垮。随着德国经济逐步复苏，德国第二产业劳动生产率开始高于第三产业。三是美国。美国作为世界头号强国，虽然金融业、咨询服务等现代服务业可以说是全球独步，但第二产业的劳动生产率始终高于第三产业（1998年、2001年、2002年除外）。四是法国。法国第三产业劳动生产率始终高于第二产业；与此相伴的是法国1980年以后制造业国际竞争力不断下降，在全球经济中的地位不断下降。1974年，法国占世界GDP的比例为4.97%，2007年下降到3.81%。

2. 发达国家第二产业产品需求的下降并非导致第二产业比重下降的主要因素

1980年以来主要发达国家第三产业占GDP的比例呈现不断上升的趋势，到2007年主要发达国家第三产业占GDP的比例均达到60%以上。生产的最终目的是为了消费，发达国家产业结构演化趋势是发达国家消费结构变化的结果吗？表1是主要发达国家最终消费支出构成。从中可以看出，主要发达国家在最终消费构成中第二产业产品所占比例下降的幅度并没有像产业结构下降的这么大。

表1　各国居民最终消费支出构成

单位：%

		1992年	1996年	2000年	2006年
加拿大	工业品	33.3	33.7	30.2①	29.6②
	服务品	31.1	35.2	34.9①	39.3②
英国	工业品	25.9	26.2	24.5	25.6
	服务品	28.6	29.5	39.0	44.8②
美国	工业品	24.2	24.0	22.2①	22.3②
	服务品	41.3	43.2	47.1①	49.9
法国	工业品	27.7	29.3	30.1	30.8
	服务品	33.5	34.0	37.8	36.9
荷兰	工业品	25.5	27.5	28.2①	29.5
	服务品	36.6	35.7	37.2①	34.9
日本	工业品	26.3	28.3	29.7①	28.3②
	服务品	31.1	35.2	34.9①	39.3②

注：工业品指住房、水、电、天然气和其他燃料、家具、家用设备及住房日常维护支出等几大类，服务品指医疗保健、交通、通信、休闲与文化、教育及饭店和旅馆类等几大类；①为1999年数据；②为2005年数据。

资料来源：国际统计年鉴（1995~2010）。

表2对上述问题进行了详细的分析说明。从中可以看出，1992~2006年表中所列5个发达国家的C值始终大于1，说明发达国家产业结构中第二产业比重下降，第三产业比重上升并非是主要由于最终需求结构的变化所导致的。表2中特别要注意的是法国，2006年法国的C值明显高于其他国家，图1中数据也显示法国是第三产业生产率始终高于第二产业的国家。2006年，法国第三产业的增加值是第二产业的3.8倍，但法国消费者最终需求结构中第三产业仅是第二产业的1.2倍。

表2　主要发达国家产业结构与需求结构的比较

	1992年			1996年			2000年			2006年		
	A	B	C	A	B	C	A	B	C	A	B	C
法国	1.21	2.70	2.20	1.16	3.10	2.60	1.26	3.20	2.60	1.20	3.80	3.20
日本	1.18	1.60	1.30	1.24	1.90	1.50	1.18	2.00	1.70	1.39	2.30	1.60
加拿大	0.93	2.40	2.60	1.04	2.10	2.00	1.16	1.90	1.70	1.33	2.10	1.60
英国	1.10	2.20	2.00	1.13	2.20	2.00	1.59	2.60	1.60	1.75	3.20	1.80
美国	1.71	2.80	1.60	1.80	2.80	1.60	2.12	3.20	1.50	2.24	3.50	1.50

注：A表示在需求结构中第三产业与第二产业的比例；B表示在产业结构中第三产业与第二产业的比例；C等于B/A。

3. 商品贸易高于服务业贸易是发达国家第二产业比重下降的主要因素

发达国家产业结构与需求结构差异主要源于经济全球化，特别是由于货物的可贸易性高于服务业所导致的。目前，在世界贸易中服务贸易比例仅为21.1%，远低于货物贸易的比例。表3是世界主要贸易大国分品种的进出口情况，从中可以看出美国、英国、法国等国商品贸易均为净进口。这进一步说明，发达国家第三产业的高比例是由全球发达的商品贸易所支撑的，并非是最终需求结构变化所致。

表3　2009年世界及主要国家贸易结构

单位：亿美元

		中国	美国	日本	英国	法国	德国	世界
进口	农产品	766	1007	677	583	582	953	11688
	制成品	6753	11215	2857	3377	4144	6737	83547
	原材料	2505	3114	1875	631	840	1378	22629
	服务	1581	3343	1470	1575	1260	2525	31450
出口	农产品	409	1196	79	260	638	773	11688
	制成品	11248	8001	5079	2576	3831	530	83547
	原材料	343	883	257	509	283	9645	22629
	服务	1286	4760	1259	2283	1420	2258	33500
净出口	农产品	−358	188	−598	−323	56	−180	
	制成品	4495	−3214	2221	−800	−314	−6207	
	原材料	−2162	−2231	−1618	−122	−558	8266	
	服务	−295	1417	−210	708	160	−268	

资料来源：http://www.wto.org/english/res_e/statis_e/statis_e.htm.

4. 发达国家产业结构与服务品价格高估有关

GDP的本质是衡量一国的总产出；由于各类商品物理量量纲繁多，难以直接相加，因而只能汇总各种商品的价值量。而价值量的计算要通过价格这一中间量；特别是计算产业结构时，各种产业商品价格的相对变动会极大影响产业的比例。在现行国际秩序下，劳动力不能自由流动，而商品可以自由流动；由于劳动力不能自由流动，相对而言是减少了发达国家服务商品供给量，从而抬高了发达国家第三产业的价格，降低了发达国家第二产业商品的价格，这也是发达国家第三产业比例较高的重要原因。服务品与工业品的价格剪刀差已经成为发达国家剥削发展中国家的新形式。

三、中国第二产业比重过高了吗

1. 中国三次产业结构与发达国家相比有较大差异

具体到中国第二产业高比重的问题，学者们的观点大体可归为三种：第一种观点认为，我国产业结构不合理，第二产业比重过大。马晓河（2011）认为我国第二产业比重过大，第三产业比重不足，为实现由中等收入国家向高收入国家迈进，我国第三产业比重应在60%以上。汪海波（2010）也认为中国工业比重过高，金融危机有利于遏制工业的过快增长，推动产业结构的调整；在此基础上，他还提出了自己的设想："十二五"期间，在保持经济增长率9%左右的前提下，如果第一产业的年增长率达到5.5%左右，第二产业控制在9%左右，第三产业达到9.5%左右，那么第一产业的比重就有可能稳定在10%左右，第二产业的比重会下降到40%以下，而第三产业的比重则会上升到45%以上。同样持第一种观点的还有黄志刚（2008）等。第二种观点则认为第二产业的比例是符合产业结构演变规律的，其虽然已经达到了应有的最高点，但并没有超出界限。在今后的发展中，第二产业应该让位于第三产业，逐步降低第二产业的比重，把第三产业调整到最重要的位置。前两种观点最终结论是一致的，即第二产业比重已没有了上升空间，为了促进经济的进一步发展，必须调整产业结构，降低第二产业比重，提高第三产业比重。第三种观点认为中国制造业尚有提升的空间。李钢、金碚（2009）认为工业特别是制造业是国民经济的基础和支柱。对于大多数发达国家和发展中国家而言，制造业的主导地位和基础作用是其他产业所无法替代的。当前，中国尚未进入工业化发达经济阶段，制造业在国内经济结构中所占比重还有很大的提升空间，应加速发展。持前两种观点的学者的主要依据是我国产业结构与其他国家的差异。统计数据显示，与其他国家相比，我国第一、第二产业的比重似乎显得过高，而第三产业比重又显得过低。由此，降低第二产业比重便成了理所应当的事。可我国第二产业比重难道真没有上升空间了吗？

2. 按购买力平价计算的产业结构

下面我们将利用购买力平价（PPP法）的行业数据来重新估算中国产业结构。对于PPP法大部分学者不陌生，但有些学者可能不太清楚，就一国而言，PPP法不仅有对应于GDP总量的汇率，也有分行业对应的汇率。一国不同产品的PPP有较大差异。世界银行于2008年2月底公布的2005年全球ICP项目最终数据显示，中国购买力平价为1美元等于3.45元人民币；但中国"卫生、社会保障和社会福利业"的PPP法汇率仅为0.69，而"通用设备制造业"的PPP法汇率却为8.79。也就是说，对于中国有些行业的汇率存在严重低估，而有些产品的汇率却存在高估。

本文采用《中国统计年鉴》（2006）中行业增加值数据和《世界银行推算的中国GDP及其支出构成的购买力平价》（2005）中PPP分行业数据对中国产业结构重新进行估算。由于二者行业分类存在差异，因而在计算时首先将二者的行业一一对应（见表4）。本文计算的总体思路是，先算出各行业按购买力平价计算的行业增加值，然后以此为基数计算产业结构。在计算第一、第三产业以及建筑业的PPP法增加值时，只需用行业增加值除以行业PPP即可。由于工业各行业只有规模以上企业的增加值，所以在计算工业的PPP法增加值时，在第一、第三产业的基础上还需多一步，即用规模以上企业的PPP法增加值估算全行业的PPP法增加值，具体做法如表5所示，用规模以上企业的PPP法增加值除以用传统方法统计的规模以上企业增加值，然后再乘以全行业的传统法增加值。将数据汇总整理即可得按购买力平价计算的2005年的产业结构；重复上述步骤，可得到2000~2009年按购买力平价计算的产业结构，结果如表6所示，为方便比较，表6也列出了按传统方法计算的产业结构。

表4 2005年按购买力平价计算的中国第一、第三产业以及建筑业的增加值

行业 (中国行业分类标准)	对应行业 (世行分类)	PPP (人民币/美元)	传统法增加值 (亿元)	PPP法增加值 (亿美元)
第一产业	食品和非酒精饮料	5.52	22420.00	4061.59
交通运输、仓储和邮政业	交通	5.98	10835.67	1811.99
信息传输、计算机服务和软件业	其他商品和服务	4.13	4768.00	1154.48
批发和零售业	其他商品和服务	4.13	13534.54	3277.13
住宿和餐饮业	餐饮、旅馆业	6.78	4193.43	618.50
金融业	其他商品和服务	4.13	6307.23	1527.18
房地产业	居住、水电气、其他燃料	3.37	8243.84	2446.24
租赁和商务服务业	其他商品和服务	4.13	2912.43	705.19
科学研究、技术服务和地质勘查业	其他商品和服务	4.13	2050.56	496.50
水利、环境和公共设施管理业	政府公共消费支出	1.53	849.93	555.51
居民服务和其他服务业	其他商品和服务	4.13	3129.43	757.73
教育	教育	1.02	5656.32	5545.41
卫生、社会保障和社会福利业	医疗卫生	0.69	2934.49	4252.89
文化、体育和娱乐业	文化娱乐	3.47	1188.23	342.43
公共管理和社会组织	政府用于居民的支出	0.83	6828.75	8227.42
第三产业小计				31718.60
建筑业	建筑	1.93	10367.31	5371.67

表5 2005年按购买力平价计算的中国工业各行业规模以上企业的增加值

行业	对应行业	PPP (人民币/美元)	传统法增加值 (亿元)	PPP法增加值 (亿美元)
煤炭开采和洗选业	其他产品	4.43	2888.25	651.98
石油和天然气开采业	其他产品	4.43	4813.96	1086.67
黑色金属矿采选业	其他产品	4.43	426.50	96.28
有色金属矿采选业	其他产品	4.43	427.60	96.52
非金属矿采选业	其他产品	4.43	280.51	63.32
其他采矿业	其他产品	4.43	2.70	0.61
采矿业小计				1995.38
农副食品加工业	食品和非酒精饮料	5.52	2745.96	497.46
食品制造业	食品和非酒精饮料	5.52	1168.32	211.65
饮料制造业	食品和非酒精饮料	5.52	1164.73	211.00
烟草制品业	酒精饮料、烟草	5.75	2059.99	358.26
纺织业	服装和鞋类	6.86	3240.19	472.33
纺织服装、鞋、帽制造业	服装和鞋类	6.86	1419.86	206.98
皮革、毛皮、羽毛(绒)及其制品业	服装和鞋类	6.86	944.38	137.66
木材加工及木、竹、藤、棕、草制品业	其他商品和服务	4.13	510.86	123.69
家具制造业	家具、家庭设备品及服务	5.27	384.87	73.03
造纸及纸制品业	其他商品和服务	4.13	1146.40	277.58

续表

行业	对应行业	PPP （人民币/美元）	传统法增加值 （亿元）	PPP法增加值 （亿美元）
印刷业和记录媒介的复制业	文化娱乐	3.47	463.06	133.45
文教体育用品制造业	其他商品和服务	4.13	379.71	91.94
石油加工、炼焦及核燃料加工业	居住、水电气、其他燃料	3.37	1981.64	588.02
化学原料及化学制品制造业	其他商品和服务	4.13	4391.92	1063.42
医药制造业	医疗卫生	0.69	1529.80	2217.10
化学纤维制造业	其他商品和服务	4.13	485.31	117.51
橡胶制品业	其他商品和服务	4.13	595.36	144.15
塑料制品业	其他商品和服务	4.13	1272.05	308.00
非金属矿物制品业	其他产品	4.43	2807.92	633.84
黑色金属冶炼及压延加工业	其他产品	4.43	5776.90	1304.04
有色金属冶炼及压延加工业	其他产品	4.43	1929.65	435.59
金属制品业	其他产品	4.43	1693.38	382.25
通用设备制造业	机械和设备	8.79	2966.96	337.54
专用设备制造业	机械和设备	8.79	1681.56	191.30
交通运输设备制造业	机械和设备	8.79	3830.52	435.78
电气机械及器材制造业	机械和设备	8.79	3574.13	406.61
通信设备、计算机及其他电子设备制造业	机械和设备	8.79	5722.11	650.98
仪器仪表及文化、办公用机械制造业	机械和设备	8.79	733.19	83.41
工艺品及其他制造业	其他商品和服务	4.13	570.83	138.22
废弃资源和废旧材料回收加工业	其他商品和服务	4.13	59.93	14.51
制造业小计				12247.30
电力、热力的生产和供应业	居住、水电气、其他燃料	3.37	5719.79	1697.27
燃气生产和供应业	居住、水电气、其他燃料	3.37	134.52	39.92
水的生产和供应业	居住、水电气、其他燃料	3.37	261.64	77.64
电力、燃气以及水的生产和供应业小计				1814.83

表6　2000~2009年按购买力平价计算的中国产业结构

单位：%

年份	第一产业		第二产业		第三产业	
	传统法	PPP法	传统法	PPP法	传统法	PPP法
2000	15.06	10.34	45.92	46.00	39.02	43.66
2001	14.39	9.98	45.05	45.62	40.46	44.40
2002	13.74	9.66	44.79	45.65	41.47	44.69
2003	12.80	9.26	45.97	46.51	41.23	44.23
2004	13.39	7.63	46.23	37.27	40.38	55.11
2005	12.12	6.96	47.37	38.69	40.51	54.35
2006	11.11	6.52	47.95	39.81	40.94	53.67
2007	10.77	6.44	47.34	40.15	41.89	53.41

续表

年份	第一产业		第二产业		第三产业	
	传统法	PPP法	传统法	PPP法	传统法	PPP法
2008	10.73	6.05	47.45	37.72	41.82	56.23
2009	10.35	5.04	46.30	32.53	43.36	62.43

注：在计算 2008~2009 年的结构时，所采用的传统法增加值是根据以往数据得出的估算值。

3. 中国第二产业占 GDP 的比重仍有提高空间

根据以上数据，我国第二产业比重并没有平时大家认为的那么高，2000~2009 年第二产业比重总体上呈下降趋势，到了 2009 年，甚至下降到 32.53%。中国社会科学院经济学部课题组（2007）的研究也表明：我国正处在工业化的中后期，在这一阶段，农业比重会进一步降低，第二产业仍有较大发展空间。另外，联合国工业发展组织的统计报告显示，2009 年我国工业在世界工业生产总值中份额为 15.6%，位居世界第二；但是，我国的人口却占了世界总人口的 19.5%。进行国际对比和深入分析也可以得出类似的结论。虽然，目前中国第二产业占比高于发达国家，但已经与日本、德国 2000 年第二产业比例接近。而2000 年日本人均 GDP 接近 4 万美元，德国为 2.6 万美元（均为 2005 年美元不变价计算）；而中国 2010 年人均 GDP 仅为 4254 美元（按现行汇率计算）；按购买力平价计算为 8000美元左右，仅为 2000 年日本的 20%，德国的 30%。日本第二产业占 GDP 比例最高的年份为 1970 年，占比为 45.3%；德国 1970 年第二产业占比更高达 48.1%。

如果考虑到产业结构与人均 GDP 的关系，中国制造业占 GDP 的比例不是高了，而是低了。中国目前应担忧的是实体经济是否有可持续增长力；在新的形势下如何保持进而提升中国第二产业（特别是制造业）的国际竞争力。基于以上事实，我们可以得出以下结论：我国第二产业比重仍有上升空间。若上述判断是正确的，第二产业内部产业升级方向的判断就成为一个十分重要的问题。

四、中国产业结构变化反映了比较优势吗

1. 劳动力的比较优势仍将长期存在

中国人均资本大幅提升，但中国有比较优势的要素仍旧是劳动力。新中国成立以来，中国储蓄率一直保持较高的水平，特别是改革开放后，一方面中国人口增长速度被控制住，另一方面中国经济快速增长，上述两点因素导致中国人均资本存量大幅提升。我们在其他学者研究的基础上估算了改革开放以来中国资本存量的变化，结果表明 2008 年中国

资本存量是 1978 年的 28.25 倍①（已经考虑了物价变化因素）；而中国劳动力数量 2008 年仅为 1978 年的 1.93 倍。因而 2008 年中国人均资本存量是 1978 年的 14.6 倍。根据 OECD 的数据，美国 2007 年资本存量是 1978 年的 2.1 倍（已经考虑了物价变化因素），2007 年人均净资本存量是 1978 年的 1.4 倍。也就是说，相对于美国，中国人均资本提高的速度十分迅速，大体相当于美国速度的 10 倍。有学者分析了中国 1980 年以来主要生产要素占全球的份额变化（见表 7）。从中可以看出，中国投资额及研发投入近 20 多年来的确有较大的提高，但若从全球的视角来看中国目前最丰富的生产要素仍旧是劳动力。

表 7　中国主要生产要素占全球的份额变化

单位：%

年份	劳动力	耕地和水	石油和天然气	投资额	研发投入
1980	22	7	3	1	0.5
2004	22	7	3	8	3.5
2011	22	7	3	22	12.9

资料来源：1980 年、2004 年数据来源于江小涓等（2007）；2011 年数据是作者的估算数据，其中研发投入根据美国巴特尔研究所的数据整理。

中国人均资本存量的不断积累，必将不断改变中国的比较优势，虽然中国目前就全球而言，最具比较优势的行业仍旧是劳动密集型产业，但中国劳动密集型产业比较优势在不断下降，而资本密集型产业的比较优势不断提升。中国社会科学院工业经济研究所从 1996 年开始持续进行中国产业国际竞争力的研究，最新的研究结果表明，虽然中国正在进行产业结构升级，优势产业正从传统的劳动密集型产业向资本密集型产业转变，但中国最具国际竞争力的仍旧是能充分发挥自己比较优势的劳动密集型产业。

还需要特别说明的是，在社会经济生活中，发挥作用的是资本的存量，而不是资本的流量（每年的净投资额）。虽然 2011 年中国人均投资额已经与世界水平相当，但中国人均资本存量低于世界平均水平的状况仍将持续较长的时间。我们估算，2015 年中国人均资本存量将是 2009 年的 2~2.5 倍，届时由于人均资本大幅提升，中国劳动密集型产业的比较优势会进一步降低，资本密集型产业的比较优势会进一步提升。但从国际上来看，中国比较优势所在仍旧是劳动密集型产业；中国的产业升级必须要考虑中国在劳动密集型产业的比较优势，充分利用并发挥这种比较优势。

2. 中国产业结构变化更加遵循比较优势原理

在过去 30 多年的发展过程中，中国是否遵循了比较优势理论，其中最重要的一个判断是中国过去 30 多年的发展历程中是劳动密集型产业发展更快，还是资本密集型产业发展更快。为了说明这一问题，我们重新定义了衡量一国产业劳动密集型程度的指标，即：

① 不同学者的估算会有所不同，大体在 20~30 倍之间，我们的估算是以郝枫、郝红红、赵慧卿（2009）研究的结果为基础进行。虽然不同学者的估算会有一定的差异，但仅是数量上的差异不会改变本文的结论。

一国的劳动密集型程度 = 1/(各产业产出比例×该行业人均资产)

每个产业人均资产按 2008 年经济普查数据确定；研究采取 2008 年各行业的人均资产而没有采取每年的各行业人均资产是为了剔除每年由于经济发展所导致的各行业人均资产普遍提高的因素。为了便于进一步对不同年份劳动密集型程度进行比较，我们将不同年份的劳动密集型程度以 2009 年为基年进行指数化。

一国每年的产业劳动密集型指数 = 该国的每年劳动密集型程度/该国 2009 年劳动密集型程度 ×100　　（1）

本文构造的劳动密集型指数相比传统的将产业分为劳动密集型与资本密集型后，再计算劳动密集型程度有以下两个优点：一是避免了划分劳动密集型产业标准的判断。在划分劳动密集型产业时虽然可以采取一个行业的人均固定资产（江小涓等，2007）或人均资产（李钢，2009）等指标，但将哪个值作为分界点划分劳动密集型与资本密集型多少带有主观的判断。一般的方法是将行业的平均值作为分界点（金碚等，2011）；也有学者在数据服从某种分布（常用的是正态分布）的假设下对劳动密集型产业进行划分（李钢，2009）。二是可以更加灵敏地反映产业劳动密集度的变化。我们定义的方法不仅可以反映劳动密集型产业或资本密集型产业比例的变化，也可以反映劳动密集型产业或资本密集型产业内部结构的变化。如 A、B 两个产业均为劳动密集型产业，且 A 产业比 B 产业的人均资产更少（即 A 比 B 产业更加偏向劳动密集型产业）。假设在两个年份中 A、B 两个产业合计的比例在全部产业中的比例不变，但 A 产业的比例提高，而 B 产业的比例下降。若按原有的方法，则两年中中国产业的劳动密集型程度不会变化；但按本文构造的劳动密集型指数，劳动密集型指数将下降，则能更加灵敏地反映中国产业的变化趋势。

劳动密集型指数下降表明中国产业劳动密集型程度下降，相反劳动密集型指数上升表明劳动密集型程度在上升。从数据上看（见图 2），总体而言 1986 年以来中国产业劳动密集型程度在不断下降。从 1986 年的 109，下降到 2009 年的 100。当然，由于统计口径的变化及数据的质量，可能计算不够准确，但应能反映出中国劳动密集型产业的变化趋势。从数据上可以看出，1986~2009 年可以分为两段，一段是 1986~2005 年，另一段

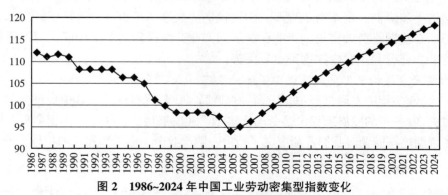

图 2　1986~2024 年中国工业劳动密集型指数变化

注：2009 年以前的数据来源于根据式（1）得出的计算数据；2009 年以后的数据来源于下文所述的预测数据。

是 2005~2009 年；前一段中国工业的劳动密集型程度在下降，而后一段中国工业的劳动密集型程度在上升。

可以说，2005 年以来中国工业劳动密集型程度在不断上升是符合经济理论的。但 2005 年以前为什么工业的劳动密集型程度在不断下降？一个可能的解释是中国资本市场的管制导致中国利率长期低于均衡利率水平，因而中国资本密集型产业发展快于劳动密集型产业。而 2005 年以后，随着中国市场化加快，也随着中国加入 WTO 效应显现，中国产业结构变化更加符合比较优势，劳动密集型产业发展速度快于资本密集型产业。

3. 中国经济的发展仍将遵循比较优势理论

可以说从 2005 年开始中国产业的发展遵循了比较优势原理，中国今后产业的发展还会遵循比较优势原理吗？课题组于 2010 年 8 月对 1386 家企业进行了问卷调查；这些企业在全国各个行业和区域都有分布，因而具有较强的代表性。根据调查数据，我们利用马尔科夫转移矩阵法对中国的产业结构进行了预测。从行业间的产业转移情况来看，下降的行业较多为资本密集型产业，而劳动密集型产业反而有所上升。按本文前述方法及产业结构的预测数据，计算了 2010~2024 年中国工业劳动密集型指数（见图 2），到 2024 年的工业行业劳动密集型指数为 118。劳动密集型行业占比有所上升，这与前面的判断相一致，即中国今后相当长时间内劳动力密集型行业依旧是具有比较优势的行业。

五、结论与政策建议

一国的产业结构总是在不断发展变化，可以说产业结构分分秒秒都在发生着变化；但产业结构又是保持相对稳定的，至少要 5~10 年才能发生明显的变化。从历史上各国产业结构演化的横向比较来看，各国的产业结构演化有一定的相似性，由于一国工业化的国情与世界经济格局有较大差异，因而并不存在放之四海皆准的真理，特别是不能盲目根据发达国家的产业结构就简单地判断产业结构演化的方向，更不能出现超越一国发展状况的产业政策。本文得出的基本结论如下：

（1）虽然发达国家第三产业增加值比重高于第二产业，但发达国家的普遍现象是第二产业的劳动生产率高于第三产业。经济发展缓慢时，往往是第二产业劳动生产率下降速度要快于第三产业，甚至表现为第二产业劳动生产率低于第三产业；而经济快速发展时，往往是第二产业劳动生产率上升速度快于第三产业，进而第二产业劳动生产率会高于第三产业。第二产业劳动生产率长期低于第三产业，往往是一国衰落的先兆。

（2）发达国家第三产业比例的不断提高，并非反映了第三产业是产业升级的方向，也绝非说明了第三产业比第二产业高级。发达国家第三产业比例不断提高的同时，最终消费中第二产业提供商品的比例并没有大幅下降。发达国家第三产业比例不断提高，是以发达的国际贸易为基础，以发展中国家第二产业的快速发展为前提，因而在现有技术经济条件下，不具有全球第三产业所占比例大幅提高的基础。发达国家第三产业比例的不断提高也是以发达国家的第三产业与第二产业价格扭曲为基础，如果第二产业产品价格大幅上升，第二产业的比例也会大幅上升。

（3）利用购买力平价重新计算的中国产业结构显示我国第二产业的比重并不算高，目前为 32.53%，我们判断中国第二产业比重仍有上升空间，中国仍需要积极发展第二产业。许召元（2010）的研究表明，1990~2005 年，虽然中国按现价计算的服务业占 GDP 的比重提高了 8.5 个百分点，但按不变价计算的比重却下降了 5 个百分点；而同期按现价计算的工业占 GDP 的比重提高了 5.5 个百分点，但按不变价计算却上升了 25.2 个百分点。本文的研究表明，中国工业占 GDP 的比重若按购买力平价计算会有一定程度的下降。这些看似矛盾的研究结论都说明中国工业仍然有很大的发展前景。中国社会科学院工业经济研究所最近利用 CGE 模型对中国产业结构进行了预测，结果显示，若采取不变价格计算 2050 年第三产业比例仅为 46%（2005 年不变价），但若考虑价格因素则会提高到 62%。也就是说，第三产业比重提高很大程度上是价格因素变化的结果，而不是第三产业以更快速度增长的结果。中国经济的增长仍旧主要依靠第二产业。

（4）虽然经过 30 多年快速的经济发展，中国人均资本存量有了较大提升，中国经济的要素禀赋在不断发生量变，中国劳动密集型产业的比较优势在下降，而资本密集型产业的比较优势在上升；但到目前为止中国要素禀赋的质变尚未发生，中国人均资本低于世界平均水平的状况仍将长期存在。可以判断，"十二五"期间中国最具比较优势的产业仍是劳动密集型产业，中国在全球最具竞争优势的产业仍是劳动密集型产业。改革开放以来，中国经济发展并未完全遵循比较优势原理，但我们注意到从 2005 年开始中国经济的发展开始明显遵循了比较优势原理。我们通过调查数据及马尔科夫转移矩阵法对中国产业结构进行了预测，预测结果表明到 2025 年之前，中国经济的发展将遵循比较优势原理，中国劳动密集型产业将得到更快发展。

参考文献

［1］金碚. 中国工业改革开放 30 年 ［J］. 中国工业经济，2008（5）.

［2］金碚. 中国工业化的资源路线与资源供求 ［J］. 中国工业经济，2008（2）.

［3］金碚，吕铁，李晓华. 关于产业结构调整几个问题的探讨 ［J］. 经济学动态，2010（8）.

［4］金碚，吕铁，邓洲. 中国工业结构转型升级：进展、问题与趋势 ［J］. 中国工业经济，2011（2）.

［5］周叔莲，吕铁，贺俊. 新时期我国高增长行业的产业政策分析 ［J］. 中国工业经济，2008（9）.

［6］吕铁. 中国工业技术创新及韩国经验借鉴 ［J］. 中共中央党校学报，2007（6）.

［7］张其仔. 比较优势的演化与中国产业升级路径的选择 ［J］. 中国工业经济，2008（9）.

［8］何德旭，姚战琪. 中国产业结构调整的效应、优化升级目标和政策措施 ［J］. 中国工业经济，2008（5）.

［9］李平，随洪光. 三种自主创新能力与技术进步：基于 DEA 方法的经验分析 ［J］. 世界经济，2008（2）.

［10］李钢. 新二元经济结构下的中国工业升级路线 ［J］. 经济体制改革，2009（5）.

［11］李钢，金碚.中国制造业发展现状的基本判断［J］.经济研究参考，2009（41）.

［12］李钢，沈可挺，郭朝先.中国劳动密集型产业竞争力提升出路何在［J］.中国工业经济，2009（10）.

［13］李钢，梁泳梅.什么是经济发展方式的转变［J］.经贸导刊，2010（4）.

［14］李钢，董敏杰，金碚.比较优势与竞争优势是对立的吗？——基于中国制造业的实证研究［J］.财贸经济，2009（9）.

［15］李钢，董敏杰.中国与印度国际竞争力的比较与解释［J］.亚太研究，2009（5）.

［16］李钢，廖建辉.中国省域工业结构的聚类与时空演化研究［J］.经济管理，2011（7）.

［17］刘楷.1999~2005年中国地区工业结构调整和增长活力实证分析［J］.中国工业经济，2007（9）.

［18］王业强，魏后凯.产业特征、空间竞争与制造业地理集中［J］.管理世界，2007（4）.

［19］姚洋，郑东雅.重工业与经济发展：计划经济时代再考察［J］.经济研究，2008（4）.

［20］中国社会科学院经济学部课题组.我国进入工业化中期后半阶段：1995~2005年中国工业化水平评价与分析［J］.中国社会科学院院报，2007（9）.

［21］马晓河.加快体制改革　推动我国服务业大发展［J］.中国发展观察，2011（6）.

［22］汪海波.对新中国产业结构演进的历史考察——兼及产业结构调整的对策思考［J］.中共党史研究，2010（6）.

［23］黄志钢.产业结构调整、经济结构优化与经济增长方式转变［J］.经济界，2008（6）.

［24］纪明，梁东黎.后工业化时代经济大国低经济增长率之谜：结构变迁视角［J］.经济管理，2001（3）.

［25］江小涓等.中国经济的开放与增长 1980—2005［M］.北京：人民出版社，2007.

［26］许召元.中国产业结构变化的因素分解及国际比较［R］.国务院发展研究中心，2010.

Direction and Route of China's Industrial Upgrading

LI GANG[1], LIAO JIAN HUI[2], XIANG YI NI[1]

(1. Institute of Industrial Economics CASS, Beijing 100836;

2. College of Resources Science, Beijing Normal University, Beijing 100875)

Abstract：The essence of transforming economic growth pattern is the adjustment of industrial structure. Most of the existing researches believed that proportion of China's secondary industry is too high, and the direction of China's industrial restructuring is to raise the proportion of the tertiary industry. In this paper, the authors analyzed the efficiency, supply and demand and international trade of the three industries, and made the following judgments：①Rising proportion of the tertiary industries in developed countries does not justify it as the direction of industrial upgrade, nor it is better than the secondary industry; ②Despite growing proportion of tertiary industry in developed countries, there is no significant drop in the ratio of commodities provided by secondary industry in final consumption; ③Rising proportion of tertiary industry is based on advanced international trade in developed countries and fast growing secondary industry in developing countries, a prerequisite global does not have at the moment; ④Rising proportion of tertiary industry in developed countries is at the expense of price distortion between tertiary and secondary industry, whereas sharp price rise in secondary industry will push up the proportion. This paper calculated China's industrial structure of 2000–2009 with purchasing power parity data. Results show that current prevailing industrial structure data overestimated the secondary industry by nearly 14 percentage points, the ratio between the three industries should be: 5 : 32 : 63, which is close to that of Japan in 2000. Compared to developed countries with the same level of per capita GDP, the ratio of China's secondary industry is not too high, but too low and there is room for improvement. Accelerated development of the secondary industry, especially manufacturing in China remains the direction of industrial upgrading and the focus of industrial policy. Despite three decades of fast growth, factor endowments of China's economy continue to have quantitative change, but qualitative change has yet occurred. China's comparative advantage still lies in labor–intensive industries at least during the "12th Five–Year Plan" period.

Key words: Industrial Upgrading; Industrial Structure; Competitiveness

中国的政府 R&D 资助有效吗?

——来自大中型工业企业的经验证据*

白俊红

(南京师范大学商学院　南京　210046)

【摘　要】本文的研究目的旨在考察中国政府 R&D 资助企业技术创新的效果，并从政府偏好的角度分析影响资助效果的因素。本文采用 1998~2007 年中国大中型工业企业分行业数据，应用静态和动态面板数据模型的研究结果发现，中国政府的 R&D 资助显著地促进了企业的技术创新，而且企业自身的知识存量、企业规模、行业技术水平及产权类型等因素均会对资助效果产生不同程度的影响。本文的结论为我国政府 R&D 资助政策的制定提供了有益参考。

【关键词】政府 R&D 资助；技术创新；动态面板模型

一、引言

近年来，为实现中国经济的持续、健康发展，中国政府将"提高自主创新能力，建立创新型国家"作为新时期国家发展战略的核心，由此也带动了政府对科技创新的大力支持与投入。数据显示，21 世纪以来，中国科技财政拨款持续攀升，从 2000 年的 575.6 亿元增加到 2007 年的 2113.5 亿元，年均增长达到 33.4%；科技财政拨款占财政总支出的比例也不断提高，从 2000 年的 3.6%提高到 2007 年的 4.3%，投入力度不断加大。

政府不断加大的 R&D 资助会带来两方面的效果。从有利的一方面来讲，可以弥补企业的创新资金不足，降低企业创新的风险；可以作为导向基金吸引企业更大的研发投入，

---

* 本文选自《经济学》2011 年第 10 卷第 4 期。
基金项目：国家社会科学基金（10CJY064）、教育部人文社科基金（10YJC790005、09YJC790152）。
作者简介：白俊红，南京师范大学商学院。

并积极引导企业的技术创新方向。但是，政府的 R&D 资助也存在着不利影响，如政府 R&D 资助挤出了企业自身的 R&D 投资；相对于市场，政府对 R&D 资源的配置很可能是低效的，进而降低了 R&D 资源的利用效率等。那么，一个自然而现实的问题就是，中国政府的 R&D 资助效果如何？是促进还是阻碍了企业的技术创新？如果是促进，进一步应该如何加强？如果是阻碍，又应该如何改善？如何正确、有效地处理政府 R&D 资助与企业技术创新的关系，最大限度地降低政府 R&D 资助的负面影响，提高其正向影响，是创新型国家建设过程中所面临的一个非常棘手而且重要的问题。

目前，已有大量文献开始关注政府 R&D 资助对企业技术创新的影响。相关研究主要集中在考察政府 R&D 资助对企业 R&D 支出的影响，即检验政府 R&D 资助是激励还是挤出了企业的 R&D 投资，却较少有人关注政府 R&D 资助对创新产出的影响，更鲜有人关注影响政府 R&D 资助效果的因素。事实上，政府 R&D 资助不仅是为了刺激企业更多的 R&D 投资，通过资助产生更多的创新产出亦是其主要目的之一。因此，本文拟从企业 R&D 支出和产出两个角度，较全面地考察中国政府 R&D 资助企业技术创新的效果。更重要的是，本文还将进一步讨论企业知识存量、企业规模、行业特征及产权类型等因素对资助效果的影响，这对于政府有针对性地安排资助政策，进而提升资助效果具有重要意义。

全文后续部分安排如下：第二部分是对以往文献的一个简要回顾；第三部分是对中国政府 R&D 资助状况的一个特征性事实描述；第四部分是建立检验资助效果的计量经济学模型，并介绍相关的变量以及数据的来源；第五部分是对计量结果的分析；第六部分是在第五部分的基础上进一步考察模型设置的内生性问题；第七部分给出结论。

二、文献回顾

Arrow（1962）的 R&D 活动外部性理论支持了政府对 R&D 活动的干预。这一理论认为 R&D 活动具有公共物品的属性，因而个体投资者将无法独占其创新成果的全部收益。如果将 R&D 活动完全交给市场，听凭企业的自身积极性，R&D 资源的投入就会不足，低于社会理想水平。此时，政府的 R&D 资助便可以扩大研发资金的供给，纠正 R&D 的市场失灵现象。但是，企业获得资助以后可能存在两种表现：一方面，由于政府 R&D 的资助，企业的研发成本和风险降低，使得企业的研发活动可以继续进行；另一方面，由于政府的 R&D 资助缩短了企业 R&D 活动的私人收益与社会收益之间的差距，使得企业的 R&D 活动变得有利可图，进而也激励了企业扩大自身的 R&D 投资（Yager and Schmidt, 1997）。此外，政府的 R&D 资助具有选择性，并不是所有的企业都会得到资助，因此获得资助本身就意味着是对其的一种肯定，这样也有利于吸引更多的外部私人投资（Kleer, 2008）。这些原因都会产生政府 R&D 资助对企业 R&D 投资的激励效应。但是，政府的 R&D 资助增加了对研发资源的需求，提高了研发资源的价格，使得企业的研发成本提高，进而可能使企业转向其他的盈利项目，降低了 R&D 投资（Goolsbee，1998）；特别地，如果政府资助了本可以由企业自身资金就可以实施和完成的 R&D 项目，那么这些企业很可能仅仅用政府的资金来替代自身的投资（解维敏等，2009），产生替代效应。

在相关的经验分析中，Scott（1984）、Levin 和 Reiss（1984）、Leyden 和 Link（1991）、Mamuneas 和 Nadiri（1996）利用美国数据，Klette 和 Moen（1999）利用挪威数据，Czarnitzki 和 Fier（2001）、Czarnitzki 和 Hussinger（2004）利用德国数据，Duguet（2003）利用法国数据，Busom（2000）、Gonzalez 和 Pazo（2008）利用西班牙数据，Guellec 和 Pottelsberghe（2000）利用 OECD 成员国数据，朱平芳和徐伟民（2003）、许治和师萍（2005）、解维敏等（2009）利用中国数据，研究发现政府 R&D 资助降低了企业的研发成本和风险，使得企业的研发变得有利可图，刺激了企业更大的 R&D 支出，但 Lichtenberg（1987，1988，1992）、Wallsten（2000）利用美国数据，Gorg 和 Strobl（2007）利用爱尔兰资料的研究却发现政府 R&D 资助一定程度上挤出了企业的 R&D 投资，降低了行业整体的研发投入水平。

上述研究主要检验政府 R&D 资助与企业 R&D 支出之间的关系。从理论上来讲，如果企业得到政府的 R&D 资助，并且合理利用，一方面可以使原本无法实施的 R&D 项目得以进行，另一方面刺激效应也使得总的 R&D 投资增加，从而也有利于创新产出的增加。Czarnitzki 和 Fier（2003）、Ebersberger 和 Lehtoranta（2005）的研究支持了上述结论，他们的研究发现政府 R&D 资助对专利产出有显著的正向影响。但朱平芳和徐伟民（2003）的研究却显示政府 R&D 资助对专利产出的影响并不显著，他们认为这主要是由于政府 R&D 资助的约束机制不严造成的。

上述针对政府 R&D 资助与企业 R&D 支出与产出关系的研究，主要是考核政府 R&D 资助是否有效的问题。那么，一个更令人关心的问题是，什么因素影响着政府 R&D 资助的效果呢？针对这一问题，直接且有针对性的研究较为匮乏。一些研究曾基于熊彼特（1942）假说[①]，考察企业规模等因素对企业 R&D 投入或产出的影响（Scherer，1984；Blundell et al.，1999；Gayle，2001；周黎安、罗凯，2005；吴延兵，2008a），但这些研究并未涉及政府的 R&D 资助。本文研究将从企业自身的知识存量、企业规模、行业特征及产权类型四个方面对影响政府 R&D 资助效果的因素初步予以考察。之所以选择这四项因素，主要是因为政府的资助选择是具有偏好性的（Wallsten，2000），并不是所有的企业都可以获得资助，只有满足一定的条件才可能成为其资助的对象，而企业自身的知识存量、企业规模、行业特征及产权类型都可能影响到政府的甄选决策。

政府在选择资助企业时，所关心的一个重要问题是其资助的资金能否得到有效利用，而企业是否具有一定的知识积累是衡量其创新活动能否成功的重要标准。Cohen 和 Levinthal（1989）的研究表明，企业自身的 R&D 投资不仅可以增强自身的创新能力，而

[①] 熊彼特假说主要是指企业规模与创新之间具有密切的关系，且大企业有利于创新。

且有利于增强其吸收和利用外部知识的能力。也正因为如此，企业只有具有一定的知识储备，才能在获得政府 R&D 资助以后对其进行合理利用。所以，政府往往偏向于资助具有一定知识积累的企业。相对于小企业，大企业由于其具有资金和人才优势，也使得政府的 R&D 资助易于得到相应的资金和人才配套；同时由于大企业往往具有较强的知识积累，也有利于增加被资助项目成功的概率，降低了政府 R&D 资助的风险（Bizan，2003）。因此，政府在选择资助对象时也往往倾向于规模较大的企业。行业特征在这里主要是指行业的技术水平。与低技术水平的行业相比，高技术行业的技术水平高、发展潜力大，技术溢出所取得的社会效益也大（Tsai and Wang，2004），因而更易于获得政府的 R&D 资助。产权类型也是本文重点关注的因素之一。中国是一个多种经济成分并存的国家。按产权类型，可以将企业分为国有企业和非国有企业两大类。国有企业虽然为数不多，但大多实力雄厚，研发能力强。政府的科研政策也向其倾斜，使其与非国有企业相比更易于获得政府的 R&D 资助（吴延兵，2007）。中国政府的 R&D 资助具有产权偏好。后文中，我们将首先用中国的事实数据来描述政府的这四项偏好，然后通过设定计量模型进一步检验这些因素和偏好对资助效果的影响，为政府的 R&D 资助决策提供参考。

三、中国政府的 R&D 资助：事实特征

政府的 R&D 资助对象主要分为两类：一是公共研发机构，如政府科研机构和高等学校；二是私人部门，主要是指企业。本文主要关注和讨论政府对企业这一私人部门的 R&D 资助。我们利用 1999~2008 年《中国科技统计年鉴》和《中国统计年鉴》中有关大中型工业企业的政府 R&D 资助的分行业数据，对中国政府 R&D 资助企业技术创新的现状进行一个简单的特征性事实描述。选择 1998 年为考察基期，主要是因为文中用到的一些数据，如大中型企业国有企业总产值等，《中国科技统计年鉴》从 1998 年才开始统计记录。而 2009 年最新的《中国科技统计年鉴》中有关国有企业指标的统计口径变为规模以上工业企业，统计口径发生了变化。因此，本文将考察时间段限定在 1998~2007 年。此外，在考察期内，大中型工业企业的行业统计目录发生了变化。2002 年之前（包括 2002 年）的目录中包含"木材及竹材采选业"，而之后的年鉴中并没有这一项。为了保持统计口径的一致，剔除了这一行业。同时，由于"其他采矿业"的许多指标存在缺失值，我们也剔除了该行业。这样便保留了 37 个行业。图 1 描绘了 1998~2007 年 37 个行业政府 R&D 资助总额（1998 年不变价）的一个时间趋势。可以看出，考察期内，政府 R&D 资助总额基本呈现一个上升的态势，特别是 2003 年后，上升趋势更为明显，年均增长将近 30%。

接下来，我们依照企业知识存量、企业规模、行业特征和国有产权比重（将在后文中详细介绍这四项指标的构造）的大小对 37 个行业进行分类。我们以企业知识存量为例进行分类，分类的方法是：将考察期内各年 37 个行业的企业知识存量值从小到大进行排序，

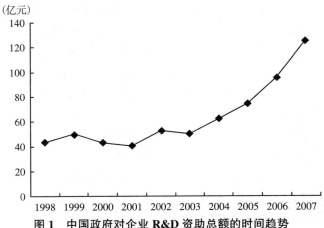

图1　中国政府对企业 R&D 资助总额的时间趋势

将排序靠前的 19 个行业定义为知识存量较小的行业，而将剩余的 18 个行业定义为知识存量较大的行业，并分别核算两类行业的政府 R&D 资助金额的总和。同样，我们亦按此分类方法将企业规模、行业特征和产权类型分为小和大两类，并分别核算相应类别的政府资助金额总和。表 1 报告了分类核算的结果。

表1　政府 R&D 资助偏好因素的分类比较

年份		1998	1999	2000	2001	2002	2003	2004	2005	2006	2007
知识存量	小	1.906 (0.047)	2.7 (0.058)	3.624 (0.093)	3.764 (0.099)	3.91 (0.078)	5.376 (0.106)	6.167 (0.099)	7.095 (0.095)	8.678 (0.091)	11.677 (0.093)
	大	38.691 (0.953)	43.802 (0.942)	35.169 (0.907)	34.189 (0.901)	46.031 (0.922)	45.283 (0.894)	56.119 (0.901)	67.966 (0.905)	86.312 (0.909)	113.332 (0.907)
企业规模	小	5.976 (0.147)	6.629 (0.143)	9.287 (0.239)	9.308 (0.245)	7.765 (0.155)	13.776 (0.272)	11.391 (0.183)	13.923 (0.185)	21.856 (0.230)	30.166 (0.241)
	大	34.620 (0.853)	39.872 (0.857)	29.506 (0.761)	28.645 (0.755)	42.176 (0.845)	36.883 (0.728)	50.895 (0.817)	61.138 (0.815)	73.323 (0.77)	94.843 (0.759)
行业特征	小	8.748 (0.215)	3.245 (0.070)	4.497 (0.116)	5.136 (0.135)	4.177 (0.084)	5.499 (0.084)	7.976 (0.109)	6.488 (0.128)	10.976 (0.115)	10.048 (0.080)
	大	31.849 (0.785)	43.257 (0.930)	34.295 (0.884)	32.817 (0.865)	45.765 (0.916)	45.16 (0.916)	54.311 (0.891)	68.573 (0.872)	84.204 (0.885)	114.96 (0.920)
产权类型	小	9.349 (0.230)	10.26 (0.221)	12.882 (0.332)	14.761 (0.386)	16.341 (0.327)	17.912 (0.354)	21.301 (0.342)	24.075 (0.321)	30.147 (0.317)	41.749 (0.334)
	大	31.248 (0.770)	36.241 (0.779)	25.911 (0.668)	23.476 (0.614)	33.601 (0.673)	32.747 (0.646)	40.986 (0.658)	50.987 (0.679)	65.033 (0.683)	83.260 (0.666)

注：单位为亿元，括号内数值为该年该类别行业政府 R&D 资助金额占总行业资助金额的比重。

从表 1 看，政府 R&D 资助金额在同一偏好因素的"大"、"小"两个不同类别间存在显著差异。在知识存量方面，1998 年知识存量较小行业的政府 R&D 资助金额为 1.906 亿元，占总行业资助金额比重的 4.7%；2007 年资助金额增长到 11.677 亿元，但其所占比重仍然只有 9.3%；即使在比重最高的 2003 年，其份额也只有 10.6%。相较而言，知识存量较大行业政府 R&D 资助金额占全行业比重为 89.4%~95.3%，知识存量较大的行业明显高于知识存量较小的行业。企业规模方面，企业规模较小行业的政府 R&D 资助金额占所有行业的比重为 14.3%~27.2%，而规模较大行业在各年获得的政府资助均占到了资助总额的 70% 以上。行业特征方面，技术水平较高的行业获得了较多的政府 R&D 资助，所占比重为 78.5%~93.0%，而技术水平较低行业所占比重仅为 7.0%~21.5%，两者之间差距较大。产权方面亦表现出类似的特征，国有产权比重较低行业政府 R&D 资助所占的份额为 22.1%~38.6%，而国有产权比重较高行业所占的份额为 61.4%~77.9%，国有产权比重较高的行业获得了更多的政府 R&D 资助。事实说明，企业知识存量越多、规模越大、行业技术水平越高、国有产权比重越大，所获得的政府 R&D 资助也越多。这也在一定程度上说明，政府的 R&D 资助对上述因素具有偏好性。

四、模型、变量与数据

1. 模型设定

本文应用 1998~2007 年中国大中型工业企业分行业面板数据进行分析。研究过程中需要考虑两个计量模型，一是政府 R&D 资助对企业 R&D 支出影响的模型；二是政府 R&D 资助对企业 R&D 产出影响的模型。我们拟分别进行设置。

（1）政府 R&D 资助对企业 R&D 支出的影响模型。在衡量政府 R&D 资助对企业 R&D 支出的影响时，经典方法是将企业自身的 R&D 支出作为被解释变量，把政府 R&D 资助作为解释变量来设定计量模型（解维敏等，2009）。考虑下列面板数据模型：

$$\ln R_{it} = c + a\ln Gov_{it} + \eta_i + u_t + \varepsilon_{it} \tag{1}$$

式中，R 为企业自身 R&D 支出，Gov 为政府 R&D 资助，a 为政府 R&D 资助变量的估计系数；i 为产业，t 为时间；η_i 表示不随时间变化的产业效应，μ_t 表示不随产业变化的时间效应；c 为常数项，ε_{it} 为随机误差项。

为了考察企业自身的知识存量、企业规模、行业特征及产权类型四项因素对政府 R&D 资助效果的影响，我们在模型（1）基础上加入这四项因素与政府 R&D 资助的交互项，得到回归方程：

$$\ln R_{it} = c + a\ln Gov_{it} + a_1 \ln K_{it} \times \ln Gov_{it} + a_2 \ln Siz_{it} \times \ln Gov_{it} + a_3 Ind_{it} \times \ln Gov_{it}$$
$$+ a_4 Own_{it} \times \ln Gov_{it} + \eta_i + u_t + \varepsilon_{it} \tag{2}$$

式中，K 为企业 R&D 存量（关于 R&D 存量的核算，我们将在后文中详细给出）；Siz 为企业规模，用各行业总产值除以企业数，即企业的平均规模来表征，其中总产值按工业品产出价格指数折算成 1998 年不变价；Ind 代表行业的技术水平，用科技活动人员数占行业从业人员数的比重来表征；Own 代表产权类型，用国有及国有控股企业当年工业总产值占行业当年工业总产值的比重来表征。其他变量的含义与式（1）一致。式（2）中，如果交互项系数为正，说明该因素与政府 R&D 资助有正的交互作用，该因素有利于政府 R&D 资助效果的发挥；如果为负则说明两者存在负的交互作用，该因素对政府 R&D 资助产生不利影响。

（2）政府 R&D 资助对企业 R&D 产出的影响模型。基于 Griliches（1979）的研究，并将政府 R&D 资助纳入分析框架，建立如下形式的拓展的柯布—道格拉斯知识生产函数：

$$y = AK_{it}^{\alpha}L_{it}^{\beta}Gov_{it}^{\lambda}e^{\eta_i + u_t + \varepsilon_{it}} \tag{3}$$

式中，y 为企业的 R&D 产出，K 为企业的 R&D 资本存量，L 为企业的 R&D 人员，Gov 为政府的 R&D 资助，α、β、λ 分别为相应变量的产出弹性，A 为常数，e 为自然对数的底。

需要注意的是，知识生产函数模型（3）中的投入要素 K 为企业的 R&D 资本存量，而非模型（2）中的企业 R&D 支出 R。之所以设置 R&D 存量，是因为模型（3）表达的是企业的知识生产过程。企业在知识生产过程中，其 R&D 投入不仅对当期的知识生产有影响，对以后若干期的知识生产也有重要影响（Griliches，1980；吴延兵，2008b），R&D 存量即可以有效反映这一特征。而流量指标企业 R&D 支出反映的是当期投入，并不能体现对以后知识生产的影响。

将模型（3）两边取对数，并将政府 R&D 资助与企业知识存量、企业规模、行业特征及产权类型的交互项纳入模型，得到回归方程：

$$\ln(y_{it}) = \delta + \alpha\ln K_{it} + \beta\ln L_{it} + \lambda\ln Gov_{it} + \gamma_1\ln K_{it} \times \ln Gov_{it} + \gamma_2\ln Siz_{it} \times \ln Gov_{it}$$
$$+ \gamma_3 Ind_{it} \times \ln Gov_{it} + \gamma_4 Own_{it} \times \ln Gov_{it} + \eta_i + u_t + \varepsilon_{it} \tag{4}$$

其中，δ = lnA 为常数项。

对于模型（2）和模型（4）中的时间非观测 u_t 效应，可以通过设置时间虚拟变量来消除。而对于不随时间变化的产业效应，可根据不同假设将其区分为固定效应（FE）和随机效应（RE）。如果 η_i 与解释变量相关，则该产业效应为固定效应；如果 η_i 与解释变量不相关，并且符合一定的分布，则为随机效应。具体在选择固定和随机效应时，一种简单的判定方法是，如果样本观测值即是全部总体，则取固定效应模型；另一种判定方法是 Hausman 检验法。Hausman 检验的原假设为接受随机效应模型，倘若 Hausman 值低于某一显著性水平下的临界值，则选用随机效应模型，否则选用固定效应模型。本文选择 Hausman 检验法来判定。同时，我们采用广义最小二乘估计（FGLS）以降低可能存在的序列相关的影响。

2. 变量构造

上文分析中，已经给出了政府 R&D 资助、企业规模、行业特征及产权类型等指标的显性化定义，其值可以从历年《中国科技统计年鉴》中直接或经整理得到。接下来，我们重点介绍企业的 R&D 支出、R&D 人员、R&D 存量及 R&D 产出等指标的选择与构造。

关于企业 R&D 支出，本文选择科技活动经费内部支出，而非 R&D 经费内部支出。其理由在于，一方面，从数据的可得性来考虑，有关大中型工业企业 R&D 支出的数据，《中国科技统计年鉴》只统计了其科技活动经费内部支出，并没有报告 R&D 经费内部支出，这也使得 R&D 经费内部支出指标并不可行；另一方面，从统计口径来看，根据《中国科技统计年鉴》的解释，R&D 活动指在科学技术领域，为增加知识总量以及运用这些知识去创造新的应用而进行的系统的创造性活动，而科技活动是指与科技知识的产生、发展、传播和应用密切相关的、有组织的活动，包括研究与试验发展活动、研究与试验发展成果应用及技术推广与科技服务等。由此也可看出，科技活动经费的统计口径要比研发活动大，不仅包括了研发活动经费，而且包括了研发成果应用、推广等费用，这也更符合 Ut-terback（1974）、Freeman（1982）等学者定义的技术创新是从技术开发到创新成果市场化应用全过程的内涵要求。基于此，本文选择科技活动经费内部支出作为企业 R&D 支出的考核指标。

与企业 R&D 支出相类似，出于数据可得性及统计口径方面的考虑，本文选择科技活动人员数作为 R&D 人员投入的考核指标。

关于企业 R&D 存量，参照 Griliches（1980）、Goto 和 Suzuki（1989）及吴延兵（2006）的研究，用永续盘存法进行核算。本期的 R&D 存量可以表示为上一期的 R&D 存量与过去所有期的 R&D 支出现值之和，即

$$K_t = \sum_{k=1}^{n} \mu_k E_{t-k} + (1-\delta)K_{t-1} \tag{5}$$

式（5）中，K_t 与 K_{t-1} 分别为当期和滞后 1 期的 R&D 资本存量，k 为滞后期，μ_k 为滞后算子，即 R&D 支出的贴现系数，δ 为 R&D 资本存量的折旧率，E_{t-k} 为 t-k 期的 R&D 支出现值。由于难以获得 μ 的滞后结构，一般假定平均滞后期为 θ，且 t-θ 期的 R&D 支出直接构成了 t 期的 R&D 资本存量的增量，即 k = θ 时，μ_k = 1；k $\neq$ θ 时，μ_k = 0。这样，式（5）可写成：

$$K_t = E_{t-\theta} + (1-\delta) \times K_{t-1} \tag{6}$$

在假定平均滞后期为 1 年的情况下，式（5）可写成：

$$K_t = E_{t-1} + (1-\delta) \times K_{t-1} \tag{7}$$

也即当期的 R&D 资本存量等于滞后 1 期的 R&D 现值与滞后 1 期的 R&D 资本存量之和。

从式（7）可看出，核算 R&D 资本存量需确定 R&D 支出的现值、R&D 资本存量的折旧率及基期 R&D 资本存量。

在核算 R&D 支出现值时，关键是构造 R&D 支出价格指数。已有的研究中，Loeb 和 Lin（1977）设定 R&D 人员工资价格指数与设备投资价格指数的加权平均来表示 R&D 支出价格指数，其中前者权重为 0.55，后者权重为 0.45；Frantzen（2003）则将 R&D 支出价格指数设定为工资价格指数和产出价格指数的加权平均，其中前者权重为 0.25，后者权重为 0.75。国内的相关研究中，李习保（2007）、詹宇波等（2010）选用消费价格指数，岳书敬（2008）选用固定资产投资价格指数来表征 R&D 支出价格指数。朱平芳和徐伟民

（2003）、朱有为和徐康宁（2006）、于明超和申俊喜（2010）将 R&D 支出价格指数设定为固定资产投资价格指数和消费价格指数的加权平均，但具体设定时，权重并不一致。朱平芳和徐伟民设定固定资产投资价格指数的权重为 0.45，消费价格指数的权重为 0.55；朱有为和徐康宁将固定资产投资价格指数的权重设定为 0.75，消费价格指数的权重为 0.25；于明超和申俊喜将固定资产投资价格指数的权重设定为 0.6，消费价格指数的权重为 0.4。事实上，虽然上述学者设定的 R&D 支出价格指数不尽相同，但却反映出一个基本思路，即可从 R&D 支出的明细构成及用途上来构造价格指数。李习保、詹宇波等及岳书敬的设定方式实际上是假定 R&D 支出全部用于劳动力成本或购置固定资产，而 Loeb 和 Lin、朱平芳和徐伟民、朱有为和徐康宁、于明超和申俊喜的设定方式则是基于 R&D 经费支出用于劳动力成本和购置固定资产的比例来构造相应价格指数。遵循同一思路，我们对 R&D 支出价格指数进行了重新构造。根据《中国科技统计年鉴》的明细，1998~2007 年各期 R&D 经费支出中用于劳务费和固定资产购置费的比重均值约为 38：62，因此我们将 R&D 支出价格指数设定为 0.38×消费价格指数 + 0.62×固定资产投资价格指数，并应用这一指数将名义 R&D 经费支出折算成实际值。

对于折旧率 δ，目前文献中主要有三种经验取值，分别为 5%（Coe and Helpman，1995；沈坤荣、李剑，2009）、10%（Berghll，2006）和 15%（Griliches，1980；Hall and Maiesse，1995；Hu et al.，2005；吴延兵，2006，2008a，2008b；白俊红等，2009；张海洋，2010；詹宇波等，2010）。可以看出，较多学者采用了 15% 这一较高的折旧率，这主要是因为 R&D 资本更新换代较快，其折旧率通常要高于物质资本折旧率的假定（Pakes and Schankerman，1984；吴延兵，2006）。目前估算中国物质资本折旧率较为权威的几个数值分别为张军等（2004）的 9.6%、龚六堂和谢丹阳（2004）的 10% 以及 Young（2003）的 6% 等。基于此，我们也选择较高的 15% 作为本研究中的折旧率。[1]

还需估算基期资本存量。根据 Goto 和 Suzuki（1989）及吴延兵（2006），在假定 R&D 资本存量的增长率等于 R&D 经费增长率的情况下，基期资本存量可以用下式来估计：

$$K_0 = E_0 /(g + \delta) \tag{8}$$

式中，K_0 为基期资本存量，E_0 为基期实际 R&D 经费支出，g 为考察期内实际 R&D 经费支出的平均增长率，δ 为折旧率。

至此，我们已经给出了核算 R&D 资本存量所需的全部技术。接下来我们探讨企业 R&D 产出变量的设置。

基于技术创新的过程，我们将企业 R&D 产出分为两类：一类表示技术创新过程中新方法、新工艺等新知识的产出，用专利来衡量表征；另一类则表示新知识的市场和商业化水平，用新产品销售收入来表征。专利和新产品销售收入同时也分别代表了技术创新过程的中间产出和最终产出。

---

[1] 出于稳健性的考虑，我们还核算了 5%、10% 两种情形下的 R&D 资本存量，并代入回归模型进行估计，发现实证结论与折旧率为 15% 时基本一致。这表明折旧率的影响并不大。

在中国，依据所申请专利的新颖、创新以及实用程度，专利分为发明专利、实用新型和外观设计三种类型。我们用三种类型专利的总和来全面反映创新过程中新知识的产生。另外，根据专利是否得到授权又可将其分为专利申请数和专利授权数。此处，我们选择专利申请数作为考核指标，这主要是基于数据可得性的考虑——《中国科技统计年鉴》只有大中型工业企业专利申请数的统计公布。由于并不是所有的专利申请都会得到授权，因此这一指标可能夸大了创新的产出水平（詹宇波等，2010）。当然，专利申请数也具备一些优势，主要表现在：在中国一项专利从申请到获得批准需要1~2年的时间，因而相比于专利授权数，专利申请数在反映当期的创新产出时具有优势；此外，相对于专利授权数，专利申请数受专利机构工作效率和偏好等因素的影响也较小（岳书敬，2008），因而也可以较为真实地反映特定产业的技术创新水平。至于R&D产出的另一项衡量指标——新产品销售收入，其名义值可直接从《中国科技统计年鉴》中得到。我们用工业品出厂价格指数将其折算成以1998年为基期的实际值。

3. 数据说明

本文所使用的原始数据源于1999~2008年的《中国科技统计年鉴》和《中国统计年鉴》。其中，新产品销售收入、专利申请数、科技活动人员、科技活动经费内部支出、政府R&D资助、工业总产值、国有企业总产值及企业数等数据源于《中国科技统计年鉴》，而工业品出厂价格指数、消费价格指数和固定资产投资价格指数源于《中国统计年鉴》。

以新产品销售收入为产出指标时，37个行业10年的考察期，共计370个样本。而以专利申请数为产出指标时，由于1998年和1999年的"黑色金属矿采选业"及1998年的"印刷业和记录媒介的复制业"专利申请数为零，这样将不能对其做对数化处理（代入生产函数时，需对投入与产出指标对数化），我们剔除了这两个行业。这样，在以专利为产出指标时，35个行业10年的时间，共计350个观测样本。

另外，由于2004年的统计数据中没有政府R&D资助和国有企业总产值两个指标的数据，我们用相邻两年（2003年和2005年）的平均值代替。

本文中使用的变量及其定义如表2所示，而对这些变量的描述性统计如表3所示。

表2　变量定义

指标	符号	单位	定义
专利	Y_1	项	各行业专利申请数
新产品销售收入	Y_2	元	各行业新产品销售收入，用工业品出厂价格指数平减成1998年不变价
R&D支出	R	元	各行业科技活动经费内部支出，用R&D支出价格指数折算成1998年不变价
R&D存量	K	元	各行业R&D资本存量，用永续盘存法核算将各行业的科技活动经费内部支出换算成资本存量
R&D人员	L	人	各行业科技活动人员数
政府R&D资助	Gov	元	各行业政府科技活动经费支出，用R&D价格指数平减成1998年不变价
企业规模	Siz	元/个	各行业总产值除以企业数，其中总产值按用工业品出厂价格指数折算成1998年不变价
行业特征	Ind	1	各行业科技人员数与从业人员数之比
国有产权	Own	1	国有及国有控股企业当年总产值除以行业当年总产值

注：以上变量均为原值。实证分析时，比例变量Ind和Own取原值，其他变量取对数，如式（2）和式（4）所示。

表3 变量的描述性统计

指标	个数	均值	标准差	最大值	最小值
Y_1	350	1014.929	2485.447	27894.000	1.000
Y_2	370	4199679.922	9948372.059	74669042.538	11.100
R	370	433260.470	782660.297	5514183.807	1694.400
K	370	998459.934	1890966.416	15110727.362	412.500
L	370	41698.436	51913.258	305987.000	179.000
Gov	370	16810.265	41644.668	448010.270	5.966
Siz	370	58109.256	123383.622	983691.851	4770.108
Ind	370	0.039	0.025	0.120	0.001
Own	370	0.371	0.292	1.519	0.000

五、结果与讨论

1. 面板数据的平稳性检验

尽管本文研究所使用的数据时间跨度不大，但考虑到宏观经济数据可能存在时间趋势而造成"伪回归"，因此在回归估计之前，我们首先对模型（2）和模型（4）中变量数据的平稳性进行检验。本文采用LLC、IPS、Fisher–ADF和Fisher–PP等检验方法对面板数据平稳性进行检验，其中LLC方法假设横截面序列具有相同的单位根过程，而IPS、Fisher–ADF和Fisher–PP等方法假设横截面序列单位根过程不同。所有检验方法的原假设均为面板数据存在单位根过程，数据非平稳。检验结果如表4所示。

表4 变量的单位根检验

	LLC	IPS	Fisher–ADF	Fisher–PP	单位根
$\ln Y_1$	−6.889*** (0.000)	−2.643*** (0.004)	116.280*** (0.000)	105.565*** (0.004)	否
$\ln Y_2$	−9.998*** (0.000)	−3.408*** (0.000)	128.797*** (0.000)	106.643*** (0.008)	否
$\ln R$	−10.706*** (0.000)	−4.159*** (0.000)	134.865*** (0.000)	125.993*** (0.000)	否
$\ln K$	−12.145*** (0.000)	−4.806*** (0.000)	142.994*** (0.000)	131.297*** (0.000)	否
$\ln L$	−12.071*** (0.000)	−4.987*** (0.000)	150.011*** (0.000)	138.526*** (0.000)	否
$\ln Gov$	−14.903*** (0.000)	−5.968*** (0.000)	170.757*** (0.000)	178.717*** (0.000)	否

	LLC	IPS	Fisher-ADF	Fisher-PP	单位根
lnK × lnGov	−13.372*** (0.000)	−6.222*** (0.000)	186.470*** (0.000)	182.995*** (0.000)	否
lnSiz × lnGov	−14.085*** (0.000)	−6.033*** (0.000)	173.576*** (0.000)	212.729*** (0.000)	否
Ind × lnGov	−12.562*** (0.000)	−5.871*** (0.000)	181.510*** (0.000)	222.703*** (0.000)	否
Own × lnGov	−15.557*** (0.000)	−6.608*** (0.000)	191.017*** (0.000)	214.435*** (0.000)	否

注：括号内数值为显著性概率，*** 表示显著性水平为 1%。

从表 4 可看出，各变量的平稳性检验均拒绝了面板数据存在单位根的原假设，表明各变量均为平稳序列，可以直接建模对其进行回归分析。

2. 经验估计结果

应用基本模型（2）分析政府 R&D 资助对企业 R&D 支出的影响，表 5 报告了这一结果。

表 5　政府 R&D 资助对企业 R&D 支出的影响

	(1.1)	(1.2)	(1.3)	(1.4)	(1.5)
常数 C	6.123*** (0.000)	9.348*** (0.000)	6.509*** (0.000)	6.755*** (0.000)	5.900*** (0.000)
lnGov	0.694* (0.000)	−0.361*** (0.000)	0.216*** (0.000)	0.569*** (0.000)	0.738*** (0.000)
lnK × lnGov		0.082*** (0.000)			
lnSiz × lnGov			0.042*** (0.000)		
Ind × lnGov				1.114*** (0.000)	
Own × lnGov					−0.044** (0.015)
Hausman	4.772** (0.029)	3.378 (0.185)	7.869*** (0.020)	9.547*** (0.008)	21.414*** (0.000)
模型	FE	RE	FE	FE	FE
调整后 R^2	0.838	0.905	0.868	0.842	0.724
F 值	52.707	1752.784	64.756	52.809	487.402

注：括号内数值为显著性概率，*、** 和 *** 分别表示显著性水平为 10%、5% 和 1%。

表 5 中，列（1.1）为将政府 R&D 资助单独作为解释变量的回归估计结果，而列（1.2）～（1.5）则是依次纳入知识存量、企业规模、行业特征及国有产权等政府偏好因素的回归估计结果。Hausman 检验支持了列（1.2）选择随机效应模型，其他情形均选择固定效应模型。

从表 5 的估计结果来看，列（1.1）显示政府 R&D 资助的系数显著为正，表明政府 R&D 资助对企业 R&D 支出有显著的正向影响，其激励效应为 0.694，即政府 R&D 资助增加 1%，企业的 R&D 支出会相应增加约 0.694%。加入交互项以后，政府 R&D 资助对企业 R&D 支出的激励效应依次分别为 0.686、0.645、0.621 和 0.722[①]，波动不大。这些结果略高于许治和师萍（2005）测算的 0.268 及解维敏等（2009）测算的 0.374~0.481，而低于朱平芳和徐伟民（2003）的 1.490~4.458。但不管怎样，结果均表明中国政府的 R&D 资助具有明显的激励效应，显著地提高了私人企业的 R&D 支出。

从表 5 中列（1.2）~（1.5）中交互项的估计结果来看，企业的知识存量与政府 R&D 资助的交互项系数显著为正，说明企业的知识存量越高越有利于政府 R&D 资助效果的发挥，进而越有利于激励更多的企业 R&D 支出。企业规模与政府 R&D 资助之间具有显著为正的交互作用，表明企业规模越大，越有利于发挥政府 R&D 资助的诱导激励效应，这可能与规模越大的企业越有能力对政府 R&D 资助进行经费配套有关。行业技术水平与政府 R&D 资助的交互项系数显著为正，表明行业技术水平越高，政府 R&D 资助的激励效果也越明显。值得注意的是，国有产权变量与政府 R&D 资助交互项的系数显著为负，表明国有产权比重越高，政府 R&D 资助效果越差，政府 R&D 资助的国有产权偏好并不利于其激励效应的发挥。

表 6 是以专利为产出，对基本模型（4）的回归估计结果，其中列（2.1）是将政府 R&D 资助单独列入知识生产模型的回归估计结果，列（2.2）~（2.5）则依次是考察企业知识存量、企业规模、行业特征及国有产权与政府 R&D 资助之间是否存在显著交互作用的回归估计结果。Hausman 检验的结果显示列（2.1）~（2.5）均选择固定效应模型。

表 6　政府 R&D 资助对企业专利产出的影响

	(2.1)	(2.2)	(2.3)	(2.4)	(2.5)
常数 C	−3.663*** (0.000)	2.207 (0.184)	−4.568*** (0.000)	−2.798*** (0.000)	−4.785*** (0.000)
lnL	0.632*** (0.000)	0.612*** (0.000)	0.639*** (0.000)	0.674*** (0.000)	0.775*** (0.000)
lnK	0.145 (0.156)	−0.301 (0.446)	0.219 (0.326)	0.096 (0.342)	0.119 (0.165)
lnGov	0.131** (0.036)	−0.620*** (0.002)	0.325* (0.000)	0.095 (0.941)	0.210*** (0.000)
lnK × lnGov		0.057*** (0.000)			
lnSiz × lnGov			−0.021 (0.188)		

[①] 根据列（1.2），政府 R&D 资助对企业 R&D 支出的偏效应为 −0.361 + 0.082 × lnK。我们将 lnK 的均值代入，可求得政府 R&D 资助对企业 R&D 支出的偏效应为 0.686，此值即为政府 R&D 资助的激励效应。其他交互模型中政府 R&D 资助的激励效应可同理得到。详细的介绍可参见伍德里奇（2003）。

续表

	(2.1)	(2.2)	(2.3)	(2.4)	(2.5)
Ind × lnGov				0.992*** (0.004)	
Own × lnGov					−0.220*** (0.000)
Hausman	29.472*** (0.000)	25.308*** (0.000)	28.914*** (0.000)	41.264*** (0.000)	23.776*** (0.000)
模型	FE	FE	FE	FE	FE
调整后 R^2	0.758	0.762	0.769	0.745	0.851
F 值	30.560	30.461	31.587	27.847	53.519

注：括号内数值为显著性概率，*、** 和 *** 分别表示显著性水平为 10%、5% 和 1%。

从表 6 中列 (2.1) 来看，R&D 人员对专利产出有显著的正向影响，R&D 人员每增加 1%，专利产出增加约 0.632%。R&D 存量虽然对专利产出有正向影响，但统计上并不显著，且 R&D 人员的产出弹性明显高于 R&D 存量，表明专利生产过程中，与 R&D 存量相比，研发人员具有更高的边际报酬，吴延兵（2006）的研究亦有类似的发现，专利生产更多地依赖研发人员的贡献。列 (2.1) 显示的政府 R&D 资助变量估计系数显著为正，表明政府 R&D 资助显著地促进了企业专利产出的增加。政府 R&D 资助每提高 1%，专利产出增加约 0.131%。加入交互项的各模型中，政府 R&D 资助的偏效应依次分别为 0.099、0.110、0.134 和 0.128，与列 (2.1) 无交互项时相比略有波动。政府的 R&D 资助一方面降低了企业技术创新的风险，提高了企业技术创新的积极性；另一方面也由于为企业提供了必要的研发经费而使得研发项目得以顺利进行，这无疑有助于创新产出的增加。

列 (2.2) 显示，政府 R&D 资助与企业知识存量的交互项系数显著为正，表明企业知识存量对政府 R&D 资助的吸收利用有显著的正向作用。企业的知识存量代表了企业的知识累积和储备。企业的知识积累和储备越多，越有能力更加有效地吸收利用政府的 R&D 资助，进而也有助于创造更多的专利产出。

列 (2.3) 显示企业规模与政府 R&D 资助的交互项系数并不显著，表明无论是大企业还是小企业，对政府 R&D 资助均具有同样的吸收能力，企业规模并不影响对政府 R&D 资助的吸收利用。大企业和小企业在利用政府资助方面各具优势。大企业实力雄厚、配套设施完善、人员素质也较高，有利于其有效吸收利用政府的 R&D 资助，但小企业亦具有组织结构灵活、竞争压力大、创新动力强等优点，这些原因可能导致不同规模企业在吸收利用政府 R&D 资助方面并无显著差异。

从列 (2.4) 的估计结果来看，行业技术水平与政府 R&D 资助的交互项显著为正，表明行业技术水平与政府 R&D 资助存在正向的交互作用，行业技术水平越高，越有利于利用政府 R&D 资助创造更多的专利产出。高技术行业具有高研发投入、高创新性的特点，政府的 R&D 资助可以有效地降低高技术行业企业的研发成本和风险，提高研发积极性，从而也有利于其创造更多的新知识和新技术。

列（2.5）报告了将国有产权比重与政府 R&D 资助交互项纳入回归模型的估计结果。从估计结果来看，国有产权比重与政府 R&D 资助交互项系数显著为负，表明政府对国有产权的偏好资助并不利于其创造更多的专利产出，反而会产生显著的负面效应。一直以来，受计划经济的影响，国有企业产权关系模糊、所有者缺位以及预算软约束等问题长期存在，这也使得其行为往往具有短期化的特点，创新激励不足（吴延兵，2008a）。同时，与非国有企业相比，国有企业在获得政府 R&D 资助方面具有优势，也较容易，这也可能使其并不关注政府资助的效率型利用，反而由于占用了较多的资助而降低了行业整体的产出水平。

表 7 报告了以新产品销售收入为产出时的回归估计结果，其中 Hausman 检验支持了列（3.1）、（3.2）和（3.4）的回归模型选择随机效应模型，而其他模型选择固定效应模型。从表 7 看，各种情形下，R&D 人员和 R&D 存量对新产品销售收入均有显著的正向影响，R&D 人员的产出弹性为 0.409~0.493，R&D 存量的产出弹性为 0.560~0.681[①]，此结果与朱有为和徐康宁（2006）测算的 R&D 人员产出弹性 0.231、R&D 存量的产出弹性 0.442 相比均有提高，但都显示出 R&D 存量的产出贡献要大于 R&D 人员的特征。与专利这一中间产

表 7 政府 R&D 资助对企业新产品销售收入的影响

	(3.1)	(3.2)	(3.3)	(3.4)	(3.5)
常数 C	−0.944 (0.290)	6.528*** (0.007)	1.877*** (0.221)	0.711 (0.479)	0.363 (0.515)
lnL	0.493* (0.001)	0.409*** (0.006)	0.438*** (0.003)	0.423*** (0.004)	0.413*** (0.000)
lnK	0.615*** (0.000)	0.041 (0.851)	0.625*** (0.000)	0.568*** (0.000)	0.560*** (0.000)
lnGov	0.196* (0.048)	−0.740** (0.012)	−0.113* (0.087)	0.069 (0.506)	0.241*** (0.000)
lnK × lnGov		0.078*** (0.0001)			
lnSiz × lnGov			0.024*** (0.000)		
Ind × lnGov				1.860 (0.171)	
Own × lnGov					−0.191*** (0.000)
Hausman	1.720 (0.632)	2.425 (0.658)	14.972*** (0.005)	4.346 (0.361)	18.501*** (0.001)
模型	RE	RE	FE	RE	FE
调整后 R^2	0.530	0.543	0.880	0.543	0.806
F 值	139.620	110.605	68.797	110.763	39.356

注：括号内数值为显著性概率，*、** 和 *** 分别表示显著性水平为 10%、5%和 1%。

---

① 列（3.2）中，R&D 存量的偏效应为 0.681。

出不同，新产品的研发、试制、生产，直至推向市场不光需要 R&D 人员的贡献，更需要大量的设备投资与经费投入，因而 R&D 存量的产出贡献也较大。

列（3.1）～（3.5）显示的各种回归估计模型中，政府 R&D 资助对新产品销售收入均有显著的正向影响，产出贡献依次分别为 0.196、0.244、0.132、0.142 和 0.170。交互项的影响中，列（3.2）显示企业知识存量与政府 R&D 资助的交互项系数显著为正，列（3.5）显示国有产权比重与政府 R&D 资助交互项的系数显著为负，表明企业知识存量对政府 R&D 资助的吸收利用有显著的正向影响，而国有产权比重有显著的负向影响，这与以专利为产出时的估计结果相一致。与专利生产不同，列（3.3）显示企业规模与政府 R&D 资助的交互项估计系数显著为正，表明新产品生产过程中，企业规模对政府 R&D 资助的效果具有显著影响。与小企业相比，大企业具有强大的营销网络和市场拓展能力，也有助于其新产品销售活动的顺利进行。列（3.4）显示行业特征与政府 R&D 资助的交互项系数并不显著，表明新产品生产过程中，政府 R&D 资助的效果与行业的技术水平并无明显关系。新产品销售更多的是一个市场行为，更多地依赖企业的市场开拓能力和营销能力，而与行业技术水平的关系并不明显。

六、有关内生性问题的处理

正如上文所言，政府的 R&D 资助是具有偏好性的，这使得其并不是一个严格的外生变量。尽管我们对一些偏好性因素进行了控制，但仍有可能遗漏了重要变量而使模型产生内生性问题。内生性问题的存在可能影响到估计结果的稳定性。

传统解决内生性问题的方法是工具变量法。此方法要求所选择的工具变量与其所要替代的解释变量高度相关而与随机误差不相关。但是由于工具变量的不唯一以及随机误差的不可观测性，现实中找到一个严格符合上述条件的工具变量是困难的。针对这一问题，Arellano 和 Bond（1991）提出了差分广义矩估计（Difference GMM）的方法，其思想是首先对估计方程进行一阶差分以去掉固定效应的影响，然后用解释变量的滞后值作为差分方程的工具变量。但是，研究表明，当回归项的时间序列接近随机游走过程时，回归项的滞后变量会受到弱工具变量的影响，使得估计结果出现偏差。为克服这一问题，Arellano 和 Bover（1995）、Blundell 和 Bond（1998）提出了系统广义矩估计（System GMM）的方法。系统广义矩估计是在差分广义矩估计的基础上增加解释变量的一阶差分滞后项作为原水平方程的工具变量，并将水平方程和差分方程作为一个系统同时对其进行估计。Blundell 等（2000）的研究表明，在有限样本情况下，系统广义矩估计比差分广义矩估计的偏差更小，有效性更高。本文在面板数据模型（2）和（4）中引入被解释变量的滞后一期项并将其作为解释变量，以控制一些遗漏变量及不可观测因素的影响，由此构造了一个动态面板数据模型，并采用系统广义矩估计方法重新验证政府 R&D 资助对企业 R&D 支出与产出的影响，结果如表 8、表 9 和表 10 所示。其中，表 8 为政府 R&D 资助对企业 R&D 支出的回归估计结果，表 9 为对专利产出的回归估计结果，表 10 为对新产品销售收入的回归估计结果。

表 8　政府 R&D 资助对企业 R&D 支出的动态面板回归估计结果

	(4.1)	(4.2)	(4.3)	(4.4)	(4.5)
常数 C	0.566*** (0.002)	1.636*** (0.002)	0.574** (0.020)	0.264 (0.272)	0.535*** (0.003)
lnR（−1）	0.917*** (0.000)	0.811*** (0.000)	0.916*** (0.000)	0.940*** (0.000)	0.918*** (0.000)
lnGov	0.075*** (0.000)	−0.056 (0.386)	0.074** (0.048)	0.096*** (0.000)	0.086*** (0.000)
lnK×lnGov		0.012** (0.034)			
lnSiz×lnGov			0.001* (0.095)		
Ind×lnGov				0.401* (0.053)	
Own×lnGov					−0.026** (0.010)
Sargan 检验	0.252	0.255	0.249	0.238	0.236
AR（1）	0.000***	0.000***	0.000***	0.000***	0.000***
AR（2）	0.233	0.256	0.231	0.218	0.221

注：括号内数值为显著性概率，*、** 和 *** 分别表示显著性水平为 10%、5% 和 1%，Sargan 检验、AR（1）和 AR（2）检验均给出了显著性概率 P 值。

根据表 8，我们首先需要对工具变量的有效性以及模型设置的合理性进行检验。依照 Arellano 和 Bond（1991）、Arellano 和 Bover（1995）及 Blundell 和 Bond（1998）的建议，我们分别采用 Sargan 检验和 Arellano-Bond 检验对其进行判定。其中，Sargan 检验用来检验工具变量的过度识别问题，即检验工具变量是否有效，原假设为工具变量有效。Arellano-Bond 检验分为 Arellano-Bond AR（1）检验和 Arellano-Bond AR（2）检验两种，分别用来考察差分后的残差项是否存在一阶和二阶序列相关，如果不存在自相关，则系统 GMM 有效，原假设为差分后的残差项不存在自相关。Roodman（2006）放宽了这一限制，认为差分后的残差项存在一级自相关，但只要不存在二级自相关，系统 GMM 依然有效。

从表 8 的检验结果来看，各种情形下 Sargan 检验的 P 值均在 0.2 以上，这也接受了工具变量有效的原假设。Arellano-Bond 检验的 AR（1）统计量虽然拒绝了残差项一阶序列无自相关的原假设，但 AR（2）统计量接受了残差项二阶序列无自相关的原假设，表明模型设置是有效的。接下来，进一步分析政府 R&D 资助及企业知识存量、企业规模、行业特征和产权类型等偏好因素的影响。

从列（4.1）~（4.5）的估计结果可看出，各模型中，滞后一期的 R&D 支出对本期的 R&D 支出均有显著的正向影响，表明前期的 R&D 投入对本期企业的 R&D 支出决策有重要作用。各种情形下，政府 R&D 资助的激励效应经核算依次分别为 0.075、0.095、0.084、0.112、0.076，虽然较之前的静态面板估计结果有所降低，但依然显著，表明政府 R&D 资助显著地提高了企业自身的 R&D 支出。此处激励效应降低的原因可能是由于动态面板考虑了前期 R&D 支出，控制了遗漏变量及不可观察因素的影响。交互因素中，知识存量、企业规模、行业技术水平与政府 R&D 资助的交互项系数显著为正，国有产权比重与政府 R&D 资助的交互项系数显著为负，这些结果与静态面板估计结果一致。动态面板模型的估计结果均支持了前文的主要结论。

表 9 报告了应用动态面板系统 GMM 方法估计的政府 R&D 资助对企业专利产出影响的回归结果。从表 9 看，各种情形下 Sargan 检验的显著性概率 P 值都在 0.1 以上，表明工具变量是有效的。残差序列相关性检验显示，差分后的残差只存在一阶自相关而不存在二阶自相关，说明模型的设置是合理的。各种情形下，专利产出的一期滞后项系数均通过了显著性检验，表明知识生产具有累积效应，上期的研发活动对当期知识产出有显著的正向影响。R&D 人员的产出弹性在 0.136~0.222，虽然较之前文静态面板的估计结果有所降低，但依然显著。R&D 存量的产出弹性在 0.036~0.092 之间波动，较前文也有所降低。政府 R&D 资助的产出弹性在各模型中分别为 0.151、0.235、0.203、0.180 和 0.145，依然对专

表 9　政府 R&D 资助对企业专利产出的动态面板回归估计结果

	(5.1)	(5.2)	(5.3)	(5.4)	(5.5)
常数 C	−0.636*** (0.003)	−1.686** (0.021)	−1.224*** (0.007)	−0.850 (0.150)	−1.594*** (0.000)
$\ln Y_1(-1)$	0.743*** (0.000)	0.735*** (0.000)	0.741*** (0.000)	0.742*** (0.000)	0.640*** (0.000)
lnL	0.136** (0.032)	0.222*** (0.000)	0.188*** (0.000)	0.149*** (0.002)	0.208*** (0.000)
lnK	0.073 (0.412)	−0.016 (0.512)	0.055 (0.511)	0.092 (0.442)	0.036 (0.632)
lnGov	0.151*** (0.000)	0.121*** (0.005)	0.111*** (0.001)	0.179*** (0.000)	0.176*** (0.002)
lnK × lnGov		0.009** (0.026)			
lnSiz × lnGov			0.009 (0.229)		
Ind × lnGov				0.025* (0.081)	
Own × lnGov					−0.083*** (0.000)
Sargan 检验	0.175	0.174	0.177	0.175	0.173
AR (1)	0.035**	0.037**	0.035**	0.036**	0.035**
AR (2)	0.276	0.275	0.281	0.268	0.266

注：括号内数值为显著性概率，*、** 和 *** 分别表示显著性水平为 10%、5% 和 1%，Sargan 检验、AR（1）和 AR（2）检验均给出了显著性概率 P 值。

利产出有显著的正向影响。考虑交互影响的模型中，R&D 资本存量、行业技术水平以及国有产权比重与政府 R&D 资助的交互项系数估计结果依然显著，且符号方向也没有发生改变。企业规模与政府 R&D 资助交互项回归系数的符号虽然发生了变化，但依然不显著，表明企业规模对政府 R&D 资助的效果并无明显作用，并没有改变前文的基本结论。

表 10 是政府 R&D 资助对企业新产品销售收入影响的动态面板系统 GMM 估计结果。从工具变量的有效性及模型设置的合理性检验来看，Sargan 检验的 P 值都在 0.4 以上，表明工具变量的设置是有效的；Arellano–Bond 检验的 AR（1）统计量在 0.1 的显著性水平上显著，而 AR（2）统计量并不显著，接受了二阶差分残差项无自相关的原假设，模型设置有效。列（6.1）~（6.5）显示滞后一期的新产品销售收入系数为 0.605~0.699，且都具有显著性，表明前期的新产品活动积累可以显著地提高当期的销售收入。R&D 人员、R&D 存量的产出弹性分别为 0.106~0.179 和 0.227~0.283，而政府 R&D 资助的弹性为 0.100~0.225，较之前文均有降低，但依然有正向的显著性。企业知识存量、企业规模与政府 R&D 资助的交互项系数显著为正，行业技术特征与政府 R&D 资助的交互项系数不显著，而国有产权比重与政府 R&D 资助的交互项系数显著为负。前面的结论仍然成立，结果具有稳健性。

表 10　政府 R&D 资助对企业新产品销售收入的动态面板回归估计结果

	(6.1)	(6.2)	(6.3)	(6.4)	(6.5)
常数 C	0.640*** (0.000)	−0.509 (0.487)	0.242 (0.377)	0.424*** (0.000)	1.389*** (0.000)
$\ln Y_2$ （−1）	0.645*** (0.000)	0.656*** (0.000)	0.605*** (0.000)	0.646*** (0.000)	0.699*** 0.000
$\ln L$	0.169*** (0.000)	0.111*** (0.000)	0.177*** (0.000)	0.179*** (0.000)	0.106*** (0.000)
$\ln K$	0.283*** (0.000)	0.061 (0.908)	0.253** (0.033)	0.282*** (0.000)	0.268*** (0.000)
$\ln Gov$	0.185*** (0.000)	0.134** (0.039)	0.028** (0.007)	0.107* (0.080)	0.153*** (0.000)
$\ln K \times \ln Gov$		0.008** (0.014)			
$\ln Siz \times \ln Gov$			0.007* (0.086)		
$Ind \times \ln Gov$				0.248 (0.165)	
$Own \times \ln Gov$					−0.072*** (0.000)
Sargan 检验	0.452	0.452	0.458	0.451	0.454
AR（1）	0.052*	0.053*	0.059*	0.052*	0.054*
AR（2）	0.317	0.290	0.294	0.315	0.309

注：括号内数值为显著性概率，*、** 和 *** 分别表示显著性水平为 10%、5% 和 1%，Sargan 检验、AR（1）和 AR（2）检验均给出了显著性概率 p 值。

七、结论与政策含义

政府 R&D 资助对企业技术创新具有重要的导向和推动作用，如何有效地安排政府 R&D 资助政策、提升资助效果对我国创新型国家的建设及未来经济的持续、健康发展均具有重要的意义。本文采用 1997~2008 年中国大中型工业企业分行业资料，应用静态和动态面板数据模型，对中国政府 R&D 资助的效果进行了实证分析，得出了一个较为一致和稳定的结论，即中国政府的 R&D 资助显著地促进了企业的技术创新。具体来说，我们通过设置政府 R&D 资助与企业 R&D 支出、专利产出及新产品销售收入的三个回归模型来检验中国政府 R&D 资助的效果。我们的研究发现，政府 R&D 资助对企业 R&D 支出有显著的激励效应，且企业知识存量越大、规模越大、行业技术水平越高，越有利于发挥政府资助的激励作用，而政府对国有企业的偏好却产生显著的负面影响；政府 R&D 资助有利于企业专利产出的提高，且企业知识存量越大、行业技术水平越高，其资助效果越明显，企业规模并不影响政府 R&D 资助对专利产出的资助效果，而对国有产权有显著的不利影响；政府 R&D 资助显著地推动了企业新产品销售收入的提高，且其资助效果与企业知识存量、企业规模以及国有产权比重均有显著关系，其中前两项因素有正向影响而后一项因素有负向影响，行业技术特征并不影响政府 R&D 资助对新产品销售收入的资助效果。

基于上述结论，我们认为中国政府的 R&D 资助是必要的和有成效的，不仅刺激了企业的 R&D 投资，同时也提高了 R&D 产出。当然，在鼓励政府加大对企业技术创新资助的同时，还应该根据资助的目标努力使政策的设计富有针对性。如果政府资助的目的是作为引导资金以刺激企业更大的 R&D 支出，则企业自身的知识存量、企业规模和行业技术水平应该被充分考虑；如果政府资助的目的是创造更多的新知识和新技术，则企业自身的知识存量、行业技术水平应该是被重点考虑的因素；而如果政府资助的目的是创造更多的商业利益，则企业知识存量和企业规模应该被重点考虑。当然，无论出于何种目的，对国有企业的偏好都将不利于充分发挥政府 R&D 资助的功效。

参考文献

[1] Arellano, M., S. Bond. Some Tests of Specification for Panel Data: Monte Carlo Evidence and an Application to Employment Equations [J]. Review of Economic Studies, 1991, 58 (2).

[2] Arellano, M., O. Bover. Another Look at the Instrumental Variable Estimation of Errorcomponents Models [J]. Journal of Econometrics, 1995, 68 (1).

[3] Arrow, K. The Economic Implications of Learning by Doing [J]. Review of Economic Studies, 1962, 29 (80).

[4] 白俊红，江可申，李婧. 中国地区研发创新的相对效率与全要素生产率增长分解 [J]. 数量经济技术经济研究，2009 (3).

［5］Berghll，E. R&D and Productivity Growthin Finnish ICT Manufacturing ［R］. VATT Discussion Paper, No. 388，2006.

［6］Bizan，O. The Determinants of Success of R&D Projects: Evidence from American-Israeli Research Alliances ［J］. Research Policy，2003，32（9）.

［7］Blundell，R.，R. Griffith，J. Reenen. Market Share，Market Value and Innovation in a Panel of British Manufacturing Firms ［J］. Review of Economic Studies，1999，66（3）.

［8］Blundell，R.，S. Bond. Initial Conditions and Moment Restrictions in Dynamic Panel Data Models ［J］. Journal of Econometrics，1998，87（1）.

［9］Blundell，R.，S. Bond，F. Windmeijer. Estimation in Dynamic Panel Data Models: Improving on the Performance of the Standard GMM Estimator ［R］. IFS Working Papers W00/12，Institute for Fiscal Studies, 2000.

［10］Busom，I. Empirical Evaluation of the Effects of R&D Subsidies ［J］. Economics of Innovation and New Technology，2000，9（2）.

［11］Coe，D.，E. Helpman. International R&D Spillovers ［J］. European Economic Review，1995，39 （5）.

［12］Cohen，W.，D. Levinthal. Innovation and Learning: The Two Faces of R&D ［J］. Economics Journal, 1989，99（397）.

［13］Czarnitzki，D.，A. Fier. Do R&D Subsidies Matter? Evidence for the German Service Sector ［R］. ZEW Discussion Paper，01-19，2001.

［14］Czarnitzki，D.，A. Fier. Publicly Funded R&D Collaborations and Patent Outcome in Germany ［R］. ZEW Discussion Paper，03-24，Mannheim，2003.

［15］Czarnitzki，D.，K. Hussinger. The Link between R&D Subsidies，R&D Spending and Technological Performance ［R］. ZEW Discussion Paper，04-56，2004.

［16］Duguet，E. Are Subsidies a Substitute or A Complement to Privately Funded R&D? Evidence from France Using Propensity Score Methods for Non-experiment Data ［R］. Working Paper，75，University de Pair I，2003.

［17］Ebersberger，B.，O. Lehtoranta，Pattern of Innovative Activities among Finnish Firms ［M］. Espoo, Finland: VTT，2005.

［18］Frantzen D. The Causality between R&D and Productivity in Manufacturing: An International Disaggregate Panel Data Study ［J］. International Review of Applied Economics，2003，17（2）.

［19］Freeman，C. The Economics of Industrial Innovation，2nd ed ［M］. London: Frances Pinter，1982.

［20］Gayle，P. Market Concentration and Innovation: New Empirical Evidence on Schumpeterian Hypothesis ［R］. Working Paper 01-14，Center for Economic Analysis，University of Colorado，2001.

［21］龚六堂，谢丹阳. 我国省份之间的要素流动和边际生产率的差异分析 ［J］. 经济研究，2004（1）.

［22］Gonzalez，X.，C. Pazo. Do Public Subsidies Stimulate Private R&D Spending? ［J］. Research Policy, 2008，37（3）.

［23］Goolsbee，A. Does Government R&D Policy Mainly Benefit Scientists and Engineers ［J］. American Economic Review，1998，88（2）.

［24］Gorg，H.，E. Strobl. The Effect of R&D Subsidies on Private R&D ［J］. Economica，2007，74 （294）.

［25］ Goto, A., K. Suzuki. R&D Capital, Rate of Returnon R&D Investment and Spillover of R&D in Japanese Manufacturing Industries ［J］. Review of Economics and Statistics, 1989, 73（4）.

［26］ Griliches, Z. Issues in a Assessing the Contribution of Research and Development to Productivity Growth ［J］. Bell Journal of Economics, 1979, 10（1）.

［27］ Griliches, Z. R&D and the Productivity Slow down ［J］. American Economic Review, 1980, 70（2）.

［28］ Guellec, D., B. Pottelsberghe. The Effect of Public Expenditure to Business R&D ［R］. OECD STI Working Paper, 2000/4, Paris, 2000.

［29］ Hall, B., J. Mairesse. Exploring the Relationship between R&D and Productivity in French Manufacturing Firms ［J］. Journal of Econometrics, 1995, 65（1）.

［30］ Hu, A., Z., G. Jefferson, J. Qian. R&D and Technology Transfer: Firm-Level Evidence from Chinese Industry ［J］. Review of Economics and Statistics, 2005, 87（4）.

［31］ Kleer, R. Government R&D Subsidies as A Signal for Private Investors ［R］. Discussion Paper, 66, Bavarian Graduate Program in Economics, 2008.

［32］ Klette, T., J. Moen. From Growth Theory to Technology Policy: Coordination Problems in Theory and Practice ［J］. Nordic Journal of Political Economy, 1999（25）.

［33］ Levin, R., P. Reiss. Test of a Schumpeterian Model of R&D and Market Structure ［J］. in Griliches, Z. (ed.), R&D, Patents and Productivity ［M］. Chicago: University Chicago Press, 1984.

［34］ Leyden, D., A. Link. Why Are Governmental R&D and Private R&D Complements ［J］. Applied Economics, 1991, 23（10）.

［35］ 李习保. 区域创新环境对创新活动效率影响的实证研究 ［J］. 数量经济技术经济研究, 2007（8）.

［36］ Lichtenberg, F. The Effect of Government Funding on Private Industrial Research and Development: a Re-assessment ［J］. Journal of Industrial Economics, 1987, 36（1）.

［37］ Lichtenberg, F. The Private R&D Investment Response to Federal Design and Technical Competitions ［J］. American Economic Review, 1988, 8（3）.

［38］ Lichtenberg, F. R&D Investment and International Productivity Differences ［R］. NBER Working Paper, No. 4161, 1992.

［39］ Loeb, P., V. Lin. Research and Development in the Pharmaceutical Industry: A Specification error Approach ［J］. Journal of Industrial Economics, 1977, 36（1）.

［40］ Mamuneas, T., I. Nadiri. Public R&D Policies and Cost Behavior of the US Manufacturing Industries ［J］. Journal of Public Economics, 1996, 63（1）.

［41］ Pakes, A., M. Schankerman. The Rate of Obsolescence of Knowledge, Research Gestation Lags and the Private Rate of Return to Research Resources ［J］. in Griliches, Z. (ed.), R&D, Patents and Productivity ［M］. Chicago: University of Chicago Press, 1984.

［42］ Roodman, D. How to Doxtabond2: An Introduction to "Difference" and "System" GMM in Stata ［R］. Working Paper 103, Center for Global Development, Washington, 2006.

［43］ Scherer, F. Innovation and Growth: Schumpeterian Perspective ［M］. Cambridge, MA: The MIT Press, 1984.

［44］ Scott, J. Firms Versus Industry Variability in R&D ［J］. in Griliches, Z. (ed.), R&D, Patents and Productivity ［M］. Chicago: University Chicago Press, 1984.

［45］ 沈坤荣, 李剑. 企业间技术外溢的测度 ［J］. 经济研究, 2009（4）.

［46］ Tsai, K., J. Wang. R&D Productivity and the Spill over Effects of High-tech Industry on the Traditional Manufacturing Sector: The Case of Taiwan ［J］. The World Economy, 2004, 27（10）.

［47］ Utterback, J. Innovation in Industry and the Diffusion of Technology ［J］. Science, 1974, 183（4125）.

［48］ Wallsten, S. The Effects of Government-industry R&D Programs on Private R&D: The Case of the Small Business Innovation Research Program ［J］. RAND Journal of Economics, 2000, 31（1）.

［49］伍德里奇. 计量经济学导论：现代观点 ［M］. 费剑平译. 北京：中国人民大学出版社，2003.

［50］吴延兵. R&D 存量、知识函数与生产效率 ［J］. 经济学（季刊），2006，5（4）.

［51］吴延兵. 市场结构、产权结构与 R&D——中国制造业的实证分析 ［J］. 统计研究，2007（5）.

［52］吴延兵. 创新的决定因素——基于中国制造业的实证研究 ［J］. 世界经济文汇，2008（2）.

［53］吴延兵. 中国地区工业知识生产效率测算 ［J］. 财经研究，2008（10）.

［54］解维敏，唐清泉，陆姗姗. 政府 R&D 资助，企业 R&D 支出与自主创新——来自中国上市公司的经验证据 ［J］. 金融研究，2009（6）.

［55］许治，师萍. 政府科技投入对企业 R&D 支出影响的实证分析 ［J］. 研究与发展管理，2005（3）.

［56］ Yager, L., R. Schmidt. The Advanced Technology Program: A Case Study in Federal Technology Policy ［J］. Washington, D. C.: AEI Press, 1997.

［57］ Young, A. Gold into Base Metals: Productivity Growth in the People's Republic of China during the Reform Period ［J］. Journal of Political Economy, 2003, 111（6）.

［58］于明超，申俊喜. 区域异质性与创新效率——基于随机前沿模型的分析 ［J］. 中国软科学，2010（11）.

［59］约瑟夫·熊彼特. 资本主义、社会主义和民主 ［M］. 吴良健译. 北京：商务印书馆，1999.

［60］岳书敬. 中国区域研发效率差异及其影响因素——基于省级区域面板数据的经验研究 ［J］. 科研管理，2008（5）.

［61］詹宇波，刘荣华，刘畅来. 中国内资企业的技术创新是如何实现的？来自大中型工业企业的省级面板证据 ［J］. 世界经济文汇，2010（1）.

［62］张海洋. 中国省际工业全要素 R&D 效率和影响因素：1999—2007 ［J］. 经济学（季刊），2010，9（3）.

［63］张军，吴桂英，张古鹏. 中国省际物质资本存量估算：1952—2000 ［J］. 经济研究，2004（10）.

［64］周黎安，罗凯. 企业规模与创新：来自中国省级水平的经验证据 ［J］. 经济学（季刊），2005，4（3）.

［65］朱平芳，徐伟民. 政府的科技激励政策对大中型工业企业 R&D 投入及其专利产出的影响——上海市的实证研究 ［J］. 经济研究，2003（6）.

［66］朱有为，徐康宁. 中国高技术产业研发效率的实证研究 ［J］. 中国工业经济，2006（11）.

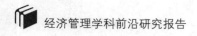
Are Government R&D Subsidies Efficient in China？ Evidence from Large and Medium Enterprises

BAI JUN HONG

Abstract：The aim of this paper is to examine the efficiency of government R&D subsidies on private technological innovation and analyze the impact factors of government R&D subsidie's efficiency. The large and medium enterprise data in China during 1998–2007 are used，and the static and dynamic panel data models are applied. The results show that government R&D subsidies have a significantly positive effect on technological innovation and the enterprise's own R&D knowledge stock，firm size，industry technical level and ownership structure have varying degrees of impact on the efficiency of government R&D subsidies. The conclusions of our paper provide a useful reference for policy makers.

中国工业结构转型升级：进展、问题与趋势 *

金　碚　吕　铁　邓　洲

（中国社会科学院工业经济研究所　北京　100836）

【摘　要】 中国工业已经进入必须依靠结构转型升级推动发展的新阶段。尽管"十一五"时期中国工业结构的调整取得了明显进展，但制约和影响工业结构转型升级的问题仍然突出。本文通过对未来 5 年的发展条件和政策环境等因素进行综合分析，提出了"十二五"时期中国工业结构变化趋势的若干判断，并从深化体制改革、完善产业政策和优化发展环境等方面，明确了引导和推动工业结构转型升级的相关政策措施。

【关键词】 工业结构；转型升级；变动趋势

一、"十一五"时期以来工业结构调整的进展

1. 从轻、重关系看，工业结构呈重型化趋势，重制造业比重进一步上升

发达国家和新兴工业化国家的发展经验表明，工业结构重型化是工业化中后期的一个基本规律。我国新一轮的重工业化趋势始于 20 世纪 90 年代中后期，到"十五"末期，规模以上工业企业中，重工业产值占工业总产值的比重已经接近 70%，工业重型化趋势显著。"十一五"时期以来，重工业产值占工业总产值的比重虽有所波动但一直维持在 70%以上，"十一五"前 4 年平均值比"十五"时期平均值增加了 7.23 个百分点，重工业增长继续领先于轻工业，工业结构的重型化趋势有所加强。

按照联合国工业发展组织对轻、重制造业的划分口径，轻制造业包括：食品、饮料、

---

* 本文选自《中国工业经济》2011 年第 2 期。

基金项目：中国社会科学院重大课题"中国经济结构调整重点问题研究"。

作者简介：金碚，江苏吴江人，中国社会科学院工业经济研究所所长，研究员，博士生导师；吕铁，辽宁盘锦人，中国社会科学院工业经济研究所研究员，博士生导师；邓洲，四川内江人，中国社会科学院工业经济研究所助理研究员，经济学博士。

烟草、纺织、服装、皮革、木材和木材制品；重制造业包括：纸张和纸制品、工业化学品、其他化学产品、石油炼制品、各种石油产品和煤制品、非金属矿制成品、贱金属、金属制品、机器和设备等。按照这一标准进行分析，结果同样反映出"十一五"时期以来我国工业中重制造业比重上升的趋势。虽然受国际金融危机的影响，我国轻制造业和重制造业的产值占工业总产值的比重在"十一五"期间均有所波动，但从整体上看，重制造业的比重上升，轻制造业的比重下降。从轻、重制造业结构的变化看，"十五"期间的平均比重为 24.2∶75.8，"十一五"前 4 年平均比重为 21.1∶78.9，重制造业的比重增加了 3.1 个百分点。表明，"十一五"期间，重制造业的增长速度明显快于轻制造业的增长速度。

2. 从行业结构看，轻纺工业比重下降，金属加工业比重上升，装备制造业比重基本稳定

从工业行业结构的变动看，"十一五"时期以来，我国工业的行业结构变化整体呈轻纺工业比重下降，金属加工业比重上升的态势。其中，纺织业和纺织服装、鞋、帽制造业产值占工业总产值的比重自"十五"时期以来不断下降，2009 年这两个行业的比重分别下降到 4.19% 和 1.90%，"十一五"前 4 年平均比重比"十五"时期分别减少了 1.00 和 0.47 个百分点。比较而言，黑色金属冶炼及压延加工业、有色金属冶炼及压延加工业的比重有较大幅度提高，"十一五"前 4 年平均比重比"十五"时期分别提高了 1.19 和 1.44 个百分点，是 39 个工业行业中比重提高最大的两个。

从制造业内部的产值结构变化看，包括食品加工、纺织、家具等在内的一般加工业和化工类产业的产值占整个制造业产值的比重呈下降趋势，"十一五"前 4 年与"十五"时期相比，其平均比重分别下降了 2.57 和 0.64 个百分点；包括设备制造和仪器仪表在内的机电产业产值占整个制造业产值的比重在 2007 年以前保持增长的势头，2007 年、2008 年连续有小幅的下降，2009 年开始回升，"十一五"前 4 年平均比重与"十五"时期相比基本持平；金属、非金属加工业产值占全部制造业产值的比重 2006 年到 2008 年不断提高，2009 年回落，"十一五"前 4 年平均值比"十五"时期提高了 3.12 个百分点。

我国制造业外向度高，受国际市场价格和需求变化的影响大。"十一五"期间，金属、非金属加工业的快速增长在很大程度上得益于国际金融危机对国际矿产品价格的冲击，有色金属冶炼及压延加工业和黑色金属冶炼及压延加工业的产值占整个制造业产值的比重先后在 2007 年和 2008 年达到 2000 年以来的最高值，拉动了金属、非金属加工业比重的提高；相反，在国际金融危机期间，国际市场对我国机电类出口产品的需求大幅下降，其中，通信类产品受到的冲击最大，2009 年其占制造业产值的比重为 9.30%，比金融危机以前的 2006 年下降了 2.75 个百分点。

3. 从所有制结构看，内资企业比重上升，但国有企业比重进一步收缩

"十一五"时期以来，我国内资企业的企业个数和产值占整个规模以上工业的比重逐年提高。2008 年和 2009 年，内资企业的企业个数占整个规模以上工业企业个数的比重均超过 80%，同期其产值比重也均超过 70%；"十一五"前 4 年内资企业的企业个数和产值占整个规模以上工业的平均比重比"十五"时期分别提高了 1.13 和 1.07 个百分点。同时，

与"十五"时期的平均值比较,"十一五"前4年内资企业的主营业务收入和利润总额占整个规模以上工业的比重分别提高0.74和1.36个百分点,而同期资产总计则下降了2.6个百分点,内资企业效益指标的增长快于资产投入的增长,表明"十一五"时期以来,内资企业不仅发展速度快于外资企业,经济效益也有所改善。

就内资企业而言,"十一五"时期以来,国有及国有控股企业的比重进一步收缩,非国有内资企业的比重进一步扩张。"十一五"前4年的平均值与"十五"时期比较,国有及国有控股企业的各项指标占规模以上内资企业的比重均有显著下降。除资产总计外,国有及国有控股企业的各项比重均下降到50%以下,其中企业个数所占比重下降到6.49%;非国有内资企业的产值、主营业务收入和利润总额已经超过国有及国有控股企业。虽然国有及国有控股企业多个指标占内资企业的比重均有显著下降,但其资产规模仍然最大,"十一五"前4年,其占内资企业和整个规模以上工业的平均比重分别为59.72%和44.09%,在产值、主营业务收入和利润总额方面,国有及国有控股企业较外商及港澳台投资企业同样占优势,国有企业在我国工业经济中的主导地位并没有改变。

4. 从产业组织结构看,大型企业比重下降,小型企业比重上升

"十一五"时期以来,我国不同规模企业中,大型企业和中型企业大部分指标占全部工业比重呈现下降的趋势,小型企业各项指标占全部工业的比重均呈上升趋势。2009年,大型企业的企业个数、工业总产值、主营业务收入、利润总额占整个规模以上工业企业的比重比2005年分别下降了0.17、4.21、4.38、14.40个百分点,但资产总计的比重提高了0.28个百分点,大型企业的资本密集程度有所提高。中型企业数量、总产值、资产总计和主营业务收入占整个规模以上工业企业的比重在"十一五"前4年呈下降趋势,利润总额的比重有所上升。相较"十一五"时期以来,小型工业企业的产值、主营业务收入、利润总额占整个规模以上工业企业的比重均在"十一五"期间超过大型企业。同时,小型企业的主营业务收入比重和利润总额比重的上升速度快于企业单位数比重和产值比重的上升速度,表明小型企业的经济效益正在转好。

5. 从要素结构看,资本密集型行业比重下降,劳动密集型行业比重上升

采用固定资产原值与从业人员数的比例这个指标,可以区分各个工业行业资本或劳动力的密集程度。这里,我们使用2009年规模以上工业企业的数据进行计算,并采用两分法把该比值大于全部工业平均水平的石油和天然气开采业、饮料制造业、烟草制品业、造纸及纸制品业、石油加工炼焦及核燃料加工业、化学原料及化学制品制造业、黑色金属冶炼及压延加工业、有色金属冶炼及压延加工业、电力热力的生产和供应业、燃气生产和供应业、水的生产和供应业11个行业界定为资本密集型行业,其余28个行业界定为劳动密集型行业。

2009年,劳动密集型行业的产值和利润总额占整个规模以上工业的比重分别达到66.73%和70.64%,可见,劳动密集型行业仍是我国工业的主体。从变化情况看,与2003~2005年的上升趋势相比,"十一五"时期以来,资本密集型行业的比重呈下降趋势。2009年,资本密集型行业的产值比重比2005年下降了4.74个百分点,利润总额的比重则下降

超过 20 个百分点。其中，利润总额的比重在 2008 年下降幅度达到 12.36 个百分点，2009 年再下降 2.80 个百分点，这主要是石油采掘和加工行业利润大幅度下降引起的。工业要素结构的变化表明，丰富的劳动力资源仍然是我国工业发展最重要的比较优势，并且国际金融危机对劳动密集型行业的影响小于对资本密集型行业的影响。

6. 从地区结构看，中、西部地区工业发展速度加快，地区差距有所缩小

区域发展不平衡是改革开放以来我国面临的突出结构问题之一，缩小区域差距也是近年来产业政策的主要任务。从工业产值的区域结构看，"十一五"时期以来，中部地区和西部地区规模以上工业企业占全国的比重保持了稳定的上升势头，"十一五"前 4 年的平均值比"十五"时期分别提高 1.51 和 0.95 个百分点，表明中西部地区工业发展的速度超过东部地区，东、中、西部工业发展的差距呈缩小的趋势。从工业企业区域分布的情况看，"十一五"时期以来，东部地区规模以上工业企业个数占全国比重呈下降的趋势，与东部地区工业的外向性强、受国际金融危机冲击较大有很大的关系，但是东部地区工业企业个数占全国的比重"十一五"前 4 年仍然比"十五"时期提高近 3 个百分点，表明东部地区仍然是我国工业经济发展最活跃的地区。从工业企业资产的区域分布看，东部地区规模以上工业企业占全国的比重"十一五"前 4 年平均比"十五"时期提高了 1 个百分点，中部地区下降了 1.12 个百分点，西部地区提高了 0.12 个百分点，但是从 2006~2009 年的变化情况看，东部地区资产比重逐年下降，而中部和西部地区比重逐年上升，表明"十一五"时期以来，中西部地区资本集聚的速度有所提高。从工业从业人员的区域结构看，2008 年以前东部地区所占的比重进一步上升，但上升的速度减缓，2008 年之后开始下降，表明"十一五"时期以来，劳动力进一步向东部地区流动，但流动速度较"十五"时期有所放慢。

二、制约工业结构转型升级的主要问题

1. 传统要素禀赋的比较优势逐渐减弱

改革开放以来，我国工业的高速增长很大程度上得益于充分利用了一些传统要素的比较优势，其中最明显的是劳动力、土地、资源和政策要素。进入"十一五"时期后，随着我国工业化的加速推进和工业经济规模的迅速扩张，多种生产要素的供需形势已经发生变化，原先支撑工业增长的资源、土地和劳动力的低成本比较优势开始减弱。资源方面，我国能源、资源消耗迅速增长，对国外资源的依存度不断攀升。"十一五"时期以来，国外垄断资源企业已多次针对中国提高矿产品出口价格，严重影响我国制造业的健康发展。土地方面，经过 30 多年的高速发展，沿海地区的工业用地已经非常紧张；同时，受国家保障耕地和基本农田政策影响，中西部地区土地资源也逐渐稀缺。劳动力方面，"民工荒"现象已经从东南沿海逐渐向其他沿海地区和内陆地区扩散；同时，人口老龄化问题凸显，

意味着我国劳动年龄人口增长将逐渐减慢，工资水平上升压力将进一步增大。因此，继续流连于传统比较优势，主要依靠低要素成本参与国际竞争、通过消耗大量不可再生资源来实现工业增长的局面将难以为继。

在资源、劳动力、土地等生产要素价格持续上涨的同时，产业政策对结构调整的促进作用也开始减弱。在短缺经济时代，政府通过扩大投资等方式能够迅速有效地提高短线产业的产能，但是随着我国许多产业的规模扩张已基本走到尽头，传统的增长方式显得力不从心，一些曾经有效的调控手段和措施随着发展环境的变化，反而成为影响当前结构调整的主要障碍，产业政策在促进工业"做强"上的效果远低于"做大"。

2. 重化工业粗放发展与能源和环境约束的矛盾突出

自20世纪90年代中后期以来，我国工业结构出现了显著的重化工业化趋势。一个大国经济体在工业化的中后期阶段，其工业化水平的提高以重化工业的发展为主，符合工业结构演变的规律。但是，我国重化工业化的推进方式具有明显的粗放型和外延式特点，资源消耗高、环境影响大的问题随着重化工业占工业比重的不断上升被迅速放大。

一方面，重化工业中相当多的落后产能使我国工业生产的能源效率难以提高。重化工业的一个主要特点就是生产过程需要大量的能源资源投入，是所有产业中耗能最高的产业。"十一五"时期以来，煤炭、天然气、电力和液体燃料四大类主要能源产品用于工业的比例有所提高，冶金、化工、石化是消耗能源最多的工业部门。这些行业中，虽然有相当一部分是生产工艺水平先进的产能，一定程度上起到了降低能耗的作用；但同时也存在众多的落后产能，这是我国工业能源效率居高不下的重要原因。另一方面，重化工业粗放型的发展方式还使得环境状况严重恶化。从重化工业的生产特点看，其对非清洁能源有着较大的依赖性，这使得重化工业生产过程不可避免地产生大量污染物。"十一五"时期以来，虽然国家积极推动环保技改，但重化工业增长与环境消耗之间显著的正相关关系并没有得到改变，重化工业发展带来的环境破坏仍是当前我国工业发展中极为严重的问题。

3. 产能过剩问题呈现扩大趋势

近年来，重化工业中的重复投资和过度竞争所导致的产能过剩问题，严重影响我国工业和国民经济的持续健康发展，致使其自身发展的资源利用效率不高、经济效益低下。

当前，在许多重化工业行业的过剩产能中往往还伴随着相当部分的落后产能。据统计，炼铁、炼钢、电解铝、焦炭、水泥、化纤等18个行业中落后产能占总产能的比例达到15%~25%。其中，炼铁行业400立方米以下的高炉还有1亿吨，占炼铁能力的20%；水泥行业中落后的小水泥产能有5亿吨，占水泥产能的20%。这些落后产能进一步加大了重化工业发展对资源和环境的压力。

除了传统产业外，大量的重复建设也使得新能源、新材料、电子信息等新兴产业的产能过剩问题开始凸显，碳纤维、风电、多晶硅、锂电池等一些新兴产业领域已经先后出现产能过剩的情况。目前，我国通过市场机制治理产能过剩、淘汰落后产能的环境条件还不成熟，相反的是，地方政府通过不合理的优惠政策，以及对微观经济主体的过多干预和短期行为造成的政策性过剩却日益严重。产业发展政策在很多时候又起到推波助澜的作用，在地方政府发展经济的强烈愿望和现行政绩考核体制的共同作用下，一旦产业促进政策出台，一个新兴产业往往会在很短的时间内出现过剩。

4. 制造业向全球价值链高端攀升进展缓慢

"十一五"时期以来，我国对外贸易持续增长，贸易结构有所改善。同时，工业品对外贸易中，垂直分工与贸易所占的比重越来越大，工业制成品成为对外贸易的重要形式，表明我国融入全球贸易体系的程度正在加深。然而，目前我国加入国际分工、参与国际竞争的比较优势仍在于较低的劳动力、土地和环境成本，以技术为主导的竞争优势还没有形成，因而在贸易地位有所提升的情况下，我国的贸易利得却没有明显增加，"中国制造"向全球价值链高端攀升还面临诸多阻力。

一是我国本土出口型企业技术提升的速度缓慢，虽然我国对外贸易超高速增长，但出口产品的技术含量并没有得到大幅度提高。如果仔细区分出口产品的实际技术含量，可以发现自20世纪90年代以来，出口产品的国内技术含量其实是趋于下降的，这表明，我国本土企业越来越依靠来自国外的技术投入以维持自身出口产品的竞争力。二是我国企业大多是以代工的方式加入全球价值链。中国企业利用低要素成本优势，特别是廉价劳动力的优势，在国际分工中只承担这些行业的加工组装环节，而生产所需的技术、装备依靠进口，研发、设计来自国外，产品的品牌和市场营销也由跨国公司所控制。由于价值链不同环节竞争程度的不同，国外跨国公司在国际分工中赚取高额利润，而我国企业只能赚取很低的代工费。三是我国出口企业对国外订单、国外投资和进口装备、核心元器件的依附性较强。受依附性特征的影响，本土企业难以制定独立自主的技术研发和产品提升战略，向价值链高端的攀升受到国外资本市场、技术市场和跨国公司的制约。

5. 自主创新对结构转型升级的支撑不足

（1）国家创新体系尚未建立起来。国家创新体系的内涵是实现国家对提高全社会技术创新能力和效率的有效调控和推动、扶持与激励。我国国家创新体系中的三个部件仍然存在功能缺失：大学是基础知识的创造主体，也是国家重要创新平台的搭建者，但是我国承担共性技术研发的科研机构与大学缺乏学术交流的体系，创新平台也无法搭建；知识传播系统依靠的是产、学、研、用的结合，但我国大学和科研机构中科研人员从事的研究工作大多与企业所需脱节，科技成果很难转换为经济效益，同时知识产权保护制度的不完善也使得知识创造者在科研成果转化时的利益得不到保障，阻碍了技术扩散；知识应用系统的主体是生产企业，在需求旺盛的情况下，我国企业长期看订单经营，很少有企业愿意承担创新应用带来的风险。

（2）信息化对工业发展的促进作用有限。近年来虽然我国信息产业取得了长足发展，在促进工业生产自动化方面有较大提高，但是在广泛利用信息技术、信息产品和信息设备，进而推进整个生产体系的信息化方面，与发达国家相比还存在较大的差距。一方面，中国企业尚未掌握工业信息化的最新技术，对国外技术的依赖性强；传统的信息基础设施又多掌握在政府部门手中，信息产品市场化程度低，企业信息化的成本过高；另一方面，自动化控制、计算机辅助生产、资源计划、电子商务等工业化和信息化融合的关键技术障碍没有得到有效突破，工业企业还不能从信息产业的发展中获得帮助，进而割裂了信息产业与工业化的产业关联，阻碍工业化与信息化的融合。

（3）高技术产业发展与高技术发展并不同步。20世纪90年代初，随着大规模的技术引进，我国高技术产业快速增长。1995~2009年，我国高技术产业产值增长了10余倍，年增长率接近30%，远远超过GDP的增幅。快速发展的高技术产业成为我国产业结构和出口商品结构优化调整的重要推动力，成为我国经济快速发展的主要引擎。但是，在我国高技术产业总量扩张的背后，是其产品技术含量不高，产值和出口的增长主要依靠大量承接跨国公司的OEM，技术的发展和进步远没有成为高技术产业高速发展的真正推动力。

6. 资本深化与增加就业之间的矛盾日趋尖锐

2000年以来，在国民经济保持高速增长的同时，我国的失业率反而上升并保持在一个较高水平，2001~2009年的年末城镇登记失业率是改革开放以来最高的9年，表明中国经济增长吸纳劳动力的能力呈下降趋势。"十一五"时期以来，城镇登记失业率虽有所下降，但仍维持在4%以上的高位。

失业率上升与我国工业资本深化程度的提升有关。在改革开放的最初10多年，受调整原有计划经济体制下封闭发展模式的影响，资本积累的速度受到抑制，廉价的劳动力资源被资本的增长所充分利用，从而实现了经济增长和就业增加的同步推进。20世纪90年代中期后，我国资本积累的速度开始加快，资本劳动比率迅速提高。"十一五"时期以来，我国工业增长主要依靠资本增长推动，持续大规模的投资不断提高整个工业的资本密集程度，从而导致资本吸纳就业的能力不断弱化。一些劳动密集型行业随着资本投入的增多，甚至还出现了资本排挤就业的情况。资本深化程度的提高与失业率上升同时出现，说明当前我国正走一条有悖于一般规律的发展道路，我国最充裕的生产要素仍然是劳动力，但劳动力在工业生产中使用的比例却在下降。

随着我国经济的持续发展，农业生产的劳动力数量还将继续下降，而第三产业进一步吸纳就业的能力有限，转移第一产业剩余劳动力的重担在很大程度上还是要落在第二产业上。从这个意义上讲，资本深化使得就业吸纳能力孱弱的经济增长和产业发展模式是难以为继的，这不符合当前比较优势的特点，也为我国工业化的进一步推进埋下隐患。

三、"十二五"时期工业结构变动的基本趋势

1. 工业占国民经济比重将缓慢上升或基本稳定，工业和服务业融合发展的程度将有所提高

受国际金融危机和我国经济周期性调整的影响，"十一五"时期以来，我国工业在国民经济中的结构地位有所下降。2009年，工业占GDP的比重为39.7%，比"十五"时期末的2005年下降了2.1个百分点，而同期第三产业的比重提高了2.9个百分点，表明这一

时期工业的增速低于服务业增速。尽管如此，我国目前仍处于钱纳里发展阶段划分标准的工业化中期阶段，从发达国家和新兴工业国家的发展经验看，处于这个阶段的经济体通常把工业增长作为经济发展的主要动力，服务业的增速持续高于工业增速的可能性不大，在相当长一段时间里，工业在我国国民经济中的主导地位不会改变。通过国际比较也可以发现，我国人均制造业增加值尚未达到中等收入国家的平均水平，工业还具有很大的发展潜力，随着国际金融危机对中国经济影响的逐渐消退，工业将回归快速增长的轨道。同时，考虑到服务业的发展在增加就业、促进消费和增强经济增长稳定性等方面具有不可替代的作用，在我国服务业发展相对滞后和未来城市化进程加快推进的背景下，加快服务业发展的必要性和可能性也十分突出。综合分析，"十二五"时期，我国工业和服务业将呈现共同快速增长，且工业增速略高于服务业增速的格局，如果再考虑到服务业价格指数通常会比工业价格指数增长得更快，那么按当年价格计算的工业增加值占 GDP 的比重将会表现为缓慢上升或基本稳定。

从发达国家的发展历程看，工业化进行到一定阶段，随着分工程度的加深，以及工业生产所需要的条件越来越复杂，第二、第三产业之间的界限将被打破，第二产业特别是制造业与金融服务业、技术研发业、教育培训业、咨询业、物流业之间将形成相互促进、融合发展的局面。"十一五"期间，一些发达省市已经意识到第二、第三产业融合发展对推进产业结构调整和经济发展方式转变的重要意义，制定区域经济发展战略时已经把第二、第三产业作为一个整体考虑。如上海市正在努力推动以第二、第三产业融合为基础，以"总部经济"和"研发经济"为代表的"头脑经济"，北京市也将推进信息、汽车、医药等领域制造业与相关服务业融合作为发展现代制造业的重要支撑。中西部等服务业发展相对落后的地区近年来也加大了对物流等生产性服务业的扶持力度，以促进当地制造业的转型升级。随着我国工业化进程的推进以及各项政策措施的落实，我国第二、第三产业融合发展的时机已经成熟，工业和服务业融合发展程度的提高将成为"十二五"时期我国产业结构调整的一大特点。

2. 重化工业化进程仍将持续，但重工业比重提高的速度有所放缓

"十二五"期间，在投资、消费和出口三大需求的共同推动下，可以预期我国工业结构的重化工业化进程仍将持续。一是投资对重工业发展的拉动作用将持续存在。"十二五"期间，我国将进一步增强对基础设施建设的投资力度，高速铁路网建设、南水北调、西气东输、中西部地区大规模改善基础设施等新建和续建的重大投资项目必将大力促进钢铁、建材、化工、设备制造等重化工业的进一步发展。另外，当前我国的城市化正处于加速发展的阶段，"十二五"期间，城市化进程的稳步推进也将导致对住房、道路、通信、水电煤气等公用基础设施投资力度的增加，从而为重化工业的发展提供充足的空间。二是消费结构转型将成为推动我国工业结构重型化的一股力量。随着收入水平的提高，我国居民消费结构正逐步由温饱型向发展型、享受型升级，以食品、服装、日用品为代表的轻工业产品在居民消费结构中的比重将持续下降，而以汽车、通信电子设备为代表的重工业产品的比重将不断提高。三是从我国外贸出口结构的变化趋势看，饮料、食品、烟草等轻工类产

品出口增长缓慢，而机械装备、汽车等重工类产品的出口增长较快。随着我国国际分工地位的提高，"十二五"期间，预期出口需求将进一步拉动国内重工业的增长。

随着国家对环保要求的提高、资源价格的改革和劳动保护的加强，重化工业增长速度与增长质量之间的矛盾在"十一五"期间逐渐激化，重化工业化增长方式亟待改变。"十二五"期间，重工业的发展将很难通过单纯追加投资实现规模的扩张，一方面，部分行业已经出现严重的产能过剩，国家将限制对这些行业的投资行为；另一方面，资源环境约束的增强也不允许大规模向重化工业行业追加投资。未来一段时期，重化工业的发展将更多依靠高新技术对传统生产工艺的改造，以及劳动者技能水平的提高和产品质量的改善，其发展重点也将从规模扩张转向质量提高。因此，"十二五"期间，重工业比重的提升速度会有所放缓，重化工业化将进入深化发展的阶段。

3. 新兴产业的发展将提速，但高端制造所占的比重有限

随着新兴产业战略地位的提高和未来发展环境的改善，可以预期，"十二五"期间，新兴产业的发展将进一步提速，其占工业的比重也将明显上升。一是经过"十一五"时期的发展积累，我国新兴产业的市场规模和技术水平都得到显著提高，从而为"十二五"时期的发展奠定良好基础。二是 2010 年出台《国务院关于加快培育和发展战略性新兴产业的决定》，在中央和地方产业促进政策的推动下，"十二五"期间，科研人才、资金、技术等要素向新兴产业部门转移的速度必将加快。三是国内外发展环境和条件的变化将促使新兴产业进一步加快发展。全球信息技术革命还在深化发展，我国也在大力推进工业化与信息化的融合，推动信息技术参与工业生产技术和组织方式的变革，这将使信息产业的市场扩大到整个工业行业；全球资源能源日趋紧张，生产的环保约束加强，国家实施节能减排战略，低碳化成为世界经济继工业化、信息化之后新的发展方向，预示着与低碳经济相关的新能源产业和环保产业将吸引更多的投资。四是我国居民消费水平的提高和消费观念的改变也会在一定程度上促进电子信息、节能环保等新兴产业的发展。

但是也应该看到，"十二五"期间，我国新兴产业向产业链高端环节的迈进还存在内、外两方面的障碍：从自身实力看，我国长期实行的"市场换技术"战略导致高技术产业的发展对外来技术存在较大依赖，企业缺乏自主创新的积极性和主动性，一些企业长期被锁定在低水平的加工环节，新兴产业的发展缺乏自主技术的支持；从外部环境看，我国新兴产业的发展还将面临跨国公司全球战略的压制。随着经济全球化程度的提高，大型跨国公司不仅通过海外直接投资、离岸外包、战略联盟等方式在全球范围扩展业务，不断加强对全球市场的控制力度，同时还借助在技术和创新成果上的积累，牢牢控制产业价值链的高附加值环节，并采取技术转移、专利控制等手段对我国新兴产业向高端发展形成阻碍。鉴于这些原因，"十二五"期间，我国新兴产业向高端制造迈进还存在许多障碍，中低端制造所占比重过大的问题还将持续。

4. 产业组织结构将有所优化，但大企业进一步做大做强的难度加大

"十二五"期间，我国产业组织结构将有所优化。一是一批超大型企业集团将进入世界著名跨国公司行列。2010 年，中国大陆地区已经有 44 家企业进入世界 500 强行列，有

3家企业跻身全球前10位。随着我国经济实力的增强，"十二五"期间将有更多的领军型企业出现，引领中国工业企业国际竞争力的提升。二是部分行业产业集中度过低的问题将得到改善。"十二五"期间，国家将进一步深入实施节能减排战略，治理产能过剩、淘汰落后产能的步伐也将加快，一大批不具备规模经济性、生产工艺落后、环境污染严重、资源能源浪费大的企业将被关停，行业集中度将提高，行业整体效益将有所改善。三是中小企业的发展环境将有所改善。"十一五"时期以来，针对金融危机对我国中小企业的影响，国务院先后颁发了《关于进一步促进中小企业发展的若干意见》、《关于鼓励和引导民间投资健康发展的若干意见》等政策性文件，各省区市也相继颁发了有利于中小企业发展的地方性政策，着重解决当前中小企业在融资、引进技术、吸引人才等方面面临的突出问题，因此可以预期，"十二五"时期，中小企业的发展将获得更多的政策支持，面临更公平的竞争环境。

从"十一五"时期以来的情况看，大型企业利润增长的速度低于中型企业和小型企业。从我国大型企业的特点看，国有大型企业集中于具有较强的行业垄断性或地域垄断性的行业，如电信、石化、港口等，且形成过程大多伴随政策性的资产划拨、重组，市场机制在企业成长过程中的作用有限，企业对市场的适应能力也较弱。"十二五"期间，一方面，通过产业政策进一步扩大这类国有企业规模的效果将减弱；另一方面，并不是通过市场竞争形成的大型国有企业，特别是垄断企业要真正通过竞争扩大市场、提高利润还需要转变经营观念，提高对市场的适应能力。同样，大型民营企业的经营环境也不乐观。我国改革开放以来逐步成长起来一批大型民营企业，这些企业大多依靠低成本的优势大量承接国外企业OEM或为其他大型企业进行配套生产，技术水平和管理水平并没有像其产值和规模那样得到快速的提升。在国际金融危机的冲击下，同时还面临来自外资企业的竞争压力，这类企业的利润水平在"十一五"期间已经出现明显的下滑趋势，企业进一步发展需要实现从OEM到ODM的跨越，培育自己的品牌，掌握核心技术，培养创新团队。总体看，无论是国有企业还是民营企业，我国大型企业发展需要解决的问题还比较多，面临的压力也比较大，"十二五"期间，大企业进一步做大做强的难度将会加大。

5.地区差异将进一步缩小，技术进步推动东部地区工业转型升级的趋势更加明显

"十一五"时期以来，我国工业区域结构发生了不同于以往的变化，中、西部地区工业企业的产值、企业个数和资产总计占全国工业的比重均有所提高。国际金融危机对我国工业地区结构变化的影响只是一个外部因素，各地区工业化发展阶段发生变化导致比较优势的调整才是"十一五"时期以来我国工业地区结构发生变化的根本原因。

目前，我国东部地区11个省市中，除海南以外全部已经进入工业化的中后期阶段，北京、上海已进入后工业化阶段，而中西部地区除山西、河北、黑龙江等少数几个省市进入工业化中期阶段外，绝大多数地区还处于工业化的初期阶段。一方面，经过30多年的高速发展，我国东部地区工业经济实力不断增强，部分沿海省市综合经济实力和人均GDP已经达到或接近中等发达国家水平。但是，高速增长也给东部地区工业经济的进一步发展带来一系列问题，东部地区产业结构调整优化和升级成为必然。另一方面，在西部大开

发、振兴东北老工业基地、中部崛起等一系列国家战略的推动下，中西部地区的交通运输等基础设施建设步伐加快，工业加快发展以及承接东部地区产业转移的环境条件已经成熟。统计数据表明，"十一五"时期以来，中、西部地区工业资产总计的比重有所上升，劳动力向东部地区流动的速度也开始减慢，并且中、西部地区工业利润总额所占比重上升的速度大于其产值比重上升的速度，这说明，在市场机制和企业追求利润动机的驱使下，生产要素正在由东部地区向中、西部地区转移。同时，"十二五"期间，沿海地区"腾笼换鸟"和中西部地区"筑巢引凤"、"万商西进"等工程的效果将逐步显现，这将进一步促进区域间产业转移。在市场机制和政策引导的双重作用下，"十二五"期间，东、中、西部地区工业发展的差距将进一步缩小。

按照经济发展的客观规律，在工业化的中后期阶段，资源、劳动力等生产要素对经济进一步发展的推动作用将逐步减弱，技术密集型行业所占的比重将不断上升。按照这一规律，技术进步推动下的工业结构转型升级将成为"十二五"期间东部地区工业发展的主流。目前已出台的北京、上海、浙江、江苏等东部省市的"十二五"规划建议中，都提到了转变经济发展方式，发挥科技和智力优势，提高自主创新能力，改造传统产业，形成技术进步推动的工业发展新格局等相关内容。高端装备制造、新能源、新材料、生物技术和新医药、节能环保、新能源汽车等高新技术产业，以及文化创意、金融服务、信息服务、物流包装、教育培训、商务会展等生产性服务业将成为"十二五"时期东部地区重点支持发展的行业。同时，随着东部地区参与国际分工程度的加深和市场地位的改善，"十二五"期间，东部地区将出现新一轮加快承接国际先进制造业和生产性服务业转移的高潮，这将进一步促进东部地区支柱产业由劳动密集型、资本密集型产业向技术密集型产业的升级。

四、推动工业结构转型升级的对策

1. 深化体制改革，构建有利于促进工业结构转型升级的制度条件

转变政府管理职能，激发市场经济活力。大幅度削减行政审批项目，简化和合并审批手续，将政府职能从市场准入规则的制定者和审批者转变到为市场主体服务和创造良好发展环境上来。进一步协调产业政策和地方政策之间的关系，鼓励地方探索适合自身工业化水平和产业特点的政府职能转变方式，加强各项宏观政策之间的协调。界定和规范政府投资的领域和范围，充分发挥政府投资对社会投资的引导和带动作用，避免政府投资对市场竞争的干预。

深化垄断行业改革，推动非公有制经济发展。抓紧制定改革方案，推动石油、铁路、电信、电力等垄断行业的投融资体制改革，尽快出台鼓励民间资本进入这些领域的相关政策，引入竞争机制，降低垄断程度。根据行业实际情况，推动垄断行业业务重组改制：电力行业要总结改革试点地区的经验和教训，在全国范围实现真正意义上的"厂网分开、输

配分开、主辅分开";电信行业要进一步扩大改革成效,逐步放开对各电信运营商的市场准入范围,打破几大运营商在部分地区和业务上的垄断。抓住新能源发电兴起、高速铁路网建设、实施"三网融合"工程等行业转型发展时机,积极引入民间资本,既提高重大工程的资金保障,又促进民间资本进入垄断行业。

改革资源性产品定价体制,形成科学合理的价格体系。一是进一步深化电、煤、油、汽等能源价格改革。建立与发电环节适度竞争相适应的上网电价形成机制,调整销售电价分类结构,减少各类用户电价间交叉补贴;完善煤炭成本构成,使煤炭价格反映开采、经营过程中的资源、环境和安全成本;降低成品油在批发环节的垄断程度,提高价格形成过程的透明度;完善天然气价格形成机制,逐步理顺与可替代能源的比价关系。二是将资源性产品价格与节能减排、环境保护和可持续发展结合起来,形成科学价格体系。建立循环经济考核体系,构建环境法规、政策考核、社会监督共同参与的可持续发展长效机制;大力推广分段收费制度,加快推进污水处理、垃圾处理、环境税等收费制度改革,鼓励企业进行节能减排改造;落实跨省流域生态补偿机制,完善排污权交易体制。

2. 完善产业政策,遏制和治理产能过剩

健全准入法规体系,遏制低水平重复建设。根据工业发展环境的改变、市场供需情况的变化和结构调整的需要,不断修订《产业结构调整指导目录》,制定和完善相关行业准入条件和产能过剩界定标准,提高过剩产业的准入门槛。加强政府投资项目审核管理,修订《政府核准的投资项目目录》,遏制低水平重复建设,特别是不考虑地方产业特色的区域同质性政府投资。改善土地利用计划调控,严禁向落后产能和产能严重过剩行业建设项目提供土地。整顿出现严重过剩问题行业市场,支持优势企业通过兼并、收购、重组落后产能企业。推进经济工具的创新,减少治理产能过剩的政治成本,充分发挥价格机制在淘汰落后产能中的作用。

"准入"政策与"促退"政策相结合,淘汰落后产能。明确过剩产能和落后产能之间的关系和区别,通过技术含量、制造工艺、增长速度、市场竞争等多个维度判断落后产能在行业和地区的分布情况。进一步发挥市场配置资源的基础性作用和技术标准的门槛作用,在电力、煤炭、钢铁、水泥、有色金属、焦炭、造纸、制革、印染等行业淘汰落后产能。加强财政资金的引导作用,支持企业的升级改造,做好相关企业职工安置工作。

落实产业园区准入制度,提高产业集聚程度。各级各类工业产业园区要根据自身发展方向和战略要求,制定并严格执行园区项目准入目录和企业准入资格。对企业准入资格的设计除考虑投资强度、销售收入、纳税数额等一般限制之外,还要根据国家政策和地方产业发展水平,从生产工艺、环境保护和技术含量,以及对完善地方产业链的作用等多个方面对进入园区企业进行限制,严防盲目招商,引入过剩产能。

3. 优化产业组织政策,形成分工合理的企业梯队

完善反垄断法律和政策体系,促进市场竞争。综合使用市场手段、技术手段和法律手段,防止垄断势力削弱市场力量。在反市场垄断的同时,注重防止技术垄断,完善知识产权保护政策和技术标准政策体系,防止我国自主研发技术路线被跨国公司锁定。

着力培育一批大型企业集团。支持鼓励重点企业走创新之路，增强自主开发能力，掌握核心技术，形成技术优势。鼓励企业通过资本重组、资本扩张走规模化经营道路，推进企业跨地区、跨行业、跨所有制的兼并、控股、参股，实现资源和生产要素的有效集聚。鼓励对外合资合作，实行全方位的对外开放，吸引外资参与企业改组改造、兼并重组。启动若干对培育大企业集团起支撑作用的重大项目，以大项目带动工业企业的大发展，同时推进对于大项目所能带动的配套产业和项目。

从促进融资、鼓励创新、培养人才、精神奖励几个方面鼓励中小企业的发展。一是加强银企联系，特别是地方银行与中小企业之间的关系，适当放宽贷款条件，做好对中小企业的金融服务工作；二是协助中小企业制定技术创新战略，鼓励有实力的企业申报省级和国家级重点项目，并在政府技改专项经费、科技三项经费、科技创新资金上给予中小企业特别的照顾；三是帮助企业培养管理人才、技术人才和技能工人。

4. 调整外资外贸政策，提高工业国际竞争力

放宽外资外贸管制，提升国际贸易地位。放宽外商投资企业投资主体限制，扩大投资主体范围；放宽出资限制，允许以债权、高新技术成果、商标专用权等资产出资，允许部分出资困难企业延长出资期限；鼓励外资扩大投资规模，放宽集团登记条件。改革外贸经营权审批制度，减少对外贸经营者身份的限制，进一步放宽内资企业申请进出口经营权的资质条件，切实落实外贸权下放到企业的政策。将放宽管制与限制垄断结合起来，防止跨国公司垄断势力蔓延，制定相关法律防止外资恶意并购形成垄断，进而压制我国幼稚工业部门发展，控制我国市场。

引导FDI流向，支持生产性服务业和新兴产业发展。运用更加明确的产业导向使外资投向保险、银行、金融、广告、市场研究、职业教育、会计、法律、研究与开发等生产性服务部门，实现FDI对我国工业发展的高服务化。引导FDI在制造业领域合理分布，提高外资投资项目对产业链上下游连接和产业辐射功能，支持引进产业关联性强的项目，重点向支柱产业和高新技术产业倾斜，带动和影响一批协作配套厂家，同时鼓励外资参与传统制造业的改造。

改革出口退税制度，鼓励高附加值产品出口。根据工业结构调整的要求，不断调整优化出口退税产品目录和税率，一方面支持具有高附加值、高技术含量的机电、电子信息产品的出口；另一方面不断降低"两高一资"行业产品出口退税率，甚至取消这些行业的出口退税政策，严格控制高耗能、高污染和资源性产品的出口规模。鼓励工业出口企业调整产品结构，加快技术进步，提高经营管理水平，适应新的退税制度。严格退税审查制度，避免退税漏洞。完善我国外贸代理制，提高工业生产企业通过代理制扩大出口的积极性，鼓励和规范专业外贸公司的发展。

5. 强化技术创新政策，提升工业技术水平

实施科技振兴计划，促进企业研发能力提高。支持企业建立技术中心和研发中心，培育企业自主创新能力。对于大型企业，要发挥其科研优势，鼓励其培育具有独创性的核心技术能力，完善产业内和产业间的技术渗透体系。对于中小型企业，鼓励形成技术创新的

网络体系，作为核心技术的补充，积极进行应用性创新。加强企业与科研院所的合作，建立产、学、研经常性交流机制，拓宽企业自主创新的视野。进一步做好知识产权保护工作，建立和完善知识产权交易市场，促进技术成果流通，鼓励企业参与国际专利交换工作。加大对企业自主创新的资金支持力度，财政、税收等政策要对自主创新型企业给予优惠。支持符合条件的企业进行资产重组、股票上市，进一步拓宽企业融资渠道。积极利用风险资金等新型融资手段，探索适合传统产业的风险投资市场。

采用高新技术改造传统产业，扶持企业技术改造。创造良好外部环境，加大技术改造力度。在传统产业密集的地区，要为传统产业的发展创造良好的生存空间，特别是在一些传统产业和新兴产业并存的地区，一定要合理分配土地资源、资金资源和政策资源，避免忽视为传统产业配套的基础设施建设；对有实力有创新精神的企业给予与高新技术产业同样的税收优惠、信贷担保等政策支持；对于需要扩大规模实现经济效益的产业，要破除地方保护主义，促进企业间跨区域的并购、重组，形成能够发挥规模效应的企业集团。

6. 健全节能减排政策，实现工业绿色转型

大力发展可再生和新兴能源，推进传统能源利用绿色化。一方面，通过强化资源和技术优势、完善产业链、注重技术创新，不断提高水能、风能、太阳能、生物能和核能等可再生能源和新兴能源在工业耗能中的比值。另一方面，建立科学的储量管理体系，提高煤、石油等传统能源的整体可采性，最大限度地减少资源浪费；延长煤化工、油化工产业链，打破行业、部门的界限，实现煤炭、石油资源价值的梯度利用，推进传统能源利用的绿色化。

大力发展循环经济，实现产业集群绿色升级。注重科学规划，产业园区的布局设计要充分考虑区内不同企业之间上下游的关系，尽可能减少园区内物流成本；通过产业链的延伸加强资源的综合利用，将生产过程所产生的各种废物降低到最低；推进清洁生产，完善工业废水、废气和废渣回收处理设施。企业要实施清洁生产技术改造工程，在源头治理污染物的排放，工业集聚地区要规划建设污水集中处理设施，发展工业垃圾的回收再利用行业。

参考文献

[1] 蔡昉，王德文，曲玥. 中国产业升级的大国雁阵模型分析 [J]. 经济研究，2009 (9).

[2] 干春晖，郑若谷. 改革开放以来产业结构演进与生产率增长研究——对中国1978~2007年"结构红利假说"的检验 [J]. 中国工业经济，2009 (2).

[3] 黄茂兴，李军军. 技术选择、产业结构升级与经济增长 [J]. 经济研究，2009 (7).

[4] 刘伟，蔡志洲. 技术进步、结构变动与改善国民经济中间消耗 [J]. 经济研究，2008 (4).

[5] 刘伟，张辉. 中国经济增长中的产业结构变迁和技术进步 [J]. 经济研究，2008 (11).

[6] 裴长洪. 吸收外商直接投资与产业结构优化升级——"十一五"时期利用外资政策目标的思考 [J]. 中国工业经济，2006 (1).

[7] 张军，陈诗一，Gary H. Jefferson. 结构改革与中国工业增长 [J]. 经济研究，2009 (7).

[8] 中国社会科学院工业经济研究所课题组. "十二五"时期工业结构调整和优化升级研究 [J]. 中国工业经济，2010 (1).

Transformation and Upgrading of China's Industrial Structure: Process, Issues and Trends

JIN BEI, LU TIE, DENG ZHOU

(Institute of Industrial Economics CASS, Beijing 100836)

Abstract: China's industry has entered into a new developing stage when the structure transformation and upgrading has become a must. Despite the obvious achievements made on the country's industrial restructuring during the Eleventh Five-Year Plan period, there are still some outstanding issues that limit and afect the transformation and upgrading of China's industrial structure. This paper makes a comprehend analysis of factors such as the developing conditions and policy environment for the last five years, and promotes some judgments referring to the developing trend of China's industrial structure for the coming Twelfth Five-Year Plan period. Relevant policies and measures are suggested in terms of system reform, industry policies and developing environment as to lead and promote the transformation and upgrading of the industrial structure.

Key words: industrial structure; transformation and upgrading; developing trend

中国省际工业新产品技术效率研究[*]

张海洋　史晋川

（浙江大学经济学院　杭州　310027）

【摘　要】本文在提出新产品技术效率（NPTE）是衡量工业自主创新效率有效标准的基础上，通过方向性距离函数的拓展，从新产品视角构建了一个自主创新效率和生产效率（TE）既区分又联系的分析框架，从而能够以生产效率为参照系对工业自主创新效率进行评价。本文发现，1999~2007 年中国省际大中型工业平均 TE 比 NPTE 高 29% 左右；地区工业 NPTE 呈缓慢上升态势，且东部>中部>西部；近年来中国工业 NPTE 与 TE 的差距有所扩大；企业规模、FDI、进口、R&D 人员和消化吸收投入促进了 NPTE 的提高，R&D 投资、技术引进和国内技术购买则有抑制作用，产权改革和技术改造的作用也不显著。研究结果还表明，地区工业 R&D 投资与 NPTE 负相关，而这又与非国有产权特征密切相关。

【关键词】自主创新效率；新产品；技术效率；方向性距离函数

一、引　言

后金融危机时代，如何加快提高自主创新能力成为政府和学界讨论的重点问题。值得注意的是，2000 年以后中国地区大中型工业平均 R&D（研究与开发）强度（科技活动内部支出/工业增加值）一直在 5.2%~5.5% 之间徘徊，一些地区甚至出现了下降。东部地区从 2002 年的 6.18% 下降到 2007 年的 4.44%，西部地区从 2004 年的 4.71% 下降到 2007 年的 3.94%。中国工业 R&D 强度增长已表现出几乎停滞的特征，试图依靠增加 R&D 投入增强

* 本文选自《经济研究》2011 年第 1 期。

基金项目：国家社科基金重大招标项目（07&ZD008）、国家社科基金项目"新产品全要素生产率的中国工业自主创新效率研究"（10BJL056）、国家第 45 批博士后科学基金（20090451453）和浙江省高校人文社科重点研究基地（产业经济学）。

作者简介：张海洋，浙江大学经济学院、浙江财经学院经贸学院；史晋川，浙江大学经济学院。

自主创新能力显得越来越困难。为此，本文将关注中国地区工业自主创新效率问题。

近年来，工业自主创新效率的研究主要集中在 R&D 效率上。朱有为等（2006）选用新产品销售收入作为 R&D 产出指标，R&D 资本和 R&D 人员作为研发投入指标，运用随机前沿生产函数测算了中国高新技术产业 R&D 产出效率，研究发现中国高新技术产业 R&D 产出效率整体偏低，但呈稳步上升状态，行业间效率差异有逐步缩小趋势。冯根福等（2006）选用新产品开发数目作为研发产出指标，研发经费筹集总额和技术人员数量作为研发投入指标，运用随机前沿生产函数测算了中国工业研发效率，研究发现中国工业行业研发效率较低，还有很大提高空间。张海洋（2008）选用新产品销售收入作为产出变量，R&D 资本和 R&D 人员作为投入变量，运用非参数 DEA 方法分析了中国省级工业 R&D 生产效率，研究发现近年来地区工业 R&D 生产效率在下降，地区间 R&D 生产效率的差异在扩大。

除了 R&D 效率研究，还有两类研究可以间接反映中国工业自主创新效率状况：一是对 R&D 新产品产出弹性的研究。Zhang 等（2003）研究发现中国工业企业 R&D 强度和 R&D 劳动投入对新产品销售收入的产出弹性分别为 0.3515 和 0.3942。吴延兵（2006a）研究发现中国工业行业 R&D 资本和 R&D 人员的新产品产出弹性分别为 0.351 和 0.4584。二是对 R&D 产出弹性的研究。张海洋（2005）和李小平等（2008）研究发现中国工业行业 R&D 强度与生产率增长显著负相关。Jefferson 等（2006）研究发现中国工业企业 R&D 强度对工业产品销售收入的产出弹性为 –0.045。吴延兵（2006b）研究发现中国制造业 R&D 资本对工业总产值的产出弹性约为 0.1，在控制了市场因素和产权因素后，R&D 产出弹性约为 0.04。这些研究结果表明，中国工业新产品生产呈规模报酬递减，R&D 强度对生产率增长有负的影响，R&D 资本的产出弹性为正，但处于非常低的水平。从国外类似研究来看，各国产业 R&D 产出弹性表现不一（Mansfield，1988；Bernstein，1988；Griliches et al.，1990；Verspagen，1995），分布范围为 0~0.50，主要在 0.10~0.20（Griliches，1988；Mairesse et al.，1991；吴延兵，2006b）。与大多数国家相比，中国工业 R&D 产出弹性要低很多，似乎暗示着自主创新的低效率。而 R&D 投资与生产率增长显著负相关，意味着 R&D 投资已经抑制了生产效率水平的提高，中国工业 R&D 投资能否增强自主创新能力令人担忧。

现有研究有助于认识 R&D 对中国经济增长的作用，然而由于投入产出指标的局限，并不能正确反映工业自主创新效率。从产出指标来看，一些研究选用新产品开发数目，但新产品开发数目只是中间变量，项目开发最终可能失败也可能成功，不同项目的质量和经济价值也有很大差别；一些研究选用工业总产值或者工业产品销售收入作为产出指标，但加总数据没有对新老产品加以区分，包括了与自主创新活动无关的老产品。实际上，工业自主创新能力最终体现在新产品上，[①] 新产品才是衡量工业自主创新产出的有效指标，因

---

① 自主创新是企业为制造新产品提供新技术和提高老产品质量与生产效率的新工艺所进行的研发活动。新产品包括新消费品、新资本品、新材料和新中间投入品。在提高老产品质量和生产效率的新工艺中，大多数会用到一些新资本品、新材料和新中间投入（范红忠，2007），因此工业自主创新能力最终体现在新产品上。

经济管理学科前沿研究报告

而衡量工业自主创新效率有效标准应当是新产品技术效率或全要素生产率；还有一些研究选用了新产品销售收入作为产出指标，投入要素却只考虑了 R&D 资本和 R&D 人员，忽略了生产性投入要素（资本和劳动）的作用，实际上衡量的是部分要素 R&D 效率。显然，在多要素投入情况下，部分要素 R&D 效率不能正确衡量自主创新效率。

现有研究还存在一个重大不足，就是没有将自主创新效率与生产效率联系起来进行分析。一些经济学家早已意识到市场扭曲导致的 R&D 投资低效率是一些国家工业 R&D 产出弹性下降的主要原因（Griliches，1998），但由于缺乏一个创新效率和生产效率相互联系的分析框架，人们无法对这两种不同类型的效率研究结果进行比较，进而不能判断自主创新效率相对生产效率的高低程度。李小平等（2008）认为中国工业 R&D 投资与生产率增长负相关的原因有两个：一是国有企业存在严重的预算软约束和委托代理问题，导致国有企业的 R&D 投资可能更偏向于能在短期内带来收益而缺乏长期回报的"政绩工程"；二是 R&D 投资强度太大，导致投资效率低下。但他们却没有提供中国工业 R&D 投资低效率及其原因的实证依据。实际上，生产效率变化存在多种作用机制，R&D 投资与生产率增长负相关并不意味 R&D 投资一定低效率，这也有可能是与创新无关的老产品的生产效率下降造成的，如过度 R&D 推动的技术进步带来的创造性破坏将抑制老产品生产率增长（Englander et al.，1988；Verspagen，1995）。

针对现有研究的不足，本文将对新产品技术效率进行研究，力图在考察中国工业自主创新效率真实情况的基础上，对自主创新效率的影响因素进行分析，探讨中国工业 R&D 投资与生产率负相关的原因。综观现有新产品研究文献，关注的问题有：新产品在产品生命周期（PLC）所处的阶段（Vernon，1966）、新产品的发展阶段（Mahajan et al.，1990；Golder et al.，2004）、新产品起飞的决定因素（Tellis et al.，2003；Dekimpe et al.，2000；Stremersch et al.，2004；Talukdar et al.，2002）以及新产品起飞持续的时间（Golder et al.，1997），等等。但关于新产品技术效率的文献仍是空白。

现有文献没有对新产品技术效率开展研究的主要原因是，测算新产品技术效率要面临数据和技术上的双重困难。统计年鉴提供了新产品工业生产总值和增加值，却没有提供专门用于新产品生产的资本和劳动相关数据。传统测算技术效率方法只能测算包括新老产品加总的技术效率，对于特定产品技术效率却无能为力。本文通过拓展方向性距离函数，构建了新产品技术效率的分析框架，解决了上述问题。该方法不仅考虑了 R&D 投入和生产性要素投入，而且对产出中的新老产品加以区分，进而可以确切衡量新产品技术效率。此外，由于方向性距离函数从新产品角度对自主创新效率和生产效率进行既区分又联系的分析提供了一个合理的理论框架，因此，本文与现有创新研发效率研究的一个重要不同在于，能够以生产效率为参照系，对工业自主创新效率进行更全面更客观的评价。

具体来说，本文做了以下几个方面的工作：①通过方向性距离函数的拓展，构建新产品技术效率分析框架，对近年来地区大中型工业新产品技术效率进行测算和分析；②比较了地区大中型工业新产品技术效率和技术效率的差异；③对地区工业技术效率和新产品技术效率的影响因素进行分析，着重探讨了中国工业 R&D 投资与生产率增长负相关的原因。本文第二部分是新产品技术效率分析框架，第三部分是 R&D 资本、生产资本估算和数据，第四部分是测算结果与分析，第五部分是新产品技术效率影响因素分析，第六部分是结论。

二、新产品技术效率分析框架

近年来，越来越多研究使用 Shephard 距离函数方法对技术效率进行测算。下面首先介绍标准的 Shephard 距离函数和方向性距离函数，然后构建新产品技术效率分析框架。

（一）Shephard 距离函数

对于投入 $x \in R_+^N$ 和产出 $y \in R_+^M$，生产技术集定义为：

$$S^t = \{(x^t, y^t): x^t \text{ 能生产出 } y^t\} \tag{1}$$

集合 S 定义的生产技术可以等价用产出集 P (x) 来定义，它表示利用投入向量 x 所能生产的所有产出 y 的集合。对于投入 $x \in R_+^N$，产出可能性集合定义为：

$$P(x) = \{y \in R_+^M | (y, x) \in S\} \tag{2}$$

参照 Färe 等 （1994），Shephard 产出距离函数定义为：

$$D_0(x, y) = (\sup\{\theta: (x, \theta y) \in S\})^{-1} \tag{3}$$

其中，θ 表示给定投入 x，产出 y 到达生产前沿的最大比例径向扩张倍数，D_0 为 θ 的倒数。$y \in P(x) \Leftrightarrow D_0(x, y) \leqslant 1$，当且仅当 (x^t, y^t) 处于生产边界，$D_0^t(x^t, y^t) = 1$。如图 1 所示，任意一个生产点 A 到达生产前沿的最大比例扩张为 OD/OA，从生产点 A 离生产前沿

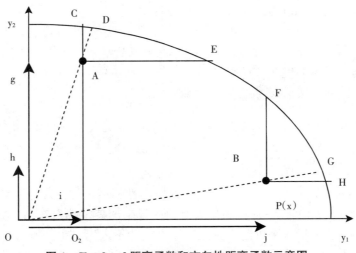

图 1　Shephard 距离函数和方向性距离函数示意图

的 Shephard 距离为 $D_0(x, y) = OA/OD$。

假定固定规模报酬，投入要素强可处置，对于每个生产点，Shephard 距离可以用线性规划解得（Färe et al.，1994）：

$$[D_0(x^{k*}, y^{k*})]^{-1} = \max_{z^k, \theta^{k*}} \theta^{k*} \text{ s.t. } \sum_{k=1}^{N} z^k y_j^k \geq y_j^{k*} \theta^{k*}, j = 1, \cdots, J; \sum_{k=1}^{N} z^k x_h^k \leq x_h^{k*},$$

$$h = 1, \cdots, H; z^k \geq 0, k = 1, \cdots, N \tag{4}$$

其中，k 是一组决策单元（DMU），k^* 是某一特定决策单元，j 是产出种类，h 是投入种类。z^k 是第 k 个 DMU 的权重，θ 是技术效率指数，且 θ≥1。

（二）方向性距离函数与新产品技术效率分析框架

参照 Chambers 等（1996）、Chambers 等（1998）和 Färe 等（2000），与 Shephard 产出距离函数中所有产出同比例径向扩张不同，方向性距离函数允许产出沿某一特定投入或产出方向进行缩小或扩张。方向性距离函数定义为：

$$\vec{D}(x, y; g_x, g_y) = \sup\{\beta: (x - \beta g_x, y + \beta g_y) \in S\} \tag{5}$$

其中，g_x、g_y 分别是非零向量 R_+^N、R_+^M，β 是标量。方向性距离可以解线性规划得到：

$$\vec{D}(x, y; g_x, g_y) = \max_{z^k, \beta} \beta \quad \text{s.t. } \sum_{k=1}^{N} z^k y_j^k \geq y_j^{k*} + \beta g_{yj}, j = 1, \cdots, J; \sum_{k=1}^{N} z^k x_h^k \leq x_h^{k*} - \beta g_{xh},$$

$$h = 1, \cdots, H; z^k \geq 0, k = 1, \cdots, N \tag{6}$$

其中，g_x、g_y 表示 $\vec{D}$ 的方向向量，g_{xh}、g_j 分别表示第 h 个投入的方向 g_x 和第 j 个产出的方向 g_y。βg_x 是投入 x 的缩小比例，βg_y 是产出 y 的扩张比例。当距离函数定义为投入减少的同时实现产出扩张时，方向为 $(-g_x, g_y)$。令 $g_x = 0$ 即得到产出导向的方向性距离函数。

根据式（5），特定产品的产出导向方向性距离函数定义为：

$$\vec{D}_0(x, y_i, y_{-i}; g) = \sup\{\beta: [(y_i, y_{-i}) + \beta g] \in P(x)\} \tag{7}$$

其中，y_i 表示特定产品 i 的产出，y_{-i} 表示除了 i 产品以外的其他产品产出，向量 g 表示方向向量，P(x) 表示技术。令 $g = (g_i, 0)$，就可以衡量 i 产品方向的产出扩张。实际上，Shephard 距离函数是方向性距离函数的一个特例（Chambers et al.，1998）。令 $g = y$，方向性距离函数与 Shephard 距离函数之间的关系为：

$$\vec{D}_0(x, y_i, y_{-i}; y_i, y_{-i}) = \frac{1}{D_0(x, y_i, y_{-i})} - 1$$

或者 $D_0(x, y_i, y_{-i}) = \dfrac{1}{1 + \vec{D}_0(x, y_i, y_{-i}; y_i, y_{-i})} \tag{8}$

与标准 Shephard 距离函数不同，特定产品方向性距离函数投入分为可配置性投入和不可配置性投入。在实际生产中，有些投入专门用于生产某一特定产品，如 R&D 投入专门用于生产新产品，这些投入是可配置投入；还有一些投入用于生产所有产品，如用于新产品和老产品的资本和劳动是难以区分的，这些投入是不可配置投入。衡量特定产品方向性距离函数要充分利用投入配置信息，除了对不可配置投入进行约束，还对可配置投入进行约束。这样，特定产品技术效率线性规划表述为：

$$\vec{D}_0[x, y_i, y_{-i}; g = (y_i, 0)] = \max_{z^k, \beta_i, k^*} \beta_i^{k*} \quad \text{s.t.} \quad \sum_{k=1}^{N} z^k y_{-i}^k \geq y_{-i}^{k*}, \ -i \in j, \ j = 1, \cdots, J;$$

$$\sum_{k=1}^{N} z^k y_i^k \geq y_i^{k*}(1 + \beta_i^{k*}), \ i \in j \ \text{且} \ i \notin -i; \quad \sum_{k=1}^{N} z^k x_{hj}^k \leq x_{hj}^{k*}, \ h \in A; \quad \sum_{k=1}^{N} z^k x_h^k \leq x_h^{k*}, \ h \notin A; \ z^k \geq 0,$$

$$k = 1, \cdots, N \tag{9}$$

其中，A 是可配置性投入集，x_{hj}^k 表示用于第 k 个决策单元的第 j 个产品生产的可配置性投入 h，y_i^{k*} 表示特定产品产出。特定产品方向性距离函数线性规划（9）与标准 Shephard（4）有两点不同：一是产出扩张沿第 i 个产品方向，其他产品产出保持不变；二是专门用于生产特定产品的可配置性投入被视为不同投入。因此，可配置性投入是按照产品进行约束，而不可配置性投入则在总量上进行约束。特定产品技术效率实际上衡量的是在给定生产 y_i 的可配置投入和生产所有产品不可配置性投入的情况下，决策单元 k^* 的特定产品 y_i 产出最大比例扩张。

下面用图 1 说明 Shephard 距离函数与特定产品方向性距离函数的差异。对于生产点 A，Shephard 距离函数是指在所有产品同比例扩张 OD/OA 达到生产前沿，而 y_2 产品的方向性距离函数是指沿 y_2 方向扩张 $O_2 C/O_2$，A 就可以达到生产前沿。显然，在特定产品方向性距离函数中，生产点到达前沿面的距离将取决于特定产品方向。如果是 Shephard 距离 $D_0(x, y_1, y_2) = OA/OD$ 或者 y_2 产品方向的扩张比例 $\vec{D}_0(x, y_1, y_2; 0, y_2) = (g + AC)/g$，则点 A 比点 B 更接近前沿；如果是 y_1 产品方向的扩张比例 $\vec{D}(x, y_1, y_2; y_1, 0) = (i + AE)/i$，则点 B 比点 A 更接近前沿。

本文技术效率用标准的 Shephard 距离函数进行测算，新产品技术效率用特定产品方向性距离函数进行测算。技术效率的产出变量为工业总产值，投入变量为中间投入、资本和劳动，新产品技术效率产出变量为新产品总产值和老产品总产值，投入变量为中间投入、生产性资本、劳动、R&D 资本和 R&D 人员。为了避免出现大量 100% 效率单位和降低跨期效率的波动幅度，本文运用序列 DEA 方法，即每一年的参考技术由当期和前面所有时期的投入产出值决定（王兵等，2007）。

三、R&D 资本、生产资本估算和数据

R&D 资本存量采用永续盘存法（PIM）估算。参照 Griliches（1980）、Goto 等（1989）和 Coe 等（1995），基期 R&D 资本存量 R_0 和 t 期 R&D 资本存量 R 的计算公式分别为：

$$R_0 = E_0/(g + \delta) \tag{10}$$

$$R_t = E_{t-1} + (1 - \delta) R_{t-1} \tag{11}$$

其中，E 为 R&D 支出，δ 为 R&D 资本存量的折旧率，g 是 E 的增长率。使用永续盘存法对 R&D 资本存量估算，关键是确定四个变量：当年 R&D 支出 E、构造 R&D 支出价格指数、折旧率 δ 以及 R&D 支出增长率 g。

估算 R&D 资本存量必须细致解决 R&D 支出的双重核算问题。R&D 支出包括劳务费、原材料费、固定资产购建费和其他费用四个组成部分。而生产资本投入中包括了 R&D 固定资产，劳动投入中包括了 R&D 人员投入，中间投入包括了 R&D 原材料和其他费用的投入。因此，如果直接将 R&D 支出用来计算 R&D 资本存量，并和中间投入、生产资本投入和劳动投入一起作为生产函数的投入要素，R&D 支出就会被重复计算。为避免双重核算问题，本文的做法是：R&D 人员是必须考虑的投入要素，R&D 支出中的劳务费应当扣除；R&D 支出中的固定资产购建费在核算生产资本存量时，在固定资产净投资中扣除；R&D 支出中的原材料费和其他费用在核算中间投入时扣除，R&D 人员在劳动投入中扣除。为避免权重设定的随意性，本文 R&D 支出价格指数 pr_t 采用如下公式计算：

$$pr_t = \omega g_t \, pg_t + \omega y_t \, py_t + \omega q_t \, pq_t \tag{12}$$

其中，ωg_t、ωy_t 和 ωq_t 分别为 R&D 支出中固定资产购建费、原材料费和其他费用所占份额，pg_t、py_t、pq_t 分别为固定资产投资价格指数、工业品出厂价格指数、居民消费价格指数。δ 值设定为 15%（Hu et al., 2005），g 取 1999~2007 年 R&D 支出增长率的平均值（Griliches, 1980）。

生产性资本的估算参照张军等（2009）的做法。先计算不同地区工业固定资产折旧率 δ_t，它主要利用累计折旧、当年折旧、固定资产原值和净值之间的关系来近似求得：

$$cd_t = ovfa_t - nvfa_t; \quad CD_t = cd_t - cd_{t-1}; \quad \delta_t = CD_t/ovda_{t-1} \tag{13}$$

其中，cd 代表累计折旧，ovfa 代表固定资产原值，nvfa 为固定资产净值，CD 为当年折旧，式（14）中 t 和 t-1 分别代表当前和前期。新增投资 NI 的计算方法为：

$$NI_t = ovfa_t - ovfa_{t-1} - R\&D \text{ 固定资产购建费} \tag{14}$$

式（14）表示利用固定资产原值数据计算出本期与上期的固定资产原值的差额，再减去 R&D 支出中的固定资产购建费，得到固定资产净投资（NI）。然后通过各年不同地区的固定资产投资价格指数缩减，就得到 1999 年不变价的固定资产净投资。

1999 年基期生产性资本存量 K_0 等于 1999 年固定资产净值减去 1999 年 R&D 资本存量，2000 年以后的生产性资本存量按永续盘存法估算，公式表述为：

$$K_t = (1 - \delta_t)K_{t-1} + NI_t \tag{15}$$

为了避免双重核算，当年价的中间投入采用以下公式计算：

中间投入 = 工业总产值 – 增加值 –（R&D 原材料费支出 + R&D 其他费用支出） (16)

利用各年工业品出厂价格指数缩减，可以获得 1999 年不变价中间投入数据。劳动投入扣除 R&D 人员数，得到了生产部门劳动投入。产出指标工业总产值用各年不同地区的工业品出厂价格指数缩减，得到 1999 年不变价的工业总产值。

测算技术效率的资本存量、中间投入、劳动都没有扣除其中的 R&D 支出部分，计算方法和新产品相关变量一样。根据科技统计年鉴的定义，本文新产品是指采用新技术原理、新设计构思研制、生产的全新产品，或在结构、材质、工艺等某一方面比原有产品有明显改进，显著提高了产品性能或扩大了使用功能的产品。中国工业新产品统计包括两类：一是经政府有关部门审批认定并在有效期内的新产品；二是企业自行研制开发，未经政府有关部门认定，从投产之日起一年之内的新产品。近年来，一些地区新产品统计口径在第二类新产品上有所调整，但该类新产品是企业自行认定的一年内的新产品，因此统计口径变化只会对当年新产品数据产生影响，后期影响不大。随着新产品统计日益完善，现有数据已可以反映我国工业新产品的基本情况。

数据使用的 1999~2007 年除西藏以外全国 30 个省市区大中型工业企业数据均来自历年的《中国统计年鉴》、《中国科技统计年鉴》、《中国工业经济统计年鉴》、《中国经济贸易统计年鉴》和《2004 年中国经济普查年鉴》。R&D 其他费用支出由科技经费内部支出减去劳务费、原材料费和固定资产购建费三项费用得到。

四、测算结果和分析

表 1 报告了 1999~2007 年各地区大中型工业新产品技术效率（NPTE）和技术效率（TE）的测算结果。我们将从 NPTE 静态比较和动态比较，以及 NPTE 与 TE 差异三个方面进行分析和比较。

表 1　1999~2007 年地区大中型工业 NPTE 和 TE

省市区	新产品技术效率（NPTE）						技术效率（TE）					
	1999 年	2001 年	2003 年	2005 年	2007 年	平均	1999 年	2001 年	2003 年	2005 年	2007 年	平均
北京	81.8	81.7	78.9	100.0	100.0	91.9	77.3	89.4	92.7	98.2	99.1	91.4
天津	100.0	100.0	100.0	100.0	100.0	100.0	83.5	89.9	93.9	100.0	100.0	94.4
河北	46.0	32.9	27.2	28.0	30.9	32.3	77.7	74.0	83.2	84.9	84.3	80.8
山西	26.5	23.1	33.3	33.8	34.4	31.6	69.4	70.2	72.7	75.0	76.9	72.8
内蒙古	69.4	37.5	64.5	79.0	100.0	66.5	70.0	69.1	79.2	90.2	100.0	81.9
辽宁	42.3	47.8	58.7	55.9	52.4	53.1	69.8	75.9	79.2	84.5	85.2	79.2
吉林	69.8	72.5	65.0	100.0	95.6	81.1	73.8	81.1	87.9	86.6	91.0	85.0
黑龙江	100.0	100.0	100.0	100.0	100.0	100.0	99.2	97.5	91.1	91.4	94.0	94.5
上海	100.0	100.0	100.0	100.0	100.0	100.0	100.0	100.0	100.0	100.0	96.7	99.4
江苏	100.0	100.0	83.7	100.0	100.0	98.2	100.0	100.0	97.3	96.7	93.5	97.8
浙江	100.0	97.4	100.0	91.2	96.8	97.8	98.7	97.4	100.0	93.3	93.6	96.8
安徽	53.6	43.8	41.0	65.3	65.2	54.1	86.7	85.5	88.4	89.1	89.8	87.5
福建	100.0	83.9	100.0	91.5	99.7	94.7	94.2	91.5	96.1	95.2	95.1	95.1

省市区	新产品技术效率（NPTE）						技术效率（TE）					
	1999年	2001年	2003年	2005年	2007年	平均	1999年	2001年	2003年	2005年	2007年	平均
江西	43.1	41.6	47.5	48.3	51.8	46.9	72.3	76.8	81.9	82.3	82.1	79.6
山东	73.3	78.7	75.2	80.6	69.2	75.1	95.0	95.5	93.9	95.8	89.3	93.3
河南	49.8	36.1	34.9	35.7	56.8	40.6	82.8	79.5	79.9	76.8	88.8	80.5
湖北	41.4	51.6	58.7	59.0	67.1	54.1	77.8	82.6	75.4	84.3	86.8	82.3
湖南	55.1	49.8	57.1	83.4	71.8	64.7	79.3	81.5	86.2	88.7	88.6	84.6
广东	100.0	100.0	100.0	100.0	100.0	100.0	99.7	100.0	100.0	100.0	100.0	100.0
广西	70.7	61.5	65.9	62.1	58.5	63.3	77.6	71.1	80.2	82.0	84.7	79.0
海南	100.0	100.0	100.0	100.0	100.0	100.0	84.2	79.7	89.9	93.0	100.0	89.0
重庆	83.6	79.7	98.7	96.8	100.0	94.4	69.2	81.9	88.3	86.7	92.6	84.3
四川	78.1	54.0	63.8	70.4	84.6	69.9	71.1	76.7	84.7	86.9	91.3	82.5
贵州	26.4	28.8	44.6	44.4	48.8	39.2	74.0	68.7	76.9	77.8	81.5	76.0
云南	100.0	100.0	100.0	100.0	100.0	100.0	100.0	100.0	100.0	98.7	96.3	99.4
陕西	47.9	40.2	46.4	56.9	65.2	51.9	68.8	71.1	75.5	83.0	91.5	78.5
甘肃	26.4	19.6	10.9	21.7	34.4	22.0	69.2	74.0	72.1	71.2	76.5	72.7
青海	6.2	15.7	19.4	35.9	55.1	26.3	66.0	75.9	77.9	88.1	90.7	77.7
宁夏	32.2	25.4	27.4	32.8	33.2	29.3	68.3	73.0	69.7	74.7	80.2	73.5
新疆	17.6	21.6	13.8	24.2	37.5	23.7	80.5	94.1	88.6	100.0	100.0	94.3
全国平均	64.7	60.8	64.4	70.2	70.2	66.8	81.2	83.5	86.1	88.5	90.7	86.1
东部平均	85.8	83.9	84.0	86.1	86.3	85.7	89.1	90.3	93.3	94.5	94.2	92.5
中部平均	56.5	50.7	55.8	67.2	71.4	59.9	79.0	80.4	82.5	84.9	88.7	83.2
西部平均	48.9	44.6	49.1	54.5	61.7	52.0	74.5	78.7	81.3	84.9	88.5	81.8

（一）NPTE 的静态比较

三大地区① 大中型工业平均 NPTE 呈东部 > 中部 > 西部。1999~2007 年各地区 NPTE 差异非常大，最高为 100，最低仅 4.52。为了区分地区自主创新效率的差异，本文将 NPTE 为 100 的地区定义为"自主创新效率很高地区"；NPTE 在（80，100）的地区为"自主创新效率较高地区"；NPTE 在（60，80）的地区为"自主创新效率一般地区"；NPTE 在（40，60）的地区为"自主创新效率较低地区"；NPTE 在（0，40）的地区为"自主创新效率很低地区"。根据 1999~2007 年各地区 NPTE 平均值，按排名顺序，高效率地区包括天津、黑龙江、上海、广东、海南和云南 6 个地区；较高效率地区包括江苏、浙江、福建、重庆、北京和吉林 6 个地区；一般效率地区包括山东、四川、内蒙古、湖南、广西共 5 个

---

① 东部地区包括北京、天津、河北、辽宁、上海、江苏、浙江、福建、山东、广东、海南共 11 个省市；中部地区包括山西、内蒙古、吉林、黑龙江、安徽、江西、河南、湖北、湖南共 9 个省区，西部地区包括广西、重庆、四川、贵州、云南、陕西、甘肃、青海、宁夏、新疆共 10 个省市区。

地区；较低效率地区包括安徽、湖北、辽宁、陕西、江西、河南 6 个地区；很低效率地区包括贵州、河北、山西、宁夏、青海、新疆、甘肃 7 个地区。

高效率地区除了东部的天津、上海、广东和海南，还包括中西部的黑龙江和云南；较高效率的地区既包括东部的江苏、浙江、北京和福建，也包括中西部的重庆和吉林；一般、较低和很低效率地区主要集中在中西部。值得注意的是，东部地区的山东为一般效率地区，平均 NPTE 为 75.1；河北为很低效率地区，平均 NPTE 只有 32.3，在东部地区它们的工业自主创新效率表现相对较差。

（二）NPTE 的动态比较

1999~2007 年，地区大中型工业平均 NPTE 在 2000 年和 2001 年曾出现缓慢下降，随后持续上升，2007 年有所回落，最高为 2006 年的 73，最低为 2001 年的 60.8。这说明总体上近年来中国工业自主创新效率呈缓慢上升态势。三大地区 NPTE 变化表现不同的特征：东部地区基本保持不变，最高为 2002 年的 86.93，最低为 2001 年的 83.9。中西部地区在 2000 年和 2001 年出现短暂的下降，其余时间呈上升趋势，分别从 1999 年的 56.5 和 48.9 上升到 2007 年的 71.4 和 61.7。

各地区 NPTE 动态变化还有以下特点：保持高效率或较高效率的地区有天津、黑龙江、上海、广东、海南、云南、江苏、浙江、福建；保持低效率或较低效率的地区有河北、山西、宁夏、青海、新疆、甘肃；效率有明显改进的地区有重庆、北京、吉林、内蒙古、湖南、湖北、陕西；效率明显下降的地区是广西、山东和河北。总的来看，除了广西、山东、河北、河南和新疆曾出现过明显下降外，大部分地区都有所改善，其中重庆、北京、吉林、内蒙古和湖南的上升比较明显。

（三）NPTE 和 TE 比较

如表 1 所示，1999~2007 年中国省际大中型工业 TE 和 NPTE 的平均值分别为 86.1 和 66.8，生产效率比自主创新效率高出 29%，东中西部分别高出 7.8%、39% 和 57%，说明中国工业自主创新效率明显低于生产效率，这在中西部地区尤为突出。与 NPTE 曾出现了下降不同，TE 表现出稳步上升的趋势，并且近年来 NPTE 和 TE 的差距没有明显缩小，反而有所拉大，说明中国工业老产品生产效率并没有明显下降反而有所提高。因此，中国工业没有出现过度 R&D 导致的创造性破坏，R&D 产出弹性低的原因是低水平的自主创新效率和新产品占工业总产值比重过低，2007 年大中型工业总产值中的新产品占比仅为 16.9%。

表 2 给出了 1999~2007 年各地区大中型工业 NPTE 和 TE 的变异系数。TE 的变异系数比 NPTE 小得多，地区工业 TE 差距远没有 NPTE 大；全国和三大地区工业 TE 差距都在缩小，全国工业 NPTE 差距在缩小，但东部地区基本保持不变，中西部地区分别在 2001 年和 2003 年以后才呈现出缩小的趋势，说明近年来地区间的工业自主创新效率差距在逐步缩小。

表 2　1999~2007 年三大地区大中型工业 NPTE 和 TE 变异系数

地区	新产品技术效率（NPTE）					技术效率（TE）				
	1999 年	2001 年	2003 年	2005 年	2007 年	1999 年	2001 年	2003 年	2005 年	2007 年
全国	0.46	0.49	0.47	0.40	0.35	0.15	0.13	0.11	0.09	0.08
东部	0.26	0.28	0.28	0.27	0.28	0.12	0.11	0.07	0.06	0.06
中部	0.38	0.45	0.37	0.38	0.32	0.12	0.10	0.08	0.07	0.07
西部	0.66	0.64	0.67	0.51	0.41	0.13	0.13	0.11	0.11	0.08

五、新产品技术效率影响因素分析

根据相关理论，本节将对以下几个因素进行分析：

（一）企业规模

现有企业规模对创新影响的理论可以适用在创新效率上。一是熊彼特假说：由于在规模经济、分担风险和融资渠道等方面拥有相对优势，大企业比小企业具有更强的创新效率；二是在特定的条件下，竞争性产业比垄断产业能产生更多的 R&D 激励，垄断企业的地位可能会削弱其创新激励（Arrow，1962）。有关中国工业企业规模对创新效率的实证结果并不一致（朱有为等，2006；冯根福等，2006；吴延兵，2006b）。因此，判别企业规模对新产品技术效率的影响将取决于实证结果。本文用地区大中型企业平均销售收入衡量企业规模（qygm）。

（二）产权变量

对于处于经济转型期的中国工业来说，制度因素特别是产权结构很可能是影响自主创新效率的重要因素。知识具有公共产品性质和收益的不完全独占性，国有企业享受了国家很多的科技优惠政策，获得绝大多数的国家科研资助。此外，随着科学技术的飞速发展，新产品研发越来越依赖企业长期知识资本存量的积累而不是短期 R&D 投资的增加，我国国有企业的知识资本存量也要远高于非国有企业。因此，国有企业在知识创新生产上具有先天的体制优势（袁志刚，1999；Atkinscn et al.，1980）。然而，国有企业存在严重的委托代理问题，容易造成一定程度的 R&D 投入浪费，这将制约自主创新效率的提高。总体而言，我们推测国有企业比非国有企业具有更高的自主创新效率。本文用大中型工业企业非国有工业企业总产值占比来衡量产权变量（fgy）。

（三）外商直接投资

根据外资技术溢出理论，FDI 对内资部门可能有不同的影响。一方面外资的竞争压力和潜在的溢出效应都可能促进内资企业生产率的提高；另一方面由于外资的进入，对内资企业形成冲击，降低了内资企业的生产规模和利润水平，从而抑制生产效率的提高。根据张宇（2009）的统计，在2005~2008年发表于国内外核心期刊的有关中国FDI溢出效应的113篇研究中，有63篇产生了积极的结果，29篇认为FDI的技术溢出是有条件存在或者部分存在，21篇否认了FDI技术溢出效应的存在或认为存在显著的负溢出效应。针对不同的结论，判别外商直接投资与新产品技术效率的关系最好从实证结果中寻找证据。本文用大中型工业企业中的三资企业工业总产值占比来衡量外资活动程度（fdi）。

（四）进出口贸易

Coe等（1995）和Keller（2000）研究表明，以进口为载体的国际技术扩散促进了本地企业生产率增长，这在中国得到了印证（李小平等，2008）。对于出口对生产率的作用，Helpman（2006）认为对于多数发展中国家，出口对于企业生产率所具有的"出口中学习"效应是广泛存在的，这主要表现为发展中国家对发达国家先进生产设备的引进和成本降低型生产效率的提升，而不是其自主创新能力或技术创新型生产效率的提高。关于中国出口是否存在"学习效应"的实证研究结论却不一致。Perkins（1997）发现出口企业生产率比非出口企业明显高，Wei等（2006）研究发现中国工业存在显著的国际贸易溢出效应，而Fu（2005）和李小平等（2008）却发现出口并没有显著促进生产率增长，张杰等（2008）研究发现中国企业出口与生产率之间可能存在复杂的相关关系。因此，我们推测进口对新产品技术效率的提高有促进作用，出口的作用将取决于实证结果。本文将分别考察各地区工业出口（出口/GDP）和进口（进口/GDP）对新产品技术效率的影响。

（五）研发投入

与张海洋（2005）和李小平等（2006）有所不同，本文R&D投入考虑了两种要素：一是用大中型工业企业扣除R&D劳务费的R&D强度（科技活动内部支出/工业增加值）衡量R&D投资（rdi）；二是用大中型工业企业R&D人员比例衡量R&D人员投入（rdl）。参考现有研究结果，我们推测两种R&D投入都将抑制新产品技术效率的提高。

（六）技术改造、国外技术引进、消化吸收和国内技术购买

它们对新产品技术效率的影响将取决于实证结果。技术改造用各地区大中型工业技术改造费用占工业增加值比例衡量（jsgz），国外技术引进用各地区大中型工业技术引进费占工业增加值比例衡量（gwjs），消化吸收用各地区大中型工业消化吸收费用占工业增加值比例衡量（xhxs），购买国内技术用各地区大中型工业购买国内技术占工业增加值比例衡量（gmgn）。

本文将比较分析上述因素对TE和NPTE的影响。对于面板数据来说，固定效应Tobit非线性模型通常不可能得到一致的估计值，只能使用随机效应Tobit模型。由于解释变量

可能存在多重共线性问题，通过对解释变量进行 Pearson 相关系数检验，[①] 发现 fdi、export 和 import 变量之间的相关系数都在 0.83 以上，说明它们存在严重的多重共线性问题；qygm 与 import 的相关系数为 0.47、fgy 与 fdi 和 export 的相关系数在 0.6 以上，说明这些变量存在较强的多重共线性问题。其余解释变量的相关系数都在 0.3 以下，说明这些变量共线性问题较弱，不会对估计结果产生较大影响。本文采用逐步回归的方法以避免变量之间的多重共线性问题，由此得到表 3 的回归结果。

如表 3 所示，qygm 在 TE 和 NPTE 所有回归中显著为正，说明企业规模的扩大对地区工业创新效率和生产效率水平的提高都有促进作用。大企业在规模经济、分担风险和融资渠道等方面拥有相对优势，相比小企业具有更高的生产效率和自主创新效率。非国有变量的回归结果和预期有所不同，TE 所有回归都显著为正，在 NPTE 回归中为正，但不显著，说明产权改革对工业生产效率水平提高有显著的促进作用，但对于自主创新效率没有显著影响，这可能与非国有中小企业所占比例较高有关。在后文我们发现，国有企业有助于促进 R&D 投资效率，非国有企业却在 R&D 人员投入上更有效率，因此总体上，产权改革没有显著促进自主创新效率的提高。

表 3　地区大中型工业 TE 和 NPTE 的影响因素分析

因变量	技术效率（TE）				新产品技术效率（NPTE）								
回归	(3.1)	(3.2)	(3.3)	(3.4)	(3.5)	(3.6)	(3.7)	(3.8)	(3.9)	(3.10)	(3.11)	(3.12)	(3.13)
cons 常数项	73.58# (26.55)	80.55# (28.08)	83.59# (27.26)	83.03# (28.33)	56.92# (5.22)	56.52# (6.2)	67.89# (6.14)	61.50# (6.17)	62.46# (4.56)	72.88# (6.49)	67.37# (5.58)	68.81# (5.85)	66.11# (4.35)
qygm 企业规模	1.41# (5.82)				2.85# (3.33)				2.80# (3.28)				3.04# (3.53)
fgy 非国有	22.86# (5.28)				13.71 (0.96)				10.47 (0.44)				21.05 (0.72)
fdi 外资比例		38.16# (5.86)				83.53# (3.24)				−15.53 (−0.30)			
export 国贸比例			13.01** (1.95)				13.20 (0.68)				24.26 (0.46)		−62.73 (−1.32)
import 出口比例				19.93# (3.21)				50.42** (2.18)				−20.81 (−0.28)	
rdi 研发投资	−95.65# (−4.41)	−82.21# (−3.08)	−67.88** (−2.41)	−70.66** (−2.54)	−137.47# (−2.82)	−124.54** (−2.33)	−112.89** (−2.11)	−119.27** (−2.23)	29.29 (0.33)	−143.80** (−2.37)	22.83 (0.26)	−102.30* (−1.68)	−21.21 (−0.21)
rdl 研发人员	9.03 (0.23)	89.29# (1.99)	129.76# (2.75)	125.54# (2.67)	178.31# (1.72)	239.25# (2.15)	318.59# (2.90)	324.46# (2.95)	−78.11 (−0.42)	−63.42 (−0.39)	126.40 (0.83)	139.01 (0.94)	−69.58 (−0.38)
rdi 交互项 a									−707.65** (−2.26)	387.53 (0.71)	−1625.41** (−1.99)	−361.67 (−0.56)	−770.49** (2.17)
rdl 交互项 a									696.14* (1.76)	1724.39** (2.35)	1796.33* (1.89)	1997.78* (1.78)	539.35 (1.04)
rdi 交互项 b													811.81 (0.98)

---

① 由于篇幅限制，省略了 Pearson 相关系数检验的结果报告。

因变量	技术效率（TE）				新产品技术效率（NPTE）								
回归	(3.1)	(3.2)	(3.3)	(3.4)	(3.5)	(3.6)	(3.7)	(3.8)	(3.9)	(3.10)	(3.11)	(3.12)	(3.13)
rdl 交互项 b													240.09 (0.22)
jsgz 技术改造	3.76 (0.30)	−18.87 (−1.26)	−22.97 (−1.44)	−23.06 (−1.47)	10.45 (0.37)	−23.53 (−0.78)	−16.00 (−0.52)	−18.30 (−0.60)	10.66 (0.38)	−35.67 (−1.18)	−18.55 (−0.61)	−21.46 (−0.71)	10.46 (0.38)
gwjs 引进技术	53.20 (1.23)	−128.15# (−2.63)	−111.40** (−2.05)	−111.36** (−2.14)	−84.83 (−0.83)	−320.1# (−3.17)	−349.3# (−3.30)	−307.2# (−2.95)	−113.6 (−1.10)	−319.5# (−3.16)	−345.1# (−3.23)	−312.4# (−2.98)	−114.92 (−1.11)
xhxs 消化吸收	184.05 (0.80)	760.47# (2.72)	779.75# (2.63)	731.39# (2.47)	1375.3** (2.22)	2423.9# (3.71)	2411.4# (3.69)	2202.5# (3.32)	1562.8# (2.54)	2379.7# (3.64)	2369.3# (3.63)	2125.4# (3.20)	1536.69# (2.52)
gmgn 国内技术	−117.44 (−0.72)	−119.42 (−0.59)	−175.29 (−0.82)	−166.45 (−0.79)	−861.5** (−2.33)	−972.2** (−2.40)	−1002.4** (−2.49)	−1008.0** (−2.48)	−757.5** (−2.02)	−996.0** (−2.48)	−1044.8# (−2.59)	−1005.0** (−2.49)	−698.70 (−1.87)
Rho	0.74	0.62	0.65	0.63	0.94	0.89	0.93	0.91	0.94	0.89	0.92	0.92	0.94
对数似然	−742.06	−784.73	−797.45	−794.82	−775.01	−789.07	−793.48	−791.75	−771.60	−785.56	−790.60	−789.60	−700.80

注：①* 表示 $p < 0.10$，** 表示 $p < 0.05$，# 表示 $p < 0.01$；②样本数为 270 个；③回归（3.9）～（3.12）的 rdi 和 rdl 交互项 a 中分别是 rdi 和 rdl 与 fgy、fdi、export 和 import 的交互项；回归（3.13）rdi 和 rdl 交互项 a 分别是与 fgy 的交互项，rdi 和 rdl 交互项 b 分别是与 export 的交互项。

fdi 在 TE 和 NPTE 回归中都显著为正，说明 FDI 的溢出效应显著地促进了中国工业生产效率和自主创新效率水平的提高，这一结论有力地支持了我国改革开放以来实行的"市场换技术"外资战略。出口和进口变量在 TE 的回归中显著为正，在 NPTE 回归中出口为正，但不显著，进口显著为正，说明进口和出口都显著地促进中国工业生产效率水平的提高，进口显著地促进工业自主创新效率水平的提高，但出口的促进作用不显著。这主要与中国进口和出口商品结构有关。中国出口的产品基本上是劳动密集型产品，进口的大部分是技术含量较高的中间品或者机器设备，因此出口的学习效应主要体现在老产品上，对新产品生产效率则没有显著的作用，而进口技术含量较高的中间品和资本品对生产效率和自主创新效率都有显著的促进作用。这一结论与 Helpman（2006）观点基本一致，即出口"学习效应"主要体现在老产品的生产效率提高上，对自主创新效率却没有显著影响。

rdi 在 NPTE 和 TE 所有回归中都显著为负，而 rdl 都显著为正，这和预期结果不一致。这说明至少在短期，R&D 投资产生的成本大于收益，R&D 投资抑制了自主创新效率的提高，而 R&D 人员则有显著的促进作用。技术改造对 NPTE 和 TE 影响不显著，这与近年来企业技术改造经费有所下降有关。消化吸收对 NPTE 和 TE 都显著为正，说明中国工业消化吸收投入对新产品技术效率有促进作用。技术引进对 NPTE 和 TE 影响显著为负，国内购买对 NPTE 的影响显著为负，这一方面是由于技术引进和国内购买技术在短期内导致企业成本上升；另一方面也与近年来技术引进的难度加大，技术落后的地区用于购买国内外技术的投入增长较快有关。

为什么两种 R&D 投入要素对自主创新效率有截然不同的影响？两种相反的影响又与哪些特征密切联系呢？我们进一步考察了 rdi 和 rdl 与 fgy、fdi、export 和 import 的交互项对 NPTE 的影响。回归（9）～（12）表明，rdl 与 fgy、fdi、export 和 import 的交互项都显著为正，说明产权改革、外资、出口和进口与 R&D 人员存在显著的互补性，它们都有助于提高 R&D 人员对 NPTE 的促进作用。而 rdi 与 fgy、export 的交互项显著为负，并且 rdi 符号转变为正，这说明 fgy、export 与 R&D 投资存在显著的替代关系，它们都将弱化 R&D 投资对 NPTE 的促进作用。由于我国地区工业出口与非国有经济所占比例具有很强的相关性，回归（13）同时考虑 rdi 与 fgy 和 export 交互项对 NPTE 的影响，结果表明 rdi 与 fgy 的交互项显著为负，rdi 与 export 的交互项不显著。这说明在控制 fgy 与 rdi 的替代关系情况下，export 与 rdi 存在一定的互补关系，但不显著。因此，中国工业 R&D 投资与自主创新效率负相关主要与非国有产权密切相关。改革开放以来，我国非国有经济飞速发展，然而大多数非国有企业知识资本存量低、研发基础薄弱，并且缺乏国家优惠政策支持，R&D 投资基本依靠自有资金。此外，由于缺乏有效的知识产权保护，大多数非国有企业特别是民营企业新产品开发以模仿为主，导致大多数新产品收益不高。因此，非国有企业过快的 R&D 投资增长虽然有助于长期知识创新资本的积累，但在短期，不仅难以带来较高收益，反而加重了企业负担，进而抑制了自主创新效率的提高。

回归（10）结果表明，rdi 与 fdi 的交互项对 NPTE 影响不显著为正，但对 TE 不显著为负。[1] 这说明 fdi 没有显著影响 R&D 投资对自主创新效率的促进作用。结合前面得出的结论——非国有企业弱化 R&D 投资对自主创新效率的促进作用，我们可以进一步判断非国有的弱化作用主要来自其中的非外资企业特别是民营企业。那么，rdi 与 fdi 的交互项对 TE 的影响为什么转为负呢？这可能是由于老产品比新产品收益更低，R&D 投资增加使得企业成本上升，进而一定程度上抑制了老产品生产效率的提高。回归（12）结果表明，rdi 与 import 的交互项对 NPTE 影响不显著为负，说明 import 没有显著弱化 R&D 投资对 NPTE 的促进作用。为考察稳健性，我们用虚拟变量控制出口量大的江苏、浙江、广东三个地区对 NPTE 的影响，重新检验了 rdi 与 fgy、export 及其交互项对 NPTE 的影响，得到的结果基本与前面回归一致，[2] 说明上面结论是稳健的。

六、结论

总结以上分析，本文发现：中国地区间大中型工业 NPTE 差异非常大，全国平均 NPTE 低于 TE，这在中西部地区尤为突出；三大地区工业 NPTE 呈东部 > 中部 > 西部，总体上工业自主创新效率呈缓慢上升态势；中国工业 NPTE 与 TE 的差距有所拉大，没有出

---

① 由于篇幅限制，本文没给出交互项对 TE 的回归结果。回归结果表明 fdi 与 rdi 的交互项对 TE 的影响不显著为负，而张海洋（2005）研究发现 fdi 与 rd 的交互项对生产率增长显著为负，这可能与本文研究的是所有工业的生产效率水平值而张海洋（2005）研究的是内资工业生产率增长率有关。

② 由于篇幅限制，省略了稳健性检验的结果报告。如有需要可与作者联系。

现过度 R&D 导致的创造性破坏；企业规模、FDI、进口、R&D 人员和消化吸收投入促进了中国工业 NPTE 水平的提高，R&D 投资、技术引进和国内技术购买则有抑制作用，产权改革和技术改造的作用也不显著。中国工业 R&D 投资和 NPTE 负相关与非国有产权特征有关，主要原因有两个：一是非国有企业特别是民营企业知识资本存量低，缺乏国家优惠支持，短期过快的 R&D 投资增长加重了企业的负担；二是由于缺乏有效的知识产权保护，大多数新产品收益不高。

上述结论可以给出一些政策含义：首先，中国工业自主创新效率低于生产效率，说明中国工业 R&D 投入低，效率问题比较严重。技术进步是一个国家长期经济增长的动力，随着技术引进的难度加大，如果自主创新效率不能稳步提升，未来中国工业生产效率增长将不可能持续，因此，提高自主创新效率对于长期生产效率增长至关重要。其次，自主创新能力不可能在短时间内快速得到提高，需要一个长期的过程。近年来中国工业自主创新效率缓慢上升，R&D 产出弹性尽管很低，但仍然为正，以及 R&D 人员对自主创新效率有促进作用，这都说明 R&D 投入对经济增长有促进作用，因此，应当继续增加 R&D 投入特别是 R&D 人员的投入，不断积累知识资本和人员的存量。再次，短期 R&D 投资抑制了自主创新效率的提高，提醒我们要注重 R&D 投资的使用效率。创新是追求效率的，如果忽视 R&D 投资效率，R&D 投资可能成为一种烧钱行为，增强自主创新能力将不可持续。又次，积极支持扩大新产品生产规模，加大力度引进具有先进技术的外资和设备，鼓励企业增加技术消化吸收投入，促进自主创新效率的提高。最后，加大对非国有企业特别是民营企业自主创新的人才、资金和技术的扶持，完善知识产权保护制度，鼓励和促进民营企业研发加快从模仿创新向自主创新转变。

参考文献

[1] 范红忠. 有效需求规模假说、研发投入与国家自主创新能力 [J]. 经济研究，2007（3）.

[2] 冯根福，刘军虎，徐志霖. 中国工业部门研发效率及其影响因素实证分析 [J]. 中国工业经济，2006（11）.

[3] 李小平，朱钟棣. 国际贸易、R&D 溢出和生产率增长 [J]. 经济研究，2006（2）.

[4] 李小平，卢现祥，朱钟棣. 国际贸易、技术进步和中国工业行业的生产率增长 [J]. 经济学（季刊），2008，7（2）.

[5] 王兵，颜鹏飞. 技术效率、技术进步与东亚经济增长 [J]. 经济研究，2007（5）.

[6] 吴延兵. R&D 存量、知识函数与生产效率 [J]. 经济学（季刊），2006a，5（4）.

[7] 吴延兵. R&D 与生产率——基于中国制造业的实证研究 [J]. 经济研究，2006b（11）.

[8] 袁志刚. 论知识的生产与消费 [J]. 经济研究，1999（6）.

[9] 张杰，李勇，刘志彪. 出口与中国本土企业生产率——基于江苏制造企业的实证分析 [J]. 管理世界，2008（11）.

[10] 张海洋. R&D 两面性、外资活动与中国工业生产率增长 [J]. 经济研究，2005（5）.

[11] 张海洋. 我国工业 R&D 生产效率和影响因素 [J]. 科学学研究，2008（5）.

[12] 张军，吴桂英，张吉鹏. 中国省际物资资本存量估算：1952-2000 [J]. 经济研究，2004（10）.

［13］张宇.制度约束、外资依赖与 FDI 的技术溢出［J］.管理世界，2009（9）.

［14］朱有为，徐康宁.中国高技术产业研发效率的实证研究［J］.中国工业经济，2006（11）.

［15］Arrow. Economic Welfare and the Allocation of Resources for Invention in National Bureau of Economic Research［M］. The Rate and Direction of Inventive Activity, Princeton: Princeton University Press, 1962.

［16］Bernstein, J.D. Costs of Production, Intra and Inter-Industry R&D Spillovers: The Canadian Evidence［J］. Canadian Journal of Economics, 1988, 21（2）.

［17］Chambers, R.G., Y.H. Chuang, and R.Färe. Benefit and Distance Functions［J］. Journal of Economic Theory, 1996（70）.

［18］Chambers, R.G., Y.H. Chuang, and R.Färe. Profit, Directional Distance Functions, and Nerlovian Eficiency［J］. Journal of Optimization Theory and Applications, 1998（98）.

［19］Coe, D.T. and E.Helpman. International R&D and Spillovers［J］. European Economic Review, 1995（39）.

［20］Dekimpe, M.G., P.M. Parker, M. Sarvary. Muhimarket and Global Diffusion, V. Mahajan, F. Muller, Y Wind, eds. New Product Diffusion Models［M］. Kluwer Academic Publisher, Boston, 2000.

［21］Englander, A., Evenson, R., and Hanazaki, M. R&D, Innovation and the Total Factor Productivity Slowdown［J］. OECD Economic Studies, 1988（11）.

［22］Färe R., Grosskepf, S., & Lovell, C.A.K. Production Frontiers［M］. Cambridge: Cambridge University Press, 1994.

［23］Färe R., R. Grabowski, S. Grosskopf and S. Kraft. Theory and Application of Directional Distance Functions［J］. Journal of Productivity Analysis, 2000（13）.

［24］Fu, X. Exports, Technical Progress and Productivity Growth h in A Transition Economy: A Non Parametric Approach for China［J］. Applied Economics, 2005, 37（7）.

［25］Gulder, P.N., G.J. Tellis. Will It Ever Fly? Modeling the Takeoff of Really New Consumer Durables［J］. Marketing Science, 1997（16）.

［26］Golder, P.N., G.J. Tellis. Going, Going. Gone: Cascades, Diffusion, and Turning Points of the Product Life Cycle［J］. Marketing Science, 2004（23）.

［27］Goto, A. and K. Suzuki. R&D Capital, Rate of Return on R&D Investment and Spillovers of R&D in Japanese Manufacturing Industries［J］. Review of Economics and Statistics, 1989（4）.

［28］Griliches, Z. R&D and Productivity Slowdown［J］. American Economic Review, 1980（70）.

［29］Griliches, Z. Productivity Puzzles and R&D: Another Noneplanation［J］. Journal of Economic Persperstives, 1988, 2（4）.

［30］Griliches, Z. and Jacques Mairesse. R&D and Productivity Growth: Comparing Japanese and U.S. Manufacturing Firms［J］. In Charles Hulten, ed., Productivity Growth in Japan and the United States［M］. Chicago: University of Chicago Press, 1990.

［31］Griliches, Z. R&D and Productivity［M］. Chicago: The University of Chicago Press, 1998.

［32］Hu, Albert G.Z., Jeferson, C.H. and Qian Jinchang. R&D and Technology Transfer: Firms Level Evidence from Chines Industry［J］. Review of Economic and Statistics, 2005, 87（4）.

［33］Helpman, E. Trade, FDI, and the Organization of Firms［J］. Journal of Economic Literature, 2006（XLIV）.

[34] Jeferson, Gary H., Bai Huamao, Guan Xiaojing and Yu Xiaoyun. R&D Performance in Chinese Industry [J]. Economies of Innovation and New Technology, 2004, 13 (1/2).

[35] Keller, W. Do Trade Patterns and Technology Flows Affect Productivity Growth? [J]. World Bank Economic Review, 2000 (14).

[36] Mahajan, V., E.Muller, R.K. Srivastava. Determination of Adopter Categories Using Innovation Diffusion Models [J]. Marketing Research, 1990 (27).

[37] Mairesse, J. and Sassenou, M. R&D and Productivity: A Survey of Econometric Studies at the Firm Level [J]. OECD Science Technology Review, 1991 (8).

[38] Mansfield, Edwin. Industrial R&D in Japan and the United States: A Comparative Study [J]. American Economic Review, 1988 (78).

[39] Pavin, K., Robson, M., Townsend, J. The Size Distribution of Innovating Firms in the UK: 1945–1983 [J]. Journal of Induatrial Economics, 1987 (35).

[40] Stremersch, S., G.J. Tellis. Managing International Growth of New Product [J]. Research Marketing, 2004 (21).

[41] Talukdar, D., K. Sudhir, A. Ainslie. Investigating New Product Diffusion across Products and Country[J]. Marketing Science, 2002 (21).

[42] Tellis, G.J., S. Stremersch, E. Yin. The International Takeoff of New Products: The Role of Economies, Culture and Country Innovativeness [J]. Marketing Science, 2003 (22).

[43] Vernon R. International Investment and International Trade in the Product Cycle [J]. Quarterly Journal of Economics, 1966 (80).

[44] Verspagen, B. R&D and Productivity: A Broad Cross–Country Look [J]. Journal of Productivity Analysis, 1995 (6).

[45] Wei, Y., and X. Liu. Productivity Spillovers from R&D, Exports and FDI in China's Manufacturing Sector [J]. Journal of International Business Studies, 2006, 37 (4).

[46] Zhang, Anming, Yimin Zhang, and Ronald Zhao. A Study of the R&D Eficiency and Productivity of Chinese Firms [J]. Journal of Comparative Economics, 2003 (31).

On the Technical Eficiency of New Product in Chinese Provincial Industry

ZHANG HAI YANG   SHI JIN CHUAN

(Zhejiang University, Hangzhou   310027)

Abstract: This paper is based on that the new product technical eficiency (NPTE) is the effective standard for measuring industrial independent innovation eficiency through the development of directional distance function. From the viewing point of new product, the paper constructs an analysis framework that has both of differential and relation of the innovation eficiency and production efficiency, to evaluate the regional industrial independent innovation eficiency. We found that the average technical eficiency of Chinese provincial large and medium-size industries from 1999 to 2007 is almost 29% higher than NPTE, average industrial NPTE of three areas show that the eastern area > the middle area > the western area, and slowly rising trend in general. In recent years, the gap between TE and NPTE has been increased. Enterprise scale, FDI, import and R&D staf and digest absorb investment prompt the level of regional industrial NPTE, and R&D investment, foreign technology import and domestic technical buying have a significant negative effect, the effect of property reform and technology transformation are not significant. It is also showed that non-state property caused a negative correlation between R&D investment and NPTE.

Key words: Independent Innovation Eficiency; New Product; Technical Eficiency; Directional Distance Function

中国制造业产能过剩的测度、波动及成因研究 *

韩国高[1] 高铁梅[1] 王立国[2] 齐鹰飞[3] 王晓姝[2]

（1. 东北财经大学数学与数量经济学院 大连 116025；2. 东北财经大学投资工程管理学院 大连 116025；3. 东北财经大学经济与社会发展研究院 大连 116025）

【摘 要】 本文在微观经济学生产、成本、均衡理论基础上，借鉴 Berndt 和 Morrison（1981）提出的成本函数法，利用面板模型的广义矩估计方法（GMM）分别测度了我国重工业和轻工业 28 个行业 1999~2008 年的产能利用水平，据此得出七大产能过剩行业，进而分析了制造业行业发展的波动特征；然后建立变参数面板模型，针对七个产能过剩行业，利用实证分析证明了固定资产投资是产能过剩的直接原因，并针对宏观调控政策对抑制固定资产投资收效甚微这一现象，阐述了我国产能过剩的深层次原因。

【关键词】 产能过剩；成本函数法；波动特征；固定资产投资；面板数据模型

一、引言

在计划经济时代，"短缺"是中国产品供求的常态。随着社会主义市场经济体制的建立，20 世纪 90 年代开始中国逐步由卖方市场转为买方市场，告别了短缺经济时代。随之而来，中国又出现了"产能过剩"现象，生产能力大于需求是市场经济条件下的正常现象，是经济周期性波动中市场供求关系的特殊表现。但是当生产能力超过有效需求达到一定程度时，便会形成产能过剩，从而给经济运行带来危害。

---

* 本文选自《经济研究》2011 年第 12 期。

　　基金项目：国家社会科学基金重大项目（09&ZD026；10zd&010）。

　　作者简介：韩国高、高铁梅，东北财经大学数学与数量经济学院；王立国、王晓姝，东北财经大学投资工程管理学院；齐鹰飞，东北财经大学经济与社会发展研究院、经济学院。

进入 21 世纪以来，中国一些资本密集型的重化工业领域出现了一定程度的重复建设和产能过剩问题，因此治理重复建设、抑制产能过剩成为政府部门进行经济结构调整工作的重中之重。2008 年末，金融危机席卷全球，并引发波及实体经济的世界性经济危机。中国经济遭受剧烈的冲击，2008 年第四季度的实际经济增长率为 6.8%，钢铁、有色金属、水泥等行业更是陷入了严重困境。中国政府为缓解经济危机带来的困难，出台了"4 万亿"投资计划、十大产业振兴规划和宽松的货币政策等刺激政策，这给钢铁、建材等行业带来了巨大的市场需求，也因此带动了这些高耗能、高排放行业的盲目投资，使得原本由于重复建设引发的产能过剩问题更加突出。

　　研究我国的产能过剩问题，要针对各行业的特征加以区别，如重化工行业的产能过剩和轻化工行业的产能过剩由于特征上的不同存在很大差异，完全竞争行业和垄断竞争行业出现的产能过剩的性质也必然不同。同时我国存在的一些非市场化因素也是研究产能过剩问题所必须要考虑的因素，其中最重要的是由体制性因素所导致的地方政府强烈的投资冲动，在这种状态下要素价格被扭曲，使得高污染、高耗能行业的产能快速扩张，给我国经济带来了巨大危害，影响了经济持续协调健康发展。为了能够更加正确地认识产能过剩行业，本文尝试对我国制造业 28 个行业的产能利用率给出科学测度，进而分析其行业发展的波动特征；进一步对我国产能过剩的形成原因进行深入细致的分析，从而为我国政府部门控制投资过热、抑制产能过剩提供一些参考性意见。

　　国外学者很早就对产能产出和产能利用率的测度问题进行了研究，Cassels（1937）、Morrison（1985）提出产能产出即短期平均总成本曲线最低点对应的产出水平；美国 20 世纪 60 年代以来公布的 Wharton 指数序列采用基于产出—资本比和累计净投资前一期峰值的峰值法对产能产出进行度量；Foss（1963）提出利用实际用电量与最大可能用电量之间的比率度量产能利用水平，最大可能用电量使用电力设备的产能产出来替代；Klein 和 Preston（1967）从生产函数的角度提出了产能产出和产能利用率的度量方法。Garofalo 和 Malhotra（1997）利用成本函数法对美国各州制造业的产能利用率进行测度；Kirkley（2002）利用数据包络分析（DEA）和随机生产前沿方法（SPF）测度了美国渔业的产能产出和产能利用率，并对两种方法进行了比较分析。Shaiokh 和 Moudud（2004）利用协整方法得到长期与资本存量共同变化的产出作为产能产出，进而得到产能利用率。国内学者对产能产出和产能利用率测度方面的研究起步较晚。沈利生（1999）利用峰值法计算了我国的资本设备利用率，进而对劳动力进行调整后得到我国潜在的生产能力；龚刚和杨琳（2002）假定一定时期内的用电量与资本服务使用量成固定比例，利用生产函数估算这一比例，然后以用电量乘以该比例代替无法观测的资本服务使用量来求得我国的资本设备利用率；何彬（2008）借用龚刚和杨琳（2002）提出的这种方法计算了 1997~2006 年我国制造业各行业的产能利用率；孙巍等（2009）利用成本函数法对我国制造业 28 个行业 1997~2006 年的产能产出和产能利用率进行了测算。

　　现有国内外文献中关于产能利用率的测度方法并不统一，也没有公认的最好的度量方法。由于成本函数法能够综合考虑生产过程中所消耗的各种要素投入，同时利用要素投入价格可以计算出生产成本的价值量，这是其他产能利用率计算方法所不具备的，因此本文利用成本函数法对我国制造业 28 个行业的产能利用率进行测度，全面考察了生产投入要素和要素价格对产能产出的影响。虽然国内孙巍等（2009）也利用成本函数法测算了我国制造业 28 个行业的产能利用率，但在他们的研究中生产要素组成中并没有包括原材料部分。

本文第二部分给出了产能过剩的微观解释以及产能利用率成本函数法的理论模型；第三部分将我国工业制造业的 28 个行业划分为重工业和轻工业，利用行业面板模型的广义矩估计方法（GMM）分别估计了其可变成本方程，进而根据成本函数法计算了这些行业的产能利用率，并结合现实情况予以分析；第四部分利用变参数行业面板模型，探讨了我国产能过剩形成的直接原因，并进而阐述了产能过剩形成的深层次原因；第五部分给出结论和政策建议。

二、产能利用率的理论模型

（一）产能过剩的微观厂商分析

1. 产能过剩的含义

关于产能过剩的界定，可以从宏观、微观以及行业层面上理解。宏观上，产能过剩主要是指由于受到社会总需求的限制，经济活动没有达到正常限度的产出水平，从而使资源未得到充分利用，生产能力（或称产能产出）在一定程度上出现了闲置。微观上，产能过剩是指实际产出低于生产能力达到一定程度时而形成生产能力过剩。行业层面上，产能过剩是指在一定时期内，某行业的实际产出在一定程度上低于该行业的生产能力（窦彬、汤国生，2009）。

对于产能产出的定义，到目前为止至少有三种方法：第一，总生产函数的最大投入点（Klein et al.，1973）；第二，产能产出是在正常投入条件下（没有考虑延长工时，但考虑了休假和正常维修）可能达到的产出水平（Klein et al.，1973）；第三，产能产出被定义为在给定资本存量和要素投入价格条件下，企业长期希望获得的产出水平，即长期平均成本曲线最低点所对应的产出水平（Cassels，1937）。

对于微观和行业层面上实际产出与生产能力差异程度的界定，本文选取产能利用率作为产能过剩的判断指标。产能利用率被定义为实际产出与设计生产能力的比值，反映了企业的生产资源是否能够真正得到有效利用。本文采用产能产出定义的第三种方法，在微观经济学生产、成本、均衡理论基础上，选取合适的可变成本函数形式，对我国制造业各行业的产能产出及产能利用率进行测算。

2. 产能过剩的微观厂商分析

在完全竞争市场，厂商是价格的接受者，他所面临的需求曲线是一条水平线，对于一个以实现利润最大化为目标的竞争性企业来说，向上倾斜的边际成本曲线就是该企业的供给曲线。在长期均衡时，完全竞争厂商将其产量确定在边际成本等于价格的水平上时，就实现了利润最大化。此时，边际成本等于平均成本、价格和边际收益，处于零利润的完全均衡位置。产能产出就是边际成本、平均成本与价格相交处所对应的产出，因此，完全竞争厂商在长期均衡时过剩的生产能力为零。

而垄断竞争厂商面临的是一条向下倾斜的需求曲线（DD′），在长期内，垄断竞争厂商可以调整生产规模且可以自由进入或退出。假定厂商的需求曲线位于平均成本曲线上，存在正的利润，大量厂商就会涌入，出现"潮涌现象"，在市场需求规模不变的条件下，每个企业所面临的市场销售份额就会相应减少，在建立新的均衡之前，厂商的价格和产量均会下降，直到不再有新厂商加入为止，即持续到平均成本（AC）曲线与需求曲线相切于 P 点，每个厂商实现零利润均衡。垄断竞争下厂商数目众多，每家厂商的产量太小而不能使其单位成本最小化，如果厂商数目减少，则每个厂商的 AC 降低，但这种状态不会持久。因此，在长期中，垄断竞争厂商总是在 AC 曲线向下倾斜的部分生产，而不是在最低平均成本点处生产，即厂商在具有过剩生产能力的状态下生产。在图 1 中，可以看到 $Y^* - Y_p$ 即是垄断竞争厂商的过剩生产能力。[1]

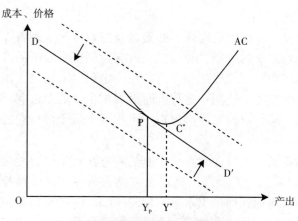

图 1　垄断竞争厂商的成本、需求曲线

（二）利用成本函数法测度产能利用率 CU（Capacity Utilization）

根据经济增长理论，产能利用率是衡量经济发展的重要指标之一。中国统计部门一般

采用实物量来计算产能利用率，然而针对产品的多样化和计量单位的不统一，利用价值量计算能够更好地反映整个行业的产能利用水平。本文利用成本函数法对制造业 28 个行业的产能利用率进行测算。

1. 理论推导

产能利用率（CU）的经济度量最早由 Cassels 于 1937 年提出，Klein（1960）和 Hickman（1964）分别对其进行了深入研究。CU 度量背后的基本概念是企业面临短期约束（如固定投入存量），因此短期均衡产出可能不同于稳态的长期均衡产出。从长期来看，生产要素都具有可调整性，企业在一定的技术约束下会最佳组合各种生产要素以达到最优的产出规模。然而，在短期，由于某些特定生产要素无法调整，那么实际产出必然有别于最优产出，即产能产出。因此，产能产出被视为使得企业存在的资本存量达到长期最优水平时的产出水平，即产能产出依赖于资本存量的水平。而且，根据包络定理，产能产出即短期和长期平均成本曲线切点处所对应的产出水平。

本文沿用 Berndt 和 Morrison（1981）的生产函数：

$$Y = f(V, F) \tag{1}$$

其中，Y 表示产出，V 表示可变投入向量，F 表示准固定投入向量（短期内无法改变，但在长期边际成本递增）。假定厂商以追求利润最大化为生产目标，根据对偶理论，利润最大化问题即成本最小化问题，短期内，企业面临市场约束、技术约束以及准固定投入大小的约束。根据 Berndt 和 Morrison（1981）、Morrison（1985），本文假定长期规模收益不变，且资本（K）是唯一的准固定投入，企业可变成本函数（VC）可以表示如下：

$$VC = VC(K, \dot{K}, p_j, t, Y) \tag{2}$$

在式（2）中包含了固定资本（K），新增资本（$\dot{K}$）、可变投入的价格（p_j），技术进步（t）以及产出（Y）对可变成本的影响。

企业的短期总成本函数（STC）可写为：

$$STC = VC + p_K K = VC(K, \dot{K}, p_j, t, Y) + p_K K \tag{3}$$

其中，p_k 是资本的市场租赁价格。根据产能利用率 CU 背后的思想以及包络定理，为了计算产能产出（Y^*），在式（3）中对 K 求一阶偏导数，最小化短期总成本函数（STC），令：

$$\partial STC/\partial K = \partial VC/\partial K + p_K = 0 \tag{4}$$

从而可以由式（4）求解出 Y，就是总成本函数最小化时的产出，即产能产出 Y^*：

$$Y^* = Y^*(K, \dot{K}, p_j, p_K, t) \tag{5}$$

进而得到产能利用率 CU：

$$CU = Y/Y^* = \phi(K, \dot{K}, p_j, p_K, t) \tag{6}$$

2. 可变成本函数形式确定

为了建立上述模型，我们需要设定可变成本函数的形式。按照 Morrison 和 Berndt（1980），假定有 N 种准固定投入，S 种可变投入。$x_i(i = 1, 2, \cdots, N)$ 代表第 i 种准固定投入，w_j（$j = 1, 2, \cdots, S$）代表第 j 种可变要素价格，$\widetilde{w}_j$ 是由第 1 种要素价格标准化后的可变要素价格，即 $\widetilde{w}_j = w_j/w_1$。$V_j$ 表示可变要素投入量，时间趋势 t 代表技术进步，Y 代表产出水平。

根据 Morrison 和 Berndt（1980）提出的标准化可变成本函数 G，即 $G = VC/w_1$，将其形式表示如下：

$$G = V_1 + \sum_{j=2}^{S} \widetilde{w}_j V_j = Y \times \left[\alpha_0 + \alpha_{0t} \times t + \sum_{j=2}^{S} \alpha_j \times \widetilde{w}_j + \frac{1}{2} \sum_{j=2}^{S} \sum_{l=2}^{S} \gamma_{jl} \times \widetilde{w}_j \times \widetilde{w}_l + \sum_{j=2}^{S} \alpha_{jt} \times \widetilde{w}_j \times t \right]$$

$$+ \sum_{i=1}^{N} \alpha_i \times x_i + \frac{1}{2} \sum_{i=1}^{N} \sum_{m=1}^{N} \gamma_{im} \times \frac{x_i \times x_m}{Y} + \sum_{i=1}^{N} \sum_{j=2}^{S} \gamma_{ij} \times \widetilde{w}_j \times x_i + \sum_{i=1}^{N} \alpha_{it} \times x_i \times t$$

$$+ \frac{1}{2} \sum_{i=1}^{N} \sum_{m=1}^{N} \beta_{im} \times \frac{\Delta x_i \times \Delta x_m}{Y} \tag{7}$$

在本文的实证研究中，采用劳动（L）、能源（E）和原材料（M）作为生产的可变投入要素，资本（K）作为生产的准固定投入。即在式（7）中，$V_1 = L$，$V_2 = E$，$V_3 = M$，$x_1 = K$，$w_1 = p_L$，$w_2 = p_E$，$w_3 = p_M$，p 代表要素价格，下标 L、E、M 分别代表劳动、能源、原材料，t 为技术进步。经劳动力价格（p_L）标准化后的可变成本函数（VC）记为 G，$\tilde{p}_E$、$\tilde{p}_M$ 分别为经劳动力价格（p_L）标准化后的能源价格和原材料价格，即 $G = VC/p_L$，$\tilde{p}_E = p_E/p_L$，$\tilde{p}_M = p_M/p_L$。式（7）可以改写为：

$$G = L + \tilde{p}_E \times E + \tilde{p}_M \times M$$

$$= Y \times \left[\alpha_0 + \alpha_{0t} \times t + \alpha_E \times \tilde{p}_E + \alpha_M \times \tilde{p}_M + 0.5 \times (\gamma_{EE} \times \tilde{p}_E^2 + \gamma_{MM} \times \tilde{p}_M^2) + \gamma_{EM} \times \tilde{p}_E \times \tilde{p}_M + \alpha_{Et} \right.$$

$$\left. \times \tilde{p}_E \times t + \alpha_{Mt} \times \tilde{p}_M \times t \right] + \alpha_K \times K + 0.5 \times (\gamma_{KK} \times (K^2/Y) + \beta_{KK} \times (\Delta K^2/Y)) + \gamma_{EK} \times \tilde{p}_E \times K$$

$$+ \gamma_{MK} \times \tilde{p}_M \times K + \alpha_{tK} \times K \times t \tag{8}$$

3. 成本函数法下的产能利用率

根据式（4），在给定准固定投入资本（$\bar{K}$），且 $\tilde{p}_K = p_K/p_L$ 为经标准化后资本租赁价格的前提下，最小化可变成本函数，即将 $G = VC/p_L$ 和 $\tilde{p}_K = p_K/p_L$ 代入式（4），对资本存量（K）求导数，令：

$$\partial STC/\partial K = p_L \frac{\partial C}{\partial K} + p_K = 0 \tag{9}$$

即：

$$\partial STC/\partial K = p_L \times \left[\alpha_K + \gamma_{KK} \times (K/Y) + \gamma_{EK} \times \tilde{p}_E + \gamma_{MK} \times \tilde{p}_M + \alpha_{tK} \times t + \tilde{p}_K \right] = 0 \tag{10}$$

从而由式（10）求解出 Y 就是成本最小化时的产能产出（Y^*）：

$$Y^* = -\frac{\gamma_{KK} \times K}{\alpha_K + \gamma_{EK} \times \tilde{p}_E + \gamma_{MK} \times \tilde{p}_M + \alpha_{tK} \times t + \tilde{p}_K} \tag{11}$$

进一步可计算得到产能利用率（CU）：

$$CU = \frac{Y}{Y^*} = -Y \times \frac{\alpha_K + \gamma_{EK} \times \tilde{p}_E + \gamma_{MK} \times \tilde{p}_M + \alpha_{tK} \times t + \tilde{p}_K}{\gamma_{KK} \times K} \tag{12}$$

三、我国制造业 28 个行业产能利用率的测算

（一）指标选取及数据说明

本文的样本区间是 1999~2008 年，选取我国制造业 28 个行业的相关数据计算其产能利用率。

1. 资本存量（$K_{i,t}$）

以制造业第 i 个行业（i = 1，2，…，28）的固定资产净值作为行业资本存量的衡量指标（刘培林，2005；吴延兵，2006）。固定资产净值是指从固定资产原价中减去历年已提折旧额后的净额，数据来源于历年《中国工业经济统计年鉴》。

2. 折旧率（$\delta_{i,t}$）

利用资本存量的基本估计公式：

$$K_{i,t} = K_{i,t-1}(1 - \delta_{i,t}) + I_{i,t} \quad i = 1，2，\cdots，28；t = 1，2，\cdots，T \tag{13}$$

来计算 28 个行业的资本折旧率 $\delta_{i,t}$：

$$\delta_{i,t} = 1 - \frac{K_{i,t} - I_{i,t}}{K_{i,t-1}} \tag{14}$$

其中，T 为样本年数，资本存量 $K_{i,t}$ 采用制造业各行业的固定资产净值，$I_{i,t}$ 为 i 行业各年的新增固定资本。本文根据张军和章元（2003）、王玲（2004）的研究，利用固定资产原价的一阶差分得到各行业历年新增固定资本 $I_{i,t}$，然后利用式（14）计算得到各行业 1999~2008 年的折旧率 $\delta_{i,t}$。

3. 资本租赁价格（$P_{K,i,t}$）

根据戴维·罗默（2009），假定资本在时间 t 的真实市场购置价格是 q_t，则持有资本对于厂商有三种成本：第一，如果厂商放弃卖出资本并将所得收益储蓄的机会，他将会放弃获得的利息，其真实成本为 $r_t q_t$，其中 r_t 为真实利率；第二，资本会折旧，其真实成本为 $\delta_t q_t$，其中 δ_t 为折旧率；第三，资本的价格可能会变化，价格下降（上升），则资本的使用成本增加（降低），这种成本为 $-\dot{q}_t$。将上述成本加总，可以得到资本第 t 年的真实使用成本 c_t。由于绝大多数资本品不是被租用，而是生产者所自有，因此资本租赁价格在很多情况下表现为资本品的使用成本，本文各行业资本租赁价格由下式计算：

$$p_{K,i,t} = c_{i,t} = \left[r_t + \delta_{i,t} - \frac{\dot{q}_t}{q_t} \right] q_t，（i = 1，2，\cdots，28） \tag{15}$$

式中，r_t 是采取中国 1999 年以来根据当年变动月份加权平均后的 3 年期固定资产贷款加权利率减去通货膨胀率得到的实际贷款利率，数据来源于历年《中国统计年鉴》；资本品的市场购置价格 q_t 使用固定资产投资价格指数（1999 = 1）来代替。

4. 劳动投入（$L_{i,t}$）及劳动力价格（$P_{L,i,t}$）

采用制造业各行业从业人员人数作为衡量劳动投入 $L_{i,t}$ 的指标。因为从业人员人数反映了一定时期内全部劳动力资源的利用情况，数据来源于历年《中国工业经济统计年鉴》。劳动力价格采用各行业在岗职工的人均工资来替代。[①] 为了与资本价格保持一致，将历年在岗职工人均工资换算为以 1999 年价格计算的人均工资，进而得到实际劳动力价格指数 $P_{L,i,t}$（1999 = 1）。

5. 能源投入（$E_{i,t}$）及能源消费价格（$P_{E,i,t}$）

能源种类有很多，包括煤、石油、天然气以及电力等，本文选取制造业各行业以万吨标准煤为单位的能源消费量作为各行业的能源投入 $E_{i,t}$。[②] 目前能源价格的指标主要限于燃料、动力，因此，本文使用燃料、动力类购进价格指数（1999 = 1）来近似度量各行业能源消费价格 $P_{E,i,t}$。

6. 原材料投入成本及原材料价格（$P_{M,i,t}$）

采用间接方法计算得到各行业 1999~2008 年的原材料投入成本。根据统计局《中国统计年鉴》主要统计指标解释，工业增加值 = 工业总产出[③] − 工业中间投入 + 应交所得税，从而得到：

$$工业中间投入_i = 工业总产出_i − 工业增加值_i + 应交所得税_i，（i = 1，2，\cdots，28）$$

(16)

然后从工业中间投入 $_i$ 中扣除第 i 个行业的能源投入成本，近似得到各行业除去能源投入部分的原材料投入成本，数据来源于历年《中国工业经济统计年鉴》。

采用《中国统计年鉴》给出的七大类原材料购进价格指数作为原材料价格的替代变量，将 28 个行业分别归于这七大类，[④] 从而得到 28 个行业的原材料价格指数 $P_{M,i,t}$（1999 = 1）。

7. 可变成本（$VC_{i,t}$）及产出（$Y_{i,t}$）

可变成本是可变要素投入成本的加总，即：

---

① 由于《中国统计年鉴》上公布的各行业的平均工资是从 2005 年开始的，因此本文把 1999~2004 年制造业工资总额按照 2005 年的比例拆分成各行业工资总额，然后利用 1999~2008 年各行业在岗职工人数（《中国统计年鉴》上同样只公布了 2005 年之后的在岗职工人数，本文利用 2005~2008 年各行业从业人员数与在岗职工人数平均比例以及 1999~2004 年各行业从业人员数计算得出各行业 1999~2004 年在岗职工人数）计算求出各行业 1999~2008 年的在岗职工人均工资作为各行业劳动力价格的替代变量。

② 各行业的能源消费量来源于中经网统计数据库（www.cei.gov.cn）。

③ 根据国家统计局主要统计指标解释：1995 年之后的工业总产出使用新规定计算的工业总产值代替。

④ 黑色金属材料类购进价格指数：黑色金属冶炼及压延加工业；有色金属材料类购进价格指数：有色金属冶炼及压延加工业；化工原料类购进价格指数：石油化工炼焦及核燃料加工业、化学原料及化学制品制造业、医药制造业、化学纤维制造业、橡胶制品业、塑料制品业；木材及纸浆类购进价格指数：木材加工及木竹藤棕草制品业、家具制造业、造纸及纸制品业、印刷业和记录媒介的复制业、文教体育用品制造业；建材类购进价格指数：非金属矿物制品业、金属制品业、通用设备制造业、专用设备制造业、交通运输设备制造业、电气机械及器材制造业、通信设备计算机及其他电子设备制造业、仪器仪表及文化办公用机械制造业；农副食品类购进价格指数：农副食品加工业、食品制造业、饮料制造业、烟草制品业；纺织原料类购进价格指数：纺织业、纺织服装鞋帽制造业、皮革皮毛羽毛（绒）及其制品业。

$$VC_i = 在岗职工人均工资_i \times 从业人员数_i + 能源投入成本_i + 原材料投入成本 i$$

$$(i = 1, 2, \cdots, 28) \tag{17}$$

产出（$Y_{i,t}$）使用各行业的工业增加值。[①]

8. 技术进步（t_t）

使用时间趋势 t 代表未体现出来的技术进步。

（二）可变成本方程估计结果

目前在我国，由于重工业领域中的大部分行业属于非完全竞争行业，而轻工业领域的大部分行业则接近完全竞争行业，所以产能过剩大多出现在重工业领域。为了能够正确认识产能过剩现象，本文参照国家统计局统计设计管理司对轻重工业的划分办法将我国制造业 28 个行业分为两组，[②] 即重工业（15 个行业）和轻工业（13 个行业），利用 1999~2008年各行业数据分别建立两个面板模型对其可变成本函数进行估计。为了避免造成估计结果出现偏差，需要考虑行业的异质性因素，因此本文采取固定影响变截距面板模型来控制行业的异质性。考虑到解释变量具有一定的内生性，如果采用普通最小二乘法，估计参数将会存在有偏性和非一致性，因此，本文采用广义矩估计方法（GMM）解决这一问题。又由于 GMM 估计的一致性取决于工具变量的有效性，因此本文利用 Sargan 检验来检验工具变量的有效性。表 1–A 和表 1–B 分别给出了利用广义矩估计方法（GMM）对式（8）进行估计得到的重工业和轻工业可变成本方程的参数估计结果。

表 1–A 重工业可变成本方程的参数估计结果

系数	估计值	t 值	P 值	系数	估计值	t 值	P 值
$\hat{\alpha}_0$	9.8368***	3.4212	0.0009	$\hat{\alpha}_{Mt}$	−0.4329**	−2.2114	0.0295
$\hat{\alpha}_{0t}$	−0.8345***	−3.2135	0.0018	$\hat{\alpha}_K$	−7.3837**	−2.4280	0.0172
$\hat{\alpha}_E$	−2.7405	−0.7805	0.4372	$\hat{\gamma}_{KK}$	3.6382***	3.6830	0.0004
$\hat{\alpha}_M$	1.6797	0.3166	0.7523	$\hat{\beta}_{KK}$	5.0621***	3.0084	0.0034
$\hat{\gamma}_{EE}$	2.8961	0.9824	0.3286	$\hat{\gamma}_{EK}$	−3.9124*	−1.8920	0.0617
$\hat{\gamma}_{MM}$	0.4157	0.1021	0.9189	$\hat{\gamma}_{MK}$	3.6828	1.5861	0.1162
$\hat{\gamma}_{EM}$	−0.2321	−0.0752	0.9402	$\hat{\alpha}_{tK}$	0.5844***	−2.7722	0.0068
$\hat{\alpha}_{Et}$	0.3943**	2.0549	0.0428				

$R^2 = 0.99$ D.W. = 1.92 Sargan 检验：J 统计量 = 9.71 (0.99)

[①] 1999~2007 年各行业工业增加值数据来源于历年《中国工业经济统计年鉴》，由于 2008 年不公布各行业工业增加值，本文假定 2008 年各行业工业增加值增速与 2008 年各行业工业总产值的增速相等，从而利用 2008 年各行业工业总产值增速计算 2008 年各行业工业增加值。

[②] 重工业和轻工业所包括的行业名称见表 2–A 和表 2–B。

表 1–B　轻工业可变成本方程的参数估计结果

系数	估计值	t 值	P 值	系数	估计值	t 值	P 值
$\hat{\alpha}_0$	−10.9317*	−1.7543	0.0834	$\hat{\alpha}_{Mt}$	5.4137***	3.0514	0.0031
$\hat{\alpha}_{\alpha t}$	0.5431	1.4747	0.1444	$\hat{\alpha}_K$	27.2211***	3.0415	0.0032
$\hat{\alpha}_E$	23.8985**	2.2845	0.0251	$\hat{\gamma}_{KK}$	−12.7740***	−2.7830	0.0068
$\hat{\alpha}_M$	−53.8295***	−3.2210	0.0019	$\hat{\beta}_{KK}$	25.5283*	1.8739	0.0648
$\hat{\gamma}_{EE}$	30.5082**	2.4218	0.0178	$\hat{\gamma}_{EK}$	8.9136**	2.0587	0.0430
$\hat{\gamma}_{MM}$	131.9664***	3.0004	0.0036	$\hat{\gamma}_{MK}$	−13.3575*	−1.8723	0.0650
$\hat{\gamma}_{EM}$	−64.3720***	−2.7169	0.0082	$\hat{\alpha}_{tK}$	−1.8090***	−2.9503	0.0042
$\hat{\alpha}_{Et}$	−2.2801**	−2.4066	0.0185				

$R^2 = 0.94$　D.W. = 1.78　Sargan 检验：J 统计量 = 1.51（0.99）

注：*** 表示在 1% 的显著性水平下显著，** 表示在 5% 的显著性水平下显著，* 表示在 10% 的显著性水平下显著。P 值代表拒绝变量显著的原假设的概率。Sargan 检验用于检验矩条件的有效性，在矩条件有效的原假设下，Sargan 检验的 J 统计量服从（n − k）个自由度的 χ^2 分布，其中 n 是工具变量的秩，k 是待估计参数的个数。表中有 J 统计量的值，括号内为 Sargan 检验的 P 值。

从表 1–A 和表 1–B 的估计结果可以看出，可变成本方程的估计参数，特别是用于计算产能利用率的参数 $\hat{\alpha}_K$、$\hat{\gamma}_{KK}$、$\hat{\gamma}_{EK}$、$\hat{\gamma}_{MK}$、$\hat{\alpha}_K$ 绝大部分都在 5% 的显著性水平下显著异于零。经过检验，两个面板方程的残差都是平稳的，说明方程不存在伪回归问题。表 1–A 和表 1–B 两个面板模型 Sargan 检验的 P 值均为 0.99，没有拒绝原假设，说明了模型估计结果的有效性。

（三）制造业 28 个行业产能利用率的计算结果

产能利用率是表示生产能力利用程度的指标，是反映产能利用情况、判断是否存在产能过剩最直接的指标。因此，本文根据产能产出式（11）计算出各行业的产能产出 Y_i^*（i = 1，2，…，28），然后根据产能利用率式（12），计算出制造业 28 个行业的产能利用率（见表 2–A 和表 2–B）。目前，我国尚未建立对产能过剩的评价标准，根据欧美等国家利用产能利用率或设备利用率判断产能是否过剩的经验，产能利用率的正常值在 79%~83%，超过 90% 则认为产能不足，存在生产设备能力超负荷现象，若产能利用率低于 79%，则说明可能出现产能过剩的现象。[①]

1. 七大行业存在严重的产能过剩，并且大多数属于重工业领域

从表 2–A 和表 2–B 可以看出，产能利用率长期徘徊在 79% 以下的行业有：黑色金属、有色金属、石化炼焦、化学原料、非金属矿物制品、化学纤维和造纸制品七大行业，这些

[①] http://www.stats.gov.cn，国家统计局：《2009 年上半年经济述评之十五：破解产能过剩困局》（2009 年 9 月 2 日）。江源（2006）、戚向东（2006）、汪进等（2010）也都利用这一标准判断产能是否过剩。

行业也正是国务院批转国家发改委等部门《关于抑制部分行业产能过剩和重复建设引导产业健康发展若干意见的通知》以及工信部向社会公布淘汰落后产能目标的行业中多次提到的产能过剩行业。可以看出，这些行业多数属于重工业领域，具有垄断竞争性质，因此容易出现产能过剩现象。

产能过剩最直接、最明显的后果是产品价格的大幅度回落，同时，产成品库存增多，工业企业开工严重不足，产能利用率降低，引致企业效益的大幅度下滑，亏损企业增加。2005 年，产能过剩问题就已经引起国家层面的高度重视和一些专家学者的关注。

2002~2004 年，钢铁行业出现了大规模投资，产能迅速扩张，经过两年的建设，大多在 2005 年或 2006 年建成投产，导致了此时的产能过剩。2005 年，黑色金属行业的产能利用率为 65.62%，并且一些产品价格大幅回落，其中钢材价格最大跌幅达每吨 1000 元左右；有色金属行业中的电解铝产能严重过剩，2005 年有色金属行业产能利用率为 68.59%，亏损的 80 个铝冶炼企业几乎全部是电解铝企业，亏损额增长 110%（李江涛，2006）。2005 年，在产成品库存增速居前十位的行业中，大部分属于产能严重过剩行业。其中，黑色金属行业的产成品库存增速最高，达到 35.76%；化学纤维行业产成品库存增速为 22.56%；有色金属行业的产成品库存增速为 28.31%。[①]

2. 大部分行业产能利用率的变化呈现出与经济周期波动的一致性

21 世纪初，我国逐步从亚洲金融危机中走出来，经济开始迅猛发展。进入 2003 年以后，我国经济进入了新一轮的上升周期，国内经济发展态势良好，从表 2-A 和表 2-B 可以看出，2003~2006 年，重工业和轻工业的大部分行业产能利用率均大幅提高。以矿物制品业中的水泥行业为例，由于国内城市化和房地产业的快速发展，对水泥的需求迅猛增加。2003 年，全国水泥行业固定资产投资同比增长 88.42%，水泥产量也开始大幅度增加，非金属矿物制品业的产能利用率在 2003 年大幅上升至 72.37%，较 2002 年提高接近 11 个百分点，并且 2003~2006 年一直维持在 72% 左右。

表 2-A　重工业各行业 1999~2008 年产能利用率

单位：%

	1999 年	2000 年	2001 年	2002 年	2003 年	2004 年	2005 年	2006 年	2007 年	2008 年
黑色金属 *	46.23	51.81	50.07	55.86	66.74	75.57	65.62	62.23	58.51	58.22
有色金属 *	56.44	68.92	68.99	61.22	73.67	75.65	68.59	62.98	44.07	49.05
石化炼焦 *	51.00	63.33	60.25	64.82	81.74	85.98	69.02	67.05	73.30	69.15
化学原料 *	55.86	60.76	61.11	59.19	68.75	82.97	75.92	65.30	68.55	61.85
医药制造	124.88	135.52	123.74	107.53	108.70	102.89	88.30	91.55	89.64	102.18
橡胶制品	84.14	93.40	86.21	85.78	88.22	92.73	85.31	77.13	68.72	71.88
塑料制品	88.62	96.54	91.06	88.50	91.02	84.81	94.98	99.35	109.30	105.19
矿物制品 *	60.94	68.31	66.95	61.64	72.37	73.15	71.83	72.50	75.14	70.56
金属制品	112.14	127.64	121.73	123.05	137.91	156.23	149.37	153.76	149.26	122.09

[①] 数据来源于历年的《中国工业经济统计年鉴》，经整理得到。

续表

	1999 年	2000 年	2001 年	2002 年	2003 年	2004 年	2005 年	2005 年	2007 年	2008 年
通用设备	88.21	96.80	102.37	97.61	119.69	131.30	138.97	137.83	135.41	96.96
专用设备	89.67	105.46	104.02	111.09	85.13	102.68	120.60	116.46	116.20	81.41
交通设备	85.47	90.11	96.22	111.05	124.51	126.01	99.72	104.00	101.92	92.89
电气机械	121.38	144.40	133.63	134.75	155.62	177.16	179.57	189.70	187.91	138.09
电子设备	153.32	181.64	151.52	144.79	168.70	170.74	177.14	191.28	157.78	162.49
仪器仪表	114.88	143.63	125.24	119.31	138.98	182.58	165.31	155.08	168.67	160.47

表 2-B　轻工业各行业 1999~2008 年产能利用率

单位：%

	1999 年	2000 年	2001 年	2002 年	2003 年	2004 年	2005 年	2006 年	2007 年	2008 年
化学纤维 *	46.02	53.78	44.12	46.11	50.08	49.14	47.64	50.41	52.21	45.93
木材加工	79.13	85.61	87.03	87.77	91.56	88.73	121.21	136.54	146.08	142.18
家具制造	126.04	131.33	139.15	132.07	127.96	116.30	157.98	157.42	137.99	162.20
造纸制品 *	68.34	63.84	60.12	63.85	52.81	58.82	62.69	64.45	61.19	60.60
印刷复制	88.79	86.04	85.61	83.37	34.35	77.05	78.32	31.16	78.35	79.59
文体制造	164.56	168.53	170.41	156.04	159.51	139.62	154.34	155.03	146.45	141.77
农副食品	104.50	114.68	120.32	126.98	133.44	120.29	150.71	150.87	138.59	131.25
食品制造	91.11	103.19	101.97	100.68	105.87	93.93	112.39	112.87	101.30	95.56
饮料制造	95.29	99.16	93.12	94.50	90.20	86.79	101.07	102.91	96.85	89.45
烟草制造	253.57	260.20	279.94	326.52	342.14	338.34	356.35	371.99	363.56	359.89
纺织业	80.76	90.80	88.75	88.80	85.42	81.36	100.26	102.69	97.28	91.25
纺织服装	182.28	199.12	193.77	182.35	181.27	173.37	197.44	208.92	183.84	185.12
皮勒制品	183.01	198.14	206.53	205.82	215.16	186.74	226.56	242.85	230.00	226.35

注：表 2-A、表 2-B 内行业全称对应文章第三部分脚注所列制造业各行业名称。* 表示产能过剩行业。

2008 年第四季度以来，在国际金融危机的冲击和影响下，我国工业生产经营出现困难。2008 年，我国制造业大多数行业的产能利用率下降，产能过剩行业问题更加严重。2008 年，我国粗钢产能 6.6 亿吨，需求仅 5 亿吨，其中约 1/4 的钢铁及制成品依赖国际市场，可以看到，当年黑色金属行业的产能利用率仅 58.22%；2008 年，水泥行业完成水泥投资 1051 亿元，同比增长 60.76%，在建水泥生产线 418 条，已核准尚未开工生产线 147 条，这些产能全部建成后，水泥行业产能将达到 27 亿吨，而市场需求仅为 16 亿吨，产能严重过剩（曹建海、江飞涛，2010）。2008 年，矿物制品业产能利用率为 70.56%，较 2007 年下降接近 5 个百分点，而有色金属行业的产能利用率不足 50%。

3. 部分行业生产能力超负荷，产能利用率偏高

传统的劳动密集型产品对外依存度较高，装备系数低、投资少，大部分接近于完全竞争行业。以纺织服装业为例，长期以来，中国的纺织服装出口以低加工产品为主，在国际市场需求拉动和自身产品竞争力不断提升的共同作用下，始终保持着平稳的增长势头。大

量订单使得国内大部分纺织服装企业生产线近乎满负荷或者超负荷生产，同时由于用工缺口巨大，纺织工每天的工作时间基本要在 10 个小时以上。

上述行业的资本产出比均较低，如纺织服装、皮革羽毛、通信设备制造业的资本产出比率分别介于 0.52~0.94、0.43~0.93、0.72~1.08 范围内，[①] 说明这些行业单位产出所占用的资本数额均较小，对于这些装备系数低、投资少的行业，大量订单使得其现有机器设备超负荷运转，过度折旧，导致其固定资产净值相比正常情况较小，产能利用水平均较高。从本文的计算结果可以看出，除烟草业性质比较特殊，不在我们的讨论范围内，其他如金属制品、电气机械、电子设备等部分重工业行业以及农副食品、纺织服装、皮革羽毛等大部分轻工业行业均表现出偏高的产能利用率。

四、我国产能过剩的成因研究

导致我国出现产能过剩的原因很多，包括经济体制、厂商策略等方面，但归结起来，过度投资是这些深层次原因所呈现出来的最直接因素。本文对七个产能过剩行业的产能过剩成因进行实证检验，分别利用 INVG 代表固定资产投资，$Y^* - Y$ 代表产能过剩，[②] 对其取对数后采用由 Im 等（1997）提出的方法（简称 IPS 检验）来进行面板单位根检验，结果表明两个变量的面板数据均为 I（1）过程所生成。在两变量单整阶数相同的基础上，Pedroni（1999）放松了同质性假定，考虑了异质斜率系数、固定效应和个体确定趋势，因此，相比 Kao（1999）所提出的同质面板数据协整检验，其允许面板数据具有很大的异质性（Heterogeneity）。本文选取的是七个产能过剩行业的面板数据样本，显然在横截面上具有很大的异质性，因此，利用 Pedroni（1999）所提出的方法对这两个变量进行协整检验，结果表明在 10% 的显著性水平下，产能过剩与固定资产投资之间存在长期、稳定的协整关系。采用协整方差分析的 F 检验确定了该面板模型为变参数形式，即模型具体形式如下：

$$\mathrm{LOG}(Y^* - Y)_{i,t} = \beta_{0,i} + \beta_{1,i}\mathrm{LOG}(\mathrm{INVG})_{i,t} + \varepsilon_{i,t}\,(i = 1,\ 2\cdots7;\ t = 1,\ 2\cdots,\ T) \tag{18}$$

考虑到产能过剩与固定资产投资之间存在着相互影响关系，可能存在一定的内生性问题，因此采用加权的两阶段最小二乘法（TSLS）对模型进行估计，利用工具变量法来解决模型存在的内生性问题，得到表 3 的估计结果。

从表 3 可以看出，对于七个产能过剩行业，固定资产投资对其行业产能过剩均具有显著影响。特别是黑色金属行业和有色金属行业的弹性值已经大于 1。2003 年以来，随着我国进入新一轮经济增长周期，固定资产投资大幅增长，特别是钢铁、水泥等制造业固定资

---

① 根据《中国工业经济统计年鉴》数据整理计算得到。

② 产能产出 Y^*、产出 Y 均采用 1999 年 = 1 的居民消费价格指数转换为实际值；固定资产投资 INVG 利用 1999 年 = 1 的固定资产投资价格指数转换为实际值。

表3 各行业产能过剩戎因方程的估计结果

行业	$\beta_{0.}$	$\beta_{i,t}$
1. 造纸及纸制品业	1.5426*** (5.3210)	0.8048*** (16.3363)
2. 石油化工、炼焦及核燃料加工业	3.4694*** (3.0705)	0.4710** (2.6415)
3. 化学原料及化学制品制造业	2.7393*** (2.8448)	0.6349*** (4.8010)
4. 化学纤维制造业	2.6163*** (5.8425)	0.7021*** (7.6335)
5. 非金属矿物制品业	3.0975*** (6.8600)	0.5435*** (8.3503)
6. 黑色金属冶炼及压延加工业	0.4332 (0.3506)	1.0160*** (6.1317)
7. 有色金属冶炼及压延加工业	−2.1503** (−2.3064)	1.4164*** (9.5604)
	$R^2 = 0.99$	D.W. = 2.34

注：*** 表示在1%的显著性水平下显著，** 表示在5%的显著性水平下显著，* 表示在10%的显著性水平下显著。

产投资增幅较高。投资规模过大、投资增速偏高、投资增长方式粗放等给我国经济带来了新的问题，产能扩张速度远远超过了需求的扩张速度，具体表现为投资增长与消费增长的严重失衡。2003~2007 年，我国固定资产投资平均增速达到了 25.86%，制造业全社会固定资产投资平均增速高达 37.01%，而消费（社会消费品零售总额）平均增幅为 13.16%，持续高涨的投资热情引发了我国经济中新一轮产能过剩现象，2005 年大量投资所形成的产能开始集中释放，然而投资增速并没有因为产能的释放而逐步放缓，固定资产投资仍具有较高增速。2005 年以来，历年全社会固定资产投资增速和制造业全社会固定资产投资增速均保持在 20%以上。2008 年，我国为缓解全球性经济危机所带来的困难，出台了"4 万亿"投资计划等刺激政策，给钢铁、水泥、有色金属等行业带来了巨大需求，与此同时也带动了这些行业的盲目投资，全社会固定资产投资同比增加了 25.85%，制造业固定资产投资同比增加了 27.41%，加重了以后年度消化这些过剩产能的负担。

2001~2007 年黑色金属行业经历了连续 7 年的高投资、高增长，年均增长率高达 40%，持续过快的投资增长带来了黑色金属行业生产能力大肆扩张，远远超过了对钢铁产品的消费需求，使得企业生产设备大量闲置，短期内巨大的新增生产能力难以释放，2005 年，我国黑色金属行业投资增长 27.5%，产能利用率为 65.62%；2008 年，黑色金属行业投资同比增长了 23.8%，而全球性经济危机使得国内外钢铁需求骤然萎缩，产能利用率下降至 58.22%。尽管近些年，中央政府针对钢铁、水泥、有色金属等行业的过度投资，采用严格项目审批（核准）制度、供地审批、贷款的行政核准等手段，对部分行业固定资产投资进行严格规制以防止未来出现严重产能过剩问题，并从控制项目审批（核准）、淘汰落后产能、促进兼并重组等方面提出了一系列治理措施，但收效甚微。针对这种现象，本文认为存在着如下的深层次原因推动了我国投资过快增长，进而造成了产能过剩。

1. 经济增长方式不合理是我国产能过剩形成的深层次原因

在成熟的市场经济国家，经济周期波动中生产能力相对需求过剩是市场经济运行的一种常态，是企业提高效率和调整产品结构的动力，产能过剩不需要宏观经济政策之外的其他措施来应对。然而，中国的产能过剩有着深刻的体制背景，在转轨经济体制中，经济增长方式不合理是我国产能过剩形成的主要原因。我国主要依靠投资来拉动的粗放式经济增长方式，使得通过投入更多的生产要素产出更多的产品成为经济增长的主要形式。

2. 由于利益驱动导致的投资潮涌现象也是产能过剩形成的深层次原因

林毅夫（2007）认为，我国所处的经济发展阶段特征也是产能过剩现象必然出现的重要原因之一。在发展中国家，由于对产业良好前景的社会共识引起投资大量涌入、导致产能过剩的"潮涌现象"十分突出。随着我国工业化、城镇化进程的加快，全社会对于钢铁、水泥等几个行业的良好外部环境存在很强的共识，大量社会投资涌入几个主要行业，各地出现了盲目规划，竞相投资建设项目的现象，产能迅猛扩张，带动了钢铁等产业的快速发展，出现了史无前例的工业扩张。

3. 地方政府对微观经济主体的不当干预，导致了企业投资行为的扭曲

地方政府相对独立的经济利益和经济地位使得他们迫于行政压力、辖区竞争和政绩考核，具有强烈的动机干预企业投资和利用各种优惠政策招商引资，进而增加财政收入、缓解就业压力以显示其政绩。地方政府对企业的不当干预首先表现在生产要素的价格扭曲导致了一些行业过度配置资源。由于地方政府手里掌握着重要的土地生产要素，为了吸引投资，地方政府在实际的管理过程中常以低于市场价格甚至零地价将土地提供给生产企业，变相地向企业提供投资补贴；企业则可以进一步以低价获得的土地作抵押从银行获得投资所需资金或者通过政府很容易地获得投资所需的金融资源，降低自有资金的比例；地方政府为了吸引投资，以牺牲环境为代价，纵容高污染高能耗的企业进行投资和产品生产，甚至提供各种税收优惠、压低电价等来鼓励企业投资，极大地降低了企业的投资成本，扭曲了企业的投资行为，导致了企业的过度产能投资行为，进而导致全行业的产能过剩。

五、结论和政策建议

本文借鉴 Berndt 和 Morrison（1981）提出的成本函数法，利用面板模型的广义矩估计方法（GMM）分别对我国 1999~2008 年重工业和轻工业 28 个行业的产能利用率进行测算，得出了七个产能过剩行业，并且大部分属于重工业领域的结论；从产能利用率的计算结果可以看出，大部分行业产能利用率的变化呈现出与经济周期波动的一致性；一些对外依存度较高的劳动密集型和技术密集型行业的产能利用率偏高。针对七个产能过剩行业，本文利用变参数行业面板模型证明了固定资产投资是产能过剩形成的直接原因，并针对我

国宏观调控政策对抑制固定资产投资收效甚微这一现象，阐述了我国产能过剩形成的深层次原因。

根据上述结论，本文提出如下抑制产能过剩的政策建议：

要想有效地抑制我国企业过度投资所带来的产能过剩，首先就要加快我国经济增长方式由粗放型向集约型的转变，依靠提高生产要素的质量和利用效率来实现经济增长。其次即控制政府主导下的过度投资行为，使企业承担固定资产投资所带来的真实成本，实现资源的有效配置。

（一）减少地方政府对经济的干预

中国地方政府对经济的干预动机源于中国式的分权治理模式强化了地方粗放式的财政扩张行为，企业只要上投资项目、开工投产，无论盈利与否，都要按生产规模向地方缴纳税收，使得我国部分地方政府热衷建设项目、参与地方各类投资活动。因此，减少地方政府对经济的干预应该从财政分权制度着手，在纠正和调整地方政府行为上，充分考虑不同地区既定的市场经济制度环境和经济发展水平，避免分权制度给地方政府带来过大的压力，进而迫使其不得不对市场经济进行干预的情况发生。

（二）形成市场化的金融资源配置机制

地方政府与银行之间的微妙关系使得企业获得大量的信贷资源，降低了自有资金的比例，进而过度投资。因此，必须理顺银行和地方政府之间的关系，用市场的手段来优化信贷投向，形成市场化的金融资源配置机制。利用金融杠杆来规范企业的固定资产投资行为，控制对高污染、高耗能、投资明显过热的企业贷款数量。

（三）健全生产要素市场体系，强化市场配置资源功能

由于生产要素的价格决定包含政府补贴成分，使得土地、水电等生产要素的定价机制不合理，在不同程度上形成了政府对企业投资的补贴，扭曲了企业的投资行为。因此，应完善土地、水电等生产要素的价格形成机制，以反映资源的稀缺程度，加快生产要素价格市场化。土地作为一种重要的生产要素，是地方政府用来招商引资的有力手段，因此，应加快土地现有制度改革，明晰土地产权，建立规范的基准地价制度；深化水电等生产要素价格改革，形成以经济手段为主的节水节电机制。

（四）针对高污染的企业征收环境保护税

产能过剩的行业大多是高污染行业，地方政府往往牺牲居民的生存环境来鼓励这些企业投资，使得企业投资所承担的私人成本远远小于社会成本，进而过度投资。因此，应逐步提高环境排放标准，建立污染物排放市场机制，针对高污染的产能过剩行业征收环境保护税，减少企业生产的外部负效应，使其承担污染环境的经济责任，合理化其投资成本，进而规范其投资行为。

（五）深化投资体制改革

必须规范地方政府的投资行为，严格遵循"谁投资、谁决策、谁受益、谁承担风险"的原则，建议地方政府下放投资决策权，发挥引导性作用，使得投资者能够拥有独立完整的投资决策权，充分发挥市场的竞争机制作用。

（六）借鉴国外经验，完善统计体系，尽快建立涵盖主要行业产能利用率的统计监测制度

大部分企业的投资决策建立在预期收益上，信息不对称是导致许多投资者产生过高收益预期进而决策失误的重要原因，政府在数据、信息、宏观调控政策等方面居于权威地位，应该通过建立产业信息发布制度，有计划、分步骤地定期向社会公布重点行业产能和产能利用率等方面的信息，引导企业市场预期，科学做出投资和生产决策，防止出现投资不合理、盲目扩张等现象。

参考文献

[1] 曹建海，江飞涛. 中国工业投资中的重复建设与产能过剩问题研究 [M]. 经济管理出版社，2010.

[2] 戴维·罗默. 高级宏观经济学 [M]. 上海财经大学出版社，2009.

[3] 窦彬，汤国生. 钢铁行业投资过度、产能过剩原因及对策 [M]. 经济科学出版社，2009.

[4] 多恩布什，费希尔，斯塔兹. 宏观经济学 [M]. 中国财政经济出版社，2003.

[5] 龚刚，杨琳. 我国生产能力利用率的估算 [D]. 清华大学中国经济研究中心学术论文，2002.

[6] 何彬. 基于窖藏行为的产能过剩形成机理及其波动性特征研究 [D]. 吉林大学博士研究生论文，2008.

[7] 江源. 钢铁等行业产能利用评价 [J]. 统计研究，2006（12）.

[8] 李江涛. 产能过剩——问题、理论及治理机制 [M]. 中国财政经济出版社，2006.

[9] 林毅夫. 潮涌现象与发展中国家宏观经济理论的重新构建 [J]. 经济研究，2007（1）.

[10] 刘培林. 地方保护和市场分割的损失 [J]. 中国工业经济，2005（4）.

[11] 戚向东，我国钢铁行业运行分析及发展态势预测 [J]. 冶金管理，2006（3）.

[12] 沈利生. 我国潜在经济增长率变动趋势估计 [J]. 数量经济技术经济研究，1999（12）.

[13] 孙巍，李何，王文成. 产能利用与固定资产投资关系的面板数据协整研究 [J]. 经济管理，2009（3）.

[14] 汪进，尹兴中. 流动性过剩、全球经济再平衡——后危机时代国际经济金融新格局分析 [J]. 经济学动态，2010（6）.

[15] 王玲. 中国工业行业资本存量的测度 [J]. 世界经济统计研究，2004（1）.

[16] 吴延兵. R&D 与生产率——基于中国制造业的实证研究 [J]. 经济研究，2006（11）.

[17] 张军，章元. 对中国资本存量 K 的再估计 [J]. 经济研究，2003（7）.

[18] Berndt, E.R., Morrison, C.J., and Watkins, G. Campbell. Dynamic Models of Energy Demand: An Assessment and Comparison[J]. in Modeling and Measuring Natural Resource Substitution [M]. eds. E.R. Berndt and B.C. Fields, Cambridge, MA: MIT Press, 1981.

［19］ Berndt, E.R. and Morrison, C.J. Capacity Utilization Measures: Underlying Economic Theory and an Alternative Approach ［J］. American Economic Review, 1981, 71 (2), Papers and Proceedings of the Ninety-Third Annual Meeting of the American Economic Asscoeiation.

［20］ Cassels, J.M. Excess Capacity and Monopolistic Competition ［J］. Quarterly Journal of Economics, 1937, 51 (3).

［21］ Denny, M., Fuss, M. and L. Waverman. Substitution Possibilities for Energy: Evidence from U.S. and Canadian Manufacturing Industries ［J］. in Modeling and Measuring Natural Resource Substitution ［M］. eds. E.R. Berndt and B.C. Fields, Cambridge, MA: MIT Press, 1981.

［22］ Foss, M.F. The Utilization of Capital Equipment: Postwar Compared with Prewar ［J］. Survey of Current Bussiness, 1963 (6).

［23］ Garofalo, G.A. and Malhotra, D.M. Regional Measures of Capacity Utilization in the 1980s ［J］. Review of Economics and Statistics, 1997, 79 (3).

［24］ Hickman, B.G. On a New Method of Capacity Estimation ［J］. Journal of the American Statistical Association, 1964, 59 (306).

［25］ Klein, L.R. and Preston, R.S. Some New Results in the Measurement of Capacity Utilization ［J］. American Economic Review, 1967, 57 (1).

［26］ Klein, L.R., Virginia Long, Alan Greenspan, Douglas Greenwald, Nathan Edmonson, George Perry. Capacity Utilization: Concept, Measurement, and Recent Estimates ［J］. Brookiugs Papers on Economic Activity, 1973, 1973 (3).

［27］ Klein, L.R. Some Theoretical Issues in the Measurement of Capacity ［J］. Econometrica, 1960, 28 (2).

［28］ Kirkley, J., Morrison, C.J., and Squires, D. Capacity and Capacity Utilization in Common-pool Resource Industries: Definition, Measurement, and a Comparison of Approaches ［J］. Environmental and Resource Economics, 2002, 22 (1).

［29］ Morrison, C. J. and Berndt, E.R. Short Run Labor Productivity in a Dynamic Model ［J］. Journal of Econometrics, 1980 (1).

［30］ Morrison, C.J. Primal and Dual Capacity Utilization: An Application to Productivity Measurement in the U.S. Automobile Industry ［J］. Journal of Business & Economic Statistics, 1985, 3 (4).

［31］ Shaikh, A.M. and Moudud J.K. Measuring Capacity Utilization in OECD Countries: A Cointegration Method ［R］. The Levy Economics Institute Working Paper, 2004 (11).

Research on Measurement, Volatility and Causes of Excess Production Capacity of Chinese Manufacturing Industries

HAN GUO GAO, GAO TIE MEI, WANG LI GUO, QI YING FEI, WANG XIAO SHU

Abstract: Based on production, cost and equilibrium theory in microeconomics, first, this paper makes use of cost function method proposed by Berndt & Morrison (1981) and the Generalized Method of Moments of Panel model to measure the capacity utilization rate of twenty-eight heavy industries and light industries of China from 1999 to 2008 respectively, according to which we get seven industries with excess production capacity and then analyze the features of volatility on manufacturing industry development; and then establishes a varying parameter panel model, which makes use of empirical analysis to prove that the investment in fixed assets is the direct cause of the excess production capacity for the seven industries with excess production capacity. In response to the phenomenon of the macro-control policies have little effect on curbing investment in fixed assets, we elaborate the underlying causes of excess production capacity.

Key words: Excess Production Capacity; Cost Function Method; Features of Volatility; Fixed Assets Investments; Panel Data Model

中国制造业资本积累动态效率变迁及其与空间集聚关系研究 *

徐维祥　　汪彩君　　唐根年

（浙江工业大学经贸管理学院，杭州　310023）

【摘　要】 中国制造业空间集聚态势非常明显，但并非所有制造业空间集聚都会带来正效益。本文利用 1997~2008 年中国制造业 28 个行业的数据。运用 AMSZ 准则对中国制造业资本积累的动态效率进行测算，并对典型制造业空间集聚规模及其资本积累动态效率关系进行格兰杰因果检验，结果显示：中国整体制造业资本积累动态效率不断提高，制造业内不同行业的资本积累动态效率存在较大差异；进一步分析发现，制造业空间集聚规模与资本积累的动态效率之间不是简单互为因果的均衡关系，只有部分地区、个别行业存在单向的因果关系，而有些产业集聚程度较高地区集聚程度与资本积累动态效率反而偏离长期均衡关系，出现过度集聚、效率下降现象。

【关键词】 空间集聚；AMSZ 准则；资本积累；动态效率

一、　问题提出

自改革开放以来，中国制造业增长是全球最快的，从 1980 年占全球制造业比重的 1.5%，到"十一五"期间已超过 14%，中国制造业占世界制造业增加值的份额平均每年以 0.26 个百分点上升。因此，中国制造业始终是推动经济持续发展的重要力量，发挥着举足轻重的作用，考察中国经济发展的效率和效果，也就自然地集中在制造业领域。而资本作

* 本文选自《中国工业经济》2011 年第 3 期。

基金项目：国家自然科学基金项目"基于产业集群导向的跨区域群体投资机制研究"（批准号 70773105）；国家自然科学基金项目"过度集聚、要素拥挤与效率改进机制及大国雁阵模式架构研究"（批准号 71073146）。

作者简介：徐维祥，浙江东阳人，浙江工业大学经贸管理学院教授，博士生导师；汪彩君，浙江开化人，浙江工业大学经贸管理学院讲师，博士研究生；唐根年，浙江湖州人，浙江工业大学经贸管理学院教授，博士。

为最基本的生产要素之一，在三类生产要素（即资本、劳动力和自然资源）中最稀缺，是经济增长的"瓶颈"，资本是否达到最优配置对经济增长的影响最大。从现有文献看，有关资本效率的研究，主要集中在资本的配置效率与资本总量积累的动态效率两方面。不同学者从国家、行业、企业三个层面对资本配置效率都做过相应研究，国外学者主要用资本的流动性和边际产出水平的变化度量资本配置效率，国内文献大都参考 Jeffrey Wurgler 的模型，或直接用资本产出比、增量产出资本率等指标来考察我国制造业的资本配置效率。对于资本总量积累的动态效率研究主要集中在国家宏观层面的总量资本分析（Abel et al.，1989；吕冰洋，2008），很少有学者从分区域、行业或资本类型的层面展开研究，在解释影响资本积累动态效率因素时也仅从理论角度对金融市场发展、经济制度等方面进行分析，从而限制了研究广度。

基于此，本文尝试从中观层面来分析中国资本积累动态效率问题，以中国制造业及28 个 2 位数制造业细分行业为研究对象，对 1997~2008 年的资本积累动态效率进行估算和评价，并以此为基础，结合我国制造业在空间布局上不断集聚的特征，运用 Granger 检验就制造业空间集聚与资本积累动态效率之间的关系进行检验和分析。

二、方法选择与数据采集说明

（一）方法选择

检验资本积累动态效率的方法最早是由 Phelps（1961）根据索洛的经济增长模型提出的黄金律标准（GoldenRule），即资本的边际生产率恰好等于人口增长率加上劳动生产率的增长率时，经济处于最优增长路径，资本存量为黄金律水平。在实际运用这一标准时，现实社会中资本的边际生产率确定是一个难题，因此，一些学者通常用企业利润率来衡量资本的边际生产率。但 Abel 等（1989）提出将无风险利率和企业利润率相等同作为判断经济动态效率的标准是不准确的。因此，他把不确定性引入世代交叠模型，提出了判断现实经济动态效率的净现金流准则，即 AMSZ 准则[①]。其基本思想是若在所有时期 t 和所有自然状态，$D_t/V_t \geqslant \varepsilon > 0$ 成立（其中 D_t、V_t 分别代表资本净收益和经济中有形资产的市场总价值），则均衡是动态有效的；如果对于所有时期 t 和所有自然状态，$D_t/V_t \leqslant \varepsilon < 0$，则均衡是动态无效的。

根据 AMSZ 准则，Abel 等（1989）分析了主要发达国家 1965~1984 年的净收益与国民生产总值的比率，得出发达国家经济处于动态有效的结论。Abel 等（1989）在测度经济动

---

① 模型的具体推导过程，可参见孟祥仲，严法善，王晓. 对我国经济增长动态效率的实证考察［J］. 世界经济文汇，2008，（5）.

态效率时用的指标为：总资本收益（π_1）= 国民收入 + 折旧 − 劳动者报酬，总投资（I_t）= 固定资产投资 + 存货投资，净收益（D_t）= 总资本收益 − 总投资。

而国内学者在对我国经济动态效率评价方面，存在较大的分歧，关键在于对资本积累动态效率的检验方法和指标数据的选取方面各不相同，虽然在总投资测度方面与 Abel 等人相同，但在总资本收益测度方面算法多样，导致最终结论也多样化[①]。本文遵循 Abel 等人的测算指标，考虑我国经济统计的特点及数据的可得性，使用以下计算公式：

总资本收益（π_t）= 国内生产总值 − 劳动者报酬

总投资（I_t）= 固定资产投资 + 存货投资

净收益（D_t）= 总资本收益 − 总投资

若 $D_t/V_t > 0$，则均衡是绝对动态有效的，其中 V_t 代表经济中有形资产的市场总价值，由于该值难以得到，在实际计算中，一般用国内生产总值作为替代，因为两者都是正的，不会对分析结果产生影响。在计算部门的动态效率时，国内生产总值分解到部门的值，存货投资用流动资产年末净值代替。

（二）数据采集说明

本文计算中国经济资本积累动态效率的数据来自《中国统计年鉴》，其中国内生产总值由于 2005~2008 年的数据在第二次经济普查后作了修订，因此，采集了 2010 年《中国统计年鉴》中的数据。劳动者报酬和存货投资来自相关年份资金流量表（实物交易）中的劳动者报酬项及存货增加项，但由于《中国统计年鉴》中资金流量表（实物交易）的数据滞后年鉴数据 1 年。所以为保持统计口径一致，本文只计算 1997~2008 年共计 12 年的数据。

按照国际上通行的标准产业分类体系（Standard Industrial Classifications，SIC），将产业分为 11 大类，成为一位数产业，每个一位数产业又分为若干个产业，成为二位数产业，依此类推，直至分到四位数产业。本文采用我国 2002 年的分类标准《国民经济分类和代码》（GB/T 4754—2002），选择的制造业是工业部门中扣除了采掘业和电力煤气自来水部门之后的所有二位数的轻重工业部门，合计 28 个产业。数据涵盖了这些产业内的全部国有和非国有规模以上（年产品销售收入在 500 万元以上）的企业，其中计算资本总收益指标中的职工平均工资来自历年的《中国劳动统计年鉴》，其他数据来自《中国统计年鉴》和《中国工业经济统计年鉴》，计算制造业空间集聚规模的数据来自历年的《中国工业经济统计年鉴》和 31 个省份的统计年鉴。由于考察的是行业之间的相对效率差异，因而我们没有对价格变化因素进行平减。

[①] 国内不同学者对中国经济动态效率的评判结果，可参见陈宗胜，李清彬. 中国资本积累动态效率的检验、解释和改善路径：一个综述 [J]. 上海经济研究，2010，（6）

三、中国制造业及分行业资本积累动态效率实证分析

（一）中国制造业资本积累动态效率实证分析

根据以上计算方法，对1997~2008年中国总体经济（包括第一产业、第二产业、第三产业）动态效率及制造业部门资本积累的动态效率进行测算，结果如图1所示。

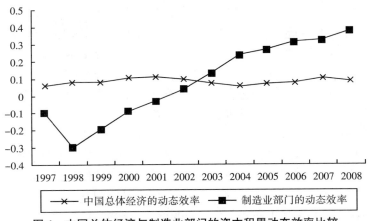

图1 中国总体经济与制造业部门的资本积累动态效率比较

（1）从全国范围看，各年的资本净收益率都大于零，说明我国总体经济的资本积累是动态有效的，这与吕冰洋（2008）对1996~2005年，孟祥仲、严法善、王晓（2008）对1992~2004年的全国经济动态效率的分析，得出中国经济动态有效的结果相一致。

（2）中国制造业的资本净收益率总体趋势自1998年之后是不断上升的，且上升的速度较快，平均每年的上升速度达35%。但在1997~2001年中国制造业的资本净收益为负数，是处于绝对动态无效的，2002~2008年资本净收益率均为正，说明资本积累是绝对动态有效的。2003年之后中国制造业的资本净收益率就超过了全国经济发展的整体水平，实现了资本积累的相对动态有效。

（3）样本期内中国经济的动态效率变化幅度不大，基本维持在0.07~0.12。其中资本总收益占国内生产总值的比例稳中略有上升，从1997年的45%上升到2008年的52%，而中国制造业资本总收益占工业总产值的比例基本维持在99%左右。从总投资率看，中国经济总投资占国内生产总值的比例有所波动。最高年份是2004年，达43.3%，最低年份是2000年和2001年，均为35%左右，而资本净收益占国内生产总值的比例正好与投资率的变化相反，2004年的比例最低为0.06，2000年和2001年的比例最高，为0.11和0.12。

中国制造业的总投资占工业总产值的比例一直维持在较高的水平，最高的年份是 1998 年，达 129.3%，最低的年份是 2008 年，为 61.7%，资本净收益占工业总产值的比例也正好与投资率的变化相反，1998 年的比例最低为−0.3，2008 年的比例最高，为 0.38。可见，资本积累的动态效率与投资率密切相关。

（4）从整体上看，中国制造业属于高投资高收益的部门，特别是自 2003 年后，在总投资率不断下降，从 95% 下降到 61.7%，资本总收益率还能维持在 99.6%。那么，是不是制造业部门内部的所有行业都是这样呢？下面，就中国制造业分行业情况展开分析。

（二）中国制造业分行业资本积累动态效率分析

中国制造业 28 个细分行业的资本积累动态效率计算结果如表 1 所示。从表 1 可以看出，各细分行业的资本积累动态效率存在较大的差异。①各年的资本净收益率较高，且大于中国制造业平均值的行业有：农副食品加工业（C13），石油加工炼焦及核燃料加工业（C25），纺织服装鞋帽制造业（C18），皮革毛皮羽毛（绒）及其制品业（C19），木材加工及木竹藤棕草制品业（C20），家具制造业（C21），金属制品业（C34），通信设备计算机及其他电子设备制造业（C40），电气机械及器材制造业（C39）。这些产业最明显的特点就是竞争性很强，主要依靠人力资本和技术创新取胜，较少依赖国家控制的稀缺资源和行政性订货，更多依赖市场评价和消费者的市场选择。②资本收益率相对较低的行业：印刷业和记录媒介的复制（C23），医药制造业（C27），饮料制造业（C15），专用设备制造业（C36），黑色金属冶炼及压延加工业（C32），烟草制品业（C16），造纸及纸制品业（C22），通用设备制造业（C35），交通运输设备制造业（C37），化学纤维制造业（C28）。由此可见，较低效率的产业集中在一些初级加工产业，在一定程度上与烟草加工、专用设备等产业相关。

表 1　中国制造业细分行业资本积累的动态效率

代码＼年份	1997	1998	1999	2000	2001	2002	2003	2004	2005	2006	2007	2008
C13	0.20	0.17	0.20	0.25	0.32	0.36	0.40	0.47	0.52	0.52	0.55	0.59
C14	−0.09	−0.15	−0.13	−0.03	0.03	0.08	0.12	0.17	0.25	0.31	0.35	0.39
C15	−0.23	−0.32	−0.39	−0.36	−0.35	−0.28	−0.21	−0.17	0.01	0.09	0.17	0.20
C16	−0.03	0.001	−0.08	−0.12	−0.24	−0.07	−0.05	0.02	−0.02	0.06	0.16	0.16
C17	−0.16	−0.23	−0.19	−0.06	−0.01	0.05	0.09	0.20	0.25	0.28	0.32	0.33
C18	0.20	0.25	0.23	0.25	0.29	0.30	0.32	0.30	0.35	0.37	0.38	0.40
C19	0.22	0.24	0.24	0.30	0.36	0.36	0.41	0.40	0.42	0.44	0.47	0.47
C20	−0.02	−0.14	−0.05	0.03	0.06	0.10	0.16	0.24	0.33	0.38	0.46	0.47
C21	0.03	0.08	0.08	0.11	0.17	0.20	0.22	0.29	0.32	0.33	0.35	0.39
C22	−0.24	−0.36	−0.35	−0.39	−0.30	−0.22	−0.14	−0.01	0.01	0.06	0.15	0.18
C23	−0.28	−0.36	−0.41	−0.42	−0.35	−0.27	−0.21	−0.20	−0.14	−0.07	−4.70	0.09
C24	0.09	0.12	0.14	0.18	0.20	0.17	0.24	0.28	0.30	0.31	0.34	0.35

年份 代码	1997	1998	1999	2000	2001	2002	2003	2004	2005	2006	2007	2008
C25	0.14	−0.06	−0.06	0.23	0.23	0.27	0.41	0.49	0.51	0.56	0.57	0.59
C26	−0.27	−0.40	−0.41	−0.31	−0.24	−0.16	0.01	0.16	0.21	0.22	0.28	0.32
C27	−0.32	−0.35	−0.38	−0.31	−0.32	−0.26	−0.20	−0.19	−0.07	−0.01	0.10	0.15
C28	−0.47	−0.68	−0.57	−0.24	−0.27	−0.19	0.04	0.09	0.18	0.25	0.28	0.26
C29	−0.12	−0.22	−0.25	−0.21	−0.19	−0.06	0.04	0.15	0.19	0.25	0.28	0.29
C30	−0.04	−0.03	−0.04	0.02	0.03	0.08	0.12	0.18	0.19	0.25	0.31	0.33
C31	0.25	−0.61	−0.56	−0.48	−0.39	−0.31	−0.18	−0.08	0.00	0.10	0.21	0.24
C32	−0.60	−0.70	−0.71	−0.60	−0.37	−0.27	−0.03	0.24	0.28	0.25	0.29	0.37
C33	−0.29	−0.35	−0.33	−0.17	−0.18	−0.13	0.03	0.24	0.24	0.42	0.47	0.44
C34	−0.06	−0.01	−0.01	0.06	0.10	0.14	0.21	0.24	0.31	0.34	0.38	0.40
C35	−0.52	−0.57	−0.53	−0.43	−0.30	−0.17	−0.07	0.07	0.13	0.20	0.26	0.27
C36	−0.36	−0.45	−0.42	−0.36	−0.28	−0.17	−0.12	−0.02	0.04	0.11	0.15	0.15
C37	−0.38	−0.42	−0.37	−0.30	−0.18	−0.02	0.08	0.13	0.13	0.18	0.20	0.21
C39	−0.15	−0.14	−0.10	0.01	0.07	0.09	0.16	0.25	0.27	0.33	0.36	0.38
C40	−0.02	0.03	0.05	0.12	0.15	0.21	0.29	0.36	0.37	0.41	0.40	0.41
C41	−0.36	−0.17	−0.22	−0.05	−0.06	−0.01	0.13	0.19	0.25	0.27	0.31	0.27

注：C13：农副食品加工业；C14：食品制造业；C15：饮料制造业；C16：烟草制品业；C17：纺织业；C18：纺织服装鞋帽制造业；C19：皮革毛皮羽毛（绒）及其制品业；C20：木材加工及木竹藤棕草制品业；C21：家具制造业；C22：造纸及纸制品业；C23：印刷业和记录媒介的复制；C24：文教体育用品制造业；C25：石油加工炼焦及核燃料加工业；C26：化学原料及化学制品制造业；C27：医药制造业；C28：化学纤维制造业；C29：橡胶制品业；C30：塑料制品业；C31：非金属矿物制品业；C32：黑色金属冶炼及玉延加工业；C33：有色金属冶炼及压延加工业；C34：金属制品业；C35：通用设备制造业；C36：专用设备制造业；C37：交通运输设备制造业；C39：电气机械及器材制造业；C40：通信设备计算机及其他电子设备制造业；C41：仪器仪表及文化办公用机械制造业。下同。

资料来源：历年《中国统计年鉴》、《中国工业经济统计年鉴》、《中国劳动统计年鉴》。

　　从制造业内各产业之间的差异变化来看，变异系数指标在不断降低。也就是说，产业之间的资本积累动态效率差异在样本期间有所缩小。其中，变异系数较大的行业有：印刷业和记录媒介的复制（C23）、黑色金属冶炼及压延加工业（C32）、化学纤维制造业（C28）、非金属矿物制品业（C31）、通用设备制造业（C35）、有色金属冶炼及压延加工业等（C33），说明这几类行业的资本净收益率增长较快。变异系数较小的行业有：塑料制品业（C30），家具制造业（C21），皮革毛皮羽毛（绒）及其制品业（C19），文教体育用品制造业（C24），纺织服装鞋帽制造业（C18），也就是说，这几类行业的资本净收益率比较稳定。

　　综合以上数据分析，可以认为中国制造业资本积累动态效率的高低与我国经济发展水平息息相关，因为与中国整体经济动态效率相比，中国制造业资本净收益率在进入21世纪以来得到了快速增长，这个时期正好是我国经济快速发展之际。制造业内以市场为导向的行业资本积累动态效率明显高于垄断性行业，以资本密集型为主的行业资本积累动态效率也相对高于以传统劳动密集型为主的行业。从发展趋势看，制造业内各细行业之间资本积累效率差异在不断缩小。中国制造业在高速发展的同时，也在进行空间布局的重新调整，东部沿海地区凭借其对外开放政策和低成本制造优势承接海外发达地区制造业转移，得到了迅猛发展，形成了长江三角洲、珠江三角洲、环渤海的三大沿海经济区域制造业集聚特征，国内学者通过对专业化或集聚指数的详细测算也得到了证实。那么，中国制造业的这种空间集聚特征是否会对其资本积累的动态效率产生影响呢？是否因为产业集聚而提高了资本积累的动态效率，还是因为地区的资本净收益率提高而吸引了产业在该地区的集聚？

四、中国制造业空间集聚与资本积累动态效率关系研究

虽然不乏关于改革后中国制造业空间集聚带来正的经济效应的研究成果，但是，近年来围绕制造业空间集聚能在多大程度上促进生产要素的优化配置、保持经济持续增长方面的研究甚少。本文为了验证中国制造业空间集聚与资本积累的动态效率之间到底存在怎样的因果关系，限于篇幅，选取了制造业行业总产值规模较大且产业集聚程度较高的三个典型行业进行分析。

（一）我国制造业空间集聚态势及典型行业筛选

为考察我国制造业的空间集聚态势，本文根据《中国统计年鉴》（2009），以及各个地区统计年鉴的基本数据，根据工业总产值指标以"五家集中度（CR_5）"的累积数计算出2008年各制造业的集聚规模（见表2）。

表2　2008年我国制造业细分行业集聚规模指数

行业代码	CR$_1$		CR$_2$		CR$_3$		CR$_4$		CR$_5$		累计(%)
	地区	指数	地区	指数	地区	指数	地区	指数	地区	指数	
C24	广东	10.84	江苏	4.94	浙江	4.80	山东	3.76	上海	2.06	85.14
C40	广东	10.86	江苏	7.01	上海	3.72	山东	1.77	北京	1.68	80.76
C17	江苏	7.07	浙江	6.49	山东	6.39	广东	2.53	河南	1.44	77.19
C18	江苏	7.09	广东	5.67	浙江	4.75	山东	3.34	福建	2.83	76.40
C28	江苏	7.24	上海	5.85	浙江	4.25	山东	2.85	广东	2.66	73.68
C19	广东	6.20	浙江	5.76	福建	5.56	山东	3.04	河北	2.18	73.34
C41	东	8.41	江苏	7.12	浙江	3.19	上海	2.19	山东	1.62	72.64
C39	广东	7.28	江苏	5.87	浙江	3.74	山东	3.25	上海	1.77	70.70
C22	山东	5.96	广东	5.21	江苏	3.80	浙江	3.41	河南	2.67	67.89
C21	广东	8.39	浙江	4.54	山东	4.02	上海	2.00	辽宁	1.99	67.54
C34	广东	6.38	江苏	5.61	浙江	3.65	山东	3.01	上海	2.01	66.64

续表

行业代码	CR₁		CR₂		CR₃		CR₄		CR₅		累计(%)
	地区	指数	地区	指数	地区	指数	地区	指数	地区	指数	
C30	广东	7.59	浙江	4.69	江苏	3.75	山东	2.91	上海	1.71	66.64
C29	山东	8.87	江苏	4.21	浙江	2.92	广东	2.37	河南	1.93	65.49
C35	江苏	7.06	浙江	4.00	山东	3.61	上海	3.21	辽宁	2.02	64.20
C20	江苏	5.08	广东	4.66	浙江	3.76	上海	3.42	山东	1.75	60.23
C26	江苏	6.01	山东	5.31	广东	2.85	浙江	2.41	上海	1.70	59.02
C31	山东	5.33	河南	3.81	广东	3.29	江苏	2.66	辽宁	1.96	54.99
C23	广东	6.74	上海	3.09	浙江	2.61	江苏	2.13	北京	1.97	53.38
C36	山东	4.79	江苏	4.48	广东	2.46	河南	2.28	辽宁	2.20	52.29
C14	山东	5.94	河南	3.24	广东	3.00	内蒙古	1.96	福建	1.40	50.11
C32	上海	3.68	河北	3.50	江苏	3.13	辽宁	2.99	北京	1.57	47.97
C16	云南	5.90	湖南	2.90	上海	2.28	江苏	1.90	山东	1.87	47.87
C15	广东	3.50	山东	3.43	四川	3.11	浙江	2.42	江苏	2.31	47.63
C25	山东	4.14	辽宁	3.84	广东	2.60	山西	2.13	上海	1.65	46.33
C37	江苏	3.36	广东	3.21	山东	2.88	浙江	2.44	上海	2.39	46.01
C13	山东	4.46	广东	2.88	江苏	2.66	安徽	2.28	河南	1.97	45.94
C27	广东	3.16	江苏	2.77	浙江	2.73	河北	2.15	上海	2.11	41.65
C33	江苏	3.23	河南	2.56	浙江	2.28	广东	2.14	甘肃	1.80	38.76

资料来源:《中国统计年鉴》(2009)以及各地区相应年份的《统计年鉴》。

从表2中明显看到,除了与自然资源禀赋息息相关的少数几个行业外,我国大部分制造业在空间分布上明显"东倾",聚集地主要集中在江苏、广东、山东、浙江和上海等东部沿海地区。不少学者采用基尼系数、空间分散度指数等指标测算(杨洪焦等,2008;张文彬,黄佳金,2007),也得出类似的结论。根据 CR_5 指标,集聚规模较大的制造业有:皮革毛皮羽毛(绒)及其制品业(C19)、电气机械及器材制造业(C39)、纺织业(C17)等,其中又符合行业总产值规模较大(占全部制造业份额大于5%)的行业有:纺织业(C17)、电气机械及器材制造业(C39)、通信设备计算机及其他电子设备制造业(C40)。这三大行业分别是劳动密集型产业、资本密集型产业和技术密集型产业的典型代表。

(二) 制造业空间集聚与资本积累动态效率的关系研究

为了检验制造业空间集聚规模与资本积累动态效率之间的关系,这里借鉴 Hoffman 的面板数据,对三大典型制造业空间集聚规模与资本积累动态效率进行 Granger 因果关系。假定空间集聚规模指数(G)与资本积累动态效率(X)的过去值有关,反之亦然。检验要求估计以下两个回归方程:

$$X_t = \sum_{i=1}^{q} \alpha_i G_{t-i} + \sum_{j=1}^{p} \beta_j X_{t-j} + u_t \tag{1}$$

$$G_t = \sum_{i=1}^{p} \lambda_i G_{t-i} + \sum_{j=1}^{q} \delta_j X_{t-j} + u_t \tag{2}$$

统计结果分四种情形：①若 $\sum \alpha_i \neq 0$，且 $\sum \delta_j = 0$，表明从规模指数到资本积累动态效率的单向因果关系；②若 $\sum \alpha_i = 0$，而 $\sum \delta_j \neq 0$，则存在从资本积累动态效率到规模指数的单向因果关系；③若 $\sum \alpha_i \neq 0$，且 $\sum \delta_j \neq 0$，表示规模指数与劳动生产率互为因果；④若 $\sum \alpha_i = 0$，且 $\sum \delta_j = 0$，表明两者之间相互独立。

对于规模指数到资本积累动态效率的单向因果关系检验，原假设 H_0 为：$\sum \alpha_i = 0$，用 F 检验：

$$F_{(p, n-p-q-1)} = \frac{[\text{ESS}(p) - \text{ESS}(q, p)]/p}{\text{ESS}(q, p)/(n-p-q-1)} \tag{3}$$

式中，ESS（p）为当前的 X 对所有的滞后 X 项作回归，所得到受约束的残差平方和；ESS（q，p）为对式（1）作回归得到的残差平方和。若在选定的显著性水平下计算得到的 F 值超过临界值，则拒绝原假设。同理可检验资本积累动态效率到规模指数的单向因果关系。此方法适用于面板数据及时间序列数据。

1. 基于行业的检验

由于进行 Granger 检验要求被检验序列必须是平稳序列或具有协整关系的非平稳序列，对于不存在协整关系的非平稳序列之间不能进行 Granger 检验。因此，首先对原始数据进行平稳性检验。本文采用 ADF 检验方法，最优滞后期选取的标准采用：保证残差项不相关的前提下，同时采用 AIC 准则与 SC 准则．作为最佳时滞的标准，在二者值同时为最小时的滞后长度即为最佳长度，平稳性检验的结果显示：三大行业在显著性水平为 10% 的情况下，都拒绝原假设，说明指标序列是平稳的。因此，可以对各指标进行 Granger 因果关系检验（见表3）。

表3　三大典型行业空间集聚规模与资本积累动态效率关系检验结果

行业	原假设	ESS（p，q）	ESS（p）	F	$F_{0.05}$	Granger 因果检验
C17	G does not Greanger Cause X	44.51	44.97	1.25	3.04	无
	X does not Greanger Cause G	2.88	2.97	0.13		
C39	G does not Greanger Cause X	6.60	7.38	18.07	3.04	单向（规模是效率的原因）
	X does not Greanger Cause G	3.76	3.82	2.71		
C40	G does not Greanger Cause X	4.62	4.68	1.32	3.04	无
	X does not Greanger Cause G	5.38	5.52	2.94		

检验结果中，令人惊讶的是，以纺织业为代表的劳动密集型产业和以通信设备计算机及其他电子设备制造业为代表的技术密集型产业，在空间集聚与资本积累动态效率之间关系都不具有互为因果的均衡关系。也就是说，就全国总体而言，这两大典型行业的产业空间集聚并没有带来资本积累动态效率的提高，而地区的资本净收益率的增加也不是吸引产业在该地区集聚的原因。以电气机械及器材制造业为代表的资本密集型产业存在单向的因

果关系，说明了空间集聚现象对资本积累动态效率的提高具有促进作用。这主要是由于该产业在我国处在发展阶段，它不像其他传统的产业具有厚实的规模基础作为引资的条件，而是利用在成长阶段的高效率来吸引企业的大量投资，从而达到高速发展的目的。

但是，值得注意的是，即使分析得到行业的空间集聚与资本积累动态效率不存在互为双向因果关系的结论，但尚难由此断定各地区特别是集聚程度较高地区的制造业空间集聚与资本积累动态效率也同样不具有双向因果关系，理由是我国幅员辽阔，各地区同一产业的发展差异性十分明显，一些沿海发达地区也确实因产业空间集聚而受益匪浅，但也存在一些地区由于产业空间过度集聚或产业空间非集聚而带来的效率损失，因而一些过度集聚或非集聚地区其制造业集聚效益下降的不良表现恰好掩盖了另一些地区其制造业集聚效益随着集聚程度的增加而提高的良好表现。为了更进一步检验单个地区的空间集聚与资本积累动态效率之间的关系，下面就三大典型行业中集聚规模指数为前5位的地区进行分析。

2. 基于地区的检验

我们采用相同的方法对单个地区的产业空间集聚与资本积累动态效率之间的关系进行检验（见表4）。

表4 分地区三大典型行业空间集聚规模与资本积累动态效率关系检验结果

行业	排名前五的地区	协整检验	Granger 因果检验
C17	浙江	不成立	—
	江苏	平稳	无
	山东	平稳	单向（规模是效率的原因）
	广东	平稳	双向（规模是效率的原因）
	河南	不成立	—
C39	广东	不成立	—
	江苏	平衡	单向（规模是效率的原因）
	浙江	平稳	双向（规模是效率的原因）
	山东	平稳	无
	上海	平稳	无
C40	广东	平稳	单向（规模是效率的原因）
	江苏	平稳	无
	上海	平稳	无
	山东	平稳	无
	北京	平稳	单向（规模是效率的原因）

（1）山东、广东的纺织业，显示产业空间集聚有利于其资本积累动态效率的提高。这表明了山东、广东在纺织业方面具有良好的发展前景，其纺织业的集聚规模可以有效促进资本积累动态效率的提高，而同为东部地区的江苏、浙江等地虽然具有规模优势，但却没有显示此种因果关系。从集聚规模指数来看，2008年浙江、江苏两省的规模指数分别为7.01和6.83，高于山东的5.48，而资本积累动态效率值却是山东最高，达0.53，江苏只有

0.41，浙江已经低于全国平均水平。说明浙江的纺织业已经出现过度集聚而导致生产要素拥挤和效率损失。

（2）以电气机械及器材制造业为代表的资本密集型产业也主要集中在东南沿海地区一带，浙江和江苏两个地区显示产业空间集聚规模与相应的资本积累动态效率之间具有单向的因果关系，这两个地区的集聚规模指数也远高于其他地区，说明资本密集型产业在这两个地区有较大的发展空间。

（3）广东和北京的通信设备计算机及其他电子设备制造业都表现出由于产业的空间集聚促进了资本净收益率的提高，但比较两个地区，可以发现广东的集聚规模指数（11.19）遥遥领先于北京（1.36），其资本积累动态效率却与北京不相上下，说明行业的空间集聚对资本净收益率的提高程度因地区不同而不同。

五、结 论 与 启 示

就全国制造业总体而言，其资本积累的动态效率分为两个阶段：1997~2001年间制造业部门的资本积累是处于绝对动态无效的，2002~2008年资本积累是绝对动态有效的。与中国整体的经济动态效率相比，制造业部门的动态效率变化幅度较大。作为中国制造业主流发展的产业集聚模式，并不是越集聚越好。通过对典型行业分析，我们发现产业空间集聚与资本积累动态效率之间并不是简单的互为因果关系，集聚规模的扩大并不总能带来资本净收益率的提高。集聚在一定程度上确实能带来规模效应，但是，集聚的规模并不是没有界限的，一些集聚程度越高地区反而资本积累的动态效率值越小。基于本文的研究结论，得到以下启示：

（一）客观看待中国制造业资本积累动态效率过程

中国制造业资本积累动态效率一直保持较高的增长速度，制造业已发展成为我国国民经济的支柱。但是，中国制造业在快速发展的同时，也应该清楚地看到，其与发达国家资本积累动态效率值相比，还存在着一定的差距，制造业资本产出的人均水平仍落后于发达国家。虽然各个制造业的资本积累动态效率均有提高的趋势，然而，行业之间仍然存在着较大的区别。农副食品加工业、家具制造业、皮革毛皮羽毛（绒）及其制品业等低附加值的劳动密集型行业，其资本积累动态效率相对值较高，但其增长速度较为缓慢，并且随着时间的推移，它与其他行业之间的资本积累动态效率差距也有逐步扩大的倾向，通信设备计算机及其他电子设备制造业、电气机械及器材制造业等资本积累动态效率呈现出稳步增长的态势，说明我国劳动密集型行业已经发展到了相当规模程度，目前更多的是靠我国整体经济增长的带动，资本积累动态效率上升空间有限，而资本密集型行业和技术密集型行业发展的时间较短，其发展模式和政策还处于探索阶段，具有十分广阔的发展前景。

（二）充分考虑集聚适度

我国国情复杂，幅员辽阔，各个地区在鼓励产业空间集聚时，不能单一追求产业规模扩大，要充分考虑集聚是否"适度"问题。中国制造业空间集聚在东南沿海地区已是不争的事实，这是中国改革期间通过实施沿海率先发展的地区发展战略所制，虽然这种区域发展格局在一定程度上促进了区域经济增长，但中国制造业这种"极度东倾"布局在促进中国国民经济发展的同时也带来了一系列的社会、经济等方面的大国难题。按常理推论，集聚程度较高的地区其生产经验、技术积累、劳动力素质较其他地区应该具有明显的优势，而现实的问题是集聚程度最高的东南沿海地区已表现出"过度集聚"特征，投入规模的增加反而引起效率的下降。以纺织业为例，江苏与浙江是纺织业的传统强省，是我国的纺织业发展体系中非常重要的两个地区，早期两地的纺织业资本积累动态效率均处于较高的水平，然而，近年来由于集聚程度的不断提高，资本净收益率已经出现了明显的减缓现象，类似这样增投入、增产出而不增收益的现象还不仅局限于纺织业，同样情况在纺织服装鞋帽制造业、皮革皮毛羽毛（绒）及其制品业和家具制造业等劳动密集型行业中也十分明显。说明东南沿海一些集聚程度比较高的地区，制造业总产出的提高很大程度上还停留在依靠劳动力、资本的大量投入，而不是靠生产要素的优化配置。随着生产要素拥挤和成本的提高，会导致制造业增产不增效现象的普遍存在。

（三）产业结构调整和产业升级尤为重要

当前中国正在经历产业结构调整和转变经济增长方式的重要时期，东南沿海地区的产业结构调整和产业升级显得尤为重要。这些地区的产业转移和产业结构升级具有较强的冲动，一方面，一些传统产业特别是劳动密集型的产业必将或正在失去比较优势，急待寻找新的发展空间。纺织业，在浙江、江苏等沿海地区失去比较优势后，可以向山东、河南等地区转移，这两个地区近年来的纺织业得到了快速合理的发展，具有作为纺织业发展新基地的理想条件。通过产业转移不但减轻沿海地区目前要素过于拥挤的低效发展现象，而且在地区之间也可实现要素的重新配置和劳动力等资源的再流动，实现产业的梯度发展。另一方面，通过发展高新技术产业、新兴第三产业等实现产业结构升级和优化。如电子通信设备制造业、电气机械及器材制造业，江苏省生产要素投入虽不如广东，但在产出效益方面却在领先全国。因此，制造业空间集聚要注意"适度集聚"和地区专业化分工，国家和地方政府在资源分割、配置策略方面可通过相应的宏观政策改变中国制造业分布格局，诸如通过当初中央政府对东部沿海地区采取地区倾斜政策那样来扶持中、西部有条件省份主动吸收、承接东部沿海地区转移的制造业，实现中国特色的大国雁阵发展模式。

参考文献

[1] Abel, A.B., Mankiw, N.G., Summers, L.H., and Zeckhauser R.J. Assessing Dynamic Efficiency: Theory and Evidence [J]. Review of Economic Studies, 1989, 56 (1).

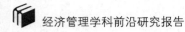

［2］Cass，D. Optimum Growth in an Aggregation Model of Capital Accumulation ［J］. Review of Economic Studies，1965，32（3）.

［3］Diamond P. National Debt in a Neoclassical Growth Model ［J］. American Economic Review，1965，55（5）.

［4］Phelps，E.The Golden Rule of Accumulation：A Fable for Growthman ［J］. American Economic Review，1961（51）.

［5］Krugman，P.Increasing Returns and Economic Geography ［J］. Journal of Political Economy，1991，99（3）.

［6］Jun Koo. Agglomeration and Spillovers in a Simultaneous Framework ［J］. The Annals of Regional Science，2005，39（1）.

［7］Ryusuke lhara.Factor Distribution，Capital Intensity and Spatial Agglomeration ［J］. The Annals of Regional Science，2005（39）.

［8］Qin，D.，Song，H.Sources of Investment Inefficiency：The Case of Fixed-Asset Investment in China ［J］. Journal of Development Economics，2009，90（1）.

［9］Li，K，W. China's Total Factor Productivity Estimates by Region，Investment Sources and Ownership ［J］. Economic Systems，2009，33（3）.

［10］Shiyi Chen，Gary H.Jefferson，Jun Zhang.Structural Change，Productivity Growth and Industrial Transformation in China ［J］. China Economic Review，2010（10）.

［11］吕冰洋. 中国资本积累的动态效率：1978-2005 ［J］. 经济学（季刊），2008（1）.

［12］袁志刚，何樟勇. 20 世纪 90 年代以来中国经济的动态效率 ［J］. 经济研究，2003（7）.

［13］黄飞鸣. 中国经济动态效率——基于消费—收入视角的检验 ［J］. 数量经济技术经济研究，2010，（4）.

［14］吴三忙，李善同. 中国制造业地理集聚的时空演变特征分析：1980-2008 ［J］. 财经研究，2010，36（10）.

［15］张文彬，黄佳金.1988~2003 年中国制造业地理集中的时空演变特点［J］. 经济评论，2007（1）.

［16］李胜会，李红锦. 要素集聚、规模效率与全要素生产率增长 ［J］. 中央财经大学学报，2010（4）.

［17］杨洪焦，孙林岩，吴安波，中国制造业聚集度的变动趋势及其影响因素研究 ［J］. 中国工业经济，2008（4）.

［18］唐根年，沈沁，管志伟. 中国东南沿海产业空间集聚适度与生产要素优化配置研究 ［J］. 地理科学，2010（2）.

Dynamic Efficiency of China's Manufacturing Capital Accumulation and Its Relationship with Spatial Agglomeration

XU WEI XIANG　WANG CAI JUN　TANG GEN NIAN

（Business Administration College，Zhejiang University of Technology，Hangzhou　310023）

Abstract：It's very obvious that China's manufacturing industries are agglomerated in space，but not all industrial agglomeration is positively related to the dynamic eficiency of capital accumulation. The paper，based on the AMSZ rule，analyzes the dynamic efficiency of capital accumulation in China's manufacturing industry from 1997 to 2008 and presents measurements on 28 main manufacturing industries. This paper also explores the relation between the spatial agglomeration of manufacturing industry and dynamic eficiency of capital accumulation. The conclusions of the study show that，first，the dynamic eficiency of China's manufacturing industry capital accumulation has improved continuously. Second，capital accumulation in different manufacturing industries have different dynamic eficiency. Third，it's not simply equilibrium relationship between industrial agglomeration and dynamic eficiency of capital aceumulation，only some areas and some sectors exist one-way causal relationship，eficiency drops of considerably in some higher agglomeration areas.

Key words：spatial agglomeration；AMSZ rule；capital accumulation；dynamic eficiency

重构国家价值链：转变中国制造业发展方式的思考[*]

刘志彪

（江苏省社会科学院　南京　210013）

【摘　要】 我国制造业发展方式的转变，要充分重视在微观经济层面上重构"价值链治理"[①] 问题，即要重视我国企业在全球价值链（GVC）中的被"俘获"与"压榨"地位以及如何及时突围等问题。加快构建以内需为基础的国家价值链（NVC）体系和治理结构，实现国民消费需求支撑下的、由本土企业作为"链主"地位主导下的发展，是新一轮全球化条件下我国与世界经济"再平衡"机遇中制造业发展方式转变的最重要的微观经济战略选择。

实施这一战略的相对成本是实力相对弱小的国内企业可以接受的，其相对熟悉的市场和文化背景，也决定了这一战略的可实施性。而且，当今处于特定产业集群中的中国企业，往往同时处于几种治理类型和性质不同的价值链中，集群中的企业可以把在某条价值链中学习到的东西，运用到另外一条价值链的某种升级活动中，从而实现低成本的产业转型升级。

在中国发展背景下，专业化市场和领导型企业是我国构建 NVC 以实现发展方式转变、扩大内需的主要机制和方式。专业化市场作为构建基于 NVC 的重要载体和平台，其优势在于它可以为企业的产业转型升级提供多样化市场空间。而构建 NVC 时强调其中的领导型企业的发育和成长，其实质就是要我们努力培育基于 NVC 的"链主"，就是要我们努力

---

* 本文选自《世界经济与政治论坛》2011 年第 4 期。

作者简介：刘志彪，江苏省社会科学院。

① 价值链治理（Value Chain Governance），又称产业治理或企业间治理（Inter-Finn Governance），指通过非市场机制来协调在产业价值链上活动的企业间关系和制度机制。当价值链上一些企业与另一些企业发生非市场交易活动时，如跨国企业为代工企业制定产品、技术、劳动、环保等标准或者代为培训员工时，治理问题就发生了。治理是价值链问题的核心，有关文献可以参见：Coe N M. Hess M. Global Production Networks：Debates and Challenges [J]. Journal of Economic Geography，2008，8（3）；Gereffi G，Mayer F，2006//Gereffi G ed. The New Ofshoring of Jobs and Global Development，G1obalization and the Demand for Govemance [J]. International Institute of Labour Studies，ILO Social Policy Lectures，Geneva：Gibbon P，Bair J and Ponte S. Governing Global Value Chains [J]. Economy and Society.2008.37（3）.

培育中国的跨国公司。

　　【关键词】 转变发展方式；全球价值链；国家价值链；中国制造企业

一、问题的提出

　　众所周知，2008 年以来的全球金融危机其实是对中国过去发展方式的冲击和考验，说明中国长期依靠高投入、高消耗、高排放实现高增长的传统制造业发展方式已经走到尽头，继续维持在价值链低端和"微笑曲线"底部的出口导向和粗放发展方式，不仅难以持续而且也会造成各种严重的结构"失衡"，尤其是难以纠正中国与世界经济之间所发生的严重不均衡，而且由此导致在可能严重阻碍中国人民的福祉进一步提升的同时，遭遇到世界其他国家尤其是发达国家的更加严重的抵制。

　　"十二五"时期我国扬弃过去实施的单一的出口导向转而选择扩大内需的战略，在现实中面临着一个有重大争议的两难选择：一方面，继续维持在"GVC 底部"进行出口导向的发展方式，具有明显的不可持续性，因此攀升 GVC 高端的产业升级就势在必行；另一方面，如果我们现在就摆脱主要由跨国公司所主导和控制的 GVC 分工体系，试图进行独立的大规模产业升级，或者丢掉外需去开发内需，可能并不符合现阶段中国制造企业发展的现实基础，也有可能因为判断失误而丧失世界给中国提供的新一轮的发展机遇。这个两难选择问题表现为中国在与世界"再平衡"的过程中，将面临严峻的"短期增长与长期发展"的矛盾，实质上是发展方式转型升级的时机把握、路径选择和具体政策的协调问题。

　　在发展政策选择的研究中，我们注意到了这样一个重要的现象：那些融入 GVC 底部的后进经济体，很难在发达国家主导的 GVC 下实现价值链攀升和产业升级；相反，那些起初定位于 GVC 低端后来却转型为构建根植于国家价值链（National Value Chain，NVC）体系的后进国家和地区的企业，却比较顺利地出现了以价值链攀升为特征的产业升级，形成了一定的国际竞争力。在这方面，比较典型的例子是亚洲"四小龙"的国际品牌的创建过程。[①]据此我们认为，在 GVC 的基础上构建相对独立的 NVC，可能是后进国家破解"增长与升级"两难选择问题的微观层面上的突破口，也可能是实现以价值链攀升为特征的产

---

　　① Amsden A H. Chu Wan-wen. Beyond Late Development: Taiwan's Upgrading Policies [M]. Cambridge, MA: The MIT Press, 2003.

业升级并最终取得国际竞争优势的必要路径。[①]

鉴此，本文在分析我国制造业外向型发展方式必须转型的基础上，提出了中国在下一个发展阶段，要在微观经济层面上充分重视中国企业从被"俘获"和"压榨"的 GVC 中突围的问题，加快构建以内需为基础的 NVC 的网络体系和治理结构。本文为此提出了自己的具体构想。

二、全球价值链下的高粗放性和弱主动性发展方式

中国在过去 30 多年的外向型经济发展中，融入的是被"俘获"型的 GVC 治理结构。[②]来自发达国家大买家的订单及其变化的需求，不仅像一个中枢神经指挥系统一样牢牢地控制着中国制造的命运，而且其表面合理的代工租金收益具有十分严重的"温水煮青蛙"效应，对中国制造企业产业升级进程产生强烈的"负向激励"作用。总之，它不仅是中国经济发展方式高粗放性的主要原因之一，而且在很大程度上弱化了中国经济独立自主发展的主动性。这一事实简要地表现在以下几个方面：

第一，它使中国制造在国际市场上难以发展出著名品牌，难以开发出具有战略控制意义的国际营销渠道和营商网络，更难以具备行业关键核心技术，在国际分工体系中经常受到国外产业的纵向压榨和横向挤压，处于制造加工环节的我国代工企业普遍面对研发和设计（被提高授权费或提高关键零组件价格）与市场网络、品牌、营销（被压低代工价格）两个高端力量的持续控制，造成生产/加工/装配/制造环节的低附加值特征，出现了"代工=微利化"的代工困境。更严重的是，中国制造被一些人认为与低端、低质、低价联系在了一起，没有像 20 世纪 60 年代的日本制造和 70 年代中国香港和台湾与韩国制造那样，及时摆脱这种不雅联系，这不仅直接影响了中国制造业在世界上的市场形象，而且限制了中国制造业在国际市场上的发展空间。

第二，以低级要素嵌入 GVC 来发展外向型经济，抑制了企业对产业升级空间的自主

① Schmitz H. Local Upgrading in Global Chains: Recent Findings. Paper to be Presented at the DRUID Summer Conference [EB/OL]. http://www.druid.dk/uploads/tx_picturedb/ds2004-1422.pdf; 刘志彪，张杰. 全球代工体系下发展中国家俘获型网络的形成、突破与对策——基于 GVC 与 NVC 的比较视角 [J]. 中国工业经济，2007（5）；Bazan L., Navas-Aleman L. The Underground Revolution in the Sinos Valley: A Comparison of Upgrading in Global and National Value Chain. Paper for Workshop. Local Upgrading in Global Chains [D]. held at the Institute of Development Studies, University of Sussex, 2001.

② 一般来说，GVC 的治理有市场型（Market）、模块型（Modular Value Chains）、关系型（Relational Value Chains）、俘获型（Captive Value Chains）和层级制（Hierarchy）五种模式。在技术、市场和品牌等硬约束条件下，我国本土企业往往把贴牌代工生产作为次优战略选择，从而与国家大买家（主导企业）之间形成俘获型的 GVC 治理模式。在该模式中，作为供应商的我国企业的租金收益来源于：一是在与发包方互动的过程中，通过干中学提高自身的知识水平和学习能力；二是代工生产的收益相对稳定且风险较小；三是快速进入国际市场的机会。因而我国大多数企业具有从事贴牌生产的内生的激励机制。

选择。从事国际代工的企业很容易被国际大买家锁定在产业链的低端从而进入代工的路径依赖，当这些企业开始转向 GVC 中的研发、设计、品牌、营销等高端功能时，走向以现代生产者服务业驱动发展的高端道路时，只有少数企业获得成功。绝大部分中国企业仍然局限于生产功能的建设，以大规模、低成本、低价格取胜。走出产业链的低端向产业链高端攀升，是未来中国经济转换发展方式的非常现实的问题。

第三，中国东部地区企业定位于 GVC 中的低端环节，不仅限制了东部地区现代服务业的发展和城市功能的提升，也压制了中西部地区的发展空间，是形成改革开放以来中国东中西发展差距日益扩大的主要原因之一。东部地区定位于 GVC 的低端，使我国中西部的廉价劳动力和自然资源源源不断地流向东部，从而一方面中西部地区沦为低端要素的供应地，另一方面被东部地区压制在外向化发展的"隔离"地带，成为困扰中国经济持续增长和社会全面进步的重大问题。

第四，以国际代工为特征的外向型经济发展方式，为了满足国外市场消费者的苛刻要求和外国政府对产品质量和环境的严格规制要求，在国内设备与国外设备具有较大技术落差的前提下，往往需要动态地引进国外先进设备进行生产。这种发展格局，会使研发水平比较落后的中国在设备引进方面付出巨大的周期性成本，更重要的是，它打乱了中国东中西三大地带的产业布局和分工，使中国原本配置在中西部地区的重装备工业丧失了技术追赶机会的同时，又失去了据以进行产业升级的市场份额。

第五，为了解决国际代工企业在制造业与现代服务业上的"脑体分离"问题，摆脱单一的"世界加工厂"的尴尬地位，我国在工业化和结构优化调整的过程中，由于先进的、高级要素型的知识资本和技术资本投入不足，只能通过引进外资的高端生产者服务业来吸收高端的制造业 FDI，这又限制本国的高端生产者服务业的发展余地和选择空间。只有发展起本国的高端生产性服务业，才能够在经济开放中使自己的国民经济体系独立化，而不使经济运行受制于外国资本。

第六，以低级要素发展外向型经济的方式，不容易形成国际竞争中的差别化定位，相反极易形成以价格竞争为主的低端生产能力过剩格局。过去我们在国内消费力低下的条件下，把国内过剩的能力通过廉价商品消化在了欧美国家的市场。它的后果是：消耗了中国的资源和环境，造福了发达国家民众，但人家并不领情，反而还遭到人家的嫉恨，说是中国产品挤占了人家的市场，导致了人家工作岗位的转移和消失，毁坏了人家的经济基础和正常运转体系。更有甚者，像保罗·克鲁格曼这样的超级学者，还屡次抨击中国，说中国对美国的出口导致了美国的资产泡沫和全球金融危机①。

实践已经证明，在全球化背景下，依靠低级生产要素嵌入 GVC 进行出口导向的发展方式，是不会有长久的国际竞争力的。今后我国要在 GVC 上建立起强大又持续的国际竞争优势，就必须改变把开放战略的着眼点和竞争优势建立在初级的、一般性生产要素的发

---

① 参见 http://news.hexun.com/2010/xwrw458/index.html 对克鲁格曼的系列报道和评论。下文我们将对这一观点提出自己的看法。

展方式，大力创造、吸收和利用高级生产要素和专业性生产要素，由此成为我国攀升 GVC、发展开放型经济的新的战略性选择。

今后中国制造业的升级，在微观上必须经历包括工艺流程升级、产品升级、功能升级、链条升级以及集群升级等在内的多个过程。在高度融入国际分工体系、以低端要素嵌入 GVC 的新形势下，中国出口导向型制造业虽然能够较快实现工艺流程升级和产品升级，但是却面临着功能升级、链条升级以及集群升级等中、高层次的产业升级困境。鉴于功能升级是中国制造面临的最迫切问题，为此我们一方面可以通过构建区域价值链（Regional Value Chains，RVC）、NVC（刘志彪，2007）等从战略上进行突破；另一方面则需要借鉴国外经验，加快生产者服务业发展，增强生产者服务功能，通过高级生产要素的投入，实现中国制造业发展向高端路线（High-road）的转型。

三、突围被"俘获"的 GVC：构建基于 NVC 的产业转型升级机制

从"制造大国"转变为"制造强国"，中国必须在微观层面上高度重视从被"俘获"的 GVC 中突围的战略问题。在融入 GVC 的基础上，中国尤其要重视重新构建基于内需的 NVC 的战略问题，也就是要把依赖于别人的"外围"关系改造为以我为"中心"的控制关系，由在 GVC 中的"承包、接包"关系变成"发包"关系，由"低端"关系变成"高端"地位，由"打工者"的关系变成"老板"的关系，由"制造"变成"创造"的关系。显然，这是一场关系中国经济尤其是制造业发展方式转变的革命性变革。

重新构造基于内需和现代产业体系的 NVC，并不意味着我们提倡实施计划经济时期的封闭战略，也不是要走什么出口导向逆变为进口替代的老路，而是要基于内需重新整合中国企业赖以生存和发展的产业关联和循环体系，重新塑造国家价值链的治理结构，重新调整位于不同区域的中国产业之间的关系结构，为中国制造业升级和经济的可持续发展奠定坚实的发展平台。在融入 GVC 的基础上重新构建 NVC 战略，不是要放弃已有的国际市场需求和份额，而是要由依赖国外市场转化为以国内外市场并重的协调发展道路，作出这一结论的主要依据是：

首先，我国外向型经济快速发展最少也有 20 年以上的时间，很多地区尤其是东部沿海地区的基础设施、设备资产和制度机制等，甚至干部配备、思想理念等都是为出口导向战略设计的，企业对国际市场的运作也是驾轻就熟，市场的突然转向必然会危及资产运作的效率。

其次，国内市场虽然庞大，其发展潜力也十分诱人，但是在现在的社会发展和民生发展水平上，要通过增加普通民众的收入水平和改善收入分配结构来真正化解中国巨大的生产能力，使其真正能够起到发展方式和结构转换的支撑作用，还有待时日。在这个以时间换空间的渐进过程中，以国内外市场并重协调地构建新的价值链治理，就显得尤其重要。

最后，从操作上来说，更重要的是，依托国内市场做品牌，然后一步一步地做成世界品牌，与满足当前出口导向的需求之间，是没有多少矛盾的。它与一方面接受国际大买家的订单；另一方面又用别人的设计和技术与别人在国外市场进行直接争夺的做法不同，可能并不会立即触犯发达国家大买家的根本利益，因而可能不会立即遭到来自国际大买家的围追堵截和坚决抵制。而且实施这一战略的相对成本，也是国内实力弱小的企业可以接受的，其相对熟悉的市场和文化背景，也决定了这一战略的可实施性。

过去研究 GVC 中的治理结构与产业转型升级的国内外文献，绝大部分都对发展中国家加入 GVC 后的产业升级前景持有悲观的态度。[①] 这主要是由于学者们仅仅把发展中国家的产业集群与被俘获的价值链对应起来进行研究的结果。[②] 因为，如果一开始就假设在市场势力极其不对称的封闭系统中研究价值分配和治理，那么我们就不可能从逻辑上跳出"被俘获"的悲惨命运。其实事实并非如此，发展中国家尤其是中国的产业集群中的企业，参与的虽然是市场势力极其不对称的 GVC，但是其整个市场运作系统并不是封闭的而是高度动态开放的，即它们既有在过去几十年中不断从 GVC 底部进行学习、"当学徒工和操作工"的经验，又有在多元化的市场中营销的经验，具有同时在多条治理性质不同的价值链中运作的事实体验。[③] 在当今中国的产业集群发展格局中，处于特定产业集群中的企业往往面临着激烈的市场竞争，这种集群内部以及集群之间的竞争，以及出于回避风险的需要和实施多元化市场战略的需要，使一个企业同时跨越在几种治理类型和性质不同的价值链中，运作在一个多样化的市场体系中。如广东、江浙地区的很多产业集群中的企业，它们既融入由美国跨国公司所主导的以被俘获为特征的 GVC，也加入由欧洲跨国企业主导的松散型的价值链，有的还同时自主地对东南亚、南美洲和非洲出口独立的品牌，它们在国内市场也有大量的并不依赖于中介代理的直接销售。在后两种情况下，它们实际上依据的是市场导向的价值链治理体系，这也是我们要分析的重点问题。我们认为，在不同类型和性质的价值链中，集群中的企业可以发挥所谓的"杠杆能力"（Leveraging Competences），即把在某条价值链中学习到的东西，运用到另外一条价值链的某种升级活动中，从而实现低成本的产业升级。因此我们认为，忽视了当今产业集群中许多企业跨越几种价值链治理的现实，即企业既融入 GVC 又同时有可能加入 NVC 或区域价值链的现象，这就很容易得出发展中国家企业既无法摆脱国际大买家的控制，又升级无望的悲观结论。

NVC 基于国内市场需求发育而成，由本国企业掌握产品价值链的核心环节，在本国市场获得品牌和销售终端渠道以及自主研发创新能力的产品链高端竞争力，然后进入区域或全球市场的价值链分工生产体系。我们之所以说在 NVC 条件下企业可能会拥有完整升级

---

① 其中比较典型的是：Cramer C. Can Africa Industrialize by Processing Primary Commodities：The Case of Mozambican Cashew Nuts [J]. World Development，1999，27（7）.

② Bazan L，Navas-Aleman L.The Underground Revolution in the Sinos Valley：A comparison of Upgrading in Global and National Value Chain.Paper for Workshop [D]. Local Upgrading in Global Chains. held at the Institute of Development Studies，University of Sussex，2001.

③ 关于这个问题的背景，还需要我们进行案例研究和数据支持。但是由于它不是本文的主题，这里省略。

能力以及国际竞争力，其背后的原因在于：

（1）本国市场的容量特别是高端市场的容量，是决定该国企业创新能力能否培育而成的最根本因素。无论是企业的产品设计与研发，还是其生产制造和商业化环节，创新活动得以实施的最根本、最有效的激励因素，是创新成本与收益的权衡比较。只有经济体中存在足够规模的收入处于增长阶段的消费者需求，以及对高价格的创新产品有购买支付能力的意愿需求时，企业的高级要素投入才能得以最终转化为创新活动的收益。这被称为"需求所引致的创新"。

（2）对成长中的中国经济来说，处于产业价值链高端的"链主"的构建，也要依赖高速增长的市场来支撑。目前处于"链主"地位的发达国家跨国公司不仅具有对核心技术的控制力，而且具有对终端市场的控制力，由此实现其对高端环节活动投入的补偿，以及对利益分配的控制力和主导权。毫无疑问的是，支撑这种"链主"地位的力量在于"链主"的规模优势。而规模优势无非是通过企业内生成长和外生成长两条道路形成。前者由于是企业通过内部积累一点一滴地成长，因而在其具有稳健性优势的同时，也具有发展速度慢的风险；后者主要通过资本市场的收购兼并形成，因此企业发展速度快但运行风险大。根据美国经济学史家、1982 年诺贝尔经济学奖得主斯蒂格勒对企业发展史的考察，认为在当今美国，没有一个大公司不是通过兼并成长起来的，靠企业自身积累扩张早已成"陈年旧历"。由此我们可以清晰地看到，基于市场成长性的收购兼并活动是塑造 NVC 中"链主"地位的主要手段和途径。

（3）从竞争手段来看，发达国家日益依靠对市场进入壁垒的打造来获取其竞争优势，主要表现为由价格竞争转向为以构建知识产权保护和专利池体系为核心的市场进入标准体系制定权的竞争。一方面，发展中国家依托于内需所构建的以专利为基础的市场进入标准体系，既可以强化本国企业所具有的高级要素竞争优势，又可以以专利授权收费方式来构造针对国外竞争者的进入壁垒，抑制模仿者的技术赶超能力，确保本国企业所投入的研发活动费用得到充分补偿。另一方面，利用本国企业所拥有的专利标准体系，可以作为一种进入别国市场、绕开对方市场标准壁垒的交换"筹码"。

NVC 条件下中国企业产业升级的主要困难，可能在于以下几个方面：①

（1）缺乏升级的主要和关键的资源。如本国企业可能难以独立地聚集起升级所需要的持续的资本（如持续的广告投放的资金能力）和人力资源（如高水平的国内技术研发设计和熟悉市场运作的高级管理人员）。

（2）在国内市场开放过早、开放幅度过大的情况下，本国升级企业可能面对强大的外国竞争对手的市场争夺，从而有可能发生挤出效应。

（3）国内市场消费者的挑剔程度可能不如国际市场，因而企业的升级换代压力不如国

---

① 一般认为，中国制造企业虽然能够生产出风行国际市场的优质产品，但是在其拓展国内市场的本领上却是一条短腿。"无自己的品牌、无自己的通路、无内销经验、无研发能力，更无自己的内销队伍"，是原来的外向化企业转型做国内市场时的五个巨大的挑战——本文作者注。

际大买家的要求苛刻。在这种情况下，阻止国外进入的政策努力会演变为保护落后的竞争者，反而有可能事与愿违。

（4）本国企业缺少企业重组的资本市场机制，难以发育出像国际大买家那样的规模实力雄厚的跨国公司。在这种情况下，国内价值链就缺乏足够的延伸性和关联性，进入链中的企业也会处于不稳定的状态。

最后应特别指出的是，在 GVC 下，当中国随着劳动力成本、土地价格等要素成本上升时，作为发包方的发达国家，出于运输成本等交易成本因素的考虑，会将外包订单转移到其他要素成本更低廉的发展中国家，而不会向中国内陆不发达地区转移和辐射。这显然不利于中国内部的平衡发展，同时，造成发展中国家之间在价值链底部的发展竞争格局；相反，NVC 条件下，出于文化因素和市场熟悉程度等因素的考虑，一般首先会实现产品链在自己国家内部的布局和转移，随着劳动力成本和土地价格的上升，NVC 中的劳动密集型生产环节会向经济欠发达地区转移和辐射，从而缩小国家内部的发展不平衡。

四、构建 NVC 的中国"链主"与制造业转型升级的方式

（一）构建 NVC 的中国"链主"两种可能的载体

1. 产业集群中的专业化市场

考虑到中国企业的生产制造组织以及参与全球贸易的客体对象是以产业集群作为载体的客观事实，我们认为，产业集群形式是中国制造业构建基于 NVC 的中国"链主"的最重要的载体。[①] 产业集群的兴起与发展，与集群中专业化市场的存在和推动作用密不可分。[②] 专业化市场已成为联结中国生产者供给体系与消费者需求体系的最重要的市场交易平台。专业化市场最显著的特征就是具有"双边市场效应"，即其既是生产厂商"卖"的市场交易平台，同时又是采购和销售商"买"的市场交易平台。这种双边交易平台利用声誉机制和集体惩罚机制，有效降低了买卖双方的交易成本，抑制了可能造成类似"柠檬市场"的机会主义行为和道德风险，实现了规模经济、范围经济和专业化分工经济三种优势因素的充分融合。[③] 从交易主体来看，专业化市场所联结的是可能拥有自主品牌的本国生产厂商与专业化的国内外批发零售商，而不是直接面对消费者。与 GVC 条件下中国企业只作为跨国公司的代工者的角色不同，这种交易载体一方面具有卖方市场的"可选择性"和"可切换

---

① 类似的理论研究，可以参见 Humphrey J, Sehmitz H. How Does Insertion in Global Value Chains Affect Upgrading in Industrial Clusters? [J]. Regional Study, 2002, 36 (9).

② 陆立军，杨海军. 市场拓展、报酬递增与区域分工——以"义乌商圈"为例的分析 [J]. 经济研究，2007 (4).

③ 白小虎. 专业化市场集群的范围经济与规模经济 [J]. 财贸经济，2004 (2).

性"特征，生产商可以在国内外不同采购商之间进行切换，而不会仅仅将市场局限于特定的国际大买家或跨国公司。另一方面，这种载体中的生产供应商不仅是具有生产制造能力的低端供应商，而更有可能是创造出品牌和具有设计研发能力的高端供应商。这是因为，如本文第三部分所述，产业集群中的客观存在的专业化市场载体，可以为企业向价值链高端攀升提供可能的多样化的市场选择和发展空间。

2. 产品链分工网络中的领导型企业

在这种网络中，某些掌握着品牌和销售终端渠道、具有研发设计能力的领导型企业，位于产品链"金字塔"形分工网络的顶端地位，且拥有对网络内的其他企业的领导和控制权，这种性质的企业也是我们所说的 NVC 中的"链主"。产品链分工网络中的领导型企业，将产品链中非核心、可标准化的生产环节外包给予其有协作和控制关系的独立企业，组合成一个具有"弹性"和"协作效率"的生产分工网络体系。这是一种可称之为"单边市场平台载体"的网络。因为在该网络中，一方面，领导型企业必须直接面对消费者，必须通过品牌、网络、营销体系和终端渠道的构建，来向最终消费者传递产品特征信息，而且，它们还必须具有对最终消费者的需求偏好的变化做出快速调整的能力。另一方面，在领导型企业与零配件供应商之间，并不是一种单纯的市场交易关系，而是融入了权威服从关系的商品交易契约。表现在：外包的零配件的差异性越大，关系型交易的特征就越强；外包的零配件的标准化程度越高，商品交易契约的性质就越强。由此形成由不同企业所组成的多层次的产品链分工协作体系：越是处于紧密协作层的外包协作企业，与领导型企业进行隐性知识交流、技术交流的可能性越大，其创新研发能力也就越强；反之亦然。可见在 NVC 条件下，只有中国制造企业承担了价值链中的领导者，这样的 NVC 才具有产业主动性升级的机制和能力。这个结论等于这样一个简单的命题：构建 NVC 条件下的领导型企业，等同于中国必须通过竞争和大规模的资产重组，塑造出本国跨国企业或者中国的具有领导力量的巨型公司。很显然，这不仅需要有内需支持，而且已需要一个有作为的强势政府的不懈努力。

（二）基于专业化市场的 NVC 构建与升级

专业化市场具有"天然"适应中国国内市场消费者需求特征的内在匹配性。中国现阶段的收入不平等造成了国内需求市场存在一个巨大的低端市场需求空间，这就为以劳动密集型产业为主要内容和特征的专业化市场的兴起提供了发展空间。大量中国本土企业依靠专业化市场形成了区域集聚层面上的产业集群，形成了专业化且具有国际竞争力的生产网络体系。

随着专业化市场的区域品牌效应向全球市场的扩散，大量国外采购商"蜂拥"加入到这些市场的采购商队伍中来，同时，外资企业作为领导型企业，也逐步渗入到以专业化市场为依托的产业集群生产体系中来，形成了专业化市场及产业集群与 GVC 的对接，由此产生了参与 GVC 的"低端锁定"问题。但是，由于在专业化市场双边交易平台条件下，中国本土企业的市场并不是唯一依赖于国外采购商，很多企业在国内市场中也占据了相当大的市场份额。即专业化市场中的中国制造企业，具有在国外市场与国内市场之间进行功能"切换"而不仅是被"锁定"的发展空间。随着经济的持续发展，国内中等收入阶层的兴起，而且，这个市场拥有层次丰富的、具有"接力棒"特征的需求空间结构，这就为中国制造业构建 NVC 提供了一个基于高速成长的内需市场的支撑。

专业化市场作为构建 NVC 平台的特殊之处在于，它是一种可以嵌入"政府功能"作用的市场交易平台，为在具有中国特色下的 NVC 构建和升级，提供了一种具有政策操作意义的实现方式。具体来看，政府可以提供的"功能模块"有：

一是通过对知识产权保护制度的强化来限制套利——模仿——"杀价"恶性竞争行为的发生，规范专业化市场及产业集群中的交易和竞争秩序，激励企业创新研发和 NVC 中领导型企业的脱颖而出。在类似于封闭社会圈的专业化市场中，知识产权保护的执行成本相对要小，这就为政府干预和引导功能的导入，提供了一个绝好的实施操作平台。

二是政府可以通过制定和强制执行进入专业化市场产品的品牌、质量、环保、安全、劳保等进入壁垒标准，引导企业提高产品质量和产品的升级换代，并且促进专业化市场由竞争向寡头转变；政府可通过引入专业化分工的产品设计、产品检测、咨询、融资、物流等具有公共创新平台性质的高端生产服务型企业，强化专业化市场和产业集群的升级能力。

（三）基于领导型企业的 NVC 构建与升级

领导型企业自身的能力以及它与外包企业的协调能力，共同构成了 NVC 的竞争力。在领导型企业的 NVC 的构建和升级中，市场是其中的最重要的决定力量。对于其网络治理关系而言，领导型企业与其密切协作的中小企业之间，形成了金字塔结构的分工网络群落，领导型企业处于金字塔顶端，起着支配性或主导性作用，而众多中小企业则为其提供配套服务。企业之间的关系主要是产品链上下游的分工合作关系。不同层次之间的企业具有一定依赖性，在升级过程中，具有控制力和主导力量的领导型企业发挥着重要作用。

在关键技术链上投入最多、具有核心研发能力的领导型企业，能够利用其在价值链中的控制地位来实现创新投入和沉没成本的充分补偿。一方面，领导型企业能够利用其控制地位，获取创新活动所带来的利益最大份额的那一块；另一方面，通过对外包供应商的评估、淘汰等竞争制度的设计以及技术指导等，可要求供应商不断地降低生产成本，从而侵占其多层外包商的部分生产利润。这就从根本上解决了创新体系中，源自外溢效应所引起的创新动力缺失的两难冲突。

在领导型企业网络内，处于控制地位的领导企业实质上处于制度设计和"竞合"规则制定和维护的中心地位。从深层次来看，价值链或技术链上的合作预期利益的存在，形成了柔性关系型网络治理机制，使得外在缺失的知识产权制度，转化为价值链上具有"自我强化机制"（Self-enforcing）的知识共享和知识共创制度。领导型企业的创新信息，成为其多层的外包企业的公共创新行为，所产生的整体创新收益也是由领导型企业所控制，通过领导型企业的品牌和销售终端渠道来最终实现，赋予了领导型企业对整个网络创新收益分配的掌控权。

领导型企业具备了获得全球价值链上较高层次外包业务的竞争能力，众多中小企业在承接外包订单的生产时接受其调配和间接管理，这就有可能在价值链内形成一个竞争有序或者合作大于竞争的分工组织结构。在这种情形下，领导型企业网络中处于分工协作地位的中小企业，可跟随领导型企业共同实现技术升级与产品升级，而领导型企业可以借助其在 NVC 的控制地位，在推进国内市场品牌战略和国外市场技术学习及规模经济两种具有互补性质的发展战略过程中，充分利用国内市场和国外市场的互补作用实现 NVC 的升级。

五、主要的政策建议

在出口导向型发展转向依托于内需的发展方式下，NVC 的构建对中国制造企业的转型升级具有极其重要的战略性含义。在现实中，中国制造企业仍然"热衷"于融入 GVC 的出口导向发展，而对构建基于本国市场的 NVC 持观望和谨慎的态度。其中的原因，可能与收入分配的结构、制度因素和地方政府的行为等变量之间有密切的关系。为此，我们所提出的政策建议就是：

第一，努力培育中国的中等收入阶层，支持本国企业在国内市场实现转型升级。依托本国中等收入阶层的文化和市场，培育本国的世界品牌，是世界品牌在发展过程中尤其是初始阶段的基本特征。现阶段我国持续扩大的收入不平等和"哑铃型"的需求结构，难以对品牌形成规模庞大的需求空间，在这种市场环境中无法培养出 NVC 中的关键环节的领导型企业。更重要的是，在开放经济条件下，中国本国市场中有限的高端需求市场，面临外资企业或跨国公司高质量、高性能品牌产品的竞争替代。这种情形下，企业就会丧失依托本国市场来培育 NVC 中的领导型企业的空间，从而使得中国企业构建完整 NVC 的内在动力缺失，转而选择低成本竞争的出口战略就成为其最优理性行为。

第二，要千方百计地降低本国企业构建 NVC 的制度成本。由于我国社会信用体系的普遍缺位，相对于国内市场销售，出口国外市场具有预付货款、付款及时、设备供应、学习效应、批量大且市场稳定等优势，这就激励了企业转向选择国外市场。另外，在国内知识产权保护制度或执行机制缺位的制度环境下，大量同行企业采用挖关键技术人员或者"逆向工程"的模仿和复制行为，以低价格甚至恶性"杀价"方式与研发企业进行竞争。[①]这两方面的制度因素已成为阻碍中国企业构建 NVC 以及由 GVC 向 NVC 转化的重要因素之一。

第三，规范地方政府竞争行为的导向。地方政府以 GDP 增长作为"政绩晋升"的竞争手段，直接形成区域市场的进入壁垒，提高了市场整合成本，严重阻碍了中国制造企业

---

① 张杰，刘志彪，张少军. 制度扭曲与中国本土企业的出口扩张 [J]. 世界经济，2008（10）.

利用本国市场空间来构建 NVC 的发展空间。还有，各地区的地方政府出于晋升政绩指标竞争，对招商引资的外资或本国企业实施各种"隐形"补贴，人为扭曲了企业的生产要素投入成本差异与投入比例。这些政府行为很大程度上降低了我国制造企业凭借贴牌代工方式的出口成本，也就挤压了中国制造企业构建 NVC 的激励空间。

第四，需要指出的是，中国劳动力的禀赋优势在相当长时期内还会存在，发展加工贸易、大力推进各种形式的国际外包（如服务外包），仍然是我国融入经济全球化的重要的、具体的、必须长期坚持的政策内容。因此，如何取得 NVC 和 GVC 的平衡和协调发展，有待我们今后对之进一步的深入研究。

专业化、多样化与产业增长关系
——基于中国省级制造业面板数据的实证研究 *

吴三忙 [1]　李善同 [2]

(1. 清华大学公共管理学院　北京　100084；2. 国务院发展研究中心　北京　100010)

【摘　要】本文利用中国 31 个省区 169 个制造业在 1999~2009 年的数据，实证分析了专业化、多样化和竞争程度等因素对制造业增长的影响。研究结果表明，在全国样本范围内，专业化（MAR 外部性）对制造业增长的影响为负，而多样化的产业环境（Jacobs 外部性）和竞争（Porter 外部性）有利于制造业的增长。在分地区、分产业和分地区分产业的分析中，专业化和多样化对不同地区和不同类型的制造业增长的影响存在显著差异，但是竞争对制造业的增长始终具有显著正面效应。

【关键词】专业化；多样化；竞争；制造业

引言

改革开放以来，中国制造业发展迅速。根据联合国工业发展组织的统计，中国制造业增加值占世界的比重已由 1980 年的 1.5%增长到 2009 年的 15.6%。与此同时，伴随着市场化改革的推进，制造业空间分布发生了显著的变化。东部地区制造业相对中西部地区增长更迅速，东部地区已成为中国制造业的主要集聚区域（范剑勇，2006）。对制造业这种地区增长差异的形成原因，以往研究更多关注的是地区间历史条件、地理区位、发展政策和要素投入等差别，事实上地区间制造业增长的差异可能也源于地区间内在产业结构的不同。

地区产业结构对地区产业增长具有重要的影响（Cécile，2002），但是具体到产业结构对产业增长的影响方式，存在较大的争议，集中体现在一个给定的地区产业专业化更有利

---

* 本文选自《数量经济技术经济研究》2011 年第 8 期。

作者简介：吴三忙，清华大学公共管理学院；李善司，国务院发展研究中心。

于产业增长，还是多样化的产业结构更有利于产业增长？或者说在一个给定的地区某种企业是能从本地区的同行业的其他企业经济活动中受益，还是能从不同行业的企业经济活动中受益？Marshall（1920）认为产业的集聚通过产业内竞争、模仿以及资源的快速变动，加速了知识外溢，将促进产业增长。Glaeser（1992）把这种同一产业的企业在某个地区的集中，也就是产业专业化（Specialization）能进一步促进该产业在该地区增长的规模效应称为区域定位经济（Localization），从动态角度来看，这种效应也被称为 Marshall-Arrow-Romer（MAR）外部性。而 Jacobs（1969）则认为最重要的知识传播来自相同产业集聚区之外，地理位置临近的产业多样化比产业结构单一更能促进创新和经济增长，一个地区众多产业的并存比某一个产业的集中更能给地区带来活力，也就是说产业的多样化比产业的专业化作用更重要。Combes（2000）也指出，在技术相近的产业之间，一个产业的革新往往会带来另一个产业的革新。一般如果某个产业的增长主要得益于地区产业格局的多样化（Diversity）效应称为城市化经济（Urbanization Economies），在动态背景下也被称为 Jacobs 外部性（Jacobs，1969）。

MAR 外部性和 Jacobs 外部性的差异不仅体现在专业化还是多样化有利于地区产业的增长上，还体现在究竟是垄断还是竞争市场会促进地区产业的增长上。MAR 外部性理论认为，垄断更有利于技术的创新和增长，企业拥有了市场垄断能力后，其技术外部性在很大程度上被内部化，企业获得内部化后的收益可获取更多的利润，激励着企业更快地进行技术创新，促进其产业的后续增长。Jacobs 外部性理论则认为高度竞争的市场环境有利于促进公司不断进行技术创新，从而加快其技术进步并促进产业增长。这种对竞争强度看法的不同产生了第三种关于产业增长外部效应的观点，即 Porter 外部性。Porter（1990）认同 Jacobs 的有关市场竞争有利于知识创新和外溢的看法，但他同时也认为外部性主要源于同一产业内而非不同的产业间，大量企业的集聚促进不断创新，创新也最快被运用到实际生产中去，从而促进产业的增长。

中国制造业快速增长过程中是 MAR 外部性还是 Jacobs 外部性在起作用呢？或是两者共同起作用呢？企业竞争是否有利于中国制造业的增长呢？东中西部地区之间制造业增长过程中 MAR 外部性、Jacobs 外部性和 Porter 外部性影响存在怎样的差异呢？这种差异又如何影响东中西部地区间制造业的增长呢？中国不同类型的制造业增长过程中这三种外部性影响又存在什么不同呢？本文将在建立回归模型的基础上，利用中国 31 个省区 169 个三位码制造业面板数据回答这些问题。这一研究的政策含义是，如果 MAR 外部性作用明显，则产业政策应该以引导产业专业化发展为主，如果 Jacobs 外部性起支配作用，则产业政策应该以引导形成多样化的产业格局为主。

一、文献综述

验证 MAR 外部性、Jacobs 外部性和 Porter 外部性对产业增长的作用，国外学者已进行了大量的实证研究。Glaeser 等（1992）的文章是该领域实证研究的先驱，其利用 1956~1987 年美国 170 个城市 6 个产业的数据，使用最小二乘法评估了地区经济结构对产业增长的影响。Glaeser 等（1992）的研究中，产业的专业化被定义为产业在某个地区的就业量在该地区就业总量中所占的份额与该产业的就业在全国就业总量中所占的份额之比，产业多样化被定义为除所研究的产业外的其他 5 个产业的就业份额，地区竞争度被定义为产业在城市的企业个数与其全国平均值之比，同时他们的研究中还引入了产业的初始就业水平，以测量趋同效应，研究结果发现竞争强度和产业多样化程度有利于产业增长，而专业化却对产业绩效起负向作用。Henderson 等（1995）通过对产业进行更细的分类（分为高新技术产业与传统产业）细化了以上的研究，他们利用 1970~1987 年美国 224 个地区 8 个制造产业的数据研究发现，对于传统产业，只存在 MAR 外部性，不存在 Jacobs 外部性，而对于高新技术产业则同时存在着 MAR 外部性与 Jacobs 外部性（其研究中未引入表征 Porter 外部性的竞争变量）。

此后，学者用其他国家和不同时间段的数据对以上三种外部性假设进行了大量的实证检验，得出的结果也并不完全一致。Camelli 等（1999）根据 Glaeser 等（1992）提出的模型，检验了意大利 1961~1991 年专业化、多样化对产业就业增长率的作用，样本包括 16 个产业和 92 个省区，回归结果表明 MAR 外部性具有不稳定性，在某段时间内较显著，在另一时间段则不显著，而 Jacobs 外部性则会显著促进当地的产业发展。De Lucioa 等（2002）使用西班牙 1978~1992 年 26 个制造业部门的数据研究发现，MAR 外部性对于产业增长的影响是非线性的，当专业化程度较低时，MAR 外部性会对产业增长产生不利影响，但专业化程度的进一步提高则会促进产业增长，而 Jacobs 外溢及 Porter 外溢效应则均不显著。Henderson 等（2002）对韩国产业进行了分析，研究发现专业化对产业增长具有负影响，而竞争对产业增长的影响为正。

中国的实证研究相对较少，同时由于使用的时间和数据范围以及变量的定义等都有很大不同，因此实证结果存在较大差异。Mody 和 wang（1997）曾在对 1985~1989 年中国 7 个沿海省份的分析中发现，产业专业化对地区增长具有负效应。Cecile（2002）使用中国 29 个省市区 30 个产业 1988~1997 年的面板数据研究了外部性对于地区产业经济增长的影响，发现一个产业的多样化外部性和产业的竞争有利于产业的后续增长，而一个产业的专业化对产业的增长影响是负向的。Cao（2004）利用中国 1985~1993 年 32 个产业的数据研究发现，市场竞争强度与地区产业增长之间存在着正向关系，而产业专业化则与产业增长存在着负向关系，多样化对产业经济几乎不存在影响。薄文广（2007）利用中国 29 个省区 25 个产业面板数据研究了外部性对地区产业增长的影响，研究发现，在全国范围内专业化水平与产业增长之间存在负向关系，竞争强度与地区产业增长之间存在正向关系，而多样化程度与产业增长之间存在一种非线性关系；分地区分产业时，产业多样化水平对产业增长的作用在很大程度上取决于产业的性质。

本文的研究是在以往对中国产业专业化、多样化和产业增长关系研究基础上的一个深化：一是我们对产业的选择重点放在制造业上，之所以重点研究制造业是因为制造业相对工业中的采掘业、电力、供水等行业具有更强的流动性，因此，外部性对制造业增长的影响更大；二是我们不仅分析了全国范围内的情况，还按照东中西部地区和资源型制造业、低技术制造业和中高技术制造业进行了分类研究。

二、模型设立与变量定义

（一）模型设立

为分析专业化、多样化、竞争强度等与制造业增长的关系，我们采用两要素（资本和劳动）的 Cobb-Douglas 型生产函数：

$$Y_{i,j,t} = A_{i,j,t} K_{i,j,t}^{\alpha} L_{i,j,t}^{\beta} \tag{1}$$

其中，Y 表示增加值、A 代表技术水平、K 和 L 分别代表资本和劳动的投入、i 代表某个地区、j 代表某个产业、t 代表时间。

把方程（1）滞后一期，可得到：

$$Y_{i,j,t-1} = A_{i,j,t-1} K_{i,j,t-1}^{\alpha} L_{i,j,t-1}^{\beta} \tag{2}$$

方程（1）两边除以方程（2），再对两边求对数则可以推导出关于增长的方程：

$$\ln(Y_{i,j,t}/Y_{i,j,t-1}) = \ln(A_{i,j,t}/A_{i,j,t-1}) + \alpha\ln(K_{i,j,t}/K_{i,j,t-1}) + \beta\ln(L_{i,j,t}/L_{i,j,t-1}) \tag{3}$$

假设某地区某产业技术水平的增长依赖于产业的外部性，即 A 的增长由以下因素决定：产业专业化程度、该产业所处外部产业环境的多样化程度、该产业内部竞争强度以及该产业所在地区产业的初始发展水平等。因此，可以得到：

$$\ln(A_{i,j,t}/A_{i,j,t-1}) = f(\text{专业化、多样化、竞争程度、初始发展水平})_{i,j,t-1} + e_i \tag{4}$$

把式（4）带入式（3）中，整理后可以得到：

$$\ln\frac{Y_{i,j,t}}{Y_{i,j,t-1}} = \ln S_{i,j,t-1} + \ln D_{i,j,t-1} + \ln C_{i,j,t-1} + \ln Y_{i,t-1} + \alpha\ln\frac{K_{i,j,t}}{K_{i,j,t-1}} + \beta\ln\frac{L_{i,j,t}}{L_{i,j,t-1}} + \mu_{i,j,t} \tag{5}$$

其中，$S_{i,j,t-1}$ 为 i 地区 j 产业在 t-1 时期的专业化程度，$D_{i,j,t-1}$ 为 i 地区 j 产业在 t-1 时期面临的外部产业环境的多样化程度，$C_{i,j,t-1}$ 为 i 地区 j 产业在 t-1 时期产业内部竞争强度，$Y_{i,t-1}$ 为 i 地区 t-1 时期产业发展水平。

本文的研究主要以省区市为单位，使用的数据主要来源于各省区各年统计年鉴，部分数据缺失的省区使用中国统计数据应用支持系统进行补充。经过整理得到全国 31 个省区 169 个三位码制造业 1999~2009 年的发展情况数据，因此，本研究是基于"省级三位码制造业"的数据组合。

（二）变量定义

被解释变量为各省区各制造业在 1999 年的增加值与 2009 年的增加值之比的对数，即 $\ln(Y_{i,j,1999}/Y_{i,j,2009})$。解释变量主要分为两类，第一类为生产要素变量，即资本和劳动的增长。在本文中，我们选取产业的年平均固定资本净值为资本投入，取年平均职工人数为劳动投入，即 $\ln(K_{i,j,1999}/K_{i,j,2009})$ 和 $\ln(L_{i,j,1999}/L_{i,j,2009})$。第二类为反映外部性的变量。一个产业在某一地区的增长，除了要素投入的增长，前文分析表明可能还受到该产业的专业化程度（MAR 型外部性）、地区产业格局的多样化（Jacobs 型外部性）、产业竞争强度（Porter 型外部性）及初始发展水平等因素的影响。

度量特定产业在某一地区的专业化程度，国内外一般用区位商指标，如 Henderson 等（1995）、Glaeser 等（2002）、Cecile（2002）、程秀林（2007）、薄广文（2007）。j 产业在 i 地区的区位商被定义为 j 产业增加值在 i 地区产业总体中的所占份额与该产业在全国产业总体中的所占份额之比，具体计算公式如下：

$$S_{i,j} = \frac{Y_{i,j}/Y_i}{Y_{n,j}/Y_n} \tag{6}$$

其中，n 表示全国；$Y_{n,j}$ 为 j 产业在全国的增加值总量；Y_i 和 Y_n 分别表示为 i 地区和全国产业增加值的总量。显然这个指标度量了 j 产业相对全国水平而言在 i 地区的专业化程度。如果这个变量为正，表明产业内部的外部性，即 MAR 外部性提高了企业的生产率。

对于某产业在某一地区面临的产业环境的多样性我们用标准化的 Herfindhal 集中性指数的倒数来测量，即对于 i 地区 j 产业，其外部产业环境的多样性被定义为除 j 产业以外的所有其他产业在 i 地区增加值中所占的份额，其公式为：

$$D_{i,j} = \frac{1/\sum\limits_{j' \neq j}^{M} \left[\dfrac{Y_{i,j'}}{Y_i - Y_{i,j}} \right]^2}{1/\sum\limits_{j' \neq j}^{M} \left[\dfrac{Y_{n,j'}}{Y_n - Y_{n,j}} \right]^2} \tag{7}$$

其中，M 表示产业总数，$Y_{i,j'}$ 为 i 地区除 j 产业以外的所有其他产业的增加值之和，$Y_{n,j'}$ 为全国除 j 产业以外所有其他产业增加值之和。该指标反映了 j 产业在 i 地区所有具有的产业多样性环境，其并不必然与 j 产业的专业化指数负相关。如果该指标的回归系数为正，则反映了产业之间的外部性，即 Jacobs 外部性对产业增长起促进作用。

对于某一个产业在某地区面临的竞争强度度量，用 i 地区 j 产业的企业个数与该产业增加值的比值除以该比重在全国范围内的平均值来表示：

$$C_{i,j} = \frac{NBE_{i,j}/Y_{i,j}}{NBE_{n,j}/Y_{n,j}} \tag{8}$$

其中，$NBE_{i,j}$ 表示 i 地区 j 产业的企业数量，$NBE_{n,j}$ 表示全国 j 产业的企业数量。显然这个指标值越大，说明该地区同行之间的企业个数越多，企业面临的竞争环境越激烈。如果该变量的回归系数为正，则表明同一产业内企业之间的竞争有利于促进企业生产效率的提高，即 Porter 外部性存在。

除了上述变量外，我们还引入地区产业增加值总和来反映地区经济规模情况。按照新经济地理学理论，对于企业来说，相对较大的经济规模意味着相对较大的市场需求，在运输成本存在的前提下，企业往往越易聚集在市场规模相对大的地区，而企业在市场规模相对大的地区集聚也导致了该地区工资水平的上升，消费者的购买进一步提高，从而产生地区产业发展的自我增强机制，有利于产业的增长。但是，地区产业规模越大，更容易产生如非贸易品价格居高不下、环境污染等拥挤成本，形成产业外向转移的离心力，这将制约产业的增长。因此，该变量回归系数可能为正，也可能为负，为正时表明产业日益向产业规模更大的地区集聚，产业发展收敛，而为负时则表明产业外向转移的离心力发挥作用，产业发展发散。

本文除了生产要素采用增长率以外，其他变量都取初期值，即 1999 年的数值，得到如下回归方程：

$$\ln(Y_{i,j,2009}/Y_{i,j,1999}) = \alpha\ln(K_{i,j,2009}/K_{i,j,1999}) + \beta\ln(L_{i,j,2009}/L_{i,j,1999}) + \delta\ln(S_{i,j,1999})$$
$$+ \phi\ln(D_{i,j,2009}/D_{i,j,1999}) + \varphi\ln(C_{i,j,2009}/C_{i,j,1999}) + \gamma\ln(Y_{i,j,1999}) + u_{i,j} \qquad (9)$$

三、回归结果分析

由于本文使用的是"分省级三位码制造业"二纬面板数据，因此，在回归分析中首先使用 Breusch-Pagan 的 LM 检验以判断是否有必要使用 Panel 方法，结果表明在回归分析中我们不能忽视个体的特殊影响，因此选择 Panel 方法是有必要的；其次进行 Hausman（1978）检验，以判断这种个体影响是固定影响（Fixed Effect）还是随机影响（Random Effect）；最后由于使用的是 31 个省区 169 个三位码制造业数据，而有些省区在一些制造业中存在数据缺失的情况，为了不减少观察值没有删除数据部分缺失的省区的观察值，这可能会使样本的异方差加剧，为了获得更准确有效的统计值，我们在回归分析中使用 White 的一致异方差进行了修正。在进行具体回归分析时，分四种情况讨论：一是全国范围内不分产业进行回归；二是分地区不分产业进行回归；三是分产业不分地区进行回归；四是分地区分产业进行回归。

（一）全国范围内不分产业回归结果

表 1 是全国范围内不分产业的逐步回归结果。其中，第 1 列的解释变量为初始发展水平、资本、劳动；第 2 列的解释变量为初始发展水平、资本、劳动、专业化；第 3 列的解

释变量为初始发展水平、资本、劳动、专业化、多样化；第 4 列的解释变量为初始发展水平、资本、劳动、专业化、多样化、竞争强度。从回归结果来看，在全国样本范围内，与预期相同资本和劳动两种要素对地区制造业增长的影响为正，资本和劳动投入增加有利于制造业的增长。而产业专业化的初始水平对制造业的增长有很强的负作用，或者说同一制造业的生产在地理位置上的集中并不利于制造业的发展，表明 MAR 外部性不存在。出现这种状况可以用产品周期理论来解释，在初始阶段，某种产品在一个特定的地区生产和发展，但是当生产和技术发展到一定阶段后，生产就逐步转移到其他地区了。因此，一个地区制造业专业化对于该产业的增长不太重要。这一结果同 Mody 和 Wang（1997）对 1985~1989 年，Cecile（2002）对 1988~1997 年对中国工业分析的结论相吻合；也同 Glaeser 等（1992）对美国工业，Combes（2000b）对法国工业以及 Canelli 等（1999）对意大利工业的研究结果相一致。多样化的产业环境有利于制造业的增长（表 1 第 3 列和第 4 列），多样化变量的回归系数显著为正，表明 Jacobs 外部性，即制造业间的知识溢出效应对制造业增长起促进作用。产业内部竞争也对制造业的增长具有显著的正向影响（表 1 第 4 列），即 Porter 外部性存在，某一地区同一制造业内部众多企业的竞争将有利于技术创新和技术进步，从而促进该地区产业的增长，这与 Glaeser 等（1992）、Cainelli 等（1999）、Cecile（2002）等的研究结论一致。

表 1   全国范围内不分产业逐步回归结果

解释变量	（1）	（2）	（3）	（4）
资本（K）	0.0999*** (7.79)	0.1191*** (9.59)	0.1189*** (9.58)	0.1117*** (9.34)
劳动（L）	0.7505*** (42.88)	0.7288*** (39.409)	0.7280*** (43.02)	0.7223*** (44.34)
专业化（S）		−0.2357*** (−16.38)	−0.2361*** (−16.41)	−0.0460** (−2.55)
多样化（D）			0.2262* (1.75)	0.2198* (1.763)
竞争强度（C）				0.3801*** (16.43)
初始发展水平（Y）	−0.1409*** (−18.43)	−0.0117** (−1.08)	0.0255 (1.12)	0.0029 (0.28)
调整的 R^2	0.734	0.709	0.693	0.771
F	294.62	248.53	241.43	330.00
DW	1.59	1.63	1.63	1.59
H 值	9.18	17.511	18.67	32.65
观测值	3520	3520	3520	3520

注：第 1 列至第 4 列均采用固定效应模型。

至于地区初始发展水平与制造业增长的正向关系并不明显（表 1 第 4 列），初始发展水平变量回归系数为 0.0029，且没有通过 10% 的显著性检验，表明在 1999~2009 年时间段内中国发展起点较高的省区相对落后的省区制造业发展并没有显示出更强的增长势头。事实上，近年来随着东部沿海地区劳动成本急剧上升和土地资源日趋紧张，已形成了部分制造业扩散转移的离心力。1999~2009年中国各地区制造业实现增加值占全国的比重变化趋势来看（见表2），1999~2005年东部地区制造业增加值所占比重提高，但是2005年后呈现明显的下降趋势，由66.63%下降到2009年的63.67%，而中西部地区制造业所占比重则明显上升，分别由2005年的11.57%和8.79%上升到2009年13.29%和10.17%。

表2　1999~2009年中国各地区制造业实现增加值占全国比重变化

单位：%

年份	东部	东北	中部	西部
1999	60.74	15.16	13.24	10.87
2001	62.39	15.20	12.24	10.17
2003	65.68	14.12	11.31	8.89
2005	66.63	13.00	11.57	8.79
2006	66.09	12.91	11.87	9.13
2007	64.65	12.69	12.90	9.76
2008	64.16	12.64	13.09	9.96
2009	63.67	12.59	13.29	10.17

资料来源：由各省区历年统计年鉴整理。

（二）分地区不分产业回归结果

在上面的分析中，假设全国所有省区的所有制造业企业的产出增长都会受到专业化、多样化和竞争强度的同样影响，但是东部地区与中西部地区相比，东部地区有着较好的基础，如科研水平、人力资本、交通设施等，这些软硬件设施能够提高要素的生产效率，促进企业之间的技术交流与传播，有利于外部性的产生，从而有助于其增长。东部地区和中西部地区的种种差异完全可能对地区制造业增长带来某些不同的影响，因此，以下分析中，将全体样本省区分为三类：东部地区、中部地区和西部地区。回归结果如表3所示。

表3　分地区不分产业回归结果

解释变量	（1）东部地区	（2）中部地区	（3）西部地区
资本（K）	0.1643*** (8.54)	0.116*** (5.34)	0.0569*** (2.64)
劳动（L）	0.6891*** (26.51)	0.6906*** (23.62)	0.7475*** (26.20)
专业化（S）	−0.1205*** (−4.72)	0.0549** (1.96)	0.0299* (1.83)
多样化（D）	0.3152** (2.32)	0.2098** (2.40)	0.1479 (0.85)

续表

解释变量	（1）东部地区	（2）中部地区	（3）西部地区
竞争强度（M）	0.3512*** (9.67)	0.4202*** (9.38)	0.4028*** (9.66)
初始发展水平（T）	0.037** (2.53)	−0.0557** (−2.89)	0.0152 (0.66)
调整的 R^2	0.76	0.78	0.78
F	269.67	267.27	232.14
DW	1.62	1.61	1.65
H 值	22.31	5.99	35.21
观测值	1412	1005	1102

注：东部地区和西部地区均采用固定效应模型，中部地区采用随机效应模型。

从表 3 反映的结果来看，要素投入、专业化、多样化和竞争强度等对不同地区制造业增长的影响存在显著差别。首先，从资本和劳动两种要素投入来看，由于在回归中没有对 Cobb–Douglas 生产函数中资本和劳动的系数作出约束，因此，这两个系数之和可以被看作规模经济作用，结果表明规模经济在东部地区的作用总的来说要超过中西部地区，东部地区两者系数之和达到 0.8534，而中西部地区分别为 0.7966 和 0.8044。其次，从专业化对制造业增长的影响来看，东部地区制造业的专业化水平越高，则该产业的后续发展就越慢，而在中西部地区专业化有利于制造业的增长，表明 MAR 外部性在中西部地区存在显著的正效应（表 3 第 2 列和第 3 列）。再次，从产业面临的多样化环境对制造业增长的影响来看，多样化的产业环境（Jacobs 外部性）对东部地区制造业增长的影响明显为正，对中部地区的影响也明显为正，但是影响系数相对东部地区要小，而对西部地区的影响并不显著。这反映出一个重要的事实，即东中西部地区制造业增长动力存在着差异，东部地区制造业企业的增长对产业间的外部性非常强，知识在东部地区产业间的溢出效应明显，中部地区次之，而西部地区较弱。最后，从竞争对制造业增长的影响来看，不管是东部地区，还是中西部地区，产业内部竞争都对制造业增长具有显著的正面影响。

（三）分产业不分地区回归结果

不同的产业在技术水平、劳动生产率、规模经济上相差很大，这种差异也可能会对最终的回归结果产生某些影响。Henderson 等（1995）通过将产业分为高新技术产业与传统产业发现，传统产业只存在 MAR 外部性，不存在 Jacobs 外部性，而对于高新技术产业则同时存在着 MAR 外部性与 Jacobs 外部性。为分析要素投入、专业化、多样化和竞争等对中国不同类型制造业增长的影响，按照联合国工业发展组织的制造业分类标准，将全部制造业划分为三类，即中高技术制造业、低技术制造业和资源型制造业①。1999~2009年中国制造业发展的总体特点是中高技术制造业实现增加值所占比重上升，由1999年的53%上升至2009年61%，而低技术和资源型制造业实现增加值所占比重有所下降，分别由1999年的17%和30%下降至2009年的14%和25%，反映中国制造业的技术水平总体有所提高（见图1）。

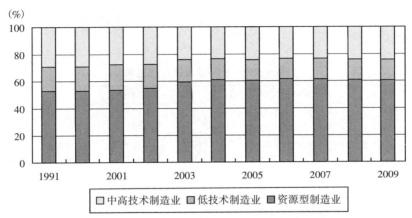

图1　中国不同类型制造业比重变化（按增加值测算）

对不同类型制造业的回归结果如表4所示。从回归结果来看，要素投入、专业化、多样化和竞争等对中国不同类型制造业的增长影响有所差异。从要素投入的规模经济效应来看，资源型制造业规模经济总体要比低技术制造业和中高技术制造业高，其资本和劳动两种要素的影响系数总和为0.9067，而低技术制造业和中高技术制造业资本和劳动两种要素的影响系数总和分别为0.8538和0.8604。从专业化对制造业增长的影响来看，专业化对资源型制造业的增长影响明显为负（表4第3列），表明资源型制造业增长过程中不存在MAR外部性，即资源型制造业产业内部企业之间的知识溢出效应不明显；专业化对低技术制造业的影响也为负，但是并不显著（表4第2列）；而专业化对中高技术制造业的增长则显示出明显的正效应（表4第1列），表明中高技术制造业在同一产业内部不同企业之间的知识溢出效应明显，中高技术制造业集聚发展对其增长具有显著的正面影响。从多样化的产业环境对制造业增长的影响来看，多样化的产业环境对低技术制造业和资源型制

---

① 联合国工业发展组织按技术水平将制造业划分为资源型产业、低技术制造业、中技术制造业和高技术制造业，由于篇幅所限我们将中技术制造业和高技术制造业进行合并。其中，资源型产业所对应的两位码产业是农副食品加工业、食品制造业、饮料制造业、烟草制品业、造纸及纸制品业、塑料制品业、石油加工、炼焦业及核燃料加工业、木材加工和非金属矿物制品业；低技术制造业所对应的两位码产业是纺织业、纺织服装业、皮革毛皮制品业、家具制造业、文教体育用品制造业、金属制品业和工艺品业；中高技术制造业所对应的两位码产业是印刷业和记录媒介复制业、化学原料业、化学纤维制造业、橡胶制品业、黑色金属冶炼及压延加工业、有色金属冶炼及压延加工业、通用设备制造业、专用设备制造业、交通运输设备制造业、电气机械及器材制造业、医药制造业、通信设备设备制造业、仪器仪表业。

造业的增长影响都为负，但并不显著；而多样化的产业环境对中高技术制造业的增长影响明显为正（表4第1列），即存在Jacobs外部性，表明中高技术制造业企业能有效地从同一地区其他制造业发展中获得好处。当然需要强调的是，本研究中地区被定义为"省"，从数据加工的层次来说这是一个相对较高和相对较大的地域空间，因此多样化的正影响更可能是源于产业间的商业关系，而不一定是源于产业间对互补技术的共享和开发（Cecile，2002）。从产业内部企业竞争对制造业增长的影响来看，不管是资源型制造业、低技术制造业或是中高技术制造业，都存在明显的Porter外部性，制造业内部企业之间的竞争促进了制造业的增长。

表4 分产业不分地区回归结果

解释变量	（1）中高技术制造业	（2）低技术制造业	（3）资源型制造业
资本（K）	0.1172*** (4.86)	0.1243*** (4.19)	0.1906*** (8.52)
劳动（L）	0.7432*** (22.27)	0.7295*** (17.84)	0.7161*** (24.55)
专业化（S）	0.0218** (1.9491)	−0.0687 (−1.50)	−0.1492*** (−4.42)
多样化（D）	0.0137* (1.84)	−1.4096 (−1.12)	−0.1582 (−0.88)
竞争强度（M）	0.3680*** (7.27)	0.3223*** (5.09)	0.2284*** (5.62)
初始发展水平（T）	0.0145 (0.75)	−0.0832*** (−2.82)	−0.0956*** (−4.32)
调整的 R^2	0.73	0.72	0.72
F	84.17	47.12	79.75
DW	1.85	1.78	1.78
H值	25.34	17.69	13.09
观测值	1123	658	1117

注：第1例~第3例均采用固定效应模型。

从不同类型制造业初始发展水平对制造业增长的影响来看，资源型制造业和低技术制造业地区产业的初始条件变量回归系数都明显为负，而中高技术制造业初始条件变量回归系数虽然为正，但是影响并不显著。这种差异说明，1999~2009年中国资源型制造业和低技术制造业的初始条件和水平对随后的产业增长产生很大的负效应，即那些发展起点相对较高的地区比那些开始相对落后的地区其产业增长势头更慢，表明这一时期中国资源型制造业和低技术制造业正向从起点较高的地区向相对落后的地区转移，而中国中高技术制造业的初始状况及条件对其后续的增长具有正向影响，尽管并不十分显著。从表5反映的中国不同类型制造业在不同地区的分布变化情况来看，基本同这一结论相吻合。东部地区中高技术制造业实现增加值占全国的比重自1999年的73.32%略微上升到2009年的73.83%，而低技术制造业和资源型制造业实现增加值占全国的比重则分别由1999年的85.29%和

63.66%下降到 2009 年的 84.72%和 61.40%。

表 5 中国不同类制造业在不同地区分布变化

单位：%

年份	中高技术制造业			低技术制造业			资源型制造业		
	东部	中部	西部	东部	中部	西部	东部	中部	西部
1999	72.32	16.54	11.14	85.29	10.43	4.29	63.66	21.92	14.42
2009	73.83	15.25	10.93	84.72	10.08	5.21	61.40	22.95	15.65

资料来源：由各省区历年统计年鉴整理。

（四）分产业分地区回归结果

尽管前面我们按全国范围、分地区范围和分产业范围，对要素投入、专业化、多样化和竞争强度等对制造业增长的影响进行了回归分析，但是考虑到可能同一类型的制造业在不同地区的规模经济、技术水平、生产效率等存在一定的差异，而这种差异也可能对最终的回归结果产生某些影响，因此，我们再进一步分产业分地区进行分析，回归分析结果如表 6 所示。从表 6 的结果来看，要素投入、专业化、多样化和竞争强度等对中高技术制造业、低技术制造业和资源型制造业在不同地区的增长的影响有一定差异。

表 6 分产业分地区回归结果

解释变量	(1) 中高技术制造业			(2) 低技术制造业			(3) 资源型制造业		
	(1-1) 东部	(1-2) 中部	(1-3) 西部	(2-1) 东部	(2-2) 中部	(2-3) 西部	(3-1) 东部	(3-2) 中部	(3-3) 西部
资本 （K）	0.1307*** (3.45)	0.0886** (2.06)	0.1059** (2.45)	0.1467*** (5.45)	0.2211*** (3.31)	0.0854 (0.19)	0.1063*** (3.36)	0.2128*** (5.18)	0.2363*** (5.63)
劳动 （L）	0.7730*** (14.29)	0.0759*** (13.03)	0.7323*** (12.22)	0.7275*** (18.65)	0.6386*** (7.65)	0.8470*** (9.67)	0.7582*** (17.42)	0.6993*** (12.99)	0.7217*** (13.59)
专业化 （S）	0.177* (1.86)	0.0633** (2.41)	0.008 (0.09)	−0.0173** (−1.87)	0.1197** (1.90)	0.1527** (2.25)	−0.2116*** (−4.62)	0.0955** (1.97)	0.1459** (2.47)
多样化 （D）	0.9716*** (3.37)	0.0027 (0.13)	0.0221 (0.20)	0.4237* (1.67)	−0.0440 (−0.17)	−0.2528** (−2.50)	−0.0349 (−0.19)	−0.0277** (−0.19)	−0.1045 (0.96)
竞争强度 （C）	0.3184*** (3.82)	0.4417*** (5.30)	0.3947*** (4.18)	0.4887*** (6.87)	0.4452*** (2.94)	0.2241** (2.19)	0.1103* (1.84)	0.4058*** (5.10)	0.1993*** (2.87)
初期水平 （G）	0.014 (0.53)	−0.069** (−2.24)	0.09** (2.13)	0.004 (0.17)	0.1251** (2.03)	0.2388*** (3.54)	0.1167*** (3.93)	0.0883** (2.36)	0.058* (1.94)
调整的 R²	0.74	0.76	0.71	0.78	0.66	0.61	0.64	0.71	0.67
F	78.42	167.21	53.12	157.29	58.42	54.28	123.65	127.39	130.8
DW	1.84	2.01	1.83	1.93	1.85	1.57	1.72	1.81	1.74
H 值	14.41	2.06	36.96	8.45	2.45	23.15	7.34	2.51	9.33
观测值	438	317	368	267	177	214	417	312	388

注：（1-1）、（1-3）、（2-1）、（2-3）采用固定效应模型，（1-2）、（2-1）、（2-2）、（3-1）、（3-2）、（3-3）采用随机效应模型。

首先，从中高技术制造业在不同地区的增长情况来看，资本和劳动对中高技术制造业在东中西部地区的增长都具有显著的正效应（表6第1列），这与前面分产业不分地区的分析结论相吻合。专业化对中高技术制造业在不同地区增长的影响有一定差别，专业化对中高技术制造业在东部和中部地区的增长影响显著为正，即 MAR 外部性显著，并且在东部地区的影响系数相比中部地区要大，而专业化对西部地区中高技术制造业的增长虽然影响为正，但是并不显著。这表明中国中高技术制造业在东中西部地区间的产业内知识溢出效应存在差别，东部地区某一中高技术制造业企业在一个地区的集聚对其增长具有非常强的正面效应，而中部地区次之，西部地区不显著。多样化的产业环境对中高技术制造业在不同地区增长的影响也存在差别，多样化的产业环境显著地促进了中高技术制造业在东部地区的增长，显示出明显的 Jacobs 外部性，而多样化的产业环境尽管对中西部地区中高技术制造业的发展具有一定的正效应，但是并不显著。表明中国中高技术制造业企业更能在东部地区的发展过程中从其他不同产业的企业交流中获得知识溢出，从而促进技术进步。产业内部企业之间的竞争对中高技术制造业在东中西部地区的增长具有非常明显的促进作用，即 Porter 外部性存在。

　　其次，从低技术制造业在不同地区的增长情况来看，资本和劳动同样对低技术制造业在东中西部地区的增长都具有显著的正效应（表6第2列）。专业化对低技术制造业在不同地区增长的影响存在差别，专业化在东部地区对低技术产业的发展影响为负，而在中西部地区影响为正，表明专业化对低技术制造业发展的促进作用同地区发展水平相关，在经济较发达地区，低技术制造业企业在不同地区的集聚发展过程不能有效地从同类企业交流中获得更多的知识溢出效应，MAR 外部性不存在，而是受产品生命周期的影响发展到一定程度后将向其他地区转移，而在较落后的地区专业化对制造业增长具有显著的正面效应。多样化的产业化环境对低技术制造业在不同地区增长的影响也有所差别，多样化的产业环境对低技术制造业在东部地区增长影响显著为正，即 Jacobs 外部性存在，而对西部地区的影响则明显为负，同样表明了多样化对低技术制造业的增长影响同地区发展水平密切相关。产业内企业之间的竞争对低技术制造业在不同地区的增长都具有显著的正面效应。

　　最后，从资源型制造业在不同地区的增长情况来看，资本和劳动对资源型制造业在东中西部地区的增长都具有显著的正向影响，特别是资本和劳动对资源型制造业在西部地区增长的规模效应更大（表6第3列）。专业化总体是不利于资源型制造业在东部地区的增长，回归系数明显为负（为–0.2116，并通过 1% 的显著性检验），而专业化对资源型制造业在中西部地区的发展存在正效应（分别为 0.0955 和 0.1459），MAR 外部性存在。多样化的产业环境同样显示出有利于资源型制造业在不同地区增长的特点，其在东中西部地区的回归系数都为负，尽管并不显著，表明资源型企业很难从不同产业的企业交流中获得知识溢出效应，这与前面分产业不分地区的回归分析结果相一致。而产业内部竞争同样对资源型制造业在不同地区的增长具有显著的正效应。

四、结论及政策含义

本文利用 1999~2009 年中国分省级三位码制造业面板数据实证分析了专业化、多样化和竞争程度等因素对产业增长的影响，研究表明：

第一，从专业化（MAR 外部性）对制造业增长的影响来看，在全国样本范围内，专业化对制造业增长的影响为负；但是在分地区分析中，发现专业化对东部地区制造业增长的影响为负，而对中西部地区的影响为正，专业化对制造业增长的影响同地区经济发展水平密切相关；在分产业分析中，专业化对中高技术制造业增长具有显著正效应，中高技术制造业企业能从同类制造业企业发展中获利，而专业化对低技术和资源型制造业的增长影响为负；在分产业分地区分析中，发现专业化对中西部地区低技术和资源型制造业的增长具有显著正效应，而专业化对中西部地区的中高技术制造业增长影响为负。

第二，从多样化的产业环境（Jacobs 外部性）对制造业增长的影响来看，在全国样本范围内，多样化对制造业增长具有正向促进作用，制造业间的知识溢出有利于制造业的增长；在分地区分析中，多样化对东部地区制造业增长的正向影响要显著高于中西部地区；而在分产业分析中，多样化对中高技术制造业增长具有显著正效应，特别是对中高技术制造业在东部地区的增长正效应明显要高于对中高技术制造业在中西部地区增长的正效应，多样化对低技术和资源型制造业的增长具有不显著的负效应，但是多样化同样对不同地区不同类型制造业的增长影响存在差别，多样化对低技术制造业在东部地区的增长影响为正，而对低技术制造业在中西部地区，特别是西部地区的增长影响显著为负。

第三，从竞争（Porter 外部性）对制造业增长的影响来看，不管是在全国样本范围内，还是分地区、分产业抑或是分地区分产业的分析中，竞争都对制造业增长具有显著正效应，制造业内部企业之间的竞争对促进技术创新和技术进步具有重要的意义，从而促进了制造业的增长。

本文的研究结论对政策制定具有一定的理论参考价值。其一，由于竞争对促进制造业增长具有显著的正效应，因此，在政策上政府应该打破垄断，尤其是降低企业进入壁垒，以新企业的替代进入促进产业创新演变（Geroski，1991），以创新演变带动制造业的增长，同时，要加快国内市场一体化建设步伐，鼓励不同地区企业竞争，通过不同地区企业间的竞争促进制造业的增长。其二，中国制造业产业政策制定时应考虑各地区经济发展水平，政策侧重点应有所不同。多样化（Jacobs 外部性）对促进东部地区制造业，特别是东部地区中高技术制造业增长具有显著的正面效应，因此，应鼓励技术关联带动强的不同中高技术制造业在空间上集聚发展，充分发挥多样化的制造业发展环境对中高技术制造业发展的促进作用；专业化对中西部地区低技术和资源型制造业增长具有显著的正效应，因此，政策侧重点应考虑 MAR 外部性对产业发展的促进作用，即中西部地区要充分发挥本地区的资源和劳动优势，实现同类制造业企业在区域内的集聚发展。

参考文献

［1］范剑勇. 产业集聚与地区间劳动生产率差异［J］. 经济研究，2006（11）.

［2］Cécile Batisse. 专门化、多样化和中国地区工业产业增长的关系［J］. 世界经济文汇，2002（4）.

［3］Marshall，A. Principles of Economics［M］. London：Macmillan，1920.

［4］Glaeser，E.L.，Kallal H.D. A.，Scheinkman J.，Schleifer A. Growth in Cities［J］. Journal of Political Economy，1992（100）.

［5］Jacobs，J. The Economy of Cities［M］. New York：Vintage，1969.

［6］Combes，P. P. Economic Structure and Local Growth：France，1984~1993［J］. Journal of Urban Economics，2002，3（47）.

［7］Porter M.E. The Competitive Advantage of Nations［M］. New York：Free Press，1990.

［8］Henderson J.V.，Kuncoro A.，Turner，M. Industrial Development in Cities［J］. Journal of Political Economy，1995（103）.

［9］Cainelli G.，Leonine R. Ezternalitiesand Long-term Local Industrial Development. Some Empirical Evidence from Italy［J］. Revue d'économie industrielle，1999，90（90）.

［10］De Lucio，J.，Herce J.A.，Goicolea A. The Effects of Externalities on Productivity Growth in Spanish Industry［J］. Regional Science and Urban Economics，2002，2（32）.

［11］ttenderson V.，Kuncoro A.，Turner M. Industrial Development in Cities［J］. Journal of Political Economy，1995（103）.

［12］Mody A.and F.Y.，Wang. Explaining Industrial Growth in Coastal China：Economic ReJorms and what Else?［R］. world Bank Economic Review，1997（11）.

［13］Gao Ting.Regional Industrial Growth：Evidence from Chinese Industries［J］. Regional Science and Urhan Economics，2004，34（1）.

［14］薄文广. 外部性与产业增长［J］. 中国工业经济，2007（1）.

［15］林秀林. 地区专业化、产业集聚与省区工业产业发展［J］. 经济评论，2007（6）.

［16］Hausman J.A. Specification Tests in Economics［J］. Econometrica，1978，6（46）.

Specialization，Diversity and Industrial Growth

WU SAN MANG   LI SHAN TONG

Abstract：This paper quantitatively estimates the effect of specialization，diversity and competition on local manufacturing growth using a large sample of panel data including Chinese 31 provinces and 169 manufacturing industries. From the whole country we find that specialization has a negative effect on manufacturing growth.while local competition and diversity positively relates to regional manufacturing growth. Roles of diversity and specialization on manufacturing growth depends on types of industry and the dimension of the geographic location，but the local competition positively relates to manufacturing growth.

Key words：Specialization；Diversity；Competition；Manufacturing Industry

转型经济中后发企业的创新能力追赶路径：国有企业和民营企业的双城故事 *

江诗松　龚丽敏　魏　江

（浙江大学管理学院　杭州　310027）

【摘　要】现有研究忽视了所有权因素在后发企业创新能力追赶过程中的角色。本文以备受争论的中国汽车产业为例，通过国有企业（上汽）和民营企业（吉利）将近30年的纵向比较案例研究，揭示了国有企业和民营企业在创新能力发展路径中的差异及其影响机制。案例研究发现，国产化政策强化了国有企业对跨国公司的依赖性、学习封闭性以及创新能力三者之间的恶性循环。对于民营企业而言，由于缺少和跨国公司建立直接联结的机会，从而摆脱了国有企业面临的恶性循环。这导致了国有企业和民营企业创新能力的显著差异，进而促使决策者从国产化转向自主品牌导向。在自主品牌政策导向下，国有企业打破了原有的恶性循环，但由于内在的可见度窘境，在创新能力追赶上较民营企业仍然不具优势。基于这些结论，我们总结出一个整合的过程理论框架，探讨了对后发企业创新能力追赶、战略的制度观以及资源依赖理论的贡献，并讨论了管理和政策意义。

【关键词】转型经济；后发企业；创新能力；追赶路径；国有企业；民营企业

一、引言

探究后发企业（Latecomer Firms，LCFs）的创新能力是如何形成和发展的问题有助于解释发展中国家宏观经济追赶的微观机制。很多文献探讨了这个问题，并总结了后发企业

---

* 本文选自《管理世界》2011年第12期。

基金项目：国家社科重大项目《中国特色自主创新道路研究》（07&ZD022）、浙江大学管理学院浙商研究专项经费项目（博士生项目）。

作者简介：江诗松，龚丽敏，魏江，浙江大学管理学院。

追赶的成功路径和模式（Hobday，1995；Hobday，2005；Kim，1980；Mathews & Cho，1999；Mathews，2002；Ernst & Kim，2002；Wei et al.，2005；Fan，2006；Cho & Lee，2003；Bell & Pavitt，1993）。尽管后发企业的技术追赶文献有助于理解其获得创新能力的路径，仍然存在几个研究缺口。首先，这些文献假定后发企业是同质的（Li & Kozhikode，2008；Wei & Jiang，2009；江诗松、龚丽敏、魏江，2011a），忽视了不同类型的后发企业可能具有不同的资源特点，从而对创新能力追赶路径产生影响。其次，这些文献很少探讨转型经济制度特征在后发企业创新能力发展过程中扮演的角色，因而限制了这些文献在转型经济情境的指导。最后，这些文献缺乏理论基础（Hobday 2005），很少和主流战略管理理论对话（Dutrénit，2004；Mathews，2002）。

中国后发企业面临转型经济的独特制度环境。转型经济是原为计划经济但致力于加强市场机制的经济体（Hoskisson et al.，2000）。所有权形式的多样性是转型经济区别于成熟市场经济的重要特征（Li & Xia，2008）。现有研究表明，不同所有权形式的企业在战略目标（Li & Xia，2008）、政治战略（江诗松等，2011b）、竞争战略（Peng，Tan & Tong，2004）、知识创造（Walsh et al.，2008）、组织文化（Tsui et al.，2006）都存在显著差异，然而，除了少数的例外（Cai & Tylecote，2008；Wei & Jiang，2009），很少有学者注意到所有权因素在后发企业创新能力发展中扮演的重要角色。

考虑到所有权因素的重要性，我们提出如下问题：同样作为后发企业，国有企业和民营企业的创新能力追赶路径存在什么差异？为什么会存在这种差异？本文聚焦中国汽车产业，特别是轿车产业。中国汽车产业从20世纪50年代以来30年的发展是以卡车为主，轿车只有红旗和上海两个小批量生产的车型（路风，2006）。直到1986年，中国政府才正式把中国汽车产业列为支柱产业。同时，为了引进国外先进技术，中国的国有汽车企业开始大规模和跨国公司合资。最近几年，围绕合资战略是否促进该产业能力发展的争论一直没有停止。尽管原机械工业部官方对合资战略保持积极评价，原科技部官员金履中却认为汽车产业"市场换技术"基本是失败的，而中国汽车工业协会基本持折中的观点（贾新光，2010）。

本文以备受争论的中国汽车产业为例，通过国有企业（上汽集团）和一个民营企业（吉利集团）的纵向比较案例研究，揭示了国有企业和民营企业在创新能力发展路径中的差异及其影响机制。本文识别了对跨国公司的依赖、学习的开放程度、可见度窘境、学习方式之间的协同程度以及政府政策导向等关键因素提出了相关命题，并总结出一个整合的过程理论框架。

二、理论背景

（一）后发企业的创新能力追赶过程

后发企业是面临两种竞争劣势的发展中国家国内企业（Hobday，1995）。第一种竞争劣势和技术有关（技术劣势）。发展中国家的后发企业和主流国家的技术和研发来源相隔离，和世界科学和创新中心相隔离，在工程、技术技能和研发上落后，并且其周围的产业和技术基础设施远未发展。第二种劣势和领先市场及挑剔用户有关：后发企业与主流国际市场相隔离。

Kim（1980）通过研究韩国电子产业的技术发展，提出了发展中国家产业创新能力追赶的三阶段模型，即获取（Acquisition）、消化（Assimilation）和提高（Improvement）阶段。起初，发展中国家本土后发企业引进国外技术，然后积累产品设计和生产运营的经验。这些经验为消化引进技术而开展的有限自主努力奠定了基础。最后，日益激烈的本土和国际市场竞争、本土员工的能力提升以及对国外技术的消化，带来了对国外技术的渐进提高。

Kim 的三阶段模型暗示，发展中国家产业创新动力学和发达国家刚好相反。发达国家的产业创新动力学模型是，创新活动首先发生在产品创新，而后才是工艺创新（Utterback & Abernathy，1975），简称 UA 模型。相反，发展中国家企业则是首先引进发达国家的生产工艺，经历密集的技术努力后，才逐渐形成产品创新能力。Xu 等（1998）对中国企业创新模式和过程的分析明确地支持了这一结论。

后续研究在 Kim 模型基础上进行了进一步完善。其中最值得一提的是 Lee 等（1988）的工作。他们主要从 3 个方面发展了 Kim 模型：第一，强调了非正式渠道作为一种重要的技术获取方式，比如模仿；第二，在他们的追赶模型中，韩国不仅在成熟技术追赶，随着能力提升，还在转轨和流动阶段追赶；第三，整合了 UA 模型和 Kim 模型，提出了一个更加符合现实更具应用价值的分析框架。

（二）后发企业创新能力追赶的制度观

根据战略的制度观（Peng et al.，2009；Peng，2002；Peng et al.，2008；Peng & Pleggenkuhle-Miles，2009），由于制度直接决定企业在制定和实施战略时能用多少计谋，制度环境会影响后发企业的战略选择。制度环境包括 3 个方面：规制制度、认知制度和规范制度（Scott，1995）。在转型经济背景下，政府规制制度对后发企业的影响更加明显（Bruton & Lau，2008；Hoskisson，Eden et al.，2000）。对于后发企业的创新能力追赶，政府规制的影响尚未达成共识。

有些学者强调政府干预对创新能力追赶的正面作用。如 Lall（1992）指出，由于发展中国家的每一种要素市场都可能失败，因而需要政府纠正性的干预，但干预方式必须合适。新型工业化国家和地区如日本、韩国、中国台湾地区的成功经验证实了政府支持产业发展的重要性。事实上，这种发展中国家政府积极干预后发企业创新能力追赶的模式被学术界统称为"发展型国家模式"（Developmental State）。发展型国家的共同点是政府和企业之间互惠的制度框架（Amsden，1989）。Mazzoleni 和 Nelson（2007）也强调政府干预对创新能力追赶的重要性，同时承认国际竞争环境变化对这种模式的挑战。

另一些研究则表明，政府支持的产业体制反而不利于后发企业的创新能力追赶。20世纪 70 年代中期，韩国政府和大企业（Chaebols）之间的紧密共生关系（Symbiotic Relation）成为技术学习的主要载体。然而，也正是这种共生关系，导致狭窄的产业基础和极端的专业化模式，从而使韩国大企业在金融危机面前脆弱不堪（Ernst，1998）。中国航空、石油和石化产业企业的分析也表明，中国政府培育"国家队"的努力显然归于失败（Nolan，2002）。Cai 和 Tylecote（2008）通过对中国移动通信制造业企业的调查，发现政府干预国有企业管理者选拔不利于企业技术能力的积累。

还有一些学者对政府干预的效应持折中观点。Ritchie（2008）认为，发展型国家模型在通过创新能力升级促进经济发展方面其实算不上成功。他在该模式基础上提出了"国家协调的自由市场经济"的新发展模式。这种模式结合了发展型国家、协调市场以及自由市场经济模式的要素，因而可以促进升级驱动的经济发展。Etzkowitz 和 Brisolla（1999）则建议，政府干预主义政策的性质、时机和组合比是否需要政府干预的争论更加重要。

（三）后发企业与跨国公司的联结

随着经济全球化浪潮的兴起，学者们采用更开放的方法研究后发企业的创新能力追赶。Hobday（1995）通过亚洲四小龙电子产业的历史研究，提出了后发企业 OEM—ODM—OBM 的学习路径。其中 OEM 机制作为后发者的培训学校，使其能克服进入壁垒，并消化制造和设计技术。在这个过程中，跨国公司（出口客户）的需求加速了后发企业的学习，并成为后者技术消化、适应和创新的聚焦工具。

相较 Hobday（1995）对东亚后发企业创新能力追赶过程的细致描述，Mathews（2002）则尝试对该过程进行更加抽象的理论化。他使用亚太地区半导体产业的例子，提出了 3L 分析框架，即后发企业可以通过反复应用联结（Linkage）、杠杆（Leverage）和学习（Learning）来克服竞争劣势。对于跨国公司每一个战略目标或措施，后发企业都存在与这些目标互补的机会。跨国公司的战略转移包括外包、OEM 合同、本地外包、二次外包以及技术许可等。尽管这些举措是其自身战略需要，同样为后发企业创造了联结机会。后发企业可以快速争取这些机会，并转化为杠杆和学习的机会。

遵循这一研究支流，学者们进一步引入全球生产网络（Global Product Network；Ernst & Kim，2002）和全球价值链（Global Value Chain；Humphrey & Schmitz，2002）等概念来建立后发本地企业创新能力形成的概念框架。如 Ernst 和 Kim（2002）发展了一个概念框架，以探索全球生产网络的演化、作为网络旗舰（Network Flagships）的跨国公司在转移知识中扮演的角色，以及本土后发供应商能力的形成三者之间的关系。跨国公司通过非正式和正式机制将隐性和显性知识转移给本地后发供应商。其背后逻辑是，为了满足跨国公司的规格，升级本地后发供应商的技术和管理技能是必要的。总之，这些文献都表明，和跨国公司的联结有助于本土后发企业建立创新能力。

（四）转型经济与所有权

中国后发企业面临转型经济的独特制度环境。转型经济是原为计划经济但致力于加强市场机制的经济体（Hoskisson et al.，2000）。中国就是一个典型的转型经济。区别于成熟的市场经济，所有权形式的多样性是转型经济的重要特征（Li & Xia，2008；Peng，2000）。

研究所有权的文献可以分成两股潮流：一是经济学文献；二是战略管理文献，以前者为主。经济学文献通常考察所有权和企业绩效特别是财务绩效之间的关系（Estrin et al.，2009；Perrini et al.，2008），主要应用代理理论（Jensen & Meckling，1976）。其基本观点是，由于国有企业多重代理成本的存在，国有企业的财务绩效要低于民营企业。尽管代理理论具有非常严密的假设和逻辑命题，其不足之处也非常明显，如假设太严格、忽视情境的重要性（Eisenhardt，1989a）。由于组织能力的情境嵌入特征，代理理论很难处理组织能力发展的问题。

关于所有权的战略管理文献则采用战略选择（Child，1997）、知识基础观（Nonaka，1994）等视角来考察所有权对企业战略、创新等组织结果的影响。现有研究表明，不同所有权形式的企业在战略目标（Li & Xia，2008）、政治战略（江诗松等，2011b）、竞争战略（Peng et al.，2004）、知识创造（Walsh et al.，2008）、组织文化（Tsui et al.，2006）等方面都存在显著的差异。如 Peng 等（2004）的研究表明，所有权可以作为战略集团的一个简洁而重要的分类变量。具体而言，国有企业和民营企业往往采纳防御者和探索者战略，而集体企业和外资企业表现出分析者战略导向。此外，所有权类型也显著影响企业环境战略架构（Tan，2002）。从更微观的角度看，国有企业的管理者和民营企业的企业家存在显著的差异（Tan，2001）。管理者和企业家在报告的环境特点、战略导向、规模和绩效存在显著差异，表明管理者不像企业家那样创新，更不愿意做出风险决策。由于民营企业比国有企业规模更小、反应更快，因而采纳一些和对手不同的战略。速度、秘密行动和健全的执行允许企业家获得先动优势，从而提高在动荡环境中生存的机会。

（五）文献评述和研究缺口

尽管现有后发企业追赶文献有助于理解后发企业获得创新能力的路径，但仍然存在几个研究缺口。首先，这些文献假定后发企业是同质的（Li & Kozhikode，2008；Wei & Jiang，2009；江诗松等，2011a），忽视了不同类型后发企业可能具有不同的资源特点，从而对创新能力追赶路径产生影响。正如 Li 和 Kozhikode（2008）所言："现有研究很少注意到追赶过程中企业层次的异质性。留下的紧迫问题是，后发企业在追赶过程中存在什么差异，这种差异的意义何在？"其次，由于中国后发企业面临的制度和学习环境与这些文献中的后发企业存在很大差异，如作为制度环境的所有权因素，从而限制了这些文献在中国情境的指导。最后，这些文献缺乏理论基础（Hobday，2005），很少和主流战略管理理论对话（Dutrénit，2004；Mathews，2002）。

所有权形式对企业战略和环境等关键变量具有重要意义。然而，在后发企业追赶文献中，很少有学者注意到所有权因素在后发企业创新能力追赶的重要角色。在有限的开始关注所有权的文献中，Wei 和 Jiang（2009）的研究是概念性的，而 Cai 和 Tylecote（2008）则是截面的经验研究。因此，我们试图通过纵向比较案例研究来丰富现有文献。我们希望回答如下问题：在后发国家中，国有企业和民营企业创新能力追赶路径存在什么差异？为什么存在这种差异？

三、研究方法

为了理解转型经济背景下后发企业创新能力的追赶过程，我们采用纵向多案例研究方法（Eisenhardt，1989b；Yin，2003）。多案例设计允许改变所有权形式，提高了外部效度；长达 27 年的纵向设计可以确认关键事件发生的次序，从而有利于因果关系的识别（Leonard-Barton，1990），提高了内部效度（Langley and Truax，1994）。此外，纵向多案例研究方法有助于揭示组织的整体性、动态性、辩证性（Li，2007）。

我们选择上汽集团（Shanghai Automotive Industry Corporation Group，SAIC，以下简称上汽）和吉利集团（以下简称吉利）作为案例企业。值得指出的是，我们的分析单元是集团层次，包括了所有隶属该集团的母公司、控股和非控股子公司以及分公司。之所以选择上汽和吉利有三个原因：一是上汽和吉利同属汽车产业，并且都以轿车为主，这降低了外部变异。二是案例研究中极化类型（Polar Type）的选择有助于更加鲜明地展示构念之间的关系（Eisenhardt，1989b）。上汽为上海市国有资产监督管理委员会全资所有，属于纯粹的国有企业，而吉利是纯粹的民营企业。三是关于中国汽车产业的一些政策争论也主要围绕上汽和吉利展开。通过对这两个企业的系统性分析，有助于科学地解决部分争论。表1 是上汽和吉利的介绍。图 1 是两个案例企业 1999~2009 年轿车销量的比较。图 2 总结了两个案例企业的关键事件。

表 1　案例企业介绍

	所有权形式	建立时间（年）	总资产（亿元）	员工数（人）	营业收入（亿元）	收入利润率（%）	市场份额（%）	国内市场份额排名
上汽	国有企业	1955 年	1381.58	47010	1396.36	6.17	19.9	1
吉利	民营企业	1984 年	188.02	12282	140.69	9.38	4	10

资料来源：案例企业 2009 年年报。

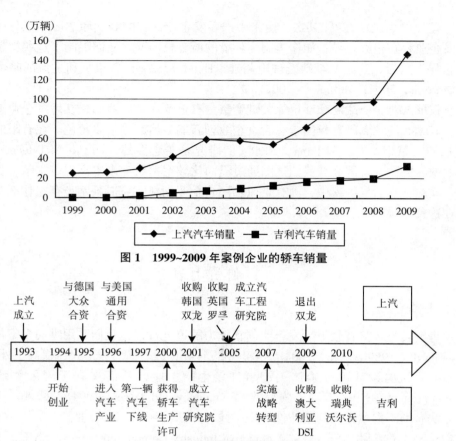

图1　1999~2009年案例企业的轿车销量

图2　上汽和吉利的关键事件图

　　上汽成立于1955年，1958年试制成功第一辆凤凰牌轿车。1964年，凤凰牌轿车改名为上海牌轿车，至1975年形成5000辆年生产能力。1978年，中国政府选择德国大众作为合资经营伙伴。1983年，第一辆上海桑塔纳轿车组装成功。1985年，上汽和德国大众的合资公司上海大众汽车有限公司成立。1996年，上海大众形成30万辆轿车年产能力。1997年，上汽的第二家合资公司上海通用汽车有限公司正式成立。2006年，上汽成立上汽汽车制造有限公司，专门致力于自主品牌轿车的研发和生产。

　　吉利在进入汽车产业之前，曾经营过冰箱配件、装潢材料和摩托车业务，并且都取得了很大的成功。1984年，吉利创始人李书福以冰箱配件为起点开始了吉利创业历程。5年后，正处于发展巅峰的冰箱厂因为未列入轻工业部定点厂目录而受到禁止，冰箱厂被迫关闭。同年，李书福转产高档装潢材料，研制出第一张中国造镁铝曲板。1994年，李书福进入摩托车行业。1996年5月，李书福正式成立吉利集团有限公司，走上了规模化发展的道路。1997年，进入汽车产业。1998年，第一辆吉利汽车豪情在浙江省临海市下线。2001年，吉利成为中国首家获得轿车生产资格的民营企业。2007年，吉利宣布战略转型。2009年，吉利收购澳大利亚DSI自动变速器公司。2010年，收购沃尔沃轿车公司，获得沃尔沃 100%的股权及相关资产（包括知识产权）。

　　Glaser 和 Strauss（1967）建议使用多种来源数据，以获得对研究现象多视角的描述。不仅如此，使用多种来源还使研究者能"三角验证"不同证据，从而提高研究信度和效度（Eisenhardt，1989b；Yin，2003）。因此，我们在数据收集过程中尽可能多地使用多种来源的数据，包括公司内部人和产业专家访谈、公司实地参观、公司内部文档、公司网站、公司年报、媒体新闻以及相关出版著作。我们从 2008 年初开始收集汽车产业以及上汽、吉利的二手资料，然后从 2009 年 11 月进行开放性访谈，一直持续到 2010 年 12 月。尽管由于该产业政策争论带来的议题敏感性使我们只能接触有限的访谈对象（吉利两位副总裁的短暂访谈、吉利研究院一位管理者的多轮电话访谈、一名前上汽工程师的多轮电话访谈、一名产业分析专家的面对面访谈），然而，幸运的是，该产业受到大众的极大关注，发布的公共数据非常丰富，为我们的数据收集工作提供了极大的便利。此外，我们还实地参观了案例企业，这有助于我们获得更加丰富的感性理解。

　　本文数据分析的顺序是，首先构建每个案例企业的公司历史，其次进行单案例分析，识别出每个案例企业创新能力追赶过程中的关键影响因素后，开始跨案例分析，最后提出一个整体的理论框架。在这个过程中，我们忠于数据（Close Adherence to the Data）（Eisenhardt and Graebner，2007），并且，第一作者和第二作者就一些关键议题的理解进行了交叉检验（Eisenhardt，1989b）。除此以外，我们还不断利用图表来促进分析（Glaser & Strauss，1967）。通过数据收集、数据分析和概念化之间的不断交叠（Glaser & Strauss，1967），概念及其相互关系逐渐涌现，直到理论达到一个满意的饱和程度为止。值得指出的是，由于两个案例企业开始时间不一样，为了使比较更有意义，我们根据政府政策导向的不同，将每个案例企业都划分成两个发展阶段，分别是国产化政策阶段和自主品牌政策阶段。这种阶段划分对于实施实地研究规划、访谈指导设计、信息源使用、二手材料组织和分析以及案例研究写作等研究活动都是关键的方法论工具（Figueiredo，2002）。

四、结果

　　如上所述，由于两个案例企业开始时间不一样，为了使比较更有意义，根据政府政策导向的不同，每个案例企业都划分成两个发展阶段。政府政策导向包括正式的产业政策以及政府对企业的非正式压力。通过回顾产业历史，我们发现政府对企业提出自主品牌要求的时间是 2002 年，此前政府的政策导向一直是国产化。因而，我们将 1985 年上海大众合资公司成立到 2001 年视为国产化政策阶段，而 2002 年以后视为自主品牌政策阶段。首先，比较了国产化政策阶段上汽和吉利创新能力发展的差异。其次，解释了国产化政策是如何过渡到自主品牌政策的，并且分别对上汽和吉利在这两个阶段的纵向差异进行了比较分析。最后，比较了自主品牌政策阶段上汽和吉利创新能力发展速度的差异。

（一）国产化政策阶段

1. 上汽

从 20 世纪 50 年代到改革开放初期，中国汽车工业历经近 30 年的发展，建立了汽车工业体系基础，但与跨国公司相比，仍然面临生产技术落后，创新能力缺乏的弊端。中国汽车工业的奠基人陈祖涛（2005）回忆道："世界汽车工业是从轿车开始的，但我们国家的现实却是'缺重少轻，轿车等于零'。30 年来，我国已经建立了比较完整的汽车工业体系……但我国汽车工业……产量少，批量少，产品陈旧，质量差，多数工厂……缺乏开发能力和竞争能力。"这种情况与中国政府决定大力发展汽车工业特别是轿车产业的战略意图形成巨大的反差。"我们条件有限，自己搞不了，无奈之下，只好寻求和国外合作"（陈祖涛，2005），1978 年，中国政府选择德国大众汽车公司作为上汽合资经营伙伴。1983 年 4 月，第一辆上海桑塔纳轿车组装成功。1985 年 3 月，上海大众汽车有限公司成立。

在合资公司中，上汽对大众的依赖可以从双方的相对权利识别出来（Emerson，1962）。权力可以划分为基于情境的权力和基于资源的权力（Yan & Gray，1994）。前者取决于双方的替代选择（AlternativeAvailable）以及合资公司对于双方母公司的战略重要性。由于中国政府主导合资过程，双方当时并无替代选择可言，但合资公司对上汽的战略意义要高于大众。上汽需要通过合资公司发展轿车业务，而在大众看来，合资公司规模非常有限（开始是年产 3 万辆），并且当时中国市场还很小。基于资源的权力方面，尽管合资双方股权各占 50%[①]，但在关键资源的控制上，大众占了明显的优势。虽然上海大众的总经理由中方担任，但财务部、采购部、市场、售后服务部、生产和质保、研究与开发以及规划部门等几乎所有的关键岗位都由德方担任。这表明上汽在合资公司中非常依赖大众。尽管上汽在 1997 年 6 月又与美国通用建立了另一家合资公司，试图降低对大众的依赖，但大众在中国也与另一家国有企业一汽合资。因此，此举并无显著作用。

对跨国公司的严重依赖导致上汽的学习被局限于合资公司内部，并没有超越组织边界。具体学习方式包括：①技术蓝图的转移。外方提供生产和装配轿车产品的整套技术图纸，包括产品构成、质量管理、生产控制和计划等整套文件。②培训。为了合资企业人员尽快掌握和学习到相关的生产知识，外方一般都会提供在中国或跨国公司本部的技术或管理培训。③生产现场的"干中学"。外方派出技术人员和熟练操作工人到合资厂，为生产现场的中方人员作示范操作（谢伟，2006）。这种封闭式学习的另一个表现是中方很难更改外方的产品设计。正如一位合资公司工程师所言："合资企业很难对引进产品设计进行任何修改和创新，甚至连后续生产过程中的'持续改进'也都被扼杀了，外方不允许我们修改任何一个螺丝钉，甚至某些时候你有足够的证据证明原有图纸的这个螺丝钉设计

---

① 中方包括上海（25%）、中汽（10%）、中行上海信托咨询公司（15%）。

错了……所有的改动，必须是在外方本部进行"（路风，2006）。

上汽学习之所以封闭在合资公司内部和大众的全球战略有关。在发展中国家，为获取最大化利益，跨国公司实施利用式战略，即尽可能发挥自己的技术优势（Makino et al.，2002）。对于合资公司而言，跨国公司实施该战略的关键是使其仅仅发展制造能力而不是创新能力。上海大众正是如此。根据汽车工业杂志的记载，"德方不会赞成上海大众公司另外建立自己的产品开发体系，这样只会增加德方开支，不会给德方带来任何好处，德方只期望上海大众公司从其新产品中选择某车型"（谢伟、吴贵生，1997）。为了发展制造能力，上汽只要在合资公司内部学习就可以满足，不需要向外部学习。上汽对大众依赖性越强，合资公司学习的封闭程度越高。

封闭式的学习方式限制了上汽获取新的异质知识，从而不利于创新能力发展。我们用自主品牌产品（Ching & Wayne，2008）以及自主产品平台（Halman et al.，2003）的引入来衡量创新能力[①]。上汽在本阶段一直没有自主品牌产品引入，更不用说自主产品平台的引入。自1983年4月组装第一辆上海桑塔纳轿车以来，到1992年才进行桑塔纳2000的开发，但开发工作在大众巴西公司进行，上汽只是参与了该过程。1998年，上汽在国内进行桑塔纳的改进型开发，产品是桑塔纳2000型时代超人（谢伟，2006）。2000年12月，上汽另一个合资公司上海通用首辆赛欧轿车下线。然而，这些产品的引入都不是上汽自主品牌产品。更糟糕的是，上汽不仅没有引入自主品牌产品，还放弃了原来的自主品牌产品"上海牌"轿车。1991年11月，为集中力量发展桑塔纳轿车，累计生产了77041辆的"上海牌"轿车停产。

由于外汇短缺限制了零部件进口，和合资战略并行的是国产化战略。陈祖涛回忆道："桑塔纳在上海生产后，我们就开始考虑国产化的问题。"事实上，政府对合资公司国产化的压力是非常大的。政府高层曾明确宣告："如果在中国生产的零部件的比例不能顺利提高到40%，我们将关掉上海大众"（马丁·波斯特，2008）。据原上汽总裁陆吉安的回忆，1987年7月他上任不久便接受了市政府所下达的3年内国产化率达到60%的"军令状"（夏大慰等，2002）。同年，上海市政府成立上海桑塔纳轿车国产化办公室。1988年7月又成立了全国范围的上海桑塔纳轿车国产化联盟。同时，设立上海桑塔纳国产化转向基金，即从每辆上海桑塔纳轿车零售价中提取2.8万元人民币，为零部件厂家的国产化技术

[①] 我们承认对创新能力的衡量有多种形式和方法。如产品创新和工艺创新（Utterback & Abernathy，1975）、渐进创新和剧烈创新（Ettlie et al.，1984）、模块创新和架构创新（Henderson & Clark，1990）、探索式创新和利用式创新（Greve，2007）等。由于"产品开发是获得知识产权的根本环节"（路风，2006），本研究采用产品创新来衡量创新能力。从无自主品牌产品引入到自主品牌产品引入是后发企业创新能力一个质的变化。Ching和Wayne（2008）指出，从合同制造到自主品牌，需要焦点企业从效率转向创新。更重要的是，自主品牌产品反映了自主创新或本土创新（Indigenous Innovation；Lazonick，2004；路风、慕玲，2003；韵江、刘立，2006）对发展中国家追赶的重要性，更好地契合了后发企业的研究情境。同样，从自主品牌产品引入到自主品牌产品平台引入也是创新能力的一个质的变化。如Halman等（2003）认为，企业将资源从单个产品转向基于产品平台的产品族，可以实现技术杠杆，并提高新产品推出的速度。

改造提供低息贷款（夏大慰等，2002）。

尽管国产化对于本土零部件产业的发展具有积极意义，但对上汽作为一个整车企业的创新能力的影响却是负面的。正如创新管理专家路风所言："以国产化率为主要目标带来了另外一个结果，即迫使中国企业必须将所有的资金和人力资源都投入到国产化过程中。于是，由引进外国产品技术所产生的零部件国产化压力反而使中国企业对外国产品技术的依赖越来越深：不但不再对产品开发投入资金（即没有新产品的建立），而且把技术开发机构也合并到为国产化服务的机构中，其结果是使中国企业原有的自主开发能力逐步萎缩"（路风，2006）。压倒一切的国产化政策契合了跨国公司的全球战略，无助于降低国有企业对跨国公司的依赖，反而降低了国有企业开放式学习的可能性。因此，国产化政策强化了创新能力、对跨国公司的依赖以及学习开放程度这一恶性循环。

命题1a：国有企业的创新能力、对跨国公司的依赖以及学习开放性之间倾向于形成一个恶性循环。具体而言，创新能力越低，对跨国公司的依赖程度越高，学习的开放性越低，因而越不利于发展创新能力。并且，政府国产化促进政策使国有企业进一步锁定在这一恶性循环。

2. 吉利

作为一家民营企业，吉利当时并没有选择和跨国公司合资，而是走了一条独立发展之路。然而，并不是吉利不愿意和跨国公司合资，而是跨国公司不愿意和吉利合资。当时，大型轿车跨国公司只有德国奔驰未在中国生产轿车，吉利很想"傍大款"，有传闻李书福几次去德国奔驰总部。但是，奔驰高层随后明确宣布：不知道有吉利这个企业。消息人士称，吉利和奔驰是有过接触，但是奔驰看不上吉利（祝惠春，2002）。一个合理的解释是，当时吉利造车还处于"非法"状态，并没有获得政府的承认，很难想象奔驰会和这样的企业合资。对于汽车产业，中国政府一直进行严格的控制，除所谓"三大三小"这些国有企业外，禁止安排新的轿车生产点（陈祖寿，2005），并设置了产品目录的管理办法。任何一家企业生产汽车都需要进入政府的产品目录。吉利当时的轿车产品还没有进入政府规定的产品目录，因而处于事实上的"非法"状态。换言之，吉利走独立发展道路是其面临"制度劣势"（Institutional Disadvantage）下无奈的选择。

吉利没有机会依赖跨国公司发展，加上后发企业的竞争劣势（Hobday，1995），只能通过超越组织边界的开放式学习来发展创新能力。从雇用中学习（Song et al.，2003）和逆向工程（Malik and Kotabe，2009）是吉利两种主要的开放式学习方式。吉利造车最早的基干力量是从吉利摩托厂里挑出的3个在汽车厂干过的工程师。1998年，另一个国有企业天汽的一个技术部部长首先被李书福挖下了海，接着是一大批各种各样的技术工人加盟吉利。到2001年，天汽的技术部门先后有近百人被李书福挖到了吉利。除天汽外，引进的技术人才还包括来自一汽的技术专家。1999年，吉利引入了一汽设计九院设计部部长靖绍烈。靖绍烈还请来一批原来设计九院的退休工程师为吉利帮忙。据靖的介绍，当时一汽也认为"吉利还构不成威胁"，因而默认了这批老专家的"再就业"（梅永红、封凯栋，2005）。

另一种开放式学习方式是逆向工程。吉利造车的第一次工程尝试并没有样车。李书福最初的理想是要造"中国的奔驰"。当时李有一辆奔驰车,另一个副总顾伟明有一辆红旗车。他们各自把座驾拿了出来,供工程师们学习汽车构造,并且通过借用车上的一些零件来拼装一辆新车。"第一款车"采用顾伟明红旗车上的悬架和轮胎,又购买一些红旗底盘的散件,再加上自己手工敲出来的底盘件。在车身上,工程师们装上了李书福奔驰车的4个车门,其他部分则依靠手工用尺子来测绘,用图板大致画图,然后依靠钣金工手工敲出来。由于"红旗"轴距太长,技术难度太大,后来吉利决定改做小车。但这种战略上的转变,则是在"奔驰+红旗"之后几款车的学习中逐步摸索和体验出来的。恰好当时经济型轿车夏利推出了一个新车型。吉利买了几辆样车,并在此基础上改出了一辆车。尽管这辆车基本沿袭了夏利的内饰和底盘,车身仍然进行了一系列改动,其中车的前脸以及背面、左右后车围、左右后车门都进行了较大的改动,车高也有了变化(梅永红、封凯栋,2005)。

和上汽不同的是,由于吉利是独立发展,因而引入的是自主品牌产品。这表明吉利的创新能力要高于上汽。1998年8月,吉利第一辆汽车豪情在浙江临海市下线;2000年5月,吉利美日在宁波下线。值得指出的是,尽管吉利创新能力显示优于上汽,但仍处于简单的模仿阶段。如豪情长着奔驰的前脸、夏利的模样;美日只是把豪情车型的两厢车改成了两厢半车,仍属于微型车(郑作时,2007)。

较之上汽,国产化政策对吉利几乎没有影响。一方面,吉利没有走技术引进的道路,因而国产化不是一个大问题。事实上,除了发动机等少数核心部件,吉利几乎所有零部件都是国内采购。其中75%来自浙江和江苏,其余地区占25%(Wang,2008)。这种格局部分要归功于国有企业国产化政策建立的零部件体系基础。以豪情为例,60%的零部件从天津夏利的供应商直接采购,20%的零部件吉利自己生产,10%的零部件由吉利自己的供应商(主要是浙江地区),另外10%采购自其他车型的供应商(Wang,2008)。另一方面,政府不会对吉利这样一家民营企业强制规定一个国产化水平。从这个意义上说,作为民营企业的吉利比作为国有企业的上汽享有更大的战略选择空间。表2比较了国产化政策阶段上汽和吉利对跨国公司的依赖、学习开放程度和创新能力。

表2　国产化政策阶段对跨国公司的依赖、学习开放程度和创新能力

企业	对跨国公司的依赖程度		学习开放程度		创新能力	
	整体评估	证据	整体评估	证据	整体评估	证据
上汽	高	与跨国公司合资,且丧失控制	低	限于组织边界内部	低	无自主品牌产品引入
吉利	低	未与跨国公司合资,且自己主导	中	超越组织边界	中	引入自主品牌产品

命题1b:由于制度劣势,民营企业缺乏跨国公司联结的机会,从而依赖跨国公司的程度更低,更有可能进行开放式学习,更利于发展创新能力,从而避免了国有企业的恶性循环。同时,民营企业受国产化政策影响较小。

（二）从国产化政策阶段到自主品牌政策阶段

1. 政策动力学

如上所述，根据政府政策导向，自上汽 1985 年和大众合资至今，可以划分为两个发展阶段，分别为国产化政策阶段和自主品牌政策阶段。为了更好地剖析政策导向的动力学，这里将国产化阶段进一步分成两个阶段，以 1997 年吉利进入汽车产业为转折点。1985~1996 年为国产化政策主导阶段，1997~2001 年为国产化政策弱化阶段，2002 年至今为自主品牌主导阶段。我们使用国有企业和民营企业的创新能力来解释政府从国产化政策转向自主品牌政策的动力学。表 3 总结了 1985~2010 年上汽和吉利的创新能力和政府政策导向。

表 3　吉利创新能力、上汽创新能力和政府政策导向：1985~2010 年

时间	1985~1996 年		1997~2001 年		2002~2010 年	
	整体评估	证据	整体评估	证据	整体评估	证据
吉利创新能力	没有	民营企业未进入	中	引入自主品牌产品	高	引入自主品牌产品平台
上汽创新能力	低	未引入自主品牌产品	低	未引入自主品牌产品	中	引入自主品牌产品
政府政策导向	国产化（5）自主品牌（0）	国产化压倒一切	国产化（3）自主品牌（0）	国产化政策弱化	国产化（1）自主品牌（4）	自主品牌占主导地位

注：政府政策导向括号内数字是本文对各阶段政策强度的评分。

第一阶段（1985~1996 年）。1997 年之前，吉利还在做摩托车业务，尚未进入汽车业务，因而谈不上有关汽车业务的创新能力。上汽从 1985 年和大众合资到 1996 年，从未引入一款自主品牌产品，反而在 1991 年将自己的"上海牌"轿车停产了，这表明上汽创新能力不但没有提高反而降低了。而合资企业平衡外汇的要求使国产化政策压倒一切，更未提及自主品牌政策。在 1994 年《汽车工业产业政策》中，国产化政策是至关重要的一章，并将国产化水平和税收优惠联系起来。结果是，国产化从 1986 年的 2.7% 起步，1990 年和 1993 年先后突破 60%、80%，1996 年以后保持在 90% 以上，如表 4 所示。

表 4　上海大众的国产化水平：1986~1996 年

单位：%

年份	1986	1987	1988	1989	1990	1991	1992	1993	1994	1996
国产化率	2.7[a]	12.6	12.83	31.04	60.09	70.37	75.33	80.47	85.82	>90[a]

注：a 表示来自上汽网站；1995 年数据缺失。

第二阶段（1997~2001 年）。1997 年 6 月，上汽又与美国通用汽车合资建立上海通用汽车有限公司。同时，上汽还与通用合资组建了国内首家独立的汽车工程设计企业——泛亚汽车技术中心有限公司，双方各持股 50%。值得一提的是，泛亚不仅为通用汽车和上汽服务，也为中国和亚太地区的其他汽车企业提供工程服务。然而，无论是上海大众还是上海通用，都无助于上汽引入自主品牌产品。1998 年，上海大众在国内进行桑塔纳改进型开发，引入的产品是桑塔纳 2000 型时代超人（谢伟，2006）。2000 年 12 月，经过泛亚的改进型开发，上海通用赛欧轿车下线。这些引入的产品都不是上汽自主品牌产品。相反，吉利进入汽车产业后次年就推出了自主品牌的两厢车豪情。2000 年 5 月又推出了吉利美日。此时，尽管政府政策没有提出自主品牌导向，但是国产化导向已经有所降低。

第三阶段（2002 年至今）。2004 年，上汽收购英国罗孚和韩国双龙等跨国公司。借用这两家的技术，上汽于 2006 年、2008 年和 2010 年分别推出自主品牌轿车荣威 750、荣威 550 和荣威 350。自主品牌产品的引入表明上汽的创新能力上了一个台阶。然而，这些都算不上完全自主的产品平台。荣威 750 是在罗孚 75 平台的基础上，由罗孚公司的研发团队在整车集成能力上进行把关，只在后期样车的试验和制造时由国内的上汽工程院完成（俞崇武，2006）。荣威 550 是荣威 750 的轴距缩短版本。据业内专家考证，尽管荣威 350 不是直接基于收购的罗孚平台开发，仍然和罗孚平台密切相关[1]。反之，吉利并没有以某个特定产品平台技术为基础开发，而是引入自主产品平台。吉利不仅在该时期完成了整车 5 大技术平台、15 个产品平台、40 多款车型产品和相应动力总成的清晰规划，还理顺了全部产品序列和相互关系，更明确了各产品预期的投产次序和时间（网易汽车，2010）。该阶段的政府政策导向以自主品牌为主导，国产化政策已经很少提到。其中一个证据是，2004 年的《汽车产业发展政策》已经删去了国产化率的规定，并且新增一章专门强调鼓励"汽车生产企业实施品牌经营战略"。

自主品牌促进政策的动力包括 3 个方面，分别是政府的政绩要求、民营企业的政治战略以及政策合法性逻辑，都和国有企业、民营企业的创新能力密切相关。首先，政府的政绩要求方面，2006 年，中央政府在全国科技大会上提出建设创新型国家战略，各级政府对企业创新能力空前重视。由于自主品牌建设是创新型国家建设的重要内涵，政府鼓励自主品牌也就顺理成章了。2006 年"两会"通过的"十一五"规划也明确提出，要增强汽车工业自主创新能力，发挥骨干企业作用，提高自主品牌乘用车市场占有率（向寒松，2007）。

其次，民营企业可以通过政治战略影响政府的政策导向。吉利的政治战略包括政治关联战略、政治参与战略和信息提供战略（Hillman & Hitt，1999；田志龙等，2003；张建君、林淑，2010）。政治关联方面，李书福把吉利包装为一个无须借助政府财力支持、愿意独力承担产业探索失败代价的民族工业捍卫者（吴阿仑等，2010），以此来获得政府的青睐。政治参与方面，李书福以全国政协委员身份提交提案。如 2005 年，作为汽车产业

---

① 业内人士认为荣威 350 是以罗孚 45 平台为基础开发的。上汽收购罗孚的标的资产包括罗孚 75 和罗孚 25 车型，但没有包含罗孚 45。随后罗孚 45 的设计图纸被销毁，然而，业内专家指出，虽然罗孚 45 的图纸已经被销毁，但由于上汽收编了罗孚的工程师，要恢复也是完全可能的，见 http://club.auto-home.corn.cn/bbs/thread-c-2062-6587282-1.html。另外的证据见汽车探索网（2009）。

代表的李书福，向全国政协会议提交了《加大保护和扶持中国本土汽车品牌的力度》重要提案。此外，李书福还在政治参与中不失时机地向政府领导人汇报企业情况，即信息提供战略。如在全国政协十届三次会议举行界别联席讨论会上，李书福就《自主创新是中国汽车工业的根本出路》专题向总理进行了汇报。这些政治战略都对政府自主品牌促进政策的出台起到了推动作用。

最后，政策合法性逻辑是指，由于国有企业创新能力发展滞后，在公共舆论的抨击以及产业专家的呼吁下，政府原来的产业政策遭遇合法性危机，从而更有助于新产业政策重点的出台。尽管上汽国产化绩效非常令人满意，但由于缺乏创新能力，上汽仍被公共舆论指责为"世界上最大的组装工厂"、"败家子"、"扶不起的阿斗"等。产业专家的呼吁同样促使政府反思国产化政策。如产业专家路风完成的调查报告[①] 对政府政策具有非常大的影响。路风（2006）回忆道："报告在内部印发后迅速流传，随即被媒体广泛报道，引起巨大反响。在报告印发后的一年间，中国政府对于汽车工业的政策发生了180度大转弯，全面转向支持自主创新……"

事实上，最新的研究得出了类似的论断。Chu（2011）发现，在强力的"追赶共识下"，可以促使中央政府设计新的产业政策，以构建国家产业（National Industries）。具体而言，中国政府实施的产业政策框架是一个多层政策过程（Muhilayered Policy Process），根据"追赶共识"的绩效标准，一旦某种政策的结果不能构建国家产业和国家队，来自多方以及公共舆论的批评开始挑战该政策。反之，如果一个地方的实验产生了更好的结果，则难以拒绝新产业模型的合法性。Chu（2011）称之为"追赶共识推进下的产业政策模型"。

命题2：民营企业创新能力越高，国有企业创新能力越低，在追赶共识效应下，政府开始从国产化促进政策转向自主品牌促进政策的倾向越大。

2. 上汽纵向比较

考虑到"大众进入中国市场10年了，所做的就是提供20世纪80年代的车型'桑塔纳'和'捷达'，除此以外，既没有提供新车型也没有提供轿车生产的核心技术，实际上就是把中国当成它的汽车装配厂"（陈祖涛，2005），上汽1997年和通用建立合资公司被称为"打了通用牌"，其意图是希望降低对大众的依赖，进而逼迫其"拿出我们需要的轿车研发技术"。尽管"通用牌"确实对与上汽合资的大众和通用形成了一些压力，但无助于从根本上改变上汽对跨国公司的依赖关系。一是大众同时也和多个中国伙伴合资，部分抵消了上汽"通用牌"的效应。二是政府当时本质上还没有形成自主品牌导向的政策，上汽依赖跨国公司发展的外在环境并未发生改变，如表5所示。

值得一提的是，在政府提出自主品牌战略压力之前，上汽曾尝试希望借助合资伙伴引入自主品牌的轿车，但或者不成功，或者被合资伙伴拒绝。2001年，上汽在江苏仪征基

---

① 该调查报告系路风教授受科技部委托调查中国汽车工业技术进步状况的产物，标题为《发展我国自主知识产权汽车工业的政策选择》，于2004年2月完成。后于2005年公开出版。

表 5　上汽和吉利的纵向比较：国产化阶段 VS 自主品牌阶段

企业		上汽		吉利	
阶段		国产化阶段	自主品牌阶段	国产化阶段	自主品牌阶段
自主品牌促进政策	整体评估	低	高	低	高
对跨国公司依赖	整体评估	高	中		
	证据	与跨国公司合资，且丧失控制	在与跨国公司合资的同时收购并控制其他跨国公司		
学习开放度	整体评估	低	高	中	高
	证据	局限于组织边界内部	超越国家边界	超越组织边界	超越国家
创新能力	整体评估	低	中	中	高
	证据	无自主品牌产品引入	有自主品牌产品引入	有自主品牌产品引入	有自主品牌产品平台引入

地投资 3.5 亿元，引进了通用 1994 年开始投放市场的多用途轻型客车，并将这款技术来自于欧宝、动力配置，来自别克赛欧的小车命名为"赛宝"。这是上汽对外宣称的第一辆自主品牌汽车。然而当 2002 年 7 月首辆赛宝正式下线之后，由于价格相对过高（高于赛欧，因为上汽还要支付通用技术转让费）而销量平平，并不得不在 2005 年停产。

2002 年 7 月，上海市政府领导前往上汽集团调研，亲口嘱咐当时上汽总裁胡茂元："你们这一届班子一定要把自主品牌开发出来，这是你们的一个使命，这比增加 10 万辆、20 万辆的意义更大。"胡茂元代表上汽向市领导立下军令状：到 2007 年，上汽将自主开发汽车 5 万辆。一个月后，上汽汽车工程研究院（Shanghai Automotive Engineering Institute，SAEI）正式成立（李永钧，2006）。然而，上汽仍然希望通过合资伙伴实现其自主品牌目标。于是上汽又把目光转向大众，希望大众转让 80 年代陈旧的桑塔纳轿车技术平台，以此为基础开发自主品牌轿车。但 2004 年初，这个要求最终被对方拒绝。试图寻求合资伙伴的支持以谋求快速掌握技术推出自主品牌的路径被封杀。麦肯锡驻上海的分析师高旭说："上汽最终认识到，自己的伙伴不会允许合资公司的任何一款汽车贴上自己的标签"（栗源，2006）。

2004 年开始，"中国政府对于汽车工业的政策发生了 180 度大转弯，全面转向支持自主创新"（路风，2006）。2005 年，自主品牌获得了从来没有过的决策层支持（谢伟，2006）。政府自主品牌政策倾向越大，上汽引入自主品牌产品的压力也越大。2004 年 4 月，在上汽股东大会上，胡茂元感慨："上汽在制造领域已经达到世界级水平，但在整车设计开发上却与国际水平存在相当差距。"通过合资外方引入自主产品的尝试失败后，上汽只有另寻他径。2004 年 5 月，上汽自主品牌项目组成立。10 月，上汽正式收购韩国双龙汽车，成为中国汽车企业跨国并购第一案。12 月，上汽收购罗孚 25、75 车型和全系列发动机的知识产权。2005 年，上汽收购罗孚研发团队（朱远，2006）。

总之，在政府自主品牌政策导向压力下，上汽最终放弃了对大众、通用的依赖，将学习视野投向全球范围，通过收购英国罗孚和韩国双龙，在借用被收购企业产品平台的基础上，上汽终于引入了荣威750、荣威550和荣威350等一系列自主品牌产品，从而使创新能力上了一个台阶。

命题3a：政府自主品牌促进政策倾向越大，国有企业打破"国产化陷阱"恶性循环的可能性越大，对跨国公司的依赖程度越小，学习开放程度越高，因而越利于发展创新能力。

3. 吉利纵向比较

在国产化阶段，由于自身合法性问题，吉利仅仅是低强度地从雇用中学习。该阶段引入的豪情和美日是逆向工程的产物。在自主品牌阶段，吉利获得合法性后不久，加大了从雇用中学习的强度。2002年，原浙江省财政厅党组成员、地税局总会计师徐刚出任集团首席执行官。此后，在李书福、徐刚的主导下，吉利集团引进了1000多名中层人员，更换了2/3的高层（吴阿仑等，2010）。其中，包括很多得力的技术人才。如曾经担任过天津齿轮厂总工、国家变速器课题组电子电工组组长、国家特殊专家津贴获得者徐滨宽，到吉利后担任变速器项目的负责人。一汽原总工杨健中加盟吉利，担任总工程师。现在的吉利汽车研究院院长赵福全也于2006年加盟吉利。

2004年，吉利开始采用外部技术引进的学习方式。如为了保证新车型自由舰的品质，吉利通过技术引进改进了产品生产线。新生产线是吉利第一条柔性生产线、引进全套自动化流水生产线。其中包括以2000T冲压机为首的大型冲压线，新开发的专用模具500余副，检具103套；焊装线使用点焊机器人4台、焊机188台、自动焊枪22副、200T包边机3台、夹具185套，全部从韩国和德国进口。

2009年，吉利收购澳大利亚DSI自动变速器公司。DSI是一家集研发、制造和销售为一体的自动变速器专业公司，也是仅有的两家独立于汽车整车企业之外的自动变速器公司之一，年产18万台。DSI的大扭矩自动变速箱技术正好与吉利掌握的4速自动变速箱技术形成互补。2010年，吉利收购沃尔沃轿车公司100%的股权并获得相关资产（包括知识产权），李书福出任董事长。

相对于国产化阶段豪情、美日的复制性模仿，自主品牌阶段，吉利引入了一系列自主品牌产品平台。总之，自主品牌政策倾向越明显，民营企业可以获得更多的合法性和资源支持，面临更少的环境不确定性，因而企业学习的范围更广，更有可能搜寻到所需的战略资源，并促发新一轮的学习努力，因而越有助于发展创新能力。表5比较了吉利学习开放程度和创新能力在国产化政策阶段和自主品牌政策阶段的差异。

命题3b：政府自主品牌促进政策倾向越大，民营企业制度劣势越小，学习开放程度进一步增加，越有利于发展创新能力。

（三）自主品牌政策阶段

在战略管理文献中，资源摘取和能力构建是管理者创造经济租金的两种独特机制（Makadok，2001）。资源摘取机制是指企业更有效地选择资源，而能力构建机制是指企业更有效地部署资源。事实上，这两种机制也适合描述企业的学习方式。因而我们通过这两种机制来描述自主品牌政策阶段上汽和吉利学习模式的一个维度。表6总结了该阶段上汽和吉利的资源摘取、能力构建、协同程度和创新能力发展速度。

表6 自主品牌阶段的资源摘取、能力构建、协同程度和创新能力发展速度

企业	资源摘取		能力构建		协同程度		创新能力发展速度	
	整体评估	证据	整体评估	证据	整体评估	证据	整体证估	证据
上汽	高	收购韩国双龙、英国罗孚	中	中等强度内部正式研发：以新能源方向为主	低	外部收购资产和内部研发方向一致程度较低忽略正式研发以外的内部学习方式	中	在报告期内引入3个新车型
吉利	高	收购澳大利亚DSI、瑞典沃尔沃	高	高强度内部正式研发：传统研发方向为主	高	外部收购资产和内部研发方向一致程度较高正式研发和其他内部学习方式的平衡	高	在报告期内引入8个新车型

1. 上汽的资源摘取

2004年10月，上汽以5亿美元正式收购韩国双龙汽车48.92%股权，并于2005年6月增持至50.91%，获得管理控制权。2004年年底，上汽又以6700万英镑的价格获得了罗孚75、罗孚25及发动机的全部知识产权。在购得罗孚知识产权之后，上汽自主研发队伍发现并不像事先想象中的那样容易去消化（朱远，2006），最后经过英国最大的汽车研发机构Ricardo公司从中斡旋，上汽收编了罗孚150人的研发团队，并由Ricardo公司托管。这150多人是罗孚汽车的研发核心，其中多数人的职业生涯都在罗孚公司度过，他们熟悉一辆汽车从构思到开始生产的每一个过程，每个人都肩负着汽车研发中不同的职责。他们转入上汽海外研发中心后，成为这一机构的中坚力量。其余50余人由上汽派驻，是上汽及其他国际一流零部件企业与设备供应商的资深研发人员（深圳商报，2006）。原罗孚首席工程师新产品工程与战略规划负责人林德瑞（David Lindley）也加盟上汽，任工程院首席工程师和欧洲研发中心总经理。

2. 上汽能力构建

2002年8月，在上海市委主要领导视察上汽一个月后，上汽汽车工程研究院正式成立（栗源，2006）。2004年5月，上汽自主品牌项目组成立。2005年12月底，总投资18亿元的上汽汽车工程研究院新址扩建工程在上海嘉定安亭奠基。2008年1月30日，第一期工程落成，从而建成了以中国技术中心（上海、南京）为中心，英国技术中心、韩国汽车研究院一体联动的开发体系。上汽的最终目标是集聚一支规模为4000人的研发团队，从而为自主品牌和新能源汽车研发项目提供技术支持（朱远，2006）。2008年，上汽研发费用支出为29.1亿元，占公司营业收入的2.76%；2009年，上汽研发费用支出为34.13亿元，占公司营业收入的2.46%。

从产品开发流程看，新车研发包括产品预开发、策略制定、概念开发、产品试制与试验、定型生产五个阶段。上汽海外研发中心负责前面三个阶段，第四阶段由海外研发中心与上汽汽车工程院共同合作完成。最后一个阶段由上汽汽车工程院完成。上汽的规划是，海外研发中心的职责将在以后改变。对于新产品开发项目，前四个阶段由海外研发中心和上汽汽车工程院交流共同完成，在第四个阶段，海外研发中心的职能将逐渐由本部所取代（深圳商报，2006）。

上汽的研发重点是新能源汽车方向。在'十一五'规划中，国家明确提出到 2010 年万元 GDP 能耗降低 20%、主要污染物排放减少 10%的目标，并将节能减排作为国家经济结构调整的首要任务和突破口。2008 年，上汽出资 6 亿元成立上海捷能汽车技术有限公司，以专注于混合动力、电动车等新能源汽车技术的研发，包括对电驱变速箱、新能源动力系统等关键系统的研发。该项目总投资达 20 亿元。2009 年，上汽贯彻"大力发展新能源汽车产品"的方针，在组织结构上，将新能源汽车事业部和乘用车分公司、商用车事业部并列，以显示对新能源汽车业务的重视。2009 年，上汽新能源的研发投入为 7.67 亿元。

3. 吉利资源摘取

2009 年，吉利收购澳大利亚 DSI 自动变速器公司。DSI 是一家集研发、制造和销售为一体的自动变速器专业公司，也是仅有的两家独立于汽车整车企业之外的自动变速器公司之一，年产 18 万台，所生产的 4 速和 6 速前后驱动及全驱动大扭矩自动变速器，曾供货给福特、克莱斯勒等世界著名汽车公司。2010 年，吉利收购沃尔沃轿车公司 100%的股权并获得相关资产（包括知识产权），李书福出任董事长。

4. 吉利能力构建

2004 年 6 月，吉利投资 3.5 亿元建设了全新的吉利汽车研究院，总部设在临海。关键部件技术主要通过独立研发实现突破。以变速箱为例。吉利研发变速箱尤其是自动变速箱的困难在于国外对中国的技术封锁。无论是整体设计、关键参数，还是液压油、摩擦纸片这样的配件，外方都控制得非常严格。在这种情况下，虽然吉利的自动变速箱以国外的相关产品为原型，但是没有任何的数据可以参考。所有涉及自动变速箱油路系统的参数，都由吉利的工程师通过大量的实验获得；甚至连所有的检测装置也都由徐滨宽带领工程师自己研发（梅永红、封凯栋，2005）。

2006~2010 年，研究院从 300 余人发展到 1700 多人，拥有海归 28 名，博士硕士 200 多人，包括 25 个部、85 个科室。在研发团队不断壮大的同时，吉利还加强了研发基础设施建设。例如转鼓试验台和环境舱，发动机试验台架，各种零部件及总成的性能试验室，以及自行加工样车能力的两条柔性焊装线，此外，还建成了自己的造型中心和工程分析中心。正在开发的项目 130 多个。仅 2009 年研究院就先后承担了 95 个项目的开发任务，包括 26 个整车开发及预研项目、13 个动力总成开发项目，以及混合动力、电动车、轻量化等 56 个专项项目。2007 年，吉利集团投入研发经费近 10 亿元，占销售收入的 8%以上。2008 年也保持了 8%的研发强度。

在研发方向上，和上汽不同的是，吉利奉行能源多样化战略，即立足于持续开发和完善传统动力总成，同时开发电动车、混合动力等各种新能源技术，并适时推进其产业化，以适应未来汽车动力源可能发生的任何转变（网易汽车，2010）。赵福全认为："新能源这个问题大家很关注，新能源现在中国缺优秀的吗？不缺，但缺的是老百姓埋单。国家给补贴好，但消费者愿意买单更好，吉利希望能得到国家政策的补贴，但吉利新能源车推出的前提是即使没有国家补贴也能够推广下去"（张敏，2010）。

除了通过正式研发来进行能力构建，吉利同样注重组织内部知识的社会化和编码化。赵福全在加盟吉利的 3 年里，组织编印了 21 册 24 本 174 万字的《吉利汽车技术手册》、17 卷 27 册 340 万字的《吉利汽车设计和试验标准汇编》，以及 6 卷 52 册近 7 万页的《吉利产品开发流程》。此外，赵还开办了以"人人是老师，人人是学生"为宗旨的"知识分享"系列讲座。讲座定期举行，至今已坚持了 120 多期，成为研究院品牌栏目。讲座的内容也都汇总编印成册，供员工学习。这些书面化制度性的"知识积累"，成为指导日常开发工作的准则，并使吉利的造车经验得以积淀和升华。

5. 资源摘取和能力构建之间的协同

我们以研发强度、研发方向以及研发和其他学习方式的平衡来考察上汽和吉利在资源摘取和能力构建之间的协同程度。以研发强度而言，上汽 2008 年、2009 年分别为 2.76% 和 2.46%。而吉利多年来一直保持高强度的研发，如 2007 年、2008 年的研发强度达到 8%。高强度的研发有利于培育吉利对海外收购资产的吸收能力（Cohen & Levinthal，1990）。如吉利对 DSI 的并购，其自主研发的 4 速自动变速箱技术成为了消化吸收 DSI 大扭矩自动变速箱技术的基础，对未来吉利全面掌握中高档车核心技术和竞争力大有裨益。就研发方向而言，上汽"大力发展新能源汽车产品"，似乎与海外研发中心的工作重点较少重叠，这在一定程度上不利于对国外技术的消化吸收，因为组织（单元）之间的技术重合性（Technological Overlap）、知识相关性（Knowledge Relatedness）是促进知识交换、发展和创新的重要机制（Makri et al.，2010；Mowery et al.，1998）。反之，吉利采取"立足于持续开发和完善传统动力总成，同时开发电动车、混合动力等各种新能源技术"的方针则有利于创新能力的持续积累。以研发和其他学习方式的平衡而言，较之上汽，吉利更加注重组织内部知识的社会化和编码化，同样有利于组织外部技术的吸收和沉淀。

作为一家民营企业，保持资源摘取和能力构建之间的协同，是高效配置学习和创新资源的内在要求。事实上，吉利在前一个阶段也保持了资源摘取（从雇用中学）和能力构建（逆向工程）之间的协同。两个阶段的差异仅仅在于资源摘取和能力构建的宽度和深度不一样，但相同点是都保持了二者的协同。相反，上汽在两个阶段都没有保持资源摘取和能力构建之间的协同，尽管在第一阶段更严重的问题和学习模式的另一个维度（学习的封闭性）相关。图 3 显示了这一点。

可见度概念（Visibility）是解释国有企业在资源摘取和能力构建不能保持协同的机制。这一概念来自 Tylecote 及其同事一系列关于公司治理和创新关系的研究（Cai & Tylecote，2008；Tylecote & Emmanuelle，1999；Tylecote & Ramirez，2006）。可见度开始是针对创新活动而言（Tylecote & Emmanuelle，1999；Tylecote & Ramirez，2006），后来泛化为对一切技术能力发展所需投资活动的描述（Cai & Tylecote，2008）。简单而言，可见度指组织行动或活动受那些缺少"企业特定理解"而"超脱（Dis-engaged）"股东或管理者赏识（Appreciate）的程度。国有企业管理者本质上是官员，缺少"企业特定理解"，因此更倾

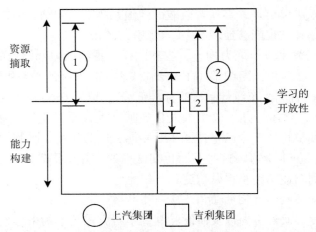

图3 上汽和吉利在国产化政策和自主品牌政策阶段的学习模式

注：圆圈或方框内1表示国产化政策阶段，2表示自主品牌政策阶段。

向于偏好开展可见度高的活动而忽视可见度低的活动，即"可见度窘境"。如前所述，作为国有企业的上汽，其可见度窘境有3个表现。首先，能力是一种不可见资产（Itami & Roehl，1991），相对于资源摘取，能力构建是一种低可见度的活动，因此相对而言更容易不受重视。其次，新兴领域（如新能源）研发由于受外界关注更多，可见度高，因而备受上汽重视。最后，较之正式的研发，其他组织内部学习方式（如知识的社会化和编码化）则不易被外界了解，同样容易被相对忽视。

由于国有企业难以克服可见度窘境，阻碍了国有企业资源摘取和能力构建两种学习方式之间的协同，造成学习资源配置的不合理，从而对企业创新能力发展速度造成负面影响。我们用自主品牌产品的引入速度来衡量企业创新能力发展速度（Ettlie，1983；Kochhar & David，1996）。在自主品牌阶段，上汽只引入了荣威750、荣威550和荣威350，3个新车型，而吉利则引入了利欧、美人豹、自由舰、远景、金刚、熊猫、上海英伦和帝豪8个新车型。

命题4：由于可见度窘境，国有企业在资源摘取和能力构建之间的协同上弱于民营企业，因而在创新能力的发展速度上低于民营企业。即使打破"国产化"陷阱的国有企业也是如此。

五、讨论和结论

（一）整合的过程理论框架

基于中国汽车产业上汽和吉利的比较纵向案例研究，我们在图 4 中总结了二者创新能力追赶的演进途径。我们的发现如下：首先，本研究揭示了所有权在后发企业创新能力追赶过程中扮演的角色。具体而言：①由于国有企业依赖跨国公司而发展，限制了其学习的开放程度，因而阻碍创新能力发展，进而又加剧了对跨国公司的依赖性。总之，国有企业陷入了对跨国公司的依赖、学习封闭性以及创新能力发展滞后之间的恶性循环。②民营企业由于缺乏依赖跨国公司发展的机会，只能独立发展，后发企业的竞争劣势促使其更加开放地从组织外部学习，从而有助于创新能力的发展。③由于国有企业难以避免可见度窘境，在资源摘取和能力构建之间的协同上要弱于民营企业，因而创新能力发展速度也低于民营企业。

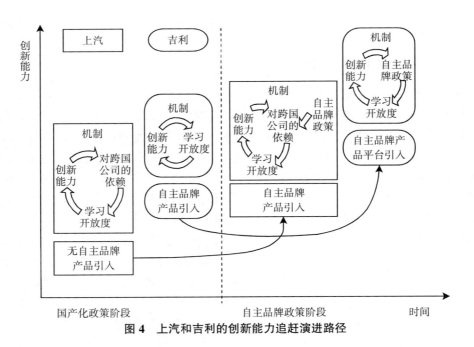

图 4　上汽和吉利的创新能力追赶演进路径

其次，本研究显示了该过程中的制度权变因素，指出政府政策导向影响国有企业和民营企业的创新能力追赶路径，同时国有企业和民营企业的创新能力对政府政策具有反馈作用。具体而言：①国产化政策导向强化了国有企业对跨国公司的依赖、学习封闭性以及创新能力发展滞后之间的恶性循环。②国有企业和民营企业创新能力发展的巨大差异，使政府从国产化政策转向自主品牌政策。③自主品牌政策导向打破了国有企业的恶性循环，降低了对跨国公司的依赖，提高了学习开放的程度，进而促进了创新能力的发展。④自主品牌政策导向提高了民营企业的合法性地位，降低了民营企业的环境不确定性，从而投入更加积极的学习活动，提高了创新能力。图 4 不能刻画政策动力学过程，采用因果回路图方法（Causal Loop Diagram；Sterman，2000），我们在图 5 描绘了整合的过程理论框架。

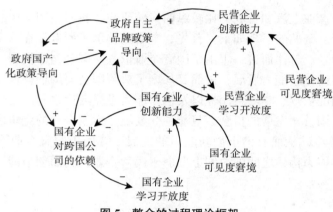

图 5　整合的过程理论框架

（二）研究结果的引申讨论

对于以上研究结果，有必要做出几点说明和讨论。首先，本文对国产化政策阶段和自主品牌政策阶段下国有企业和民营企业创新能力进行了评价，然而这一评价结果并不一定能概化到技术能力的评价。技术能力包括生产能力、投资能力和创新能力（Dahlman et al.，1987）。事实上，可以确定的是，上汽生产能力[①]在两个阶段都高于吉利。造成这个结果，是因为国产化政策下上汽技术学习的焦点在于生产能力而非创新能力。从国产化政策转向自主品牌政策后，创新能力才成为上汽技术学习的焦点。相反，吉利由于没有国产化政策的羁绊，一开始技术学习的焦点就是创新能力和生产能力并重。

其次，本文对后发企业创新能力追赶的"天花板"效应具有一定的启示。狭义的"天花板"效应指经过一系列技术引进的成功后，后发企业发现，通过传统的技术引进、消化和吸收路径，越来越难以缩小与跨国公司的技术差距（张米尔、田丹，2008）。广义的"天花板"效应则不特定于技术引进，还包括逆向工程等学习工具（Chang et al.，2006）。案例研究结果显示，上汽和吉利分别面临技术引进和逆向工程的"天花板"效应。上汽试图借用通用技术生产自主品牌汽车的失败，以及该请求遭到大众的拒绝，吉利逆向工程难

[①] 这里的生产能力包括工艺工程、产品工程和工业工程等功能（Lall，1992），不同于生产产量的含义。

以为继，便是"天花板"效应的体现。为了应对"天花板"效应，上汽和吉利都不得不采用了内部研发和外部收购等策略，尽管二者在协同外部资源摘取和内部能力构建上存在不同的表现。

最后，本文仅仅是对上汽和吉利创新能力追赶过程中的经验总结和解释，在预测二者未来创新能力追赶绩效时需要十分谨慎。转型经济恰似"湍流"环境（Tan，2005），国有和民营企业面临的制度和任务环境经常发生改变，实际的创新能力追赶结果将很难预测。

（三）理论意义

第一，突破了现有文献对后发企业同质性的假定（Li & Kozhikode，2008；Wei & Jiang，2009），引入后发企业的异质性（所有权形式），并探讨了这种异质性对其创新能力追赶的影响。现有文献通常在追赶成功的后发企业基础上总结出一种成功的追赶模式，而忽视了组织多样性在其中扮演的角色。本纵向比较案例研究结果表明，作为国有企业的上汽和作为民营企业的吉利是两种完全不同的后发企业，其创新能力追赶的路径、机制和结果存在很大差异。

第二，有必要对现有文献总结的后发企业线性追赶过程（如 Kim，1980；Hobday，1995；Jin & von Zedtwitz，2008）进行反思。在我们考察的案例中，作为国有企业的上汽，其创新能力追赶绝不是一个自动的过程。在通过建立合资公司引进技术后，并没有像现有文献揭示的那样展开，如消化吸收和提高阶段。相反，作为民营企业的吉利，其创新能力追赶过程并非始于技术引进，而是通过从雇用中学习和逆向工程等非正式开放式学习机制发展创新能力。

第三，后发企业实现创新能力追赶的一个重要机制是建立与跨国公司的联结（如 Hobday，1995；Mathews，2002；Ernst & Kim，2002；Humphrey & Schmitz，2002）。我们的案例研究显示，和跨国公司建立联结只是提供了本土后发企业发展创新能力的可能，而并非像现有文献表明的那样确定。进一步，案例研究结果表明，和作为民营企业的吉利相反，与跨国公司建立了直接联结的上汽不但没有发展创新能力，反而丧失了原有的创新能力平台。而吉利虽未在初期与跨国公司建立直接联结，但还是通过不同非正式开放式学习机制迅速发展了创新能力。这种鲜明的对比暗示在研究后发企业和跨国公司的联结时引入资源依赖理论（Pfeffer & Salancik 1978）的重要性。事实上，组织间关系的两个相互冲突的逻辑是权力依赖逻辑和嵌入性逻辑（Gulati & Sytch，2007）。对于依赖方而言，嵌入性逻辑暗示有利的影响，而权力依赖逻辑表明不利的后果。区分这两种逻辑的边界条件是资源依赖理论的一个重要议题。关于后发企业跨国公司联结的现有文献实际是一种嵌入型逻辑，而本案例研究结果则表明，上汽与跨国公司通过合资公司建立的组织间关系是一种权力依赖逻辑。此外，传统资源依赖理论的分析单元是双边层次，响应 Gulati 和 Sytch（2007）、Casciaro 和 Piskorski（2005）的呼吁，通过提出整合的过程理论框架，本研究将资源依赖逻辑从双边扩展到网络层次，即包含国有企业、民营企业、跨国公司和政府之间的复杂依赖关系。

第四，战略制度观在分析转型经济背景下后发企业创新能力追赶局限性。和战略制度观（Peng et al., 2009; Peng, 2002; Peng et al., 2008; Peng & Pieggenkuhle-Miles, 2009）的单向预测不同，案例研究结果表明，后发企业面临的制度环境不仅约束后发企业的学习行为和创新能力，同时制度环境也受到后发企业创新能力的反作用力。事实上，前者反映的是制度观的结构视角，而后者是代理视角（Heugens & Lander, 2009）。案例研究结果表明，结构视角解释了国有企业的学习行为和创新能力追赶，而民营企业则更加适合代理视角。本研究识别了两种不同的制度环境，即国产化政策和自主品牌政策。在国产化政策阶段，上汽为了贯彻国产化政策提高国产化率，投入了绝大部分的资源，不惜以放弃创新能力为代价。当国产化政策转向自主品牌政策时，也是为了遵从自主品牌的制度压力，上汽才打破了创新能力追赶的恶性循环。对于吉利而言，经过艰难的开放式学习和创新能力追赶，使决策者重新检视原有国产化政策导向的合法性，最终促进了制度环境的转向。这表明，作为民营企业的吉利在创新能力追赶过程中扮演了制度代理人（Institutional Agent）的角色。

第五，在研究企业所有权形式和创新能力关系时，可见度机制比代理理论更加具有解释力。尽管二者有一些重合之处，如它们都应用于公司治理领域，反映管理者对企业理性选择的偏移，然而，较之忽视情境特征的代理理论，由于可见度机制包含了对管理者更复杂的刻画，从而更适应复杂情境的引入。这对于考察后发企业创新能力追赶过程是非常重要的。此外，在不存在委托代理问题时，可见度机制仍能发生作用。

第六，响应 Hobday（2005）的警告，通过进一步引入两种不同的后发企业（Who），并解释了在何种情况下（When）创新能力为什么能发展的机制（Why），本研究在转型经济情境下加强了后发企业技术学习和追赶文献的理论基础（Whetten, 1989）。此外，本文也是对 Tsui（2006）呼吁情境化中国管理研究的回应，鉴于绝大多数的中国管理研究情境化有限（Li & Tsui, 2002），本研究通过中国转型经济背景下汽车产业不同所有权企业的比较案例研究，丰富了情境化的中国管理研究文献。

（四）管理和政策意义

作为后发企业，强调学习开放性并保持资源摘取和能力构建之间的协同，对发展创新能力非常关键。并且，资源摘取和能力构建之间是一种动态协同。一个方面改变，而另一个方面未能相应改变，则将造成资源配置的不合理，影响创新能力的发展速度。较之国有企业，民营企业更容易做到这一点。尽管国有企业管理者面临可见度窘境，我们仍然提请国有企业管理者意识到，单纯依赖资源摘取，而忽视内部能力构建，是一种事倍功半的学习战略。

本文对国产化政策、市场换技术政策以及产业准入政策都有一定意义。①国产化政策。国产化政策虽然在培育零部件企业创新能力具有正面效应，但决策者需要认识到，国产化政策本质上只关注生产能力而不是创新能力，因而无助于整车企业创新能力的培育。事实上，从国产化到形成创新能力需要高强度有意识的技术学习。当国产化压倒一切的时候，将对发展创新能力的学习努力造成显著的挤出效应。②产业准入政策。通常是限制民营企业进入的政策，也是维持一个垄断市场的政策。然而，本研究发现，中国汽车产业创新能力的发展和民营企业吉利的进入密切相关。不过决策者似乎仍未意识到这一点。如2009 年的《汽车产业调整和振兴规划》规定："鼓励一汽东风、上汽、长安等大型汽车企业在全国范围内实施兼并重组。支持北汽、广汽、奇瑞、重汽等汽车企业实施区域性兼并重组。"③市场换技术战略。对于发展中国家来说，这一战略是现实可行的战略。然而，这需要决策者系统的政策设计。至少，尽可能放弃产业准入政策并且在合适时机放弃国产化政策是两个关键要素。当前，中国其他产业的发展需要借鉴汽车产业的教训。

（五）未来研究方向

首先，鉴于案例研究的局限性，有必要在转型经济其他产业检验所提出理论的概化性。其次，通过创造性的实验，模拟方法有助于细化案例研究归纳出的理论（Davis et al.，2007），未来研究可以对本研究结果进行系统动力学模拟（Davis et al.，2007；Harrison et al.，2007）。再次，Hillman 等（2009）在最近一篇综述中提出，资源依赖理论的进一步研究包括整合资源依赖的不同议题。尽管这不是本文重点，但案例研究结果似乎支持了Hillman 等（2009）的论断。研究结果表明，至少在购并、合资公司、政治行动等议题之间进行整合是可行并且非常有潜力的。最后，本研究主要关注后发企业，尽管提到了跨国公司在发展中国家的利用式战略，但仍缺少对跨国公司行为的系统刻画，未来研究可以以场域（Field；Scott，1995）或生态体系（Ecosystem；Adner & Kapoor，2010）为分析单元，考察国内国有企业、民营企业、跨国公司三者之间的互动及其对国有企业和民营企业创新能力追赶的影响。

参考文献

［1］Adner，R. and R. Kapoor. Value Creation in Innovation Ecosystems：How the Structure of Technological Interdependence Affects Ffirm Performance in New Technology Generations［J］. Strategic Management Journal，2010（31）.

［2］Amsden，A.H. Asias，Next Giang：South Korea and Late Industrialization［M］. New York：Oxford University Press，1989.

［3］Bell，Martin and Keith Pavitt. Technological Accumulation and Industrial Growth：Contrasts Between Developed and Developing Countries［J］. Industrial and Corporate Change，1993（2）.

［4］Bruton，Garry D. and Chung-Ming Lau. Asian Management Research：Status Today and Future Outlook［J］. Journal of Management Studies，2008（45）.

［5］Cai，Jing and Andrew Tylecote. Corporate Governance and Technological Dynamism of Chinese Firms in Mobile Telecommunications：A Quantitative Study［J］. Research Policy，2008（37）.

［6］Casciaro，T. and M.J. Piskorski. Power Imbalance，Mutual Dependence and Constraint，Absorption：A Close Look at Resource Dependence Theory［J］. Administrative Science Quarterly，2005（50）.

［7］Chang，Sea-Jin，Chi-Nien Chung and Ishtiaq P. Mahmood. When and How Does Business Group Affiliation Promote Firm Innovation? A Tale of Two Emerging Economies [J]. Organization Science, 2006 (17).

[8] Child, John. Strategic Choice in the Analysis of Action, Structure, Organizations and Environment: Retrospect and Prospect [J]. Organization Studies, 1997 (18).

[9] Ching, Horng and Chen Wayne. From Contract Manufacturing to Own Brand Management: The Role of Learning and Cultural Heritage Identity [J]. Management and Organization Review, 2008 (4).

[10] Cho, Hyun-Dae and Jae-Keun Lee. The Developmental Path of Networking Capability of Catch-Up Players in Korea's S Semiconductor Industry [J]. R&D Management, 2003 (33).

[11] Chu, Wan-Wen. How the Chinese Government Promoted a Global Automobile Industry [J]. Industrial and Corporate Change, 2011 (20).

[12] Cohen, Wesley M.and Daniel A. Levinthal. Absorptive Capacity: A New Perspective on Learning and Innovation [J]. Administrative Science Quarterly, 1990 (35).

[13] Dahlman, Carl J., Bruce Ross-Larson, and Larry E. Westphal. Managing Technological Development: Lessons From The Newly Industrializing Countries [J]. World Development, 1987 (15).

[14] Davis, J.P., K.M.Eisenhardt and C.B.Bingham. Developing Theory Through Simulation Methods [J]. Academy of Management Review, 2007 (32).

[15] Dutrénit, Gabriela. Building Technological Capabilities in Latecomer Firms: A Review Essay [J]. Science Technology & Society, 2004 (9).

[16] Eisenhardt, K.M.and M.E.Graebner. Theory Building from Cases: Opportunities And Challenges [J]. Academy of Management Journal, 2007 (50).

[17] Eisenhardt, Kathleen M. Agency Theory: An Assessment and Review [J]. The Academy of Management Review, 1989a (14).

[18] Eisenhardt, Kathleen M. Building Theories from Case Study Research [J]. Academy of Management Review, 1989b (14).

[19] Emerson, Richard M. Power-Dependence Relations [J]. American Sociological Review, 1962 (27).

[20] Ernst, Dieter. Catching-up Crisis and Industrial Upgrading: Evolutionary Aspects of Technological Learning in Korea's Electronics Industry [J]. Asia Pacific Journal of Management, 1998 (15).

[21] Ernst, Dieter and Linsu Kim. Global Production Networks, Knowledge Diffusion and Local Capability Formation [J]. Research Policy, 2002 (31).

[22] Estrin, S., J.Hanousek, E.Kocenda, and J.Svejnar. The Effects of Privatization and Ownership in Transition Economies [J]. Journal of Economic Literature, 2009 (47).

[23] Ettlie, John E. Organizational Policy and Innovation among Suppliers to the Food Processing Sector [J]. The Academy of Management Journal, 1983 (26).

[24] Ettlie, John E., William P.Bridges and Robert D. O Keefe. Organization Strategy and Structural Differences for Radical versus Incremental Innovation [J]. Management Science, 1984 (30).

[25] Etzkowitz, H.and S.N.Brisolla. Failure and Success: The Fate of Industrial Policy in Latin America and South East Asia [J]. Research Policy, 1999 (28).

[26] Fan, Peilei. Catching up Through Developing Innovation Capability: Evidence from China's Telecom-Equipment Industry [J]. Technovation, 2006 (26).

[27] Figueiredo, P.N. Learning Processes Features and Technological Capability-Accumulation: Explaining Inter-Firm Differences [J]. chnovation, 2002 (22).

［28］ Glaser, B. G. and A. L.Strauss. The Discovery of Grounded Theory: Strategies for Qualitative Research ［M］. Aldine, 1907.

［29］ Greve, H.R. Exploration and Exploitation in Product Innovation ［J］. Industrial and Corporate Change, 2007（16）.

［30］ Gulati, R.and M.Sytch. Dependence Asymmetry and Joint Dependence in Interorganizational Relationships: Effects of Embeddedness on A Manufacturer's Performance in Procurement Relationships ［J］. Administrative Science Quarterly, 2007（52）.

［31］ Halman, Johannes 1.M., Adrian P.Hofer and Wim van Vuuren. Platform-Driven Development of Product Families: Linking Theory with Practice ［J］. Journal of Product Innovation Management, 2003（20）.

［32］ Harrison, J.R., Z.Lin, G.R.Carroll, and K.M. Carley. Simulation Modeling in Organizational and Management Research ［J］. Academy of Management Review, 2007（32）.

［33］ Henderson, Rebecca M.and Kim B.Clark. Architectural Innovation: The Reconfiguration of Existing Product Technologies and the Failure of Established Firms ［J］. Administrative Science Quarterly, 1990（35）.

［34］ Heugens, Ppmar and M.W.Lander. Structure! Agency! （And other quarrels）: A meta-analysis of Institutional Thories of Organization ［J］. Academy of Management Jourhal, 2009（52）.

［35］ Hillman, A.J.and M.A.Hitt. Corporate Political Strategy Formulation: A Model of Approach, Participation and Strategy Decisions ［J］. Academy of Management Review, 1999（24）.

［36］ Hillman, A.J., M.C..Withers and B.J.Collins. Resource Dependence Theory: A Review ［J］. Journal of Management, 2009（35）.

［37］ Hobday, Michael. Firm-level Innovation Models: Perspectives on Research in Developed and Developing Countries ［J］. Technology Analysis & Strategic Management, 2005（17）.

［38］ Hobday Mike. East Asian Latecomer Firms: Learning the Technology of Electronics ［J］. World Development, 1995（23）.

［39］ Hoskisson, R.E., L.Eden, C.M.Lau, and M. Wright. Strategy in Emerging Economies ［J］. Academy of Management Journal, 2000（43）.

［40］ Humphrey, John and Hubert Schmitz. How Does Insertion in Global Value Chains Affect Upgrading in Industrial Clusters? ［J］. Regional Studies, 2002（36）.

［41］ Itami, H.and T.W.Roehl. Mobilizing Invisible Assets ［M］. Harvard Univ Pr, 1991.

［42］ Jensen, M.and W.Meckling. Theory of firm: Managerial Behavior, Agency Costs and Ownership Structure ［J］. Journaf of Financial Economics, 1976（3）.

［43］ Jin, Jun and Maximilian yon Zedtwitz. Technological Capability Development in China's Mobile Phone Industry ［J］. Technovation, 2008（28）.

［44］ Kim, Linsu. Stages of Development of Industrial Technology in a Developing Country: a Model ［J］. Research Policy, 1980（9）.

［45］ Kochhar, R.and P.David. Institutional Investors and Firm Innovation: A Test of Competing Hypotheses ［J］. Strategic Management Journal, 1996（17）.

［46］ Lall, Sanjaya. Technological Capabilities and Industrialization ［J］.World Development, 1992（20）.

［47］ Langley, A.and J.Truax. A Process Study of New Technology Adoption in Smaller Manufacturing Firms ［J］. Journal of Management Studies, 1994（31）.

［48］ Lazonick, William. Indigenous Innovation and Economic Development: Lessons from China's Leap into the Inforruction Age [J]. Industry & Innovation, 2004 (11).

[49] Lee, Jinjoo, Zong-tae Bae and Dong-kyu Choi. Technology Development Processes: a Model for a Developing Country with a Global Perspective [J]. R&D Management, 1988 (18).

[50] Leonard-Barton, Dorothy. A Dual Methodology for Case Studies: Synergistic Use of a Longitudinal Single Site with Replicated Multiple Sites [J]. Organization Science, 1990 (1).

[51] Li, J., Kozhikode, R. Knowledge Management and Innovation Strategy: The Challenge For Latecomers in Emerging Economies [J]. Asia Pacific Journal of Management, 2008 (25).

[52] Li, Jiatao and Anne S.Tsui. A Citation Analysis of Management and Organization Research in the Chinese Context: 1984~1999 [J]. Asia Pacific Journal of Management, 2002 (19).

[53] Li, Peter Ping. Toward an Integrated Theory of Multinational Evolution: The Evidence of Chinese Muhinational Enterprises as Latecomers [J]. Journal of International Management, 2007 (13).

[54] Li, S.M.and J.Xia. The Roles and Performance of State Firms and Non-State firms in China's Economic Transition [J]. World Development, 2008 (36).

[55] Makadok, Richard. Toward a Synthesis of the Resource-Based and Dynamic-C pability Views of Rent Creation [J]. Strategic Management Journal, 2001 (22).

[56] Makino, S., C.M.Lau and R.S.Yeh. Asse-e ploitation Versus Asset-Seeking: Implications for Location Choice of Foreign Direct Investment from Newly Industrialized Economies [J]. Journal of International Business Studies, 2002 (33).

[57] Makri, M, M.A.Hitt and P.J.Lane. Complementary Technologies, Knowledge Relatedness and Invention Outcomes in High Technology Mergers and Acquisitions [J]. Strategic Management Journal, 2010 (31).

[58] Malik, O.R.and M.Kotabe. Dynamic Capabilities, Government Policies and Performance in Firms from Emerging Economies: Evidence from India and Pakistan [J]. Journal of Management Studies, 2009 (46).

[59] Mathews, John A. Competitive Advantages of the Latecomer Firm: A Resource~Based Account of Industrial Catch~Up Strategies [J]. Asia Pacific Journal of Management, 2002 (19).

[60] Mathews, John A.and Dong-Sung Cho. Combinative Capabilities and Organizational Learning in Latecomer Firms: The Case of The Korean Semiconductor Industry [J]. Journal of World Business, 1999 (34).

[61] Mazzoleni.R.and R.R.Nelson. Public Research Institutions and Economic Catch-up [J]. Research Policy, 2007 (36).

[62] Mowery, David C., Joanne E.Oxley and Brian S.Silvermin. Technological Overlap and Interfirm Cooperation: Implications for the Resource-Based View of the Firm [J]. Research Policy, 1998 (27).

[63] Nolan, P. China and the Global Business Revolution [J]. Cambridge Journal of Economics, 2002 (26).

[64] Nonaka, Ikujiro. A Dynamic Theory of Organizational Knowledge Creation [J]. Organization Science, 1994 (5).

[65] Peng, M.W. The Development of Corporate Governance in China [J]. Academy of Management Executive, 2000 (14).

[66] Peng, M.W.and E.G.Pleggenkuhle Miles. Current Debates in Global Strategy [J]. International Journal of Management Reviews, 2009 (11).

[67] Peng, M.W., S.L.Sun, B.Pinkham, and H. Chen. The Institution Based View as a Third Leg for a Strategy Tripod [J]. Academy of Management Perspectives, 2009 (23).

［68］ Peng, M.W., J.Tan and T.W.Tong. Ownership Types and Strategic Groups in an Emerging Economy ［J］. Journal of Management Studies, 2004（41）.

［69］ Peng, M.W., D.Y.L.Wang and Y.Jiang. An InstitutiOn~Based View of International Business Strategy: A Focus on Emerging Economies ［J］. Journal of International Business Studies, 2008（39）.

［70］ Peng, M.W. Towards an Institution-Based View of Business Strategy ［J］. Asia Pacific Journal of Management, 2002（19）.

［71］ Perrini, F., G.Rossi and B.Rovetta. Does Ownership Structure Affect Performance? Evidence from the Italian Market ［J］. Corporate Governance-an International Review, 2008（16）.

［72］ Pfefer, J.and G.R.Salancik. The External Control of Organizations: A Resource Dependence Perspective ［M］. New York: Harper& Row, 1978.

［73］ Ritchie, Bryan. Economic Upgrading in A State-Coordinated, Liberal Market Economy ［J］. Asia Pacifie Journal of Management, 2009（26）.

［74］ Scott, W.R. Institutions and Organizations. Foundations for Organizational Science ［M］. Thousand Oaks, CA: Sage, 1995.

［75］ Song, J., P.Almeida and G.Wu. Learning-by-hiring: When is Mobility More Likely to Facilitate Interfirm Knowledge Transfer? ［J］. Management Science, 2003（49）.

［76］ Sterman, J.D. Business Dynamics: Systems Thinking And Modeling for A Complex Word ［M］. New York: Irwin McGraw-Hill, 2000.

［77］ Tan, J. Innovation and Risk-taking in A Transitional Economy: A Comparative Study of Chinese Managers and Entrepreneurs ［J］. Journal of Business Venturing, 2001（16）.

［78］ Tan, J. Impact of Ownership Type on Environment-Strategy Linkage and Performance: Evidence from a Transitional Economy ［J］. Joarnal of Management Studies, 2002（39）.

［79］ Tan, J. Venturing in Turbulent Water: A Historical Perspective of Economic Reform and Entrepreneurial Transformation ［J］. Journal of Business Venturing, 2005（20）.

［80］ Tsui, A.S. Contextualization in Chinese Management Research ［J］. Management and Organization Review, 2006（2）.

［81］ Tsui, Anne S., Hui Wang and Katherine R.Xin. Organizational Culture in China: An Analysis of Culture Dimensions and Culture Types ［J］. Management and Organization Review, 2006（2）.

［82］ Tylecote, Andrew and Conesa Emmanuelle. Corporate Governance Innovation Systems and Industrial Performance ［J］. Industry and Innovation, 1999（6）.

［83］ Tylecote, Andrew and Paulina Ramirez. Corporate Governance and Innovation: The Uk Compared with the Us and "Insider" Economies ［J］. Research Policy, 2006（35）.

［84］ Utterback, James M.and William J.Abernathy. A Dynamic Model of Process and Product Innovation ［J］. Omega, 1975（3）.

［85］ Walsh, Ian J., Mamta Bhatt and Jean M.Bartunek. Organizational Knowledge Creation in the Chinese Context ［J］. Management and Organization Review, 2009（5）.

［86］ Wang, Hha. Innovation in Product Architecture-a Study of the Chinese Automobile Industry ［J］. Asia Pacific Journal of Management, 2008（25）.

［87］ Wei, J., K.Malik and Y.Y.Shou. A Pattern of Enhancing Innovative Knowledge Capabilities: Case Study of A Chinese Telecom Manufacturer ［J］. Technology Analysis & Strategic Management, 2005（17）.

［88］ Wei, Jiang and Shisong Jiang. Ownership and Visibility: A Pattern of Industrial Technology Catching-up in Transitional Economies［J］. International Journal of Technology and Globalisation, 2009（4）.

［89］ Whetten, David A. What Constitutes a Theoretical Contribution?［J］. Academy of Management Review, 1989（14）.

［90］ Xu, Q.R., J.Chen and B.Guo. Perspective of Technological Innovation and Technology Management in China［J］. IEEE Transactions on Engineering Management, 1998（45）.

［91］ Yan, A.M.and B.Gray. Bargaining Power, Management Control and Performance in United-States China Joint Venturesa Comparative Case Study［J］. Academy of Management Journal, 1994（37）.

［92］ Yin, R. Case Study Research: Design and Methods［M］. Thousands Oaks: Sage Publications, 2003.

［93］ 陈祖涛. 我的汽车生涯［M］. 人民出版社, 2005.

［94］ 贾新光. 大洗牌: 中国汽车谁主沉浮［M］. 机械工业出版社, 2010.

［95］ 江诗松, 龚丽敏, 魏江. 转型经济背景下后发企业的能力追赶: 一个共演模型——以吉利集团为例［J］. 管理世界, 2011a（4）.

［96］ 江诗松, 龚丽敏, 魏江. 转型经济背景下的企业政治战略: 国有企业和民营企业的比较［J］. 南开管理评论, 2011b（3）.

［97］ 李永钧. 上汽的自主品牌之梦［J］. 远东经济画报, 2006（4）.

［98］ 栗源. 上汽荣辱［J］. 新汽车, 2006（2）.

［99］ 路风. 走向自主创新: 寻求中国力量的源泉［M］. 广西师范大学出版社, 2006.

［100］ 路风, 封凯栋. 发展我国自主知识产权汽车工业的政策选择［M］. 北京大学出版社, 2005.

［101］ 路风, 慕玲. 本土创新、能力发展和竞争优势——中国激光视盘播放机工业的发展及其对政府作用的政策含义［J］. 管理世界, 2003（12）.

［102］ 马丁·波斯特. 上海1000天: 德国大众结缘中国传奇［M］. 中信出版社, 2008.

［103］ 梅永红, 封凯栋. 吉利造车现象: 关于吉利自主创新的调研报告［J］. 中国软科学, 2005（11）.

［104］ 汽车探索网. 名爵MG5或将亮相上海车展细节曝光［EB/OL］. http://auto.163.com/09/0331/15/550B14V000082H5R.html, 2009.

［105］ 深圳商报. 自主研发的新路在脚下延伸［EB/OL］. http://auto.163.com/06/0630/15/2KSIJP-KC00081VHR.html, 2006.

［106］ 田志龙, 高勇强, 卫武. 中国企业政治策略与行为研究［J］. 管理世界, 2003（12）.

［107］ 网易汽车. 赵福全解析吉利技术体系与产品战略平台［EB/OL］. http://auto.163.com/10/0421/20/64QOFQPIO0084BR3.html, 2010.

［108］ 吴阿仑, 曹圣明, 辰时. 吉利的野蛮生长［J］. 财经, 2010（1）.

［109］ 夏大慰, 史东辉, 张磊. 汽车工业: 技术进步与产业组织［M］. 上海财经大学出版社, 2002.

［110］ 向寒松. 中国汽车营销风云录［M］. 机械工业出版社, 2007.

［111］ 谢伟. 全球生产网络中的中国轿车工业［J］. 管理世界, 2006（12）.

［112］ 谢伟, 吴贵生. 桑塔纳轿车国产化的过程、组织、经验和特点［J］. 汽车工业杂志, 1997（3）.

［113］ 俞崇武. 上海汽车产业如何实现"率先提升自主创新能力"？——访上海美特汽车覆盖件模具软件有限公司总工程师张树乾［J］. 华东科技, 2006（11）.

［114］ 韵江, 刘立. 创新变迁与能力演化: 企业自主创新战略——以中国路明集团为案例［J］. 管理世界, 2006（12）.

［115］张建君，林淑.企业与政府［J］.//张志学，张建君.中国企业的多元解读［M］.北京大学出版社，2010.

［116］张敏.赵福全：技成吉利［J］.汽车人杂志，2010（2）.

［117］张米尔，田丹.从引进到集成：技术能力成长路径转变研究［J］.公共管理学报，2008（1）.

［118］郑作时.汽车疯子李书福［M］.中信出版社，2007.

［119］朱远.上汽自主荆棘路［J］.环球供应链，2006（6）.

［120］祝惠春.传闻天汽将并入一汽独立发展吉利出路在哪里？［J］.轻型汽车技术，2002（4）.

第二节

英文期刊论文精选

文章名称： Inventories and the automobile market.

期刊名称： The RAND Journal of Economics

作者： Adam Copeland，Wendy Dunn，George Hall

出版时间： Spring 2011

摘要： This article studies the within-model-year pricing, production, and inventory management of new automobiles. Using new monthly data on U.S. transaction prices, we document that, for the typical vehicle, prices fall over the model year at a 9.0% annual rate. Concurrently, both sales and inventories are hump shaped. To explain these time series, we formulate an industry model for new automobiles in which inventory and pricing decisions are made simultaneously. The model predicts that automakers' build-to-stock inventory management policy substantially influences the time series of prices and sales, accounting for four tenths of the price decline observed over the model year.

关键词： model year；inventory；automobile；build-to-stock

文章名称： 库存和汽车市场

期刊名称： 兰德经济学杂志

作者： 亚当·柯波兰德，温迪·邓恩，乔治·霍尔

出版时间： 2011 年春

摘要： 本文研究了新汽车在车型年的定价、生产和库存管理。利用新的美国交易价格月度数据发现，在车型年，典型汽车以 9.0% 的年率价格下跌。同时，销售和库存均呈驼峰形状。作者构建了一个新汽车的产业模型来解释这些变化趋势，在模型中，库存和定价被同时决定。根据模型预测，汽车制造商存货生产的库存管理政策对价格和销售的走势影响较大，据观测，在车型年，40% 的价格下降应该归咎于此。

关键词： 车型年；库存；汽车；存货生产

文章名称：Consumer Search and Dynamic Price Dispersion：An Application to Gasoline Markets.

期刊名称：The RAND Journal of Economics

作者：Ambarish Chandra，Mariano Tappata

出版时间：Winter 2011

摘要：This article studies the role of imperfect information in explaining price dispersion. We use a new panel data set on the U.S. retail gasoline industry and propose a new test of temporal price dispersion to establish the importance of consumer search. We show that price rankings vary significantly over time; however, they are more stable among stations at the same street intersection. We establish the equilibrium relationships between price dispersion and key variables from consumer search models. Price dispersion increases with the number of firms in the market, decreases with the production cost, and increases with search costs.

关键词：consumer search；price dispersion；imperfect information

文章名称：消费者搜索和动态价格离散：对汽油市场的应用

期刊名称：兰德经济学杂志

作者：安巴里希·钱德拉，玛里亚诺·塔帕塔

出版时间：2011 年冬

摘要：本文研究不完全信息在解释价格离散中的作用。作者使用新的美国汽油零售行业面板数据集并提出了一个新的对于短暂价格离散的测试，以评估消费者搜索的重要性。结果表明，随着时间的推移，价格分级变化显著；然而，就像在同一街道十字路口的不同位置移动，价格分级则更稳定。作者基于消费者搜索模型建立起价格离散和关键变量之间的均衡关系。随着市场上企业数量的增加、生产成本下降和搜索成本上升，价格离散度也在增加。

关键词：消费者搜索；价格离散；不完全信息

文章名称：Who Thinks about the Competition? Managerial Ability and Strategic Entry in US Local Telephone Markets.

期刊名称：The American Economic Review

作者：Avi Goldfarb，Mo Xiao.

出版时间：December 2011

摘要：We examine US local telephone markets shortly after the Telecommunications Act of 1996. The data suggest that more experienced，better-educated managers tend to enter markets with fewer competitors. This motivates a structural econometric model based on behavioral game theory that allows heterogeneity in managers'ability to conjecture competitor behavior. We find that manager characteristics are key determinants in managerial ability. This estimate of ability predicts out-of-sample success. Also，the measured level of ability rises following a shakeout，suggesting that our behavioral assumptions may be most relevant early in the industry's life cycle.

关键词：managerial ability；strategic entry；behavioral game theory

文章名称：谁考虑竞争？美国本地电话市场中的管理能力和战略性进入

期刊名称：美国经济评论

作者：艾薇·戈德法布，肖莫

出版时间：2011 年 12 月

摘要：在《1996 年美国电信法》颁布后不久，作者仔细观察了美国本地电话市场。数据显示，富有经验、受过良好教育的经理倾向于进入竞争者较少的市场。作者为此构建了基于行为博弈理论的结构计量经济学模型，模型假定经理人猜想竞争对手行为的能力具有异质性。结果发现，经理人的性格特点是管理能力的关键决定因素。这种能力估算预示成功出乎意料。而且随着模型调整提高了能力测量水平，表明本文的行为假设可能与产业生命周期的早期最相关。

关键词：管理能力；战略性进入；行为博弈理论

文章名称： R&D Investment，Exporting，and Productivity Dynamics.

期刊名称： The American Economic Review

作者： Bee Yan Aw，Mark J. Roberts and Daniel Yi Xu

出版时间： June 2011

摘要： This paper estimates a dynamic structural model of a producer's decision to invest in R&D and export, allowing both choices to endogenously affect the future path of productivity. Using plant-level data for the Taiwanese electronics industry, both activities are found to have a positive effect on the plant's future productivity. This in turn drives more plants to self-select into both activities, contributing to further productivity gains. Simulations of an expansion of the export market are shown to increase both exporting and R&D investment and generate a gradual within-plant productivity improvement.

关键词： R&D；productivity dynamics；electronics industry

文章名称： 研发投资、出口和生产率动力学

期刊名称： 美国经济评论

作者： 欧碧颜，马克·罗伯茨，丹尼尔·徐艺

出版时间： 2011 年 6 月

摘要： 本文估算了生产者决定投资于研发和出口的动态结构模型，模型假定这两项选择是内生的，影响生产率的未来走向。利用中国台湾地区电子产业的工厂级数据，作者发现，投资于研发和出口都对工厂的未来生产率有积极的影响。这反过来又推动更多的工厂自动选择这两种投资活动，促进生产率的进一步提高。通过模拟发现，出口市场的扩张会同时增加出口和研发的投入，并促使工厂内的生产率逐步得到改进。

关键词： 研发；生产率动力学；电子产业

文章名称：Persistence of Technological Leadership：Emerging Technologies and Incremental Innovation.

期刊名称：The Journal of Industrial Economics

作者：Christopher J. Metcalf

出版时间：June 2011

摘要：In a model of competitive innovation，I derive theoretical conditions for an entrant to displace the incumbent firm by innovating in an undeveloped，substitute（emerging）technology. The main result presents conditions on profitability and innovation speed that yield a Markov Perfect Equilibrium in which the entrant pursues the emerging technology，while the incumbent chooses to persist with the established technology and collect short-run profits. Notably，this result does not require the entrant's superiority to the incumbent for innovation. Finally，when the model is calibrated to hard drive industry data，its predictions are consistent with the observed outcomes.

关键词：incremental innovation；emerging technology；Markov Perfect Equilibrium

文章名称：技术领导的持续性：新兴技术和渐进式创新

期刊名称：产业经济学杂志

作者：克里斯托弗·梅特卡夫

出版时间：2011 年 6 月

摘要：在一个竞争性创新的模型中，作者通过在未开发的替代（新兴）技术上的创新，推导出进入者取代在位企业的理论条件。本文主要研究结果提出了可以被接受的盈利能力和创新速度的条件，其产生一个马尔可夫完美均衡，其中进入者追求新兴技术，而在位者坚持选择现有技术和获取短期利润。值得注意的是，这一结果并不要求进入者对在位者拥有创新上的优势。而且当模型被用来测定硬盘产业数据时，其预测与所观察到的结果是一致的。

关键词：渐进式创新；新兴技术；马尔可夫完美均衡

文章名称：Competition and Product Quality in the Supermarket Industry.

期刊名称：The Quarterly Journal of Economics

作者：David A. Matsa

出版时间：August 2011

摘要：This article analyzes the effect of competition on a supermarket firm's incentive to provide product quality. In the supermarket industry, product availability is an important measure of quality. Using U.S. Consumer Price Index microdata to track inventory shortfalls, I find that stores facing more intense competition have fewer shortfalls. Competition from Walmart—the most significant shock to industry market structure in half a century—decreased shortfalls among large chains by about a third. The risk that customers will switch stores appears to provide competitors with a strong incentive to invest in product quality.

关键词：product quality; supermarket industry; shortfall; Walmart

文章名称：超市行业中的竞争与产品质量

期刊名称：经济学季刊

作者：大卫·麦萨

出版时间：2011 年 8 月

摘要：本文分析了竞争对超市企业在规定产品质量方面的促进因素。在超市行业，产品的可用性是衡量质量的重要方法。作者使用美国消费者价格指数的微观数据跟踪库存不足，结果发现，那些面临着更加激烈竞争的超市店面很少存在库存不足。来自沃尔玛的竞争——半个世纪内对本行业市场结构最显著的冲击——在大型供应链上减少了约 1/3 的不足。顾客将转换商店的风险似乎为竞争对手提供了强有力的刺激，促使他们在产品质量上进行投入。

关键词：产品质量；超市行业；库存不足；沃尔玛

文章名称：Optimal Price Setting with Observation and Menu Costs.

期刊名称：The Quarterly Journal of Economics

作者：Fernando E. Alvarez, Francesco Lippi and Luigi Paciello

出版时间：November 2011

摘要：We study the price-setting problem of a firm in the presence of both observation and menu costs. The firm optimally decides when to "review" costly information on the adequacy of its price. Upon each review, the firm chooses whether to adjust its price, one or more times, before the next price review. Each price adjustment entails paying a menu cost. The firm's choices map into several statistics: the frequency of price reviews, the frequency of price adjustments, the size distribution of price changes, and the hazard rate of price adjustments. The simultaneous presence of observation and menu costs produces complementarities that change the predictions of simpler models featuring one cost only. For instance, infrequent observations may reflect a high menu cost rather than high observation costs: in spite of these complementarities, we show that the ratio of the two costs is identified by several statistics on price observations and adjustments.

关键词：price-setting; observation costs; menu costs

文章名称：观察成本和菜单成本下的价格设定

期刊名称：经济学季刊

作者：费尔南多·阿尔瓦雷斯，弗朗西斯科·里皮，路奇·帕赛罗

出版时间：2011 年 11 月

摘要：本文研究了存在观察成本和菜单成本情况下公司价格设定问题。该公司最优决定了在价格适当的情形下何时"审查"昂贵的信息。在每一次审查时，该公司选择是否在下一次价格审查前，一次或多次地调整其价格。每一次价格调整需要付出一个菜单成本。该公司的选择映射成若干统计数字：价格审查的频率、价格调整的频率、价格变动的大小分布和价格调整的危险率。同时存在的观察成本和菜单成本产生互补性，改变了只有一个成本预测的简单模型。如频繁地观察可能反映高菜单成本而不是高观察成本：尽管有这些互补性，作者发现通过价格观察和调整的若干统计数据，可以确定两项成本的比率。

关键词：价格设定；观察成本；菜单成本

文章名称：Investment Options and Bargaining Power：the Eurasian Supply Chain for Natural Gas.

期刊名称：The Journal of Industrial Economics

作者：Franz Hubert，Svetlana Ikonnikova

出版时间：March 2011

摘要：We use cooperative game theory to analyze the power structure in the pipeline network for Russian gas. If the assessment is narrowly focused on the abilities to obstruct flows in the existing system，the main transit countries，Belarus and Ukraine，appear to be strong. Once investment options are accounted for，Russia achieves clear dominance. Competition between transit countries is of little strategic relevance compared to Russia's direct access to its customers. Comparing our theoretical results with empirical evidence，we find that the Shapley value explains the power of major transit countries better than the core and the nucleolus.

关键词：cooperative game theory；Russian gas；transit countries；Shapley value

文章名称：投资选择和讨价还价能力 欧亚天然气供应链

期刊名称：产业经济学杂志

作者：弗朗茨·赫尔伯特，斯维特拉娜·伊孔妮科娃

出版时间：2011 年 3 月

摘要：本文运用合作博弈理论分析了俄罗斯天然气管网中的功率结构。如果评估是狭隘地集中于现有系统中阻碍流动的能力，主要的过境国——白俄罗斯和乌克兰，其阻碍力似乎是强大的。一旦考虑投资选项，俄罗斯就会获得明显优势。过境国家之间的竞争相较于俄罗斯的直接连接客户是没有什么战略意义的。将本文的理论结果与经验证据相比较，作者发现，夏普利值在解释主要过境国家的势力方面优于博弈的核值与核仁值。

关键词：合作博弈理论；俄罗斯天然气；过境国；夏普利值

文章名称： The Effects of Capacity on Sales under Alternative Vertical Contracts.

期刊名称： The Journal of Industrial Economics

作者： Ioannis Ioannou，Julie Holland Mortimer and Richard Mortimer

出版时间： March 2011

摘要： Retailer capacity decisions can impact sales for products by affecting, for example, availability and visibility. Using data from the U.S. video rental industry, we report estimates of the effect of capacity on sales under alternative vertical contracts. New monitoring technologies facilitated new supply contracts in this industry, reducing upfront costs of capacity but requiring minimum capacity purchases, strongly impacting stocking decisions. We find that larger capacity (more tapes) for a given title can substantially increase rentals of that title; and that alternative vertical contractual forms for distributing tapes from studios to retailers strongly impacts the relationship between capacity and rentals.

关键词： retailer capacity；video rental industry；alternative vertical contract

文章名称： 替代垂直合同下容量对销售的效应

期刊名称： 产业经济学杂志

作者： 扬尼斯·艾奥安努，茱莉·霍兰德·莫蒂默，里查德·莫蒂默

出版时间： 2011 年 3 月

摘要： 零售商的容量决策通过影响如可用性和知名度，能够影响产品的销售。本文利用来自美国视频租赁行业的数据，报告了在替代垂直合同下容量对销售影响的估计。新的监视技术，增加了本行业新的供应合同，其虽然降低了容量的前期成本，但需要购买最低容量，这对库存决策有强烈影响。作者发现，一个给定名目的较大容量（更多的磁带）可以大大增加这个名目的租金；而从工作室到零售商进行分销磁带的替代垂直合同形式，对容量和租金之间的关系影响较大。

关键词： 零售商容积；视频租赁行业；替代垂直合同

文章名称：Product Differentiation, Multiproduct Firms, and Estimating the Impact of Trade Liberalization on Productivity.

期刊名称：Econometrica

作者：Jan De Loecker

出版时间：September 2011

摘要：This paper studies whether removing barriers to trade induces efficiency gains for producers. Like almost all empirical work which relies on a production function to recover productivity measures, I do not observe physical output at the firm level. Therefore, it is imperative to control for unobserved prices and demand shocks. I develop an empirical model that combines a demand system with a production function to generate estimates of productivity. I rely on my framework to identify the productivity effects from reduced trade protection in the Belgian textile market. This trade liberalization provides me with observed demand shifters that are used to separate out the associated price, scale, and productivity effects. Using a matched plant-product level data set and detailed quota data, I find that correcting for unobserved prices leads to substantially lower productivity gains. More specifically, abolishing all quota protections increases firm-level productivity by only 2 percent as opposed to 8 percent when relying on standard measures of productivity. My results beg for a serious réévaluation of a long list of empirical studies that document productivity responses to major industry shocks and, in particular, to opening up to trade. My findings imply the need to study the impact of changes in the operating environment on productivity together with market power and prices in one integrated framework. The suggested method and identification strategy are quite general and can be applied whenever it is important to distinguish between revenue productivity and physical productivity.

关键词：product differentiation; multiproduct firms; trade liberalization; productivity

文章名称：产品差异化、多产品厂商和估算贸易自由化对生产率的影响

期刊名称：计量经济学

作者：简·德·洛克

出版时间：2011 年 9 月

摘要：本文研究是否消除贸易壁垒提高生产者的效率收益。就像几乎所有的经验工作，依赖于生产函数来恢复生产力的措施一样，作者未观察到在企业层面的物质输出。因此，有必要控制未观测的价格和需求冲击。作者结合需求系统与生产函数开发了一个实证模型，对生产率进行估算，通过自建的框架，以确定在比利时的纺织市场，减少贸易保护对生产率的影响。作者观察到这种贸易自由化下的需求转变，并从这种需求转变中分离出相关的价格、规模和生产率影响。利用匹配的工厂产品数据和详细的配额数据，作者发现，纠正未观测到的价格会大幅降低生产率收益。更具体地说，取消所有的配额保护措施，企业的生产率水平提高只有 2%，而依赖于生产率的标准措施相反提高了 8%。本文结

果需要重新估值一长串的实证研究文献，这些文献记录了生产率对主要产业冲击的反应，特别是对贸易开放的反应。本文的研究结果意味着需要对经营环境在一个整合框架下变化的影响进行研究，这个框架包括了生产率、市场势力和价格。本文所提出的方法和识别策略是相当普遍的，可以应用于区分收益生产率和物质生产率。

关键词：产品差异化；多产品厂商；贸易自由化；生产率

文章名称: Market Competition, R&D and Firm Profits in Asymmetric Oligopoly.

期刊名称: The Journal of Industrial Economics

作者: Junichiro Ishida, Toshihiro Matsumura and Noriaki Matsushima

出版时间: September 2011

摘要: We investigate a Cournot model with strategic R&D investments wherein efficient low-cost firms compete against less efficient high-cost firms. We find that an increase in the number of high-cost firms can stimulate R&D by the low-cost firms, while it always reduces R&D by the high-cost firms. More importantly, this force can be strong enough to compensate for the loss that arises from more intense market competition: the low-cost firms' profits may indeed increase with the number of high-cost firms. An implication of this result is far-reaching, as it gives low-cost firms an incentive to help, rather than harm, high cost competitors. We relate this implication to a practice known as open knowledge disclosure, especially Ford's strategy of disclosing its knowhow publicly and extensively at the beginning of the 20th century.

关键词: R&D; asymmetric oligopoly; Cournot model

文章名称: 非对称寡头下的市场竞争、研发和厂商利润

期刊名称: 产业经济学杂志

作者: 小泉石田, 松村利宏, 松岛明德

出版时间: 2011 年 9 月

摘要: 本文研究了进行战略性研发投资的古诺模型，竞争双方为高效率低成本厂商与低效率高成本厂商。作者发现，随着高成本厂商数量的增加，可以刺激低成本厂商的研发，而事实却是降低高成本厂商的研发。更重要的是，这种力量能够强大到足以弥补来自更激烈的市场竞争的损失：随着高成本厂商数量的增加，低成本厂商的利润可能确实会增加。这个结果的含义是深远的，因为它给予低成本厂商一个激励去帮助而不是伤害高成本的竞争对手。作者将这一意义与著名的公开知识披露联系起来，如 20 世纪初福特广泛公开披露其技术策略。

关键词: 研发; 非对称寡头; 古诺模型

文章名称： Intellectual Property Rights，Foreign Direct Investment and Industrial Development.

期刊名称： The Economic Journal

作者： Lee Branstetter，Kamal Saggi

出版时间： September 2011

摘要： This article develops a North-South product cycle model in which innovation，imitation and the flow of foreign direct investment（FDI）are all endogenously determined. In the model，a strengthening of intellectual property right（IPR）protection in the South reduces the rate of imitation and it increases the flow of FDI. Indeed，the increase in FDI more than offsets the decline in the extent of production undertaken by Southern imitators so that the South's share of the global basket of goods increases. Furthermore，while multinationals charge higher prices than Southern imitators，real wages of Southern workers increase while those of Northern workers fall.

关键词： intellectual property rights；FDI；North-South；product cycle

文章名称： 知识产权、外商直接投资和产业发展

期刊名称： 经济学杂志

作者： 布兰斯提特·李，卡马尔·萨吉

出版时间： 2011 年 9 月

摘要： 本文开发了一个发达国家—发展中国家产品生命周期模型，模型中创新、模仿和外商直接投资（FDI）的流动是内生决定的。在模型中，发展中国家加强知识产权（知识产权）保护，则减少了模仿的速度，增加了外商直接投资的流量。事实上，增加的外商直接投资（FDI）远远抵消了发展中国家模仿者下降的生产程度，因此发展中国家商品的全球份额实际上增加了。而且，当跨国企业相较于发展中国家的模仿者制定更高的价格，发展中国家工人的实际工资增加，而发达国家的工人数量则减少了。

关键词： 知识产权；外商直接投资；发达国家—发展中国家；产品生命周期

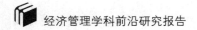

文章名称：Upstream Competition Between Vertically Integrated Firms.

期刊名称：The Journal of Industrial Economics

作者：Marc Bourreau，Johan Hombert，Jerome Pouyet and Nicolas Schutz

出版时间：December 2011

摘要：We propose a model of two-tier competition between vertically integrated firms and unintegrated downstream firms. We show that, even when integrated firms compete in prices to offer a homogeneous input, the Bertrand logic may collapse, and the input may be priced above marginal cost in equilibrium. These partial foreclosure equilibria are more likely to exist when downstream competition is fierce or when unintegrated downstream competitors are relatively inefficient. We discuss the impact of several regulatory tools on the competitiveness of the wholesale market.

关键词：upstream；two-tier competition；vertically integrated firms

文章名称：垂直一体化厂商间的上游竞争

期刊名称：产业经济学杂志

作者：马克·布柔，约翰·亨伯特，杰雷米·波耶特，尼古拉斯·舒茨

出版时间：2011 年 12 月

摘要：本文提出了在垂直一体化厂商和未一体化下游厂商之间的双重竞争模型。结果表明，即使当一体化厂商在价格竞争上提供均质性投入，伯特兰德逻辑也可能会崩溃，在均衡的情况下投入价格可能会高于边际成本。当下游竞争激烈或者是未一体化的下游竞争对手相对低效时，这些不完全闭塞均衡更可能存在。本文还讨论了若干监管工具对批发市场竞争力的影响。

关键词：上游；双重竞争；垂直一体化厂商

文章名称： Clearing the Air? The Effects of Gasoline Content Regulation on Air Quality.

期刊名称： The American Economic Review

作者： Maximilian Auffhammer，Ryan Kellogg

出版时间： October 2011

摘要： This paper examines whether US gasoline content regulations, which impose substantial costs on consumers, have successfully reduced ozone pollution. We take advantage of spatial and temporal variation in the regulations' implementation to show that federal gasoline standards, which allow refiners flexibility in choosing a compliance mechanism, did not improve air quality. This outcome occurred because minimizing the cost of compliance does not reduce emissions of those compounds most prone to forming ozone. In California, however, we find that precisely targeted, inflexible regulations requiring the removal of particularly harmful compounds significantly improved air quality.

关键词： content regulation; air quality; ozone pollution; federal gasoline standards

文章名称： 清洁空气？汽油内容管制在空气质量上的效应

期刊名称： 美国经济评论

作者： 马克西米利安·奥夫哈默，赖安·凯洛格

出版时间： 2011 年 10 月

摘要： 本文探讨了给消费者带来巨大成本的美国汽油内容管制是否已成功地减少了臭氧污染。作者利用管制实施的空间和时间变化来表明，允许炼油厂弹性选择遵守约定的联邦汽油标准，并没有改善空气质量。这一结果的发生，是由于最大限度地减少了遵守约定的成本，却并没有降低易于形成臭氧的化合物的排放量。然而，在加利福尼亚，作者发现需要清除特别有害化合物的精确的、有针对性的、不灵活的管制，则显著改善了空气质量。

关键词： 内容管制；空气质量；臭氧污染；联邦汽油标准

文章名称： Antitrust in High-Tech Industries.

期刊名称： Review of Industrial Organization

作者： Robert W. Crandall, Charles L. Jackson

出版时间： June 2011

摘要： Recent economic growth has been led by high-technology industries (See Jorgenson, Ho & Stiroh (2005) for a summary of the research on the recent acceleration of productivity growth). Many firms in these industries have achieved a dominant market position, thereby attracting the attention of competition authorities, often resulting in major monopolization cases. Unfortunately, this attention has not resulted in improved market outcomes. In this paper, we evaluate the effect of Section 2 Sherman Act cases brought against IBM, AT&T, and Microsoft. We conclude that these cases had limited effect on consumer welfare because they did not stimulate entry or innovation. In these industries, competition authorities cannot expect to promote simply an expansion of output and lower commodity prices; rather they should focus their remedies on promoting innovation-new products that replace or compete with the dominant firm's products.

关键词： antitrust; high-tech industry; Sherman Act; dominant firm

文章名称： 高科技产业中的反垄断

期刊名称： 产业组织评论

作者： 罗伯特·克兰德尔，查尔斯·杰克逊

出版时间： 2011 年 6 月

摘要： 最近的经济增长是由高科技产业带动的［见 Jorgenson，HO 和 Stiroh（2005）对加速生产率增长近期研究的总结］。许多高科技企业在本行业已经取得了市场主导地位，从而吸引了竞争主管部门的关注，往往造成重大垄断案件的发生。不幸的是，这种关注并没有导致改善市场结果。作者评估了由《谢尔曼法案》第 2 部分引起的对 IBM、AT&T 和微软的案件。本文得出结论，这些案件对消费者福利的影响有限，因为它们并没有刺激进入或创新。在这些行业中，竞争主管当局不能期望通过反垄断简单地促进产出的扩大和降低商品价格；相反，他们应该致力于促进新产品创新的补救措施，这些新产品能取代或主导企业的产品竞争。

关键词： 反垄断；高科技产业；谢尔曼法案；主导厂商

文章名称： Does AMD Spur Intel to Innovate More?

期刊名称： Journal of Political Economy

作者： Ronald L. Goettler, Brett R. Gordon

出版时间： December 2011

摘要： We estimate an equilibrium model of dynamic oligopoly with durable goods and endogenous innovation to examine the effect of competition on innovation in the personal computer microprocessor industry. Firms make dynamic pricing and investment decisions while consumers make dynamic upgrade decisions, anticipating product improvements and price declines. Consistent with Schumpeter, we find that the rate of innovation in product quality would be 4.2 percent higher without AMD present, though higher prices would reduce consumer surplus by \$12 billion per year. Comparative statics illustrate the role of product durability and provide implications of the model for other industries.

关键词： dynamic oligopoly; durable goods; endogenous innovation; microprocessor

文章名称： AMD 促进了 Intel 的更多创新了吗？

期刊名称： 政治经济学杂志

作者： 罗纳德·格特勒，布雷特·高登

出版时间： 2011 年 12 月

摘要： 本文估算了生产耐用品和具有内生创新的寡头的动态均衡模型，用这个模型来研究在个人电脑微处理器产业中竞争对创新的影响。当消费者进行动态升级决策，期望产品改善和价格下降时，厂商进行动态定价和投资决策。作者的发现与熊彼特一致，在没有 AMD 存在的情况下，产品质量的创新率将提高 4.2%，但较高的产品价格将每年减少 120 亿美元的消费者剩余。比较静态分析说明了产品耐久性的作用，模型也能提供给其他行业所用。

关键词： 动态寡头；耐用品；内生创新；微处理器

文章名称： Using Loopholes to Reveal the Marginal Cost of Regulation：The Case of Fuel-Economy Standards.

期刊名称： The American Economic Review

作者： Soren Anderson，James Sallee

出版时间： June 2011

摘要： Estimating the cost of regulation is difficult. Firms sometimes reveal costs indirectly，however，when they exploit loopholes to avoid regulation. We apply this insight to fuel economy standards for automobiles. These standards feature a loophole that gives automakers a bonus when they equip a vehicle with flexible-fuel capacity. Profit-maximizing automakers will equate the marginal cost of compliance using the loophole，which is observable，with the unobservable costs of strategies that genuinely improve fuel economy. Based on this insight，we estimate that tightening standards by one mile per gallon would have cost automakers just $9-$27 per vehicle in recent years.

关键词： loophole；marginal cost；regulation：fuel-economy standards

文章名称： 利用漏洞揭示管制的边际成本：燃油经济性标准的案例

期刊名称： 美国经济评论

作者： 索林·安德森，詹姆斯·萨利

出版时间： 2011 年 6 月

摘要： 估算管制成本是困难的，但当企业利用漏洞以避免管制时，有时会间接地披露成本。本文将这一思路应用于汽车燃油经济性标准研究，发现这些标准有一个漏洞，就是当汽车制造商给汽车装备弹性燃料容量时将获得奖金。以利润最大化为目标的汽车制造商利用漏洞，使得可观测的遵守管制的边际成本与真正提高燃油经济性策略的不可观测成本相等。基于这一认识，作者估计，最近几年，每加仑一英里标准的收紧将使汽车制造商每辆车成本的花费仅为 9~27 美元。

关键词： 漏洞；边际成本；管制；燃油经济性标准

文章名称： The Modern Food Industry and Public Health：A Galbraithian Perspective.

期刊名称： Journal of Post Keynesian Economics

作者： Stephen Dunn

出版时间： Spring 2011

摘要： John Kenneth Galbraith famously argued that many of the health problems faced by modern advanced economies were a result of increased consumption, ushered in by the large corporation. Although attracting a degree of attention and notoriety around the time of publication, Galbraith's analysis of the large corporation in The New Industrial State has slipped somewhat from view. This paper considers Galbraith's approach to the firm, highlighting how it characterizes the modern food industry. The paper argues that Galbraith has much to contribute to the understanding of debates on the modern food governance, suggesting a range of regulatory responses.

关键词： food industry; public health; governance

文章名称： 现代食品产业和公众健康：一个加尔布雷思视角

期刊名称： 后凯恩斯经济学杂志

作者： 斯蒂芬·邓恩

出版时间： 2011 年春

摘要： 约翰·肯尼思·加尔布雷思有句名言：现代先进经济体所面临的许多健康问题是由于由大公司引领的消费增长引起的。虽然加尔布雷思对新工业国家中大公司的分析在公布时获得了一定程度的关注和名声，但从评论来看，现在则有所下滑。本文认为加尔布雷思的方法，重点在于怎样刻画现代食品工业，其在理解现代食品治理的争论中有很大的贡献，提出了一系列的监管对策。

关键词： 食品产业；公众健康；治理

文章名称： Selection And Comparative Advantage In Technology Adoption.

期刊名称： Econometrica

作者： Tavneet Suri

出版时间： January 2011

摘要： This paper investigates an empirical puzzle in technology adoption for developing countries: the low adoption rates of technologies like hybrid maize that increase average farm profits dramatically. I offer a simple explanation for this: benefits and costs of technologies are heterogeneous, so that farmers with low net returns do not adopt the technology. I examine this hypothesis by estimating a correlated random coefficient model of yields and the corresponding distribution of returns to hybrid maize. This distribution indicates that the group of farmers with the highest estimated gross returns does not use hybrid, but their returns are correlated with high costs of acquiring the technology (due to poor infrastructure). Another group of farmers has lower returns and adopts, while the marginal farmers have zero returns and switch in and out of use over the sample period. Overall, adoption decisions appear to be rational and well explained by (observed and unobserved) variation in heterogeneous net benefits to the technology.

关键词： technology adoption; developing countries; hybrid maize

文章名称： 技术选择中的选择和比较优势

期刊名称： 计量经济学

作者： 塔夫尼特·苏瑞

出版时间： 2011 年 1 月

摘要： 本文探讨了发展中国家在技术采用上的一个实际难题：如杂交玉米能显著增加平均利润技术的低采用率。作者对此提供了一个简单的解释：技术的收益和成本是异构的，因此，低净回报率的农民不采用这个技术。本文通过估算杂交玉米的产量和相关收益分布的相关随机系数模型检验这一假设。此分布表明，有着最高估算收益的那组农民并不使用杂交玉米，但其收益率与收购技术的高成本相关（归因于基础设施较差）。另一组农民有较低的收益和采用率，而边际农民在样本期间内有零收益，并转换使用不同的策略。总之，技术采用的决定似乎是合理的，能够被技术上的不同收益变化（观察到的和未观察到的）所解释。

关键词： 技术选择；发展中国家；杂交玉米

文章名称：Government Policy and Firm Strategy in the Solar Photovoltaic Industry.

期刊名称：California Management Review

作者：Usha Haley，Douglas Schuler

出版时间：Fall 2011

摘要：The solar photovoltaics（PV）industry would not exist without government policies. Governments around the world have implemented policies to support consumption of solar energy and production of solar PV products. These policies have varied across countries and across time，thus contributing to regulatory uncertainty. This article addresses two related questions. First，how does regulatory uncertainty in the solar PV industry shape firms'market and non－market strategies? Second，how might firms'responses to this public－policy environment affect technological development and the locus of manufacturing? Government policies on solar PV，and firms'strategies to overcome regulatory uncertainty，may have unintended consequences. Firms'decisions on location and technology development may result in loss of employment and national competitiveness for developed countries；and firms'market strategies may increase regulatory uncertainty if they do not involve non－market stakeholders.

关键词：solar photovoltaics industry；regulatory uncertainty；market strategy

文章名称：太阳能光伏产业中的政府政策和企业战略

期刊名称：加州管理评论

作者：乌萨·哈利，道格拉斯·舒勒

出版时间：2011 年秋

摘要：太阳能光伏（PV）产业如果没有政府政策就不会存在。世界各国政府纷纷实施政策以支持太阳能消费和太阳能光伏产品的生产。这些政策在不同国家和不同的时间有不同的变化，从而导致了监管的不确定性。本文强调了两个相关问题。首先，太阳能光伏产业监管的不确定如何塑造企业市场和非市场策略？其次，企业会如何应对影响技术发展和制造业轨迹的公共政策环境？政府对太阳能光伏产业的政策，以及企业克服监管不确定性的战略，可能会带来意想不到的后果。企业的位置和技术发展的决定可能导致发达国家就业和国家竞争力的损失；如果企业不涉及非市场的利益相关者，企业的市场策略可能会增加监管的不确定性。

关键词：太阳能光伏产业；监管不确定性；市场策略

第三章　产业经济学学科 2011 年出版图书精选

第一节

中文图书精选

书名： 转变经济发展方式与调整优化产业结构
作者： 叶连松
出版时间： 2011 年 8 月
出版社： 中国经济出版社

内容提要：该书论述了 21 世纪过去 10 年来，中国紧紧抓住了战略机遇期，集中精力搞建设，一心一意谋发展，经济实力和国际影响力日益增强；"后危机时期"，中国更要紧紧抓住这难得的、大有作为的战略机遇期，未来 10 年即到 2020 年，我国将要完成四项宏伟战略目标任务，即基本完成工业化历史任务、城镇化水平显著提升接近 60%、全面建成小康社会、成为人才强国并进入世界创新型国家行列。书中重点阐述了国际金融危机引悟我们对现有经济发展方式和产业结构进行反思，对我国经济发展方式、产业结构方面存在的突出问题做了分析；提出转变经济发展方式，要把产业结构战略性调整作为主攻方向，把构建现代产业体系作为战略性举措，构建以高新技术产业为先导、战略性新兴产业为引领，以基础产业和先进制造业为支撑，服务业特别是现代服务业全面发展的格局，最终实现产业振兴；把增强自主创新能力，推进科技进步作为转变经济发展方式，调整优化产业结构的重要支撑；转变经济发展方式，调整优化产业结构，必须加快培育发展战略性新兴产业；加快转变经济发展方式，必须积极稳妥地推进新型城镇化，坚持把扩大内需、保障与改善民生作为根本出发点和落脚点；转变经济发展方式，必须把改革开放作为强大动力，人力资源是决定性推动力量。

书名： 日本制造业演进的创新经济学分析：对技术创新与
组织创新的一种新认识

作者： 李毅

出版时间： 2011 年 8 月

出版社： 中国社会科学出版社

　　内容提要： 该书在系统、全面地总结前人研究成果的基础上，运用经济学与历史相结合的研究方法，通过对日本制造业演进的历史观察与分析，对技术和组织创新的实质与作用进行分析，阐述了产业创新复杂系统的结构特征和演进规律。在日本制造业的演进、技术和组织创新以及产业创新系统的结构特征等重大问题上提出了自己独立的观点和见解，是近年来相关领域中少见的研究力作。

书名： 全球制造网络动态演进中的中国制造业：角色转换与
　　　　价值链跃迁

作者： 杨立强

出版时间： 2011 年 10 月

出版社： 对外经济贸易大学出版社

内容提要： 全球制造网络尤以东亚制造网络最典型，整体来看，中国通过引进大量的外商直接投资，在东亚地区形成了以中国为加工组装基地，以日本、韩国、中国台湾地区为料件供应地，以美欧为主要出口市场的跨境生产格局。而中国融入东亚制造网络的形式主要表现为迅速发展的加工贸易活动。在以工序国际转移和生产制造外包为主要特征的全球制造网络迅猛发展的大背景下，中国制造企业如何参与国际分工，如何利用国际分工发展自己，推动企业沿着国际产业价值链跃迁，促进整个产业升级，成为中国制造企业面临的主要问题。该书认为，全球制造网络的形成、发展和动态演进为中国制造业企业融入全球生产分工体系、推动自身价值链的跃迁并最终主导全球制造网络提供了难得的机遇和可能路径。只要中国制造业抓住机遇，发挥自己的比较优势，辅以适当的策略，完全有可能借助全球制造网络的推动实现中国制造业产业的成长和升级。

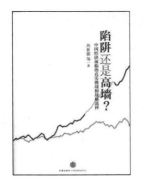

书名：陷阱还是高墙？中国经济面临的真实挑战和战略选择
作者：刘世锦等
出版时间：2011 年 11 月
出版社：中信出版社

　　内容提要： 2010 年中国 GDP 总量已超过日本，成为全球第二大经济体，人均收入水平即将由中低收入迈进中高收入行列。回顾历史，一些成功启动工业化进程并进入到中等收入阶段的国家，曾落入"中等收入陷阱"，而有些国家，则相对比较顺利地跻身高收入行列。中国的前景如何，是否会落入拉美等地区曾经遇到过的"中等收入陷阱"？是否能顺利进入高收入社会？这是一段时期国内外广泛关注的一个重大问题。该书在理论分析的基础上，将国际上正反两方面经验与中国的情形相比较，认为在工业化高速发展阶段结束之前，中国落入拉美式中等收入陷阱的可能性不大，但中国也面临真实严峻的挑战，即在工业化高速发展阶段之后，如何有效缓解该阶段积累的各种结构性矛盾和财政金融风险，并切实转变增长方式，进而顺利跨越高收入之墙。

书名：节能减排、结构调整与工业发展方式转变研究
作者：陈诗一
出版时间：2011 年 3 月
出版社：北京大学出版社

　　内容提要：该书初步勾勒出科学发展观的经济学理论分析体系，并在其中寻找展开研究的坐标和线索。转变经济发展方式的关键在于不断提高由全要素生产率所代表的经济增长中的质量贡献，而现有文献往往只从传统的资本和劳动要素的角度来进行分析。与此不同，作者从可持续发展概念最初源起的能源和环境视角出发，深层次剖析节能减排在发展方式转变中发挥作用的经济学机制；并以中国工业为例，分析如何通过实施以能源结构和轻重工业结构调整以及技术进步和创新为主的政策路径，来重置能源要素和减排环境污染，以推动全要素生产率增长并最终实现工业发展方式向可持续方向的根本转变。该书分析主要基于低碳转型的一个理论分析框架而进行，期待其研究方法、基本结论和主要政策建议能够对经济领域加快转变发展方式有所助益。

书名：京津冀产业发展升级研究——重化工业和战略性新兴
　　　产业现状、趋势与升级

作者：祝尔娟、王天伟、陈安国等

出版时间：2011 年 11 月

出版社：中国经济出版社

　　内容提要：这是一部专门研究"十二五"时期京津冀产业发展升级的国内外背景、发展现状、趋势特征与主要路径的学术性专著。由京津冀联合课题组历时两年合作完成。该书分为四大部分，共八章。第一、二两章为理论与借鉴篇，重点探讨了都市圈产业结构演变的一般规律、空间结构演化的产业机理、都市圈产业发展升级的主要路径。在对世界三大都市圈及其核心城市产业结构特征、产业结构演变以及产业发展模式进行案例剖析和比较研究的基础上，提出对都市圈产业结构演变规律的基本认识与经验启示。第三、四两章为综合分析篇，对京津冀产业发展升级的国际背景、国内背景、现实依据、发展趋势与空间演化进行了全方位、多视角分析，从而论证了京津冀产业发展升级的客观必然性。第五、六两章为实证分析篇，重点分析了京津冀地区重化工业的规模、比重、结构以及发展态势，并从专业化程度、集聚程度以及空间转移三个方面揭示其发展趋势。同时分析了京津冀战略性新兴产业的优势、特色以及发展进程。第七、八两章为发展路径篇，分别对京津冀重化工产业转型升级以及战略性新兴产业的发展路径进行了深入探讨，并提出了相应的政策建议。

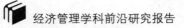

书名：中美产业互补性研究

作者：张丽平

出版时间：2011 年 11 月

出版社：商务印书馆

　　内容提要：该书分析了中美产业互补关系和贸易对两国带来的积极影响，并尖锐指出这种互补关系客观上也造成"顺差在中国、利益在美国"的双边贸易不平衡，实质上反映了利益分配的不平衡。中国的对外贸易仍以劳动密集型为主，资源环境对出口和经济发展的约束越来越突出，传统的低成本优势正在弱化。作者提出，我们应当抓住全球化、低碳经济、金融危机以及美国国内政策调整等机遇，利用自身的劳动力成本相对低廉、国内市场规模大、制造业能力强等优势，重新塑造中美之间的经济互补关系，化解风险，应对挑战。中国首先应加快外贸转型升级，力争掌握全球价值链未来发展的主动权，摆脱受制于人的局面；其次要保持与美国经贸关系的稳定，尽量避免敌对状态的出现，努力争取更加平等互利的中美产业互补关系。作者多年在国务院发展研究中心对外经济研究部从事政策研究，该书具有开阔的国际视野，实践依据比较扎实，政策建议思路也有较强的针对性。

书名：中国产业竞争力研究——基于经济全球化的视角
作者：佘镜怀
出版时间：2011 年 5 月
出版社：经济管理出版社

内容提要：该书认为，经济全球化已成为世界发展的不可逆转的趋势，并深刻地改变了世界的面貌，经济全球化给中国带来了机遇，中国改革开放 30 多年来，综合国力不断增强，经济发展实现较大跨越，但是机遇与挑战并存，随着经济全球化的不断推进，国际间竞争也越来越激烈，我国民族产业的发展面临重大挑战。该书从宏观、中观、微观三个层面深入分析阐述了中国民族产业的国际竞争力，选取相关行业进行定性分析和计量分析研究，指出目前影响和制约我国民族产业竞争力提高的因素与不足，并针对目前的竞争力现状提出对策和建议，以此来促进我国民族产业国际竞争力的提高。

书名： 长三角产业结构研究
作者： 贾晓峰、王家新
出版时间： 2011 年 12 月
出版社： 经济科学出版社

　　内容提要： 该书计算和分析了数以万计的各类统计数据，图文并茂，原创性强，具有使用和分析统计数据的大量性和多样性。作者运用系统的研究方法，从不同角度、多方位、全面分析产业结构变化的特征值，并从中得到规律性的认识，运用投入产出、多元回归等数量模型的方法并进行效应检验，运用 Eviews 6.1 等多种统计软件进行计算分析，努力使研究方法适用、先进。该书对长三角地区进行了多角度、多层次的实证分析，对产业结构的战略性调整提出了大量的对策性建议，这些结论与建议是在质与量的辩证统一中、在定量分析的基础上得出的定性分析结论，力求结论实在、可信，力求具有创新性和可操作性。

书名： 中国道路——中国经济学家的思考与探索

作者： 金碚、李钢

出版时间： 2011 年 4 月

出版社： 经济科学出版社

  内容提要： 该书以《中国经济学人》2010 年所发表的文章为主体，按照若干重要主题如宏观经济运行与调控、工业化与城市化、财贸与金融、社会保障与就业等进行精选而编辑成书。可以说，该书代表了中国顶级经济学家近年来对中国经济问题的重要研究成果和主要观点，从多角度透视了中国经济的现状与发展趋势。这些经济学家有的在中国最高学术研究机构和政策咨询机构工作，有的在相关部门工作，也有的在高校工作。因此，该书内容在很大程度上反映了中国主要的经济研究机构、政策咨询机构、政府政策研究部门和高等院校在中国经济研究上所关注的主要问题和所进行的努力方向。

书名：中国能源供应体系研究

作者：史丹等

出版时间：2011 年 5 月

出版社：经济管理出版社

　　内容提要：该书将能源供应分为四大体系：物质体系、安全保障体系、清洁体系、价格体系。根据研究，我国已经形成比较齐全的能源供应物质体系。但是体系内发展不平衡，主要表现为运输和生产能力的不平衡，先进技术应用的不平衡，生产规模和经济效益的不平衡，能源投资与能源需求的不平衡，传统能源资源开发与新能源、可再生能源开发的不平衡。由于我国对能源安全的认识近年来才上升到战略高度，因此能源供应的安全保障体系建设远远落后于能源供应的物质体系建设，大多数能源安全措施都处在探讨之中。在四大体系中，能源供应的清洁体系建设是最为薄弱的，其不仅依赖于政府的推动和产业发展，而且还依赖于消费者与市场的选择；同时，能源价格体系建设是能源供应体系中最困难的，因为能源价格涉及各方的利益，如果没有合理的能源价格体系，我国稳定、合理、清洁的能源供应体系建设就会缺乏经济手段。而在市场经济条件下，经济手段与行政管理手段相比往往是事半功倍的。

书名： 自然垄断产业规制定价机制研究

作者： 汪秋明

出版时间： 2011 年 12 月

出版社： 南京大学出版社

　　内容提要： 国内对规制理论和实践的研究尚处于起步阶段，研究的内容均较宏观，提出的政策建议也大多缺乏针对性，在规制定价机制设计方面更是缺乏深入的理论研究和实践的探讨。该书尝试在规制定价机制这个理论框架内，将已有的规制理论系统化，以规制定价机制设计为核心，在其目标、制约因素以及这些条件下激励强度的权衡方面提出自己的观点，并将之运用到具体的规制定价实践当中，如瓶颈环节的单向接入定价、电信行业的互联互通定价、普遍服务定价等。同时从规制定价机制的角度来探讨与放松准入规制、引入竞争以及质量规制等方面的关系，分析规制定价机制与其他规制政策配合所起到的积极作用。

书名：价格合谋的反垄断政策研究

作者：唐要家

出版时间：2011 年 7 月

出版社：中国社会科学出版社

　　内容提要：该书第一章对所研究的有关现实和理论背景进行简单介绍，并提出了研究问题和内容安排；第二章探讨关于价谋的反垄断法律体系的设计问题，包括价格合谋的法律规定、执法原则的分类适用、豁免政策设计等；第三章主要分析合谋的组织实施机制；第四章探讨合谋的反垄断证据识别；第五章重点分析宽大政策下的企业坦白证据；第六章探讨默契合谋认定；第七章探讨合谋的反垄断制裁；第八章探讨合谋的反垄断私人执行；第九章探讨国际卡特尔的反垄断政策；第十章对全书的分析结论进行总结，并对中国反垄断执法提出了相应的政策建议。

书名：基于科技创新的产业竞争优势理论与实证

作者：赵玉林、周珊珊、张倩男

出版时间：2011 年 4 月

出版社：科学出版社

内容提要：该书综合运用产业经济学、创新经济学、演化经济学等理论和方法，拓展了波特产业竞争优势的钻石模型理论，构建了科技创新为核心要素，科技创新与诸关键要素协同作用提升产业竞争优势的新钻石模型，揭示了科技创新与生产要素、需求条件、相关及支撑产业、市场结构与企业战略等关键要素协同作用提升产业竞争优势的作用机制；构建了产业竞争优势演化的超循环模型，分析了从产业形态创新，到产业组织创新再到产业结构创新的产业竞争优势提升过程，揭示了协同创新诱导产业竞争优势提升的作用机制和产业竞争优势演化的自组织机制。基于产业竞争优势新钻石模型构建了产业竞争优势评价指标体系，运用主成分分析方法、参数模拟、回归分析、非线性动态系统模型等方法，以及 SPSS15.0、Matlab 和 Eview5.0 等经济计量软件，对中国高技术产业竞争优势演化的阶段性特征、同一区域不同产业和同一产业不同区域的产业竞争优势进行了实证评价。结合发展中国家从比较优势向产业竞争优势转变的实际，提出了提升产业竞争优势的持续创新战略。

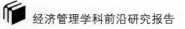

书名：中国产业政策效应研究
作者：陈瑾玫
出版时间：2011 年 6 月
出版社：北京师范大学出版社

　　内容提要：该书讲述了改革开放以来，中国政府开始运用产业政策对经济进行干预，以促进产业成长和经济发展。20 世纪 80 年代初期，中国经济呈现卖方市场的特征，经济的供求不平衡表现为供给小于需求，既有总量的不平衡又存在严重的结构不平衡。在这种情况下，政府主要通过对短线产业追加投资的方式促进产业结构调整，以消除短缺，缓解瓶颈产业对经济增长的制约。经过十几年的改革发展，中国经济的总供求不平衡状况得到了有效缓解，逐渐呈现出买方市场的特征，但结构不平衡的问题依然严重。在这种情况下，政府一方面通过大力发展新兴产业促进增量调整，另一方面采取政策措施调整产业结构，加大存量调整力度。此外，还采用一系列产业政策促进产业组织合理化和产业布局优化，推进产业技术创新和提高产业竞争力，加快产业成长和经济增长。这些政策的效应如何，产业政策实施结果是否达到了预期目标，是政府和经济学界普遍关注的问题。因此，对中国产业政策效应进行分析与评价具有重要的现实意义。

第二节

英文图书精选

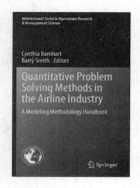

书名：Quantitative Problem Solving Methods in the Airline
Industry：A Modeling Methodology Handbook
作者：Cynthia Barnhart，Barry Smith
出版社：Springer

内容提要：该书回顾了运筹学在航空公司规划和运营的七个主要领域中的理论、应用和实践。在每一个领域，学术界和行业专家团队都提供了对业务和技术远景的概述，对当前最佳做法的观点，对相关未来研究的开放研究问题和建议的总结。目前航空公司运营研究工作中的共同主题：首先，日益增长的对客户方面的关注，主要依据他们想要什么、他们愿意为服务支付什么和他们如何被计划、营销和经营决策所影响；其次，随着算法的改进和计算能力的提升，建模应用的范围扩大，往往是重新整合的过程，而在过去解决的办法是分解；最后，在许多航空公司的规划、经营过程和决策中，有越来越多的不确定性认识，航空公司现在已经认识到需要开发"强大"的解决方案，从而有效地涵盖许多可能出现的结果，而不是只有最好的案例——"蓝天"方案。

书名：Creative Industries and Economic Evolution
作者：Jason Potts
出版社：Edward Elgar Pub

内容提要：该书从演化经济学的角度看待艺术、文化和创意产业。创意产业是现代经济的关键驱动力。经济分析传统上推进了艺术和文化的市场失灵模式，如讨论演化的市场动力学或以创新为基础的方法。杰森·波特探索研究创意经济的演化经济方法的理论和概念方面，主题包括创造性的企业和劳动力市场、社会网络、创新过程和系统、制度以及创意产业在市场动力学和经济增长中的作用。

书名：Handbook on the Economic Complexity of Technological Change

作者：Cristiano Antonelli

出版社：Edward Elgar Pub

　　内容提要：这本全面的创新手册应用了复杂经济学的工具分析技术和结构变化的原因和效果。该书将复杂经济学的直觉融合进基于熊彼特和马歇尔遗产的分析传统，阐述了创新的概念，将其作为一个经济系统的组织复杂性的新兴属性，并提供了基本的工具来理解创新出现和组织复杂性之间的递归动力学。在解释创新和结构变化的动力学简介时，强调了组织思想的作用。随着这一新的方法论应用于技术变革经济学，这本内容广泛的手册将成为演化经济学、复杂性经济学和创新经济学等学科中的研究生、学者和实践者的标准参考书。

书名： Crash Course：The American Automobile Industry's Road
to Bankruptcy and Bailout—and Beyond
作者： Paul Ingrassia
出版社： Random House Trade

内容提要： 该书是关于美国汽车工业兴衰的史诗，一个狂妄自大、错失机会和自残的引人入胜的故事，底特律三大汽车公司作为曾经繁荣骄傲的符号，美国总统却通过破产引导了其中两家的宿命。伴随着前所未有的访问，普利策奖获得者保罗·英格拉西亚把人们从工厂车间带到小城镇的经销商、底特律会议室，再带到白宫。英格拉西亚回答的重大问题是：底特律的自我毁灭是必然吗？关键的转折点是什么？为什么日本汽车制造商比美国公司能更好地管理美国工人？作者完成的新后记对于持续动荡的美国汽车工业提出了新的见解——丰田的阵痛，旋转门管理和通用汽车的 IPO，克莱斯勒意想不到的进展，以及奥巴马政府在底特律恢复上的赌注——该书强调了一个关键问题：美国拯救了通用汽车，但是谁来拯救美国？

书名：Make It in America：The Case for Re-Inventing the Economy

作者：Andrew Liveris

出版社：Wiley

　　内容提要：美国过去用自己制造的东西来定义自己。美国设计和生产了世界上最重要的创新，并在这样做的过程中，创造了一个充满活力的制造业，建立了中产阶级。美国制造了自己的路并达到顶峰，成为所有国家中无可争议的经济领袖。但在过去的几十年里特别是在过去的 10 年里，美国引以为傲的制造业部门出现衰退，损失了数百万个就业机会，并将美国的长期繁荣置于风险之中。现在，美国正努力从几代人中最糟糕的衰退中复苏，唯一好转的机会就是重振美国制造业，并使它彻底改变。作者认为，美国未来的经济增长和繁荣取决于其制造业的实力。该书解释制造业部门如何创造其他部门难以企及的经济价值，以及无论在工厂内外在创造就业机会上都处于中心地位；探讨了其他国家如何建设他们的制造业以在全球经济中保持竞争力，并描述美国为何落伍；提供了一个积极的、实用的、全面的议程，使美国重回正轨，引领世界。是时候停止接受那些认为制造业关闭工厂和造成惊人失业的不可避免的观点了，是时候承认不作为的代价了。在说明为什么企业需要做以及如何做方面，没有比该书更好的书了。

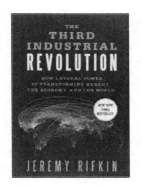

书名：The Third Industrial Revolution

作者：Jeremy Rifki

出版社：PALGRAVE，NY

内容提要：以石油和其他化石燃料为动力的工业革命，是陷入危险的残局。油价和食品价格不断攀升，失业率居高不下，房地产市场受到重挫，消费者和政府债务飙升以及美国经济复苏放缓，面对全球经济第二次崩溃的前景，人类迫切需要一个可持续的经济博弈计划将人们带进未来。书中，里夫金探讨了互联网技术和可再生能源将如何融合创造一个强大的第三次工业革命。他让人们想象数百万人在他们的家里、办公室和工厂里生产绿色能源，并在能源互联网上彼此分享，如同人们现在在在线创建和共享信息一样。里夫金描述了第三次工业革命的五大支柱将创造数千家企业，数以百万计的工作岗位，并迎来人类关系从等级制度到平等权利的一个基本重组，这些将影响人类进行商务、管理社会、教育子女和参与公民生活的行为方式。里夫金的观点已经引起了国际社会的侧目。欧盟议会已发布正式声明实施过渡到新的经济范式，并呼吁亚洲、非洲和美洲的其他国家迅速准备过渡到新的经济范式。第三次工业革命是下一个伟大经济时代的内在议题。

书名： Bounded Rationality and Industrial Organization
作者： Ran Spiegler
出版社： Oxford University Press，USA

　　内容提要： 传统经济学理论认为，消费者是完全理性的，他们有明确的偏好，很容易理解市场环境。然而，事实上，消费者可能会有不一致的、依赖于环境的偏好，或者根本没有足够的大脑容量来评估和比较复杂的产品。因此，消费者行为的标准模式引发了质疑，这个标准模式认为，消费者在理想的市场中是无限理性的。很久以前，行为经济学家就证实并刻画了这些不一致，下一步是仔细观察他们在市场上的影响。基于对消费者心理的观察，该书开发了"有限理性"消费者行为的非标准模式并嵌入到市场常见模型中。然后，严格分析传统微观经济理论的每个模型，导出一个更丰富、更现实的消费行为特征。作者分析了如在信贷市场开发价格计划的现象、金融产品和其他模糊实践的复杂性、消费者对未预期价格上涨的对抗性和消费者决策时的默认选项的作用。作者结合相关文献将其分为三个主要部分：预测和控制未来选择的有限能力；理解复杂市场环境的有限能力和参考点的敏感性。该书提供了对市场行为新的理解，它挑战了传统的思考方式，并将最终影响所有市场参与者的福祉。

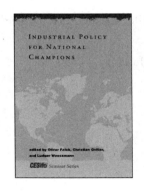

书名： Industrial Policy for National Champions

作者： Falck，Oliver & Christian Gollier & Ludger Woessmann

出版社： The MIT Press，Cambridge，MA

　　内容提要： 世界各国政府都对产业政策的正确作用进行了深入的研究，一些政治家认同不干预治理，另一些支持政府干预以促进"国家冠军"——企业因政治和经济双重原因接受政府支持。书中，杰出的经济学家们提出了政府支持国家冠军的利弊。作者在研究时使用严谨的经济模型，从一个定量的角度以补充和扩展现有的定性研究，并专注于研究从欧盟市场一体化进程中引发的问题。许多有利于促进国家冠军政策的论证都是在动态的背景下做出的，所以该书首先论述了一个动态的经济观点，然后描述决策过程的政治经济背景，最后，提供"经典"的静态均衡论证。多个不同模型比单个模型更能深入地理解产业政策。但从这些不同的观点中越发清晰地显示，一般很难因纯经济原因坚决支持有利于促进"国家冠军"的政策，而这些政策从政治方面则可以很好地理解。

书名： Territory，Specialization and Globalization in European Manufacturing

作者： Puig，Francisco and Helena Marques

出版社： Routledge，London

　　内容提要： 虽然传统的制造业（纺织、服装、鞋类、家具等）已经在发达国家衰退，但它由于其劳动密集型的特点，仍然是欧洲就业的一个重要组成部分。而且，它的生产地理集中，因此，欧洲某些特定地区因产业衰退而导致大量就业损失。该书根据地区和企业生产专业化的影响，对全球化影响下观察到的差异给出一个解释，其结论来自对西班牙纺织服装行业的详细研究。该书强调了企业所在地的组织模式（高集中度的相关企业在一个明确的地理区域称为"工业区"）、专业化战略实施和经济全球化之间的关系强度，建议鉴于目前企业同时进行的地域集中和在国内与国际上跨区域的趋势，上述因素可作为企业绩效相互依存的决定因素。该书所提出的分析方法也可以用来研究其他欧洲国家的制造业。

书名：Innovation Ecosystems
作者：Eunika Mercier–Laurent
出版社：Wiley–ISTE

内容提要： 随着创新快速成为无所不在的事物和战略问题的一部分，人们越来越需要了解如何启动创新过程。该书介绍了生态创新的概念，这个概念促进了从理念到现实和终极价值的成功转型。该书从全球和系统角度概述了生态创新，并从不同的角度和观点对创新的各个方面进行了介绍，从而促进对所有生态系统的组成部分、改进、交叉影响及对均衡发展的企业、地区和国家可能的影响的理解。

书名：Institutional diversity and Innovation：Continuing and Emerging Patterns in Japan and China

作者：Storz，Cornelia & Schafer，Sebastian

出版社：Routledge，Abingdon

内容提要：“创新系统”的概念已经引起了学者和政治家们的广泛关注。这个概念不仅是作为一种工具来解释经济的可持续发展，而且还为政策制定者提供有科学依据的政策选择以促进经济增长。最近文献的主旨是审查现有的实证研究结果，以推断“最佳实践”模式，这个模式假定在相同范式下造福于所有国家。然而，正如该书所说，由于不考虑特定国家的现实环境和发展轨迹，这样的“通用”模式在分析和政策方案上往往失败。该书在相当程度上讨论了近期实际上应用于日本和中国的创新理论的评价和改革建议以及相关的政策建议。该书在行为经济学和制度分析之间建立起联系，涵盖了监管框架、法律和科学体系、劳动力和资本市场以及企业间的关系，探讨了现有日本和中国创新系统的设计和原因，并基于这些研究结果，强调了为确保两国未来的竞争力，改革具有十分的必要性。

书名： The Telecom Revolution in India：Technology，
　　　　Regulation，and Policy
作者： Varadharajan Sridhar
出版社： Oxford University Press，New Delhi，India

　　内容提要： 该书全面介绍了不同的电信服务基础、移动通信、国家和长途电话、互联网、卫星电视、广播电视和调频广播。通过分析网络外部性、规模经济和范围经济以及它们对市场结构和管制的效应，对电信行业的各个方面进行了深入而又有价值的分析。通过阐明基本电信服务的具体特点，作者强调了其独特的成本结构、关税管制和普遍服务义务。通过展示移动服务的案例，作者详述了频谱分配和管理的不同阶段——第三代通信和宽带无线频谱，包括由于可用频谱有限和频谱分割需要在竞争和行业效率之间进行权衡。该书还探讨了市场战略，引用了一些节俭式创新的成功案例，如运营服务、创新的合作伙伴关系和不断发展的本土移动电话等。

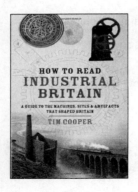

书名：How to Read Industrial Britain
作者：Cooper，Tim
出版社：Ebury Press

内容提要：从蒸汽机和悬浮桥再到运河、工厂、酒吧，18~19 世纪的工业革命，改变了英国的社会和物质景观。然而有多少人知道，为什么英国的地方酒吧看起来就是现在的景象，而一个火车站可能会像一个大教堂？该书通过"阅读"建筑、结构和城市风貌，了解它们的背景和创造它们的社会意义。作者使用包括交通、教育、宗教等主题，表明工业英国的地理和建筑遗存如何塑造了英国人民；揭示了工业革命的先驱者如何以及为什么重新设计了英国的城镇和农村，并利用了大量的英国地点来解释，如运河是如何在工业扩张中成为工具的，或者为什么富裕的郊区通常位于城镇的西端。对于任何想要调查英国工业遗产和发现隐藏在英国城乡日常功能背后的秘密历史的人，该书都是个快乐的体验。

书名： Improving Competitiveness of Industry

作者： Harold Bierman，Jr

出版社： World Scientific Publishing Company

内容提要： 随着 21 世纪的开始，世界陷入了一个广泛的可能的经济未来——许多公司发现在国际市场上竞争是很困难的，其结果就是收益下降，有太多政府过高比例地利用了他们国家自身的商品和服务。在过去，一些国家可能有不太完善的税收制度，但工资和其他劳动僵化（工作规范）限制住了管理，管理已成为忙于非生产性追求和许多其他低效率的来源。该书建议在制度结构、管理技术和奖励以及如何应对小时劳动报酬的急剧变化上进行整改。该书所提出的建议适用于需要对怎样最有效率地组织生产要素做出决策的国家，因此，是决策者、人力资源管理和会计管理必不可少的参考用书。

书名：Competitive Strategy Dynamics of OEMs in the ICT
　　　　Industry：Facing the Challenge of Digital Convergence
作者：Davide Chiaroni
出版社：LAP Lambert Academic Publishing，Germany

内容提要：在信息和通信技术行业飞速发展的背景下，一个新的、更模糊的竞争舞台被创造出来，其特征就是不断变化的边界。在这个竞争舞台上，以垂直整合公司（和产品架构）为特征的原始均衡以及 20 世纪 90 年代以整合和分层为特征的"替代"均衡，均被彻底打破。对于原始设备制造商来说，一种新的竞争模式已被构想出来，其特征是专业玩家的水平竞争。专业玩家在多个产品领域发展他们的竞争能力（和资产），甚至越过信息和通信技术（ICT）产业的传统界限，但是专业玩家们只专注于一个特定层面。因而，企业需要新的竞争战略动力学，以塑造新的竞争场景。

第四章　产业经济学学科 2011 年大事记

1. 会议名称：2011 年浙江大学产业经济学国际会议

会议时间：2011 年 6 月 11 日

会议地点：浙江杭州

会议纪要：2011 年 6 月 11~12 日，由浙江大学民营经济研究中心（CRPE）和浙江大学经济学院共同主办的"2011 年浙江大学产业经济学国际会议"在杭州举行。Mark Armstrong 教授和 Michael Riordan 教授等多位产业经济学国际权威专家应邀参加了本次国际会议。全球计量经济学会院士和英国皇家科学院院士、英国伦敦大学学院 ESRC 研究中心主任 Mark Armstrong 教授，全球计量经济学会院士、美国哥伦比亚大学经济系主任、Laurans A.and Arlene Mendelson 讲席教授 Michael Riordan，香港大学经济工商管理学院副院长陶志刚教授，香港岭南大学经济系以及经济公共政策研究中心林平教授，加拿大卡尔顿大学经济系以及教育部长讲座教授陈智琦，长江商学院 V.BrianViard 副教授等来自国内外十几所一流大学的 50 余位学者参加了本次产业经济学的盛会。11 位主题报告的学者就各自研究领域的前沿问题发表专题报告，与会学者就消费者搜寻、企业创新、排他性合同和纵向一体化等产业组织经典主题进行热烈的讨论。

2. 会议名称：2011 年产业组织前沿问题研讨会

会议时间：2011 年 6 月 16 日

会议地点：辽宁大连

会议纪要：会议开幕式由产业组织与企业组织研究中心主任肖兴志教授主持。此次会议主题为"产业组织研究前沿：本土化与国际化"。与会学者围绕最优市场结构、企业合并的反垄断审查、单边效应识别、平台竞争、双边平台的信息甄别机制、捆绑销售、语言经济学与语言产业等产业组织前沿问题交流研讨了最新学术成果。国务院学科评议组成员、北京大学校长助理张维迎教授，国务院学科评议组成员、山东大学经济研究院院长、中央财经大学经济学院院长黄少安教授，《经济研究》常务副主编郑红亮教授，国际一流经济学刊物 *International Economic Review* 副主编、美国南加州大学经济学系终身教授、上海财经大学国际工商管理学院院长谭国富，美国加州大学圣芭芭拉分校经济学系终身教授秦承忠，香港经济学会会长、香港岭南大学教授林平，国际一流经济学刊物 *Journal of Economics and Management Strategy* 共同主编、加拿大卡尔顿大学教授陈智琦，中国社会科学院规制与竞争研究中心主任张昕竹研究员，清华大学经济管理学院李明志教授，复旦大学产业经济研究所所长郁义鸿教授，中国人民大学商学院卢东斌教授，中国人民大学产业经济与竞争政策研究中心主任吴汉洪教授，上海交通大学产业组织与技术创新研究中心主任陈宏民教授，南开大学经济与社会发展研究院杜传忠教授、庞瑞芝教授，中国科学技术大学管理学院刘志迎教授，中国矿业大学管理学院钱永坤教授，吉林大学经济学院副院长谢地教授，东北大学产业经济研究所所长李凯教授，辽宁大学商学院院长唐晓华教授，上海财经大学国际工商管理学院常务副院长蒋传海教授，大连理工大学管理与经济学部书记原毅军教授，浙江财经学院院长王俊豪教授，江西财经大学副校长卢福财教授，首都经贸大学校长助理戚聿东教授等近 40 位产业组织领域的国内外一流学者出席了此次会议。

3. 会议名称："中国管理思想与实践"学术研讨会暨中国企业管理研究会 2011 年年会

会议时间：2011 年 11 月 26 日

会议地点：广西南宁

会议纪要：此次会议由中国企业管理研究会、蒋一苇企业改革与发展学术基金、广西大学、中国社会科学院管理科学与创新发展研究中心联合主办，广西大学商学院承办。来自中国社会科学院和国内 60 多所高校与研究机构的 180 余名企业管理专家和学者出席了此次会议；中国社会科学院经济学部主任、中国企业管理研究会会长陈佳贵致开幕词；中国社会科学院黄群慧研究员、江西财经大学吴照云教授、武汉大学谭力文教授、广西大学梁戈夫教授、金玛格文化创意中心董事长张弘分别做了主题发言；中国社会科学院工业经济研究所副所长黄速建研究员、广西大学商学院院长阎世平教授分别主持了会议。此次会议以"中国管理思想与实践"为研讨主题。与会学者围绕中国管理学体系的构建、中国管理思想的发展脉络、中国管理文化、中国管理的技术创新与实践创新、中国管理的产业与制度环境、中国管理的分析工具与信息技术等主题展开积极的学术交流。本次年会展开的卓有成效的学术研讨活动，对回答"中国管理思想与实践的本质特征是什么"、"是否有可能、有必要构建独特的中国管理学理论体系"等中国管理学重大发展问题具有积极的推进意义。

4. 会议名称：2011 中国新能源产业经济发展年会

会议时间：2012 年 9 月 16~18 日

会议地点：北京

会议纪要：以"变革促进发展"为主题的 2011 中国新能源产业经济发展年会在北京隆重举行，反映当前中国新能源产业经济发展现状的中国新能源产业经济发展成果评估同期揭晓。年会得到了各级政府、企业、媒体及相关机构的大力支持。国务院国资委巡视组组长、全国政协人资环委委员韩修国致开幕词。中国国际经济发展促进会副理事长龚猎夫、全国低碳经济媒体联盟副理事长王敬松、国务院发展研究中心社会发展研究部室主任周宏春、国家发改委能源研究所周凤起、财政部财政科学研究所副所长苏明、厦门大学中国能源经济研究中心主任林柏强、中国发展战略研究会经济战略专业委员会委员何学彦、中国可再生能源学会风能专业委员会副主任施鹏飞、全国低碳经济媒体联盟副理事长程钰雄、新加坡先锋资本执行董事杜良峰、国际投资环境研究院院长黄静、美国亚太经合集团乔文军等出席年会。此次年会由中国国际经济发展促进会、中国报道杂志社、厦门大学中国能源经济研究中心、全国低碳经济媒体联盟主办，目的是更好地推动新能源经济发展再上新台阶，加快转变经济发展方式和调整经济结构，扎实推进资源节约和环境保护，响应新能源产业的发展，加强自主创新，增强自主发展能力，完善产业技术体系。

5. 会议名称：中国工业经济学会 2011 年年会暨中国战略性新兴产业发展研讨会

会议时间：2011 年 11 月 12~13 日

会议地点：湖北武汉

会议纪要：此次会议由中国工业经济学会主办，中南财经政法大学工商管理学院、MBA 学院承办，会议共收到学术论文 150 余篇。中共中央政策研究室原副主任郑新立，中国科学院院士、中国工程院院士李德仁，中国社会科学院荣誉学部委员吴家骏，中国社会科学院学部委员吕政，中国社会科学院工业经济研究所所长金碚，《中国工业经济》杂志社社长李海舰，国家工信部规划司副司长顾强，湖北省委常委尹汉宁以及全国具有产业经济学博士点和硕士点的高校与研究机构的两百多名代表齐聚江城武汉，围绕此次大会的主题"中国战略性新兴产业发展"，把脉中国工业经济面临的形势，就宏观经济形势、工业发展与战略性新兴产业培育，战略性新兴产业发展的基础理论研究，产业政策与战略性新兴产业发展，技术创新与战略性新兴产业发展以及产业经济学理论前沿进展等专题展开讨论。

6. 会议名称：2011 中国信息产业经济年会

会议时间：2012 年 12 月 1 日

会议地点：北京

会议纪要：年会以"新市场、新应用、新模式"为主题，汇聚政府官员、专家、企业家和数百家业内代表共同研究加快转变经济发展方式的大背景下中国信息产业发展的趋势与机会，探讨"十二五"开局之后新的应用何以创造新的市场、新的商业模式怎样带来经济发展方式转变，企业应如何调整战略和思路，以期更好地面对新市场和新经济的挑战，推动我国信息产业在"十二五"期间实现由大到强。工业和信息化部副部长苏波出席并致辞，全国政协经济委员会副主任、中国国际经济交流中心常务副理事长、中共中央政策研究室原副主任郑新立，工业和信息化部总经济师周子学等出席并做主题演讲。

7. 会议名称：2011 产业中国年会

会议时间：2011 年 12 月 21 日

会议地点：北京

会议纪要：年会以"寻找中国产业力量"为主题，由华夏幸福基业投资开发股份有限公司、《英才》杂志、《中国经营报》社联合主办，汇集了李连仲、夏斌、金碚、陈东琪、龚方雄等多位重量级专家学者。来自新能源、IT 科技、高端制造、汽车、电子信息等七大新兴战略产业领域的百余位高端企业领袖，包括中国恒天集团有限公司董事长张杰、中国煤炭科工集团有限公司副总经理范宝营、艺康（中国）投资有限公司董事长徐昇宏、北极光风险投资公司创立者邓锋、汉能投资集团董事长兼 CEO 陈宏、爱国者数码科技有限公司董事长冯军等纵横捭阖，对中国未来宏观经济形势和货币政策走向进行了分析，深刻解读了"十二五"规划对产业结构调整的意义，并针对中国产业和企业的发展困境提出了有针对性的解决策略。政府、学界和企业界最后达成高度共识，认为发展实体经济，推进中国产业转型和升级将成为中国未来发展的核心驱动力。

8. 会议名称： 2011（第五届）移动互联网国际研讨会

会议时间： 2011 年 10 月 31 日

会议地点： 北京

会议纪要： 此次会议以"无处不在的网络，无所不能的业务"为主题，重点讨论 TD-LTE 网络部署、云计算、物联网、智能管道以及智能终端等移动互联网领域的技术、应用及其发展趋势。工信部总工程师王秀军、中国移动副总裁李正茂、电信研究院总工余晓晖、中国移动研究院院长黄晓庆以及业界 400 余名代表出席会议。移动互联网已经成为信息产业中发展最快、创新最活跃、竞争最激烈的领域，对信息产业乃至国民经济和社会信息化发展将带来巨大影响。移动互联网正成为互联网的主流。在此背景下，传统通信企业迎来一系列来自行业内外的竞争，终端制造商、IT 厂商、互联网企业、消费电子制造商等都在积极向互联网应用内容等领域渗透。面对这些跨界的挑战，传统通信业必须抓住移动互联网发展契机，加速推进自身与其他行业的融合，实现整个行业发展的转型。

9. 会议名称： 2011 中国低碳经济产业发展论坛

会议时间： 2011 年 8 月 22 日

会议地点： 北京

会议纪要： 当前以低能耗、低污染、低排放为基础的低碳经济发展模式已经成为人们热议的话题之一，发展绿色经济、降低碳排放已经成为重要的国际潮流，低碳技术和低碳产业已经成为国际科技经济竞争的新领域，这也是实现经济可持续发展的必由之路。论坛以"2010 中国低碳经济产业发展论坛"为基础，以"发展低碳经济、倡导低碳生活"为主题，采用主题报告会、专题分论坛、高峰对话、项目洽谈与对接会、联谊酒会、参观低碳企业及园区等多种形式。论坛的宗旨是研究和展望中国及全球低碳企业、低碳经济发展趋势；构建低碳产业与金融资本有效对接沟通平台；分享国际低碳产业专家及企业家的思想和经验；捕捉低碳产业及低碳园区的重大投资机会。

10. 会议名称： 山东大学市场与博弈国际学术研讨会

会议时间： 2011 年 10 月 22~23 日

会议地点： 山东济南

会议纪要： 此次研讨会由山东大学博弈论与经济行为研究中心（RCGEB）、山东大学经济学院、山东大学产业经济研究所、《产业经济评论》编辑部联合主办，作为庆祝山东大学建校 110 周年系列学术活动。来自德国、美国、法国、日本、泰国等多个国家和地区的 10 多位博弈论领域的专家学者参加了此次研讨会。开幕式由山东大学博弈论与经济行为研究中心主任、"千人计划"国家特聘教授秦承忠博士主持。

11. 会议名称： 第六届产业经济学与经济理论国际研讨会

会议时间： 2011 年 6 月 18~19 日

会议地点： 山东济南

会议纪要：第六届产业经济学与经济理论国际研讨会（IEET06）在山东大学举行，此次盛会由山东大学博弈论与经济行为研究中心、山东大学产业经济研究所、山东大学经济学院、《产业经济评论》编辑部联合主办。来自美国加州大学、美国科罗拉多大学、美国南加州大学、加拿大皇后大学、美国南卫理公会、香港中文大学、加拿大卡尔顿大学、美国乔治亚州立大学、香港岭南大学、台湾人文社会科学研究中心、复旦大学、浙江大学、南京大学、上海财经大学、山东大学和《经济学动态》杂志社等专家学者100余人参加了研讨会。研讨主题包括产业经济理论与政策的前沿进展、产业经济领域的中国问题、实验与行为经济学在产业组织领域的应用、博弈论进展与应用、拍卖理论、反垄断与竞争政策等。

　　12. 会议名称：2011 中国经济转型与外资企业发展国际研讨会

　　会议时间：2011 年 11 月 15~17 日

　　会议地点：山东烟台

　　会议纪要：由鲁东大学、高丽大学中国学研究所（韩国）、M&D Forum（澳大利亚）主办，烟台市社会科学联合会、北京中经世纪投资有限公司、澳大利亚蓝山集团协办，山东鲁东大学商学院、北京中经蓝山文化交流有限公司承办。会议主要探讨世界经济形势、中国经济形势和在华投资企业的发展问题，来自中、韩、日、美、英 5 个国家的 50 余位学者出席了研讨会。开幕式由鲁东大学商学院院长孟祥华主持，鲁东大学副校长柳新华教授、烟台市社会科学联合会方晓鸣主席、韩国全罗北道政府驻山东代表处首席代表权键周、韩国群山市政府青岛代表处鲁昶湜、韩国高丽大学中国学研究所所长崔圭钵教授致辞。山东省社会科学研究院经济研究所所长、泰山学者张卫国教授、日本爱知学院大学经营学部武藤明则教授、韩国高丽大学崔圭钵教授、英国加迪夫大学经济学系学者 James William Wall 等分别作了"中国的经济形势"、"丰田公司的国际战略体系"、"来华韩资企业文化"、"欧元区危机的现状及前景"主题报告。

　　13. 会议名称：中国经济年会（2010~2011）

　　会议时间：2011 年 1 月 15 日

　　会议地点：北京

　　会议纪要：此次经济年会由中国国际经济交流中心（China Center for International Economic Exchanges）主办，针对 2010~2011 年中国和世界经济发展态势，以"把脉中国与世界经济走势"为主题，旨在盘点和把握国内国际经济形势的新发展、新变革、新趋势，解读中央十七届五中全会、"十二五"规划建议、经济工作会议文件精神，分析宏观经济走势，为转变经济发展方式、实现科学发展贡献研究智慧。原中共中央政治局委员、国务院副总理、中国国际经济交流中心理事长曾培炎，著名经济学家厉以宁，全国社会保障基金理事会理事长戴相龙，国家开发银行董事长陈元，全国人大财经委副主任贺铿，中投国际香港董事长、原香港中文大学校长刘遵义，国家发展改革委副主任张晓强等出席开幕式并做主旨演讲。

第五章　产业经济学学科 2011 年文献索引

第一节　中文期刊索引

［1］安烨，钟廷勇.股权集中度、股权制衡与公司绩效关联性研究——基于中国制造业上市公司的实证分析［J］.东北师大学报（哲学社会科学版），2011（6）.

［2］白俊红.中国的政府 R&D 资助有效吗？——来自大中型工业企业的经验证据［J］.经济学（季刊），2011（4）.

［3］宾建成.欧美"再工业化"趋势分析及政策建议［J］.国际贸易，2011（2）.

［4］卜伟，谢敏华，蔡慧芬.基于产业控制力分析的我国装备制造业产业安全问题研究［J］.中央财经大学学报，2011（3）.

［5］蔡宏波.外包与劳动生产率提升——基于中国工业行业数据的再检验［J］.数量经济技术经济研究，2011（1）.

［6］查建平，唐方方，傅浩.中国能源消费、碳排放与工业经济增长—— 一个脱钩理论视角的实证分析［J］.当代经济科学，2011（6）.

［7］陈爱贞，刘志彪.决定我国装备制造业在全球价值链中地位的因素——基于各细分行业投入产出实证分析［J］.国际贸易问题，2011（4）.

［8］陈建军，陈菁菁.生产性服务业与制造业的协同定位研究——以浙江省 69 个城市和地区为例［J］.中国工业经济，2011（6）.

［9］陈林，朱卫平.创新、市场结构与行政进入壁垒——基于中国工业企业数据的熊彼特假说实证检验［J］.经济学（季刊），2011（2）.

［10］陈琳，罗长远.FDI 的前后向关联和中国制造业企业生产率的提升——基于地理距离的研究［J］.世界经济研究，2011（2）.

［11］陈诗一.中国工业分行业统计数据估算：1980—2008［J］.经济学（季刊），2011（3）.

［12］陈守东，王妍.金融压力指数与工业一致合成指数的动态关联研究［J］.财经问题研究，2011（10）.

[13] 陈永伟, 胡伟民. 价格扭曲、要素错配和效率损失: 理论和应用 [J]. 经济学 (季刊), 2011 (4).

[14] 陈泽聪. 我国制造业技术进步的就业效应——基于 25 个行业的实证分析 [J]. 科技进步与对策, 2011 (1).

[15] 程郁, 王胜光. 培育战略性新兴产业的政策选择——风能产业国际政策经验的比较与借鉴 [J]. 中国科技论坛, 2011 (3).

[16] 杜宇玮, 熊宇. 市场需求与中国制造业代工超越——基于 GVC 与 NVC 的比较分析 [J]. 产业经济研究, 2011 (2).

[17] 段文斌, 余泳泽. 全要素生产率增长有利于提升我国能源效率吗？——基于 35 个工业行业面板数据的实证研究 [J]. 产业经济研究, 2011 (4).

[18] 范剑勇, 李方文. 中国制造业空间集聚的影响: 一个综述 [J]. 南方经济, 2011 (6).

[19] 方建春, 宋玉华. 我国在稀有金属出口市场的市场势力研究——以钨矿、稀土金属为例 [J]. 国际贸易问题, 2011 (1).

[20] 冯宗宪, 王青, 侯晓辉. 政府投入、市场化程度与中国工业企业的技术创新效率 [J]. 数量经济技术经济研究, 2011 (4).

[21] 高觉民, 李晓慧. 生产性服务业与制造业的互动机理: 理论与实证 [J]. 中国工业经济, 2011 (6).

[22] 顾乃华. 我国城市生产性服务业集聚对工业的外溢效应及其区域边界——基于 HLM 模型的实证研究 [J]. 财贸经济, 2011 (5).

[23] 郭越, 王占坤. 中欧海上风电产业发展比较 [J]. 中外能源, 2011 (3).

[24] 韩国高, 高铁梅, 王立国, 齐鹰飞, 王晓姝. 中国制造业产能过剩的测度、波动及成因研究 [J]. 经济研究, 2011 (12).

[25] 韩一杰, 刘秀丽. 基于超效率 DEA 模型的中国各地区钢铁行业能源效率及节能减排潜力分析 [J]. 系统科学与数学, 2011 (3).

[26] 贺灿飞, 潘峰华. 中国制造业地理集聚的成因与趋势 [J]. 南方经济, 2011 (6).

[27] 胡迟. 论后金融危机时期我国制造业的转型升级之路 [J]. 经济纵横, 2011 (1).

[28] 华锦阳. 制造业低碳技术创新的动力源探究及其政策涵义 [J]. 科研管理, 2011 (6).

[29] 黄莉芳, 黄良文, 郭玮. 生产性服务业对制造业前向和后向技术溢出效应检验 [J]. 产业经济研究, 2011 (3).

[30] 简泽. 从国家垄断到竞争: 中国工业的生产率增长与转轨特征 [J]. 中国工业经济, 2011 (11).

[31] 江诗松, 龚丽敏, 魏江. 转型经济中后发企业的创新能力追赶路径: 国有企业和民营企业的双城故事 [J]. 管理世界, 2011 (12).

[32] 姜海宁, 谷人旭, 李广斌. 中国制造业企业 500 强总部空间格局及区位选择

[J]. 经济地理，2011（10）.

[33] 姜磊，季民河. 基于空间异质性的中国能源消费强度研究——资源禀赋、产业结构、技术进步和市场调节机制的视角 [J]. 产业经济研究，2011（4）.

[34] 蒋东生. 过度投资与企业价值 [J]. 管理世界，2011（1）.

[35] 金碚，吕铁，邓洲. 中国工业结构转型升级：进展、问题与趋势 [J]. 中国工业经济，2011（2）.

[36] 金碚. 中国工业的转型升级 [J]. 中国工业经济，2011（7）.

[37] 康志勇. 出口贸易与自主创新——基于我国制造业企业的实证研究 [J]. 国际贸易问题，2011（2）.

[38] 雷鹏. 制造业产业集聚与区域经济增长的实证研究 [J]. 上海经济研究，2011（1）.

[39] 李斌，赵新华. 经济结构、技术进步与环境污染——基于中国工业行业数据的分析 [J]. 财经研究，2011（4）.

[40] 李大元，王昶，姚海琳. 发达国家再工业化及对我国转变经济发展方式的启示 [J]. 现代经济探讨，2011（8）.

[41] 李大元. 低碳经济背景下我国新能源汽车产业发展的对策研究 [J]. 经济纵横，2011（2）.

[42] 李钢，廖建辉，向奕霓. 中国产业升级的方向与路径——中国第二产业占 GDP 的比例过高了吗？[J]. 中国工业经济，2011（10）.

[43] 李琳，杨田. 地理邻近和组织邻近对产业集群创新影响效应——基于对我国汽车产业集群的实证研究 [J]. 中国软科学，2011（9）.

[44] 李玲，陶锋. 污染密集型产业的绿色全要素生产率及影响因素——基于 SBM 方向性距离函数的实证分析 [J]. 经济学家，2011（12）.

[45] 李天柱，银路，石忠国，程跃，孟炯. 生物制药创新中的专家型公司与核心公司研究——兼论我国生物制药区域产业创新平台建设 [J]. 中国软科学，2011（11）.

[46] 李文溥，郑建清，林金霞. 制造业劳动报酬水平与产业竞争力变动趋势探析 [J]. 经济学动态，2011（8）.

[47] 李文强，陈宪. 新型工业化理论研究的发展 [J]. 上海经济研究，2011（5）.

[48] 李晓钟，张小蒂. 中国汽车产业市场结构与市场绩效研究 [J]. 中国工业经济，2011（3）.

[49] 李怡娜，叶飞. 制度压力、绿色环保创新实践与企业绩效关系——基于新制度主义理论和生态现代化理论视角 [J]. 科学学研究，2011（12）.

[50] 刘光东，丁洁，武博. 基于全球价值链的我国高新技术产业集群升级研究——以生物医药产业集群为例 [J]. 软科学，2011（3）.

[51] 刘戒骄. 美国再工业化及其思考 [J]. 中共中央党校学报，2011（2）.

[52] 刘戒骄. 生产分割与制造业国际分工——以苹果、波音和英特尔为案例的分析

[J]. 中国工业经济，2011（4）.

[53] 刘小鲁. 管制、市场结构与中国医药分离的改革绩效 [J]. 世界经济，2011（12）.

[54] 刘修岩，何玉梅. 集聚经济、要素禀赋与产业的空间分布：来自中国制造业的证据 [J]. 产业经济研究，2011（3）.

[55] 刘志彪. 重构国家价值链：转变中国制造业发展方式的思考 [J]. 世界经济与政治论坛，2011（4）.

[56] 马涛，东艳，苏庆义，高凌云. 工业增长与低碳双重约束下的产业发展及减排路径 [J]. 世界经济，2011（8）.

[57] 聂辉华，贾瑞雪. 中国制造业企业生产率与资源误置 [J]. 世界经济，2011（7）.

[58] 宁连举，李萌. 基于因子分析法构建大中型工业企业技术创新能力评价模型 [J]. 科研管理，2011（3）.

[59] 庞瑞芝，李鹏，路永刚. 转型期间我国新型工业化增长绩效及其影响因素研究——基于"新型工业化"生产力视角 [J]. 中国工业经济，2011（4）.

[60] 庞瑞芝，李鹏. 中国新型工业化增长绩效的区域差异及动态演进 [J]. 经济研究，2011（11）.

[61] 彭勃，雷家骕. 基于产业创新系统理论的我国大飞机产业发展分析 [J]. 中国软科学，2011（8）.

[62] 彭向，蒋传海. 产业集聚、知识溢出与地区创新——基于中国工业行业的实证检验 [J]. 经济学（季刊），2011（3）.

[63] 齐志强，张干，齐建国. 进入 WTO 前后中国制造业部门结构演变研究——基于制造业部门与工业整体经济增长的灰色关联度分析 [J]. 数量经济技术经济研究，2011（2）.

[64] 綦良群，李兴杰. 区域装备制造业产业结构升级机理及影响因素研究 [J]. 中国软科学，2011（5）.

[65] 戚聿东，范合君. 十二五时期垄断行业改革的主攻方向：竞争化改造 [J]. 学术月刊，2011（9）.

[66] 钱学锋，王菊蓉，黄云湖，王胜. 出口与中国工业企业的生产率——自我选择效应还是出口学习效应？[J]. 数量经济技术经济研究，2011（2）.

[67] 钱学锋，王胜，黄云湖，王菊蓉. 进口种类与中国制造业全要素生产率 [J]. 世界经济，2011（5）.

[68] 屈小娥. 中国省际工业能源效率与节能潜力：基于 DEA 的实证和模拟 [J]. 经济管理，2011（7）.

[69] 任东明. 中国新能源产业的发展和制度创新 [J]. 中外能源，2011（1）.

[70] 宋文飞，李国平，韩先锋. 稀土定价权缺失、理论机理及制度解释 [J]. 中国工业经济，2011（10）.

[71] 苏楠，吴贵生. 领先用户主导创新：自主创新的一种新模式——以神华集团高端液压支架自主创新为例 [J]. 科学学研究，2011（5）.

[72] 孙广生，杨先明，黄祎.中国工业行业的能源效率（1987—2005）——变化趋势、节能潜力与影响因素研究［J］.中国软科学，2011（11）.

[73] 孙涵，成金华.中国工业化、城市化进程中的能源需求预测与分析［J］.中国人口·资源与环境，2011（7）.

[74] 孙林，徐旭霏.东盟贸易便利化对中国制造业产品出口影响的实证分析［J］.国际贸易问题，2011（8）.

[75] 孙少勤，邱斌.全球生产网络条件下FDI的技术溢出渠道研究——基于中国制造业行业面板数据的经验分析［J］.南开经济研究，2011（4）.

[76] 孙早，王文.产业所有制结构变化对产业绩效的影响——来自中国工业的经验证据［J］.管理世界，2011（8）.

[77] 覃毅，张世贤.FDI对中国工业企业效率影响的路径——基于中国工业分行业的实证研究［J］.中国工业经济，2011（11）.

[78] 汤二子，李影，张海英.异质性企业、出口与"生产率悖论"——基于2007年中国制造业企业层面的证据［J］.南开经济研究，2011（3）.

[79] 唐东波，王洁华.贸易扩张、危机与劳动收入份额下降——基于中国工业行业的实证研究［J］.金融研究，2011（9）.

[80] 田杰棠.我国云计算产业发展趋势及政策建议［J］.经济纵横，2011（8）.

[81] 涂正革，刘磊珂.考虑能源、环境因素的中国工业效率评价——基于SBM模型的省级数据分析［J］.经济评论，2011（2）.

[82] 汪彩君，唐根年.长江三角洲地区制造业空间集聚、生产要素拥挤与集聚适度识别研究［J］.统计研究，2011（2）.

[83] 王锋，冯根福.优化能源结构对实现中国碳强度目标的贡献潜力评估［J］.中国工业经济，2011（4）.

[84] 王俊，黄先海.跨国外包对我国制造业就业的影响效应［J］.财贸经济，2011（6）.

[85] 王俊.流通业对制造业效率的影响——基于我国省级面板数据的实证研究［J］.经济学家，2011（1）.

[86] 王姗姗，屈小娥.基于环境效应的中国制造业全要素能源效率变动研究［J］.中国人口·资源与环境，2011（8）.

[87] 王姗姗，屈小娥.技术进步、技术效率与制造业全要素能源效率——基于Malmquist指数的实证研究［J］.山西财经大学学报，2011（2）.

[88] 王燕武，李文溥，李晓静.基于单位劳动力成本的中国制造业国际竞争力研究［J］.统计研究，2011（10）.

[89] 王玉，许俊斌，南洋.中国各地区制造业竞争力及其影响因素的实证研究［J］.财经研究，2011（2）.

[90] 韦琦.制造业与物流业联动关系演化与实证分析［J］.中南财经政法大学学报，

2011（1）.

[91] 文东伟，冼国明. 中国制造业的出口竞争力及其国际比较 [J]. 国际经济合作，2011（2）.

[92] 文东伟. 中国制造业出口的技术复杂度及其跨国比较研究 [J]. 世界经济研究，2011（6）.

[93] 吴群. 制造业与物流业联动共生模式及相关对策研究 [J]. 经济问题探索，2011（1）.

[94] 吴三忙，李善同. 专业化、多样化与产业增长关系——基于中国省级制造业面板数据的实证研究 [J]. 数量经济技术经济研究，2011（8）.

[95] 吴振球，谢香，钟宁波. 基于 VAR 中国城市化、工业化对第三产业发展影响的实证研究 [J]. 中央财经大学学报，2011（4）.

[96] 项本武. 中国工业行业技术创新效率研究 [J]. 科研管理，2011（1）.

[97] 肖文，殷宝庆. 垂直专业化的技术进步效应——基于 27 个制造行业面板数据的实证分析 [J]. 科学学研究，2011（3）.

[98] 肖兴志，韩超. 规制改革是否促进了中国城市水务产业发展？——基于中国省际面板数据的分析 [J]. 管理世界，2011（2）.

[99] 徐丰伟. 基于协同的装备制造业技术创新能力评价指标体系研究 [J]. 科学管理研究，2011（5）.

[100] 徐维祥，汪彩君，唐根年. 中国制造业资本积累动态效率变迁及其与空间集聚关系研究 [J]. 中国工业经济，2011（3）.

[101] 徐盈之，徐康宁，胡永舜. 中国制造业碳排放的驱动因素及脱钩效应 [J]. 统计研究，2011（7）.

[102] 许统生，陈瑾，薛智韵. 中国制造业贸易成本的测度 [J]. 中国工业经济，2011（7）.

[103] 许统生，薛智韵. 制造业出口碳排放：总量、结构、要素分解 [J]. 财贸研究，2011（2）.

[104] 闫逢柱，苏李，乔娟. 产业集聚发展与环境污染关系的考察——来自中国制造业的证据 [J]. 科学学研究，2011（1）.

[105] 杨文举. 基于 DEA 的绿色经济增长核算：以中国地区工业为例 [J]. 数量经济技术经济研究，2011（1）.

[106] 杨长湧. 美国重振制造业战略对我国可能的影响及我国的对策研究 [J]. 国际贸易，2011（2）.

[107] 殷凤. 中国制造业与服务业双向溢出效应的实证分析 [J]. 上海大学学报（社会科学版），2011（1）.

[108] 于波，范从来. 我国先进制造业发展战略的 PEST 嵌入式 SWOT 分析 [J]. 南京社会科学，2011（7）.

[109] 于海龙，李秉龙. 我国乳制品的国际竞争力及影响因素分析 [J]. 国际贸易问题，2011（10）.

[110] 俞立平. 工业化与信息化发展的优先度研究 [J]. 中国软科学，2011（5）.

[111] 袁渊，左翔. "扩权强县"与经济增长：规模以上工业企业的微观证据 [J]. 世界经济，2011（3）.

[112] 岳书敬. 基于低碳经济视角的资本配置效率研究——来自中国工业的分析与检验 [J]. 数量经济技术经济研究，2011（4）.

[113] 臧新，李菡. 垂直专业化与产业集聚的互动关系——基于中国制造行业样本的实证研究 [J]. 中国工业经济，2011（8）.

[114] 张各兴，夏大慰. 所有权结构、环境规制与中国发电行业的效率——基于2003—2009年30个省级面板数据的分析 [J]. 中国工业经济，2011（6）.

[115] 张海洋，史晋川. 中国省际工业新产品技术效率研究 [J]. 经济研究，2011（1）.

[116] 张会清，唐海燕. 产品内国际分工与中国制造业技术升级 [J]. 世界经济研究，2011（6）.

[117] 张明志，李敏. 国际垂直专业化分工下的中国制造业产业升级及实证分析 [J]. 国际贸易问题，2011（1）.

[118] 张小蒂，贾钰哲. 全球化中基于企业家创新的市场势力构建研究——以中国汽车产业为例 [J]. 中国工业经济，2011（12）.

[119] 张学刚. FDI影响环境的机理与效应——基于中国制造行业的数据研究 [J]. 国际贸易问题，2011（6）.

[120] 张永庆，刘清华，徐炎. 中国医药制造业研发效率及影响因素 [J]. 中国科技论坛，2011（1）.

[121] 张约翰，张平宇. 东北装备制造业竞争力评价及影响因素研究 [J]. 中国科学院研究生院学报，2011（4）.

[122] 赵旭. 金融衍生品使用与企业价值、风险：来自中国有色金属类上市公司的经验证据 [J]. 经济管理，2011（1）.

[123] 中国社会科学院工业经济研究所课题组，李平. 中国工业绿色转型研究 [J]. 中国工业经济，2011（4）.

[124] 中央党校课题组，曹新. 中国新能源发展战略问题研究 [J]. 经济研究参考，2011（52）.

[125] 钟宁桦. 农村工业化还能走多远？[J]. 经济研究，2011（1）.

[126] 周劲，付保宗. 产能过剩的内涵、评价体系及在我国工业领域的表现特征 [J]. 经济学动态，2011（10）.

[127] 周燕，蔡宏波. 中国工业行业全要素生产率增长的决定因素：1996-2007 [J]. 北京师范大学学报（社会科学版），2011（1）.

[128] 诸雪峰，贺远琼，田志龙. 制造企业向服务商转型的服务延伸过程与核心能力

构建——基于陕鼓的案例研究［J］. 管理学报，2011（3）.

第二节　英文期刊索引

［1］Adam Copeland，Wendy Dunn，George Hall. Inventories and the Automobile Market ［J］. The RAND Journal of Economics，2011，42（1）.

［2］Alessandro Gavazza. Demand Spillovers and Market Outcomes in the Mutual Fund Industry ［J］. The RAND Journal of Economics，2011，42（4）.

［3］Alexander K. Koch，Julia Nafziger. Self-regulation through Goal Setting ［J］. The Scandinavian Journal of Economics，2011，113（1）.

［4］Ambarish Chandra and Mariano Tappata. Consumer Search And Dynamic Price Dispersion：An Application To Gasoline Markets ［J］. The RAND Journal of Economics，2011，42（4）.

［5］András Sugár. Brief History of Market Regulation Primarily From The Point of View of Price Regulation ［J］. Society and Economy，2011，33（2）.

［6］Andrew B. Bernard，Stephen J. Redding and Peter K. Schott. Multiproduct Firms And Trade Liberalization ［J］. The Quarterly Journal of Economics，2011，126（3）.

［7］Andrew von Nordenflycht. Firm Size and Industry Structure Under Human Capital Intensity：Insights from the Evolution of the Global Advertising Industry ［J］. Organization Science，2011，22（1）.

［8］Anil Arya and Brian Mittendorf. Disclosure Standards for Vertical Contracts ［J］. The RAND Journal of Economics，2011，42（3）.

［9］Anna Ilyina，Roberto Samaniego. Technology and Financial Development ［J］. Journal of Money，Credit and Banking，2011，43（5）.

［10］Ann-Kristin Bergquist，Kristina Söderholm. Green Innovation Systems in Swedish Industry，1960-1989 ［J］. The Business History Review，2011，85（4）.

［11］Anthony Heyes，Sandeep Kapur. Regulating Altruistic Agents ［J］. The Canadian Journal of Economics/Revue canadienne d'Economique，2011，44（1）.

［12］Anusri Pal，Pinaki Chakraborti. Globalization & Indian Jute Industry：Competitiveness & Performance ［J］. Indian Journal of Industrial Relations，2011，47（1）.

［13］Ariel C. Avgar，Rebecca Kolins Givan，Mingwei Liu. Patient-Centered But Employee Delivered：Patient Care Innovation，Turnover Intentions，And Organizational Outcomes in Hospitals ［J］. Industrial and Labor Relations Review，2011，64（3）.

［14］Atle G. Guttormsen，Øystein Myrland，Ragnar Tveteras. Innovations and Structural

Change in Seafood Markets and Production: Special Issue Introduction [J]. Marine Resource Economics, 2011, 26 (4).

[15] Avi Goldfarb and Mo Xiao. Who Thinks about the Competition? Managerial Ability and Strategic Entry in US Local Telephone Markets [J]. The American Economic Review, 2011, 101 (7).

[16] Bee Yan Aw, Mark J. Roberts and Daniel Yi Xu. R&D Investment, Exporting, and Productivity Dynamics [J]. The American Economic Review, 2011, 101 (4).

[17] Ben Shiller, Joel Waldfogel. Music For A Song: An Empirical Look At Uniform Pricing And Its Alternatives [J]. The Journal of Industrial Economics, 2011, 59 (4).

[18] Bernard Jullien, Andy Smith. Conceptualizing the Role of Politics in the Economy: Industries and Their Institutionalizations [J]. Review of International Political Economy, 2011, 18 (3).

[19] Chaim Fershtman and Neil Gandal. Direct and indirect knowledge spillovers: the "social network" of open-source projects [J]. The RAND Journal of Economics, 2011, 42 (1).

[20] Chenghuan Sean Chu, Phillip Leslie and Alan Sorensen. Bundle-Size Pricing as an Approximation to Mixed Bundling [J]. The American Economic Review. 2011, 101 (1).

[21] Chidambaran G. Iyer. Elasticity of Substitution & Returns to Scale in Indian Chemical Industry [J]. Indian Journal of Industrial Relations, 2011, 47 (1).

[22] Chih-Jen Wang, Ying-Ju Chen, Chi-Cheng Wu. Advertising competition and industry channel structure [J]. Marketing Letters, 2011, 22 (1).

[23] Chris Forman, Anne Gron. Vertical Integration and Information Technology Investment in the Insurance Industry [J]. Journal of Law, Economics, & Organization, 2011, 27 (1).

[24] Christopher J. Metcalf. Persistence Of Technological Leadership: Emerging Technologies And Incremental Innovation [J]. The Journal of Industrial Economics, 2011, 59 (2).

[25] Christopher J. Nekarda, Valerie A. Ramey. Industry Evidence on the Effects of Government Spending [J]. American Economic Journal: Macroeconomics, 2011, 3 (1).

[26] Dale W. Jorgenson, Mun S. Ho, Jon D. Samuels. Information Technology and U.S. Productivity Growth: Evidence from A Prototype Industry Production Account [J]. Journal of Productivity Analysis, 2011, 36 (2).

[27] Danchi Tan, Klaus E Meyer. Country-of-Origin and Industry FDI Agglomeration of Foreign Investors in An Emerging Economy [J]. Journal of International Business Studies, 2011, 42 (4).

[28] Daron Acemoglu, Kostas Bimpikis, Asuman Ozdaglar. Experimentation, Patents, and Innovation [J]. American Economic Journal: Microeconomics, 2011, 3 (1).

[29] David A. Matsa. Competition And Product Quality In The Supermarket Industry [J]. The Quarterly Journal of Economics, 2011, 126 (3).

[30] David L. Eckles, Martin Halek, Enya He, David W. Sommer, Rongrong Zhang. Earnings Smoothing, Executive Compensation, and Corporate Governance: Evidence From the Property-Liability Insurance Industry[J]. The Journal of Risk and Insurance, 2011, 78 (3).

[31] David M. Cutler. Where Are the Health Care Entrepreneurs? The Failure of Organizational Innovation in Health CareFree content [J]. Innovation Policy and the Economy, 2011, 11 (1).

[32] David Martimort, Jean-Christophe Poudou, Wilfried Sand-Zantman. Contracting and the Disclosure of Ideas in the Innovation Process [J]. Annals of Economics and Statistics, 2011 (101/102).

[33] Dirk Höring, Helmut Gründl. Investigating Risk Disclosure Practices in the European Insurance Industry [J]. The Geneva Papers on Risk and Insurance. Issues and Practice, 2011, 36 (3).

[34] Doh-Shin Jeon, Domenico Menicucci. Interconnection among Academic Journal Websites: Multilateral Versus Bilateral Interconnection [J]. The RAND Journal of Economics, 2011, 42 (2).

[35] Dwight R. Lee, Robert D. Tollison. The Welfare Costs of Monopoly Are Larger Than You Think [J]. Managerial and Decision Economics, 2011, 32 (2).

[36] Elias Semaan, Pamela Peterson Drake. Deregulation and Risk [J]. Financial Management, 2011, 40 (2).

[37] Emeric Henry, Carlos J. Ponce. Waiting to Imitate: On the Dynamic Pricing of Knowledge [J]. Journal of Political Economy, 2011, 119 (5).

[38] Enya He, David W. Sommer. CEO Turnover and Ownership Structure: Evidence From the U.S. Property-Liability Insurance Industry [J]. The Journal of Risk and Insurance, 2011, 78 (3), Special Issue on Corporate Governance.

[39] Ethan Lewis. Immigration, Skill Mix, And Capital Skill Complementarity [J]. The Quarterly Journal of Economics, 2011, 126 (2).

[40] Eugénie Briot. From Industry to Luxury: French Perfume in the Nineteenth Century [J]. The Business History Review, 2011, 85 (2).

[41] Federico Ciliberto, John C. Panzar. Outsourcing and Vertical Integration in a Competitive Industry [J]. Southern Economic Journal, 2011, 77 (4).

[42] Fernando Alvarez, Robert Shimer. Search And Rest Unemployment [J]. Econometrica, 2011, 79 (1).

[43] Fernando E. Alvarez, Francesco Lippi and Luigi Paciello. Optimal Price Setting With Observation And Menu Costs [J]. The Quarterly Journal of Economics, 2011, 126 (4).

［44］ Frank Neffke, Martin Henning, Ron Boschma. How Do Regions Diversify over Time? Industry Relatedness and the Development of New Growth Paths in Regions ［J］. Economic Geography, 2011, 87 (3).

［45］ Franz Hubert and Svetlana Ikonnikova. Investment Options And Bargaining Power: The Eurasian Supply Chain For Natural Gas ［J］. The Journal of Industrial Economics, 2011, 59 (1).

［46］ G Dutta, N Gupta, R Fourer. An Optimization-Based Decision Support System for Strategic Planning in A Process Industry: the Case of Aluminium Company In India ［J］. The Journal of the Operational Research Society, 2011, 62 (4).

［47］ Gabriel Felbermayr, Julien Prat. Product Market Regulation, Firm Selection, and Unemployment ［J］. Journal of the European Economic Association, 2011, 9 (2).

［48］ Gautam Gowrisankaran and John Krainer. Entry and pricing in a differentiated products industry: evidence from the ATM market ［J］. The RAND Journal of Economics, 2011, 42 (1).

［49］ Gerhard Sorger. Horizontal Innovations with Endogenous Quality Choice ［J］. Economica, 2011, 78 (312).

［50］ Ghulam Samad, Rabia Manzoor. Green Growth: An Environmental Technology Approach ［J］. The Pakistan Development Review, 2011, 50 (4), Papers and Proceedings PARTS I and II The 27th Annual General Meeting and Conference of the Pakistan Society of Development Economists Islamabad, December 13-15, 2011.

［51］ Gregory Lewis and Patrick Bajari. Procurement Contracting With Time Incentives: Theory And Evidence ［J］. The Quarterly Journal of Economics, 2011, 126 (3).

［52］ Grigori Fainštein, Aleksei Netšunajev. Intra-Industry Trade Development in the Baltic States ［J］. Emerging Markets Finance & Trade, 2011, 47 (3).

［53］ Guglielmo Barone, Federico Cingano. Service Regulation And Growth: Evidence From Oecd Countries ［J］. The Economic Journal, 2011, 121 (555).

［54］ Gyöngyi Csuka. Debate On Obstacles To Participating In International Innovation Competition: Towards an Institutional Explanation of Hungary's Weak Innovation Performance ［J］. Acta Oeconomica, 2011, 61 (1).

［55］ Hamna Ahmed, Mahreen Mahmud. What Determines Innovation in the Manufacturing Sector? Evidence from Pakistan ［J］. The Pakistan Development Review, 2011, 50 (4), Papers and Proceedings PARTS I and II The 27th Annual General Meeting and Conference of the Pakistan Society of Development Economists Islamabad, December 13-15, 2011.

［56］ Hans Theo Normann. Vertical Mergers, Foreclosure And Raising Rivals' Costs-Experimental Evidence ［J］. The Journal of Industrial Economics, 2011, 59 (3).

［57］ Henry W. Chappell Jr, Paulo Guimarães, Orgül Demet Öztürk. Confessions of an

Internet Monopolist: Demand Estimation for a Versioned Information Good [J]. Managerial and Decision Economics, 2011, 32 (1).

[58] Hildegunn Kyvik Nordås. Opening the Markets for Business Services: Industrial Perspective for Developing Countries [J]. Journal of Economic Integration, 2011, 26 (2).

[59] Hugo A. Hopenhayn, Francesco Squintani. Preemption Games with Private Information [J]. The Review of Economic Studies, 2011, 78 (2).

[60] Ioannis Ioannou, Julie Holland Mortimer and Richard Mortimer. The Effects of Capacity on Sales under Alternative Vertical Contracts [J]. The Journal of Industrial Economics, 2011, 59 (1).

[61] Jaehong Kim, Se Hoon Bang, Sunjoo Hwang. Anti-Competitiveness Of Instant Messenger Tying By Microsoft [J]. Hitotsubashi Journal of Economics, 2011, 52 (2).

[62] Jakob B. Madsen, Isfaaq Timol. Long-Run Convergence In Manufacturing And Innovation-Based Models [J]. The Review of Economics and Statistics, 2011, 93 (4).

[63] James D. Dana Jr., Yuk-Fai Fong. Product Quality, Reputation, And Market Structure [J]. International Economic Review, 2011, 52 (4).

[64] James D. Dana, Jr., Yuk -Fai Fong. Long -Lived Consumers, Intertemporal Bundling And Collusion [J]. The Journal of Industrial Economics, 2011, 59 (4).

[65] Jan De Loecker. Product Differentiation, Multiproduct Firms, And Estimating The Impact of Trade Liberalization on Productivity [J]. Econometrica, 2011, 79 (5).

[66] Jérémy Laurent-Lucchetti, Andrew J. Leach. Generational Welfare under a Climate-Change Policy with Induced Innovation [J]. The Scandinavian Journal of Economics, 2011, 113 (4).

[67] Jesse Segers, Daniël Vloeberghs, Erik Henderickx, Ilke Inceoglu. Structuring and Understanding the Coaching Industry: The Coaching Cube [J]. Academy of Management Learning & Education, 2011, 10 (2).

[68] J-F Audy, S D'Amours, L-M Rousseau. Cost allocation in the establishment of a collaborative transportation agreement-an application in the furniture industry [J]. The Journal of the Operational Research Society, 2011, 62 (6).

[69] Jie Cai, Moon H. Song, Ralph A. Walkling. Anticipation, Acquisitions, and Bidder Returns: Industry Shocks and the Transfer of Information across Rivals [J]. The Review of Financial Studies, 2011, 24 (7).

[70] Joe O'Mahoney. Advisory Anxieties: Ethical Individualisation in the UK Consulting Industry [J]. Journal of Business Ethics, 2011, 104 (1).

[71] John Thanassoulis. Is Multimedia Convergence To Be Welcomed? [J]. The Journal of Industrial Economics, 2011, 59 (2).

[72] Jonghoon Bae, Filippo Carlo Wezel, Jun Koo. Cross-Cutting Ties, Organizational

Density, And New Firm Formation In The U.S. Biotech Industry, 1994-1998 [J]. The Academy of Management Journal, 2011, 54 (2).

[73] Joseph E. Harrington and Andrzej Skrzypacz. Private Monitoring and Communication in Cartels: Explaining Recent Collusive Practices [J]. The American Economic Review, 2011, 101 (6).

[74] Joseph Zeira. Innovations, Patent Races and Endogenous Growth [J]. Journal of Economic Growth, 2011, 16 (2).

[75] Josh Lerner, Scott Stern. Innovation Policy and the Economy: Introduction to Volume 11Free content [J]. Innovation Policy and the Economy, 2011, 11 (1).

[76] Joshua S. Gans. When Is Static Analysis a Sufficient Proxy for Dynamic Considerations? Reconsidering Antitrust and InnovationFree content [J]. Innovation Policy and the Economy, 2011, 11 (1).

[77] Jun Han, Wing Suen. Age structure of the workforce in growing and declining industries: evidence from Hong Kong [J]. Journal of Population Economics, 2011, 24 (1).

[78] Junichiro Ishida, Toshihiro Matsumura and Noriaki Matsushima. Market Competition, R&D and Firm Profits in Asymmetric Oligopoly [J]. The Journal of Industrial Economics, 2011, 59 (3).

[79] Kenneth G. Elzinga, David E. Mills. The Lerner Index of Monopoly Power: Origins and Uses [J]. The American Economic Review, Papers And Proceedings of the One Hundred Twenty Third Annual Meeting of the American Economic Association, 2011, 101(3).

[80] Kexin Zhao, Sarah S. Khan, Mu Xia. Sustainability of Vertical Standards Consortia as Communities of Practice: A Multilevel Framework [J]. International Journal of Electronic Commerce, 2011, 16 (1).

[81] Khondoker Abdul Mottaleb, Tetsushi Sonobe. An Inquiry into the Rapid Growth of the Garment Industry in Bangladesh Free content [J]. Economic Development and Cultural Change, 2011, 60 (1).

[82] Kostas Axarloglou, William L. Casey Jr., Hsiang-Ling Han. Inward Foreign Direct Investment in the US: An Empirical Analysis of their Impact on State Economies [J]. Eastern Economic Journal, 2011, 37 (4).

[83] Kunsoo Han, Young Bong Chang, Jungpil Hahn. Information Technology Spillover and Productivity: The Role of Information Technology Intensity and Competition [J]. Journal of Management Information Systems, 2011, 28 (1).

[84] Lars Buur, Carlota Mondlane, Obede Baloi. Strategic Privatisation: Rehabilitating the Mozambican Sugar Industry[J]. Review of African Political Economy, Land: a new wave of accumulation by dispossession in Africa, 2011, 38 (128).

[85] Lee Branstetter, Kamal Saggi. Intellectual Property Rights, Foreign Direct Invest-

ment And Industrial Development [J]. The Economic Journal, 2011, 121 (555).

[86] Lee Yoong Hon, Cheah Eng Tuck, Koay Lin Yu. Efficiency in the Malaysian Banking Industry [J]. ASEAN Economic Bulletin, 2011, 28 (1).

[87] Lei Fang, Richard Rogerson. Product Market Regulation and Market Work: A Benchmark Analysis [J]. American Economic Journal: Macroeconomics, 2011, 3 (2).

[88] Lidia Ceriani, Massimo Florio. Consumer Surplus and The Reform of Network Industries: A Primer [J]. Journal of Economics, 2011, 102 (2).

[89] Li-Ying Huang, Gene C. Lai, Michael McNamara, Jennifer Wang. Corporate Governance and Efficiency: Evidence From U.S. Property–Liability Insurance Industry [J]. The Journal of Risk and Insurance, Special Issue on Corporate Governance, 2011, 78 (3).

[90] Luis Diestre, Nandini Rajagopalan. An Environmental Perspective On Diversification: The Effects Of Chemical Relatedness And Regulatory Sanctions [J]. The Academy of Management Journal, 2011, 54 (1).

[91] Lutz Hendricks. The Skill Composition Of U.S. Cities [J]. International Economic Review, 2011, 52 (1).

[92] M. Manonmani, M. Ramya. Efficiency of India's Intermediate Goods Industries in the Liberalized Regime [J]. Indian Journal of Industrial Relations, 2011, 46 (3).

[93] Maarten Janssen, Paul Pichler and Simon Weidenholzer. Oligopolistic Markets With Sequential Search And Production Cost Uncertainty [J]. The RAND Journal of Economics, 2011, 42 (3).

[94] Marc Bourreau, Johan Hombert, Jerome Pouyet and Nicolas Schutz. Upstream Competition Between Vertically Integrated Firms [J]. The Journal of Industrial Economics, 2011, 59 (4).

[95] Marcus Matthias Keupp, Maximilian Palmié, Oliver Gassmann. Achieving Subsidiary Integration in International Innovation by Managerial "Tools" [J]. MIR: Management International Review, International Integration and Coordination in MNEs: Implications for International Management, 2011, 51 (2).

[96] Margherita Balconi, Roberto Fontana. Entry and Innovation: An Analysis of The Fabless Semiconductor Business [J]. Small Business Economics, 2011, 37 (1).

[97] Maria Luisa Corton. Sector Fragmentation And Aggregation of Service Provision in The Water Industry [J]. Journal of Productivity Analysis, 2011, 35 (2).

[98] Marina Nicoli. Entrepreneurs and the State in the Italian Film Industry, 1919–1935 [J]. The Business History Review, 2011, 85 (4).

[99] Mark H. Liu. Analysts' Incentives to Produce Industry–Level versus Firm–Specific Information [J]. The Journal of Financial and Quantitative Analysis, 2011, 46 (3).

[100] Mark McClellan. Reforming Payments to Healthcare Providers: The Key to Slowing

Healthcare Cost Growth While Improving Quality? [J]. The Journal of Economic Perspectives, 2011, 25 (2).

[101] Marlea Clarke, Shane Godfrey. Skirting Regulation? Trade Liberalisation, Retailers and the Informalisation of South Africa's Clothing industry [J]. Work Organisation, Labour & Globalisation, 2011, 5 (1).

[102] Matteo Alvisi, Emanuela Carbonara, Francesco Parisi. Separating Complements: the Effects of Competition and Quality Leadership [J]. Journal of Economics, 2011, 103 (2).

[103] Maury Gittleman, Brooks Pierce. Inter−Industry Wage Differentials, Job Content And Unobserved Ability [J]. Industrial and Labor Relations Review, 2011, 64 (2).

[104] Maximilian Auffhammer and Ryan Kellogg. Clearing the Air? The Effects of Gasoline Content Regulation on Air Quality [J]. The American Economic Review, 2011, 101 (6).

[105] MCAS Portela, E Thanassoulis, A Horncastle, T Maugg. Productivity Change in the Water Industry in England and Wales: Application of the Meta−Malmquist Index [J]. The Journal of the Operational Research Society, 2011, 62 (12).

[106] Mike W. Peng, Hao Chen. Strategic Responses to Domestic and Foreign Institutional Pressures: The Case of the Chinese Toy Industry [J]. International Studies of Management & Organization, From Dilemma to Theory to Research Agenda: Doing Business in Emerging, Developing, and Transitional Countries (II), 2011, 41 (2).

[107] Minjae Song. A Dynamic Analysis Of Cooperative Research In The Semiconductor Industry [J]. International Economic Review, 2011, 52 (4).

[108] Mo Yamin, Hsin−Ju "Stephie" Tsai, Ulf Holm. The Performance Effects of Headquarters' Involvement in Lateral Innovation Transfers in Multinational Corporations [J]. MIR: Management International Review, International Integration and Coordination in MNEs: Implications for International Management, 2011, 51 (2).

[109] Mukti Khaire. The Indian Fashion Industry and Traditional Indian Crafts [J]. The Business History Review, 2011, 85 (2).

[110] Myong−Hun Chang. Agent−based Modeling and Computational Experiments in Industrial Organization: Growing Firms and Industries "in silico" [J]. Eastern Economic Journal, Symposium on Agent−based Computational Economics, 2011, 37 (1).

[111] Myong−Hun Chang. Entry, Exit, and the Endogenous Market Structure in Technologically Turbulent Industries [J]. Eastern Economic Journal, Symposium on Agent−based Computational Economics, 2011, 37 (1).

[112] Narjess Boubakri. Corporate Governance and Issues From the Insurance Industry [J]. The Journal of Risk and Insurance, Special Issue on Corporate Governance, 2011, 78 (3).

[113] Natarajan Balasubramanian and Marvin B. Lieberman. Learning −By −Doing And Market Structure [J]. The Journal of Industrial Economics, 2011, 59 (2).

[114] Natarajan Balasubramanian. New Plant Venture Performance Differences Among In-cumbent, Diversifying, and Entrepreneurial Firms: The Impact of Industry Learning Intensity [J]. Management Science, 2011, 57 (3).

[115] Niels Bosma, Erik Stam, Veronique Schutjens. Creative Destruction and Regional Productivity Growth: Evidence from the Dutch Manufacturing and Services Industries [J]. Small Business Economics, Entrepreneurial Dynamics and Regional Growth, 2011, 36 (4).

[116] Norman Sedgley, Bruce Elmslie. Do We Still Need Cities? Evidence on Rates of Innovation from Count Data Models of Metropolitan Statistical Area Patents [J]. American Journal of Economics and Sociology, 2011, 70 (1).

[117] Olena Ivus. Trade-Related Intellectual Property Rights: Industry Variation and Technology Diffusion [J]. The Canadian Journal of Economics, 2011, 44 (1).

[118] Panagiotis Ganotakis, James H. Love. R&D, Product Innovation, and Exporting: Evidence from UK New Technology Based Firms [J]. Oxford Economic Papers, 2011, 63 (2).

[119] Pasquale Schiraldi. Automobile Replacement: A Dynamic Structural Approach [J]. The RAND Journal of Economics, 2011, 42 (2).

[120] Petra Moser. Do Patents Weaken the Localization of Innovations? Evidence from World's Fairs [J]. The Journal of Economic History, 2011, 71 (2).

[121] Philippe Aghion, Pierre Cahuc, Yann Algan. Civil Society And The State: The Interplay Between Cooperation And Minimum Wage Regulation [J]. Journal of the European Economic Association, 2011, 9 (1).

[122] Pierre-Yves Donzé. The Hybrid Production System and the Birth of the Japanese Specialized Industry: Watch Production at Hattori & Co. (1900-1960) [J]. Enterprise & Society, 2011, 12 (2).

[123] Pinar Falcioğlu. Location and Determinants of Productivity: The Case of the Manu-facturing Industry in Turkey [J]. Emerging Markets Finance & Trade: Capital Markets, Trade Openness, and Productivity in Emerging Economies, 2011, 47 (5).

[124] Qian Gu, Jane W Lu. Effects of Inward Investment on Outward Investment: the Venture Capital Industry Worldwide 1985-2007 [J]. Journal of International Business Studies, 2011, 42 (2).

[125] Radhakrishnan Gopalan, Kangzhen Xie. Conglomerates and Industry Distress [J]. The Review of Financial Studies, 2011, 24 (11).

[126] Ragnhild Balsvik, Stefanie A. Haller. Foreign Firms and Host-Country Productivi-ty: Does the Mode of Entry Matter? [J]. Oxford Economic Papers, 2011, 63 (1).

[127] Ray Barrell, E.Philip Davis. Financial Regulation [J]. National Institute Economic Review, 2011 (216).

[128] Reinhilde Veugelers. Assessing The Potential For Knowledge-Based Development In

The Transition Countries of Central And Eastern Europe, The Caucasus And Central Asia [J]. Society and Economy, 2011, 33 (3).

[129] Richard B. Freeman, Alice O. Nakamura, Leonard I. Nakamura, Marc Prud' homme, Amanda Pyman. Wal-Mart Innovation and Productivity: A Viewpoint [J]. The Canadian Journal of Economics/Revue canadienne d'Economique, 2011, 44 (2).

[130] Robert W. Crandall, Charles L. Jackson. Antitrust in High-Tech Industries [J]. Review of Industrial Organization, 2011, 38 (4).

[131] Robert W. Staiger, Alan O. Sykes. International Trade, National Treatment, and Domestic RegulationFree content [J]. The Journal of Legal Studies, 2011, 40 (1).

[132] Robin Boadway. Viewpoint: Innovations in the Theory And Practice Of Redistribution Policy [J]. The Canadian Journal of Economics, 2011, 44 (4).

[133] Roland Strausz. Regulatory Risk Under Optimal Monopoly Regulation [J]. The Economic Journal, 2011, 121 (553).

[134] Ronald L. Goettler, Brett R. Gordon. Does AMD Spur Intel to Innovate More? Contains supplements [J]. Journal of Political Economy, 2011, 119 (6).

[135] Rui Baptista, Murat Karaöz. Turbulence in Growing and Declining Industries [J]. Small Business Economics, 2011, 36 (3).

[136] S. Esteve-Pérez. Entry And Exit In A Vertically Differentiated Industry [J]. Acta Oeconomica, 2011, 61 (4).

[137] Sandra Rothenberg, John E. Ettlie. Strategies to Cope with Regulatory Uncertainty in the Auto Industry [J]. California Management Review, Special Issue: Environmental Management and Regulatory Uncertainty, 2011, 54 (1).

[138] Sebastian Petrick, Katrin Rehdanz, Ulrich J. Wagner. Energy Use Patterns in German Industry: Evidence from Plant-level Data [J]. Jahrbücher für Nationalökonomie und Statistik/Journal of Economics and Statistics, Themenheft: Empirical Studies with New German Firm Level Data from Official Statistics, 2011, 231 (3).

[139] Shingo Takahashi. How Multi-Tasking Job Designs Affect Productivity: Evidence From The Australian Coal Mining Industry [J]. Industrial and Labor Relations Review, 2011, 64 (5).

[140] Silvia Sonderegger. Market Segmentation With Nonlinear Pricing [J]. The Journal of Industrial Economics, 2011, 59 (1).

[141] Sophie Chemarin, Caroline Orset. Innovation and Information Acquisition under Time Inconsistency and Uncertainty [J]. The Geneva Risk and Insurance Review, 2011, 36 (2).

[142] Soren T. Anderson and James M. Sallee. Using Loopholes to Reveal the Marginal Cost of Regulation: The Case of Fuel-Economy Standards [J]. The American Economic Review, 2011, 101 (4).

[143] Stacy E. Sneeringer. Effects of Environmental Regulation and Urban Encroachment on California's Dairy Structure [J]. Journal of Agricultural and Resource Economics, 2011, 36 (3).

[144] Stacy Sneeringer, Nigel Key. Effects of Size-Based Environmental Regulations: Evidence of Regulatory Avoidance [J]. American Journal of Agricultural Economics, 2011, 93(4).

[145] Stéphane Auray, Thomas Mariotti, Fabien Moizeau. Dynamic Regulation of Quality [J]. The RAND Journal of Economics, 2011, 42 (2).

[146] Stephen Dunn. The Modern Food Industry and Public Health: A Galbraithian Perspective [J]. Journal of Post Keynesian Economics, 2011, 33 (3).

[147] Stephen J. Redding, Daniel M. Sturm, Nikolaus Wolf. History And Industry Location: Evidence From German Airports [J]. The Review of Economics and Statistics, 2011, 93 (3).

[148] Steven Klepper. Nano-Economics, Spinoffs, and the Wealth Of Regions [J]. Small Business Economics, 2011, 37 (2).

[149] Sucheta Nadkarni, Pol Herrmann, Pedro David Perez. Domestic Mindsets and Early International Performance: The Moderating Effect of Global Industry Conditions [J]. Strategic Management Journal, 2011, 32 (5).

[150] Sunil Kumar, Nitin Arora. Assessing Technical Efficiency of Sugar Industry in Uttar Pradesh: An Application of Data Envelopment Analysis [J]. Indian Economic Review, 2011, 46 (2).

[151] Suzanne Scotchmer. Cap-and-Trade, Emissions Taxes, and Innovation Free content [J]. Innovation Policy and the Economy, 2011, 11 (1).

[152] T. A. B. Corley, Andrew Godley. The Veterinary Medicine Industry in Britain In The Twentieth Century [J]. The Economic History Review, 2011, 64 (3).

[153] Takeo Hoshi. Financial Regulation: Lessons from the Recent Financial Crises [J]. Journal of Economic Literature, 2011, 49 (1).

[154] Tavneet Suri. Selection And Comparative Advantage In Technology Adoption [J]. Econometrica, 2011, 79 (1).

[155] Thijs ten Raa. Benchmarking and Industry Performance [J]. Journal of Productivity Analysis, 2011, 36 (3).

[156] Thomas A. Larsen, Frank Asche. Contracts in the Salmon Aquaculture Industry: An Analysis of Norwegian Salmon Exports [J]. Marine Resource Economics, 2011, 26 (2).

[157] Thomas Hellmann, Veikko Thiele. Incentives and Innovation: A Multitasking Approach [J]. American Economic Journal: Microeconomics, 2011, 3 (1).

[158] Thomas R. Varner. An Economic Perspective on Patent Licensing Structure and Provisions [J]. Business Economics, 2011, 46 (4).

［159］ Tom Nicholas. Did R&D Firms Used to Patent? Evidence from the First Innovation Surveys ［J］. The Journal of Economic History, 2011, 71 (4).

［160］ Usha C.V. Haley, Douglas A. Schuler. Government Policy and Firm Strategy in the Solar Photovoltaic Industry ［J］. California Management Review, 2011, 54 (1), Special Issue: Environmental Management and Regulatory Uncertainty.

［161］ V. Joseph Hotz and Mo Xiao. The Impact of Regulations on the Supply and Quality of Care in Child Care Markets ［J］. The American Economic Review, 2011, 101 (5).

［162］ Valerie A. Ramey, Daniel J. Vine. Oil, Automobiles, and the U.S. Economy: How Much Have Things Really Changed? ［J］. NBER Macroeconomics Annual, 2011, 25 (1).

［163］ Virgiliu Midrigan. Menu Costs, Multiproduct Firms, And Aggregate Fluctuations ［J］. Econometrica, 2011, 79 (4).

［164］ Walter A. Friedman, Geoffrey Jones. Creative Industries in History ［J］. The Business History Review, 2011, 85 (2).

［165］ Wei Ding, Elmar G. Wolfstetter. Prizes and lemons: procurement of innovation under imperfect commitment ［J］. The RAND Journal of Economics, 2011, 42 (4).

［166］ Wen Guang Qu, Alain Pinsonneault, Wonseok Oh. Influence of Industry Characteristics on Information Technology Outsourcing ［J］. Journal of Management Information Systems, 2011, 27 (4).

［167］ William Newburry, M. Abrahim Soleimani. Multi-Level Reputation Signals in Service Industries in Latin America ［J］. Innovar: Revista de ciencias administrativas y sociales, 2011, 21 (39).

［168］ Wouter J. Den Haan, Vincent Sterk. The Myth of Financial Innovation And The Great Moderation ［J］. The Economic Journal, 2011, 121 (553).

［169］ Xavier Giroud, Holger M. Mueller. Corporate Governance, Product Market Competition, and Equity Prices ［J］. The Journal of Finance, 2011, 66 (2).

［170］ Yongmin Chen, David E. M. Sappington. Exclusive Contracts, Innovation, and Welfare ［J］. American Economic Journal: Microeconomics, 2011, 3 (2).

［171］ Zhimin Liao, Xiaofang Chen. Why the Entry Regulation of Mobile Phone Manufacturing in China Collapsed: The Impact of Technological Innovation ［J］. Journal of Law and Economics, Markets, Firms, and Property Rights: A Celebration of the Research of Ronald Coase, 2011, 54 (4).

［172］ Zinnia Mukherjee, Kathleen Segerson. Turtle Excluder Device Regulation and Shrimp Harvest: The Role of Behavioral and Market Responses ［J］. Marine Resource Economics, 2011, 26 (3).

后　记

　　一部著作的完成需要许多人的默默贡献，闪耀着的是集体的智慧，其中铭刻着许多艰辛的付出，凝结着许多辛勤的劳动和汗水。

　　本书在编写过程中，借鉴和参考了大量的文献和作品，从中得到了不少启悟，也汲取了其中的智慧精华，谨向各位专家、学者表示崇高的敬意——因为有了大家的努力，才有了本书的诞生。凡被本书选用的材料，我们都将按相关规定向原作者支付稿费，但因为有的作者通信地址不详或者变更，尚未取得联系。敬请您见到本书后及时函告您的详细信息，我们会尽快办理相关事宜。

　　由于编写时间仓促以及编者水平有限，书中不足之处在所难免，诚请广大读者指正，特驰惠意。

图书在版编目（CIP）数据

产业经济学学科前沿研究报告. 2011/刘戒骄，王德华，仇鑫华主编. —北京：经济管理出版社，2016.2

ISBN 978-7-5096-4303-7

Ⅰ. ①产… Ⅱ. ①刘… ②王… ③仇… Ⅲ. ①产业经济学—研究报告—2011 Ⅳ. ①F062.9

中国版本图书馆 CIP 数据核字（2016）第 068446 号

组稿编辑：张永美
责任编辑：杜　菲
责任印制：黄章平
责任校对：雨　千

出版发行：经济管理出版社
　　　　　（北京市海淀区北蜂窝 8 号中雅大厦 A 座 11 层　100038）
网　　址：www. E-mp. com. cn
电　　话：（010）51915602
印　　刷：北京玺诚印务有限公司
经　　销：新华书店
开　　本：787mm×1092mm/16
印　　张：32.25
字　　数：734 千字
版　　次：2016 年 10 月第 1 版　　2016 年 10 月第 1 次印刷
书　　号：ISBN 978-7-5096-4303-7
定　　价：98.00 元